はじめてでも、
いちばん深く
占える

増補改訂版

タロット READING BOOK

千田 歌秋
Khaki Senda

はじめに

本書を手に取っていただき、ありがとうございます。

この本では、シンボル・リーディングという手法を採用した、これまでにないタロット占いのノウハウをご案内します。

「これまでにない」といっても、何もないところから新たにつくりあげたわけではありません。シンボル解釈という試み自体は、古くから行われてきましたし、20世紀後半以降は、ユング心理学をはじめ、さまざまな角度からシンボルに対する考察が深められています。シンボルは、人の心を読み解くには、とても有効なツールなのです。

私がシンボルを重視するようになったのは、日々のワン・オラクル、つまりカードを一枚だけ引いて運勢を占うのを日課にしていたことがきっかけでした。

たとえば「愚者」が出たとします。タロット占いを始めたばかりだった当時の私は、市販の解説本を見ながら、「自由」に過ごせるか、「無邪気」に遊ぶか、それとも「無計画」で失敗するか、どれかだろうと思ったものです。

ところが、キーワード通りにならない日の方が圧倒的に多いのです。

そこで、カードを一枚の絵だと思い、描かれているようなシーンがあったかどうかを思い出してみると、花をつまむ愚者の手にピンときたのです。どれだけ捜しても見つけられなかった大事な指輪を机の奥に発見して、つまみ上げたときの私の手に、まさに一致していたからです。「愚者」は、大切な物を見つけ出しなさいというメッセージを送っていたのです。

思い返してみると、「愚者」を引いたとき、やや不自然なその手が気になったのでした。つまり、カード全体の意味ではなく、細部で気になったところが、その日に起こることを暗示していたのです。

何度もワン・オラクルで自分やお客様の運勢を占ううちに、一つのシンボルが大きな意味を持っているという確信が生まれてきました。また、絵が示すメッセージをお客様の方でごく自然に読み取ることもありました。こうなると、もはや私が占う必要はないのです。

本書でご案内するノウハウは、古くからあるシンボル・リーディングの手法と、私の占いの現場から生まれた実用的な手法を一つにしたものです。初心者の方でも楽しみながら深く占えますし、プロの方には新しい手法として取り入れていただけると思っています。

本書を通して、ぜひシンボル・リーディングの楽しさを味わってください。

棒の3(正)p.120

まずは、カードを1枚引いてみましょう！

さっそく、以下の４ステップで運勢を読み解いていきましょう。
あなたがお持ちのカードを手に取ってください。
最初に占いのテーマを決めておくことがポイントです。

1 占うテーマを決める

本書で占えるのは、「恋愛（出会い・相手の気持ち・今後の二人）」「仕事」「お金」「行動のヒント」。この中から、占うテーマを一つ選んでください。悩みを明確にしておくことが大切です。

2 カードを1枚選ぶ

78枚のカードを裏向きにして机の上に広げ、両手でざっとかき混ぜたら、気になるものを１枚選び、表を向けましょう。絵柄が本来の向きなら「正位置」、逆さまなら「逆位置」です。

本書で占える事柄

恋愛
出会い
相手の気持ち
今後の二人

お金

仕事

行動のヒント

※AかBかの選択、時期、相性なども占えます(第6章参照)

カードがなくても占えます!

本書では、タロットカードを持っていなくても占える方法をご紹介しています。詳しいやり方については、374～377ページをご覧ください。

3 シンボルを選ぶ

カードをよく見て、そこに描かれたさまざまな事物から、気になるもの(シンボル)を一つ選びます。逆位置のカードが出た人は、逆位置のままカードを見るようにしてください。

4 キーワードを選ぶ

各カードの解説ページに、あなたが選んだシンボルに関連するキーワードが載っています。その中から最も心が動くものを一つ選んでください。それが占いの答えであり、開運のヒントです。

初めてでも深く占う、本書の使い方

カードを１枚選んだら、解説のページを開いてください。
１ページ目はカード全体の解説、２ページ目はシンボルの解説、
３～４ページ目にはキーワードが掲載されています。

カードに描かれたシンボル

カードに描かれたシンボルとその意味が書かれています。これを見ながら、気になるものを一つ選んでください。

ビブリオマンシー用のカード名と掲載ページ

カードを持っていない場合も、本を開いてこの部分を見るだけで１枚引きができます。詳しくは374ページを参照。

「正位置」の絵柄

カードの絵柄が本来の向きの状態を「正位置」といいます。「基本の物語」を参考にイメージをつかんでください。

「逆位置」の絵柄

絵柄が逆さまになった状態を「逆位置」といいます。１枚引いてこの状態だったら、そのまま見てシンボルを選びます。

「基本の物語」と「逆位置を読むポイント」

「基本の物語」にはカード全体のイメージが、「逆位置を読むときのポイント」には逆位置の読み方や正位置との違いがまとまっています。ざっと目を通して、カードのおよその意味をつかんでください。

「相手の気持ち」を占いたいAさんの場合

占いたいテーマ
恋愛、相手の気持ち

引いたカード
「魔術師」の正位置

気になったシンボル
∞マーク

気になったキーワード
「どちらも選べない」

「相手の気持ち」を占いたいAさんがカードを引くと、「魔術師」の正位置が出ました。カードに描かれているシンボルの中でAさんが気になったのは、魔術師の頭上にある∞マークです（資料①）。

キーワードが書かれている26～27ページを見て「∞マーク」と「恋愛」を交差させ（資料②）、さらに「相手の気持ち」の欄を見ると、「どちらも選べな

COLUMN

大アルカナと小アルカナの説明をはじめ、知っておきたい豆知識が詰まっています。

タロットカード　リーディングLESSON

占いの準備、占いの手順、リーディングのポイント、困ったときのQ＆Aなどがまとまっています。

占いサンプル

実際に占いをしたときのサンプルをご紹介。

各スートの解説

各章の冒頭に、そのスート(棒・杯などのひと続き)についての解説があります。

カードを持っていない場合は

カードを持っていなくても占うことができます。詳しくは374～377ページ「タロットカードを使わずに占う方法」をご覧ください。

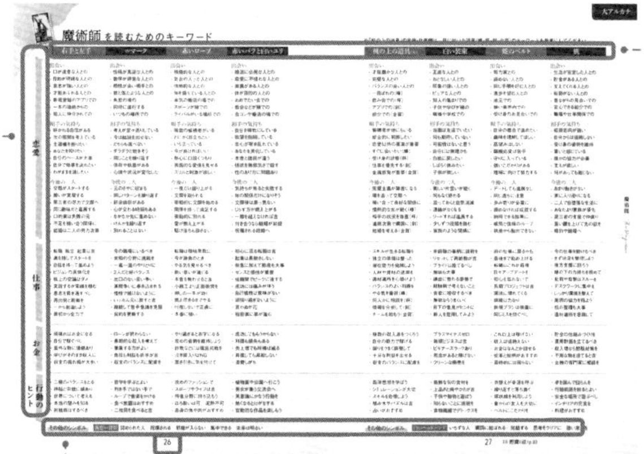

占いのテーマ

本書で占えるのは、恋愛(出会い・相手の気持ち・今後の二人)・仕事・お金・行動のヒント。カードを1枚選ぶ前に、あなたが選んだテーマはどれでしたか？　その欄にあるキーワードを見てください。

その他のシンボル

キーワードの表の中に、あなたが選んだシンボルがない場合は、この欄を見てください。

左側のページ数

カードなしで占う場合は、本を開いたときの左側のページ数からカードを決めます。詳しくは374～375ページを参考に。

主なシンボル

選んだカードを見たときに、あなたが選んだシンボルを探してください。占うテーマと交差させて、その欄にあるキーワードの中から、最も気になるものを選びます。

い」というキーワードにドキリとしました。このところ、Aさんの相手は仕事が忙しく、会えない日が続いていたのです。「仕事と私、どっちが大事？」と、詰め寄りたくなるほどでした。でも、忙しい時期は誰にでもあるもの。Aさんは少し反省して、今度会ったら、仕事に打ち込む相手をねぎらうような言葉をかけようと思いました。

資料①

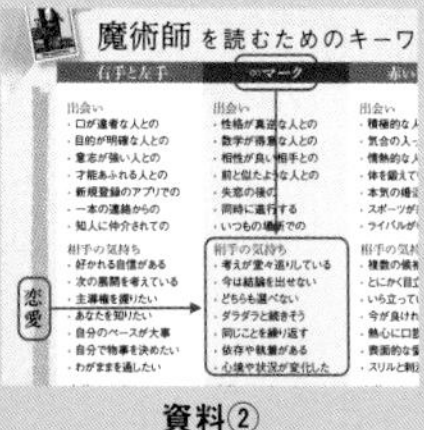

資料②

増補改訂版

タロット READING BOOK

CONTENTS

はじめに ……………2

まずは、カードを1枚引いてみましょう! ……………4

初めてでも深く占う、本書の使い方 ……………6

第1章 大アルカナ Major Arcana ………17

大アルカナの特徴とメッセージ性 ………18

0 愚者 20

1 魔術師 24

2 女教皇 28

3 女帝 32

4 皇帝 36

5 教皇 40

6
恋人たち
44

7
戦車
48

8
力
52

9
隠者
56

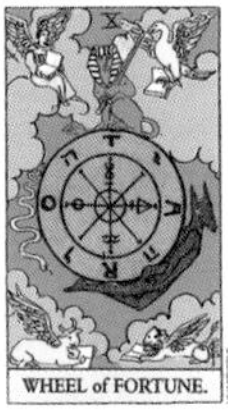

10
運命の輪
60

11
正義
64

12
吊された男
68

13
死神
72

14
節制
76

15
悪魔
80

16
塔
84

17
星
88

18
月
92

19
太陽
96

20
審判
100

21
世界
104

第2章　棒《ワンド》 Wands ………109

「棒」の意味とカードの流れ ………110

棒のA
112

棒の2
116

棒の3
120

棒の4
124

棒の5
128

棒の6
132

棒の7
136

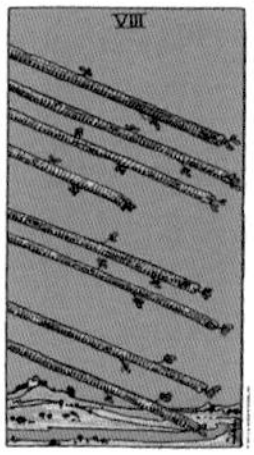
棒の8
140

棒の9
144

棒の10
148

棒のペイジ
152

棒のナイト
156

棒のクイーン
160

棒のキング
164

第3章 杯《カップ》 Cups ……169

「杯」の意味とカードの流れ ……170

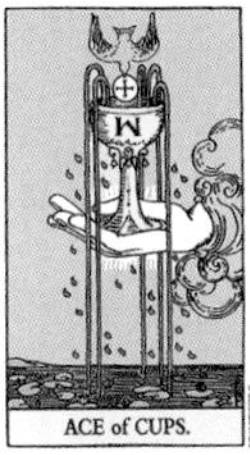

杯のA
172

杯の2
176

杯の3
180

杯の4
184

杯の5
188

杯の6
192

杯の7
196

杯の8
200

杯の9
204

杯の10
208

杯のペイジ
212

杯のナイト
216

杯のクイーン
220

杯のキング
224

第4章 剣《ソード》 Swords ……229

「剣」の意味とカードの流れ ……230

剣のA
232

剣の2
236

剣の3
240

剣の4
244

剣の5
248

剣の6
252

剣の7
256

剣の8
260

剣の9
264

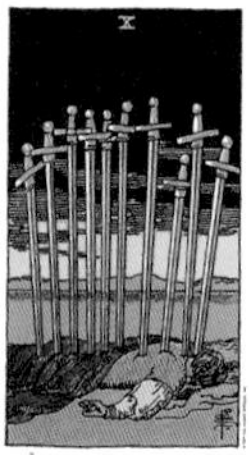

剣の10
268

剣のペイジ
272

剣のナイト
276

剣のクイーン
280

剣のキング
284

第5章 金貨《ペンタクル》 Pentacles ………289

「金貨」の意味とカードの流れ ………290

金貨のA 292

金貨の2 296

金貨の3 300

金貨の4 304

金貨の5 308

金貨の6 312

金貨の7 316

金貨の8 320

金貨の9 324

金貨の10 328

金貨のペイジ 332

金貨のナイト 336

金貨のクイーン 340

金貨のキング 344

金貨の2(正)p.296

第6章 タロットカード リーディングLESSON ………349

占う前に、準備をしましょう ………350
カードを使って占ってみましょう ………352
リーディングのポイント
- キーワードの読み方 ………354
- 上達するためのヒント ………357
- ワン・オラクル応用編 ………360
- ツー・カードで占う ………361
- 誰かを占うときの注意点 ………364
- 困ったときのQ&A ………365
- 正位置と逆位置について ………368

占いサンプル ………370
タロット・カードを使わずに占う方法
- ①本書を一回だけ開いて占う「ビブリオマンシー」の方法 ………374
- ②本書を三回開き、巻末の早見表を使って占う方法 ………374
- ③ストップウオッチを使う方法 ………376

COLUMN

1 大アルカナと小アルカナ ………16
2 正位置と逆位置 ………108
3 タロットの発祥と歴史 ………168
4 ウェイト＝スミス・タロットについて ………228
5 タロットカードの数字と物語の流れ ………288
6 占いの結果が悪かったときの対処法 ………348

おわりに ……………378

巻末とじ込み カード早見表

この本で使用している タロットカードについて

タロットカードには実に多くの種類がありますが、この本で使用しているのは、世界で最も有名で、最も大きなシェアを誇る「ウェイト=スミス・タロット」です。発行は1909年。ウィリアム・ライダー&サン社が出版元であることから「ライダー版」、また、監修者がアーサー・エドワード・ウェイトであることから「ウェイト版」とも呼ばれます。

このタロットカードの特徴は、78枚全てに詳細で象徴的な絵が描き込まれていることです。これは、作画者であるパメラ・コールマン・スミスの大きな功績といっていいでしょう。それ以前の代表的なタロットカードであるマルセイユ版は、もっとシンプルで、特に小アルカナは、杯や金貨などが描かれているだけでした(画像参照)。ウェイト=スミス・タロットの緻密で神秘的な絵柄は、本書で紹介するシンボル・リーディングに最適といえます。

大アルカナの「愚者」。左はウェイト=スミス・タロット、右はマルセイユ版タロット。

小アルカナの「杯の10」。左はウェイト=スミス・タロット、右はマルセイユ版タロット。

 杯の9(逆)p.204

COLUMN 1

大アルカナと小アルカナ

一般的なタロットカードは、22枚の大アルカナと56枚の小アルカナ、合計78枚によって構成されています。アルカナとは、ラテン語で「秘密」を表す「アルカヌム」の複数形で、タロットのことをアルカナと呼ぶようになったのは、19世紀後半以降です。

大アルカナは、上部にローマ数字（p.288）が振ってあり、下部に英語で名称が書かれているカードです。また、22枚それぞれに寓意性の強い特徴的な絵が描かれています。全78枚の中では主役であり、これらがタロットをタロットたらしめています。そのため、大アルカナだけで成立しているタロットのデッキ（セット）もあります。

小アルカナの構成は、トランプに似ています。トランプの場合はクラブ、ハート、スペード、ダイヤという４種類のスートですが、タロットの場合は棒、杯、剣、金貨という４種類のスートになっています。

「スート（suit）」とは、「一組」あるいは「一そろい」を意味し、各スートに、A（１）から10までの数札（ヌーメラルカード）と、ペイジ（見習い騎士）、ナイト（騎士）、クイーン（女王）、キング（王）が一人ずつ描かれた人物札（コートカード）があります。「ヌーメラル」とは数字、「コート」とは宮廷です。宮廷にいる人物を指すため、コートカードと呼ばれるようになりました。

数札は、上部にローマ数字が振られているだけで、名称はありません。また、各スートにＡから10まであるので、合計40枚です。古典的タロットの場合、数札の絵柄は、「棒の４」なら棒が４本あるだけのシンプルなものがほとんどですが、本書で使用するウェイト＝スミス・タロット（p.15、p.228）は、数札にもすべて細かく絵が描き込まれていることが大きな特徴です。

人物札には数字がなく、下部に「KING of CUPS.（杯のキング）」などの名称が書かれています。ペイジ、ナイト、クイーン、キングの４人から成り、４つのスートがあるので、合計16枚です。占いの結果として出た場合は人物を示すことが多いといわれますが、固定観念にとらわれる必要はなく、人物ではなく事柄を示すこともあります。

TAROT
READING
BOOK

第1章
大アルカナ

Major Arcana

 太陽(正)p.96

大アルカナの特徴とメッセージ性

強いメッセージ性と影響力を持つ

78枚で構成されるタロットカードのうち、22枚を占める大アルカナは、トランプにおけるジョーカーのようなものです。つまり、強いメッセージ性と影響力を持つ、いわば切り札となるカードです。

それ以外の小アルカナ56枚は、トランプの数札や人物札に相当します。トランプの切り札はジョーカーのみですが、タロットではそれが「愚者」「皇帝」「死神」「太陽」など、全部で22種類あるわけです。

大きな変化を予感させるカード

タロットで占いをして、一枚選んだカードが大アルカナだった場合、大きく状況が動く、チャンスが訪れる、イベントが発生するなど、運命の流れを強く感じることになるでしょう。小アルカナが出た場合よりも、ひときわ強いメッセージになると思ってください。

もちろん、小アルカナも重要なメッセージを伝えてくれます。しかし、伝統的な小アルカナは、マークと数字だけのシンプルなものであることが一般的でした。この本で使うウェイト＝スミス・タロットは、小アルカナについても細部まで絵が描き込まれていますが、やはりタロットの主役は大アルカナです。

ルネサンス期の絵画の題材が多い

大アルカナ22枚の絵を見てみましょう。どの種類のタロットでも描かれているものはおおむね同じで、タロットが普及したルネサンス期のヨーロッパで、絵画の題材としてよく取り上げられていたものばかりです。

読み書きのできる人の少なかった時代、絵画は民衆にメッセージを伝えるための重要な手段でした。たとえば、キリスト教が重視する徳目である「正義」という概念は、天秤と剣を持った人物で表され、「節制」は水を注いでワインを薄める場面がルーツでした。「恋人たち」は愛を、「戦車」は凱旋を、「皇帝」は権威を、「教皇」は敬虔を表すものです。また、「死神」が死の恐怖を、天使がラッパを吹く「審判」が死からの復活を表すというのは、当時の人によく知られていたことだったはずです。こうした題材の中には、時空を超えて、私たち日本人にも理解できるものが多数あります。

「正義」という概念は、天秤と剣を持った人物で表される。

「皇帝」の絵柄からは、誰もが権威やリーダーシップを想起する。

「死神」が死の恐怖を表すことは、古今東西、共通している。

「恋人たち」に登場するのはアダムとイブ。空に天使がいる。

「悪魔」では、悪魔の左右に男女が配置されている。

「審判」では再び巨大な天使が登場。死人が復活し、審判を受ける。

慣れてきたら、構図やシンボルの類似にも注目を

本書で使用するウェイト＝スミス・タロット(p.16、p.228)は、連作絵画のように全体で一つの物語を構成しており、一枚のカードには他のカードの要素が、潜在的な可能性や余韻として含まれています。特に大アルカナでは、その傾向が顕著です。本書では初心者向けに、主に前後のカードとの関係を解説しました。占いに慣れてきたら、同じ構図やシンボルが出てくるカードを比較し、解釈の参考にしてみましょう。たとえば「恋人たち」の男女は、誘惑に負ければ「悪魔」にとらわれる可能性があり、また「審判」によって天国への復活を果たすかもしれないのです。

 金貨の9(正)p.324

0 愚者

遠くを見つめて軽やかに歩く若者。
その足元の危険に気付いていない。
崖下に落ちるか、飛び越えるか。

逆位置

The Fool

基本の物語

明るい空と白い太陽のもと、遠くを見つめて、踊るような足取りで歩く若者。それを追いかける犬が、足元の崖に気付いて吠えはじめました。しかし若者は気にもとめず、そのまま宙を舞いそうなくらい軽やかに歩みを進めています。

このカードの「0」という数字は、何もないことや、まだ始まっていないことを表しています。どこにも所属せず、何にも縛られない自由と解放感、あるいは、スタート前の未熟さや危うさを意味することもあるでしょう。「愚者」は、そんな世間知らず、または怖いもの知らずの、自由な旅人のようなキャラクターです。

逆位置を読むポイント

逆位置では、固く重たい地面や崖、遠くに見えていた険しい山並みが際立ってきます。危なっかしさや世間の厳しさが、やや目立つ印象です。

しかし、若者の自由で軽やかなイメージは変わりません。むしろ、アクロバティックなポーズに見えてきて、何か常識を覆すようなことをやってくれそうな雰囲気さえ出てきます。

正位置と異なる点は、リスクの表面化、ミスや失敗の増加、何が起こるか分からないというワクワク感、意表を突く方法、思いがけない展開といった意味が強調されることです。

愚者に描かれたシンボル

・羽根付きの帽子・

羽根は直感や軽さを、赤は情熱や積極性を表します。ふらりと出かけることや、勢いだけで行動することを意味しています。この帽子は、栄光を表す月桂冠のよう。闇を知らない純粋さと無邪気さを表しているのです。

・黄色い空・

黄色い空は、豊かな光に満ち、明るく健康的な雰囲気を醸し出しています。白い太陽の純粋なエネルギーが日差しとなって降り注ぎ、暖かさや明るさを提供しているわけです。楽しく喜びにあふれる環境や状態を表しています。

・白い太陽・

白い太陽は、純粋な輝きを意味します。無から有が生み出されることや、天地創造とも関連します。全ての存在の源となるこの太陽は、あらゆる可能性の象徴であると同時に、まだ何ものでもないことを示しています。

・若者の服・

朝顔または朝日を思わせる丸いモチーフは、はかなさ、気まぐれ、明るさを象徴し、その周囲の植物は、雑然とした様子を表します。裾は風をはらみ、しっかりと保護する服というより、邪魔にならなくて軽い服です。

・棒とバッグ・

長く真っすぐな棒は、情熱や意志を表すと同時に、歩行の支えになって安全を守ります。小さなバッグに施された刺しゅうの鳥は、旅と軽やかさの象徴です。立派な棒と緻密な刺繍から、この人物が貧乏ではないことが分かります。

・黄色いブーツ・

靴は、歩くための道具であり、道中の安全と足の保護に役立ちます。サンダルではなくブーツなので、散歩ではなく旅が目的です。黄色は健康な状態を表します。目立つ色なので、前向きで明るい旅立ちを象徴しています。

・白いバラ・

気まぐれに手折られたバラは、すぐにしおれて捨てられる、はかなくか弱い存在です。純白は汚れのなさや純粋さの象徴で、まだ何も知らないこと、これから経験を積んで周囲の色に染まっていくことを意味しています。

・遠くの山並み・

波立つ海のような、あるいは凍った氷山のような山並みは、世間の厳しさや試練を象徴しています。山々は遠くにありますから、今すぐではないにせよ、将来的に直面するかもしれない課題や障壁を暗示しています。

・崖・

崖の下が見えないので、どれくらいの高さなのか、下は固い地面なのか、芝生なのかが分かりません。いずれにせよ、気楽な道の終わり、跳躍のきっかけ、冒険の最中の困難や試練を暗示することに変わりはないでしょう。

・白い犬・

犬は、古くから人間のパートナーで、夜の見張りなどを務めてきました。忠誠心の象徴であり、魂の導き手ともされています。このカードでは、楽しげな旅の同伴者、忠実なる友、危険を知らせる相棒として描かれています。

愚者 を読むためのキーワード

		若者の服	棒とバッグ	白いバラ	白い犬
恋愛	出会い	・真剣さのない人との ・楽しい人との ・軽いノリの人との ・誘いが複数重なる ・最初は友達としての ・午前中の ・自然の豊かな場所での	・正直な人との ・押しが強い人との ・支えてくれる人との ・倹約家との ・旅先や出張先での ・準備していないときの ・ストレートに誘われる	・気ままな人との ・経験が少ない人との ・世間知らずな人との ・ほれっぽい人との ・第一印象は良い ・強引な紹介での ・アプリに新規登録後の	・警戒が必要な人との ・信頼できる人との ・楽しい人との ・ルールに忠実な人との ・動物やペットを介した ・友達と一緒の場での ・第三者の紹介による
	相手の気持ち	・熱くなったり冷めたり ・とりあえずなんでもOK ・あなた一筋ではない ・気持ちがまとまらない ・とにかく自由でいたい ・行き当たりばったりで ・重い関係は遠慮したい	・発言を信じてほしい ・意思は変わらない ・導き、支えたい ・情熱を秘めている ・自分のプライドが大事 ・お金を使いたくない ・一緒に旅行したい	・今を楽しみたい ・魅力を感じている ・お世辞を言っている ・自分では決めたくない ・気持ちが定まらない ・好意は持っている ・不純なものは嫌だ	・誠意を見せたい ・指示を待っている ・構ってほしい ・一緒に楽しみたい ・言葉で伝えるのが苦手 ・直接会いたい ・心配している
	今後の二人	・なかなか交際に至らない ・楽しいが踏み込めない ・中途半端な関係になる ・まだ友達がいいかも ・煩わしくなって離れる ・軽い付き合いが続く ・責任を負わない方向で	・いちずさが実って交際へ ・付き合いが長続きする ・同棲を持ちかけられる ・遠距離になる可能性も ・結婚前提ならうまくいく ・浮気の心配はなさそう ・財産目的はNG	・今後のことは白紙に ・あっという間に終わる ・やや強引に付き合う ・独占欲が問題になる ・相手の色に染まる ・モラハラに注意 ・釣った魚に餌はやらない	・楽しく交際する ・頼れる相棒になる ・信頼関係が構築される ・優柔不断だと進展しない ・下心を見せると頓挫する ・恋より友情を優先に ・生涯のパートナーになる
仕事		・転職計画は最初から ・ポイントを明確に ・見た目にアクセントを ・デスクの整理が必要 ・資料や報告は明確に ・とりあえずの策でよい ・深く考えるより勢いで ・臨機応変な対応を ・連絡が錯綜しがち ・うわさや情報に注意	・海外関連がおすすめ ・起業は口先だけになる ・柱となる人物に注目 ・揺るぎないポリシーを ・本来の目的を大事に ・変更しない方がよい ・熱意が支えになる ・見聞を広めると吉 ・代理店に依頼しよう ・予算または人材が不足	・転職の可能性はまだある ・独立すると軽んじられる ・才能やセンスの開花 ・小さな結果が出る ・アピールの材料ができる ・世間知らずな行為に注意 ・白紙に戻る ・元通りになる ・これから詳細を詰める ・美意識を大切に	・転職は初心に返って ・失敗を恐れず挑戦を ・理解者や賛同者がいる ・協力者に救われる ・重要人物をマークして ・リスクの管理が必要 ・部下との連携が大事 ・ゴマ擦りは拒むべき ・下心なしで動くと吉 ・幼少期の夢がヒントに
お金		・一時的にもうかる ・信用取引やローンはNG ・朝の活動が金運を呼ぶ ・大きな買い物はしないで ・マルチ商法の誘惑あり	・サポートを得られる ・専門家の意見を参考に ・本業をしっかりとこなす ・荒稼ぎは期待できない ・貯金を守るべし	・実体なき見せ金が有効 ・新札を持つと吉 ・金に執着しないこと ・クリーンなお金を ・利害関係の透明化を	・衝動買いに注意 ・欲に負けてはダメ ・甘え上手になると吉 ・自分のお金は増えない ・ペットにお金がかかる
行動のヒント		・朝食でパワーアップ ・気ままに出かけよう ・服装は自由に ・気軽に人と交流すべし ・一カ所に長居をしない	・得意分野を披露しよう ・不要なものの整理を ・旅行や移転の計画は吉 ・断捨離とダイエットを ・剣道や野球などは吉	・手の動きをきれいに ・清潔感が大事 ・美容関係はおすすめ ・法やルールを守る ・見返りなしの覚悟を	・卑屈にならないで ・お風呂で身を清めよう ・子供や動物に癒やされる ・家族との触れ合いを ・運動を楽しむとよい

その他のシンボル　**羽根付きの帽子** 無邪気な人　勢いが大事　直感に従おう　名誉を守ろう　軽快さが吉

白い太陽	黄色い空	崖	遠くの山並み
出会い	**出会い**	**出会い**	**出会い**
・純粋な人との	・心が広く寛大な人との	・素性が不明の人との	・冷淡な人との
・下心のない人との	・ただ楽しみたい人との	・住む世界が違う人との	・遠距離の人との
・偏見のない人との	・スポーツ関係者との	・大胆な人との	・北国の人との
・恋愛以外の目的での	・遊びたい人との	・不注意な人との	・厳格な人との
・自己確立できた後の	・開放的な雰囲気での	・わなや詐欺かもしれない	・緊張する場面での
・今はまだ出会いがない	・アウトドアでの	・病気や事故が縁での	・大自然の中での
・晴れた日の昼間の	・楽しいイベントでの	・高い場所での	・心理的ハードルの高い
相手の気持ち	**相手の気持ち**	**相手の気持ち**	**相手の気持ち**
・まだ様子見の状態	・話して打ち解けたい	・警戒心を抱いている	・親近感が湧かない
・今は恋ではない	・心を開いている	・本音がつかめない	・壁を感じている
・先のことは分からない	・緊張しないで話せる	・今は保留にしたい	・仲良くなれそうにない
・ピュアな気持ち	・警戒心はない	・これ以上は近づかない	・恋愛に興味が湧かない
・本音が漏れてしまう	・興味津々ではある	・価値観の違いが気になる	・今は何も考えたくない
・恋愛に発展するかも	・みんなで楽しみたい	・告白する勇気がない	・高根の花だと感じる
・オープンな関係を望む	・喜びを分かち合いたい	・駆け落ちも辞さない	・過去の傷が足かせに
今後の二人	**今後の二人**	**今後の二人**	**今後の二人**
・友達として交際する	・すぐに意気投合する	・覚悟が試される交際	・恋愛モードにならない
・プラトニックな愛	・周囲も公認の仲に	・衝撃の事実が明らかに	・進展を阻む問題が発生
・交際する自信がない	・デートを重ねる	・別の人から告白される	・約束が中止か撤回に
・遠慮すると進まない	・遊びから本気になる	・突然の別れ	・淡々と付き合う
・復縁より新たな恋を	・不倫は続かない	・試練を越えて結ばれる	・自由のない関係
・これから始まりそう	・健康の問題で交際解消	・いきなり求婚される	・将来が見えない交際
・公私のパートナーに	・家族に紹介して結婚へ	・駆け落ちの可能性あり	・結婚への道のりは遠い

・先入観のない転職は吉	・転職の選択肢が広がる	・転職には落とし穴あり	・転職の理想は高く
・勝算がなくても挑戦を	・独立や起業に挑戦を	・リスク承知の挑戦は可	・独立は無謀な挑戦に
・ゼロから再構築を	・何も決まっていない	・失敗を恐れないなら吉	・求める結果に届かない
・経験や常識は度外視で	・放っておかれるかも	・綱渡りのような道のり	・困難が立ちはだかる
・偏見を捨てるべし	・束縛から解放される	・先が見えない	・厳しい評価を受ける
・派閥にとらわれないで	・フラフラしないで	・守りに入ると停滞する	・萎縮しないこと
・無知が斬新さを生む	・常に見られている状態	・逆鱗に触れぬよう注意	・対人関係が硬化する
・自由にプランを描こう	・気分が上がる	・足を引っ張られる	・先方に距離を置かれる
・まだビジョンがない	・ようやく日の目を見る	・勇気と覚悟が問われる	・周囲を気にしないで
・失うものがない強み	・表舞台に立つ	・一か八かのチャンスあり	・長期的な計画が必要

・初の試みに金脈あり	・投資先が見当たらない	・危険だがもうかるかも	・不毛なビジネス
・フリーや完全歩合は吉	・貴重な情報を得る	・株価などの下落	・お金が動かせない
・おこぼれを頂戴できる	・稼ぐチャン[illegible]	・相場の急激な変化	・貯蓄をするにはよい
・もうからないが希望あり	・つい浪費しがち	・最悪を想定するとよい	・不動産関係は吉
・新しい挑戦に商機あり	・形のある物に出費して	・減給や降格の可能性あり	・口座や金庫の確認を

・明るい話題を広めよう	・のびのびと過ごそう	・油断がけがにつながる	・禁欲生活や山ごもりは吉
・日光を浴びるとよい	・アウトドアを楽しんで	・事故に気を付けて	・鍛錬や修業もおすすめ
・紫外線対策は必要	・疲労回復にビタミンを	・一時的に落ち込むかも	・登山や旅行は吉
・誰かの案内で昼食を	・消化器をいたわろう	・落とし物に注意	・展望台や高台もよい
・理想を語ってみよう	・運動するなど健康志向で	・度胸を決めて飛ぶと吉	・大自然との触れ合いを

その他のシンボル **黄色いブーツ** 明るい人　長い付き合い　安定感が重要　防御を考えて　旅行や出張は吉

 金貨の7(正)p.316

1 魔術師

頭上に示されたのは天上の力。
多くの才と自信を手にした若者が、
自分の世界を創造しようとしている。

逆位置

The Magician

基本の物語

若き魔術師が、天上の力を大地に降ろそうとしています。机の上の魔術用具を使いこなし、自分がなすべきことを始めようとしているのです。

彼は、豊富なアイデア、卓越したコミュニケーションスキル、知性や直感力などを我がものとし、立ち姿や顔つきにも自信が表れています。

一つ前の「愚者」は、無邪気に夢想するだけで実際の行動には至りませんが、この魔術師は、自分のプランを実現するために行動します。

頭上の∞(レムニスケート)は天上の力を意味します。8番の「力」にも描かれていますが、「力」が受動的で慈悲と忍耐力を表すのに対し、「魔術師」は能動的で意志と行動力を暗示します。

逆位置を読むポイント

逆位置でも魔術師は堂々としていますし、他の要素も、さほど大きな変化はありません。正位置では、大地を指す指と用具を置いた机が目立っていましたが、それらの存在感が少し薄れるくらいでしょうか。

大地を指す指が主張を弱めたということは、地に足の着いた行動と、そこから生まれる結果に、やや陰りが見えることを意味します。また、机を支える大地が本来の場所にないため、人の支えや助けを当てにせず、自助努力する必要があるでしょう。

魔術師に描かれたシンボル

・右手と左手・

天と地を同時に指差す姿は、精神と肉体とのバランスを整え、形のないものを形にしていく意志を示します。理想を現実にする、抽象的な思考を具体化する、理論を実践に移すなど、目標に向けて行動を始めようとしているのです。

・黄色い背景・

余計な物のない、純粋な光に満ちた空は、祝福と応援が得られること、邪魔されずに集中できる環境が整っていることを意味します。魔術師は、この空を含め、カードに描かれた全ての事物を自分の手中に収めています。

・∞マーク・

メビウスの輪を描く∞(レムニスケート)は、無限の可能性や、均衡を保って繰り返されることを表します。二つの輪は、表層意識と潜在意識、男性性と女性性など、対立する２項が調和しながら循環することを示します。

・蛇のベルト・

自分の尾をかむ蛇(ウロボロス)は、生まれ変わることや、永遠の生命を象徴しています。それを寿命のある体に巻き付けているのは、自分の限界を知りつつも、試行錯誤をしながらそれを超越しようという意志の表れです。

・白いヘッドバンド・

頭を真っ白にすることや、邪念を排除して思考をクリアにすることを表します。二つの輪からなる∞は、続いていくことを意味しますが、ヘッドバンドは一重で、物事を完結させる意志や、そのための覚悟を示します。

・机の上の道具・

棒、杯、剣、金貨は、タロットを構成する四つのスート(要素)です。西洋の神秘思想では、これら四つは、世界を構成する四元素に対応しています。つまり、あらゆる材料と必要な才能がそろっていることを意味するのです。

・白い装束・

純粋さ、謙虚さ、悪意や邪念がないことを示します。また、子供や経験の浅い者が、まだ誰の色にも染まっていない様子や、これから未知の領域に踏み込んでいくことも表します。まっさらな状態でのスタートです。

・机・

シンプルな机ですが、十分な大きさがあり、必要な物を全部のせることができています。安定した土台となる場所や資金があり、支えてくれる協力者が、おそらく四人(机の脚と同じ数)いることを示しています。

・赤いバラと白いユリ・

白いユリは貞節や純粋さを、赤いバラは激しい情念や痛みを伴う犠牲を表します。ユリよりバラの方が繁茂していることから、無垢な思いが、激しい情熱と血のにじむような努力に埋もれていく様子を暗示しています。

・赤いローブ・

赤い色は、燃えるような情熱、あふれる闘志、攻めの姿勢など、激しいエネルギーの象徴です。それをまとっているのは、明確な目標や願望があり、そこへ向かうという意思表示。積極的に行動することを宣言しているのです。

 杯の3(正)p.180

魔術師を読むためのキーワード

	右手と左手	∞マーク	赤いローブ	赤いバラと白いユリ
恋愛（出会い）	・口が達者な人との ・目的が明確な人との ・意志が強い人との ・才能あふれる人との ・新規登録のアプリでの ・一本の連絡からの ・知人に仲介されての	・性格が真逆な人との ・数学が得意な人との ・相性が良い相手との ・前と似たような人との ・失恋の後の ・同時に進行する ・いつもの場所での	・積極的な人との ・気合の入った人との ・情熱的な人との ・体を鍛えている人との ・本気の婚活の場での ・スポーツが縁での ・ライバルがいる場所での	・婚活に必死な人との ・恋愛に不慣れな人との ・表裏がある人との ・体が目的の人との ・おめでたい会での ・教会などが縁での ・合コンや婚活の場での
恋愛（相手の気持ち）	・好かれる自信がある ・次の展開を考えている ・主導権を握りたい ・あなたを知りたい ・自分のペースが大事 ・自分で物事を決めたい ・わがままを通したい	・考えが堂々巡りしている ・今は結論を出せない ・どちらも選べない ・ダラダラと続きそう ・同じことを繰り返す ・依存や執着がある ・心境や状況が変化した	・複数の候補者がいる ・とにかく目立ちたい ・いら立っている ・今が良ければいい ・熱心に口説くつもり ・表面的な愛情を見せる ・スリルと刺激が欲しい	・自分を犠牲にしている ・欲望を自制している ・恋心が咲き乱れている ・あなたを美化している ・本音と建前が違う ・情欲を無邪気さで隠す ・性のあり方に問題あり
恋愛（今後の二人）	・交際がスタートする ・願いが実現する ・第三者の尽力で交際へ ・同じ趣味だと進展する ・口約束は失敗の元 ・不足を補い合う関係に ・結婚は二人の努力次第	・元のさやに収まる ・同じパターンを繰り返す ・紆余曲折がある ・心が交わる時期もある ・なかなか先に進めない ・けんかを繰り返す ・別れることはない	・一夜だけ盛り上がる ・交際を迫られる ・衝動的に交際を始める ・関係を持って満足する ・衝動的に別れる ・愛が燃え上がる ・駆け落ちも辞さない	・気持ちが焦ると失敗する ・体の関係だけになりそう ・交際後は素っ気ない ・じらす方が燃え上がる ・一線を越えなければ吉 ・付き合うなら結婚が前提 ・祝福される結婚へ
仕事	・転職・独立・起業は吉 ・満を持してスタートを ・自信を持って進めよう ・ビジョンの具体化を ・机上の空論はダメ ・実践するか実績を積む ・意志を貫き通すべし ・再出発と刷新を ・一から創造しよう ・最初から全力で	・今の職場にいるべき ・未知の分野に挑戦を ・一進一退のやりとりに ・2人だと好バランス ・出口のない言い争い ・派閥争いに巻き込まれる ・惰性で続けないように ・いったん元に戻すと吉 ・継続して苦手意識を克服 ・契約を更新する	・転職は積極果敢に ・今が勝負のとき ・やる気を見せるべき ・熱い思いが通じる ・本音を戦わせると吉 ・小細工より正面衝突を ・押しの一手が効く ・燃え尽きるまでやる ・忖度しないで正直に ・本番に強い	・初心に返る転職は吉 ・起業は長続きしない ・熱意に加えて節度も大事 ・センスと感性が重要 ・短期間でピークに達する ・成功には痛みが伴う ・自己犠牲は意味がない ・頑張り過ぎないように ・言わぬが花 ・秘密裏に事が進む
お金	・頑張ればお金になる ・自分で稼ぐべし ・意外な物に価値あり ・学びがそのまま収入に ・収支の振れ幅が大きい	・ローンが終わらない ・長期的な収入を考えて ・兼業する方がよい ・負担も利益も折半が吉 ・収支のバランスに配慮を	・やり過ぎると赤字になる ・攻めの姿勢を維持しよう ・詐欺などには徹底抗戦を ・泣き寝入りはNG ・置き引きに気を付けて	・成功してももうからない ・利得も損失もある ・売上増でも所得は減る ・昇進しても昇給しない ・浪費しがち
行動のヒント	・二極のバランスをとる ・神秘と宗教に縁あり ・世界について考える ・本当の望みを知る ・初挑戦はするべき	・哲学を学ぶとよい ・利き手ではない手で ・ループで音楽をかける ・食べ放題はおすすめ ・二枚貝を食べると吉	・攻めのファッションで ・スポーツやライブは吉 ・得意分野に持ち込もう ・ほろ酔いは可、泥酔不可 ・赤身の魚や肉がおすすめ	・植物園や公園へ行こう ・男女が集う交流会へ ・美意識にかなう行動を ・熱くなるとけがをする ・官能的な作品を楽しもう

その他のシンボル　**黄色い背景**　認められた人　祝福される　邪魔が入らない　集中できる　未来は明るい

※「机の上の道具」の恋愛・仕事欄は、目に付いた道具（棒・杯・剣・金貨）のキーワードも参考にしてください。

机の上の道具(※)	白い装束	蛇のベルト	机
出会い ・才能豊かな人との ・完璧な人との ・バランスの良い人との ・一目ぼれの（棒） ・飲み会での（杯） ・アプリでの（剣） ・紹介での（金貨）	**出会い** ・正直な人との ・おとなしい人との ・印象の薄い人との ・ピュアな人との ・知人の集まりでの ・子供や学びが縁の ・職場や学校での	**出会い** ・努力家との ・諦めない人との ・同じ手順を好む人との ・進歩を望む人との ・地元での ・狭い業界内での ・受け身のお見合いでの	**出会い** ・生活が安定した人との ・貯金がある人との ・支えてくれる人との ・転勤がない人との ・昔ながらの見合いでの ・安心できる紹介での ・職場や仕事関係での
相手の気持ち ・候補者が他にもいる ・総合的に判断したい ・恋愛以外の要素が重要 ・すぐに会いたい（棒） ・受け身の状態（杯） ・仕事を優先する（剣） ・金銭感覚が重要（金貨）	**相手の気持ち** ・当面は友達でいたい ・何も期待していない ・可能性はないと思う ・自分には無理かも ・白紙に戻したい ・しばらく休みたい ・子供が欲しい	**相手の気持ち** ・自分の都合で進めたい ・趣味を理解してほしい ・高望みはしない ・臨機応変は苦手 ・守りに入っている ・強いこだわりがある ・理解に向けて努力する	**相手の気持ち** ・結婚志向が強い ・自分からは連絡しない ・受け身の姿勢を維持 ・重いと感じている ・誰かの協力が必要 ・支えが欲しい ・何があっても動じない
今後の二人 ・完璧主義が障害になる ・順を追って交際へ ・補い合って良好な関係に ・情熱的な恋が続く（棒） ・相手の状況を尊重（杯） ・連絡次第で順調に（剣） ・結婚を考える（金貨）	**今後の二人** ・美しい片思いが続く ・何もなく終わる ・放っておくと自然消滅 ・連絡がなくなる ・リードすれば進展する ・少しずつ段階を踏む ・家族のような関係に	**今後の二人** ・デートしても進展なし ・同じ過ちに注意 ・歩み寄りが必要に ・諦めなければ成就する ・納得できる結果に ・破局と復縁のループ ・執着から脱出できない	**今後の二人** ・あまり動きがない ・家に入り浸りになる ・二人で自堕落な生活に ・あなたより家族が優先 ・第三者の支援で仲直り ・重い腰を上げて先の話を ・婚約や結婚へ
・スキルが生きる転職を ・独立の準備は整った ・潜在能力を発揮しよう ・人材や資材の活用を ・適材適所を心掛けよう ・バランスのよい判断を ・やる気を重視（棒） ・何人かに相談を（杯） ・情報を分析して（剣） ・チームを組もう（金貨）	・未経験の事柄に挑戦を ・リセットして再始動が吉 ・プライドは捨てるべし ・服装も大事 ・謙虚に教わる姿勢で ・経験則で考えないこと ・貪欲に吸収するべき ・無欲ならうまくいく ・目下の意見がヒントに ・新人を登用してみよう	・前の仕事に戻るかも ・最後まで勤め上げる ・転職はこれが最後 ・日々アップデートを ・初心を忘れないで ・長期プロジェクトは吉 ・環境に慣れてくる ・継続は力なり ・新規プランは慎重に ・同じミスを防ぐべし	・今の仕事を続けるべき ・まず状況を整理しよう ・後方支援に回ろう ・縁の下の力持ちを務めて ・批判や攻撃はスルーを ・デスクワークに集中を ・しっかり環境を整えて ・周囲の協力を得よう ・机の整理も大事 ・適材適所を意識して
・複数の収入源をつくろう ・自分の能力で稼げる ・偏りをうまく調整して ・十分な利益を出せる ・収支のバランスに配慮を	・プラスマイナスゼロ ・新規ビジネスは吉 ・ビギナーズラックあり ・邪念があると稼げない ・クリーンな商売を	・これ以上は稼げない ・収入は途絶えない ・お金はなんとか回せる ・蛇革と蛇柄がおすすめ ・最終的には困らない	・貯金の仕組みづくりを ・運用計画を立てるべき ・収入増なら節税対策を ・不用な物を捨てると吉 ・金融の専門家に相談を
・西洋思想を学ぼう ・シミュレーションが大切 ・スキルを自慢しよう ・積み木やパズルは吉 ・占いがおすすめ	・新鮮な旬の食材を ・上品さと爽やかさが吉 ・子供や動物と遊ぼう ・知らないことに挑戦を ・食物繊維でデトックスを	・衣替えが幸運を呼ぶ ・繰り返すと落ち着く ・環状線を利用しよう ・昔からの友人を大切に ・ベルトにこだわりを	・卓を囲んで団らんを ・行動範囲を絞るとよい ・安全な場所で遊ぶべし ・インテリアの充実を ・料理がおすすめ

その他のシンボル　**白いヘッドバンド**　いちずな人　順調に結ばれる　完結する　思考をクリアに　強い意志を

 悪魔（逆）p.80

2 女教皇

彫像のように静かな女教皇。
帳《とばり》の向こうに隠されている秘密を
彼女は決して語らないだろう。

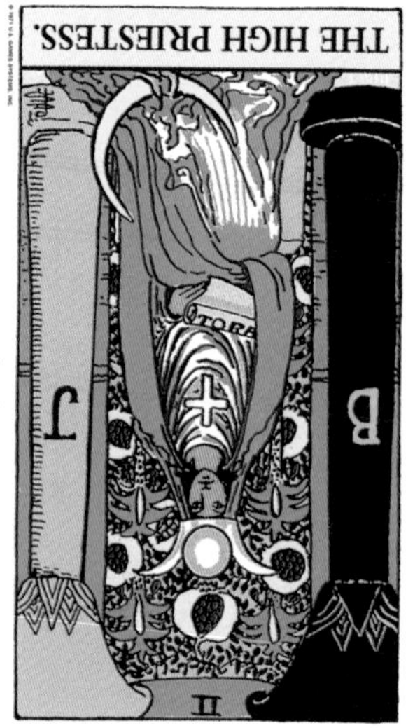

逆位置

The High Priestess

基本の物語

この「女教皇」と５番の「教皇」は、宗教界のトップです。教皇は、神の教えを世間一般の言葉で信者に伝えますが、女教皇は、神の啓示をそのまま伝えます。超然として近寄りがたい。現実の事柄や、場合によっては人間にも興味がない。その分、汚れがなく清廉潔白。融通がきかず、妥協しない。そんなイメージです。

二本の柱と帳の向こうに隠されているのは、知られたくないこと、見たくない自分、裏で動く何か。手にしているのは、この世の叡知と理が記された巻物。つまり、一つ前の「魔術師」で何かを始め、次の「女帝」で多くのものを生み出すためには、このカードに暗示されるような、見えない世界の探究が不可欠なのです。

逆位置を読むポイント

逆位置では柱のバランスが少し変わるのと、足元の三日月が裾に引っ掛かったように見えるくらいで、正位置とさほど印象が変わりません。

帳の向こうは相変わらず隠されていますし、女教皇も冷静さを保っています。このカードの逆位置は、しばしば「冷静さ」の反対ということで「ヒステリック」と解釈されますが、実は正逆ともにそうした側面が含まれています。ただ、逆位置のほうがヒステリックになりやすい、という程度です。

女教皇に描かれたシンボル

・ザクロとヤシの帳・

ザクロは官能性と実りを表す女性性の象徴、ヤシの木は上昇志向や高揚などを表す男性性の象徴です。これらは冥界や異国に関連するので、帳の向こうには、未知の世界、秘密、裏で操る者など、重要な何かがあると考えられます。

・背景の空と海・

帳の向こうには深い色の空と静かな海があり、非現実の世界、真実が隠された彼岸のように見えます。こちら側からは知り得ないこと、隠しておきたいこと、体験したことのない世界があることを示しています。

・二本の柱・

ヤキン(J)とボアズ(B)は、ソロモン王の神殿にある二本の柱。ヤキンは「主が堅固に建てる」、ボアズは「力をもって」を意味するとされています。ここでは二つの事柄または対立する2項が、行く手を阻む状態を表します。

・巻物・

TORAH(トーラー)とは、ユダヤ教の律法のこと。狭い意味では『旧約聖書』のモーセ五書を指します。ここでは、神秘的な知恵、宗教的な言葉、啓示、高度な知識、学びのための書物、貴重な資料、重要な書類などを表します。

・太陽と牡牛の冠・

この冠は、エジプト神話の女神ハトホルまたはイシスの頭飾りで、太陽と牡牛の角(三日月とも)を表します。女性が男性を、母が息子を、影が光を、秘書が社長を、精神が肉体をコントロールしていることを意味するものです。

・石のいす・

女教皇が座っているのは柱の向こう側、つまり人知を超えた領域にある立方体の石です。立方体は揺るぎない安定感を意味します。その硬い石の上に座る姿は、堅忍不抜の意志をもって真理の探究を続けることを意味します。

・胸元の十字架・

縦と横の長さが同じ十字架は、イエスの受難の象徴というよりは東西南北を示し、古今東西のあらゆる知恵に精通していることを表します。胸に下げているのは、その知識をひけらかさず、胸に秘めていることを意味します。

・黄色い地面・

黄色い地面は、足元に置かれた牡牛の角(三日月)の色と同じです。肥沃な大地を表すというより、大地に根差した生命力と感情の輝きを表します。帳の手前にあるので、現実の世界を示しているといえます。

・足元の三日月・

満ちはじめたばかりの三日月は、これから成熟していく女性性の象徴です。一方、これを牡牛の角と見るなら、力強い男性性の象徴となります。相反するものが混在する状態や、二つのものがしのぎを削る状況を示しています。

・青いマントと衣・

聖母マリアのシンボルでもある青いマントは、空や宇宙の色でもあり、精神性の高さと純粋さを表します。俗世間を超越すること、悲哀と慈愛を併せ持つこと、静けさや冷静さ、清廉潔白で汚れのない状態を示しているのです。

 杯の10(正)p.208

女教皇を読むためのキーワード

	二本の柱	ザクロとヤシの帳《とばり》	太陽と牡牛の冠	胸元の十字架
恋愛	出会い ・二面性のある人との ・近寄りがたい人との ・外国語を話す人との ・2人の候補者との ・神社仏閣や教会絡みの ・親や親戚が絡むような ・アプリやサイトでの	出会い ・家庭のある人との ・子供のいる人との ・芸能関係者との ・対人恐怖症気味の人との ・VIPルームでの ・会員制の店での ・秘密の会合での	出会い ・年の離れた人との ・仕事ができる人との ・カリスマ的な人との ・精神年齢の高い人との ・飲食する場での ・女性がリードする ・ペットや子供が縁の	出会い ・外国の人との ・無口な人との ・医療関係者との ・宗教の異なる人との ・学びの場での ・ダブルデートでの ・路上で、出会い頭の
	相手の気持ち ・相反する気持ちがある ・心を許していない ・自宅には招きたくない ・別の候補者がいる ・良心と邪心がせめぎ合う ・素直になれない状態 ・公私のバランスに悩む	相手の気持ち ・関係を知られたくない ・隠したいことがある ・前の恋人と切れていない ・体の関係を持ちたい ・性的な劣等感がある ・異性を嫌悪している ・逃げ出したい	相手の気持ち ・要求をのんでほしい ・自信たっぷりの状態 ・相性が良いと思える ・この状態を維持したい ・頼られたい ・心が二分されている ・誠実に付き合いたい	相手の気持ち ・言い分が衝突している ・折り合いをつけたい ・相性が良いと思う ・価値観の違いがある ・真剣に向き合いたい ・多くを語りたくはない ・自分を出したくない
	今後の二人 ・信頼関係が築けない ・拒絶されることに ・恋愛と仕事の二者択一 ・本命を絞り込めない ・不倫関係になる ・ひっそりと付き合う ・結婚が認められない	今後の二人 ・体の関係を求められる ・割り切った関係になる ・秘密の恋が続く ・賛同者がいないと孤立 ・逃げられてしまうかも ・現実逃避のための恋愛 ・性別を超越した関係	今後の二人 ・告白は成功する ・外から邪魔が入る ・包容力を発揮すれば吉 ・ハラスメントの傾向あり ・相手の言いなりになる ・家族を紹介することに ・恋愛は吉だが結婚は微妙	今後の二人 ・真剣な付き合いに発展 ・何かを犠牲にした交際 ・少し重荷になってくる ・別れる訳にはいかない ・恋愛より結婚が吉 ・思いを抑圧すると破局へ ・一緒に勉強するとよい
仕事	・転職や異動は狭き門 ・新たな挑戦には時期尚早 ・結果を積み上げよう ・二本柱の体制で ・権力に盾突くのは損 ・見えない部分の監視を ・二つの仕事を並行する ・セキュリティーの強化を ・部下を一本立ちさせる ・部外者を入れないこと	・転職先の候補がある ・独立しても結果が出ない ・ジェンダーに配慮を ・陰口をたたかないこと ・水面下の工作が効く ・機密は厳守すべし ・実は黒幕がいる ・最後に一花咲かせる ・潔く終わらせよう ・未知の分野に触れよう	・転職より現職がよい ・独立や起業は吉 ・リーダーになろう ・プロジェクトが成功する ・対人関係で緩衝材になる ・技術をさらに磨こう ・笑顔で鋭い指摘を ・何事も貪欲に吸収を ・若手と組むのがおすすめ ・強気で攻めてもよい	・転職のチャンス ・パートナーと起業もあり ・責任から逃れられない ・言い訳をしないこと ・確固たる信念が大事 ・幅広い見識が必要に ・偏見のない見方を ・才能を総動員すべし ・知識と教養を養おう ・文化の違いを考慮して
お金	・不正を回避しよう ・公共ビジネスに商機あり ・二つのタイプの貯蓄が吉 ・設備投資は積極的に ・兼業やダブルワークは吉	・粉飾決算に注意 ・人をまねると損をする ・個人情報とお金を守ろう ・お金の出所が不透明 ・密かに援助を得る	・迷ったら投資しない ・貯金を守るべし ・資産運用は期待できる ・農業関係のビジネスを ・王道で稼ぐのがベスト	・収支のバランスが重要 ・パートナー次第で変わる ・海外への投資も吉 ・稼いだら慈善活動を ・ときには願掛けもよい
行動のヒント	・共倒れを防ぐこと ・不法侵入に注意 ・一人歩きは避けよう ・遺跡や古い建築は吉 ・保険を掛けておこう	・多国籍料理がおすすめ ・女(男)子会をしよう ・隠れ家的な店がよい ・サプライズは成功する ・禁断の実には触れないで	・カレンダーに注目 ・おしゃれな店に行こう ・由緒ある物がよい ・夜でも明るい場所へ ・ボウリングや球技は吉	・偶然の再会に恵まれる ・安全運転を心掛けて ・パワースポットへ行こう ・お守りを持つべし ・偶数人での外出が良い

その他のシンボル　石のいす　忍耐強い人　気持ちが動かない　強固な意志を　リスク回避を　真実を追究して

足元の三日月	巻物	青いマントと衣	背景の空と海
出会い	**出会い**	**出会い**	**出会い**
・将来有望な人との	・頭脳明晰な人との	・恋愛経験のない人との	・本音が見えない人との
・中性的な人との	・学歴が高い相手との	・穏やかな人との	・素性を隠す人との
・尖った性格の人との	・精神世界の好きな人との	・世間知らずな相手との	・無表情な人との
・未熟で幼い人との	・本好きな人との	・御曹司・御令嬢との	・違う世界の人との
・夕方ごろの	・書店や図書館での	・静かな場所での	・不倫関係になりがちな
・新しい相談所での	・趣味や学びの場での	・きちんとした紹介での	・海の近くでの
・通い始めた場所での	・出版・教育関係が縁の	・宗教が重要事項の	・秘密を共有するような
相手の気持ち	**相手の気持ち**	**相手の気持ち**	**相手の気持ち**
・まだ決められない	・リアルな恋愛は苦手	・気持ちが安定している	・二人の関係を隠したい
・好印象を持ちつつある	・幻想を抱いている	・情熱は冷めている	・やましいことがある
・不安半分・期待半分	・理想通りに進めたい	・人に会いたくない	・現実逃避したい
・恋愛の対象ではない	・長文メールは読まない	・穏やかに過ごしたい	・人と関わるのが面倒
・軽く見られているかも	・本音は見せていない	・雑音を耳に入れないで	・孤独に耐えられない
・異性として違和感がある	・静かに読書したい	・優しく対応したい	・秘密がある
・もっと時間をかけたい	・話すのが面倒だ	・恋愛にやや嫌悪感あり	・現実が見えていない
今後の二人	**今後の二人**	**今後の二人**	**今後の二人**
・友人以上・恋人未満	・会わずにメールだけ	・断れずに付き合う	・知人に紹介できない仲
・好きなのに告白できない	・妄想についていけない	・同情で仲良くなる	・複雑な関係になる
・進展には時間が必要	・教科書通りの行動はNG	・自己犠牲で苦しみそう	・本命にはなれないかも
・愛憎相半ばする関係	・知的レベルが合えば吉	・周りに言えず悩む	・相手に幻滅する
・相思相愛になれるかも	・価値観の違いから別離へ	・プラトニックだと吉	・ストレスをため込む
・交際してから好きになる	・手紙で好感度アップ	・別れても気高さを保って	・納得できない状況になる
・感情的に不安定になる	・真面目な結婚へ	・穏やかな交際が続く	・逃げるように別れる

・転職の時期は過ぎた	・書類審査は問題なし	・未経験業種でも転職可	・転職の情報が不足気味
・新規事業は早めに	・事業計画書が重要	・独立は欲に走らずに	・新しい事業は保留を
・やりがいが出てくる	・資料の作成を丁寧に	・固定観念を排除しよう	・継続は安泰につながる
・若年層をターゲットに	・契約書の内容の確認を	・利益増より社会貢献を	・重要事項を見逃すかも
・女性的な感性が生きる	・資格をアピールしよう	・慈愛の精神を大切に	・黒幕の存在あり
・男性的なデザインが吉	・経験に基づいて考えよう	・常識を手放すと吉	・実務より企画を重視して
・異性の味方が必要	・口頭よりも書面が吉	・地球規模の発想を	・機密に触れる業務かも
・反対意見を取り入れて	・マニュアルの整理を	・部下や後輩を守るべし	・セキュリティーが課題
・互いに切磋琢磨しよう	・広告に力を入れるべし	・焦りと怒りはNG	・スキャンダルに警戒を
・残業はしないこと	・専門知識が役に立つ	・きれい事でもよい	・後方支援に徹するべし

・収入が先細りしがち	・保険を見直すと吉	・焦っても稼げない	・報酬を請求できる
・ようやくお金になる	・契約書はよく読むこと	・母子家庭には援助あり	・不透明な報酬が発覚
・相場が変動しやすい	・書類の不備に注意を	・汚れたお金は避けるべし	・お金は見えない場所へ
・経費を減らすとよい	・文化的な営みに投資を	・浪費は控える方が賢明	・裏方に回ると吉
・小額のお小遣いを得る	・融資などの審査が通る	・財布は見えない場所へ	・年金や保険の再確認を

・受け身・控え目でOK	・電子より紙の書籍を	・子供や弱者の味方に	・都会の喧騒を逃れよう
・二つの可能性を追う	・書店や図書館に行こう	・ボランティアは吉	・人気のない海に行こう
・防犯グッズで備えを	・骨董品を探してみよう	・紫外線や雨の対策を	・海外旅行の計画を
・粗食や禁欲がおすすめ	・勉強に最適な日	・人混みは避けるべし	・一人で静かに過ごそう
・断るときはソフトに	・巻いた食べ物が吉	・文化や芸術に触れよう	・秘密の露見に注意

その他のシンボル　**黄色い地面** 生命力旺盛な人　好意はある　心身共に健康　明るさが必要　腰を落ち着けて

 剣のクイーン（逆）p.280

3 女帝

実りの大地に腰を下ろす女帝は、
現世の豊かさを全て手にしている。
彼女は愛と美の女神の化身なのだ。

逆位置

基本の物語

生い茂る木々と黄金の麦畑に囲まれた女帝。大地が生み出すあらゆる豊かさを体現しています。

背後の糸杉、マートルの花冠、真珠の首飾り、金星のマーク。これらは全て、愛と美の女神アフロディテ(英語ではビーナス)のシンボルであり、女性的な美の象徴です。また、激しい恋愛、官能的な愛欲、家族を守る慈愛、友愛といった、さまざまな愛の形を表します。また、相手を優しく受け入れる母性だけでなく、自分らしく振る舞い、毅然とした態度でものを言い、ときにはわがままを通す強さも併せ持っています。一つ前の「女教皇」とは異なり、自由奔放で華やかな印象です。

逆位置を読むポイント

逆位置では、悠然と座る女帝、流れる川、豊かに茂る樹木、密集する黄金の麦の穂が、何やら重たげに見えてきます。これは豊か過ぎることや過密であることを意味します。また、正位置では背景の黄色い空から解放感が感じられましたが、逆位置では少し息苦しさを感じます。豊かで恵まれた状況はどちらも同じですが、逆位置の場合は、これ以上は増やせない状態、余裕のない状態と考えてよいでしょう。暴飲暴食、重たい愛、浪費、貪欲、依存など、何かが過剰になっていることへの警告となる場合もあります。

女帝に描かれたシンボル

・豊かな金髪と冠・

金色に輝く髪はカリスマ性を、マートルの花冠は愛と美を、十二個の星の王冠は十二星座や十二部族を意味します。これらは、現世のあらゆるものの象徴で、その全てを手に入れ、威厳に満ちていることを表します。

・黄色い空・

光に満ちた黄色い空は、明るさや豊かさを表します。物事の背景や現時点の状況はポジティブだと捉えてよいでしょう。好意や協力が得られること、お金や人に恵まれること、雰囲気が良いことなどを意味します。

・背後の森・

黒い糸杉は、死や冥府の象徴であると同時に、冬でも葉を落とさずに春を迎えることから、復活や豊穣のシンボルでもあります。終わりと始まりや、何かを捨てることで多くの物を生み出せることなどを暗示しています。

・右手の笏《しゃく》・

笏の先には、世界を象徴する球体があります。右手は能動的な手ですから、自分の力で世界を掌握していることを意味します。やや斜めに掲げているのは、自分の世界観を特定の人にアピールしているからかもしれません。

・衣服と首飾り・

衣服の柄のザクロと首飾りの真珠は、女性性の象徴です。妊娠中の女性を思わせる、ゆったりとしたガウンは、女性の生理に関すること全般を意味します。真珠はそこに痛みが、金色の襟飾りはそこに喜びが伴うことを表します。

・いすとクッション・

玉座ではなく寝いすに座っているのは、「公」より「私」を重視すること、くつろぐこと、自然体でいることの必要性を示します。赤いクッションと金星の記号が入った布は、恋愛、結婚、出産に対する熱意を表しています。

・川と滝・

森の向こうから流れてくる川は生命の潮流であり、生まれ変わり、新陳代謝、誕生を表します。途中で滝になっているのは、思わぬ変化が起こること、急に勢いがつくこと、感情に起伏が生じることを意味しています。

・金星の記号の盾・

いすに立て掛けられた盾は、「守り」と「品格」を示します。ハート形なのは、愛に満ちた状態や自分が中心であることを意味します。金星は愛と豊かさの象徴ですから、恵まれた環境で愛情を受けていることを表しています。

・麦の穂・

豊かに実った麦は、成長、成熟、努力が実ったこと、経験や実績を積んだこと、お金や人脈が増えてきたことなどを表します。麦が画面の手前にあるのは、目の前に成果があり、すぐに活用できることを意味しています。

・石の地面と台座・

豊かな実りに囲まれているのに、女帝が座る台座や足元の地面は、命の気配がない灰色の石です。人や物があふれる中で、心を固く閉ざしている様子、行動に移さないこと、結婚や子供に恵まれないことなどを表しています。

金貨のナイト(正)p.336

女帝を読むためのキーワード

	豊かな金髪と冠	右手の笏《しゃく》	衣服と首飾り	金星の記号の盾
恋愛	**出会い**	**出会い**	**出会い**	**出会い**
	・美しい容姿の人との	・斜に構えた人との	・華やかな人との	・愛らしい人との
	・カリスマ的な人との	・見栄っ張りな人との	・女子力の高い人との	・育ちが良い人との
	・人生を謳歌する人との	・上昇志向が強い人との	・恋に溺れがちな人との	・上品な人との
	・裕福で上品な人との	・プライドが高い人との	・我慢強い人との	・ガードが固い人との
	・いきなり告白される	・有名店での	・初めて行った場所での	・結婚相談所での
	・パーティーでの	・玉の輿(逆玉)もある	・海の近くや水辺での	・有名店や料理教室での
	・ゴージャスな場所での	・少人数パーティーでの	・女性の集まりでの	・金曜日の
	相手の気持ち	**相手の気持ち**	**相手の気持ち**	**相手の気持ち**
	・満足している	・調子に乗っている	・受け身で待っている	・満たされている
	・気分を上げたい	・コントロールしたい	・性的な悩みがある	・愛情が高まっている
	・もてなされて当然	・魅力を認めてほしい	・甘えや依存がある	・ロマンティックな気分
	・上から目線で見ている	・強がっている	・家族のことが気になる	・守ってあげたい
	・贅沢がしたい	・主張したいことがある	・結婚を考えている	・信頼しきっていない
	・華やかなデートを希望	・自分に満足している	・女性を尊重したい	・嫌なものは嫌だ
	・容姿を褒めてほしい	・称賛してほしい	・母親の影響下にある	・浪費が心配
	今後の二人	**今後の二人**	**今後の二人**	**今後の二人**
	・プライドが邪魔をする	・一方的な誘いになる	・女性優先でうまくいく	・表面上はうまくいく
	・堂々としていれば成就	・一対一で会えない	・受け身だと進まない	・まだ警戒心が解けない
	・不自由ない交際に	・理想を下げて付き合う	・我慢を強いられる	・わがままが障害になる
	・思い通りにできる	・うまくやる自信がない	・美意識が合うと吉	・恋に溺れると凶
	・相手から尊重される	・ハラスメントがある	・身体の相性が良い	・充実した恋愛になる
	・周りもうらやむ関係に	・リードすると進展	・結婚を考える	・結婚相手として考える
	・結婚、妊娠にも縁あり	・弱気になると別れる	・子供のことで議論する	・家族同士の相性も大事
仕事	・転職なら地位を求めて	・転職は期待外れかも	・転職には犠牲が伴う	・転職は収入重視で
	・起業なら準備を	・独立には参謀が必要	・種まきに適した時期	・組織にいると恵まれる
	・周囲から評価される	・営業や広報は成功する	・今は耐えるほうがよい	・後ろ盾を大事に
	・わがままが通る	・一体感が得られる	・いずれ苦労が報われる	・女性は出世のチャンス
	・全体像を把握して	・キャリアアップが可能	・攻撃を受けやすい	・報酬交渉は実績しだい
	・堂々と意見を言うべき	・周囲を統率しよう	・目立たない方がよい	・性差別を議論するべき
	・魅力のアピールを	・競争に勝てる	・女性の意見を尊重して	・安定した結果を残せる
	・上の意見を尊重すべき	・持ち味を発揮できる	・セクハラは断固拒否を	・日常業務こそ丁寧に
	・積極的なリードを	・ハラスメント対策を	・美意識を重視しよう	・女性目線の企画を
	・「上質」を目指すこと	・目立つ提案をすること	・大変だけど充実する	・デザインの改善を
お金	・お金に困らない	・収入が増える	・もうけが出始める	・資金援助が期待できる
	・貴重なものを受け取る	・先払いしてもらおう	・お金以外で優遇される	・予算があれば成功する
	・贅沢ができる	・もうかるのは最初だけ	・苦労の分だけ恵みあり	・贅沢はほどほどに
	・ケチると金運が逃げる	・周囲から資金を募って	・出費を覚悟すること	・豊かな生活ができる
	・おもてなしの精神で	・出資者に振り回される	・もらい物運あり	・魅力磨きで金運上昇
行動のヒント	・髪や頭を飾ると吉	・「虎の威を借る」こと	・弱者に優しくしよう	・身内を守ると吉
	・宝物を自慢しよう	・事実の周知に良い日	・けがをしたら即ケアを	・差別を許さないで
	・家族と時間を共有して	・暴力に注意	・強引な誘いは断って	・恋愛を最優先で
	・人脈を広げられる	・アイスやパフェは吉	・ときめきが必要	・将来の家庭像を描いて
	・贅沢な空間で過ごそう	・誘われるより誘おう	・自分らしい装いを	・母親(祖母)孝行を

その他のシンボル　**石の地面と台座**　頑固者　愛情不足　思考停止　周囲に振り回されないで　基本を大事に

背後の森	川と滝	麦の穂	いすとクッション
出会い ・奥手な人との ・離婚歴がある人との ・話題が豊富な人との ・背が高い人との ・共通の知人が多い人との ・冠婚葬祭の場での ・屋外での	**出会い** ・感情的な人との ・涙もろい人との ・愛情深い人との ・同郷の人との ・いつもの飲み会での ・友達から発展する ・長く続く店や宿での	**出会い** ・貯金がある人との ・真面目な人との ・友人が多い人との ・公務員との ・飲食関係が縁での ・立食パーティーでの ・実績ある紹介所での	**出会い** ・柔和な人との ・力の抜けた人との ・警戒心の薄い人との ・家庭的な人との ・安心できる紹介での ・ホームパーティーでの ・くつろげる店での
相手の気持ち ・後ろめたさがある ・話すことがない ・近づき過ぎるのは嫌だ ・長続きさせたい ・暗い気分になっている ・終わってしまった感覚 ・やり直したい	**相手の気持ち** ・愛情が湧いてきた ・人任せにしている ・変化に振り回される ・寄り添いたい ・放っておいてほしい ・愛を受け止め切れない ・失敗を水に流したい	**相手の気持ち** ・満足はしている ・普通に楽しんでいる ・親しみを感じている ・他の人も気になる ・刺激が足りない ・結婚を考えている ・お金の心配をしている	**相手の気持ち** ・落ち着きたい気分 ・わがままを受容できる ・たいていのことは許す ・頼ってほしい ・安心してほしい ・リラックスできている ・自然体でいられる
今後の二人 ・縁が遠くなる ・一度別れて復縁を狙う ・精神的に参ってしまう ・待つだけで進展がない ・連絡が途切れがちに ・時間をかけると成就する ・忍耐が必要な付き合い	**今後の二人** ・何だかんだと続く関係 ・交際開始後に好きになる ・感情的なけんかをする ・知らぬ一面にショック ・過去は水に流して許す ・急展開する ・波はあるがいつも一緒	**今後の二人** ・友達に応援される ・交際は順調に ・マンネリ気味になる ・関係は保たれる ・親に干渉される ・完璧さを求めると失敗 ・食で心をつかむと吉	**今後の二人** ・すぐに打ち解ける ・恋愛相談を受けるかも ・友達として気を許す ・穏やかな関係が続く ・家に遊びに行く ・いつの間にか付き合う ・同棲を考える
・退職は可でも就職は困難 ・独立は協力者次第 ・後を引き継ぐのは吉 ・経験者の反対に遭う ・プロジェクトが終わる ・悲観的なムードになる ・将来のための準備を ・新機軸を提案できる ・周囲への信頼が重要 ・なれなれしい態度はNG	・転職で意欲が低下する ・環境の変化は危険かも ・意欲のムラが激しい ・面倒を避けるのはNG ・業績が下がるかも ・新しいアイデアが湧く ・マイナスを一掃できる ・サービス業と接客業は吉 ・情に訴えると解決する ・期限が迫って焦りそう	・転職の機は熟した ・独立すると埋もれそう ・努力が大きく報われる ・順調に成長できる ・組織の業績が好調 ・予算が多めに下りる ・チーム一丸となって ・出る杭は打たれる ・人脈を生かそう ・可能性を狭めないで	・転職のオファーがある ・よいポストに就く好機 ・補佐役が適任 ・リスク管理を大切に ・仕事を任されそう ・責任を負う羽目になる ・便利に使われるかも ・穏やかな対応を ・もっとリラックスして ・素の状態でも許される
・細く長くもうかる ・相続や贈与に縁あり ・長期的な資産運用を 不動産の売買は吉 ・万一の場合の保険を	・株価が暴落するかも ・新たな利益を見いだす ・旧友から援助あり ・付き合いの出費が増える ・同情して貸すのはダメ	・十分な稼ぎがある ・一時金がもらえるかも 資金調達がうまくいく ・支援やサポートがある ・豪遊はやめておこう	・物入りだがなんとかなる ・お金に余裕ができる ・保険や補償で安心を ・賭け事は本命狙いで ・身内の支援や協力あり
・使い捨てアイテムはNG ・物事の背景を探究しよう ・昼間の喧噪を避けるべし ・墓参りや先祖供養が吉 ・沈黙は金	・水の事故に気を付けて ・落ち着きを大切に ・自分に優しくしよう ・おせっかいはほどほどに ・水回りを掃除すると吉	・草刈りや畑の収穫が吉 ・米よりパンやパスタを ・友達と褒め合うべし ・明るい人と過ごそう ・外食と中食はおすすめ	・実家で過ごすと吉 ・長居してもよい ・布団や枕を吟味して ・ボディーケアは大切 ・インテリア小物購入は吉

その他のシンボル　**黄色い空**　明るい人　幸せや満足感　心の余裕　楽しい仕事　お金を受け取る　健康美

棒の8(正)p.140

4 皇帝

堅牢な玉座に腰を下ろす皇帝。
戦に備えて、よろいを着けたまま。
強い意志と行動力で己の国を守る。

逆位置

The Emperor

基本の物語

厳しい表情の皇帝が、玉座に腰を下ろしています。今は座ったまま状況をコントロールしていますが、いざとなれば立ち上がって戦いを指揮できるよう、よろいを着けたままです。

一つ前、３番の「女帝」は、ありのままの魅力を発揮して豊かさを享受していましたが、この皇帝は、意志と行動によって欲しいものを勝ち取っていきます。５番の「教皇」が、規律や道徳を人々に教え諭すアドバイザーなのに対し、皇帝は、己の王国を築き、守るために人々を率いるリーダーです。

皇帝は、俗世におけるトップで、現実的な人物。見えないモノより見えるモノ、机上の空論より実際の行動を重視するスタンスを表します。

逆位置を読むポイント

逆位置でも、威風堂々とした様子は変わりません。ただ、正位置に比べて、よろいに覆われた足が目を引きます。一方、堅牢な石の玉座は背景に溶け込み、やや存在感が薄れています。

正位置では、どっしりと構えて状況を見守る余裕や揺るぎない安定感が強調されていましたが、逆位置では、いつでも出陣できる姿勢や、自ら行動する意志と積極性に焦点が当たっています。正位置が「どっしり構えた主君」だとしたら、逆位置は「勇猛な覇王」のイメージです。

皇帝に描かれたシンボル

・玉座・

牡羊の意匠は果敢な行動力を表し、四角い形状は社会の規則、安定感、形となって残る物などを表します。積極的な行動と強い意志によって社会的な成功を積み重ね、それが自信の土台となっていることを意味しています。

・オレンジ色の背景・

背景がオレンジ色のカードは、この「皇帝」だけです。黄色い地に走る赤い線は、光を隠す血潮のように見えます。頭に血が上って可能性に気付かないこと、怒りに任せた行動で功績を台無しにすることなどを暗示しています。

・王冠・

特別な存在であること、富や名声、支配や権力の象徴です。紅白の宝石は、行動力と包容力を併せ持っていることを意味します。頭頂の牡羊の角は、双葉のようにも見え、今後さらに発展していく可能性を表しています。

・右手の笏・

この笏は、女性や完結を表す○と、相反する物事の融合を意味するTで構成されているので、男女の和合や、二つが一つになることを意味します。男性性を意味する右手に握られているので、父権的な支配の象徴でもあります。

・白いひげと髪・

ひげは成人男性の、髪は生命力の象徴です。白いのは経験豊富であることを、長いのは精力旺盛であることを表します。頬に赤味が差しているので、健康状態は良好。ストレスや加齢のために白くなったのではないようです。

・赤い衣・

燃えるような闘志と情熱を表す衣装を全身にまとっていることから、人を鼓舞するだけでなく、自ら動いていく覚悟があり、戦いの準備ができているようです。肩に描かれた牡羊は、アグレッシブな姿勢と勇猛さを表します。

・背後の岩山・

厳しい環境、困難な道、ハードルの高さ、他を寄せつけない態度、孤高の存在などを表します。自然の色である緑ではなく黄色なのは、人の力によって手に入れた富を積み上げていること、そうする必要があったことを示します。

・水の流れる砂地・

川幅は細く、水量は少なく、植物は枯れ果て、大地は砂漠化しています。これは、愛情不足のために心が乾いていること、自分の利益を優先して他人から搾取していること、優しさが足りずに人が離れていくことなどを意味します。

・よろい・

よろいを脱いでいないのは、有事に備える姿勢の表れです。勝ち取ったものを守るという決意表明でもあります。足のよろいは、守りを固めてここまで歩いてきたことや、いつでも歩き出す準備があることを意味します。

・左手の球・

女性性と受動性を表す左手に握られた宝珠は、世界の象徴です。あらゆる権利と必要な物を与えられ、それを支配できる状況を表します。環境や人材などはすでに手中にしているので、後は目標を定めて行動するだけです。

 星(正)p.88

皇帝 を読むためのキーワード

	王冠	白いひげと髪	赤い衣	よろい
恋愛 出会い	・著名人との ・成功している人との ・懐の深い人との ・貫禄がある人との ・自分が動くことでの ・移転先での ・有力者が集まる場での	・男っぽい人との ・分別がある人との ・年上との ・経験豊かな人との ・年配者が集まる場での ・医療・介護関係が縁の ・親戚や上司の紹介での	・押しの強い人との ・怒りっぽい人との ・先走りがちな人との ・リーダー気質な人との ・合コンの主催者との ・盛り上がる飲み会での ・スポーツが縁での	・慎重な人との ・保守的な人との ・自立した人との ・用意周到な人との ・堅苦しい会合での ・事前調査がある婚活での ・遠出した先での
恋愛 相手の気持ち	・うまくいく自信がある ・褒められるのが当然 ・出費を惜しまない ・最初から攻めていく ・支配欲や所有欲がある ・引っ張っていくつもり ・思い通りにしたい	・愛情を疑っていない ・ずっと一緒にいたい ・精力的に口説く ・親や実家のことが心配 ・自分の衰えへの不安 ・焦りたくない ・連絡はあまり必要ない	・体の関係を求めている ・愛情が燃え盛っている ・もう待てない ・自分が主役でいたい ・熱しやすく冷めやすい ・征服欲がある ・いら立ちを感じている	・慎重に見極めている ・心理的に距離がある ・一人になりたい ・傷つけないよう配慮中 ・警戒心を解いていない ・強がっている ・メールを見ていない
恋愛 今後の二人	・信頼で結ばれる ・リードすると進展する ・告白が成功する ・自尊心が傷ついて離れる ・敬意が足らずけんかに ・押して引くと成就する ・互いの品格に惹かれ合う	・いったん白紙に戻る ・年齢がネックになる ・体力的な問題が発生 ・時間がかかりそう ・結婚や出産を焦る ・恋人というより同志 ・長い付き合いになる	・会ったその日に告白する ・すぐ深い仲になる ・衝動的に付き合う ・性急過ぎて断られる ・じらした方がよい ・次の相手に目移りする ・一瞬で燃え尽きる恋	・まだ打ち解けていない ・交際へのハードルが高い ・時がくるのを待つ ・仲介者がいると進展 ・付き合ったら別れない ・互いに自分を優先する ・結婚の話をするべき
仕事	・転職は有名企業を狙おう ・公社や官庁と縁あり ・出世のチャンス ・トップの意向を重視して ・実力よりコネが決め手 ・ひいきされて得をする ・パワハラに注意 ・力関係が表面化する ・弱ければ搾取される ・堂々と主張する方が吉	・転職は一からやり直し ・独立のチャンス ・経験を生かすべし ・組織の歯車になりがち ・新しいことを学ぶべき ・目上の人に悩まされそう ・古い考えが通用しない ・後輩の指導をきちんと ・年長者に敬意を払おう ・卑屈になってはダメ	・転職は積極的に ・起業してもすぐに飽きる ・持久力不足で計画が頓挫 ・開拓者精神が重要 ・全力を出し切るべし ・熱意は必ず伝わる ・分析より行動を ・勇気ある決断が必要 ・企画の立ち上げは吉 ・自分の意見が通りそう	・転職には柔軟性が必要 ・独立の準備ができそう ・足元のことに集中を ・自分で自分を守るべし ・油断は大敵 ・黙々と仕事をこなそう ・ときには逃げてもよい ・固定観念は捨てること ・指示には忠実に従って ・地道に進めるのが正解
お金	・昇給やボーナスに期待を ・もうけ話に恵まれる ・実家からの援助がある ・おこぼれにあずかるかも ・融資や助成が得られる	・経験者ならば報酬アップ ・定期預金がおすすめ ・保険の見直しを ・親のことで出費あり ・親から支援があるかも	・前進しないと稼げない ・守りに入ると赤字に ・保証人にはなるのはダメ ・会計係は人に任せよう ・衝動的に動くと損をする	・手堅いビジネスは吉 ・投資・投機は凶 ・倹約して資金をためよう ・ギャンブルは期待外れ ・同情からの出費はNG
行動のヒント	・城や史跡訪問は吉 ・社交の場へ顔出しを ・高級店がおすすめ ・著名人の講演なども吉 ・上質なサービスを堪能	・ヘアサロンへ行こう ・年配の人には優しく ・「太く長く」をテーマに ・ペットのケアで運招き ・麺やパスタがおすすめ	・勝負服で出かけよう ・スポーツなどで発散を ・けがによる出血に注意 ・興奮し過ぎるのはダメ ・新たな挑戦で運気上昇	・運動不足の解消を ・知らない場所を訪ねよう ・目的がないと疲労する ・靴や足のお手入れを ・内緒話は他言無用

その他のシンボル　**オレンジ色の背景**　バイタリティーのある人　短気は損気　結果をつかむ　血圧をチェックして

右手の笏《しゃく》	左手の球	玉座	背後の岩山
出会い	出会い	出会い	出会い
・活力のある人との	・既婚者との	・融通が利かない人との	・表情が固い人との
・セクシーな人との	・受け身な人との	・意志が強い人との	・ストイックな人との
・上昇志向が強い人との	・裕福な育ちの人との	・経営者との	・障害がある人との
・リードしたがる人との	・包容力のある人との	・頼りになる人との	・相手がいる人との
・アプリやサイトでの	・飲み会に呼ばれての	・堅苦しい見合いでの	・仕事関連の場所での
・自分から声を掛ける	・玉の輿(逆玉)につながる	・外堀を埋められての	・ボランティア活動での
・健康関連の集まりでの	・所属する団体内での	・遊びではなく本気の	・登山やスポーツが縁の
相手の気持ち	相手の気持ち	相手の気持ち	相手の気持ち
・状況を制御したい	・誘いを待っている	・早く結論を出したい	・かたくなになっている
・自己アピールをしたい	・満ち足りている	・心変わりはしない	・物足りなさを感じる
・体の関係に興味津々	・もめ事を収束させたい	・頼ってほしい	・一人の時間が欲しい
・元気があり余っている	・自己主張を控えている	・待たされるのは嫌だ	・今は話したくない
・プライドを満たしたい	・お互いに優しくしたい	・あなたを束縛したい	・踏み込んでほしくない
・自分に従わせたい	・他の候補者も検討中	・勝手な行動は許さない	・人に会いたくない
・偉そうに振る舞いたい	・みんなにいい顔をしたい	・人生の伴侶が欲しい	・プライドが傷ついた
今後の二人	今後の二人	今後の二人	今後の二人
・相性の良さを感じる	・トラブルは丸く収まる	・積極的にデートする	・近づくのに一苦労
・自然に恋人へ移行する	・告白が受け入れられる	・面白みはあまりない	・お金の問題が発生する
・スムーズに関係が進む	・交際が順調に進展する	・真面目な交際に	・越えるべき障害がある
・予定が合わない	・円満な関係になる	・束縛に疲れる	・周囲の反対に遭う
・モラハラに警戒が必要	・目標がないとマンネリ化	・計画変更で関係が悪化	・恋愛モードにならない
・自尊心の問題でもめる	・結婚希望なら早く行動を	・結婚相手としては吉	・他に大変なことがある
・反対がなければ結婚へ	・周りを巻き込むとよい	・マリッジブルーになる	・相手に拒絶される

・好相性の転職先あり	・転職先が決まる	・転職活動を始める好機	・転職はハードルが高い
・右腕になる人が必要	・独立は反対される	・独立のタイミング到来	・独立すると孤立を招く
・リーダーの役目を担って	・和気あいあいと進む	・地位や評価が上がる	・一人で集中できそう
・共同作業やコラボが吉	・穏やかに仕事ができる	・好条件に向けて交渉を	・難問の解決を任される
・キャリアアップの好機	・結果を求められる	・成功を維持できる	・スランプに陥るかも
・反対意見も尊重しよう	・全体としては成功する	・責任者を後押ししよう	・上層部と戦うと負ける
・ライバルに勝利できる	・出る杭は打たれる	・縁の下の力持ち役が吉	・試練により経験を得る
・短所を補い合うべし	・わがままは通らない	・ルールは順守するべし	・挫折を味わうかも
・団結してセクハラを撃退	・空気を読む必要あり	・万全の態勢で臨もう	・周囲を説得できない
・二極の調和を大切に	・視野を広くするべし	・組織に逆らわない方が吉	・手柄を横取りされそう

・お金の動きを制御して	・お金がたまりやすい	・使えるお金が少ない	・お金がないと動けない
・副業が成功するかも	・手元に現金を残そう	・経費が地味にかさむ	・貯金が減るかも
・自分で家計の管理を	・生活には困らない	・援助がなくなるかも	・物入りで出費が増える
・出資してもらうのはNG	・資産運用で成功する	・住居関連の出費あり	・融資の審査に通らない
・お金の配分をきちんと	・不動産を買うのは吉	・貯金は維持できそう	・不要品が意外に売れる

・一人より二人が正解	・海外に縁がありそう	・良いいすを選ぶべし	・登山や坂道を上るのは吉
・人を支配するのはダメ	・旅行や留学の計画は吉	・地位の高い人と行動を	・難しいことに挑戦を
・交差点近くの店へ	・買い物はリアル店舗で	・早めの返信で運気上昇	・年長者の顔を立てるべし
・インタビューされるかも	・ハンドメイドに挑戦を	・まずは目的を明確に	・対人関係で和解の好機
・得意分野のアピールを	・プレゼント交換は吉	・初志貫徹が開運の鍵	・父や祖父に連絡を

その他のシンボル　**水の流れる砂地**　自己中心的な人　その場だけの愛　搾取に気を付けて　人には優しく

棒の6(正)p.132

5 教皇

唯一神の代理人である教皇。
その祝福は絶対であるがゆえに、
ときとして人から自由意思を奪う。

逆位置

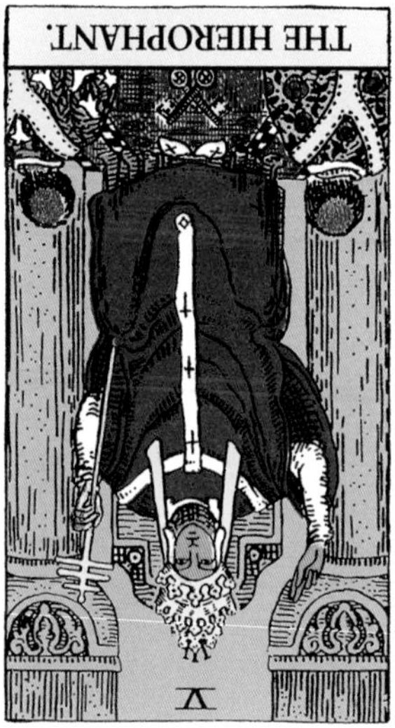

The Hierophant

基本の物語

「Hierophant」は、直訳すると「司祭長」ですが、描かれているのはカトリック教会の教皇です。信徒に教えを説き、冠婚葬祭を取り仕切る聖職者の長であり、祝福を与える者、神の代理人、神と人との誠実な仲介役、公平な調停役、良き指導者です。

神秘的な啓示を受けるのが２番の「女教皇」なら、神の言葉を伝え、親身に助言し、倫理と道徳を説くのが「教皇」です。一つ前、４番の「皇帝」が俗世の中心にいて、己の正義と信念に従って人々を統率していくのに対して、「教皇」は、俗世の中では最も天に近い高みにいて、徳を示しながら人々を導いていくのです。

逆位置を読むポイント

逆位置では、二人の修道士と、その間にある鍵が目立ってきます。

中央の人物の足元に二人の人間がいて、その間に物があるという構図は15番の「悪魔」と同じです。「教皇」では鍵、「悪魔」では鎖ですが、見た目が似ているせいか、教皇が二人を隷属させているようにも見えてきます。これは、たとえば教義（価値観）の押し付けや権威の悪用など、祝福が強制となる危険性を暗示しています。6番の「恋人たち」に登場する天使のように、二人を自由にすることが大事だと、逆位置の教皇は教えているのです。

教皇に描かれたシンボル

・祝福を与える右手・

神の祝福と恩寵を表すこのサインは、うそや不正が許されないこと、ざんげには慈悲と許しが与えられることを示します。能動性を示す右手が高く上げられているので、他人に対してもそのようにあれと主張しているのです。

・灰色の柱と背景・

２番の「女教皇」に登場した神秘的な柱とは異なり、この灰色の柱は、現実の教会にある柱です。教会が神と人をつなぐ場所であること、地に足の着いた思想、道徳や規律を基盤とする社会的生活と精神的生活を表しています。

・三重冠と顔・

三重冠はキリスト教の三位一体の象徴で、三つの領域や役割などを示します。無表情な顔は偏見のないことを表し、多角的な視野と総合的な判断力、公平であること、敬意と信頼によって成り立つ上下関係などを意味します。

・教皇の衣装と靴・

赤い外衣は受難と殉教を、十字の入った白いパリウム(肩掛け)や白い靴と袖は、純粋な精神や気高い使命を、青い祭服は慈悲の心を表します。覚悟を決めて責務を果たす必要があることを示しているのです。

・左手の十字架・

三重の十字架は三位一体の象徴で、精神世界と現実世界、理想と現実、男性と女性、異なる二者など、相反するものを仲介または調停する人物の重要性を示します。長い柄は、人の世の普遍的なルールを意味しています。

・赤い台座・

地球や大地を表す車輪十字が描かれた赤い台座は、神の受肉や、血が脈打つ肉体を意味します。アイデアが形になること、血と涙の結晶などと解釈できます。黒白の市松模様は、それが秩序ある状態で続くことを示しています。

・灰色のいす・

教皇の物にしてはシンプルで丈夫そうな灰色のいすは、虚飾と打算からの支援ではなく、誠心誠意、教皇を支える人々の存在を意味します。高い地位に就いても、以前と変わらず淡々と職務をこなす真面目さも表しています。

・バラの服の修道士・

剃髪した頭は、俗世との決別や神への信仰心の表れであり、目上に対する従順さの証しでもあります。バラは殉教の血を表し、自己犠牲の精神、奉仕への情熱、人と痛みを分かち合える人物であることを意味します。

・交差した二本の鍵・

使徒ペトロ(初代教皇)にイエスが授けた天国の鍵です。人が地上で行うことは、天上でも行われるというイエスの言葉から、地上で身を慎み、徳を積んで生活すれば、天上でもそのようにいられることを表します。

・ユリの服の修道士・

剃髪した頭は、俗世との決別や神への信仰心の表れであり、目上に対する従順さの証しでもあります。ユリは清らかな精神を表し、邪心がないこと、罪に染まっていないこと、汚れのないこと、人を信じることを意味します。

 女教皇(逆)p.28

教皇を読むためのキーワード

	三重冠と顔	左手の十字架	教皇の衣装と靴	祝福を与える右手
恋愛	出会い	出会い	出会い	出会い
	・公平な人との	・ルールを順守する人との	・責任感の強い人との	・うそをつかない人との
	・信心深い人との	・居住地が複数ある人との	・慈悲深い人との	・誠実な人との
	・幅広い知識の持ち主との	・監視が厳しい人との	・モラルのある人との	・心の広い人との
	・差別や偏見のない人との	・同居が前提の人との	・気高い精神の持ち主との	・人助けをいとわぬ人との
	・伝統のある相談所での	・仲介者を通じての	・結婚相談所での	・寺社や教会などでの
	・第三者の紹介での	・続けている活動が縁の	・身内の紹介での	・ごちそうになる会での
	・結婚や出産を意識した	・複数の候補者との	・仕事関係が縁での	・相手から声を掛けられる
	相手の気持ち	相手の気持ち	相手の気持ち	相手の気持ち
	・恋愛と友情が混ざる	・多忙で対応できない	・真面目に考えている	・隠していたことがある
	・冷静に観察している	・元恋人への未練が残る	・重圧を感じている	・うそはついていない
	・信頼している	・結論は先延ばしにしたい	・期待に添えそうもない	・正直に告白するつもり
	・敬意を持って接する	・時間をかけて親密に	・気軽には付き合えない	・縁に感謝している
	・特別な存在だと思う	・いちずさには応えたい	・他のことで手一杯	・すべて水に流そう
	・将来のことを考えたい	・連絡は後回しにしがち	・体裁を気にしている	・信頼している
	・二人だけの問題ではない	・気持ちは変わらない	・結婚前提なら付き合える	・周囲に認めさせたい
	今後の二人	今後の二人	今後の二人	今後の二人
	・三角関係になる	・別件と同時進行になる	・交際を祝福される	・みんなに祝福される
	・他者を巻き込む騒動に	・調停役が二人を取り持つ	・周囲の圧力に悩む	・運を味方につける
	・仲介者次第で親密に	・共通の知人がいれば吉	・責任転嫁はけんかの元	・かつての過ちを許す
	・信頼関係が構築される	・ライバルが出現する	・ざんげして許される	・誠実に向き合うことに
	・感動はないが交際は続く	・根気強さで愛を勝ち取る	・なんらかの重圧がかかる	・愛情に恵まれる
	・親に紹介する	・約束を守らないと破綻	・認めさせるのに苦労する	・結婚を認めてもらう
	・結婚に向けて進展する	・結婚を決断する時期	・結婚の準備を始める	・おめでたの可能性あり
仕事	・転職以外の道もある	・転職活動を続けると吉	・転職エージェントを活用	・転職先に恵まれる
	・独立すれば均衡が崩れる	・独立より共同事業を	・安定した組織が良い	・勇気を出して独立を
	・起業なら段階を踏んで	・コンプライアンス重視で	・独立より残留が吉	・助力があれば起業はOK
	・良くも悪くも年功序列	・伝統を守るべし	・ベンチャーに逆風が吹く	・運よく重用される
	・ステップアップの好機	・地道な努力が支えになる	・労使関係の改善を	・うれしい辞令や内示あり
	・専門性より汎用性	・チームのバランスが重要	・伝統の重みが安心感に	・必要な協力が得られる
	・相手の地位を尊重して	・組織の構造を理解しよう	・自分の役割を果たそう	・問題なく進展する
	・ひいきせず公平に	・交渉力が鍵を握る	・規模はある程度大きく	・正当な評価を受ける
	・上下関係は信頼で成立	・調停役を見つけるべし	・規律を重んじると吉	・周囲に認められる
	・立場を変えて考えよう	・折り合いをつけよう	・地位の高い人を敬おう	・ミッションを無事に遂行
お金	・稼げるときに稼ごう	・収入が少なくても続行を	・痛い出費もケチらない	・助成金や補助金を受けて
	・複数の収入源を確保して	・ようやく利益が出る	・赤字は隠さないこと	・寄付を惜しまないで
	・節約・貯蓄・運用は吉	・監視の目を光らせよう	・支援や援助を得る	・後ろ暗い商売はNG
	・感情でなく理性で買う	・少額でも貯金すると吉	・損をしても正直でいよう	・収入に恵まれそう
	・余裕があれば慈善事業を	・自己投資が実りそう	・もうけは度外視でもよい	・利益を社会に還元しよう
行動のヒント	・自分も身内も社会も大切	・紹介があると安心	・ライフワークを探そう	・助け合いの精神が
	・差別なく公平に	・継続を成果につなげよう	・あなたが模範を示すべき	・小さな慶事でもお祝いを
	・人を見て対応を変えない	・ルールを順守すると吉	・冠婚葬祭があるかも	・パワースポットへ行こう
	・必要以上の情はNG	・調停役を買って出よう	・気高さを大事にしよう	・人を褒めたたえると吉
	・伝統に敬意を払おう	・三者で話し合うべし	・お参りをすると吉	・式典や行事に参加を

その他のシンボル　**灰色のいす**　真面目な人　告白できない　目立たないが有能　地道な貯金　黙って支える

灰色の柱と背景	バラの服の修道士	ユリの服の修道士	交差した二本の鍵
出会い	**出会い**	**出会い**	**出会い**
・地に足が着いた人との	・情熱的な人との	・謙虚な相手との	・良識のある人との
・道徳的な人との	・他人を褒める人との	・下心のない人との	・聖職者や宗教家との
・宗教が大切な人との	・信仰心の篤い人との	・信心深い人との	・規則を守る人との
・二人の候補者との	・他者に共感できる人との	・潔癖な人との	・口の固い人との
・リアルの婚活での	・一目ぼれの	・友人の集まりでの	・鍵のかかる部屋での
・信頼できる人の紹介での	・困難を伴う	・勉強会での	・会員限定の集いでの
・結婚が前提の	・失恋の後の	・恋愛とは関係のない	・秘密厳守のアプリでの
相手の気持ち	**相手の気持ち**	**相手の気持ち**	**相手の気持ち**
・プレッシャーがかかる	・熱い気持ちがある	・恋愛ではなく友愛	・隠し事がある
・今は決められない	・難しい恋だと知っている	・謙虚に接している	・約束は守る
・二人の間で迷う	・どうしても告白したい	・人として尊敬している	・秘密を共有したい
・自分には魅力がない	・心の痛みを感じている	・不純な気持ちはない	・そろそろ告白の時期
・デートがつまらない	・あなただけが希望だ	・誠意を尽くしたい	・一緒になりたい
・気持ちが重すぎてつらい	・駆け落ちしてもいい	・性的なことで問題あり	・他人に知られたくない
・受け止められない	・無理をしている	・汚れていると感じる	・体の相性が良い
今後の二人	**今後の二人**	**今後の二人**	**今後の二人**
・公私にわたり付き合う	・秘密裏に付き合う	・妄想だけが膨らみそう	・秘密の関係になる
・決断が先延ばしになる	・会うチャンスが少ない	・恋愛にはならない	・共依存になる
・元の恋人と別れられない	・濃密な時間を過ごす	・プラトニックな関係	・離れられなくなる
・交際に責任が伴う	・体だけの関係になる	・清い交際になる	・支え合う関係に
・対等に向き合える	・交際していても苦しい	・ジェンダーの問題が発生	・固い絆で結ばれる
・将来を約束する	・愛情を独占できない	・関係が淡白になる	・婚約または結婚へ
・結婚に向けて準備する	・自分ばかりが犠牲になる	・体の関係に違和感がある	・親からの圧力がある

・紹介による転職は吉	・熱意では転職できない	・転職も視野に入れて	・非公表の求人がある
・二つの事業の立ち上げを	・独立・起業はいばらの道	・独立・起業は計画倒れに	・新たな挑戦は二人で
・単独での独立は分が悪い	・成功には犠牲が必要	・謙虚に受け入れるべし	・セキュリティーを厳重に
・コンビネーションが鍵	・耐え忍んだかいがある	・猛アピールは逆効果	・二つのプランを用意して
・相手とのバランスを一考	・地道な努力が花開く	・通達や報告は確実に	・キーパーソンを探そう
・組織が守ってくれる	・潜在能力を開花させて	・人に左右されるのはNG	・内諾ではなく確約を
・歴史と伝統が重要テーマ	・話を聞いてもらえない	・余計なことはしないで	・社外秘の事項は内密に
・経験が強力な支えに	・むしろ沈黙が効果的	・シンプルにまとめるべし	・相談は信頼できる人に
・上司に頼るべし	・自信を持ってもいい	・ピュアな心を忘れずに	・間違いのない引き継ぎを
・保守勢力を尊重しよう	・とげのある言葉に注意	・礼儀正しい振る舞いを	・組織には規律が必要

・倫理にもとる商売はダメ	・黒字にはならない	・慈善活動が吉	・収支のバランスが完璧
・自治体の支援を得よう	・身銭を切る羽目に	・さい銭をケチらないで	・金庫の中身を守るべし
・不正がないか監視が必要	・高価な買い物をする	誠実な商売を志すと吉	・盗難防止の対策を
・やはり大手が強い	・交際費がかさみそう	・お金への執着はNG	・財布のひもは緩めないで
・ぜいたくや虚飾は避けて	・見栄からの浪費はNG	・金持ち自慢はしないで	・遺産や贈り物を大切に

・バックアップを待とう	・思いはまだ秘めておく	・純粋な気持ちが大事	・戸締まりは厳重に
・地味に積み重ねていこう	・痛みを分かち合おう	・紳士・淑女として行動を	・口は閉ざしておくこと
・安定感のある場所が吉	・自分だけで楽しむと吉	・ジェンダーに配慮しよう	・重要なことが二つある
・パートナーと共同作業を	・好きな花を買おう	・感謝の意を表明すると吉	・信頼を第一に考えて
・面白さより真面目さ重視	・けがと出血に注意して	・奥ゆかしさをテーマに	・個人情報を守ろう

その他のシンボル　**赤い台座**　人間味のある人　努力が報われる　情熱が必要　固定費がかかる　健康になる

杯のキング（正）p.224

6 恋人たち

神が与える喜びか、自分の欲望か。
誘惑に屈して禁断の実を食べれば、
無垢だった自分には戻れない。

逆位置

基本の物語

この男女は、エデンの園にいるアダムとイブです。知恵の樹の実を食べるよう蛇にそそのかされたイブが、天使に助言を求めています。実を食べるか否かで、善と悪の両方を知ることになるか、無垢の状態を保つかが決まります。何も知らないアダムは、無邪気なまなざしをイブに向けています。

一つ前の「教皇」で道徳を教えられた後、ここでは天使の言いつけを守るか、蛇の誘惑に屈するか、試されているわけです。ただ、言いつけに背いて楽園を追放されたとしても、次の「戦車」が暗示するように、前向きな旅立ちになるでしょう。

逆位置を読むポイント

逆位置では天使が下にくるからか、守られているという安心感や監視されているという緊張感が薄れます。一方で、アダムとイブは存在感を増しています。天上からの圧力が減じた分、二人の人間は、自分たちの思い通りに決断しやすくなっているのです。

逆位置で目立つのは、イブの手です。山頂を示す左手と、蛇の方へ延ばされた右手は、欲しい物を自分で手に入れるという意志を表します。正位置では、天使に見守られる中での調和的なパートナーシップが示されていましたが、逆位置では、自分の欲望や打算を満たすための関係性に変わります。

The Lovers

恋人たちに描かれたシンボル

・赤い羽の天使・

この天使は二人の監視役であり、仲介役であり、守護者であり、おそらくラファエルでしょう。その癒やし手としての特徴も考慮すると、赤い翼と黄色い肌は生命力と健やかさを、中間色の衣は中立の立場を意味しています。

・輝く太陽・

上空に輝く太陽は、天使の光輪のようにも見えます。明るい太陽のように天真爛漫であること、慈愛に満ちていること、隠し事や偽りがないことを表しています。全てが白日の下にさらされ、真実が明らかになるでしょう。

・生命の樹・

永遠の生が得られる実です。知恵の樹の実を食べた二人が楽園を追放された後、人間が近づかぬよう剣と炎で守られました。極めて特別なことや完璧なものの象徴です。十二個の実は、十二星座、永遠、時間を表します。

・知恵の樹・

別名「善悪を知る樹」。人間が食べることを禁じられた実が四つなっています。これは、楽園で暮らす無垢な人間が知らなかった欲望と快楽、性と死、原罪と贖罪の象徴です。また、善と悪を知り、その間で揺れることを意味します。

・青空と雲・

澄みきった青空は冷静な判断と明晰な思考を、湧き立つ雲は物事の誕生と可能性の広がりを表します。頭がクリアになるとアイデアが湧くこと、一つが終わると別の物事が始まることなどを意味しているのです。

・樹に巻き付く蛇・

この蛇は、キリスト教の伝統によると、もともと天使だったものが堕落した存在で、人間の言葉が話せるだけでなく知恵もあります。罪悪、反逆、嫉妬、誘惑の象徴で、狡猾で危険な人物の存在を暗示しています。

・男性(アダム)・

アダムは、まだ知恵の木の実を食べていないので、裸身を恥ずかしがっていません。無垢な精神、無邪気さ、無欲、失敗を知らないことを表します。女性を見ているのは、興味あるものへの素直な反応を示します。

・女性(イブ)・

イブは、アダムではなく天使を見ています。耳元でささやく蛇の声を聞き、理性と感情、善と悪の間で葛藤し、神の代理人たる天使に助言を求めているのです。堕落と栄光が隣り合わせであることを示しています。

・緑の大地・

この場面の舞台であるエデンの園は、豊かな恵みそのものであり、何不自由なく暮らせること、全ての心配事から解放された状態を表します。ただ、地面が隆起しているので、いつ、どこでつまずいてもおかしくはありません。

・遠くの赤い山・

天に向かってそびえ立つ山は、高い理想や世界の中心を意味します。二人の人間または二つの物事の間にあり、高みを目指すよう助言するか、調和と安定をもたらす存在です。乗り越えるべき試練を意味することもあります。

杯の4(逆)p.184

恋人たち を読むためのキーワード

	輝く太陽	赤い羽の天使	男性（アダム）	女性（イブ）
恋愛	出会い	出会い	出会い	出会い
	・明るい人との	・公明正大な人との	・無邪気な人との	・転換期にある人との
	・成功者との	・癒やし系の人との	・箱入り息子（娘）との	・決断できない人との
	・うそをつかない人との	・手の届かない人との	・素直な人との	・矛盾を抱える人との
	・憧れの人との	・良きアドバイザーとの	・だまされやすい人との	・誘惑に弱い人との
	・昼間の	・特別な集まりでの	・ノーメイクでの	・マッチングアプリでの
	・知り合いがいる場での	・健康に関する縁での	・いつも行く場所での	・友人と一緒の会での
	・周囲から勧められた	・紹介者に助けられる	・緊張しない場での	・婚活パーティーでの
	相手の気持ち	相手の気持ち	相手の気持ち	相手の気持ち
	・出会えて良かった	・悪い気はしない	・とても興味がある	・正直迷っている
	・どうせなら楽しく	・どうするか考えさせて	・嫌われたくない	・他からも誘われている
	・正直に話している	・返事には時間がかかる	・素直になりたい	・期待には応えたい
	・打ち明けてほしい	・可能性は半々くらい	・甘えている	・裏切ることはしない
	・偽りは許さない	・知人の後押しが必要	・面倒なことは避けたい	・性の悩みがある
	・やましいところはない	・一緒にいると癒やされる	・誘いを待っている	・罪悪感が募っている
	・人生の目標を優先する	・まず落ち着いてほしい	・隠し事はない	・信用し切れていない
	今後の二人	今後の二人	今後の二人	今後の二人
	・公認の仲になる	・仲介なしには進展しない	・愛を育む	・第三者の助言を聞く
	・告白が見事に成功する	・不実は破滅に直結する	・自然体で付き合う	・なかなか成就しない
	・あなたの意志を通せない	・愛の絆が深まる	・順調な交際	・葛藤に悩まされる
	・周りからの圧力で交際へ	・過去の傷が癒える	・マンネリ気味になる	・橋渡しによって仲直り
	・後戻りはできない	・誠意が通じて進展する	・家族のような関係に	・他の人から誘惑される
	・婚約または結婚の成就	・祝福される関係になる	・うそが決別を招く	・不倫と潔白の分かれ道
	・末永い幸せを得る	・親や身内に紹介する	・もっと刺激が必要	・快楽に溺れる関係に
仕事	・転職には力添えあり	・転職より休職を考えよう	・転職には何か足りない	・オファーがあれば転職を
	・事を起こす時期ではない	・独立は解決にならない	・起業のための借金はNG	・独立で心もとない状態に
	・上から絶対的な指示が	・コンサルの力を借りよう	・再スタートは吉	・新たな挑戦は不安あり
	・不正は露見する	・体力勝負になりそう	・失うものなど何もない	・上司の顔色に左右される
	・最終目標を定めるべし	・助言は素直に聞くべし	・未経験でも挑戦しよう	・判断を保留にしよう
	・企画は分かりやすく	・相互理解が足りない	・重圧から解放されそう	・策略にはめられないで
	・万人受けを狙うと吉	・中立の立場にいると吉	・心からの正直な言葉を	・倫理観を重視すると吉
	・努力が突然評価される	・第三者が鍵を握る	・すべてをさらけ出そう	・包み隠さず話そう
	・プロジェクトが佳境に	・寛容に受け入れよう	・素人の意見も参考になる	・助言を参考にしよう
	・笑顔が解決を後押しする	・曲がったことはしないで	・心を開けば分かり合える	・公私混同はしないこと
お金	・支援や寄付に恵まれる	・挑戦には資金が必要	・ギャンブルや課金はNG	・甘い話にはわながある
	・詐欺から人を救うことに	・十分な報酬がもらえる	・だまされないよう注意	・詐欺や搾取に注意
	・収入が上がりそう	・資産を増やせるかも	・身ぐるみ剝がされるかも	・無知から不正を働きそう
	・大きな利益を得る	・上質な物に触れよう	・借金が完済に近づく	・買い物欲を抑えるべし
	・予算や審査が通る	・健やかな体が資本	・予算も貯金も底をつく	・お金に釣られないで
行動のヒント	・晴れている間に活動を	・正しい行いをすると吉	・荷物は極力少なく	・うわさを信用しないこと
	・うれしさを分かち合おう	・ストレスを解消しよう	・飾らないことが大事	・快楽には代償が必要
	・紫外線カットの工夫を	・健康状態をチェック	・とにかく素直になろう	・軽い過ちでも罪は罪
	・とにかく明るい態度が吉	・広い心で許そう	・未知の物事にも挑戦を	・身の潔白を証明しよう
	・ライフワークに集中を	・意外に観察されている	・敵意がないことを示して	・ありのままの魅力で勝負

その他のシンボル　**青空と雲**　新しい人　恋が始まる　可能性が広がる　懸案事項　机上の空論　深呼吸が吉

遠くの赤い山	生命の樹	知恵の樹	樹に巻き付く蛇
出会い	**出会い**	**出会い**	**出会い**
・理想的な人との	・住む世界が違う人との	・識者との	・ずる賢い人との
・スタイルの良い人との	・年齢不詳の人との	・抜け目ない人との	・情事を楽しむ人との
・業界の重鎮との	・生命力の強い人との	・欲望に忠実な人との	・信用できない人との
・教える仕事の人との	・大事に育てられた人との	・家庭がある人との	・しつこい人との
・誰かを囲む会での	・時間をかけて成功する	・繁華街での	・怪しいビジネス関係の
・講演やセミナーでの	・親戚の紹介での	・学習の場での	・待ち伏せでの
・憧れの店での	・同窓会や懇親会での	・アプリでの	・遊び目的のアプリでの
相手の気持ち	**相手の気持ち**	**相手の気持ち**	**相手の気持ち**
・満足できない	・気持ちは変わらない	・もっと知りたい	・束縛したい
・自分が主役でいたい	・じっくり時間をかける	・短所が見えてきた	・顔色をうかがっている
・取っ付きにくさを感じる	・長期的ビジョンが必要	・夢から覚めてしまう	・素性を隠している
・少し怖がっている	・慎重に段階を踏みたい	・本当のことを話して	・うそはバレなければよい
・クリアすべき問題あり	・知れば知るほど好きに	・快楽を求めている	・体の関係を狙っている
・安心できる存在	・自分には釣り合わない	・欲望が肥大している	・都合よく扱おうとする
・もっと頼りたい	・体調の不安がある	・罪悪感を覚えている	・執着にまみれている
今後の二人	**今後の二人**	**今後の二人**	**今後の二人**
・もっと好きになる	・運命が二人を引き裂く	・禁断の関係に	・洗脳されそうになる
・障壁に阻まれる	・遠い存在のまま終わる	・過ちを犯してしまう	・偽りの関係に
・交際には覚悟が必要	・結婚が許されない	・好奇心が猜疑心に勝つ	・所詮は手のひらの上
・絆を深める出来事が発生	・駆け落ち同然で交際へ	・付き合って真実を知る	・お互い身勝手になる
・理想的な関係になる	・介護や健康の問題あり	・性愛に溺れる可能性あり	・別れられない
・一緒に乗り越えて成就	・付き合いがずっと続く	・交際後に態度が変わる	・付き合っていて苦しい
・結婚の話で盛り上がる	・生涯の伴侶になる	・反対を押し切って結婚へ	・仮面夫婦になる危険あり

遠くの赤い山	生命の樹	知恵の樹	樹に巻き付く蛇
・理想的な職場を狙おう	・転職しない方がよい	・転職後の環境が悪化	・転職のオファーは断って
・起業のハードルは高い	・独立は体力的に難しい	・起業はリスクを考えて	・怪しいビジネスに注意
・キャリアアップの好機	・起業なら生涯をかけて	・独立して厳しさを知る	・仕事相手を妄信しない
・挫折を味わうかも	・時代には抵抗できない	・そそのかされてはダメ	・口約束ではなく文面で
・目標は高く設定しよう	・計画の変更は不可能	・欲を出すと失敗する	・敵に陥れられるかも
・大きな計画が動き出す	・契約の更新ができる	・ミスをしたら謝罪を	・うわさに惑わされないで
・簡単には変更できない	・あと何年働くか決めて	・汚名を返上すること	・経歴詐称が問題に
・責任がのしかかりそう	・長期プロジェクトが吉	・答えが出せずに葛藤する	・賢く立ち回る必要あり
・積み上げた実績で勝負	・健康でないと働けない	・よく考えて行動しよう	・不正は絶対にしないこと
・礼儀正しく対応しよう	・持久力と忍耐力が必要	・言いつけは守ること	・執着を手放すと吉

遠くの赤い山	生命の樹	知恵の樹	樹に巻き付く蛇
・いつの間にか負担増	・長期的視点で金銭管理を	・頭を使ってもうけよう	・もうけ話にはわながある
・貯金はできそう	・ローンを組むのはOK	・稼ぐチャンスが増える	・甘い誘惑に負けないで
・資金がないと動けない	・リスクを避けた投資を	・お金は極力使わないで	・財産を狙う人物が接近中
・商売は大きなスケールで	・保険の見直しをすると吉	・怪しい取引は断ること	・常に詐欺を疑う必要あり
高くても専門家に依頼を	・高くても一生ものを買おう	・買い物の前によく調べて	・借金をすると苦労する

遠くの赤い山	生命の樹	知恵の樹	樹に巻き付く蛇
・たまには頼ってもいい	・生きていることに感謝を	・デマにだまされないで	・近くに敵が潜んでいる
・支援体制を確認しよう	・親戚を大事にしよう	・甘い誘惑に乗るのはNG	・うそを信じてしまいそう
・やるなら険しい道を選択	・宗教と向き合ってみて	・悪巧みに加担しないで	・へつらう人は拒否して
・頂上を目指すと吉	・動物植物と触れ合おう	・長所は短所でもある	・相手の本音を見極めよう
・高地へ出かけよう	・一年の計画を立てると吉	・知らない方がいいことも	・付け入る隙を与えないで

その他のシンボル　**緑の大地**　恵まれた人　油断が失敗を招く　良い環境　生活の安定　ストレス解消を

恋人たち *The Lovers*

 戦車（正）p.48

7 戦車

旅立つ若者は、故郷に誓った。
光と闇のスフィンクスを掌握し、
勝利をつかんで凱旋するのだと。

逆位置

The Chariot

基本の物語

よろいに身を包んだ若者が、故郷を旅立つ様子が描かれています。黒いスフィンクスは本能を、白いスフィンクスは理性を意味し、この二つを統御して勝利を得るつもりです。

戦車の前面を飾る赤いこまは、一つ前の「恋人たち」のアダムとイブが結ばれたことを意味し、青い翼は二人を楽園から追放した天使を表します。人間は、それがたとえ楽園であっても、住み慣れた場所を離れて冒険に出るものなのかもしれません。

この若者は自分の能力に自信があり、成功を確信しているからこそ、堂々と戦車を乗りこなすことができるのでしょう。そうした心の強さが、次の「力」においては本能を制御するのです。

逆位置を読むポイント

正位置では、若者の姿が圧倒的に目を引きます。天蓋を開けて堂々と行軍する様子は、すでに勝利を確信しているかのように見えます。手綱など握らなくても状況をコントロールすることができ、最短距離で目標に向かっているようです。

しかし逆位置では、鈍重そうなスフィンクスが、芝生に身を横たえている様子が目立ってきます。彼らを同時に御して馬車を走らせることは、簡単ではなさそうです。強引に進めようとすれば、暴走を始めるかもしれません。

戦車に描かれたシンボル

・若者の王冠と表情・

全方位に光を放つ八芒星は、広く知られていることや全てに力が及んでいることを意味し、月桂冠と合わせて勝利と栄光の象徴です。光り輝く金髪と自信に満ちた表情も、影響力や知名度が高いことを示しています。

・黄色い背景・

黄色い空は、明るくポジティブな雰囲気に満ちていること、健全な環境にいること、温かく見守られていることなどを意味します。車輪と同じ色なので、気持ちが前向きで追い風が吹いているとも解釈できるでしょう。

・馬車の天蓋と柱・

星がまたたく天蓋は、季節や時間、周囲の環境に左右されることを暗示します。ただ、四本の柱が安定を確保しているので、タイミングをよく見計らい、総合的に状況判断すれば、星の気まぐれに振り回されることはないでしょう。

・右手のつえ・

積極性を示す右手で握ったつえは、前進する意志の象徴。手綱なしでスフィンクスを操るほど、強くて真っすぐな意志と一貫した態度を表します。青は冷静であることを、先の黄色は直感を受け取っていることを示します。

・よろい・

両肩の三日月は、強い感情と穏やかな感情を表します。可動域が広そうな前腕部は、動きやすさと柔軟性を、胸を覆うよろいと四角い板は、安定と防御を示します。これらは、動と静、変化と固定のバランスを表します。

・背後の森と川・

新たな挑戦や新天地へ向かうことを意味します。森は既知の世界と未知の世界の緩衝地帯で、仲介、練習、試用期間を表します。川を越えることは、覚悟を決めて未知の世界へ踏み出すことであり、後戻りはできません。

・背後の街並み・

今までいた場所や育った環境を表します。かわりばえのしない日常や、外の脅威から守られた、安心できる場所です。冒険の旅に出て、街から遠く離れたときは、懐かしい故郷、帰るべき実家、支援者を意味することでしょう。

・スフィンクス・

エジプト由来のスフィンクスを従えているのは、未知の知識や経験を身に付けたことを意味します。黒いスフィンクスは野望や本能の、白は思考と理性の象徴。これらを制御するか、それとも暴走を許すかが焦点になります。

・芝生・

馬車は、舗装された道路ではなく芝生の上を進んでいます。敷かれたレールを自分の意志で外れることや、衝動的に走り出すことを表します。ただ、芝生は悪路ではなく、衝撃も少ないので、そういう道を選んではいるようです。

・馬車の車体と車輪・

青い翼は上昇するエネルギーを、赤いこまは男女の結合を象徴します。車体は、乗り物であると同時に防壁の役割も果たします。これらは安全に恋愛ができる場を意味します。黄色い車輪は、明るく前向きな行動を表します。

恋人たち(正)p.44

戦車を読むためのキーワード

		若者の王冠と表情	よろい	右手のつえ	馬車の天蓋と柱
恋愛	出会い	・有名人との ・話題になっている人との ・影響力のある人との ・モテる人との ・パーティーでの ・芸能関係の集まりでの ・大物が参加する会での	・感情の波がある人との ・ガードが堅い相手との ・何事にも動じない人との ・固い職業の人との ・仕事関係での ・結婚相談所での ・正装しているときの	・真っすぐな人との ・積極的な人との ・冷静でぶれない人との ・支えてくれる人との ・続けているアプリでの ・諦めずにやっとつかんだ ・サポートを受けての	・日和見主義の人との ・空気を読める人との ・無難な道を選ぶ人との ・八方美人的な人との ・テラスや中庭での ・アーケード街での ・雨宿りや時間つぶし中の
	相手の気持ち	・自信満々である ・自分を尊重してほしい ・恋人募集中 ・候補者はいくらでもいる ・利点があれば付き合う ・どうするかは気分次第 ・あなたに対して高飛車	・気持ちが定まらない ・無難な距離をとりたい ・素顔を見せられない ・親しき仲にも礼儀あり ・いつでも逃げられる ・連絡が多過ぎて困る ・愛憎半ばの状態	・いちずに思っている ・思いを告白しない ・長く付き合いたい ・かなり前から冷めている ・すぐに別れることはない ・支えてあげたい ・優しく寄り添い続ける	・様子見をしている ・告白されたら断れない ・お互い傷つきたくない ・じっくり時間をかけたい ・意思疎通で風通しをよく ・周りの人の意見を聞く ・時間が解決してくれる
	今後の二人	・相思相愛になる ・周囲から祝福される ・全てうまくいく ・希望に満ちた交際 ・お互いモテて問題が発生 ・八方美人になると失敗 ・憧れられるカップルに	・付け入る隙がない ・連絡がブロックされる ・連絡が既読にならない ・付かず離れずの関係 ・気持ちが乗れば交際に ・固い絆を結ぶ ・結婚前提の付き合い	・いつか付き合うことに ・物足りなさを感じるかも ・一緒にいるだけの関係に ・友達としてサポートする ・長い付き合いになる ・家族のような感覚に ・結婚願望を貫いて成就へ	・遠距離だと自然消滅かも ・近くにいると親密に ・お互い流れに任せる ・形だけの付き合いになる ・交際は続けつつも遊ぶ ・折り合いをつけて交際へ ・周囲の勧めで結婚へ
仕事		・転職は有名企業が吉 ・起業は周囲の理解を得て ・独立はカリスマ性が必要 ・グローバルな視点を ・周囲の模範となる行動を ・情報の共有をしっかりと ・全体を把握しておこう ・隅々まで目を光らせよう ・総合的な判断が重要 ・知名度が結果に直結する	・残留か転職かで揺れる ・独立と起業は手堅く ・感情に左右されないで ・どっしりと構えるべし ・手だけは動かそう ・安定した成果が必要かも ・調整と修正は柔軟に ・理不尽な圧力には抵抗を ・短所と長所の両方を見て ・もしもに備えて安全策を	・転職は焦らずに機を見て ・独立しても一瞬で逆戻り ・起業してももうからない ・直感を大事にしよう ・淡々と続けて成果を得る ・自分の意思を曲げないで ・初志貫徹で光が見える ・サポートに徹するべし ・延々と説得する作戦が吉 ・冷静さがわが身を救う	・退職の前から転職活動を ・独立がリスクを増やす ・起業準備に時間かけて ・企画は骨子の確立が急務 ・譲れない部分は最小限に ・自由な意見交換が鍵 ・デザイン変更がありそう ・柔軟に対応するべし ・タイミングを計ろう ・上層部が優遇される
お金		・徐々に利益が増える ・金額の規模を大きめに ・恵まれない人に施しを ・資産運用がうまくいく ・ギャンブル運が強い	・もうけてもすぐに消える ・貯金をしておくこと ・堅い仕事で稼ごう ・セキュリティー重視で ・こだわると損失が出る	・保険を掛けておこう ・細く長く稼ぐべし ・稼ぐ方法がひらめく ・少額でも定期収入を ・思い付きの買い物はNG	・倹約が必要になる ・買う時期を分散させよう ・複数の収入源を持とう ・身内の金運に影響される ・いつかは利益が出る
行動のヒント		・インフルエンサーになる ・ムードメーカーになろう ・やった者勝ち ・フォロワーを増やせる ・自信を持って堂々と	・口約束は守られないかも ・おまじないに救われそう ・感性よりマニュアル重視 ・守りに徹するとよい ・無難な行動を心掛けて	・転ばぬ先のつえが必要 ・ずっと続けていこう ・思ったことは貫いて ・前のめりになってはダメ ・真っすぐに進むべし	・高機能でなくてもよい ・ポイントを押さえるべし ・環境に左右されないで ・方向感覚が試されそう ・傘や日傘を携帯しよう

その他のシンボル　**黄色い背景**　健康な人　見守られている　前途洋々　援助を受けられる　楽しく過ごそう

馬車の車体と車輪	スフィンクス	背後の街並み	背後の森と川
出会い ・貪欲な人との ・前向きな人との ・パーティー好きな人との ・根が真面目な人との ・婚活会場での ・クラブイベントでの ・繁華街での	**出会い** ・海外に縁がある人との ・二面性のある人との ・経験豊かな人との ・なぞなぞが好きな人との ・明け方または宵の ・仕事の現場での ・博物展や展示会での	**出会い** ・今後Uターンする人との ・親元にいる人との ・実家が裕福な人との ・世間知らずの人との ・地元での ・知人の多い集まりでの ・ファン同士の集いでの	**出会い** ・独身を楽しむ人との ・優柔不断な人との ・学生や離職中の人との ・フリーランスの人との ・会わずにやりとりする ・友達同士の交流での ・自然の中での
相手の気持ち ・天にも昇る気持ち ・体の関係を求める ・一緒に羽目を外したい ・他で遊んでほしくない ・二人きりになりたい ・家に遊びに行きたい ・殻に閉じこもりたい	**相手の気持ち** ・気持ちが固まらない ・交際すべきか葛藤する ・明確な言葉にできない ・言動が矛盾してしまう ・トラウマと向き合えない ・良い部分だけ見ている ・問題は先延ばしにしたい	**相手の気持ち** ・応援している ・距離をとりたい ・古い人脈の方が大事 ・仲間とつるみたい ・なじみの場所が落ち着く ・わざわざ出かけたくない ・家族に気を使っている	**相手の気持ち** ・まだ遊んでいたい ・告白する勇気はない ・けんかはしたくない ・事なかれ主義でいる ・友達でいた方が楽 ・試用期間のつもり ・覚悟を決めたいと思う
今後の二人 ・両思いになる ・熱く盛り上がる ・二人で家にこもる ・周りの反対を振り切る ・浮気などの問題が発生 ・隠れて会う関係に ・本命にはなれないかも	**今後の二人** ・感情が暴走してしまう ・思いを秘めつつ接近する ・まだ覚悟が決まらない ・付き合っていても不安 ・仲直り後も油断できない ・他の相手も気になる ・リスクの高い恋愛になる	**今後の二人** ・相手の親が気になる ・二人では生計が立たない ・遠距離恋愛になる ・周囲の協力により成就 ・同居に向けて引っ越す ・親に紹介される ・相手宅に転がり込む	**今後の二人** ・ぐずぐずと先延ばしに ・中途半端な状態が続く ・お互いを傷つけない交際 ・一線を越えない ・ホッとできる関係に ・進展には覚悟が必要 ・惰性で付き合い続ける
・転職は先方との相性次第 ・共同で起業するのはあり ・落ち着いて仕事ができる ・コンビネーション重視で ・コラボ企画が始動する ・二人三脚で能率が向上 ・殻を破ることができない ・周りに守られることに ・マニュアル通りで成功 ・安定して結果が出せる	・転職は急がないで ・独立は縁切りにもなる ・起業は大成功か大失敗 ・派閥争いが起きるかも ・結論が先送りになる ・誰かの欲に邪魔される ・海外の物がヒットする ・野望を抱いて挑戦を ・クリアな思考で危機回避 ・敵の敵を味方につけよう	・円満退社できそう ・独立後も支援される ・復職への追い風あり ・起業なら地元が吉 ・転勤や異動が好機になる ・組織の看板を背負うべし ・新規開拓より現状確認を ・安全策をとる方が吉 ・チームの総意を尊重して ・勤続歴の長い人に従おう	・転職の決心がつかない ・独立の覚悟が足りない ・一人での起業は無謀 ・自己満足で終わるかも ・新規開拓を狙おう ・専門外の知識が必要に ・猶予期間を設けるべし ・未知の領域に挑戦しよう ・内輪受けでは意味がない ・そろそろ本気を出そう
・大穴を狙ってもいい ・許可の必要な買い物あり ・共用物の購入資金を払う 予算の範囲に収まる ・確実に利益を生む	・守銭奴になってはダメ ・誠実さも貪欲さも必要 ・黒字になったら還元を ・古い物の価値が上がる ・輸入品が売れそう	・援助を求めてみよう ・投資するなら身内に ・実家からの支援あり ・保険や公共料金がかさむ ・貯金を切り崩さないで	・援助に甘えてもよい ・ぜいたくをしなければ吉 ・意識が低いと稼げない ・付き合いで無駄に出費 ・経済的自立の準備を
・ルール内で自由に行動を ・静と動をバランスよく ・制限の中で楽しむ工夫を ・動き続ける方が吉 ・子供の遊びを楽しむ	・良きライバルを大事に ・欲望を理性で制御しよう ・未知の世界の事柄を学ぶ ・推理小説がおすすめ ・あえて白黒をつけない	・家族に恩返しをしよう ・身を守る場所の確保を ・「ローカル」が開運の鍵 ・いつもの場所から離れて ・安心できる環境づくりを	・本番前はきちんと休もう ・次のステップに進もう ・安全地帯で様子見を ・練習やイメトレが重要 ・庭園や川岸に行こう

その他のシンボル　**芝生**　自由過ぎる人　自由恋愛　もめ事は避けて　欲しい物を買う　衝撃を和らげる工夫を

 金貨の6(逆)p.312

8 力

本能と衝動の象徴たるライオン。
勇気ある白い乙女が手を伸ばすと、
目を細め、舌を出して尾を垂れた。

逆位置

基本の物語

頭上に∞マークのある女性が、ライオンを手なずけています。勇気を持って行動することの大切さや、人間の内なる獣性がコントロール可能であることを表しています。

一つ前の「戦車」に登場する黒と白のスフィンクスは、本能と理性が別々の方向に走り出すことを表しますが、この「力」では、本能の象徴たるライオンを、静かな雰囲気の女性がなだめています。本能と理性がここで折り合いをつけ、次の「隠者」では、それらを超越した灰色のローブとなります。

逆位置を読むポイント

逆位置では、黄色い空(背景)のアンバランスさが目に飛び込んできます。これは、自分が置かれた状況を外側から見ていることを意味します。正位置では、自分の中にある葛藤や、自分が勇気を持って行動できるかどうかなど、自分の内面に焦点が当たっています。しかし逆位置では、周囲との折り合いがつくのか、理解や協力をしてもらえるのかなど、自分を取り巻く状況が重要なポイントになるでしょう。

また、野望や衝動を象徴するライオンが、正位置では大地に爪を立てて我を通そうとしているように見えます。一方、逆位置では、その踏ん張りが少し弱々しくなり、従順になっているように見えてきます。

※マルセイユ版をはじめとする古典的なタロットカードでは、8番が「正義」、11番が「力」です。

力に描かれたシンボル

・∞マーク・

∞(レムニスケート)は、永遠の生命や神聖な知識の象徴です。また、物事が繰り返されること、変化に対応しながら継続すること、根気強く繰り返すこと、サスティナビリティーに寄与する目標や計画などを表します。

・花に彩られた髪・

知と愛の力で勝利することを意味します。武器による争いは、敵を見据えねばなりませんが、この女性は目を閉じて、自分自身と向き合っています。これが己に打ち勝つための戦いであることを暗示しているのです。

・ライオンの表情・

目を細めて舌を出すライオンの表情は、すでに懐柔されたことを表します。本能や衝動が暴走することはなく、ネガティブな感情も制御されています。百獣の王らしい誇りや威厳をなくした状態とも言えるでしょう。

・遠くの青い山・

理想が非常に高いことを表します。凍りついたような青い色は、温かい感情や熱い情熱からは遠いことを示します。厳しい試練が待っているのか、険しい孤独の道なのか、かなりの苦労を覚悟しなくてはならないでしょう。

・黄色い空・

光に満ちた黄色い空は、闇を追い払う理性です。クリアな思考を巡らせれば、得体の知れない黒い欲望が、単なるわがままだと分かってきます。また、現状が明るいことや、心身共に健康であることを示すものでもあります。

・花に彩られた衣装・

白い衣装は純粋さと虚飾のなさを、丸腰なのは正々堂々とした様子を意味します。花が大地に咲くのではなく、体に巻き付けられているのは、外にある価値観ではなく、自分の中にある価値観を大事にしていることを表します。

・ライオンの胴と足・

爪先で大地をつかみ、踏ん張る様子は、不屈の闘志を表します。乙女に懐柔されるという屈辱に耐え、逆転を狙っているのです。ただ、意地を張ってはいても、すでに尻尾は両足の間に垂れ下がり、降参の姿勢を見せています。

・緑の地面と森と丘・

緑の大地と森は、平和と穏やかさの象徴です。また、さらに遠くへと続く丘は、徐々にレベルを上げていく必要があることを示します。木々は仲間の存在を表します。勾配のある道を進むときは、誰かが助けてくれるはずです。

力を読むためのキーワード

	∞マーク	花に彩られた髪	花に彩られた衣装	黄色い空
恋愛	出会い ・根気のある人との ・離婚歴のある人との ・決断できない人との ・気の長い人との ・いつも行く場所での ・24時間営業の店での ・昔からある会場での 相手の気持ち ・気持ちが定まらない ・情熱が冷めたり戻ったり ・マンネリ気味 ・復縁したい ・気持ちの整理が必要 ・とことん付き合う ・結婚してからが難しい 今後の二人 ・付かず離れずの状態 ・腐れ縁になるかも ・もう一度付き合う ・結局元の関係に戻る ・少しずつ進展する ・粘れば成就する ・永遠を誓う仲になる	出会い ・聡明な人との ・慈悲深い人との ・物事に動じない人との ・瞑想する人との ・ボランティア活動での ・ヨガや修行の場での ・花盛りの庭園での 相手の気持ち ・傍観者のような立ち位置 ・あまり注目していない ・慈愛に満ちている ・優しく見守りたい ・自分の都合を考慮したい ・内面を重視したい ・外見に惑わされない 今後の二人 ・求めるとうまくいかない ・恋愛というより慈愛 ・欲があると見抜かれる ・自己愛の裏返しの恋 ・自分の問題の解決が先 ・穏やかに待つことになる ・淡々と結婚へ向かう	出会い ・世間知らずの人との ・無垢な人との ・潔癖な人との ・美意識が独特な人との ・若者の街での ・芸術関係が縁での ・出会いを諦めると出会う 相手の気持ち ・人として純粋に好き ・価値観が合いそう ・可能な限り合わせたい ・絆を感じている ・緩くつながりたい ・分からないことばかり ・一からやり直したい 今後の二人 ・趣味が一緒なら接近する ・デートを重ねる ・いったん白紙に戻る ・結びつきは残る ・恋愛以外での付き合い ・プラトニックな関係 ・再会する可能性が高い	出会い ・思考が明快な人との ・快活な人との ・健康な人との ・ポジティブな人との ・晴れた日の ・お笑いが縁での ・照明が明るい店での 相手の気持ち ・喜んでいる ・一緒にいると楽しい ・わが道をひた走る ・指図はされたくない ・面白ければなんでもあり ・不安がなくなった ・前向きに考えている 今後の二人 ・邪魔者がいなくなる ・楽しくデートできる ・隠し事がなければ成就 ・スムーズな交際に ・仲直りできる ・時間をつくれば進展する ・前向きならば願望が成就
仕事	・転職は振り出しに戻る ・独立や起業ができない ・繰り返しトライしよう ・決まった型をつくること ・アップデートを怠らない ・初心に返ることが大事 ・ねじ曲がって伝わる ・実行しながら考えて ・変化に対応すること ・サスティナブルが鍵	・転職のオファーがきそう ・独立や起業の好機 ・人と比べるのはNG ・今は内省と克己の時 ・指示を待つだけではダメ ・自分のスキルを知ろう ・敵でも美点は褒めよう ・ポーカーフェイスが吉 ・穏やかな人間関係を ・アイデアの花を咲かせて	・転職先が見つからない ・業務委託も検討しよう ・忙しさが緩和されそう ・初心に返ると吉 ・新規の企画を立ち上げて ・派手な仕掛けは不要 ・自分の色を出さないで ・一部だけ同意でもOK ・契約で縛り過ぎないで ・人のことは気にしないで	・転職は収入重視で ・独立して自由の獲得を ・起業のチャンスあり ・おおらかに乗り越えよう ・明瞭さがポイントに ・メンバーに歓迎される ・どの決断も未来を開く ・遊び心が苦境を救う ・ポジティブ思考が吉 ・周りの理解を得よう
お金	・必ず金額の確認を ・価格は据え置きがよい ・買い替えるより修理を ・長期的な収益を考えて ・ランニングコストを重視	・まとまったお金が入る ・資金が有効活用できる ・投資は自分のために ・優待制度を利用できる ・ぜいたくや華美は避けて	・金より大事な物がある ・予算が底を突く ・月額定額制の見直しを ・不正やうそは絶対にNG ・贈り物で釣る詐欺に注意	・身近に心強い支援者が ・収入確保で一安心 ・貯金があると救われる ・利益が大きくなりそう ・世のためにお金を使おう
行動のヒント	・とにかく根気強く ・完成しても微調整を ・悪習慣を断ち切るべし ・良い習慣は継続を ・継続は力なり	・ガーデニングが吉 ・自慢の物を褒められる ・内面を見つめ直す時期 ・目を休めるとよい ・野菜不足を解消しよう	・自分が良いと思う行動を ・競争より協調を優先で ・純粋な気持ちで臨もう ・無知が吉と出ることも ・未知の物事に挑戦を	・結果的には成功する ・明るいうちに出かけよう ・明るい色を身に着けて ・誰にでも分かりやすく ・面白いことを探そう

ライオンの表情	ライオンの胴と足	遠くの青い山	緑の地面と森と丘
出会い	出会い	出会い	出会い
・弱気になった人との	・負けず嫌いの人との	・冷たい人との	・穏やかな人との
・プライドのない人との	・何かと強がる人との	・苦労してきた人との	・友達の多い人との
・だらしない人との	・聞く耳を持たない人との	・遠距離にいる人との	・平和を愛する人との
・謙遜し過ぎる人との	・怖がり屋との	・住む世界の違う人との	・安全策をとる人との
・断れずに参加した会での	・気の乗らない会での	・緊張する集まりでの	・アウトドアでの
・強引に誘われた結果の	・行きたくない場所での	・仕事で行った場所での	・緑豊かな場所での
・妥協した結果の	・緊張する場面での	・理想とは程遠い	・知人のいる集まりでの
相手の気持ち	相手の気持ち	相手の気持ち	相手の気持ち
・好きにしていい	・交際は遠慮したい	・心ここにあらず	・平和的に解決したい
・従順さを見せている	・独身のままでいたい	・恋愛に興味が薄い	・少しずつ歩み寄ろう
・プライドは捨てた	・恋愛に恐怖心がある	・距離をとりたい	・友人も巻き込みたい
・おとなしく指示に従う	・これ以上は近づかない	・障害を乗り越えたい	・先の事は考えていない
・予定は合わせる	・義務になるのは嫌だ	・悲観的になっている	・流れに身を任せる
・半ば諦めている	・気が進まない	・急に冷静になった	・もっと仲良くなりたい
・甘えている	・別れを踏みとどまる	・そこまでの覚悟がない	・盛り上がり過ぎは敬遠
今後の二人	今後の二人	今後の二人	今後の二人
・すっかり打ち解ける	・慎重過ぎて進まない	・遠慮して近づけない	・徐々に親密になる
・相手の言いなりになる	・告白や婚約をためらう	・障壁が立ちふさがる	・周囲の協力を得て成就
・相手を手玉に取る	・連絡が返ってこない	・強い気持ちが必要になる	・第三者の橋渡しで仲直り
・互いをなだめて問題解決	・何度でもやり直せる	・遠距離恋愛になる	・障害を共に乗り越える
・マンネリ化が進む	・意地の張り合いになる	・物理的に会えない	・良いカップルだと評判に
・面倒を見るような関係	・結婚の覚悟が足りない	・問題を一緒に解決する	・ほとんどもめない交際
・束縛し合う関係になる	・一発逆転もあり得る	・将来について悩む	・穏やかな結婚生活へ
・転職を切り出しにくい	・転職は残留の打診がある	・転職への道のりは遠い	・転職先に恵まれる
・独立･起業の覚悟が甘い	・独立･起業の覚悟がない	・独立や起業後に孤立する	・独立より協力し合って
・うまく説得できるはず	・今の地位を守るべし	・ハードな仕事になる	・顧客が多いなら起業を
・相手になめられそう	・恐れずに前進しよう	・結果が出るのはまだ先	・話し合えば分かる
・主導権争いはしないで	・弱みを見せないこと	・理想の形にしにくい	・そろそろ次のステップへ
・指示には従うべし	・抵抗してみるのも手	・周囲の賛同を得られない	・働きやすい環境になる
・攻撃的になるのはNG	・逆転のチャンスがくる	・成長のための試練あり	・チームがまとまる
・卑屈でなく謙虚になって	・できるだけ粘ってみよう	・完成まで時間がかかる	・向上心はほどほどに
・スポンサーの意を汲む	・不屈の精神で状況打開を	・実力不足を痛感する	・穏やかに交渉するべし
・気持ちの緩みに注意	・初めての人には要警戒	・対人関係は冷戦状態に	・報告･連絡･相談が吉
・搾取される危険あり	・ギリギリまで交渉しよう	・負債が増えていく	・大きくは稼げない
・リスクを負ってもよい	・もうけ話には警戒を	・資産が使えない	・全員のメリットも考慮
・タイミングを逃さないで	・最後まで利益を求めよう	援助が止められる	・困ったときは助け合おう
・時には強気な交渉も必要	・賭けには出ず、慎重に	・稼げるが苦労も大きい	・おすすめ商品を買おう
・足元を見られて損をする	・多少の赤字なら諦めない	・倹約した分は貯金を	・利益の分配は公平に
・洗脳されてはダメ	・訴訟や議論は粘り勝ち	・ストイックにいこう	・穏便に事を運ぶべし
・なるべく抵抗しないで	・負けん気が必要	・理想を曲げないこと	・協力を得て次の段階へ
・弱者に優しくしよう	・かなわなくても挑戦を	・長期的な計画を立てよう	・友情の大切さを知ろう
・不要なプライドは捨てて	・地に足を着けるべし	・遠ざけることも必要	・平和のための活動を
・動物との触れ合いは吉	・理不尽には抵抗しよう	・客観性を失わないで	・少しずつ負荷を減らそう

金貨の10(逆)p.328

9 隠者

目を閉じ、耳をふさぐのは、
自己と世界の内部に深く沈潜し、
究極の真理を追究するため。

The Hermit

逆位置

基本の物語

暗い空の下、氷に閉ざされた荒野にたたずむ一人の老人。灰色のマントをまとい、長いつえを持ち、光を発する六芒星のランタンを掲げています。過去を表す左側を向いていることから、これまでの経験や歴史を重視していることが分かります。

一つ前の「力」には、自分の中で獅子のように暴れ回る本能や衝動と向き合い、それをうまくコントロールしている状態が描かれていました。この「隠者」は、さらに深く内省し、自分と向き合うだけでなく世界とも向き合い、感情や善悪をはるかに超えた究極の真理を得ようとしているのです。

逆位置を読むポイント

正位置ではあまり気にならなかった隠者の背中が、逆位置では、切り取られたかのように真っすぐになっている様子が目を引きます。

背中側というのは、自分には見えないことや、目を背けていることを表します。それが際だってくるということは、この隠者が自分の興味のあることには集中力を発揮する一方で、関心のないことには乗り気にならないことを示しています。

また、一つのことに没頭しすぎて周囲が見えていないことや、目が届いていない部分について、無防備になっていることも意味します。

隠者に描かれたシンボル

・明かりを持つ右手・

右は能動性を表すので、自らの意志で手を高く掲げていることが分かります。隠者は、里を追放されたのではなく、自分でこの道を選んだのです。この右手は、必然的な行動、意志による選択、揺るぎない信念を表します。

・六芒星のランタン・

魔除けの六芒星は、あらゆる存在を調和させる神秘的な叡智の象徴です。六芒星は、ランタンの中で燦然と光を放ち、人知を超えた究極の叡知が、光のような直感やひらめきによってもたらされることを伝えているのです。

・左手のつえ・

長いつえは、長きにわたって意志を貫くこと、それが支えであることを意味します。つえは、ランタンの光を受けて黄色に染まっています。運命を知り、希望を見据えて、進むべき道を探していることが暗示されているのです。

・白い地面・

真っ白な地面は、浮世離れしていること、デトックス、未知の領域などを表します。凹凸があり、草一本生えていないのは、平坦でも恵まれてもいない状態、厳しく険しい現実、孤独あるいは孤高を示しています。

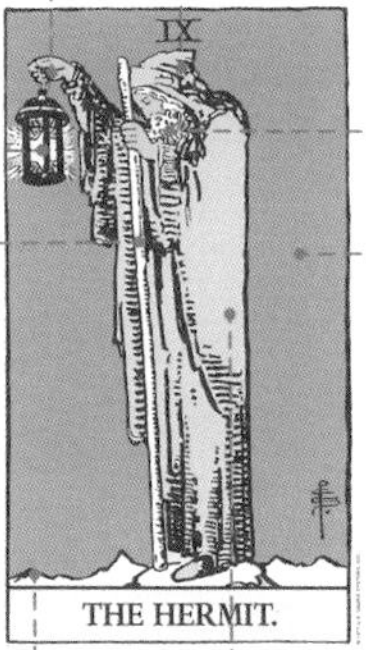

・天を指すフード・

フードの先がとがって天を指しているのは、神を敬う気持ち、向学心、高みを目指すことを表します。フードは庇護や秘匿を意味しますから、知識や伝統を守ること、それらを限られた者だけに伝えていくことを表しています。

・白いひげと表情・

白いひげは長寿の象徴で、積み重ねた経験や知識、長い時間を意味します。目を閉じてうつむいているのは、心の目で世界を見ていること、余計な情報をシャットアウトしていること、慎重に足元を確認していることを示します。

・暗い青の背景・

深みのある暗い青は、鮮やかな青い空が意味する明快な理性の世界とは異なり、神秘的な領域、潜在意識、隠れた真実、常識が通用しない曖昧な状況などを表します。目には見えず、内観して初めて分かるものの象徴です。

・灰色のローブ・

ローブは身を隠す物で、身を守る物です。俗世を離れて引きこもることや、厳しい現実から身を守ることを意味します。灰色は、本能や理性を超越した状態や、人目に立たず、己の探究に没頭したいという気持ちを表しています。

棒のA(逆)p.112

隠者を読むためのキーワード

		天を指すフード	白いひげと表情	灰色のローブ	暗い青の背景
恋愛	出会い	秘密主義の人との	年上の人との	地味な人との	はっきりしない人との
		スピリチュアルな人との	経験豊かな人との	恥ずかしがり屋との	性格が暗い人との
		向学心の強い人との	瞑想が日課の人との	引きこもりがちな人との	目立たない人との
		口の堅い人との	気の長い人との	体形に自信がない人との	変わり者との
		隠れ家的な店での	宗教やオカルトが縁の	人里離れた場所での	宵か早朝の時間帯の
		秘密の集まりでの	長い婚活を経ての	匿名性の高いアプリの	目的不詳の集まりでの
		学びの場での	高齢者が多い場所での	出会いがない	照明の暗い店での
	相手の気持ち	気持ちを隠している	あえて向き合わない	感情を知られたくない	自分でも分からない
		守ってあげたい	自分のことに集中する	隠していることがある	落ち込んでいる
		秘密裏に会いたい	恋愛より趣味に没頭	ここから逃げ出したい	不思議と惹かれている
		人にバレるとまずい	かなり慎重に考えたい	人見知りで困っている	あいまいにしておきたい
		知性を求めたい	現状に失望している	放っておいてほしい	覚悟はできない
		難しい要求をしている	メールを見たくない	対話がそもそも苦手	中途半端な気持ち
		あなたを下に見ている	煩悩を消し去りたい	人と関わりたくない	恋愛に対して恐れがある
	今後の二人	顔を合わせられない	自分を優先するともめる	コミュニケーション不足	なかなか進展しない
		連絡がとれなくなる	問題から逃げて失敗する	告白する勇気がない	はっきりしない状況
		人目を忍んで会う	一人の方が楽だと思う	相手が雲隠れする	うやむやにされる
		周りの反対を押し切る	二人で試練に耐える	リアルでは会えない	嫌いというわけではない
		白黒つけるのは難しい	苦労しながら結婚へ	なかったことになる	中途半端な関係に
		お互いに成長する	会話が少なくなる	人目を避ける関係に	後ろ暗いまま付き合う
		穏やかに暮らす	長く一緒にいることに	駆け落ち同然で交際へ	将来を考えると吉
仕事		転職は目標を高く	転職は経歴が問われる	現実逃避の転職はNG	転職は状況が不透明に
		独立や起業の好機	独立すれば孤独の道に	独立すると苦労が多い	前向きな独立は困難
		キャリアアップできる	起業には経験が必要	起業は準備を念入りに	先のことは分からない
		出る杭は打たれる	ベテラン勢が活躍する	地道な作業を怠らないで	あいまいなまま進行する
		密かに向上心を抱いて	年長者に敬意を払おう	見えない部分が重要	納得できない結果に
		秘密保持に気を付けて	寡黙な人ほど有能	判断は保留にしておこう	隠蔽工作を見抜いて
		隠れた才能を見いだそう	熟慮を重ねると吉	正論をぶつけてはダメ	相手の事情を思いやろう
		少数精鋭がよい	内省と直感が鍵	逃げることも大事	隠れたヒントを見つけて
		知識を伝授するべし	見た目に惑わされないで	自分の仕事に集中しよう	無理に解決しないで
		直感を信じてみよう	より長期的なプランが吉	水面下での交渉が鍵	あえて触れない方が吉
お金		目標の金額に届く	経験が報酬に直結する	宝くじ当選は秘密に	使途不明金を出さないで
		派手に稼ぐと奪われる	勤続年数で収入アップ	もらえるものはもらう	悪用されないよう注意を
		地道に貯金をするべし	お金のことは黙っておく	不正に気を付けよう	なぜか収入が上がる
		危ないビジネスはNG	貯金や資産が増える	派手な遊びはNG	割り勘も明朗会計で
		なくしたお金を発見する	修理費や医療費がかさむ	地味で機能的な物を買う	落とし物に気を付けて
行動のヒント		教養を身につけるべき	何事も経験になる	避難場所を確保するべし	ニュアンスが重要
		隠すべき物は隠しておく	年長者なら責任を負って	趣味に没頭すると吉	白黒つけない方が吉
		静かに過ごすと吉	健康第一、無理は禁物	なりふり構わず行動を	気のせいかどうか確認を
		昔のしきたりを大事に	沈黙して威厳を保とう	何事も余裕を持たせて	常識を押し付けないで
		お忍びで遊びに行こう	時間をかけて考えよう	隠れみのが必要かも	分からないから面白い

白い地面	左手のつえ	明かりを持つ右手	六芒星のランタン
出会い ・浮世離れした人との ・禁欲的な人との ・自分に厳しい人との ・孤独を愛する人との ・一人で食事中の ・人の少ない場所での ・鍛練やダイエット中の	出会い ・初志貫徹する人との ・援助に恵まれた人との ・持続力のある人との ・希望に満ちた人との ・運命的な ・史跡や老舗での ・結婚相談所での	出会い ・自発的な人との ・意思表示の明確な人との ・信念のある人との ・積極的な人との ・自分が主催する会での ・積極的な行動の結果の ・複数の候補者から選ぶ	出会い ・バランスの良い人との ・輝いている人との ・人格者との ・増長しない人との ・夜の時間帯の ・オンライン活動での ・有名人御用達の店での
相手の気持ち ・恋愛は考えられない ・ストイックでいたい ・体の関係は避けたい ・他人に染まるのが怖い ・孤高の存在でいたい ・居心地がよくない ・険しい道でも頑張る	相手の気持ち ・気持ちに変化はない ・ずっと思い続けている ・頼りにしている ・慎重になっている ・運命的な絆を感じる ・支えてあげたい ・自分の手には余る	相手の気持ち ・自分の思う通りにしたい ・積極的に口説きたい ・気を引こうとしている ・射止めようとしている ・うまく進展させたい ・お手上げ状態である ・少し距離をとりたい	相手の気持ち ・好印象を持っている ・仲良くしたい ・好意を抑えている ・恋愛も仕事も大事 ・好きな部分もある ・時間の余裕がない ・希望を捨ててはいない
今後の二人 ・いばらの道になる ・ついてきてくれない ・忍耐の時がまだ続く ・恋愛の熱が冷める ・潔癖過ぎて問題になる ・清い関係になる ・慣れない交際で苦労する	今後の二人 ・縁はつながっている ・後はきっかけだけ ・気持ちが相手に届く ・慎重過ぎて進展が遅い ・ずっと一緒にいる ・交際期間だけは長い ・次の一歩が踏み出せない	今後の二人 ・一時的にお預けの状態 ・デートにこぎつける ・おそるおそる付き合う ・接し方に戸惑う ・積極的に行動すれば実る ・信念が正しい道へ導く ・迷ったら自分で決断を	今後の二人 ・限られているが会える ・晴れて付き合うことに ・二人の世界に浸る ・まだやり直しがきく ・周りが望む関係になる ・将来を前向きに話す ・いずれにせよ納得する
・未経験の分野に転職を ・独立すれば孤立する ・新ジャンルで起業を ・一度リセットが必要 ・人の邪魔をしないこと ・肩書や経歴が役立たない ・計画が白紙撤回される ・偏見なしに話し合うべき ・クリエイティブな仕事を ・慎重に進めるべし	・転職先は入念な調査を ・独立や起業は慎重に ・契約は継続される ・継続は力なり ・途中で変更するのはNG ・頼れる人を探そう ・人間関係の風通しをよく ・軸をしっかり決めるべし ・少しずつ慎重に進めよう ・初心を忘れないこと	・転職の目標を明確に ・独立の前に客観視を ・起業の時がきた ・積極的に手を挙げよう ・見やすいような工夫を ・全体像のチェックを ・仲間には手の内を見せて ・状況をよく検分しよう ・怒りを抑えるべし ・運搬や輸送には注意を	・ヘッドハントされる ・独立すると守られない ・今の環境で輝ける ・希望が見えてくる ・組織に感謝すると吉 ・プロジェクトの成功 ・人の模範になろう ・井の中の蛙にならないで ・直感を大切に ・自他の才能を見いだして
・予算が足りなくなる ・必要な収入が得られない ・うまく節約ができる ・借金が帳消しになる ・支払いが遅れるかも	・定期収入の確保を ・長期的な利益を考えて ・細く長く稼いでいこう ・保険や補償で安心を ・不労所得が得られるかも	・利益をつかみにいこう ・相場や情報を見極めて プレゼントが効果的 ・資産運用の才が問われる ・欲しいなら手を挙げて	・十分なお金が得られる ・貯金や資産が増える ・財布のひもを締めよう ・利益を逃さないように ・中古の美品が高く売れる
・冒険してみるとよい ・雑念を払うべし ・転ばぬよう気を付けて ・知らない場所へ行こう ・デトックスがテーマ	・事実に基づいて行動を ・ポイントを絞ると吉 ・支えになるものが必要 ・コツコツとやるだけ ・普通の幸せをかみ締めて	・理想や目標を掲げよう ・アピールすることが大事 ・誰かに見てもらおう ・レベルを下げないで ・ぶれない選択を	・まず身の回りのことを ・明るく振る舞うべし ・達観する努力を ・在宅やインドアが吉 ・希望の灯をともそう

 金貨のペイジ(正)p.332

10 運命の輪

運命の輪がもたらすのは、
変化、好機、栄光と失墜。
四隅の守護者はただ見守るのみ。

逆位置

Wheel of Fortune

基本の物語

スフィンクス、蛇、古代エジプトのアヌビス神を乗せた運命の車輪が回っています。四隅には『旧約聖書』に登場する、車輪の守護者がいます。

一つ前の「隠者」は人の世の真理に到達しましたが、それでも制御できないものがありました。それが宇宙の理、神が定めた法、「運命の輪」です。次の「正義」では、神の法を手本にして、人の世のルールが定められます。

ここで宿命を受け入れた私たち人間は、続く10枚の大アルカナを経て、最後のカードである「世界」へと至ります。そこでもまた四元素の守護者が四隅に現れ、そのとき私たちは、完成された自分を輪の中に見るのです。

逆位置を読むポイント

正位置では運命の輪が主役であり、四隅の守護者や、車輪に乗ったスフィンクスたちは脇役のように見えます。つまり、運命の輪がもたらす変化、幸運、栄枯盛衰などの事象そのものが主役であり、四隅の守護者も地上の神々も、それを見守るのみです。

ただ、逆位置では車輪に乗る存在のパワーバランスに変化が見えます。正位置で「運命の輪」の上にいたスフィンクスが転落し、死者の案内人であるアヌビス神がトップの位置にくるからです。これは、何が起こるか分からないことや秩序の乱れを意味します。

運命の輪に描かれたシンボル

・左上の天使・

左上という位置は過去の記憶を表します。この天使は聖マタイ、水瓶座、四元素のうちの「風」、剣《ソード》の象徴です。特にお金に関することで、頭脳的な戦略が生きること、イノベーションが起きることを意味しています。

・青いスフィンクス・

人間の王(ファラオ)と百獣の王たるライオンを合成したようなスフィンクスは、権力の象徴です。鋭い剣で裁きを下し、人の命運を支配しようとしていますが、そう簡単ではなく、転落の危機が常にあります。

・右上の鷲・

右上という位置は未来を夢見る気持ちを表します。この鷲は聖ヨハネ、蠍座(一説によると蠍が変容して鷲になる)、四元素のうちの「水」、杯《カップ》の象徴です。愛情や友情、特に師弟愛に恵まれることを意味しています。

・運命の輪・

変化、好機、栄枯盛衰の象徴です。TAROおよび聖なる四文字と、錬金術の記号が刻まれています。文字も錬金術も、それを読み、実践する主体によって結果が変わります。つまり運命とは、その人が見いだす現実や真実なのです。

・灰色の雲・

四方それぞれに雲が湧き、守護者たちの居場所となっています。黒と白の中間である灰色は、人の世と神の世の仲介役であることを示しています。また、運命は中立で、あなたの敵でも味方でもないことを表しています。

・黄色い蛇・

この蛇は、太陽の光を浴びて転落する堕天使またはエジプト神話のアポピスを表すのかもしれません。どちらも反逆と破壊と混沌の象徴。そうした時期があっても、やがて運命の輪が回り、別の局面に移ることが示されています。

・赤いアヌビス神・

ジャッカルの頭を持つ古代エジプトの神アヌビスは、冥界の主であるオシリス神の前に死者を導く役目を担います。抑圧された無意識、秘められた妄想、いつ表面化してもおかしくない心の闇などを表しています。

・左下の牡牛・

左下という位置は過去の現実的な努力を表します。この牡牛は聖ルカ、牡牛座、四元素のうちの「土」、金貨《ペンタクル》の象徴です。特に健康や芸術の分野で、地道な活動を続けて確実に結果を残していくことを意味しています。

・青い空・

背景の青空は、守護者や車輪などに隠されて、広がりが感じられません。これは、控え目なこと、目立たないこと、出遅れたこと、邪魔されていることなどを表します。混乱した状況の中で、わずかに残る理性とも解釈できます。

・右下の獅子・

右下という位置は未来へ向かう生命力を表します。この獅子は聖マルコ、獅子座、四元素のうちの「火」、棒《ワンド》の象徴です。特に集会や言葉に関することで、目的意識を持って行動すれば、成功しやすいことを意味します。

運命の輪を読むためのキーワード

		左下の牡牛	右下の獅子	右上の鷲	左上の天使
恋愛	出会い	・落ち着いた人との	・プライドの高い人との	・マニアックな人との	・金融関係者との
		・アートが好きな人との	・演説が上手な人との	・愛情深い人との	・革新的な人との
		・医療関係者との	・成功者との	・二面性のある人との	・変わった趣味の人との
		・努力家との	・自信家との	・神秘的な雰囲気の人との	・お金に細かい人との
		・春の時期の	・夏の時期の	・秋の時期の	・冬の時期の
		・発表会やイベントでの	・講演会での	・学びの場での	・お金関係のセミナーでの
		・地道な婚活が実っての	・スポーツが縁での	・高いビルでの	・落とし物が縁での
	相手の気持ち	・慌てたくない	・話が面白くないと無理	・信じてほしい	・新しい刺激が必要
		・過去が忘れられない	・みんなで集まりたい	・自己犠牲もやむなし	・自由にさせてほしい
		・金銭的な不安がある	・自分から誘おうと思う	・深い関係を求める	・金銭感覚が合わない
		・体力に自信がない	・自尊心が傷ついた	・従ってもらいたい	・博愛のような感じ
		・まだ確実とは言えない	・もっと評価してほしい	・浮気は断じて許さない	・苦しいのは恋ではない
		・価値観が合うことが重要	・言葉が通じにくい	・愛憎が入り混じっている	・メールを見ていない
		・結婚願望はある	・本当の目的を知りたい	・出会って生まれ変わった	・ロジカルに行動したい
	今後の二人	・あまり変化がない	・決死の告白で成就する	・すぐ深い仲になる	・距離が縮まらない
		・過去の恋人と比べている	・なんとかうまくやる	・お互いの影響を受ける	・付き合うことはできる
		・慎重過ぎて時間かかる	・プライドがぶつかる	・いちずな恋愛になる	・絆はさほど強くない
		・もう少しで覚悟が決まる	・けんかしても別れない	・駆け落ち同然の交際	・お互いに束縛しない
		・努力が実って交際へ	・下手に出れば仲直り	・共依存から不調和へ	・割り切った関係になる
		・美意識が異なると破局	・意地を張ると失敗する	・嫉妬にかられて苦しい	・面白ければ長く続く
		・結婚に向けて進む	・愛の言葉があれば幸福に	・ストーカー行為はNG	・粘着や束縛はNG
仕事		・復職には良い時期	・転職は面接で決まる	・紹介による転職は吉	・転職は条件次第で
		・独立しても勤め人に戻る	・独立・起業は交渉が必要	・独立は決別を意味する	・お金のための起業はNG
		・起業は士業なら手堅い	・海外の情報が役に立つ	・起業ならサブに回って	・作戦をしっかり練って
		・経歴や経験が生かせる	・仲介役を任されそう	・頼れるメンターが必要	・イノベーションを進めて
		・飛躍を狙わず着実に	・連絡ミスに注意して	・効率より感情重視で	・テクノロジーを使おう
		・科学の力を借りよう	・言葉のまま受け取らない	・戦いは避けよう	・業界再編を狙うべし
		・若手の力が必要	・自説に固執しないこと	・集中力が問われる	・風通しの良い職場が吉
		・何事にも動じないで	・会議は対話を重視して	・こだわりが鍵を握る	・上下関係が障壁になる
		・とにかく継続が大事	・顧客に合わせて柔軟に	・えこひいきは仕方がない	・価値観を共有すると吉
		・新しい人に慣れよう	・丁寧な言葉遣いを	・マンツーマンの指導が吉	・柔軟な働き方をしよう
お金		・コツコツと貯金しよう	・今の収入で満足しよう	・賭けるなら一点集中で	・取りこぼしのないように
		・資金があれば成功する	・欲張ると迷惑をかける	・長期的な投資は吉	・タダでは与えないこと
		・実家に頼ってもよい	・金額交渉をしてみよう	・本当に必要な物を買おう	・節税対策をしよう
		・相続や贈与の話が出る	・接待・交際費が増えそう	・コンプリートは諦めて	・世のためにお金を使おう
		・美しい物への出費は可	・輸入品や海外品が吉	・高過ぎる物は買わないで	・機器の買い替えは吉
行動のヒント		・健康志向で行動を	・生の口コミを重視しよう	・情報を当てにしないで	・多様性を尊重しよう
		・念には念を入れよう	・根拠のない自信を持って	・信頼できる人に聞こう	・自由な発想が大事
		・積み重ねが成功を呼ぶ	・翻訳や通訳に挑戦を	・友情が幸運を招く	・割り勘がおすすめ
		・五感で楽しもう	・あまり動き回らないで	・未来の夢を語り合おう	・アナログよりデジタル
		・育ちの良し悪しが出る	・集団の中心に立とう	・深く感謝すると吉	・斬新なアイデアを出そう

その他のシンボル　**灰色の雲**　あいまいな人　優柔不断　仲介者が必要　怪しいビジネスはNG　雑念を払おう

運命の輪	青いスフィンクス	黄色い蛇	赤いアヌビス神
出会い	出会い	出会い	出会い
・奥深さを感じる人との	・ある業界のトップとの	・反抗的な人との	・どん底を味わった人との
・転換期にいる人との	・妥協しない人との	・性格が複雑な人との	・先祖を敬う人との
・影響力のある人との	・支配欲の強い人との	・かつての成功者との	・情緒不安定な人との
・共通点の多い人との	・傲慢な人との	・調子が悪そうな人との	・怖い話が好きな人との
・運命的な	・有名な店や場所での	・混乱した現場での	・暗い場所での
・偶然なのに絆を感じる	・成功者の集まりでの	・地下の店や地下街での	・厳粛なセレモニーでの
・人生の転機となる	・接待の場での	・過去を捨てることでの	・匿名での
相手の気持ち	相手の気持ち	相手の気持ち	相手の気持ち
・運命を感じる	・自分が主導権を握る	・テンションは下降気味	・あまり気分が乗らない
・自分が変わらなければ	・間違いを認めてほしい	・うそがバレるとまずい	・被害妄想に悩んでいる
・どう転ぶか分からない	・自分が正しいはず	・下心がある	・精神的にしんどい時期
・時間が足りない	・今はまったく問題がない	・逃げ出したくなった	・好きになるとつらくなる
・状況を変えたい	・ベストな状態だと思う	・後は野となれ山となれ	・トラウマが問題
・付き合い方を変えたい	・現状維持を望んでいる	・昔の栄光に酔っている	・好かれているか不安
・早く進展してほしい	・将来が不安	・自分さえ良ければいい	・少しは恋に向き合える
今後の二人	今後の二人	今後の二人	今後の二人
・周りに巻き込まれる	・緊張状態が続く	・執着にとらわれそう	・抑圧的な交際は続かない
・偶然が絆を深める	・謝罪なくして復縁なし	・トラブルの気配あり	・自分の心のケアが先
・タイミングが合わない	・出来心が破局を招く	・紆余曲折を経ることに	・交際後に豹変するかも
・急に流れが変わる	・別居状態になる	・どちらかの不運が影響	・悪い時期はもう終わる
・時間が解決する	・努力の後に実りあり	・争いが泥沼化する	・心を開くと成就する
・重要な転機を迎える	・恋が最高潮に達する	・共倒れを阻止するべし	・険悪なムードが晴れる
・告白や婚約のチャンス	・周囲からうらやまれる	・少し距離を置くと吉	・弱い部分を補い合う
・転職のタイミング	・転職は流れを悪くする	・転職でキャリアダウン	・転職運が少し上がる
・満を持して独立する	・独立すると失速しやすい	・独立･起業はもう少し先	・逃げでなく攻めの独立を
・起業はどう転ぶか不明	・起業には遅すぎる	・自分の力を過信しないで	・起業の準備をする時期
・重要な任務を与えられる	・最高の結果が出せる	・傲慢な態度が失脚を招く	・停滞から脱出できそう
・風向きが大きく変わる	・リーダーシップを発揮	・世代交代を意識しよう	・組織の暗部が露見する
・ポジションが下がるかも	・厳しい判断を迫られる	・経歴が役に立たない	・うみを出し切って改革を
・下剋上を狙える	・トップ交代もあり得る	・出しゃばらないこと	・混乱は収束していく
・時代の変化に対応しよう	・足をすくわれないで	・試行錯誤が無駄になる	・止まった企画が再始動
・結局は組織の意向に添う	・これ以上は望まないこと	・おとなしくする方が無難	・人間関係でもめるかも
・一人では変えられない	・後半戦が鍵	・縁の下の力持ちになろう	・機密情報の徹底管理を
・相場の急激な変化あり	・金運がピークに達する	・詐欺にだまされないで	・今より値下がりはしない
・資産価値が暴落する	・経営側の立場に立とう	・昔ほどにはもうからない	・今が買い時
・突然利益が上がる	・無駄を省くべし	・人の金を当てにしないで	・報酬が上がるかも
・価値観を大きく変えよう	・たかる人を撃退して	・買い物依存に注意して	・ストレス買いはNG
・大きな買い物の決断を	・調子に乗ると損失が出る	・欲を捨てた方がよい	・無欲を心掛けて倹約を
・時代の波に乗るべし	・権力者が落ちぶれるかも	・悩んでも苦しいだけ	・心の闇を否定しないで
・運命に逆らわないで	・昇り詰めることも可能	・こだわりを捨てるべし	・弱みを見せてもよい
・不遇から一発逆転できる	・責任を持って決断を	・ここで生まれ変わろう	・妄想のし過ぎは危険
・慢心が転落の原因になる	・偉ぶると反抗される	・ネガティブでも構わない	・宗教行事を大切に
・保守的な姿勢が裏目に	・物事を俯瞰してみよう	・じっと復活を待とう	・上質な睡眠で復活を

その他のシンボル　青い空　目立たない人　邪魔が入る　目標を明確に　明細を確認して　トラブル回避を

 剣の6(逆)p.252

11 正義

法と正義を守るこの人物は、
天秤の均衡を乱す者が現れれば、
容赦なく裁きの剣を振り下ろす。

逆位置

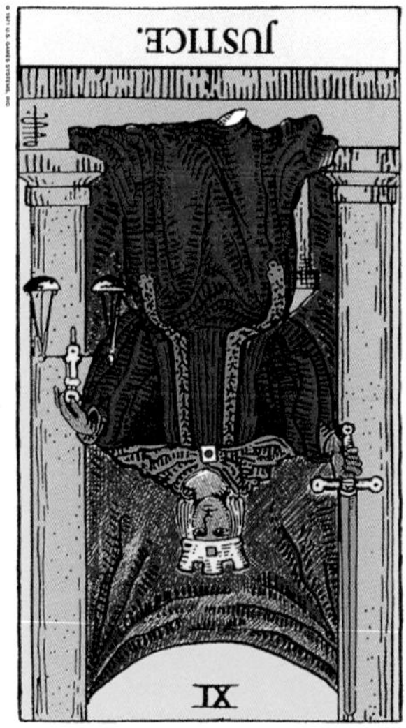

Justice

基本の物語

右手に剣を掲げ、左手に天秤を持った人物が、正面を見据えています。法と正義の下、公平な判断が下されようとしています。

左右二本の柱は、５番の「教皇」にもありましたが、それよりはるかに簡素です。教会を支えるものが、きらびやかな神の威光と恩寵であるのに対して、正義を支えるものは、シンプルな法と掟であることを示しています。

裁きを下す人物以外には、人が見当たりません。おそらくこの裁きは、人間の思いを考慮しない厳格なものになるはずです。一つ前の「運命の輪」とこのカードでは、人間の無力さがクローズアップされているのです。

逆位置を読むポイント

正位置では、鋭い視線や輝く王冠、高く掲げられた剣などが目につき、今にも裁きの剣が振り下ろされそうな緊張感がありました。真っすぐな剣は、妥協や忖度などを寄せ付けません。罪を犯した者は、誰であろうが厳正な裁きを受けるでしょう。

一方、逆位置では、ゆったりとした赤い衣装がよく目立ち、天秤も存在感を増してきます。これは、法やルールなどの強制力よりも、血の通った判断や情状酌量が重みを増してくることを示します。もちろん、法の下での平等と善悪の均衡は守られます。

正義に描かれたシンボル

・右手の剣・

裁きを下す剣が垂直に掲げられているのは、妥協や忖度などが一切ないことを表します。理性的な判断、情を排除した合理的な思考、論理的な言葉、正確な情報、契約や約束、厳格な掟とルール、裁判と判決などを意味します。

・黄色い背景・

帳の向こうに広がる黄色い背景は、帳の手前の世界にはない明るさが存在することを意味します。自分とは異なる世界観の中にポジティブなものがあること、自分の価値観が他では通用しないことを告げているのです。

・背後の帳《とばり》(幕)・

柱の間に幕を垂らして空間を区切っています。区切られた領域内に余計な要素が入らないようにしているのです。区切られた空間内では、正義が絶対的なものになります。上まで覆われていないので、多少の隙はあるのですが。

・二本の柱・

柱は、支えとなるルールの他、異なる二つのものを意味します。意見や選択肢が二つあること、対立する二つの要素が衝突せずに両立していることなどを表します。調停役(中央の人物)がいることで、ぶつからずに済むのです。

・王冠・金髪・表情・

金髪は輝きを、強い視線は狙いを絞り、集中していることを表します。城壁のような形状の王冠は、堅牢で強固なことを表します。水色の四角形と考え合わせると、必要な物を確保して絶対に手放さないことを意味しています。

・赤い衣装・

ゆったりとした衣装は、ゆとりがあること、束縛しないこと、距離をとっていることを示します。赤い色は情熱と行動力の表れですから、余裕のある行動、間接的な応援、誰かのために頑張ることを意味しています。

・黄緑色のマント・

黄緑色は平和や中庸を表し、マントは保護を意味します。中立の立場で見守る人物や、争いの調停役の象徴です。赤い丸と白い四角で構成された留め具は、公と私、本能と知性、個と組織など、対立する二項の融和を示します。

・灰色のいすと床・

いすと床は、土台や環境を表します。それが灰色であるのは、派手さはないものの、地道な努力や実績の積み重ねが堅固な基盤になっていることを示しています。不変、安定感、しっかりした人物などとも解釈できます。

・白い靴・

片方だけ裾から出ているのは、多少の勇み足、ややバランスを欠いた状態、中途半端な行動のいずれかを意味します。白であることから、純粋さゆえの行動なので、責められはしません。でも、今後の対応を決めるべきでしょう。

・左手の天秤・

天秤は平等と公平さの象徴。バランスや調整を意味します。物事の判断基準となる倫理でもあり、弁護士のバッジに採用されています。厳格で融通のきかない真っすぐな剣とは異なり、情状を汲み取ってもらえるでしょう。

 節制(逆)p.76

正義を読むためのキーワード

	王冠・金髪・表情	黄緑色のマント	赤い衣装	白い靴
恋愛	出会い	出会い	出会い	出会い
	・目力のある人との	・おせっかいな人との	・ゆとりのある人との	・天真爛漫な人との
	・お金持ちとの	・穏やかな人との	・情熱的な人との	・せっかちな人との
	・所有欲の強い人との	・面倒見の良い人との	・人のために頑張る人との	・行動的な人との
	・保守的な人との	・中性的な人との	・行動力のある人との	・詰めの甘い人との
	・立派な店や会場での	・仲介者がいる	・イベントや祭りでの	・待ち合わせの最中の
	・市場やバザーでの	・自然豊かな場所での	・時間に余裕があるときの	・初めての土地での
	・外せない用事が縁での	・結婚相談所での	・積極性がもたらす	・何かのついでの
	相手の気持ち	相手の気持ち	相手の気持ち	相手の気持ち
	・あなたを見定めている	・恋愛なのか分からない	・盛り上がっている	・前言を撤回したい
	・交際に利点を感じている	・可もなく不可もない	・好きで仕方がない	・早く付き合いたい
	・関係は切らない	・一緒にいると落ち着く	・焦りたくはない	・ノリを大事にしたい
	・できるだけ束縛したい	・このままの関係でいい	・まだまだ刺激が欲しい	・問題は放置しておきたい
	・確認したいことがある	・あなたを放っておけない	・恋愛は余裕があるときに	・中途半端な覚悟しかない
	・考えは変わらない	・守ってあげたい	・ゆっくりと進めたい	・将来を考えていない
	・恋愛観は譲れない	・まだ決断できない	・物足りなさを感じている	・楽しければそれでいい
	今後の二人	今後の二人	今後の二人	今後の二人
	・監視されて息苦しい	・どっちつかずの状態に	・お互いの努力が実る	・とりあえず付き合う
	・過ちを追及される	・中途半端な関係になる	・自己犠牲で成り立つ関係	・深く考えずに告白する
	・課題が浮き彫りになる	・もう一人との間で揺れる	・熱い気持ちが過剰かも	・交際開始後に後悔する
	・結婚前提の付き合いに	・気持ちと行動が裏腹に	・好き過ぎて負担になる	・勢いで交際してしまう
	・固い絆を結ぶ	・折り合いをつけて交際へ	・後で息切れしそう	・離れるか近づくか迷う
	・同棲を検討する	・けんかが元で逃げられる	・刺激に満ちた付き合い	・失言すると微妙な仲に
	・別れの危機を乗り越える	・穏やかに付き合う	・交際するが衝突は多い	・一線を超えなければ吉
仕事	・転職は的を絞って	・転職の決心がつかない	・転職はゆとりを持って	・転職なら未経験の分野へ
	・独立・起業は焦らずに	・独立・起業は中途半端に	・独立・起業は勢いが鍵	・独立・起業は急がずに
	・キャリアアップを狙おう	・上司は部下をかばって	・思いが伝わりにくい	・勇み足をしがち
	・万全の体制で臨もう	・個人の暴走はやめよう	・冷静に言語化するべし	・成果を急がないこと
	・守りを固めるべし	・平和的に解決するべし	・熱意が空回りする	・新人にチャンスを
	・監視する必要がありそう	・中立・中庸の立場が吉	・人のために尽力を	・新たな才能の発掘を
	・強者の牙城は崩せない	・ドライだと反感を買う	・自己アピールも効果的	・情報解禁日を守ろう
	・正面から向き合おう	・譲歩はOK、妥協はNG	・余裕を持って行動しよう	・無知をさらすかも
	・既存の物が優先される	・調停と仲裁に努めよう	・エネルギー浪費に注意	・素人の意見が役に立つ
	・周りをよく観察しよう	・調和を第一に考えて	・叱責にも寛大さが必要	・しがらみをなくすべし
お金	・予算が減らされそう	・保障や保証が重要	・赤字を重ねるのはNG	・収入が微増するかも
	・収入アップの努力を	・赤字からの回復を狙える	・投資が過剰になりそう	・買い忘れた物がありそう
	・稼げる仕事を増やそう	・守ってもらうのもよい	・予算に余裕を持たせよう	・危機一髪で詐欺を回避
	・貯蓄をしっかりと	・支援と助成を受け取る	・あるだけ使ってしまう	・急いでも利益にならない
	・防犯対策の徹底を	・利益の分配を公平に	・買い物は冷静に	・暇をつくると依頼がくる
行動のヒント	・何事も逃げないこと	・否定せず肯定から入ろう	・余計なことは考えないで	・固定観念を捨てよう
	・仲間にうそをつかないで	・どちらにもつかず中庸に	・無駄な行動を慎もう	・飛び出しに注意して
	・大きな街に行こう	・仲介役を果たすと吉	・人のために力を尽くして	・純粋な気持ちが吉
	・やるなら一番を目指す	・状況の沈静化を図ろう	・やる気を前面に出そう	・未知の事柄に挑戦を
	・大事な物をなくさないで	・弱者を守る立場になる	・怒りを制御するべし	・軽率に動かないで

その他のシンボル　**黄色い背景**　ポジティブな人　性格と価値観が違う　予想外の展開　リサイクルが吉

右手の剣	左手の天秤	背後の帳《とばり》(幕)	二本の柱
出会い ・ルールに厳しい人との ・法曹関係の人との ・決断力のある人との ・情に流されない人との ・仕事が縁での ・勉強会や講演会での ・機械的なマッチングでの	出会い ・バランスのとれた人との ・自分に釣り合う人との ・司法関係の職の人との ・モラルのある人との ・争い事がきっかけでの ・仲介してもらう ・割り勘の食事会での	出会い ・友達の少ない人との ・束縛しようとする人との ・視野の狭い人との ・秘密主義者との ・安心できる場所での ・自宅でできる婚活での ・個室のある店での	出会い ・二面性のある人との ・分かりやすい相手との ・支えてくれる人との ・公私を区別する人との ・合コンでの ・しっかりした建物での ・険悪なムードの中の
相手の気持ち ・警戒している ・緊張してくつろげない ・本音を見極めたい ・そろそろ決断を下したい ・ルール違反は許さない ・関係性を明確にしたい ・結婚は契約だと思う	相手の気持ち ・気持ちが定まらない ・他の候補者との間で迷う ・決断する理由が欲しい ・どっちつかずの状態 ・気持ちのムラを自覚 ・冒険はしたくない ・公私を天秤にかける	相手の気持ち ・逃げられたくない ・浮気は許さない ・自分のやり方で進めたい ・人には知られたくない ・二人きりになりたい ・素性を明かしたくない ・連絡をブロックする	相手の気持ち ・仕事との両立が難しい ・価値観が合わない ・支えてあげる(ほしい) ・誰であろうが選べない ・信念は絶対に曲げない ・早く身を固めたい ・相性は良くなさそう
今後の二人 ・もめ事に決着がつく ・提案をきっぱりと断る ・約束が守られる ・あいまいな関係を清算 ・第三者を交えて話し合う ・覚悟を決めて交際する ・結婚に向けて動き出す	今後の二人 ・ちょうど釣り合う関係 ・互いの努力でうまくいく ・裏切ると必ずバレる ・自己中心的だと破局する ・温度差があると難しい ・長く一緒にいるとよい ・慎重に進展させていく	今後の二人 ・胸の内が読めないまま ・自由を奪われそう ・ストーキングに注意 ・正体を知らないまま交際 ・二人きりの世界に没入 ・将来のことは先延ばしに ・仮面が剥がれて幻滅する	今後の二人 ・意見が対立してしまう ・性格の不一致で別れる ・三角関係に悩む ・互いに譲らずけんかに ・一緒に住むと問題が発生 ・程よい距離感で付き合う ・遠くから応援し合う仲に
・面接の結果が全て ・独立はルールを守って ・起業なら覚悟が必要 ・契約内容をよく確認して ・妥協せずに交渉を ・理性的に判断するべし ・情に流されないで ・コンプライアンス重視で ・感情的になるのは不利 ・書面や記録に残そう	・迷うなら転職や独立はNG ・起業への道は副業から ・調停役を任されそう ・全体を見て判断しよう ・役割分担が鍵を握る ・少しずつ調整すると吉 ・勝手に動くと失敗する ・法的措置も検討して ・即断は避けること ・公私のバランス調整を	・面接だけでは分からない ・独立・起業後の見通しを ・一事に集中しよう ・世間知らずが露呈する ・期間を区切るとよい ・邪魔されない環境が重要 ・いったん形にしてみよう ・手の内を見せずに交渉を ・部外者を入れないこと ・頻繁な打ち合わせが吉	・時間が自由な会社が吉 ・副業に力を入れてみよう ・兼業がうまくいく ・二つの案件を抱える ・上司が部下を支えて ・軸がぶれるのはNG ・安易なコラボは失敗する ・自分は自分、よそはよそ ・シンプル・イズ・ベスト ・合わない人からは離れて
・あいまいな契約はNG ・泣き寝入りはしないで ・搾取を許さないこと ・脱法行為は断固拒否を ・ビジネスはシビアに	・費用対効果を考えよう ・収支のバランスが良い ・買い物はじっくり検討を ・浪費は控えること ・倹約し過ぎもNG	・期間限定に釣られないで ・くじが当たっても秘密に ・金持ちぶると狙われる ・入金の遅れには催促を ・利益化を焦らないこと	・収入源を2つにしよう ・公私のお金は別建てに ・支援者たちに感謝を ・長期的な利益を考えよう ・長持ちする物を買おう
・裁判も辞さないつもりで ・情報は正確を期して ・不要なものは解約しよう ・合理的に考えてみよう ・規律を乱さないよう注意	・できるだけ平等に ・倫理や道徳を大切に ・法律を学んでみよう ・けんかを仲裁することに ・偏見を持たないで	・期日を決めると吉 ・カーテンや目隠しが吉 ・自分のスペースを守ろう ・土足で踏み込ませないで ・背景や壁紙を工夫して	・大事なことが二つある ・家事や育児の分担を ・迷ったら両方やること ・対立の緩衝材になる ・それぞれの正義に理解を

その他のシンボル　灰色のいすと床　しっかり者　結婚願望　地道な努力　資金の積み立て　安定感を重視

棒の9(逆)p.144

12 吊された男

吊されながらも静かな表情の男。
この試練を進んで受け入れ、
その先にある新生を夢見ている。

逆位置

The Hanged Man

基本の物語

男性が後ろ手に縛られ、木に吊されています。体がつらいはずなのに表情は穏やかで、後光が差し、諦めているような、希望に満ちているような、不思議な静けさをたたえています。

一つ前の「正義」からの流れを考えると、この人物は罪を犯したのでしょう。本人も納得しているのか、抵抗もせずに状況を受け入れ、試練に身を委ねているようです。

次のカードが「死神」なので、過ちを犯した自分を手放し、新しく生まれ変わるために、過酷な精神修養の道を選んだのかもしれません。

逆位置を読むポイント

正位置では木に吊されていた男性が、逆位置では、地面に片足で着地する寸前のように見えます。その様子は、重力から解放されて、軽やかにジャンプしているかのようです。後ろに回した両腕も、縛られているのではなく、ダンスのポーズに見えてきます。

黄金に輝く髪も、重力に反して上に舞い上がっています。後光と相まって、超自然的な力を感じさせます。伝説の予言者か、偉大なスピリチュアリストのようですね。

正位置では、艱難辛苦の末、悟りに達するのですが、逆位置では、つらい現実から解放され、空想や夢想の世界を楽しんでいるのです。

吊された男に描かれたシンボル

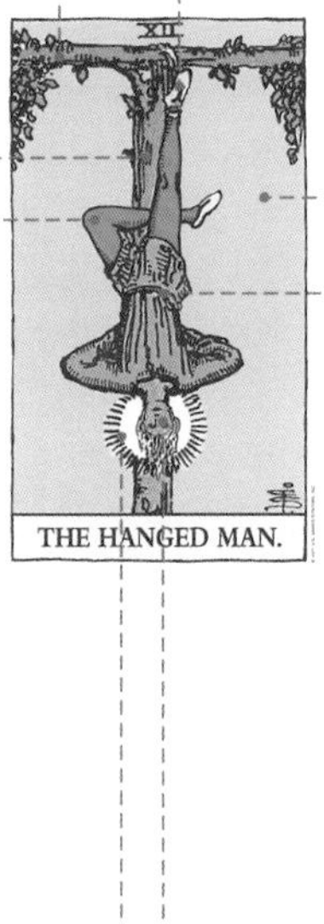

・葉の茂る枝・

生命力に満ちていることを示しています。枝は左から右まで伸び、過去と未来をつないでいるので、過去を清算した後、未来が始まることを意味しています。今はその中間で、心身の浄化とリセットの最中であることを表します。

・黄色い靴とひも・

足を縛るひもは、不自由さ、苦難、厳しい試練を表します。黄色はユダの色でもあり、裏切り、金銭欲、悪巧みを意味します。靴には人を踏みつけにするという意味もありますが、逆さ吊りなので、それが自分に返ってくるのです。

・柱のような幹・

地面から伸びる真っすぐな幹は、支えやよりどころを表します。木は生き物なので、名誉や地位といった抽象的な概念ではなく、支援者などの人物を意味します。ここでは、つらいときに支えてくれる人たちを示しています。

・灰色の空・

灰色の空は、正位置では逆さ吊りの、逆位置では一発逆転の背景になりますが、空自体は変わりません。大きな変革や価値観の激変が起きる中で、変わらず接してくれる知人や、自分の中の変わらない部分を意味します。

・4の字に組んだ足・

「４」は安定感を表し、物事が停止したか、苦難に順応したか、覚悟が決まったことを意味します。十字架の形と見るなら、使命や宿命を受け入れたとも解釈できます。タイツが赤いのは、情熱が低下していない証しです。

・服とベルト・

青は、穏やかさと冷静さの象徴です。赤いタイツが脱出に向けての熱いエネルギーなら、それをなだめる青い服は、保留や中断、動かないという選択を表します。赤いベルトは、いつでも行動する準備があることを示します。

・頭部の後光・

直感、予言、知恵、悟りを表します。九日九夜、自らを世界樹に吊すことで叡智を得た、北欧神話の主神オーディンを思わせます。犠牲と苦難を経て達観した状態です。その苦しみが報われ、偉大な啓示がもたらされるでしょう。

男の顔と髪・

男性の表情には、過ちを認めること、試練を受け入れること、言い訳を潔しとしないこと、自分の正義が通用しないことへの諦めが表れています。垂れ下がった金髪は、考え方や視点がガラリと変わることを意味します。

 死神(正)p.72

吊された男を読むためのキーワード

	葉の茂る枝	柱のような幹	黄色い靴とひも	4の字に組んだ足
恋愛	出会い	出会い	出会い	出会い
	・今は不遇な人との	・支えてくれる人との	・信用できない人との	・肝の据わった人との
	・生命力あふれる人との	・頼りがいのある人との	・束縛したがる人との	・エネルギーのある人との
	・将来性のある人との	・筋の通った人との	・時間がない人との	・責任感のある人との
	・休職中の人との	・軸がぶれない人との	・心身が不自由な人との	・頑固な人との
	・恒例の会での	・主役が明確な会での	・強引に紹介されての	・休職中の
	・婚活を休んだ途端の	・勉強会や講座での	・忙しい最中の	・お見合いでの
	・空いているイベントでの	・知人の紹介での	・勤務中の	・逃げられない紹介での
	相手の気持ち	相手の気持ち	相手の気持ち	相手の気持ち
	・好印象は変わらない	・頼ってほしい	・自分からは手離さない	・もどかしさが募る
	・テンションが下がった	・気持ちは一貫している	・今は苦しい状況	・もっと自由が欲しい
	・今は恋愛から離れたい	・自分に合わせてほしい	・後ろめたさがある	・逃げ出したい
	・別のことで忙しい	・忙しくて時間がない	・恋愛に集中できない	・管理されたくない
	・もうわだかまりはない	・責任はとるつもり	・中途半端に付き合う	・時間がつくれない
	・少しの間休みたい	・変わらず思っている	・優柔不断で進展しない	・進展はこれから
	・支えてほしい	・親からプレッシャーあり	・窮屈さを感じる	・覚悟は決まった
	今後の二人	今後の二人	今後の二人	今後の二人
	・過去を清算後に進展する	・仲介者がいると進展する	・腐れ縁になっていく	・共依存になりそう
	・一時的に距離を置く	・少しずつ愛を育む	・束縛が厳しくなる	・痛みを共有する
	・仲直りができそう	・お互いを信じると成就	・恋愛が足かせになる	・離れられない関係になる
	・復縁はまだ先のこと	・付き合っても変化がない	・信頼関係の危機に直面	・けんかばかりになる
	・片思いなら諦めないで	・ややマンネリになる	・心は離れても別れない	・ムキになって付き合う
	・これから可能性が増す	・安心して交際する	・不実を責めることになる	・結婚の覚悟を決める
	・焦らない方がよい	・責任をとることになる	・試練を克服する必要あり	・添い遂げることになる
仕事	・転職はまだ様子見で	・転職より継続を	・転職しても期待外れ	・転職を諦めないで
	・休職という手もある	・独立には後ろ盾が必要	・独立させてもらえない	・独立すると仕事が困難に
	・独立を焦らないで	・起業なら軸を一本に	・起業の際の裏切りに注意	・起業を邪魔される
	・じっくりと経験を積もう	・組織に助けてもらえそう	・副業の時間がとれない	・プロジェクトの中止
	・周囲に支えてもらおう	・先輩に頼ってもよい	・足を引っ張られそう	・準備と労力が無駄になる
	・経歴が生かせない	・手取り足取り教えよう	・体が二つ欲しいほど多忙	・決定事項は動かせない
	・将来のための行動を	・一つの仕事に集中して	・対人関係で不信感が発生	・苦労はするが対応可能
	・試練が未来につながる	・変更はできるだけ避けて	・ハンデを乗り越えよう	・最後まで背負う方が吉
	・結果を求め過ぎないで	・縁の下の力持ちになろう	・できる範囲で粛々と	・モチベーションの維持を
	・キャリアの見直しを	・目的を見失わないで	・懸案事項が解決しない	・人との摩擦がありそう
お金	・収支のバランスが良い	・支援に恵まれそう	・むやみに人を信じないで	・借金だけが残る
	・定期収入が命綱	・出資や融資の依頼を	・財布のひもを締めよう	・投資や賭けで損失が
	・コツコツと貯金しよう	・スポンサーに合わせよう	・収入があっても使えない	・赤字でもやる意味はある
	・目先より将来の利益を	・家のメンテや改修は吉	・倹約して貯金に回そう	・これ以上は浪費しないで
	・節約に適した時期	・華美な物は買わないで	・固定費が高くなるかも	・金欠でもなんとかなる
行動のヒント	・過去はいったん忘れよう	・支え合いの精神を大切に	・靴をそろえると吉	・遠くまで足を伸ばそう
	・モチベーションの維持を	・軸がぶれるのはダメ	・束縛し過ぎるのはNG	・トレーニングは吉
	・忍耐と準備の時期	・耐荷重量に気を付けて	・悪いことは自分に返る	・覚悟を決めて堂々と
	・追い風がなくても淡々と	・責任を背負う覚悟が必要	・私利私欲を手放そう	・長時間、同じ体勢はダメ
	・継続すれば結果が出る	・世話になったら感謝を	・無理して出かけないで	・足腰を冷やさないで

服とベルト	男の顔と髪	頭部の後光	灰色の空
出会い	出会い	出会い	出会い
・冷静な人との	・転換期を迎えた人との	・忍耐強い人との	・変化に強い人との
・消極的な人との	・不当に扱われた人との	・カリスマ性のある人との	・執着とは無縁な人との
・テンションの低い人との	・自分と正反対の人との	・悟りを開いた人との	・中庸を大事にする人との
・自分から動かない人との	・不思議な感覚の人との	・聖人のような人との	・影の薄い人との
・退屈な集いでの	・アウェイの場所での	・宗教関係の場での	・大きな変化の最中の
・何かを待っているときの	・予想外のシーンでの	・直感に従った結果の	・狭い交友関係の中での
・誘われた飲み会での	・出会いを求めないときの	・占いの結果通りの	・いつもの場所での
相手の気持ち	相手の気持ち	相手の気持ち	相手の気持ち
・今は行動する気がない	・相性の悪さを感じる	・全て許すことができる	・無気力・無感動の状態
・敵意はない	・価値観が決定的に違う	・光が見えてきた	・恋愛に興味がない
・自分から手は出さない	・勘違いされた気がする	・これから始まる	・傍観者の立場を維持する
・衝動を抑えている	・どうするかはお任せ	・再会を待っている	・中途半端な気分
・少し退屈している	・ついていくしかない	・準備は整っている	・刺激が足りない
・モチベーションが低下	・正直つらいが我慢する	・恋愛というより慈愛	・決断はしたくない
・とことん付き合うつもり	・この状態を受け入れる	・交際は現実的ではない	・結論を先延ばししている
今後の二人	今後の二人	今後の二人	今後の二人
・同情から付き合う	・どちらかが折れて交際へ	・お互いの理想が合わない	・あいまいな関係が続く
・いつまでも手を出さない	・嫌いから好きに変わる	・付き合うだけなら可能	・タイミングが合わない
・行動すれば進展する	・ゆがんだ関係になりそう	・心ここにあらずの状態	・連絡しても音沙汰なし
・告白しないと自然消滅	・あえて苦難の道を進む	・連絡しても返事がない	・恋愛に重点を置けない
・相手の言いなりになる	・逆境が二人を固く結ぶ	・一人の人間として好き	・いろいろあるが交際継続
・清い交際をする	・試練への対策ができる	・諦めの境地に至る	・年を重ねるとなじむ
・結婚相手としては良い	・周りの後押しで結婚へ	・いろいろあって友達に	・ややマンネリ気味に
・転職先が見つからない	・急な異動や退職がある	・転職のオファーがくる	・就職先が見つからない
・独立・起業は慎重に	・起業・独立は逆境になる	・独立した方がよい	・独立してもパッとしない
・少し休むべき時期	・キャリアダウンかも	・仕事の掛け持ちは吉	・危ない橋を渡らないで
・手も足も出ない	・大きな成功もあり得る	・可能性が広がる	・変化には対応できる
・守るべきものは守ろう	・斬新な発想が吉と出る	・考えても答えは出ない	・いつも通り淡々と
・中断を余儀なくされる	・全く違う立場になる	・直感が真実を告げる	・人は敵にも味方にもなる
・保留の案件を忘れないで	・落とされても復権する	・苦労が報われる	・偏った意見や視点はNG
・切り札はまだ出さないで	・肩書が逆効果になる	・希望が見えてくる	・中立の立場でいよう
・動くなら水面下で	・一発逆転のチャンス	・結果は後からついてくる	・周りに振り回されないで
・服従の姿勢を見せると吉	・名誉を回復できる	・寛大な心で接するべし	・一喜一憂しないこと
・倹約をするべきとき	・収入が落ちても問題なし	・不労所得が得られそう	・怪しい商売はしないで
・予算が足りないかも	・稼ぐチャンスがくる	・借金が減るかなくなる	新規挑戦より現状維持を
・経費がかさみそう	・こだわりを捨てて成功へ	・資産や利益が増える	・収支共に変わらない
・支援はいつか終わる	・出費が加速度的に増える	・さい銭や募金は吉	・華美やぜいたくは避けて
・不要な物は買わないで	・お金に困ることはない	・欲望を捨てるべし	・地道に稼ぐのがベスト
・諦めておとなしくしよう	・不調をごまかさないで	・瞑想がおすすめ	・変わらないものを大事に
・火の元やガス栓の確認を	・人間万事塞翁が馬	・目を閉じて内観しよう	・主役にならないこと
・表面だけでも穏やかに	・諦めて慣れるしかない	・苦難の後に光が見える	・えこひいきや嘲笑はNG
・委ねるのも優しさのうち	・いつもとは反対の行動を	・無知を自覚して謙虚に	・目立たない方がよい
・怒りは静めておくこと	・希望を失わないで	・見えない物に価値あり	・曇りの日こそ外出を

杯の7(正)p.196

13 死神

白馬にまたがる骸骨の騎士が、
無情にも終わりをもたらす。
しかしそれは、新生への第一歩。

逆位置

Death

基本の物語

黒いよろいの骸骨が、赤い目の白馬にまたがり、白バラの紋章の旗を掲げて行進しています。老若男女、貴賤の区別なく、死は誰にでも平等に訪れます。完全武装の死神に、私たちは抗えません。ただしこれは、実際の死ではなく、象徴としての死であり、卒業、退職、別れ、故障、リセットなど、あらゆる意味の終わりを表します。

一つ前の「吊された男」の試練が終わりに近づいています。背後に昇りつつある太陽は、過去を捨てて生まれ変わること、何かを失った後に何かを得ることを暗示します。次の「節制」では、太陽がさらに上昇しています。

逆位置を読むポイント

逆位置では、よろいをまとった騎士の存在感が急激に薄れ、雑然とした地面に目が行くことでしょう。つまり、全てを終わらせようとする圧倒的な強制力が、弱くなっているのです。そしてこれは、物事の混乱が収まらないこと、しがらみにとらわれ続けること、清算ができないこと、諦めがつかないことを意味しています。

一方で、歩みを進める白馬の存在感は変わりません。これは時間の経過、世の中の移り変わり、期限が迫っていることを示します。時間はただ過ぎ去るのみ。ぐずぐずと状況を引きずるのは、人間だけなのです。

死神に描かれたシンボル

・灰色の空・

たくさんの要素が描き込まれた隙間から見える、ぼんやりとした灰色の空は、ほとんど存在感がありません。空虚、忘却、不在の象徴です。気付かれないこと、重視されないこと、目立たないこと、影響がないことを表します。

・白バラの紋章の旗・

黒地に白いバラの旗は、暗い状況でも純粋さや気高さが失われないことを意味しています。悪に染まらない、闇に落ちない矜持の象徴で、たとえ負けると分かっていても、その誇りを守り続ける姿勢を表しています。

・赤い目の白馬・

赤い目にだけは生気が宿っていますが、目の前しか見ておらず、何も考えていないこの白馬は、純粋に前進するだけの存在です。着実に進むこと、忖度しないこと、迫りくる期限、全てを踏みつぶしていく力などを意味します。

・骸骨の騎士・

骸骨は死の象徴ですが、実際の死を意味するわけではありません。物事の終わり、過去の清算、幕切れを表します。抵抗しても、完全武装の騎士を倒すことはできません。確実に終わりがやってきます。解放、卒業とも読めます。

・塔の間の太陽・

18番の「月」にも出てくる二基の塔は、未知への入り口です。日が昇るのは、未知の領域に光が当たること、未経験の分野に挑戦することを表し、再生や成長と改革が期待できます。新たな目標が見えるのかもしれません。

・崖と船のある背景・

流れ落ちる滝が川と合流しています。やがて海に注がれ、雲となり、雨を降らせて再び滝となるという循環を表します。因果応報、季節の巡り、栄枯盛衰、絶え間ない変化を意味します。船は、流れに身を任せることを意味します。

・祈る聖職者・

冠と衣装を着けた聖職者が、死神と向き合っています。祈るしかないこと、清算すること、終わりを受け入れること、抵抗しないことなどを意味しています。太陽を浴びて輝いているので、新たな自分に生まれ変わるでしょう。

・木と池のある大地・

黄色い大地に何本かの木が生え、池もあります。荒れ果てた土地が、また命を芽吹かせたのでしょうか。そんな自然の循環が感じられます。欠乏の後の豊かさ、厳しい試練を経ての成功など、冬から春へ移行するイメージです。

・倒れた人物と王冠・

王冠と笏《しゃく》のような物が落ちているので、この人物はかつて王だったのでしょう。権力者も勝利者も、いつかは失敗したり、衰えたりするということが示されています。威力を失った肩書、過去の栄光なども意味します。

・女性と子供・

死神を見て花を渡そうとしている子供は、無邪気さと未知への好奇心の象徴です。その横には、8番の「力」の女性を思わせる、目を閉じた女性がいます。諦めの境地、現実逃避、しがらみからの解放を表しています。

 棒の10(逆)p.148

死神を読むためのキーワード

	白バラの紋章の旗	祈る聖職者	女性と子供	倒れた人物と王冠
恋愛 出会い	・清廉潔白な人との	・受け身な人との	・無邪気な人との	・昔の自慢をする人との
	・悪に染まらない人との	・栄光を失った人との	・好奇心旺盛な人との	・地位を失った人との
	・プライドの高い人との	・お金に困らない人との	・恋愛を諦めた人との	・自信家との
	・メンタルが強い人との	・要求に従う人との	・夢見がちな人との	・離婚歴のある人との
	・夜の外出での	・宗教と関係ある場での	・家族連れの来る場所での	・名ばかりの老舗での
	・信頼できるアプリでの	・断りにくい紹介での	・花の咲く場所での	・失恋中の
	・心がすさんでいるときの	・待てば出会いに恵まれる	・正座する会場での	・自信をなくした直後の
相手の気持ち	・合わないことが多い	・抵抗はしない	・まだ恋愛に発展しない	・長所を分かってほしい
	・衛生観念が違い過ぎる	・受け入れるだけ	・興味は持っている	・自信をなくしてしまった
	・白黒はっきりさせたい	・できる限りの努力はする	・頑張る気持ちは少ない	・もう諦めている
	・思い通りの恋がしたい	・自分では何もできない	・現実逃避している	・ふてくされている
	・潔い決断を下すつもり	・別れもやむを得ない	・疲れてしまった	・プライドが傷ついた
	・誘惑には負けない	・腐れ縁だと感じている	・流れに身を任せよう	・立ち上がる気力がない
	・自分の家族が大事	・次のステップへ進もう	・進展は難しいと思う	・もう別れたと思っている
今後の二人	・条件を付けて交際する	・過去の関係を清算する	・何も始まらない	・モチベーションが低下
	・最後は告白が成功する	・周囲の反対に遭う	・ただ見ているだけ	・連絡がつかなくなる
	・価値観の違いが明確に	・思いはあるけれど別れる	・受け身だと進展はない	・しばらく離れることに
	・貞操の問題が発生する	・浪費が過ぎて困窮する	・話が一向に通じない	・復縁には時間がかかる
	・別れるのは困難かも	・いったん距離を置く	・気力の限界に達する	・行動が裏目に出る
	・家族のことでもめそう	・今までのことを許す	・子供のことでもめる	・共倒れしてしまう
	・理解と歩み寄りが必要	・独身を終えて結婚へ	・結婚を諦める結果に	・やり直しが吉
仕事	・転職後も自分を通して	・まさに転職のタイミング	・転職活動がつらい	・面接がうまくいかない
	・独立や起業で浮足立つ	・退職や休職も検討を	・独立や起業は無謀	・独立には遅すぎる
	・人に影響されるのはNG	・独立すると収入が激変	・未熟さを思い知る	・起業の前に準備を
	・上からの圧に屈しないで	・起業で資金を失いそう	・謙虚さは益にならない	・肩書や経歴が無意味に
	・己のポリシーを守ろう	・契約終了または再契約	・従順だと雑に扱われる	・過去から解放されよう
	・主張を取り下げないで	・プロジェクトが完結する	・好奇心を忘れないで	・今はまだ動かないで
	・美的センスが重要に	・流れには抵抗できない	・諦めることも大事	・失敗したらフォローを
	・正々堂々と勝負しよう	・過去の業績は役立たない	・新人のミスに注意	・プライドを捨てよう
	・周りと意見が合わない	・変化を受け入れよう	・メンタルケアも必要	・相手を立てながら話す
	・適当に迎合しないこと	・新人を温かく迎えよう	・ハラスメントから逃げて	・不屈の精神を持って
お金	・資金があれば問題なし	・貯金が一気になくなる	・会計を間違えないで	・収入が途絶えるかも
	・本業が好調なら副業も可	・大きな買い物はOK	・言葉巧みに詐取されそう	・貯金や手当で救われる
	・もうかっても経費が増大	・金目の物は持たないで	・相手に任せると損をする	・多少の赤字は問題なし
	・予算の範囲で買い物を	・未来の自分に投資して	・稼ぐことより体が大事	・クリーンなビジネスを
	・稼ぎたいとアピールを	・ぜいたくをやめて倹約を	・困ったら人に頼ろう	・助けてくれる人がいる
行動のヒント	・悪に染まらないで	・価値観を変える時期	・強がる必要はない	・充電期間をとると吉
	・思ったことを口にしよう	・この先に希望が見える	・子供や弱者を守るべし	・立ち上がる決意が大事
	・お気に入りの物は宣伝を	・虚勢を張ってもむなしい	・知らない方がかえって吉	・負けるのも悪くない
	・同調圧力に屈しないで	・全てを受け入れよう	・しがらみを手放そう	・睡眠の質を上げるべし
	・無邪気さを大切に	・潔く終わらせる方が吉	・自分の弱さを認めよう	・お腹を冷やさないで

その他のシンボル　**灰色の空**　出会いがない　その気がない　あいまいな結果　予算不足　むなしさを感じる

骸骨の騎士

出会い
- スリムな人との
- 黒い服が好きな人との
- ガードの固い人との
- マイペースな人との
- 誘われたイベントでの
- 失恋や離婚の後の
- 過去を捨てると出会う

相手の気持ち
- 素性を隠している
- まだ距離を縮めたくない
- 特に心が動かない
- 自分勝手に振る舞いたい
- 恋愛モードではない
- 人付き合いが苦手
- 仕方なく結婚する

今後の二人
- 告白できずに終わる
- あまり話ができない
- 別れの時がくる
- 深追いはしない方が吉
- 未練を断ち切るとき
- 元恋人への未練を断つ
- 独身生活が終わる

- 転職より退職に重心を
- 独立・起業の覚悟を
- 契約や提携が終了する
- 虚飾や美化は無意味
- 骨子をまとめておこう
- 弱さが浮き彫りに
- 無駄が多いと遅くなる
- 締め切りに苦しむかも
- 本音を見せると吉
- セキュリティーを万全に

- 資産運用は手堅く
- 経費削減で所得が増加
- 切り詰めて貯金しよう
- 秘密と利益を守って
- ギャンブルはNG

- 何事も早めに終わらせて
- 防犯対策はしっかりと
- ダイエットに良い時期
- 自分を守ることが最優先
- わが道を行くと吉

赤い目の白馬

出会い
- 視野の狭い人との
- 融通のきかない人との
- 真っすぐな人との
- パワーのある人との
- アプリでの
- 定期的なイベントでの
- 連れていかれた会での

相手の気持ち
- 熱い思いをぶつけたい
- 周りが見えないほど夢中
- 思い通りにしたい
- 待ってはいられない
- わがままを聞いてほしい
- あなたの要望は聞かない
- 気遣う余裕がない

今後の二人
- すれ違って各々の道へ
- ストーカーっぽくなる
- 決断を迫られる
- 着実に進展する
- 周りの反対を振り切る
- 他のことができなくなる
- 結婚へカウントダウン

- 転職はすぐに決まる
- 独立の意志を伝えよう
- 手広い起業は失敗する
- 始めたら引き返せない
- 曲がったことはしないで
- たゆまぬ努力が必要
- 遠慮や忖度は逆効果
- 余計なことを考えないで
- 確実に一歩ずつ進もう
- 納期が迫ってくる

- 多少の赤字は目をつぶる
- 確実な収入が最も重要
- 未来に投資しよう
- 懐かしい物は買わないで
- 使い道は自分で決めよう

- 大事なことに集中しよう
- とにかく前へ進むこと
- 過去は振り返らないで
- 寄り道をするのはダメ
- 時間を厳守しよう

塔の間の太陽

出会い
- 明るい人との
- 知らない土地の人との
- 縁がなかったタイプとの
- 夢がある人との
- 朝の活動での
- 初めて行くところでの
- 人目に付く場所での

相手の気持ち
- もっとよく知りたい
- 親しくなれる予感あり
- まだ心理的距離がある
- 迷いが少し晴れてきた
- ようやく向き合える
- 予定が空けられるかも
- メンタルが回復しそう

今後の二人
- やがて正体が判明する
- 隠し事が明るみに出る
- 可能性が見えてくる
- まだよそよそしさがある
- 少しずつ近づいていく
- 人生の目標の一致が条件
- 将来のことを考える

- 転職では新たな挑戦を
- 独立なら新規開拓を
- 起業には時期尚早
- 一歩踏み出してみよう
- 未知へのチャレンジは吉
- 新たな目標を設定しよう
- 懸念事項が解決しそう
- 監視されてもひるまずに
- 不安が解消されそう
- 職場が明るくなる

- 借金返済のめどが立つ
- 新たな収入源が増える
- 支出や経費がかさむ
- 金運は全体的に好調
- 資産価値が上がる

- 日の出を見に行こう
- 未知の領域を楽しんで
- 招待されたら参加して
- 新陳代謝を促進させよう
- 早起きで健康増進を

崖と船のある背景

出会い
- 感情的な人との
- 日和見主義の人との
- 怖そうで優しい人との
- 落ち着きのない人との
- お酒が飲める店での
- 川や滝のある場所での
- 急転直下の

相手の気持ち
- すべてを受け入れる
- 自分は情が深過ぎる
- 元のさやに収まりたい
- 何度でも誘うつもり
- 情緒不安定な状態
- 愛と甘えの区別がない
- 流れに身を任せる

今後の二人
- 二人の世界に溺れる
- 付き合ったり別れたり
- 復縁する流れに
- 別れたくてもできない
- 惰性で関係が続く
- 不安定な関係が継続する
- 結婚にはたどり着かない

- 復職の可能性あり
- 独立しても出戻ることに
- 知人との起業に問題発生
- プロジェクトの継続を
- 理屈では説得できない
- 全体の雰囲気を読もう
- 結果より結束優先で
- 助け合って成功する
- 感情的になり過ぎないで
- リバイバルを狙うと吉

- 稼ぎよりやりがい重視で
- 助け合いの精神で仕事増
- 交際・接待費がかさむ
- 一向に貯金できない
- 同情からの支援あり

- 感情に訴えかけると吉
- 好機が巡るのを待とう
- 流れに身を任せよう
- おせっかい過ぎるかも
- 広い心で受け止めよう

その他のシンボル　木と池のある大地　伸びしろのある人　試練を経て成就　貧乏から成り上がる　時期を待つ

 杯の10(逆)p.208

14 節制

四元素をその身にまとった天使が、
水を混ぜ合わせて浄化している。
ここでは節度と中庸が重きをなす。

逆位置

Temperance

基本の物語

杯から杯へと水を移す天使。翼(風)を広げ、胸元にはオレンジ色の三角(火)、池(水)と草地(地)に足を置き、四元素を網羅しています。万物の構成要素をその身に取り入れた天使が、水を混ぜ合わせ、バランスをとりながら浄化しているのです。

一つ前の「死神」では、全てが終わりを迎えました。ここでは山の上に希望の太陽が昇り、新たな秩序をもたらそうとしています。ただし次の「悪魔」では、欲望によって行動すると闇に落ちることが示されています。節度を持ち、中庸の精神で、物事に折り合いをつけていくのが「節制」なのです。

逆位置を読むポイント

正位置では、昇りゆく太陽や広げた翼など、上昇していくイメージが目を引きます。赤や黄色が支配的で、明るい希望と、その実現を目指して進む向上心が主なテーマです。健全な上昇志向が必要な時期ともいえます。

一方、逆位置では、足元の水や植物など、青や緑の穏やかな色合いが目立ってきます。癒やしや平和がテーマであり、それらが必要な時期です。

ただ、「節制」は、程よく調整しながら中庸や中立を目指すカードです。その意味では、正位置の上昇志向も逆位置の癒やしも、ほどほどの範囲に収めることが求められます。

節制に描かれたシンボル

・灰色の空・

中庸を表す灰色の空は、四元素がそろい、調和と均衡が実現されたカードの背景として最適でしょう。偏りをなくすこと、善悪を超えること、保留にしておくこと、中立の立場を維持することなどを示しています。

・天使の頭部・

額にある太陽のマークと、頭部周辺の後光は、輝かしい未来や希望の光が見えることを意味しています。この天使は目を閉じているので、肉眼で見る光ではなく、内省や瞑想によって内なる光を見ているのでしょう。

・広げた翼・

翼を広げているのにほとんど浮いていないのは、状況を慎重に見極めていること、飛ぶ準備ができていること、自制や微調整をしていることを表します。翼は赤く生気に満ちているので、いざとなれば迅速に行動するでしょう。

・白い衣装・

胸の四角は物質世界を、その内側の三角は精神世界を表し、合わせると万物になります。その上には、神の名を表す聖四文字が見えます。白い衣装は純粋さの象徴。純粋さを維持することで心身が完全に整うことを表します。

・二つの杯・

二つの杯は、中身が違います。杯から杯へと流れる液体は、感情などの変化しやすい物事を表し、それらを混ぜ合わせ、水で薄め、中和し、コントロールしています。調整、一体化、和解、節度、管理などを意味します。

・昇りゆく太陽・

険しい山から昇る太陽は、試練を越えて目標に到達したことを意味します。手前の池(無意識)から道(意識)を抜けた先にある直感と悟りを表しています。過去を示す左側にあるので、そんな体験を思い出すことになりそう。

・草地のアイリス・

アイリスは、神々の使者にして冥界と天界の架け橋である虹の女神イリスと関係があります。悲しみの雨が降っても、争いが起こっても、それを解決するメッセンジャーや仲介者の存在が、虹のように現れることを意味します。

・山へと続く道・

隆起した丘を貫く道は、やるべきことが明確で、道が決まっていることを意味します。逆境や困難に負けない意志でもあります。遠くの青い山が切り立っているのは、想像以上に道のりが険しく、遠いことを表しています。

・澄みきった池・

抑圧やゆがみのない純粋な気持ちや無垢な感情を表します。もし気分が鬱々としていても、よこしまな気持ちがあっても、それを洗い流すのに十分な水量がありますから、自分自身を癒やし、心を浄化することができるでしょう。

・水と土に置いた足・

右足を水に浸け、左足を大地に置いているのは、揺れる思い(水)と手堅さ(大地)の間でバランスをとっているということ。右は能動性、左は受動性を表すので、思いを大切にした結果、手堅い行動をとることが暗示されています。

棒の9(正)p.144

節制を読むためのキーワード

	天使の頭部	広げた翼	白い衣装	水と土に置いた足
恋愛	出会い ・輝いている人との ・温かい人柄の人との ・穏やかな人との ・尊敬できる人との ・照明が明るい場所での ・晴れているときの ・休暇中の	出会い ・軽やかな人との ・空気を読む人との ・行動が早い人との ・能力を隠す人との ・ビルの高層階での ・移動中の ・大手アプリでの	出会い ・完璧な人との ・純粋な人との ・心身が健康な人との ・遠い存在との ・空気のきれいな場所での ・恋愛欲求がないときの ・もう出会っているかも	出会い ・安全策をとる人との ・優柔不断な人との ・中途半端な人との ・協調性の高い人との ・海辺や湖畔での ・趣味のオフ会での ・真面目な婚活での
	相手の気持ち ・恋愛に興味がない ・温かく迎え入れたい ・楽しく過ごせればよい ・みんなと仲良くしたい ・これからもよろしく ・己を見つめ直すつもり ・恋愛というより人間愛	相手の気持ち ・大げさに語ってしまう ・早く会いに行きたい ・自慢して褒められたい ・いら立ちを抑えている ・遠ざかろうとしている ・嫌な話題はブロックする ・本当の気持ちは言わない	相手の気持ち ・プラトニックな愛 ・とても尊重している ・完全に満足している ・約束は果たしたい ・性格の不一致がある ・やや潔癖になっている ・否定的感情は遮断する	相手の気持ち ・なかなか勇気が出せない ・慎重になっている ・仕事を大事にしている ・好きな気持ちはある ・優柔不断で決められない ・もっと本音を知りたい ・優しいだけで頼りない
	今後の二人 ・恋人ではなく友達になる ・お互いを尊敬し合う ・オープンな関係になる ・正式に付き合う ・恋愛に時間を割けない ・自分の世界にこもる ・結婚前提の交際は吉	今後の二人 ・進展の兆しあり ・様子見では始まらない ・本気を出せば成就する ・うそがバレてしまう ・羽目を外すと危険 ・次のステップに進む ・ほれ直す機会がある	今後の二人 ・罪は決して許さない ・誠実にお付き合いする ・ピュアな恋愛になる ・復縁は難しい ・不自由のない交際 ・周囲から祝福される ・プロポーズの可能性あり	今後の二人 ・当たり障りのない会話 ・互いに深く踏み込まない ・互いに受け身になる ・中途半端な関係になる ・なし崩し的に交際へ ・ぬるま湯のような交際 ・結婚の覚悟ができない
仕事	・転職先が見つかりそう ・独立なら目標を明確に ・キャリアの見直しを ・ついに希望が見えてくる ・情報に振り回されないで ・広告・宣伝が肝になる ・後ろ盾を大切にしよう ・基本や初心に立ち返ろう ・黙って受け入れると吉 ・平常心を保つべし	・転職はかなり慎重に ・満を持して独立を ・起業が成功する ・本業・副業ともに好調 ・キャリアアップの好機 ・慌てずに微調整を ・企画の本格的な始動を ・スタートの時期が重要 ・反抗も服従もしないで ・バランスを重視しよう	・転職は縁を待つこと ・一人で起業するのは可 ・独立後は自力で経営を ・企画は極力シンプルに ・理想を語ってもよい ・関係者の身辺調査を ・最初の案で進めよう ・バランスをとると吉 ・曲がったことはしないで ・周囲との距離をとろう	・転職は「したい」だけ ・独立や起業には覚悟不足 ・もっと向上心を持とう ・無難な結果なら出せる ・戦略と分析が足りない ・現実的な配慮が必要 ・心情的には支持される ・絶妙なバランスを維持 ・ブレイクスルーは困難 ・全員の満足を追求しよう
お金	・金運は好調 ・支援に恵まれそう ・融資や助成金を狙える ・稼ぐ気満々だと逆効果に ・自然体でいるともうかる	・赤字を重ねないよう注意 ・無理に稼ごうとしないで ・漠然とした話はNG ・情報商材は失敗しそう ・在庫が重荷になるかも	・正直な商売をしよう ・金より大事な物がある ・収入が上向いていく ・援助や支援に恵まれる ・無欲の方が稼ぎになる	・おごるなら少しだけ ・同情でお金を出さないで ・援助に頼り過ぎないで ・出費と貯金の均衡を確認 ・安定収入を確保しよう
行動のヒント	・自分を見つめ直そう ・みんなに優しくして ・明るい笑顔が人を救う ・晴れ間に用事を済ませて ・紫外線対策をしっかりと	・少しの力でも大丈夫 ・何事もバランスをとるべし ・向上心はそこそこでOK ・準備を万全にしておこう ・旅行・移動・引っ越しは吉	・心身を清めよう ・寺社や聖地へ行こう ・邪心を起こさないで ・清潔な服装を心掛けて ・やるなら完全を目指そう	・情に流されないで ・趣味に没頭し過ぎはNG ・何事も中庸が大事 ・友達が増えそう ・家族関係が良好になる

その他のシンボル　**灰色の空**　目立たない人　はっきりしない　保留の状態　決めつけないで　中立の立場で

二つの杯	澄み切った池	山へと続く道	草地のアイリス
出会い	**出会い**	**出会い**	**出会い**
・二足のわらじの人との	・心のきれいな人との	・意志がぶれない人との	・人脈の豊かな人との
・柔軟な人との	・純真無垢な人との	・逆境に負けない人との	・姿勢の良い人との
・器用な人との	・寛容な人との	・粘り強い人との	・機敏な人との
・自制心のある人との	・感受性が豊かな人との	・目標が明確な人との	・行動力のある人との
・仲介者のいる	・水のきれいな場所での	・地道な婚活の結果の	・紹介による
・交流会での	・交友関係の中からの	・結婚相談所での	・SNSや手紙が縁の
・新しい環境での	・接客業がらみの	・すぐには出会えない	・花の咲く場所での
相手の気持ち	**相手の気持ち**	**相手の気持ち**	**相手の気持ち**
・心変わりしそう	・まっさらな気持ち	・距離を感じている	・紹介者に任せたい
・時間をかけて対応する	・恋愛が始まる前の状態	・乗り越えるべき障害あり	・二人きりはやりづらい
・理解しようとしている	・仲の良い友達だと思う	・うまくいく自信がない	・曲がったことはしない
・慎重に言葉を掛けている	・優しく接してくれそう	・何としてでも近づきたい	・自主性が欠けている
・大事にしてほしい	・一緒にいると癒やされる	・かなり時間がかかりそう	・指示がなければ動かない
・気持ちを抑えている	・全て水に流そう	・険しい道になるはず	・的確な連絡があれば動く
・影響を与え(受け)たい	・受け入れる用意がある	・負担を感じている	・問題と向き合う気がない
今後の二人	**今後の二人**	**今後の二人**	**今後の二人**
・問題を解決できる	・友情からスタートする	・告白しないと進展しない	・助けられてうまくいく
・共通点があれば進展する	・仲良く遊びに行く	・なかなか会えない状態に	・けんかをしても仲直り
・お互いの理解が深まる	・友人の力添えで成就する	・周囲の理解が得られない	・障害があっても成就する
・順調にデートを重ねる	・清い交際をする	・邪魔されて紆余曲折あり	・感謝を忘れると破局へ
・相性の良いカップルに	・何も知らずに付き合う	・連絡が滞りがちになる	・独り善がりでは続かない
・告白またはプロポーズ	・甘やかし過ぎる傾向あり	・微調整しながら交際継続	・逆境後に希望が見える
・同棲同然の状態になる	・安心し過ぎてだらける	・一緒に人生を歩む	・連絡がスムーズになる
・転職はスムーズに運ぶ	・転職する気が起きない	・転職は苦難の道	・転職は代理業者に依頼を
・完全な独立は勧めない	・独立に対する考えが甘い	・理想の独立･起業は困難	・独立･起業すると不利に
・本業と副業のバランスを	・職場の雰囲気が良好に	・予想以上に時間がかかる	・連絡はなるべく迅速に
・異動や転勤の話がある	・ミスや失態を許される	・続けてきた努力が実る	・すぐに行動するべし
・折衷案で納得してもらう	・チーム間の交流が大事	・目標は変えない方が吉	・失敗は成功の母
・実験的なことをやろう	・透明化で信頼の回復を	・試行錯誤こそ進化への道	・トラブルが解決する
・交渉や仲介が重要になる	・計画をオープンにしよう	・最後までやり遂げよう	・争うことなく和解する
・全体の調和を心掛けて	・正論より気持ち重視で	・甘く見ない方がよい	・交渉･調停役が必要
・優しく指導すると吉	・情報が筒抜けになる	・迎合するより信念を貫徹	・第三者による仲裁あり
・自制心を働かせよう	・寛大に受け止めよう	・あえて茨の道を選ぼう	・上層部に意見が届く
・しっかりと節約を	・資源を無駄にしないで	・簡単には稼げない	・正直にお金を稼ぐべし
・必要な分だけ使うべし	・飲食代の浪費に注意	・継続が利益を生む	・遺産等の問題は要相談
・物を無駄にしないで	・困ったら助けてもらおう	・地道に貯金しよう	・中間マージンがもらえる
・買い替えの時期	・収入は問題なさそう	・きつくても報酬重視で	・損失の後で利益が出る
・交通費や引っ越しで出費	・ため込まず循環させて	・賭け事が大損害を招く	・買い物は詳しい人に頼む
・節度を守ろう	・無垢な気持ちを大切に	・千里の道も一歩から	・証人立ち会いのもとで
・料理を楽しむと吉	・清潔さを保つとよい	・厳しいトレーニングが吉	・マッチングや紹介は吉
・異質なものを混ぜると吉	・雨に備えよう	・途中で諦めないで	・試練の後に希望がある
・公私のバランスが重要	・すべてを受け止めよう	・登山やハイキングが吉	・人に案内してもらおう
・暴飲暴食に気を付けて	・お風呂や温泉が吉	・意地でもゴールしよう	・メッセージを届けよう

その他のシンボル **昇りゆく太陽** 明るい人　交際が始まる　目標達成　苦労して利益を得る　思い出話をする

 世界(正)p.104

15 悪魔

二人の男女を鎖につないだのは、
欲望と堕落という名の悪魔か?
だが、その支配は長く続かない。

逆位置

The Devil

基本の物語

ヤギの角とコウモリの翼を持ち、たいまつを手にした悪魔が、鎖につながれた男女の間に座しています。

一つ前の「節制」では自制心が働いていましたが、ここでは、たやすく堕落する人間の弱さが描かれています。そして、次の「塔」では、根本的な見直しをする羽目になります。逆説的にいえば、自己改革のためには、いったん欲望をさらけ出してどん底を味わうことが早道なのかもしれません。

構図は6番の「恋人たち」に似ていますが、ここでは天使の代わりに悪魔がいます。このカードは、アダムとイブが誘惑に負けて原罪を背負った、その後の場面であるとも考えられます。

逆位置を読むポイント

逆位置では、鎖と台座、悪魔の下半身がクローズアップされます。足で台座をがっちりとつかんでいますから、執着や束縛がより強くなっている印象です。ただ、台座は小さく、居心地が悪そうなので、悪魔は長居をしないでしょう。やがてはコウモリの翼を広げて飛び去るはずです。

正位置では、悪魔の存在に圧倒され、二人はおとなしく捕らわれていますが、逆位置になると、悪魔の支配がさほど長くは続かないことが分かります。二人が解放されるころには、次の出来事を体験する準備ができているでしょう。

悪魔に描かれたシンボル

・コウモリの翼・

古来、悪魔はコウモリの翼を持つとされています。翼が黒ではなく灰色なのは、罪悪や堕落から逃れようと努力していることを表します。羽ばたこうと意図し、行動すれば、執着や依存から脱却できるかもしれません。

・背景の闇・

漆黒の闇は心の闇であり、本能的な恐怖や黒い欲望を意味します。また、周りが見えていないこと、無知であること、視野の狭さなども表します。次の「塔」でも闇は続くので、簡単には解決しない根深い問題を暗示しています。

・悪魔の顔と角・

逆さになった五芒星は、堕落した人間を意味します。角は多産や色欲の象徴で、快楽、放蕩、耽溺などと結び付きます。ひげは精力を、見開いた目は好奇心を示し、貪欲に狙うこと、お金や物に執着することを表しています。

・広げた右手・

５番の「教皇」は右手で祝福を与えていましたが、この悪魔は自分の存在を誇示しています。強い自己主張や我欲を意味します。手の線については諸説ありますが、手中にした物の象徴で、それを自慢しているとも解釈できます。

・悪魔の体・

上半身は人間に似ていますが、下半身は毛むくじゃらで獣に近く、理性と本能の混合になっています。たるんだ腹部は不摂生や放蕩を、乱れた毛は怠慢と無秩序を、足のかぎ爪は暴力、略奪、強欲を表しています。

・捕らわれた女性・

女性の角は、悪魔に毒されたことを暗示します。また、ブドウ(ワインの原料)の尻尾は、快楽と酩酊を表します。これは甘い誘惑であり、中毒の危険性も考えられます。鎖でつながれているのは、隷属や依存を意味しています。

・左手のたいまつ・

たいまつは、世界を照らす啓蒙の光です。闇に落ちた堕天使(悪魔)にとっては野心と渇望の象徴であり、人を支配するための偽りの光です。生命力の象徴でもありますが、下を向いているので、エネルギーは低下しています。

・二人を縛る鎖・

呪縛、隷属、支配、束縛、足かせを表します。ただ、首元の鎖には余裕があり、その気になれば脱出できそうです。それに気付いていないか、自分を縛る相手に依存しているのでしょうか。そうなると、鎖からは解放されません。

・黒い台座・

人より高い位置に座すための台座は、傲慢と侮蔑を表します。上から見下ろしているわけです。足でがっちり押さえているのは、物欲や執着の表れでしょう。鎖の支柱にもなっているので、束縛や抑圧も意味します。

・捕らわれた男性・

男性の角は、獣性の表れです。悪魔のたいまつから火が移ったような尻尾は、欲望と怒りを表します。悪巧みや邪心を隠しているような、狡猾さを感じます。鎖でつながれているのは、束縛や強制を意味しています。

 金貨の8(逆)p.320

悪魔を読むためのキーワード

	悪魔の顔と角	左手のたいまつ	広げた右手	悪魔の体
恋愛	出会い	出会い	出会い	出会い
	・貪欲な人との	・野心のある人との	・自意識過剰な人との	・強欲な相手との
	・性的に奔放な人との	・挫折を経験した人との	・エゴイストとの	・不摂生な人との
	・遊び好きな人との	・何かを詐称する人との	・自信家との	・清潔感のない人との
	・快楽主義者との	・下心を隠した人との	・押しの強い人との	・だらしない人との
	・繁華街での	・パーティーでの	・ライブや舞台での	・歓楽街での
	・遊びが目的の	・二次会での	・知人の集まりでの	・怪しいアプリでの
	・ナンパによる	・勧誘から始まる	・声を掛けられての	・スカウトされての
	相手の気持ち	相手の気持ち	相手の気持ち	相手の気持ち
	・好奇の目で見ている	・下心がある	・もっと尊敬してほしい	・やや飽きている
	・所有欲がある	・一晩だけでもいい	・自慢したいことがある	・好き勝手にしたい
	・絶対に手放したくない	・正体を偽っている	・自分だけを見てほしい	・連絡するのが億劫
	・体が目当て	・出方をうかがっている	・わがままを受け入れて	・面倒なことは避けたい
	・思い通りにしたい	・好かれたなら付き合う	・待ってもらいたい	・思い通りにしたい
	・とにかくモテたい	・言うことを聞かせたい	・連絡はもうたくさん	・わがままになっている
	・恋愛に溺れている	・テンションが下がった	・話は聞きたくない	・油断してたるんでいる
	今後の二人	今後の二人	今後の二人	今後の二人
	・乱れた関係になる	・盛り上がらずに自然消滅	・独り善がりで終わる	・下心が全開になる
	・コントロールされる	・体の関係だけになる	・先走るとふられそう	・強引さに負けて交際へ
	・束縛または監視される	・あっという間に別れる	・エゴのぶつかりあいに	・愛人や不倫の関係に
	・別れたくてもできない	・うそがバレてもめる	・強引に進展させる	・一線を引くと吉
	・都合よく扱われそう	・なんだかんだで交際続行	・言いなりになる危険性	・離れたくてもできない
	・やましさを抱えることに	・モラハラのリスクあり	・ハラスメントの心配あり	・惰性で付き合い続ける
	・ストーカー問題に発展	・急に態度が変わる	・主従関係が出来上がる	・DVやモラハラの危険
仕事	・不適切な転職の恐れあり	・転職情報を当てにしない	・求人がなくなる	・転職でリフレッシュを
	・独立させてもらえない	・独立の決心がつかない	・自信がついても独立はNG	・独立や離職で現状脱却を
	・起業の誘いに乗らないで	・無理せずに体調管理を	・起業しても続かない	・起業は強欲さが必要
	・上に目を付けられそう	・チームの士気が低下する	・話が平行線をたどる	・高い地位に固執しないで
	・悪しき指示に従わないで	・人を妄信しないで	・自慢話を聞くことになる	・貴重品や機密を守ろう
	・ハラスメントから逃げて	・モチベーション不足	・敬意を持って対話しよう	・手柄を奪われないで
	・怠ける人に合わせないで	・計画がスタートしない	・リーダーに従うべし	・自由放任が混乱を招く
	・貪欲に結果を狙おう	・上からの圧力に屈する	・プライドをくすぐろう	・怠けさせず、怠けない
	・私事を持ち込まないで	・野心は煙たがられる	・手の内をさらす方が吉	・上からの圧が掛かりそう
	・精力的に動くと吉	・怒りを抑えるべし	・ストップが掛かりそう	・横柄と暴力を許さないで
お金	・がめつく行動してもよい	・蓄えが減っていきそう	・十分な利益を得る	・つい使ってしまう
	・狙った物は入手しよう	・頑張るも収入は増えず	・手にした物を失う	・貯金は死守するべし
	・浪費に注意しよう	・詐欺や誘惑に注意して	・気が大きくなって浪費	・ぜいたくや浪費はNG
	・ギャンブル運が好調	・一発狙うと損害も多大	・倹約した方がよい	・物や金を貸さないで
	・悪事に手を染めないで	・買い物欲を抑えるべし	・セールスはお断りを	・たかりは断固拒否を
行動のヒント	・多少は欲張ってもOK	・思いは内に秘めておく	・率先して手を挙げよう	・暴飲暴食に注意を
	・監視をしっかりと	・知識が正しいか見極めて	・自慢話はしないで	・身だしなみを整えよう
	・洗脳されないで	・目立つ言動から炎上へ	・自己主張は結果の後で	・怠惰な生活習慣はNG
	・自堕落な生活はダメ	・欲からうそが生まれそう	・はっきり分かる表現を	・美容院やエステは吉
	・快楽に屈しないこと	・少し休むべき時期	・やめるべきことがある	・整理整頓をしよう

その他のシンボル　**背景の闇**　周りが見えない人　心を閉ざされる　先がない　私欲による争い　根深い問題

コウモリの翼	捕らわれた男性	捕らわれた女性	二人を縛る鎖
出会い	出会い	出会い	出会い
・進歩的な考えの人との	・束縛したがる相手との	・飲酒が好きな人との	・支配欲の強い人との
・向上心のある人との	・欲に忠実な人との	・素行の良くない人との	・しつこい相手との
・自由な人との	・ワイルドな人との	・恋愛に溺れやすい人との	・重い恋愛をする人との
・夜の商売の人との	・悪賢い人との	・受け身な人との	・体が不自由な人との
・お別れ会での	・押し付けられた紹介での	・飲み会での	・近場での
・夜間の集まりでの	・下心を隠した勧誘での	・友人に随伴した会での	・断れない紹介での
・SNSがきっかけの	・スポーツが縁での	・強引に誘われての	・似た境遇の人との
相手の気持ち	相手の気持ち	相手の気持ち	相手の気持ち
・束縛されたくない	・自分さえ良ければいい	・優しさに甘えている	・重いと感じている
・息苦しさを感じる	・下心を隠している	・わがままを通したい	・自分を見失っている
・もっと羽を伸ばしたい	・思い通りにしたい	・相手は誰でもいい	・好きだからこそ苦しい
・自由にさせてほしい	・DVの可能性もあり	・依存しやすい一面がある	・ストーカーっぽくなる
・執着から脱却したい	・内弁慶になっている	・倫理観に緩みがある	・自分だけを見てほしい
・心を入れ替えて頑張る	・メリットが欲しい	・今は情緒が不安定	・感情を持て余している
・更生しようと思う	・他の人にもいい顔をする	・恋に溺れている	・罪悪感にさいなまれる
今後の二人	今後の二人	今後の二人	今後の二人
・重い腰を上げて行動する	・欲がぶつかってけんかに	・性的にだらしなくなる	・復縁が成功する
・諦めずに再度トライする	・衝突が絶えない関係	・羽目を外して盛り上がる	・約束に縛られる
・勝算がないのにもがく	・強引に交際が始まる	・甘い誘惑に負けそう	・交際が呪縛になる
・ようやく将来を考える	・支配と服従の関係	・共依存の関係になる	・離れると不安になる
・マンネリを打破する	・すぐに本性が暴かれる	・離れたくても難しい	・苦しくても別れない
・腐れ縁から解放される	・駄々をこねて気を引く	・惰性で続いているだけ	・重過ぎて会いたくない
・別れを告げて自由になる	・束縛して別れを拒否	・モラルを欠いた関係に	・腐れ縁が断ち切れない

・思い切って転職を	・転職活動が行き詰まる	・転職のオファーは断って	・やむを得ず復職する
・独立･起業のタイミング	・独立させてもらえない	・独立の時期ではない	・休職や退職はおすすめ
・異動や移転に備えよう	・スポンサーから要求あり	・まだ気を緩めないで	・天職での独立に障壁あり
・ブレイクスルーの好機	・自由には行動できない	・公私混同を避けよう	・起業した後にもめる
・視点を変えるべき	・野望を諦めないで	・ブラックな職場を脱出	・行動を制限されそう
・可能性を広げよう	・うまく丸め込めそう	・言いなりにならないで	・甘やかすのは良くない
・イノベーションが必要	・上司には従っておこう	・人に頼り過ぎないこと	・反抗しても無駄になる
・未知の領域に挑戦を	・今は衝突を避けるべき	・進んでチャレンジしよう	・自由に発言できない
・人の不満に釣られないで	・下手に出ると説得できる	・居心地の良い場を離れて	・惰性で働かないこと
・因習から解放されよう	・政治的な駆け引きが必要	・第三者を交えるとよい	・自分ではなく組織の問題

・お金が次々と出ていく	・融資や補助金が下りる	・交際費がかさみそう	・審査に通らない
・付き合いでの出費はNG	・ローンや借金の負担増	・盗難や紛失に気を付けて	・金銭的に自立できない
・将来への投資はOK	・自由にお金を使えない	・貢いでも益はない	・月額料金の支払いが増加
・買い物依存から脱却を	・買いたくても我慢して	・友達にたかられるかも	・予算が決められてしまう
・条件の良い仕事を探そう	・怪しいビジネスを警戒して	・搾取からは逃げ出して	・ズルズルと課金する

・引っ越しや模様替えは吉	・上手に叱咤激励を	・飲み過ぎに気を付けて	・チェーンメールに注意
・良心が堕落の歯止めに	・賢く立ち回って	・甘い物への依存に注意	・干渉が人をダメにする
・妄想や妄信に注意	・卑屈ではなく謙虚に	・誘われても乗らないで	・少し休息後に問題解決を
・自由に行動できそう	・自由は規則の範囲内で	・自制心で甘えから脱却を	・無理に悪縁を切らないで
・誘惑に負けないで	・固定観念を捨てよう	・思い込みを手放そう	・力を抜くとつらさが軽減

その他のシンボル　**黒い台座**　傲慢な人　所有欲の塊　絶対手放さない　貯金を死守しよう　人を見下さないで

 杯のナイト(正)p.216

16 塔

突然、激しい稲妻が塔を打った。
塔は破壊され、人々は落ちていく。
だが、更地になれば、先が見える。

逆位置

The Tower

基本の物語

塔が稲妻に打たれ、火の手が上がっています。外部の力によって状況が一変し、築き上げたものが壊れようとしています。予期せぬハプニングや強制的な変更を暗示するカードです。

大アルカナで背景が黒いのは、一つ前の「悪魔」とこのカードだけです。この闇は、周囲の状況が見えないか、隠されていた脅威や危険が露わになるかのどちらかを意味します。ただ「塔」では、「悪魔」による束縛からは解放されています。

破壊された塔の跡地に立つと、闇の中に「星」の輝きが見えることでしょう。破壊と喪失を経て、新たな希望と目標が見えてくるのです。

逆位置を読むポイント

逆位置では、落ちていく人物の姿だけでなく、表情にも目がいきます。そして、正位置では想定外の災難に遭って落下していく二人が、逆位置では、着地に向けて体勢を整えようとしているように見えます。なす術もなく危険な崖に落ちるのではなく、もっと安全な場所がないかを探しているようです。

災難による衝撃が焦点だった正位置に比べると、そのダメージをどう小さくするかが逆位置のテーマになっています。「塔」が破壊されるのは同じですが、逆位置では、事態がより冷静に受け止められています。

塔に描かれたシンボル

・背景の闇・

黒い背景は、状況が不明なこと、先が読めないこと、周りが見えていないことを意味します。心の闇、組織の暗部、罪悪感、抑圧、隠蔽の可能性も表します。衝撃を受けて目の前が真っ暗になっているとも解釈できます。

・塔の上の王冠・

権力の象徴である王冠が、稲妻に弾き飛ばされています。これは、権威の失墜と栄光からの転落を表します。増長、傲慢さ、過ぎた野心が、外からくる容赦ない力によってあっさりと崩され、無に帰することを示しています。

・塔を打つ稲妻・

まさしく青天のへきれき。ここで稲妻に打たれるとは、誰も予想できなかったことでしょう。思わぬ災害、アクシデント、ハプニングを表します。しかも、その力は強大で、たった一撃で既存のものを打ち砕くパワーがあります。

・吹き上がる炎・

稲妻の衝撃を受けた後に、火事が発生しています。これは、怒りなどの激しい感情が爆発していることを意味します。さらなるトラブルが起こりそうです。やけになっての造反やけんかなど、暴挙に出ることもあり得ます。

・崩れていく塔・

高い塔は、これまで積み上げてきた実績、自信、プライド、固定観念、環境、経済基盤などを表します。それが今、破壊されようとしているのです。守りたい気持ちが強ければ強いほど、失望やショックは大きくなります。

・飛び散る光・

光の粒は、生命の輝きです。稲妻が落ちることで見えてきた真実でもあります。全部で二十二個あり、大アルカナの枚数と同じです。全て出し切ること、全てが明るみに出ること、徹底的なこと、全力でやるべきことを意味します。

・不穏な雲・

火事による煙にも見える灰色の雲は、トラブルの余波を暗示しています。迷い、葛藤、あいまいな気持ち、はっきりしない状況、不安、妄想などを表します。雲が晴れるのは、この事態の収束後。まだ時間がかかりそうです。

・赤いマントの人物・

髪の毛と赤いマントをなびかせて、必死でもがくこの人物は、光の粒を手に入れて、助かるつもりでいます。しかし、両手はともかく、両足がもつれ気味。欲しい物に目がくらむと、危険にさらされることを意味します。

・塔の建つ崖・

崖の上の塔は、雲の位置からしても、かなり高いところにあるようです。高く険しい崖は、向上心、プライド、困難を乗り越えてきたこと、リスクが高いことなどを意味します。また、他のことを拒絶する厳しさも表しています。

・王冠を着けた人物・

王冠の人物は、権力の座を追われたようです。安全な場所に引きこもり、人に全てを押し付けてきた結果です。青い服は冷静さと理性を、赤い靴はやる気を表すので、うまく着地して、最悪の事態をまぬかれることでしょう。

塔
The Tower

 金貨の4(正)p.304

塔を読むためのキーワード

	塔の上の王冠	塔を打つ稲妻	吹き上がる炎	飛び散る光
恋愛	出会い	出会い	出会い	出会い
	・野心家との	・怖そうな人との	・怒りっぽい人との	・元気な人との
	・挫折した人との	・声の大きな人との	・わがままな人との	・極端な人との
	・うぬぼれの強い人との	・突然声を掛けられる	・感情的な人との	・何事にも全力の人との
	・トラブルメーカーとの	・悪天候の日の	・勢いのある人との	・理想的な人との
	・昔はやった場所での	・非常事態の最中の	・その場で盛り上がる	・会員数最多のアプリでの
	・高層ビルでの	・ハプニングが縁での	・フェスやイベントでの	・体調万全で臨む会での
	・有名人の集いでの	・運命的なものを感じる	・BBQや鍋パーティーでの	・公私ともに順調なときの
	相手の気持ち	相手の気持ち	相手の気持ち	相手の気持ち
	・ショックを受けた	・見ていてイライラする	・急激に好きになる	・恋心に気が付いた
	・思い通りにいかない	・雷を落としたい	・激しく盛り上がりたい	・魅力を感じている
	・ストレスが爆発しそう	・暴力的な気分になった	・いら立っている	・満たされた気分でいる
	・失敗を認めたくない	・状況を打開したい	・確認したいことがある	・いろいろな話をしたい
	・化けの皮を剥がされた	・激しく追及したい	・危うさを感じている	・もう十分にやり切った
	・プライドが傷ついた	・大胆な刺激を求める	・トラブルが起こりそう	・気持ちが重たい
	・屈辱を感じている	・当たって砕けよの精神	・問題になる前に逃げたい	・連絡が多過ぎる
	今後の二人	今後の二人	今後の二人	今後の二人
	・けんかして険悪になる	・予想外の告白がある	・激しく意見が衝突する	・お互いの本性が分かる
	・突然音信不通になる	・一方的な別れ話になる	・けんかして後に引けない	・頑張り過ぎて疲れる
	・実は他に相手がいた	・恋敵が突然乱入する	・妥協しないと破局へ	・対等な関係になると吉
	・ハプニングで会えない	・事故などで引き離される	・アクシデントで失恋する	・依存から脱却する
	・大人しくしておくと吉	・外野の横やりがひどい	・恋愛どころではない	・別れて己を取り戻す
	・勢いで別れてしまう	・マンネリを打破する	・小さなことから争いに	・互いに自立した伴侶に
	・意地の張り合いになる	・スピード結婚するかも	・障害を乗り越えて成就	・理想的な関係になる
仕事	・異動や転勤の可能性あり	・解雇に備えて転職活動を	・転職活動で問題発生	・転職先をよく吟味しよう
	・けんか別れによる独立	・独立・起業は高リスク	・離職する羽目になるかも	・独立・起業の意思表示を
	・事業が破綻する	・パワハラから逃げよう	・独立や起業のトラブル	・キャリアアップの好機
	・衝撃的なトップ人事が	・なんらかの調査が入る	・批判の集中砲火を食らう	・打てる手は全て打つ
	・責任者が逃げ出すかも	・アクシデントが発生する	・損害を広げないように	・全てが明るみに出る
	・殿様商売では失敗する	・環境を一変させる事件が	・烈火のごとく怒られる	・必要なものが集まる
	・計画が頓挫しそう	・ショッキングな結果に	・イライラが爆発しそう	・改めて計画を練ると吉
	・増長すると排斥される	・先方を怒らせないこと	・予想外の事態が発生する	・人の事より自分の事
	・野心や野望をつぶされる	・修正ではなくやり直して	・トラブルの火消しを	・やるなら徹底的にやる
	・ハラスメントの糾弾を	・既存のものを壊すと吉	・避難訓練をしておこう	・とにかく全力を尽くそう
お金	・貯金を一気に失う	・急な出費がありそう	・家計が火の車になる	・多くの利益が手に入る
	・主たる収入が途絶える	・盗難や詐欺に注意を	・ギャンブルで大敗する	・欲張らずとも得られる
	・プライドが浪費を招く	・ギャンブルは一発狙いで	・突発的な消費欲を警戒	・謙虚に支援を受けよう
	・株価や通貨の暴落	・臨時収入に恵まれそう	・予算を使い果たしそう	・収入源が見つかる
	・高額な買い物は中止を	・勝負しないと収入減に	・出費を極力抑えること	・買う物が増えそう
行動のヒント	・傲慢さがトラブルを生む	・守りから攻めに転じて	・SNSでの炎上に注意	・コンプリートを目指そう
	・栄光にすがらないこと	・想定外のことが起きる	・火の元や火加減に注意	・希望が見えてくるはず
	・アクシデントに備えよう	・リスク回避を念頭に	・感情を爆発させないで	・元気が一番
	・確実な物など何もない	・痛いのは一瞬だけ	・運動などでストレス発散	・授かり物に縁がある
	・こだわりは捨てよう	・打たれ強くなること	・災害や事故への備えを	・自分も他人も尊重して

その他のシンボル　**背景の闇** 秘密主義者　罪悪感がある　周りが見えていない　隠蔽工作　晴れるのを待つ

崩れていく塔	塔の建つ崖	王冠を着けた人物	赤いマントの人物
出会い	出会い	出会い	出会い
・プライドの高い人との	・険しい表情の人との	・責任感のない人との	・欲張りな人との
・成功してきた人との	・逆境を乗り越えた人との	・自分が大事な人との	・一生懸命な人との
・わがままな相手との	・近寄りがたい人との	・逃げ足の速い人との	・落ち着きのない人との
・恵まれた環境の人との	・抽選で当たった会での	・頭の切れる人との	・頼りない相手との
・著名人のイベントでの	・不便な場所での	・盛り上がらない会での	・慌てているときの
・高級店での	・苦労した末の	・主役不在のイベントでの	・ダメ元の婚活での
・今までのやり方での	・最初は拒絶される	・ショックな事件の後の	・不慣れなアプリでの
相手の気持ち	相手の気持ち	相手の気持ち	相手の気持ち
・我を通したい	・心がすさんでいる	・テンションが低下した	・地に足が着いていない
・調子に乗っている	・一人にしてほしい	・負けた気分になっている	・裏目に出て焦っている
・自尊心が傷ついた	・誰も信じられない	・自信を失っている	・思うようにならない
・もう引き返せない	・恋愛すること自体が苦痛	・自分を優先している	・メリットを探している
・接し方が分からない	・トラウマが発動しそう	・想像していたのと違う	・自分らしさが出せない
・独り善がりになる	・自分には無理だと思う	・見栄を張り過ぎた	・言動がバラバラになる
・理解してもらえない	・孤独を感じている	・逃げ出してしまいたい	・忙しくて心の余裕がない
今後の二人	今後の二人	今後の二人	今後の二人
・妥協できずに終わる	・信頼関係が築けない	・不穏な空気になる	・告白のタイミングを逃す
・相互理解が進まない	・ハードルが高くて挫折	・立場が逆転することに	・一歩が出せず進展しない
・気を使いながらの交際	・一緒にいると緊張する	・追及すると逃げられる	・一人で舞い上がって自滅
・不満が出ると崩壊する	・心を開くことが難しい	・甘えが許されない状況	・愛想を尽かされそう
・長い時間をかけて成就	・過去のダメージが影響	・謝罪をすれば仲直り	・試行錯誤でデートする
・同棲の話になる	・少しずつ親しくなる	・なんとか別れずに済む	・助け合えば絆が深まる
・二人で引きこもる	・ブロックされてしまう	・良くも悪くも関係が変化	・執念を見せれば成功する

・理想の転職先がない	・転職は険しい道のり	・内定が取り消される	・面接に受からない
・独立・起業はリスクが大	・独立すれば孤立する	・独立後の転落が早い	・挑戦する余裕がない
・キャリアの見直しを	・起業は想像以上に大変	・事業からの撤退もある	・キャリアに行き詰まる
・現状での出世は難しい	・難問が立ちはだかる	・納得のいかない人事に	・目先の結果は二の次に
・経歴が役に立たない	・企画が次々と却下される	・成功が一転して危機に	・不利な状況を認めよう
・プライドが邪魔をする	・スタートすらできない	・裏切りに注意すること	・なりふり構わず保身を
・暗礁に乗り上げそう	・対人関係が険悪になる	・押し付けは造反を招く	・腹をくくって行動を
・ゼロからつくり直そう	・逆境を乗り越えよう	・頭を使って最悪を回避	・人を動かすことが困難
・謙虚に応対すること	・向上心を失わないで	・フットワークを駆使して	・自分でなんとか対処を
・組織との心中は避けよう	・困難に挑むことが大切	・ピンチにも冷静に対応を	・人に助けてもらえない

・貯金を崩さないこと	・審査には通らないかも	・貯金が急激に減る予感	・支出が次第に増加する
・収入が途絶えることも	・なかなか利益が出ない	・返金を要求されそう	・賭け事で財産をなくす
・本業だけに頼らないで	・収入アップは難しい	・収入がダウンするかも	・浮かれて不要品を買う
・コレクションを手放そう	・ベストの物だけ買おう	・資産価値の急落の危機	・金を追うと金を失う
・お金のための妥協も大事	・ギャンブルで大損する	・利益が得られない	・補償や保険を重視して

・傲慢になってはダメ	・準備運動をしっかりと	・下剋上を狙われそう	・もがいても変わらない
・固定観念を捨てると吉	・チャレンジ精神が必要	・失うことは問題ではない	・足元を見つめること
・自分の常識を疑おう	・挫折してこそ強くなる	・われを忘れず冷静に対処	・欲しい物を今は諦めて
・人に押し付けないこと	・顔色をうかがわないで	・健康であればやり直せる	・自分の体を守るべき
・失うからこそ成長する	・拒否することも大事	・劣勢でも行動しよう	・救急グッズをそろえよう

その他のシンボル　不穏な雲　はっきりしない人　妄想中　葛藤を抱える　迷いが消えない　時間がかかる

 剣のA(正)p.232

17 星

自分の全てをさらけ出せば、
天の高みに輝く希望の星が、
進むべき道を示してくれるだろう。

逆位置

基本の物語

生まれたままの姿をさらけ出した女性が、水瓶から水を池に注いでいます。夜空には大小の八芒星が輝き、理想の未来と将来の可能性を告げています。それは私たちを導くビジョンであり、最終的なゴールでもあります。

一つ前の「塔」で積み上げてきたものが崩壊し、更地になった後に希望の「星」が見えてきます。ただ、まだ夜は明けておらず、理想が現実になるまでには時間がかかりそうです。目指すべき星は天に輝いていますが、大地を照らす太陽はまだ昇りません。次の「月」でもまだ足元が暗く、気を付けて道を歩まねばならないことが分かるでしょう。

逆位置を読むポイント

正位置では大地に膝をつき、池に片足を入れて水を注いでいた女性が、バランスよく描かれています。輝く星も見守っているかのようです。ところが逆位置では、女性は画面の端に寄り、水を操るどころか持て余して、池からいつ立ち去ろうかと悩んでいるように見えてきます。正位置の画面に満ちていたポジティブさがなくなり、消極的な印象を与えるのです。

逆位置でも、夢と理想を示す星の存在感は変わらないので、今後の目標が見えてきたことは間違いありません。自信がないか、気分が乗らないか、自分を否定している状態です。

星に描かれたシンボル

・七つの白い星・

七つの星の意味については諸説ありますが、七つの天体や七つの曜日など、惑星の動きと時間を表すものだと解釈できます。ひときわ目立つ黄色い星(目標)に到達するためには、長い時間が必要だと教えてくれているのです。

・青い夜空・

昼の青空のように見えますが、実はまだ夜です。希望や期待、楽観的な気持ちが、抑鬱状態や暗い気分を一掃していることを表しています。ただ、ネガティブな状態を完全に脱したわけではないので、まだ油断はできません。

・大きな黄色い星・

この八芒星は、美と豊穣の女神の象徴とも、キリスト誕生を知らせた星ともいわれます。未来の希望や豊かな可能性、目指すべきゴール、人生の目標を意味します。大きいのは明瞭さを、黄色は豊かさを表しています。

・裸の女性・

金髪は輝いていることを、裸なのは全てをさらけ出していることや、しがらみから解放されていることを意味します。足を水と大地に置いているのは、得意分野にも苦手分野にも挑戦すること、幅広い経験を積むことを表します。

・木にとまる鳥・

この鳥はおそらくトキで、知識と言葉の象徴です。翼を広げて飛ぼうとする姿に見えるなら、積極的コミュニケーションの好機です。空から降り立った姿に見えるなら、ひらめきが下りてくることを意味します。

・遠くの山・

輝きに満たされた風景の中で、遠くにある山だけが、この理想と夢の世界を厳しい目で見ています。紫の山肌は、草地や丘とは異質で、人を拒むかのようです。理想と現実のギャップ、この先にある試練などを暗示しています。

・丘の上の木・

知恵の鳥であるトキがとまっていることから、「恋人たち」にも登場した知恵の樹でしょう。蛇が巻き付いていないのは、トキが撃退したのだと思われます。誘惑を退けた状態や、未来へ進むための知識が備わったことを表します。

・水紋の広がる池・

注いだ水が水紋をつくっています。これは、優しさなどの思いが表面上は好意的に受け入れられたこと、良い影響を与えたことを意味します。無意識を表す池の底まで動いたかどうかは、もっと池に踏み込まないと分かりません。

・花と水のある草地・

小さな赤い花は、やる気や情熱の芽生えを表し、それが点在するのは、周りに賛同者がいること、熱意を共にする仲間がいることを暗示します。水の流れる緑の草地は、成長の下地や環境が整っていることを意味します。

・水瓶と流れ出る水・

14番の「節制」では、水が一滴もこぼれていませんが、ここでは水を池に注いでいます。これは惜しみない援助や、思いやりと愛情があふれていることを示しています。ただし、それが無駄になっている可能性もあります。

 剣の2(逆)p.236

星を読むためのキーワード

	大きな黄色い星	七つの白い星	裸の女性	水瓶と流れ出る水
恋愛	出会い	出会い	出会い	出会い
	・理想的な相手との	・気の長い人との	・自然体な人との	・愛情深い人との
	・カリスマ性のある人との	・友達の多い人との	・うそのつけない人との	・浪費家との
	・伸びしろのある人との	・出しゃばらない人との	・はっきりした人との	・気前の良い人との
	・才能あふれる人との	・純真無垢な相手との	・美しい人との	・二面性のある人との
	・華やかな場所での	・グループ活動での	・仲間の集いでの	・ビュッフェでの
	・お祝いの場での	・交友関係から発展する	・プールや温泉での	・飲み会での
	・テーマパークでの	・友達と一緒の婚活での	・身内の紹介での	・数を打てば当たる
	相手の気持ち	相手の気持ち	相手の気持ち	相手の気持ち
	・これからが楽しみ	・みんなと一緒がいい	・素直に接したい	・思いがあふれている
	・希望が見えてきた	・好印象を持っている	・リラックスしている	・なんでもやってあげたい
	・夢見心地になっている	・いろいろなことをしたい	・束縛されたくない	・精一杯尽くしている
	・現実的になると緊張する	・気になる人が複数いる	・連絡もデートも面倒	・お金が続かない
	・片思いの方がいいかも	・もっと遊んでいたい	・忖度せずに話したい	・見返りが欲しい
	・将来のことを考えている	・楽しくないと意味がない	・隠し事はしていない	・頑張り過ぎて疲れた
	・一緒に人生を歩みたい	・焦らずに時間をかけたい	・体の相性が重要	・そろそろ終わりがくる
	今後の二人	今後の二人	今後の二人	今後の二人
	・恋に恋している状態に	・恋人より友達の方が吉	・お互い好き勝手に行動	・片思いの状態が続く
	・夢見心地で幸せを感じる	・周囲のサポートがある	・心より体の付き合い	・告白がうまくいく
	・明るい兆しが見えてくる	・他からも告白される	・過去が吹っ切れて交際へ	・温度差があると続かない
	・素敵なデートをする	・急には進展しない	・正直になれば成就する	・金はないが愛ある二人
	・順調に進展していく	・充実した付き合いに	・奔放な振る舞いに困惑	・報われない恋愛になる
	・共通の目標が絆を深める	・一歩ずつ段階を踏む	・腹を割って話す必要あり	・貢ぐことでは愛されない
	・将来を約束する	・結婚の話にはならない	・恋愛結婚ができそう	・突然冷めてしまう
仕事	・転職の理想が高過ぎる	・決定的な転職先候補なし	・経験を捨てて転職を	・とにかく面接にトライ
	・独立･起業は非現実的	・起業はまず副業で試す	・独立して一から始める	・搾取から逃げて独立を
	・キャリアプランの設定を	・時間はかかってもよい	・裸一貫での起業になる	・慈善事業にも力を入れて
	・ビジョンを明確にしよう	・顧客や商品数の増加を	・子供や素人の声が鍵	・十分な貢献ができる
	・計画が動きはじめる	・チームのバランスが大事	・余計な物を取り除こう	・自己犠牲はほどほどに
	・アイデアがひらめく	・アイデアを多目に出そう	・危険に対して無防備	・後輩の育成が順調に
	・理想を追い求めよう	・手つかずの領域に挑戦を	・包み隠さず全て話そう	・出し惜しみはしないで
	・脚光を浴びることに	・人脈が成功の鍵を握る	・肩書や地位は重視しない	・二つの方向で攻めよう
	・可能性が大きく広がる	・助言や協力が得られる	・苦手分野にも挑戦して	・無駄な労力を減らそう
	・良いヒントがもらえる	・対人関係が良好になる	・惜しみなく長所を発揮	・感情より理性で対応を
お金	・一発当たれば大きい	・補助金などを調べよう	・資産を手放すことになる	・ギャンブルは絶対にNG
	・偽りがないか要チェック	・ごちそうしてもらえる	・無一文から再出発を	・あるだけ使ってしまう
	・趣味にお金を使い過ぎ	・利益をシェアすること	・借金や負債からの解放	・人にお金を使わないで
	・宣伝に釣られないこと	・返済や会費を免除される	・身軽な方が稼げる	・浪費を抑えることが鍵
	・自分に前向きな投資を	・収支がトントンになる	・見栄からの浪費はNG	・収入源を複数持とう
行動のヒント	・ポジティブシンキングで	・少人数チームをつくろう	・自分の魅力を表現しよう	・与えるべき人に与えて
	・憧れの人に会えるかも	・いろいろな体験をしよう	・解放感を満喫しよう	・搾取は断固拒否を
	・先にゴールを決めよう	・少しずつ進める方が吉	・露出を増やしてもよい	・ペットや家族に愛情を
	・アピールすると好転する	・未経験でも楽しめるはず	・メディア運がありそう	・風呂･海･プールが吉
	・星空を眺めるのも吉	・家族や身内と団らんを	・自然体を崩さないで	・仲の良い人と食事を

その他のシンボル　**青い夜空**　明るく振る舞う人　ひがんでいる　平穏に過ごす　漁夫の利を狙う　裏方に徹して

水紋の広がる池	木にとまる鳥	丘の上の木	花と水のある草地
出会い ・外面のいい人との ・共感してくれる人との ・外見の美しい人との ・感受性の豊かな人との ・水のある場所での ・飲みや食事の場での ・友達の広がりからの	**出会い** ・話がうまい人との ・知識の豊富な人との ・霊感がある人との ・言葉に精通した人との ・交流会での ・勉強や仕事の場での ・直感に導かれた	**出会い** ・倫理的な人との ・誘惑に負けない人との ・判断力のある人との ・知的な相手との ・目立つ木がある場所での ・各種講座や学校での ・結婚相談所での	**出会い** ・仲間が多い人との ・成長中の人との ・多趣味な人との ・環境に恵まれた人との ・団体活動での ・おせっかいな紹介での ・共通の趣味が縁での
相手の気持ち ・気持ちは受け止めたい ・好印象を持っている ・共感できる相手だと思う ・受け身で待っている ・気持ちを汲んでいる ・とても感謝している ・当たり障りなく接する	**相手の気持ち** ・たくさん話したい ・知的レベルを問いたい ・恋愛より仕事の話を ・まだ情報が足りない ・伝えたいことがある ・あまり時間がない ・感情は当てにしていない	**相手の気持ち** ・もっとあなたを知りたい ・段階を踏んで進みたい ・まだ判断できない ・状況が整うまで待つ ・うそや偽りは許されない ・倫理や約束を重視する ・きちんと考えてほしい	**相手の気持ち** ・一人に決め切れない ・恋愛相手に困っていない ・友達付き合いも大事 ・そろそろ恋愛モードに ・優しくされればなびく ・恋は時間ができてから ・進展を急ぎたくない
今後の二人 ・対話が増えていく ・表面上の付き合いに ・順調にデートを重ねる ・連絡すれば返事はある ・消極的だと進展がない ・周囲の協力を得ると吉 ・深い関係にはならない	**今後の二人** ・連絡や返信がくる ・仕事や勉強の仲間になる ・話が合えばすぐに交際へ ・価値観が一致すればOK ・好きだけでは続かない ・一緒に学ぶと進展する ・ピンときたときに求婚を	**今後の二人** ・倫理観が合わず疎遠に ・詐称や虚偽を見抜く ・じっくり話して付き合う ・短所も認めて交際する ・良くも悪くも関係が続く ・結婚には踏み切れない ・子供のことでは合意できず	**今後の二人** ・本命になるには遠い ・恋心が少し芽生える ・独占欲は嫌がられる ・自分だけ頑張るのはNG ・少しずつ理解が深まる ・進展には時間がかかる ・落ち着けば必ず成就する
・転職先の候補を広げよう ・独立は波風が立つかも ・イメージ先行では失敗 ・なんとか形にはなる ・理解者が増えていく ・そこそこヒットする ・じわじわと話題になる ・まずは受け止めよう ・話せば分かってくれる ・知識の浅さが露呈する	・転職には分析が急務 ・独立・起業には良い時期 ・知見の発信が鍵を握る ・議事録で情報共有を ・文字による証拠が必要 ・即興での発言が高評価 ・洞察力が発揮できる ・手早く資料をまとめよう ・優等生的な発言をしよう ・意思疎通を図ると吉	・完璧な職場はない ・独立より組織に所属を ・起業するならしたたかに ・NGを見極めること ・正義が一致しないことも ・職業倫理の徹底を ・知恵を働かせよう ・人の長所を見つけよう ・賢く立ち回るべし ・系統だった学びが吉	・転職先候補は五十歩百歩 ・独立のときではない ・下地は出来上がった ・失敗は成長の糧に ・もともと才能がある ・充実感が状況を変える ・環境は決して悪くない ・人との距離をとって ・適材適所が重要になる ・いろいろな役割を担う
・順調に貯金ができる ・支援や援助の縁がある ・借金を増やさないこと ・趣味の沼で浪費しそう ・セレブの人脈ができる	・明細やレシートの分析を ・思い付きでは買わないで ・商品を比較検討しよう ・金額交渉がうまくいく ・運ではなく頭で稼ごう	・目利きができそう ・良い物だけを買おう ・悪巧みでもうけないこと ・借りたものは返そう ・我を通して得するのはNG	・独立しない方がもうかる ・副業は鳴かず飛ばず ・貯金や資産を守ろう ・負債がなければ問題なし ・困ったら助けてもらえる
・もらい過ぎないこと ・共感の輪を広げよう ・奥までは踏み込まないで ・愛想の良さがツキを呼ぶ ・否定せず温かい目で見る	・直感に従った行動を ・対話を大事にしよう ・学ぶのには最適な時期 ・芸術作品の着想を得る ・客観的に言語化しよう	・悪い誘いは拒否しよう ・邪心があると失敗する ・法律や規律を守ろう ・勉強するのに良い時期 ・師弟の絆を大事に	・日々の成長を感じよう ・同志がどこかにいる ・好奇心を広げてみよう ・熱意を共有すると吉 ・庭園散策がおすすめ

星 *The Star*

その他のシンボル　**遠くの山**　あまのじゃく　距離が縮まらない　ハードルが高い　倹約を　厳しい目で

 審判(正)p.100

18 月

険しい表情でうつむく三相の月。
長い道のりは前途多難の気配あり。
でも、彼方にゴールが見えている。

逆位置

The Moon

基本の物語

月が目を閉じています。三日月、半月、満月と、三つの相が重なっているのがお分かりでしょうか。地上では狼と犬が吠え、それをなだめるかのように、光の粒が降り注いでいます。

山へと続く長い道の出発点ではザリガニがハサミを振りかざし、遠くには青い荒野が広がっています。前途多難を予感させますが、一つ前の「星」で見いだした目標へと向かう道筋はできたわけですから、不安を振り払って進むべきでしょう。

次の「太陽」が昇ってくるのが、いつになるかは分かりませんが、歩いていれば、確実に朝がやってきます。

逆位置を読むポイント

正位置の月は、その向きから、満月に向かって徐々に満ちていく月です。時が満ちていないこと、まだ時間がかかること、それでも次第にゴールに近づいていることを表しています。

一方、逆位置での月は欠けていく月で、タイミングを逸してしまったこと、物事が終わりに近づいていること、不要な物を捨てていくべきことを表しています。

また、正位置に比べて逆位置の方が、水、ザリガニ、狼、犬が、せり上がってくる印象を受けます。偽り、危機、動揺、不安などがより強く表れていると考えることもできます。

月に描かれたシンボル

・青い夜空・

大きな月のおかげで、うっすらと明るい夜空は、暗い気分でも最悪ではないことを示しています。三相の月のうち、どれが気になるかで希望の夜明けまでの時間が異なり、最も短いのが満月、次いで半月、三日月の順です。

・顔のある月・

イマジネーションの象徴である月が、幻想にとらわれているのか、想像を膨らませているのか、険しい表情をしています。三日月、半月、満月の三相が重なっているのは、感情の変化、移りゆく気持ち、時間の流れを表します。

・舞い落ちる光の粒・

16番の「塔」では二十二粒ありましたが、ここで月から滴るのは十五粒です。これは、ショックが落ち着き、静かに考えられるようになった状態を示します。また、一部を隠した状態や、ひらめきと直感の暗示でもあります。

・二基の塔・

荒野にそびえる二基の塔は、人間が打ち立てた科学的な思考や論理的な説明の象徴です。つまり、そこまでは理解できるのですが、それより先は人知の及ばない領域であり、予想できない未来になることを示しているのです。

・狼と犬・

右側の狼は野生の本能を、左側の犬は飼い慣らされた従順さを表します。本能的に危険を察知し、警告を発して知らせている様子が描かれています。理性的になれず、不安に襲われ、やみくもに恐れている状態を意味しています。

・青い荒野・

荒野は、味方のいない孤独な状態を表し、共感、協力、理解が得られないことを意味します。前進しなければならないのに、寂しさや甘えから、緑の草地に戻りたくなります。それはやがて依存につながるかもしれません。

・山へと続く一本道・

曲がりくねった道は試行錯誤や迷いの象徴です。途中に小石も見え、細かいトラブルを暗示しています。しかし、一本道が遠くまで続いているので、引き返せないこと、最後までやり遂げることが暗示されています。

・ザリガニ・

沼地に生息するザリガニは、無意識の深みから表面に出てきた欲望、暗い感情、根源的な恐怖を表します。山へ続く一本道を進もうとするときに、最初に邪魔をする存在であり、陰に潜む敵や脅威の象徴でもあります。

・波紋のある池・

無意識の世界を意味する池の深い部分からザリガニが姿を現し、波紋をつくっています。これは、気持ちが揺れること、無防備な心、まだ気付いていないこと、あるいは内省や直感、抑圧からの解放などを意味します。

・草地と小石・

緑の草地は、深い池と険しい荒野の間を埋める緩衝地帯で、安全の象徴です。水際には小石や黒い草があり、池から上がる際の障害となっています。これは環境を変えることや、ぬるま湯から出ることの難しさを表しています。

 杯の9(正)p.204

月を読むためのキーワード

	顔のある月	舞い落ちる光の粒	二基の塔	山へと続く一本道
恋愛	出会い ・苦悩する人との ・気まぐれな人との ・想像力のある人との ・感受性の豊かな人との ・月夜の ・ゲームやSNSでの ・気分が落ちているときの	出会い ・直感の鋭い人との ・穏やかな人との ・秘密のある人との ・挫折を体験した人との ・ハプニングの後の ・繁忙期の後の ・店が空いているときの	出会い ・頭の固い人との ・勇気のない人との ・保守的な人との ・公私とも縁のある人との ・知っている場所での ・知人からの紹介での ・複数候補者が同時に出現	出会い ・正直ではない人との ・粘り強い人との ・諦めない人との ・更生した人との ・会うまでに時間がかかる ・予定変更があったときの ・地道な活動による
	相手の気持ち ・気持ちが揺れている ・心変わりしそう ・問題に直面している ・放っておいてほしい ・決断には時間が必要 ・現実を見ていない状態 ・将来に不安を感じる	相手の気持ち ・少し落ち着いてきた ・警戒心がある ・慎重に見極めたい ・癒やされたい ・うるさいのは嫌だ ・連絡が多くて対応できず ・心の傷を引きずっている	相手の気持ち ・これ以上は進みたくない ・もう一歩が踏み出せない ・遠慮してしまう ・遠距離は無理っぽい ・接し方が分からない ・対等でいたい ・程よい距離をとりたい	相手の気持ち ・複雑な気持ち ・距離感がつかめない ・まだ迷いがある ・関係を切りたくない ・わが道を行くつもり ・好きなようにしたい ・期待されても困る
	今後の二人 ・かりそめの恋で終わる ・不安定ながら付き合う ・恋が冷めてわれに返る ・うそがバレてもめる ・相手を信用し切れない ・仲直りできる ・マリッジブルーになる	今後の二人 ・デートしても交際はない ・信頼が不足したまま ・過去の衝撃が癒やせない ・友達なら良い関係に ・頭で考えると難しい ・経験不足でギクシャク ・時間をかければ成就する	今後の二人 ・距離が縮まらない ・なかなか会えない ・お互いに忙しくなる ・相手に真意が伝わらない ・刺激がなくマンネリ気味 ・依存のない良い関係に ・結婚に踏み切れない	今後の二人 ・紆余曲折があるも成就 ・前途多難だが可能性あり ・長い付き合いになる ・恋愛相手より結婚相手 ・細かい問題が発生する ・遠距離でも交際が続く ・将来を話し合うと吉
仕事	・転職はタイミングが重要 ・独立・起業には準備不足 ・時がたてば解決する ・インスピレーション重視 ・想像力を働かせよう ・行き詰まるなら他の事を ・アイデアは複数出そう ・感情的に話さないこと ・早まると失敗する ・遅いと得る物が少ない	・転職先は即見つからない ・円満に独立するならOK ・起業なら体制を万全に ・環境の整備を優先して ・まずはトラブル解決を ・失敗を次に生かそう ・仕事を増やしすぎないで ・切り捨てる物を決めて ・秘密は守ること ・人間関係が改善される	・転職の決心がつかない ・独立・起業しても難しい ・自分の能力を越えそう ・挑戦は厳しい結果に ・二者択一で迷う ・どっちつかずはNG ・どうせなら困難な道を ・誰からも距離をとろう ・想定外の事態に備えよう ・経験が生かせないことも	・転職は賭けになる ・独立は孤独な道になる ・細々と事業を続ける ・会社は頼りにできない ・専門分野で仕事を ・環境のせいにしないで ・状況の変化に対応して ・試行錯誤で目的達成 ・回り道をしてもOK ・自分のポリシーを貫く
お金	・貯金の増減がある ・損をしたら次はもうかる ・大盤振る舞いしないで ・相場を見極めて勝負を ・チップをもらえるかも	・返済が順調に進む ・昇給は見込めないかも ・収入が安定してくる ・まとめ買いはしないで ・少しおごってもらえそう	・予算を守るべし ・未経験のビジネスはNG ・徹底的にリスク回避を ・副業の収入が上がる ・迷うなら買わないこと	・固定収入が途切れない ・ピンチでもなんとかなる ・コツコツと貯金しよう ・最低限のお金は確保して ・援助を受けにくくなる
行動のヒント	・心を落ち着かせると吉 ・芸術に触れよう ・体調管理をしっかりと ・荒天の海や川に注意して ・うわさにだまされないで	・力を抜いて気負わずに ・とにかく落ち着こう ・後片付けも大事 ・ひらめきは大切に ・停電や電池切れに注意	・両方をバランスよく ・確かなものはなさそう ・失敗も経験のうち ・世界を広げてみよう ・鍵のかけ忘れや紛失注意	・途中でやめないこと ・長期的な計画が吉 ・ナビがないと迷いそう ・未知の世界へ行こう ・継続は力なり

その他のシンボル　**青い夜空**　根が暗い人　印象は悪くない　悲観しないこと　見えない支出が増　希望はある

狼と犬	ザリガニ	草地と小石	波紋のある池
出会い	**出会い**	**出会い**	**出会い**
・口うるさい人との	・暗い人との	・穏やかな人との	・感情豊かな人との
・本能的に動く人との	・毒舌な人との	・信頼できる相手との	・怖がりの人との
・従順な人との	・貪欲な人との	・安定した生活の人との	・懐の深い人との
・動物的勘のある人との	・危険な香りのする人との	・慎重な人との	・接客業の人との
・二人から同時に誘われる	・出会い系アプリでの	・交友関係から発展する	・連れられていった場での
・騒々しい場所での	・夜の街での	・普段の生活圏内での	・婚活パーティーでの
・ペットや動物が縁での	・強引なナンパでの	・自分で行動することでの	・バーやスナックでの
相手の気持ち	**相手の気持ち**	**相手の気持ち**	**相手の気持ち**
・自分をアピールしたい	・遊びが目的	・一緒にいて楽だ	・情が湧いてきた
・けんかも辞さない	・あの手この手で落とす	・このままでいい	・漠然とした不安がある
・張り合いたい心境	・ストーカーっぽくなる	・信頼してもよさそう	・自分の心が分からない
・警戒心を持っている	・情に訴えかける	・刺激がなくて退屈	・動揺している
・話したいことがある	・騒ぐのは遠慮したい	・安心のあまり放置する	・向き合うのが怖い
・もっと向き合いたい	・引きこもっていたい	・当たり前になっている	・メンタルがやや不調
・思いが伝わっていない	・対話する気になれない	・結婚相手として考える	・キャパオーバーの状態
今後の二人	**今後の二人**	**今後の二人**	**今後の二人**
・けんかが増えそう	・嫉妬するような出来事が	・友達のような関係	・恋心に気付かれない
・交際に向けて説得可能	・復縁の可能性あり	・告白したら断られない	・共に時間を過ごすと吉
・腹を割って話せる	・共依存になりやすい	・進展はなく現状維持	・愛情を深めていく
・わがままを言い合う	・周囲から隔絶される	・過去が気になりはじめる	・離れられない関係になる
・似た者同士で絆が深まる	・二人の世界に溺れる	・腐れ縁を断ち切り交際へ	・一緒にいないと不安
・二人で問題を解決する	・仕事に支障が出そう	・結婚を前提に付き合う	・ぬるま湯に浸かったまま
・子宝に恵まれそう	・ストーカーになりそう	・長続きする関係	・同棲または結婚へ

・面接のアピールに失敗	・専門職への転職は吉	・転職の勇気が出ない	・今は転職を考えないで
・独立より組織所属が無難	・職場復帰には良い時期	・昔の職には戻らないで	・独立·起業の準備が大変
・パートナーとの起業は吉	・独立させてもらえない	・独立·起業の覚悟がない	・波乱が起きつつある
・問題があればまず警告を	・起業ならニッチを狙う	・現時点でキャリアは安泰	・自分の身を守ろう
・先の発言が優遇される	・足を引っ張られそう	・やや停滞気味の運気	・不安の解消を焦らないで
・負け犬の遠吠えはNG	・深掘りする必要あり	・無難な結果は出せる	・不安定な状態でもよい
・遠慮しないで主張しよう	・押してダメなら引く	・ブレイクスルーできない	・静かに流れを見極めよう
・文句や非難は口にしない	・最初からやり直そう	・リスクは負わないで	・受け止めてから対処を
・理性を働かせよう	・リスクに細心の注意を	・対人関係が良好になる	・一致団結できそう
・指示に忠実に従うべし	・面倒な人からは離れて	・環境を改善しよう	・最後は人に救われる

・積極的に稼ぐつもりで	・借金やローンは危険	・収支のバランスは良い	・人のために浪費しそう
・競合がいる方がもうかる	・泣き落としに屈しないで	・大きな買い物はしないで	・助けるならお金以外で
・相方と利益を奪い合う	・怪しい商売に乗らないで	・昇給も減給もない	・趣味にはまって出費増
・可能なら値段交渉を	趣味で浪費しそう	・節約すれば困らない	・自分で稼ぐ意欲を
・返金してもらえる	・貯金や資産を守ろう	・コレクター癖は危険	・買い物依存にならないで

・有言実行を心掛けて	・危機感を持つべし	・安全運転でいこう	・動揺を静めてから行動を
・大きな声で伝えよう	・初心に返るとよい	・信頼関係を大切に	・無防備にならないで
・意見交換するのは吉	・信用できる人を頼ろう	・流されると失敗する	・家族や動物に癒やされる
・衝動的に動かないで	・ダラダラと付き合わない	・恵まれていると自覚する	・涙を流すと浄化される
・動物などに癒やされよう	・酒や甘い物に溺れない	・無謀な挑戦はしないで	・温泉やプールが吉

その他のシンボル　**青い荒野**　寂しがり屋　依存傾向がある　理解されない　孤立する　金欠　後の試練

杯のA(逆)p.172

19 太陽

空いっぱいの太陽から光を受けて、
花が咲き、子供が笑う。
全ては伸びやかに実現へと向かう。

逆位置

The Sun

基本の物語

巨大な太陽が、全ての存在に恩恵を与えています。温かいエネルギーが降り注ぐ庭でヒマワリが花を咲かせ、馬と子供が遊ぶ様子は、伸びやかな自己実現と順調な展開を暗示しています。

一つ前の「月」とその前の「星」では夜でしたが、ついに朝日が昇ってきました。この恵まれた環境と健やかな心身を生かせば、次の「審判」で裁きを受けた後に、もう一度チャンスをもらい、思い切った決断を下すこともできるはずです。ただ、太陽の下では全てが明るみに出るので、悪事や邪心がバレてしまうことは、覚悟しておく必要がありそうです。

逆位置を読むポイント

逆位置でも、パワフルで堂々とした太陽、満開のヒマワリ、大きくうねる巨大な旗などの存在感は変わりません。灰色の壁や、どっしりと落ち着いた馬の印象も同じです。正逆どちらが出ても、カードが表す意味はほとんど変わらないでしょう。

逆位置で印象が変わるとしたら、馬上の子供が少しアクロバティックに見えるくらいでしょうか。これは、考えなしにはしゃぎ過ぎると足元が不安定になることや、浮足立ってしまうこと、けがや健康に注意という警告を意味しています。逆位置では、そういうメッセージがやや強めに出てきます。

太陽に描かれたシンボル

・青い空・

晴れ晴れとした気持ちやクリアな思考を表します。画面の中にはヒマワリ、壁、巨大な太陽などが描き込まれているため、空はわずかな隙間に見えるだけ。引き立て役、後援者、見守る役割などを暗示しています。

・顔のある太陽・

太陽は、明るさ、温かさ、満足感、生命力、健康、自己実現、成功、幸せ、準備が整うことを意味します。顔があるのは、皆に見えること、日の目を見ること、オープンな関係、明るみに出ることなどを表します。

・頭を飾る赤い羽・

アンテナのような様子は直感やひらめきを、ふわりと曲がっているのは軽快さと柔軟性を表します。赤い色は、情熱や積極性の象徴です。ふと思い立って行動に移すことや、勢いだけで飛び込んでみることを意味しています。

・大きな旗・

暖色の大きな旗は、元気を持て余していることを表します。黒い柄は、芯の強さと頑健な肉体を暗示しています。受動性を示す左手で柄を持っているので、努力して健康になったのではなく、健康に恵まれていることを意味します。

・裸の子供・

子供は、天真爛漫な様子、未熟さ、屈託のなさ、恐れや挫折を知らないこと、次世代の可能性を意味します。また、子宝の象徴でもあります。裸なのは、自然体で無垢なこと、生まれたて、これから始まることを表します。

・ヒマワリ・

太陽に似た形で、太陽の方を向いて花を咲かせるヒマワリは、「太陽の花」といわれてきました。鮮やかな黄色は明るさ、笑顔、強いエネルギー、健康を、背の高さはスケールの大きさ、向上心、成長を表しています。

・子供の背後の壁・

子供と馬は、壁の手前にいより。守られた状態、セキュリティー、壁の内側の世界に所属していることを表します。灰色なので、黒で隠そうとする意図はなく、白で正しさをアピールする意図もなく、ニュートラルな保護です。

・白い馬・

一般に「白い馬」とされますが、実際には灰色であり、白が意味する無垢な状態に加えて、野生の本能も持っていることが示されています。憎めないわがまま、悪びれない様子、後先を考えない行動などを表します。

 棒の8(逆)p.140

太陽を読むためのキーワード

	顔のある太陽	大きな旗	裸の子供	頭を飾る赤い羽
恋愛	出会い ・陽気な人との ・体力のある人との ・開放的な人との ・社交的な人との ・祭りやイベントでの ・昼の時間帯の ・共通の知人が仲介する	出会い ・暑苦しい人との ・健康的な人との ・目立ちたがり屋との ・大柄な人との ・大会やフェスなどでの ・楽しいパーティーでの ・友達から始める	出会い ・自然体の人との ・天真爛漫な人との ・若々しい人との ・子供のいる人との ・ゲームや遊びが縁での ・勢いやノリでの ・すっぴんや普段着での	出会い ・テンションの高い人との ・頭の柔らかい人との ・後先を考えない人との ・気ままに行動する人との ・手軽なアプリでの ・軽いノリでの ・一目ぼれでの
	相手の気持ち ・楽しんでいる ・素を出すことができる ・開放的な気分になる ・満足している ・幸せな気持ちになる ・隠し事はなしにしたい ・友人や家族に紹介したい	相手の気持ち ・もっと盛り上がりたい ・アプローチの仕方で悩む ・追い風は吹いていない ・体の関係を求めている ・なびかない理由が不明 ・気持ちを持て余している ・体力が続かない	相手の気持ち ・興味津々で接近中 ・恋愛に慣れていない ・純粋に楽しんでいる ・大人のムードは皆無 ・友達として遊びたい ・素直に発言している ・難しいことは考えない	相手の気持ち ・遊びたい気分 ・軽い気持ちでいる ・気楽に恋をする ・好奇心が旺盛な状態 ・すぐに答えが欲しい ・重い恋は避けたい ・心が定まっていない
	今後の二人 ・秘密が露見する ・問題が解決する ・晴れて交際が始まる ・周囲に祝福される ・体のケアを優先する ・結婚への確実な一歩 ・幸せを実現できそう	今後の二人 ・若気の至りに注意して ・一線を越えると冷める ・畳み掛けると失敗する ・まずは落ち着いてから ・楽しく付き合う ・愛情が重たくなる ・将来のことを決めるべき	今後の二人 ・恋人というより友達 ・なんでも話せる仲になる ・お互いが好印象を持つ ・告白すれば交際に発展 ・相思相愛になる ・家族と仲良くなると吉 ・授かり婚もあり得る	今後の二人 ・共通の話題で意気投合 ・気分が最高潮に達する ・勢いで付き合う ・離れるのも早い ・楽しく遊びに行く ・他にも気になる人がいる ・すぐ同棲や結婚の話に
仕事	・大志を抱いて転職を ・独立・起業して成功する ・キャリアの頂点を狙う ・ゴールを明確にしよう ・分かりやすいプレゼンを ・不正や悪事が明るみに ・公明正大に振る舞おう ・宣伝や広告が重要になる ・押しの強さで勝負 ・情熱なくして成功なし	・転職は無理をしないで ・独立すると責任が増大 ・新規事業の旗揚げを ・社の方向性を優先して ・全員の共通認識が大事 ・小さくまとまらないで ・体力勝負になりそう ・屋台骨を支えるべし ・人を操ろうとしないで ・軸がぶれるのはNG	・次が決まるまで現職継続 ・独立は心もとない ・起業はお金にならない ・未経験の分野に挑戦を ・先輩にかわいがられる ・楽しむことで成功する ・失敗を恐れないこと ・遊び心を忘れないで ・笑顔で対応すればOK ・背伸びしなくてもよい	・転職活動は迅速に ・独立の打診をしてみて ・副業を始めるのはよい ・フットワークを軽く ・チャンスに飛びついて ・まずやってから修正を ・やる気をアピールして ・失敗は引きずらないで ・言い返すならその場で ・企画の出し惜しみはNG
お金	・多くの利益を出す ・全員に分配するべし ・知名度が売上に直結 ・大きな買い物もOK ・ケチらないこと	・十分な初期費用の用意を ・本業に集中するとよい ・もうかる仕事は大変 ・急に稼げるが浪費はNG ・体が資本になる	・裸一貫からやり直す ・不要な物を処分しよう ・お金以外にも喜びあり ・楽しめる物なら買う ・借金しなければ大丈夫	・形から入ると経費が増加 ・衝動買いに注意しよう ・準備不足だと赤字になる ・お得情報のキャッチを ・現金を所持しよう
行動のヒント	・慈善活動や社会貢献を ・とにかく笑い飛ばして ・必ずや日の目を見る ・太陽を浴びて健康増進 ・熱中症や日焼けに注意	・体力向上にいそしんで ・必ず休憩をはさむこと ・目標は高めに設定を ・自己アピールも大事 ・やり過ぎには注意して	・たまには童心に返ろう ・着飾らなくてもよい ・正直であれば救われる ・素直さが魅力になる ・家族や子供と遊ぼう	・思い立ったら即行動を ・鉄は熱いうちに打て ・どんなアイデアでもOK ・柔軟性と楽観性が必要 ・熱意を見せれば動き出す

青い空	ヒマワリ	白い馬	子供の背後の壁
出会い	**出会い**	**出会い**	**出会い**
・颯爽とした人との	・笑顔がまぶしい人との	・悪びれない人との	・過保護な人との
・分かりやすい人との	・ミーハーな人との	・勢いがいい相手との	・嫉妬深い人との
・明るい性格の人との	・向上心のある人との	・本能に忠実な人との	・自然体の人との
・影の薄い人との	・背の高い人との	・後先を考えない人との	・正社員で働く人との
・ライバル不在の	・何人か候補者が出てくる	・真剣に婚活中の	・安全なアプリでの
・屋外の活動での	・明るいパーティーでの	・仲介や紹介による	・狭い人間関係の中での
・出会いに気付かない	・よく晴れた日の	・気力と体力があるときの	・結婚前提の活動での
相手の気持ち	**相手の気持ち**	**相手の気持ち**	**相手の気持ち**
・客観的に見極めたい	・話すと元気になる	・わがままを言いたい	・息苦しさを感じている
・晴れやかな気分	・まだ友達のような関係	・感じるままに生きたい	・自由になりたい
・少し休みたい	・一人に決められない	・自由に振る舞いたい	・連絡をブロックしたい
・自分からは要求しない	・輝いている姿が好き	・自分のペースで進めたい	・信用できるか試している
・うそはついていない	・これからが本番	・待ってはいられない	・自分の常識に従わせたい
・本音をもう少し知りたい	・お互い笑顔でいたい	・後ろめたさがある	・浮気しないよう監視中
・なかなか暇ができない	・家族になれたらうれしい	・メッセージを見ていない	・あなたを手放したくない
今後の二人	**今後の二人**	**今後の二人**	**今後の二人**
・特に進展がない	・ライバル争いが起こる	・ペースが合わない	・周囲の反対に耐える
・恋愛は後回しになる	・直接アピールが吉	・衝動的にけんかをする	・障害から守ってもらう
・連絡がとりにくい	・正々堂々と付き合える	・意地が和解を邪魔する	・束縛が厳しくなる
・なかなか会えない	・健康なら絆が深まる	・本能のままに進展する	・別れてもらえない
・暇がなくて付き合えない	・笑いを忘れると運気下降	・勢いで交際に発展する	・外堀を埋めると成就する
・交際するが感動は薄い	・二人で成長できる	・倫理的な問題が生じる	・面倒を見てもらうことに
・遠慮しない方がよい	・結婚を目標にすると吉	・徐々に信頼関係を築く	・同棲や結婚へ
・転職先が見つからない	・いくつか面接を受けよう	・転職は少し強引に進めて	・転職先の空きがない
・起業しても仕事がない	・独立より協働がよい	・独立·起業は暴走に注意	・独立を阻まれそう
・休暇を取るのもよい	・起業は競合に勝てない	・自由に進行できそう	・セキュリティーを万全に
・目立とうとしないこと	・社内で目立つ工夫を	・不正がないかチェックを	・機密を外に漏らさないで
・未経験でもなんとかなる	・個性がないと売れない	・まずは行動してみよう	・人材の流出を防ごう
・結果より構想が大事	・営業や広報活動が重要	・とにかく前進あるのみ	・競合の成功に押される
・物事をクリアにしよう	・マニアック狙いは下策	・細かいことは考えないで	・ブレイクスルーが必要
・邪魔が入りやすいかも	・全体の方針に合わせよう	・突進力が必要になる	・ハードルを越えるべし
・ゼロから始めよう	・笑顔で乗り切るべし	・嫌いな人に迎合しないで	・上司に反抗しても無駄
・バックアップに徹して	・向上心が成長につながる	・後輩を引っ張っていこう	・防御力と耐久力が必要
・おこぼれを頂戴しよう	・収入が増えそう	・怪しいビジネスに注意	・資産のガードをしっかり
・収入源を探してみよう	・経済観念が違う人はNG	・欲望のまま出費しそう	・投資は手堅くいこう
・不要な支払いはしないで	・仕事を増やせば稼げる	・手元にお金が残らない	・安定した収入が重要
・お金以外で助けられる	・趣味に浪費しそう	・働けば働くほど稼げる	・長く使える物を買おう
・ギャンブルは当たらない	・見栄を張ると損失が大	・もらえる物はもらおう	・点検で大きな出費を防止
・面倒な人付き合いはNG	・全ての経験は成長の糧	・走るかウォーキングが吉	・非常時に備えよう
・晴れた日に行動を	・明るさが状況を変える	・勢いがとても大切	・得意な分野で勝負を
・脇役としてサポートを	・どんなときも上を向いて	・決断できなくても動こう	・ルールを守るべし
・しがらみを捨てること	・日差しを浴びると吉	・戦略より体力勝負で	・知らない場所は避けて
・便りがないのは良い便り	・似た者同士で仲良くして	・動物に癒やされる	・過保護にならないこと

 棒のクイーン(正)p.160

20 審判

天使がラッパを吹きならし、
最後の審判の始まりを告げる。
冥府の死者たちが再び動き出す。

逆位置

Judgement

基本の物語

ラッパを吹き鳴らす天使を、死の眠りからよみがえった人々が仰ぎ見ています。世界の終末に際して、救われる者と破滅する者を決定する、最後の審判が始まろうとしているのです。

これは最終結果であり、もう変わることはありません。復活できる最後のチャンスでもあります。

一つ前の「太陽」では、全てが明るみに出ました。ここでは、今までの行動や徳性が問われ、それに応じた裁きが下されるでしょう。

次の「世界」で物事を完結させるためには、自分が過去に何をしてきたか、もう一度振り返る必要があります。かつての善行や努力を掘り起こすことで、再評価されるかもしれません。

逆位置を読むポイント

正位置では、カラフルで巨大な天使に比べて、人間たちは灰色で小柄。天使の存在感が際立っています。

一方、逆位置では、天使の存在感はさほど変わらないものの、下界に向けて楽器を吹く勢いが落ちているように見えます。また、正位置では天使の知らせを受け取るだけだった人間たちが、逆位置では少し能動的になり、背伸びをするように空を見ています。正位置では絶対的な力に服従するしかありませんでしたが、逆位置では自分の意見を提示する余地がありそうです。

審判に描かれたシンボル

・天使の顔・

目を見開いているのは、眠っていた人々に覚醒、啓示、気付きをもたらすことを表し、輝く金髪は、注目を集めることや明確であることを表します。また、ルールの順守、審議、判決、決定事項なども意味します。

・青い空・

クリアな青い空は、邪魔するものがないこと、全てを見通すこと、逃げ隠れしないことを意味します。後戻りできない最終局面や決定的な出来事が起こった場面でも、理性的な反応と冷静な判断が求められることを表します。

・天使の体・

天使は、人間を救済するために現れました。雲は、過去のあいまいな記憶や、再浮上を意味します。体の半分が雲に隠れているのは、一部だけが救われること、全貌は分からないこと、完全には現実化しないことを表します。

・天使の翼・

力強く上を向いた翼は上昇志向の象徴で、向上心、厳しさ、崇高な理念などを表します。また、自由なチャレンジや、何度もトライすることでもあります。赤い色は、生命力がみなぎっていることを示しています。

・十字の旗のラッパ・

縦横の長さが等しい赤い十字は、世界の中心である太陽の象徴で、秩序が整った状態や、人生の岐路を表します。その旗を付けた状態で吹き鳴らされるラッパは、宣言、招集、通達などが明確に行われることを意味します。

・遠くの山・

遠景には、かなりの高さを感じさせる山が連なっています。その山肌は凍てつき、来る者を拒もうとしています。これは、理想が高いこと、障害が大きいこと、求められるものが多いこと、試練が過酷なことを表しています。

・奥の三人・

手前の三人とは異なり、家族を気にもとめずに、自分をアピールしています。思い切り手を広げているのも、自分を救ってほしいというエゴの表れでしょう。過去の栄光や若返りを求めて、欲望を爆発させているようです。

・青い水面と丘・

青は受動性の色で、受け入れざるを得ない宿命を意味します。水は、あらゆる感情の象徴であり、終末への恐怖と永遠の幸せへの希求を表します。丘は、そうした感情と折り合いをつけながら生きていくという現実を示します。

・手前の三人・

この三人は、夫婦と子供でしょう。絆と復縁を意味します。子供は解放感を、遠慮がちに手を上げる男性は謙虚さを、金髪の女性は喜びを象徴しています。女性は、家族一緒に審判を受けたいと、天使に訴えているようです。

・開かれたひつぎ・

目覚め、復活、元に戻ること、やり直すこと、呪縛からの解放、リセットを意味します。過去が暴かれたり、昔を思い出したりすることでもあるでしょう。灰色なので大きな偏りはなく、ニュートラルな状態での目覚めです。

 金貨のキング(正)p.344

審判を読むためのキーワード

恋愛

出会い

天使の顔	天使の体	天使の翼	十字の旗のラッパ
有名人との	表に出ない人との	理想が高い人との	声の大きい人との
自分で決断する人との	忘れっぽい人との	向上心のある人との	楽器を弾く人との
法曹関係者や経営者との	助けてくれる人との	自由闊達な人との	折り目正しい人との
意見を押し付ける人との	正体不明な人との	健康な人との	話が分かりやすい人との
華やかな集まりでの	目的なく参加した会での	競争の場での	カラオケやライブでの
参加が義務の会での	半個室のある店での	遠出したときの	呼ばれて参加した会での
見合いでの	アプリでの	2人の候補者が現れる	声を掛けられる

相手の気持ち

天使の顔	天使の体	天使の翼	十字の旗のラッパ
ふさわしいか審査中	恋愛から逃げたい	テンションが上がった	言うべきことがある
心は決まっている	プレッシャーは嫌だ	どこかへ連れていきたい	圧倒的に楽しませたい
話を聞いていない	あいまいなままがいい	期待も要求も高い	お祭り騒ぎがしたい
価値観を押し付けたい	決断はしたくない	進展は早い方がよい	順序を守ることにする
共感や配慮ができない	現実逃避したい	もっと熱くなりたい	気持ちをアピールしたい
異論も反論も認めない	思い出に浸っている	プライドを保っている	適当ではいけないと思う
自分の考えが正しい	やましい気持ちがある	マウントを取って満足	相性が良いと思う

今後の二人

天使の顔	天使の体	天使の翼	十字の旗のラッパ
告白すれば返事がくる	正体を隠されたまま	行動すれば両思いに	連絡が一方的になる
誰を選ぶか決着がつく	希望の半分しか会えない	お互いに盛り上がる	告白が成功する
覚悟を決めて付き合う	連絡が滞りがち	体力がないと持たない	話せば分かり合える
興信所に依頼することに	仕事に忙殺されそう	ついていけないかも	熱量が同じくらいになる
ダメ出しをされる	話半分で聞く必要あり	激しい愛で体当たりする	周りの人に交際宣言する
勝手に話が進む	交際の可能性が見える	逃避行もあり得る	結婚を急かされそう
婚約や結婚は決定事項	復縁の流れになる	結婚へ一直線	目標を宣言すればかなう

仕事

天使の顔	天使の体	天使の翼	十字の旗のラッパ
転職エージェント次第	転職すると現実に落胆	転職活動と現職を両立	退職や独立の申告を
自由に独立できない	独立しても不安定	独立のチャンス	起業は宣伝が重要
決定には逆らえない	結論を無理に出さないで	キャリアアップできる	アピールが評価に影響
行動を監視されている	伝達がうまくいかない	熱意ある挑戦が好評価	プレゼンは音声が鍵
厳しく指導されそう	提案がうやむやにされる	二つのことを手掛ける	報告や通達は明確に
上からの圧力がある	打っても響かない相手	良き相棒が必要になる	効果的に告知しよう
毅然とした態度が吉	理由もなく従うことに	さらなる高みを目指す	指示に従う方が吉
積極的アピールが有効	批判はさらりとかわそう	上に守ってもらえる	訴えるときは大げさに
分かりやすい告知を	細かい部分に変更あり	情熱を共有すると吉	重要な発表がある
決定したら動かさないで	できるところまででOK	飛躍の時期を迎える	岐路に立たされる

お金

天使の顔	天使の体	天使の翼	十字の旗のラッパ
頑張った分だけ稼げる	いつの間にか金欠に	赤字を増やさないで	タイムセールを狙おう
経費をかけると利益増加	仮想通貨が蒸発しそう	2つの収入源を持とう	思わぬ副収入がある
投資や運用はおすすめ	貸したら返してもらおう	本業も副業も好調	収支バランスの管理を
妥協のない金銭管理を	金を使わずに楽しむ工夫	もっと稼げるはず	出費や経費を見直そう
予算を決めておこう	羽振りのよい人に頼ろう	ごちそうになる機会あり	遠慮せずに請求しよう

行動のヒント

天使の顔	天使の体	天使の翼	十字の旗のラッパ
ルールは絶対に守ろう	落ちたら浮上するだけ	公私共に充実させよう	スマホの通知を整理して
目覚ましに工夫をして	懐古趣味を楽しんでみる	理想を語り続けると吉	音量に注意すること
さらなる専心と覚醒を	多少のハッタリがきく	すぐに行動するとよい	大きな声で伝えよう
一度決めたら迷わないで	見えるところはきれいに	上質なものに触れて	歌や音楽を楽しもう
目線や目力を意識する	仮の姿を上手に使おう	次のレベルに向かおう	ルールに従って声援を

その他のシンボル　**青い空**　あけっぴろげな人　引き返せない　冷静さが必要　貯金がなくなる　包み隠さずに

青い水面と丘	手前の三人	奥の三人	開かれたひつぎ
出会い	**出会い**	**出会い**	**出会い**
・流されやすい人との	・家族が大事な人との	・自分勝手な人との	・卒業や退職後の人との
・情緒不安定な人との	・子供がいる人との	・目立ちたがり屋との	・失恋や離婚後の人との
・要領のいい人との	・謙虚な人との	・上昇志向の強い人との	・束縛を嫌う人との
・文句を言わない人との	・挫折経験のある人との	・目上に弱い人との	・かつての知り合いとの
・交流会での	・第三者を介しての	・棚ぼた的な	・テラスや屋上での
・川や海の近くでの	・離婚や破局の後の	・アピールが功を奏する	・久しぶりの外出での
・観劇や観戦の後の	・結婚前提での	・理想とは異なる人との	・小さい会場や個室での
相手の気持ち	**相手の気持ち**	**相手の気持ち**	**相手の気持ち**
・流れに任せている	・トラウマで慎重になる	・助けてもらいたい	・束縛から解放されたい
・影響や感銘を受けた	・過去の恋愛にとらわれる	・手放しで喜んでいる	・過去の呪縛に苦しむ
・自分からは行動しない	・声が掛かるのを待つ	・甘えたいし頼りたい	・勇気を出して進みたい
・理想的な状態ではない	・自分を大事にできない	・メリットを求めている	・復縁のチャンスだと思う
・様子を見ている	・失敗して臆病になる	・責任をとってほしい	・ゼロからやり直したい
・連絡を受け流している	・身内に紹介したい	・できる限り楽をしたい	・積極的になり切れない
・終わっても仕方がない	・いつか一緒になりたい	・リードしてもらいたい	・恋愛に対する恐れあり
今後の二人	**今後の二人**	**今後の二人**	**今後の二人**
・ぬるま湯にいる状態	・一度別れても復縁する	・要求が大きくなりそう	・改めて交際する
・はっきりしない関係	・共通点が絆を深める	・損得がかみ合えば成就	・心を開いてもらえる
・覚悟や決断ができない	・相手を優先すれば成就	・保護し保護される関係	・また一からやり直す
・一応は付き合っていく	・お互いに敬意があれば吉	・依存状態で交際が続く	・思いがけず復縁できる
・妥協しながらの交際	・一からやり直す	・考えなしに付き合う	・長いトンネルを抜ける
・愛憎の沼にとらわれる	・将来のことを約束する	・責任を押し付け合う	・ようやく本音で話せる
・結婚が現実化しにくい	・結婚や出産の可能性あり	・困ったときは助け合う	・周りも認める仲になる
・転職活動で疲れてしまう	・転職は身内の理解が必要	・転職は会社の事情次第	・転職で可能性が広がる
・誘われての起業は失敗	・復職や職場復帰は吉	・独立で実力不足を知る	・起業のノウハウを学ぼう
・正社員になるのは少し先	・起業するならチームで	・コンサルを信用しないで	・独立や異動などは吉
・辞める決心がつかない	・予定が未定になりそう	・待っていても成功しない	・グローバルな視点が重要
・状況に振り回されそう	・ひいきや差別は避けよう	・上の意見を取り入れよう	・過去の経緯が明らかに
・プロジェクトが終了する	・部下や同僚を守るべし	・過小評価されそう	・外部の意見も聞こう
・論点がぶれないように	・謙虚に受け入れよう	・もっとアピールが必要	・お蔵入りの案件が復活
・着地点を共有するべき	・保留の案件を再考して	・目標は高めに設定を	・以前はダメでも今はOK
・長い物には巻かれろ	・昔の企画が再始動する	・良いものは良いと認めて	・想定と実際が相当違う
・関係者との交流も大事	・義務から解放される	・もっと人と向き合おう	・ふたを開けてから対処を
・おこぼれにあずかる	・貯金を維持できる	・カモにされないように	・金庫や口座の防犯対策を
・自由にできるお金がない	・収入に恵まれそう	・助成金等を申請しよう	・個人情報を漏らさないで
・月ごとの支払いが増加	・解約等で払い戻しがある	・援助してもらえそう	・物を整理して売ると吉
・貸した物が返らない	・融資などの審査が通る	・救済措置が適用される	・不正をすると暴かれる
・おすすめ品を買い過ぎる	・家族のための買い物を	・背伸びしての出費はNG	・盗難に用心すること
・共感することが重要	・お互いを思いやろう	・困っている人を助けよう	・安全な場所を確保して
・無駄な抵抗はしないで	・家族のわだかまりを解消	・もらえるものはもらおう	・引きこもらず外出を
・穏やかに身を任せよう	・家にこもらず外出しよう	・手放して身軽になろう	・掘り出し物が見つかる
・入浴等で身を清めると吉	・音信不通の人との再会	・偽りなく自分を見せて	・プレゼント攻勢が有効
・人に温かく接すること	・三人で助け合いを	・リゾート地がおすすめ	・生まれ変わったつもりで

その他のシンボル　**遠くの山**　気難しい人　壁がある　ハードな仕事　審査に通らない　試練を乗り越える

 力(逆)p.52

21 世界

守護者たちが見守る中で、
ついにあなたの世界が完成する。
そして、新たな旅がまた始まる。

逆位置

The World

基本の物語

やや縦長の輪の中央に、バトンを持った女性がいます。その輪は、女性を生み出す卵のようにも見えます。『旧約聖書』に登場する守護者が四隅にいるのは、10番の「運命の輪」と同じです。相違点は、中心に人物がいること。ここまでの道のりの中で少しずつ運命を受け入れ、一つ前の「審判」では過去の罪や徳を再認識しました。そしてようやく、自分の世界を完成させた姿なのです。

大アルカナの最後を飾るこのカードは、ゴールへの到達を表します。さらなる進化を望むとき、女性を囲む輪は0となり、0番の「愚者」へと回帰して、また新たな旅が始まります。

逆位置を読むポイント

正位置では、四隅の守護者がそれぞれの位置にバランスよく収まっているように見えますが、逆位置では、それが崩れてきます。他に比べて大きく描かれた獅子が目立ってくるからです。正位置が、環境や協力者に支えられた完成を表すなら、逆位置は、声高に訴えて成功を勝ち取るイメージに近いでしょう。

輪の中央で踊る女性も、逆位置ではやや不安定な印象を与えます。最高のフィナーレを迎えて歓喜に浸るというよりは、早々に次の舞台へ移ろうとしているかのようです。

世界に描かれたシンボル

・左上の天使・

左上という位置は過去の記憶を表します。この天使は聖マタイ、水瓶座、四元素のうちの「風」、剣《ソード》の象徴です。特にお金に関することで、共にビジネスをする人や、イノベーションを起こす人との縁がありそうです。

・輪の中の女性・

この女性は、完全な人格、理想像、最高の状態、成功と至福を表します。裸体は自然体の象徴ですが、神秘的な色とされる紫の布で隠された部分もあります。全てをさらけ出しているのではなく、重要なことは秘めているのです。

・リボンの付いた輪・

輪は枠組み、完成、大団円、グローバルな環境を表します。輪が閉じているので、循環する時間の中での完結と再開、移動と回帰なども含んでいます。二つの赤いリボンは、二度祝福され、絆を結び直すことを意味します。

・左下の牡牛・

左下という位置は過去の現実的な努力を表します。この牡牛は聖ルカ、牡牛座、四元素のうちの「土」、金貨《ペンタクル》の象徴です。特に健康や芸術の分野で、地道な活動を続けて確実に結果を残していくと、協力者に恵まれます。

・右上の鷲・

右上という位置は未来を夢見る気持ちを表します。この鷲は聖ヨハネ、蠍座（一説によると蠍が変容して鷲になる）、四元素のうちの「水」、杯《カップ》の象徴です。恋愛のパートナー、友達、絆を結ぶ相手が現れるでしょう。

・青い空・

青い空は、願望成就や自己実現というドラマの背景となっているだけでなく、それを見守る守護者たちの居場所にもなっています。これは、完成に向けての準備が整っていること、邪魔するものがないことを示しています。

・両手のバトン・

女性が両手で操る二つのバトンは、相反する物事の統合や、二つの事柄の両立または制御を意味します。白い色は、エゴや欲望が介在しないピュアな状態であること、常識にとらわれないこと、純粋な喜びを表します。

・右下の獅子・

右下という位置は未来へ向かう生命力を表します。この獅子は聖マルコ、獅子座、四元素のうちの「火」、棒《ワンド》の象徴です。特に集会や言葉に関することで、目的意識を持って行動すれば、応援してくれる人が増えるでしょう。

 杯の7(逆)p.196

世界を読むためのキーワード

	輪の中の女性	両手のバトン	リボンの付いた輪	青い空
恋愛	出会い ・理想的な相手との ・生涯の伴侶との ・余裕のある人との ・人格の優れた人との ・お見合いでの ・使命を果たした後の ・サウナやプール等での	出会い ・すでに相手がいる人との ・ダブルワークの人との ・中性的な人との ・欲のない人との ・2人の候補者との ・公私ともども関係のある ・サークル活動での	出会い ・世界で活躍する人との ・成功を収めた人との ・離婚歴のある人との ・異動・出張の多い人との ・海外関係が縁での ・成功者の集いでの ・結婚を前提とした	出会い ・相手を尊重する人との ・支援してくれる人との ・心の広い人との ・準備万端な人との ・アウトドアでの ・スムーズに進展する ・自分では気付かない
	相手の気持ち ・盛り上がりは最高潮 ・やり切った感はある ・十分に満足している ・親しき仲にも礼儀あり ・すべては見せられない ・次のステップに進もう ・最終的なゴールを模索中	相手の気持ち ・どっちつかずになる ・2人の間で迷っている ・仕事との両立が難しい ・価値観が合わないかも ・補い合うことはできそう ・今は距離をとりたい ・恋愛結婚が理想的	相手の気持ち ・盛り上がってきた ・よりを戻してもよい ・もっと絆を深めたい ・自己完結している ・思い通りになっている ・時間が解決してくれる ・そろそろ覚悟が決まる	相手の気持ち ・客観的に見ている ・冷静に考えている ・隠し事は何もない ・本音でぶつかりたい ・何事も受け止めたい ・執着から解放されたい ・自分では何もできない
	今後の二人 ・ようやく打ち解ける ・交際、婚約、結婚へ ・最終的には願いがかなう ・これ以上の進展はない ・他に気になる人が出現 ・そろそろ決着がつく ・納得のいく結果になる	今後の二人 ・なかなか会えない ・お互い自由に行動できる ・邪心があるとすれ違う ・三角関係になりそう ・ギブ&テイクで成就 ・ほどほどの距離感が吉 ・順調に進展する	今後の二人 ・同じことの繰り返し ・復縁してやり直す ・告白や婚約の成就 ・万全な状態で進展する ・和解して絆が強くなる ・遠くへ引っ越すことに ・ほれ直して幸せになる	今後の二人 ・行動なくして進展なし ・連絡があまりとれない ・サポートがあれば成就 ・現状から変化がない ・会う暇がなかなかない ・自然体で交際する ・周囲に支えられて結婚へ
仕事	・理想の転職先が決まる ・満を持して独立・起業を ・昇進や昇格が現実的に ・のびのびと活躍できる ・プロジェクトの完結 ・最良の結果が出せる ・次のミッションが決まる ・考え得る最高の状態に ・堂々と応対すればOK ・バランス感覚を大切に	・転職しても同じかも ・独立・起業は相棒が必要 ・二つの業務を同時進行 ・対立する物事の統合を ・パートナー選びが重要 ・企画は複数出す方がよい ・違う意見を参考にしよう ・エゴを出すと失敗する ・人を平等に扱うべし ・折衷案をまとめよう	・復帰または復職が吉 ・独立には計画が重要 ・一年を起業の準備に充当 ・異動や転勤の可能性あり ・タイミングを計ろう ・修正しつつ完成を目指す ・サイクルを意識しよう ・グローバルな視点が吉 ・目的を達成できそう ・最高のチームワーク	・紹介での転職なら吉 ・自力では独立できない ・休暇を有効に使おう ・協力者の存在が鍵 ・余計な物を抱えないで ・実力より環境が大切 ・和を重んじると成功する ・邪魔されないで済みそう ・終わったら次へ進もう ・サポート体制をつくろう
お金	・多くの利益が出せそう ・大きな買い物ができる ・収支のバランスが整う ・お金に困らないで済む ・稼げる仕組みができる	・リスクを分散させよう ・副業で稼ごう ・収入に合った支出を ・欲張ると損をしそう ・高リスク・高リターン	・契約前に金額の確認を ・残高がゼロになるかも ・昇給の可能性が高い ・予算内に収まりそう ・金額を見直すべき時期	・支援者に恵まれそう ・不要な物を買わないで ・利益は独り占めできる ・あまりお金にならない ・周りの人が潤うのは吉
行動のヒント	・自分らしさを全開に ・ベストを尽くせばOK ・ダンスや運動をしよう ・次のステージに進もう ・良い点が必ずある	・セカンドオピニオンを ・ひいきしないで公平に ・二つとも選べるはず ・つかず離れずがベスト ・ライバルと切磋琢磨を	・一度やり直すと成功する ・とにかく完結させよう ・丸く収めるのが無難 ・旅行や移動がおすすめ ・次のステージへ進もう	・手放すことがテーマ ・交通渋滞には遭わない ・みんなと出かけよう ・周囲の人に任せると吉 ・周りに引っ張ってもらう

左下の牡牛	右下の獅子	右上の鷲	左上の天使
出会い	**出会い**	**出会い**	**出会い**
・努力をいとわない人との	・うぬぼれる人との	・遠くに住む人との	・お金に細かい人との
・落ち着いた人との	・説得がうまい人との	・嫉妬深い人との	・人と平等に接する人との
・慎重な人との	・声が大きい人との	・不思議な人との	・自由な考えの人との
・グルメな人との	・自慢話をする人との	・人見知りする人との	・懐古趣味の人との
・春の時期の	・夏の時期の	・秋の時期の	・冬の時期の
・食事会での	・運動が縁での	・趣味の集まりでの	・交流会での
・粘り強い行動が実っての	・講演会やセミナーでの	・移動先や旅先での	・お金関係のセミナーでの
相手の気持ち	**相手の気持ち**	**相手の気持ち**	**相手の気持ち**
・時間をかけたい	・面白い人だと思う	・自分を変えたいと思う	・メリットを計算している
・まったく焦っていない	・みんなで盛り上がりたい	・信頼関係を築きたい	・友達感覚で付き合いたい
・過去のことを思い出す	・グイグイこられるのは嫌	・より深い関係になりたい	・元恋人と比べてしまう
・センスが合うかが大事	・プライドが傷ついた	・ハマれるか否かの瀬戸際	・お金に関して不満あり
・少し手応えを感じている	・軽蔑されたと感じている	・浮気は絶対に許さない	・堅苦しいのは敬遠したい
・真面目に向き合いたい	・会話がかみ合わない	・愛憎どちらも感じている	・連絡が適当になりがち
・結婚願望はある	・好きな気持ちはある	・どこまでも束縛したい	・束縛は良くないと思う
今後の二人	**今後の二人**	**今後の二人**	**今後の二人**
・進展がかなり遅い	・強引さが功を奏する	・いちずに思い続ける	・まだ本命になれない
・未練が断ち切れない	・繰り返し口説き落とす	・深い仲になる	・友達から進展していく
・反応が薄くて意欲が低下	・祝福されてうまくいく	・共依存の関係になりそう	・付き合うことはできる
・慎重に見極めることに	・意地を張って失敗する	・離れられない関係になる	・軽んじられているかも
・努力すれば交際に発展	・小さなことからけんかに	・駆け落ち同然の状態	・束縛しない自由恋愛に
・価値観が異なると破局	・DVやモラハラに注意を	・嫉妬に苦しめられるかも	・真面目過ぎは良くない
・結婚に向けて一歩前進	・連絡のトラブルが発生	・ストーカー行為はNG	・割り切って交際する
・復職や復帰にはよい	・転職は話術が鍵に	・転職は紹介者が必要	・転職には綿密な作戦を
・独立・起業は慎重に	・独立・起業では交渉が肝	・独立・起業は今ではない	・独立・起業は根付かない
・継続と忍耐が大事	・説得力が問われそう	・アドバイスをもらおう	・革新的な手法を試そう
・過去の経験が生かせる	・先々のことを考慮しよう	・信頼できる人と組もう	・きっちり戦略を立てよう
・着実に結果を出そう	・明確な連絡がポイント	・集中力を発揮できそう	・情報収集が明暗を分ける
・石橋をたたいて渡ろう	・他人の意見を尊重しよう	・こだわりは捨ててみよう	・最終的に利益を出そう
・視点や軸のぶれに注意	・打ち合わせでは譲歩を	・教わることで成長する	・風通しの良い環境が吉
・何事にも動じないで	・熱意ある態度が好評価	・スピードが求められる	・生産性の重視が大切
・保守的になり過ぎないで	・海外を視野に入れよう	・マンツーマンの指導が吉	・全員で目標の共有を
・実用的なツールを使おう	・言葉遣いは丁寧に	・自分を変えるチャンス	・柔軟な働き方をしよう
・通帳の残高を増やせそう	・欲張らないことが大事	・中途半端な賭けはダメ	・きっちり割り勘にしよう
・資金がないと動けない	・金額の交渉がうまくいく	・長期的な投資をしよう	・報酬を先に決めること
・相続や贈与の可能性あり	・接待・交際費が増えそう	・こだわりの品を売って	・予算の範囲内ならOK
・センスの良い物を買おう	・高品質であることが重要	・趣味につぎ込まないで	・費用対効果を重視して
・スポンサー運が上々	・輸入品や海外の物は吉	・安物買いの銭失い	・損して得を取る作戦で
・健康管理に気を配ると吉	・メールよりも通話を	・物事を俯瞰してみると吉	・マイノリティーに配慮を
・諦めない気持ちが大事	・過去とは決別しよう	・不誠実な人から離れよう	・斬新なアイデアが出る
・粘り強さが成功を招く	・自信を持ってもいい	・師弟愛の大切さを知る	・無駄な抵抗をしないで
・郷愁に浸るのもよし	・外国語に興味を持つと吉	・これから運気が上がる	・今の場所で最善を尽くす
・五感を使って楽しもう	・少し体を鍛えてみよう	・不義理を働かないこと	・社会貢献をしてみよう

 愚者(逆)p.20

COLUMN 2

正位置と逆位置

正位置とはカード本来の向き、逆位置とはカードが逆さまになった状態をいいます。

タロットカードの種類によっては、占って出たカードの向き、つまり正位置と逆位置を考慮しないものもありますが、この本で使う「ウェイト＝スミス・タロット」は、監修者ウェイトの解説書に従い、正位置と逆位置を区別するのが一般的です。とはいえ、ウェイトが所属していた秘密結社「黄金の夜明け団」では、正位置・逆位置を採用していないことを考えると、どちらでもよいのかもしれません。

正位置と逆位置を採用するなら、正逆両方の意味を覚えなければならないので、非常に大変だと思われる方もいるでしょう。さらに困惑することに、解説書や占い師によって、逆位置の扱いがまちまちなのです。正位置の意味の反対になる、それが過剰に出る、弱くなる、すでに過去になりつつある、まだ可能性に過ぎないなど、さまざまな解釈がなされています。また、周囲に出ているカードや相談者の状況から総合的に判断するのがよい、などと書かれていることもあります。これでは混乱しますよね。

たとえば、転職を占って「愚者」が出たら、正位置だと「気楽に探そう」というような意味になるかと思いますが、逆位置だと「真面目に探そう」「気を抜き過ぎないで」「もう少し気楽に」「そろそろ本腰を」など、多数の解釈ができてしまうのです。

要するに、一枚のカードの逆位置に特定の意味を付与しようとすると、どうしても話がややこしくなるのです。

その点、この本でのスタンスは明確で、正逆でカードの意味は変わらず、カードを見ている人の視点だけが変わるという立場です。絵を鑑賞して気になるシンボルを選ぶスタイルなので、逆位置であっても、絵を逆さにしたまま、正位置と同じように気になるシンボルを探せばいいのです。

正位置と逆位置では絵の見え方が異なるので、ピックアップするシンボルもおのずと変わってきます。正逆どちらも、各シンボルの表す内容は変わりませんが、見え方が変わることで、占いの結果が変わるのです。

TAROT
READING
BOOK

第2章

棒《ワンド》

Wands

 棒の6(逆)p.132

「棒《ワンド》」の意味とカードの流れ

「棒」は四元素のうち「火」に相当する

小アルカナの「棒」は、四元素(火・水・風・土)のうち「火」の要素を表します。「ワンド」のほか、「バトン」「ステイブ」などと呼ばれることもあります。火との結び付きについては、先端に火をともす、長いたいまつのようなものをイメージすると分かりやすいでしょう。つまり棒は、燃えるエネルギーであり、やる気と情熱、活力と積極性の象徴です。火花のようにひらめく直感や、全てを焼き尽くすような怒りなども表します。食べ物にたとえると熱々でスパイシーなもの、音楽なら激しいロックやメタル、絵画なら原色を荒々しく塗りたくった油彩画でしょうか。

14枚のカードのストーリー

A《エース》(1)から10までの流れを見ていきましょう。

Aは、これから火をつけるという強い意志を感じさせます。2では、自分の内部の意志だけでなく外へ向かう野望の柱を打ち立て、3では社会の中で実際に冒険をすることになります。4で自分たちの領地を安定させるために力を注ぎますが、5では仲間内で摩擦が発生します。6では集団を率いるリーダーが決まり、7ではその地位を維持するための戦いが始まります。8ではガラリと風向きが変わり、9では不利な状況から自分を守らねばなりません。そして最後の10では、重責を一人で負ってさらなる前進を試みます。

人物札(コートカード)についても順番に見ていきましょう。未来に向けて意思表示をしたペイジ(見習い騎士)は、やがてエネルギッシュに行動するナイト(騎士)になり、いずれは堂々たるクイーン(女王)に、さらには人々を鼓舞するキング(王)になります。そんな流れを感じてみてください。

「火」のポジティブな側面を使うことが大切

棒のカードに象徴される火は、勢いと向上心による現状打破を意味する一方で、攻撃的な衝動のせいで孤立するリスクを表しています。私たち人類は、火を使いこなすことで、夜の闇や冬の寒さをしのぎ、敵となる動物を追い払い、さまざまなものを生み出すエネルギーを得てきました。しかし火には、自分や相手をやけどさせ、家や森を焼き尽くすという危険な一面もあります。棒のカードが出たら、火のポジティブな側面を上手に扱いたいですね。

棒のA。これから火をつけるという意志を表す。

棒の2。意志が発展し、外へと向かう野望となる。

棒の3。野望が発展し、社会の中で冒険をする。

棒の4。冒険の結果、領地を得て安定する。

棒の5。4で安定したものの、摩擦が生じる。

棒の6。摩擦が収まり、リーダーが決まる。

棒の7。リーダーの座を巡り、争いが始まる。

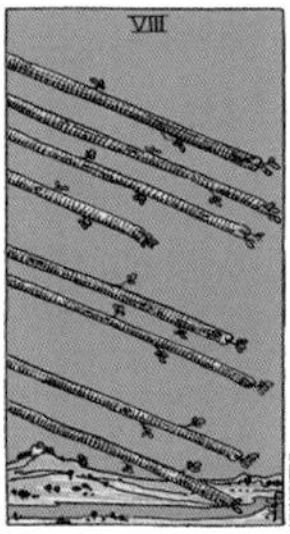

棒の8。状況が急変し、別の場面に移っていく。

棒の9。不利な状況から自分を守る。

棒の10。重責を一人で抱えて前進を試みる。

棒のペイジ。未来に向けて前進することを決意。

棒のナイト。エネルギッシュに行動する。

棒のクイーン。肝が据わり、堂々としている。

棒のキング。人々を鼓舞し、導いていく。

 棒の10(正)p.148

棒《ワンド》のA《エース》

棒を握るのは神の手か?
創造のエネルギーがほとばしり、
すぐさま結果が芽吹きはじめる。

逆位置

基本の物語

Aのカードには全て、白く輝く神または天使の手が登場します。このカードでは、一本の棒が輝く手によって真っすぐに掲げられています。

この棒は、情熱の炎をともす燃料のようなもの。まさに火がともされようとするこの場面は、創造への意志、冒険、プロジェクトの開始、新しい生命やアイデアの誕生を表しています。

小アルカナは四種のスートからなり、棒(ワンド)から始まります。その意味で棒のAは、スタートに最もふさわしいカードでしょう。次の「棒の2」では、早くも成果を上げた人物が描かれていることから、ロケットスタートとその成果を示すカードでもあります。

逆位置を読むポイント

正位置では、棒を握る手に目が行きますが、逆位置では、握られた棒の方が目立ってきます。これはおそらく、棒の柄より先端の方が太くなっているため、その部分が目に入りやすいからでしょう。手に握られた部分から白熱するエネルギーが湧き上がって創造が始まり、先端の太い部分では芽が吹き、すでにその結果が出はじめているのです。言い換えれば、正位置では物事の始まりと目的意識に焦点が当たっているのに対して、逆位置では開始後の成果や今後の可能性に焦点が当たっているわけです。

棒のAに描かれたシンボル

・掲げられた棒・

三つの芽に合計十枚の若葉が付いている一方で、八枚の葉が散ろうとしています。これは活発な新陳代謝と新旧の交代を表します。葉の数からして、新しい物事が生まれる勢いの方が強く、創造力と生命力の旺盛さを表します。

・灰色の空・

棒に暗示される情熱、意欲、創造力、チャレンジ精神や目的意識などが善でも悪でもなく、倫理や感情に縛られないことを示します。それらは、ただ生起するのみ。自由で能動的な力が、現実を動かしていくでしょう。

・光を放つ白い手・

神を思わせるこの手は、人間には制御できない世界の秩序、宿命、必然性を表します。光は、誰の目にも明らかであることを、白は、純粋で絶対的であることを、棒を握る手は、パワーがみなぎっていることを示しています。

・湧き上がる雲・

カードの右側は一般に未来を表し、そこに雲が浮かんでいます。これは、経験や知識ではなく、直感や想像によって未来のビジョンが決まる暗示です。雲はあいまいさの象徴なので、計画はまだ漠然としているようです。

・遠くの城・

丘の向こうの立派な城は、この地域を代表する建造物でしょう。著名人宅や大企業の社屋のようなものです。遠くにあることから、間接的なサポートが得られるか、新しい挑戦をする際の参考になることなどを意味します。

・三本の木・

三本とも川の手前に立っていることから、新たな挑戦をする前段階にいることを意味します。寄り添い合う右の二本はパートナーとの二人三脚を、離れている左の一本は単独行動をする意志が必要なことを表しています。

・黄緑色の丘・

黄色の平野部から黄緑色の丘へのグラデーションは、豊かさを基盤とした心のゆとりと、それがあって初めて登り坂に挑戦できることを意味します。過去を示す左側が盛り上がっているので、最初に一山越える必要があります。

・遠くの紫の山・

山は障壁を意味します。遠くにあるのか、標高が低いのか、今はまだ圧力を感じません。「棒の２」にもこの山並みが続き、木々と館が増え、山は高くなっています。成功する一方で困難が増していくことが暗示されています。

・流れる川・

穏やかに流れる川は、緩やかな時間の流れを示します。棒を握る手からは力と意欲が感じられますが、物事の進展はゆっくりかも。流れが蛇行していますから、最初からダッシュせずに、余裕を持って走りはじめるとよいでしょう。

 棒のナイト（逆）p.156

棒のAを読むためのキーワード

	掲げられた棒	光を放つ白い手	湧き上がる雲	黄緑色の丘
恋愛	出会い	出会い	出会い	出会い
	・若々しい相手との	・力が強い人との	・得体の知れない人との	・人見知りの人との
	・切り替えの早い人との	・妥協しない人との	・振り回す人との	・朗らかな人との
	・情熱的な人との	・目立つ人との	・約束を守らない人との	・やや高飛車な人との
	・行動力のある人との	・自信満々な人との	・知人と似ている人との	・健康志向の人との
	・直球で誘われての	・特殊な人が集う場での	・SNS上での	・アウトドアでの
	・一目ぼれによる	・招待された席での	・不思議なつながりでの	・第一印象が悪い
	・急な飲み会での	・急きょ参加した会での	・偶然の	・別れていない状態での
	相手の気持ち	相手の気持ち	相手の気持ち	相手の気持ち
	・お近づきになりたい	・すぐに返事が欲しい	・将来が不安	・ピンときていない
	・体の関係を求めている	・覚悟は決めている	・勇気が持てない	・思ったより合わない
	・すぐにでも口説きたい	・思い通りに誘えそう	・聞きたいことがある	・慎重になっている
	・もう我慢できない	・強くリードしたい	・信頼し切れていない	・重い恋は遠慮したい
	・自慢話を聞いてほしい	・予定を合わせてほしい	・うわさが気になる	・時間がかかりそう
	・前の相手を忘れたい	・妥協は一切しない	・誤解を解きたい	・楽しければそれでいい
	・考えるより行動したい	・前向きに考えている	・雲隠れしたい	・面白いことがない
	今後の二人	今後の二人	今後の二人	今後の二人
	・交際のスタート	・つかまえて離さない	・予断を許さない	・最初は壁にぶち当たる
	・急激に盛り上がる	・束縛が厳しくなる	・あいまいな関係に	・進展するまでは我慢
	・イライラして衝突する	・やり直すことに	・雲行きが怪しくなる	・交際が始まればスムーズ
	・暴力が問題になる	・進展が早い	・決断ができない	・将来について考える
	・すぐに冷めてしまう	・しっかりと向き合う	・将来について話す	・障害を乗り越えられる
	・突然付き合うことに	・強情を張るとけんかに	・連絡が途絶える	・苦労の上に信頼を重ねる
	・電撃的に婚約する	・刺激的な日々を送る	・仕切り直しをすると吉	・どんなときも笑顔でいる
仕事	・転職に最善の時期	・転職先がすぐに見つかる	・転職情報がつかめない	・今は転職の時期でない
	・起業後のリスクの考慮を	・独立や起業はうまくいく	・独立や起業は様子見で	・事業計画を立てよう
	・独立の意思表示を	・成功をつかむ	・作戦通りにはいかない	・挫折しそうになる
	・新しい挑戦は吉	・やりたい仕事ができる	・他にも方法はある	・スタート時が最も大変
	・情熱に火をつけて	・かなりの体力が必要	・情報が当てにならない	・高いハードルに挑戦を
	・直感とひらめきを優先	・リーダーシップの発揮を	・煙に巻かれないように	・平和的に話し合おう
	・第一歩を踏み出すべし	・立て直しを図ろう	・意見が一致しない	・向上心を持とう
	・新たな人材の獲得を	・下剋上が可能になる	・フレキシブルな対応を	・派手なことはしないで
	・一点集中で勝負を	・やるべきことに集中を	・無理に決めるのはダメ	・万全を期して臨もう
	・ハラスメントに注意	・企画の立ち上げは吉	・面倒な人は相手にしない	・もめ事が収まる
お金	・自己投資の時期	・昇給を狙えるかも	・賭け事の予想は外れる	・まずは資金集めを
	・あれこれと手を出さない	・さらに利益を上げられる	・買う前によく調べて	・株価の上昇に注目を
	・本業に熱を注ぐべき	・貯金に手をつけないで	・高リスク・高リターン	・使うなら貯金してから
	・熱意あれば援助あり	・迷ったら買ってみる	・キャッシュレスがお得	・予算は多めに確保を
	・強気の商談や交渉を	・好条件をつかみ取って	・ぼったくりに注意	・逃した好機は戻らない
行動のヒント	・熱中できることをやろう	・主導権を握るべき	・先のことは分からない	・急な坂に注意
	・みんなに見てもらおう	・何かが始まりそう	・クラウドの活用を	・最初はキツいが後は楽
	・多少は強引でもいい	・行動すれば祝福される	・予定が変更になる	・健康に配慮を
	・野球などスポーツは吉	・自分しかできないことを	・時間の幅を持たせて	・何より鍛練が重要
	・周りを元気づけよう	・希望を手放さないで	・ひらめきに従おう	・苦しくてもにこやかに

その他のシンボル　**灰色の空**　心が読めない人　あいまいな関係　矛盾は解消できない　臨機応変に対応する

流れる川	三本の木	遠くの城	遠くの紫の山
出会い	**出会い**	**出会い**	**出会い**
・マイペースな人との	・決断の遅い人との	・憧れの人との	・壁を感じさせる人との
・穏やかな人との	・弱腰な人との	・有名な人との	・仕事関係者との
・優柔不断な人との	・同業者との	・めったに会えない人との	・気難しい人との
・優しい人との	・地元を離れない人との	・裕福な人との	・遠距離の人との
・少し遠出したときの	・人生の転機での	・公の場所での	・少し緊張する場での
・県や市区町村の境での	・親切な紹介での	・観光地での	・気軽に入れない店での
・友達が集まる場での	・家や職場の近くでの	・高層ビル内での	・なかなか実らない
相手の気持ち	**相手の気持ち**	**相手の気持ち**	**相手の気持ち**
・慎重な姿勢	・まだ距離がある	・あまり注目していない	・心理的に距離がある
・全く焦っていない	・二人きりだと緊張する	・自宅でデートしたい	・よそよそしさを感じる
・つかず離れずがよい	・親しみを感じる	・さほど仲良くなれない	・乗り気ではない
・気持ちが変わってきた	・深く踏み込めない	・釣り合わないと思う	・これから親しくなる
・時間をかけたい	・まだ遊んでいたい	・特別扱いされたい	・連絡がかみ合わない
・決断から逃げている	・前の恋を清算していない	・自らアプローチしない	・恋愛する余裕がない
・情に流されている	・共通の話題が欲しい	・同棲してもよい	・心が通じ合わない
今後の二人	**今後の二人**	**今後の二人**	**今後の二人**
・徐々に進展する	・紹介者の力が必要	・上から目線で問題発生	・一線を越えられない
・途中で離れていく	・いい線までいく	・しばらく距離を置く	・心理的な壁が消えない
・腐れ縁になる	・勇気が出せずに停滞	・高い理想が不満の元凶	・邪魔が入って停滞する
・不満はないが刺激もない	・覚悟ができれば進展	・遠距離恋愛になる	・気持ちが盛り上がらない
・時間をかけて愛を育む	・外部のお節介を排除して	・一緒に住み始める	・結婚への課題を克服
・事なかれ主義になる	・越えるべき障害がある	・家族の問題が発覚	・連絡が滞りがち
・結婚には至らない	・会えそうで会えない	・地元に帰ることに	・物理的に離れることに
・転職より残留を	・転職の準備ができない	・転職なら有名企業へ	・転職にはハードルあり
・独立後に出戻るかも	・独立には支援が必要	・起業や独立は延期を	・独立して厳しさを知る
・惰性で続けてはダメ	・プロジェクトが難航	・理想は高い方がよい	・起業するなら覚悟を
・環境が変わる可能性あり	・突破するのが困難	・たゆまぬ努力が実る	・周囲の理解が得られない
・遅々として進まない	・冒険より着実な前進を	・幹部に呼び出される	・協力者が現れない
・慌てなくても間に合う	・専門分野を大切に	・知名度が重視される	・先方から圧力を受ける
・長期計画を立てて	・二人三脚で進めよう	・現場の願いは反映されず	・企画や要望が拒まれる
・抵抗しても変化なし	・監視して不正を防ぐ	・勝負には実績が必要	・結果はこれから出る
・波風を立てないこと	・助け合いで孤立を防ぐ	・経営者的な思考が吉	・現実の厳しさから学ぶ
・じっくり取り組もう	・次へ進む準備をしよう	・長期的な展望を持とう	・厳しい評価が下される
・安定収入を守ろう	・援助してもらえそう	・不動産運あり	・相場に変動なし
・時間をつくって副業を	・知人に救われるかも	・しっかりと貯金を	・資金がたまらない
・買い物は無難な物を	・ギャンブルはNG	・富裕層との取引を	・地味に出費が多くなる
・義理からの出費はダメ	・身の丈に合った生活を	・実家からの援助あり	・支援を受けられない
・趣味の出費は細く長く	・困ったら各所に相談を	・資金があれば成功する	・使えるお金が少ない
・自分のペースで	・安心できる場所へ	・地元に良縁あり	・見晴らしのいい場所へ
・寄り道して宝を発見	・信用できる人を頼ろう	・高級なホテルや旅館へ	・有酸素運動をしよう
・やり遂げることが重要	・趣味から交流が生まれる	・実家や親戚を訪ねよう	・時間をかける方が吉
・長きにわたる友情が吉	・たまには家族に連絡を	・見晴らしの良い建物が吉	・ストイックさが鍵
・気持ちは常に穏やかに	・水害に注意を	・自宅を掃除しよう	・今なら壁を越えられる

星(逆)p.88

棒《ワンド》の2

小さな成功では満たされぬ王が、
さらなる領土拡大を夢見て
新天地への進出を企てる。

逆位置

Two of Wands

基本の物語

とりでに立つ王らしき人物が、手に入れた世界を表す地球を右手に、強い意志を表す棒を左手に持って、自分の王国を眺めています。この王は現状に満足できず、海の向こうの新天地に思いを馳せているのです。

前のカードの「棒のA」が冒険の始まりだとしたら、次の段階で、早くも成功をつかんだわけです。このカードは伝統的に、富や財産を表すとも、悲観や苦悩を表すともいわれてきました。だとするとこの人物は、世界を手に入れながら病に倒れたアレキサンダー大王のように、栄光と悲哀を知る王なのかもしれません。次の「棒の3」では、征服した新天地から自分の陣地に帰還した様子が描かれます。

逆位置を読むポイント

正位置では、どっしりとした棒や右手の地球に目を引かれます。それは、現実の世界で手に入れたものの存在感や野望の重さを表します。

しかし逆位置では、今まさに棒を振るう直前という、動的な側面が見えてきます。手に載せた地球も球技のボールのようで、真剣ではあるけれど軽快さも感じられます。

自分が手にしたものを振り返り、次の一歩がなかなか踏み出せない正位置に対して、軽やかに次の舞台へと進んでいくのが逆位置なのです。

棒の2に描かれたシンボル

・右手の地球・

右手は積極性の象徴。自らの手で地球をつかみ取ったわけです。この地球は、自分の居場所、成果、活動範囲です。その地球と海の向こうとを見比べているのは、得たものが思ったほど大きくないと気付いたことを意味します。

・赤い帽子の人物・

過去を意味する左を向いているのは、これまでの実績を振り返っていることを意味します。赤い帽子は野心、深い思索、積極的な決断を、茶色いマントは責任の重さを表します。野望と重責のはざまにいるような状態です。

・灰色の空・

重苦しい雰囲気、パッとしない状況、気分が晴れないことを表します。空に届きそうな二本の棒は、二者択一での迷い、パートナーがいないことへの不安、白黒がつけられない葛藤など、「2」から想起される物事を意味します。

・左手の棒・

左手は受動性の、棒は情熱の象徴なので、熱意を渡されること、つまり誰かに刺激を受けるか背中を押されることを意味します。なんらかの課題を継承した可能性も。一段高いところに棒を突いているのは向上心の表れです。

・右側の棒・

右側は未来を、棒は情熱を表します。棒が固定されているので、今後の取り組みがすでに決まっていることを意味します。あるいは、課題がたまっている、締め切りが迫っている、パートナーが待っているとも解釈できます。

・海と海岸・

穏やかな海と草の生えた海岸は、平和で満ち足りた生活や心境を表します。ただ、このカードの人物は、そんな日常に飽き足らず、海の向こうの新天地を目指して船を出すでしょう。でも、今はまだ動きが見られません。

・紫と水色の山・

切り立った紫の峰となだらかな水色の稜線のコントラストは、急にハードルが上がることや、苦楽の落差が激しいことを表します。人里に近い水色の山は、間に入ること、途中であること、リハビリ、クールダウンを意味します。

・壁面の紋章・

ユリは純粋な思考、バラは情熱と欲望の象徴。両者が十字で結ばれているのは、燃える野心、大胆な戦略、または無垢な者が犠牲の血を流すとも解釈できます。城の屋上にあるので、頂点に立つことや視野の広さを表します。

・灰色の地面・

ここは城の屋上で、この地面は、自分が築き上げてきた物事や環境を意味します。それが味気ない灰色なのは、自分の得たものが取るに足らない、つまらないものだと気付いたからでしょう。安定していて、刺激がない状態です。

・家・塔・森・

赤い屋根の家や塔は、領主などの邸宅のようです。豊かな森は、ぜいたくな生活や多くの利益などを表します。家のデザインが異なり、密集していないのは、個々の尊重、相互に干渉しないこと、距離をとることを意味します。

 剣の2(正)p.236

棒の2を読むためのキーワード

	赤い帽子の人物	右手の地球	左手の棒	右側の棒
恋愛	出会い ・野望のある人との ・責任感のある人との ・家業を継ぐ人との ・過去にすがる人との ・結婚相談所での ・自分が主催する会での ・同窓会や偲ぶ会での	出会い ・積極的な人との ・家庭のある人との ・世界を股にかける人との ・経営者との ・出張先や旅先での ・各国料理の店での ・よく行く場所での	出会い ・向上心のある人との ・恋愛は受け身な人との ・責任感が強い人との ・やや無理をする人との ・紹介での ・友達から始まる ・結婚が前提の	出会い ・忙しい人との ・将来像が明確な人との ・融通がきかない人との ・予定調和を好む人との ・会員制の店での ・招待された席上での ・断れない紹介での
	相手の気持ち ・どうするか考えている ・過去を断ち切れない ・他の事で忙しい ・こちらを見ていない ・付き合うなら結婚へ ・重く捉え過ぎている ・中途半端は嫌だ	相手の気持ち ・他の人と比べている ・出身が気になる ・あなたを支配したい ・自分の事を優先したい ・趣味が合うか観察中 ・自分をよく見せたい ・窮屈さを感じている	相手の気持ち ・まんざらでもない ・自分からは行動しない ・好きな気持ちはある ・背伸びしてしまう ・コンプレックスがある ・自分をよく見せたい ・あなたが過大評価しがち	相手の気持ち ・なんとなくつまらない ・束縛されたくない ・仕方なく付き合う ・年齢がネック ・将来の事を話し合おう ・結婚を焦っている ・忙しくて会えない
	今後の二人 ・交際にこぎつける ・積極的な行動で成就へ ・責任の重さを感じる ・夢は諦めることに ・初心に返ってやり直す ・将来の事を考える ・結婚のプレッシャー	今後の二人 ・活動拠点が異なり困る ・遠距離恋愛の可能性 ・どうにか丸く収まる ・一方の都合に合わせる ・海外への移動もあり ・世界観の違いに戸惑う ・一方が家庭に入る	今後の二人 ・焦り過ぎると失敗する ・告白する勇気が出ない ・自然体になれない ・体の関係で終わる ・誰かの支えが必要に ・交際後に好きになる ・ほれた方が苦労する	今後の二人 ・期限を決めると進展 ・情熱のあるうちに告白を ・実は決まった相手がいた ・自由が制限される交際 ・拘束が厳しくなる ・そろそろ結論が出る ・結婚まで秒読み
仕事	・転職は経験重視で ・復職・復帰もおすすめ ・キャリアを振り返ろう ・意識的に確認作業を ・歴史の重みを背負う ・年長者を尊重しよう ・誰かのミスをフォロー ・責任を引き受ける ・野心を忘れずに ・実績を鼻にかけないで	・転職なら大きな挑戦を ・独立のチャンス ・外資系企業と縁あり ・貿易や文化交流が吉 ・経緯をまとめておこう ・環境に配慮する動きを ・グローバルな視点を ・経歴をアピールしよう ・世界情勢の把握を ・失敗をカバーするべし	・転職より昇格狙いで ・独立すると稼ぎが減る ・起業は資本金次第 ・安定した環境が必要 ・引き継ぎを大切に ・熱意が大前提 ・物事の支えになる ・他人の土台を活用する ・反発せずに受け止めて ・目標の再設定を	・転職なら急いで ・独立を止められる ・計画が保留になる ・締め切りや納期が迫る ・再スタートを切って ・一段落する ・次の目標を掲げて ・情熱がぶれないように ・人に口出しさせないで ・新しい人と組もう
お金	・うまく見切りを付けよう ・借金やローンはやめて ・負債への対応が急務 ・付き合いでは買わない ・行動しないと金運停滞	・購入した物の確認を ・目標額まで貯金を ・買うなら海外の物を ・元手を有効に使おう ・個性がビジネスになる	・利益がやる気に直結 ・事業の譲渡は負債次第 ・交渉には勢いが必要 ・良い物にはお金を出す ・本業に集中すると吉	・保険料などの見直しを ・投資は初志貫徹で ・新たな稼ぎ先を探そう ・共同でのビジネスは吉 ・欲しかった物を買う
行動のヒント	・反省して今後に生かす ・一生懸命考えよう ・受け継ぐべき物を守る ・物事の責任を持とう ・歴史と伝統に敬意を	・世界を広げてみよう ・独自の世界観を大事に ・地球に優しい活動を ・スケールアップを ・さらなる野望を持って	・情熱の炎を保つべし ・目標を明確にしよう ・真っすぐな姿勢が吉 ・一貫した意志を持とう ・高めのヒールを履こう	・動じない人に学ぼう ・干渉されてもスルーで ・こもってやり切ろう ・意欲のコントロールを ・傘を忘れないように

その他のシンボル　**灰色の空**　心が読めない人　あいまいな関係　矛盾が残る　臨機応変な対応は吉

紫と水色の山	海と海岸	家・塔・森	壁面の紋章
出会い	出会い	出会い	出会い
・感情の波がある人との	・穏やかな人との	・個性的な人との	・冷静で情熱的な人との
・厳しい表情の人との	・物足りない人との	・裕福な家の人との	・特別な境遇の人との
・困難な状況下の人との	・心の広い人との	・自立した人との	・成功している人との
・仕事が忙しい人との	・サーファーとの	・他人に興味のない人との	・不思議な魅力の人との
・仲介者がいる	・海沿いでの	・キャンプやBBQでの	・華やかな集いでの
・まとまらない合コンでの	・風のない日の	・異業種交流会での	・結婚相談所での
・なかなか出会えない	・身近な出会いを見逃す	・自然の中での	・宗教関係での
相手の気持ち	相手の気持ち	相手の気持ち	相手の気持ち
・葛藤している	・友達としてなじむ	・自由に動きたい	・強く惹かれている
・遠いのが難点	・まずは仲良くなろう	・お互いを尊重しよう	・相性が良さそう
・気持ちが付いていかない	・優しい言葉をかけたい	・連絡はしたいときだけ	・運命を感じる
・課題が大きい	・やや退屈している	・恋愛を強く求めていない	・ドラマが起こるかも
・プライドに邪魔される	・普通の恋はつまらない	・価値観が合わないとダメ	・別れの予感がする
・忙しくて会えない	・理想はもっと高い	・自宅には呼ばない	・犠牲を払っても一緒に
・結婚する気がない	・自分のことを優先する	・約束はできない	・良い作戦を考えている
今後の二人	今後の二人	今後の二人	今後の二人
・三角関係になる	・刺激の足りない交際	・距離を置いたまま	・初めての交際に至る
・障害を越えられない	・穏やかに絆を結ぶ	・込み入った関係になる	・幸せの頂点に達する
・遠距離恋愛になる	・長い付き合いになる	・深くは立ち入れない	・互いに多くを求める
・邪魔が入り進展しない	・平和過ぎて進展がない	・デートは充実する	・理想を追い過ぎて破綻
・第三者の仲介で成就	・告白なく一緒にいる	・秘密を共有すれば進展	・支え合えばうまくいく
・不倫を解消できない	・マンネリ気味になる	・同棲や婚約を避ける	・最高のカップルになる
・感情的になって衝突する	・結婚までの道は遠い	・別居婚ならありかも	・祝福されて結婚する
・転職は困難な道になる	・理想の転職には時期尚早	・職を転々とすることに	・天職に就ける
・独立はまだ先かも	・起業や独立の構想を	・独立も起業も可能	・独立が関係を壊す
・キャリアアップを狙う	・挑戦は不発に終わる	・業界地図を把握して	・パートナーと起業を
・年功序列に阻まれる	・勢いがつかない	・情報は人から得よう	・多角的な視点が必要
・目の上のたんこぶがいる	・トラブルは収束する	・競合を意識し過ぎないで	・バランスを重視して
・ライバルと競おう	・計画がスタートしない	・個性はおのずと表れる	・純粋な情熱で訴えて
・さらに高みを目指そう	・対人関係は良好になる	・他者ともめないこと	・犠牲もやむなし
・今後の問題に備えよう	・落ち着いて仕事ができる	・自分のことに集中して	・直感と啓示がヒントに
・結果に手が届かない	・無難にまとめよう	・やりがいが出てくる	・やるなら頂点を目指す
・生意気にならないで	・先へ進めないストレス	・在宅ワークがおすすめ	・責任者を明確に
・急な出費があるかも	・受け取るお金は少額に	・もともと恵まれている	・資金提供を受けてもOK
・収入が安定しない	・収入に変化なし	・人と関わると出費が増	・良い企画には資金が必要
・見栄が浪費につながる	・あまりお金がかからない	自分の趣味に使うと吉	・収支のバランスが合う
・[illegible]になるよう[illegible]を	・目標金額に遠く及ばない	・身の丈に合う買い物を	・崇高な理念が支援を招く
・利益を搾取されるかも	・大金を投じないで	・都会より郊外が良い	・無知だと赤字になる
・障害があっても進もう	・境界がラッキーゾーン	・他人と比べないで	・好きなことの研究を
・一難去ってまた一難	・安全を優先して楽しむ	・健康に気を使って	・礼拝や儀式を大事に
・上には上がいる	・平和な時間を満喫して	・運動不足の解消を	・デザインを重視しよう
・感情の起伏を最小限に	・欲望に惑わされないで	・方法はいくらでもある	・秘密に触れるかも
・新たな挑戦が必要かも	・旅の計画を立てよう	・人と群れないほうが吉	・俯瞰して物事を見る

その他のシンボル　**灰色の地面** 堅物　変化のない日常　築き上げたものを大事に　保険や年金　地道な努力を

 金貨の5(正)p.308

棒《ワンド》の3

交易は成功か、失敗か?
船団をひたすら眺める商人は、
人事を尽くして天命を待つ。

逆位置

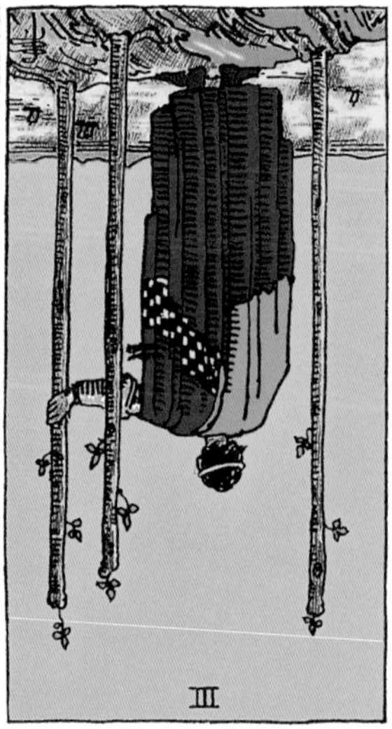

Three of Wands

基本の物語

後ろ向きの人物(商人)が、海上の船を眺めています。地面に突き立てられた三本の棒の一本を握りしめて。おそらく船団は彼のもので、これから旅立つのか、交易を終えて帰港したのか、どちらかのようです。

こちらを向いていないのは、交易の成果に気を取られているからでしょう。しかし、航海の安全と成功は風や海次第です。やることはやり、成功の兆しが見えてはいるけれど、結果が気になっている状態ともいえます。

「棒の2」で野望を成し遂げた人物は、それに飽き足らず、新天地を求めて船を出します。それは成功に終わるでしょう。次の「棒の4」で、新たな土地でも歓迎されているからです。

逆位置を読むポイント

逆位置では、人物の背中がやや物悲しく見えます。正位置のような、成功を確信した堂々たる風格はなりを潜め、交易が期待外れに終わったことに呆然としているかのようです。

また正位置では、人物の左右に立つ三本の棒から三位一体の結束が感じられましたが、逆位置では、一本だけぽつんと離れているように見えます。パートナー同士(二本)は協力し合えても、第三者(一本)の協力が得られなかったため、やや不満の残る結果になったのかもしれません。

棒の3 に描かれたシンボル

・ひもを巻いた頭部・

黄色の空の下で、黒髪がいっそう暗く見えます。失ったものや厳しかった過去が脳裏から離れないのです。そこに巻かれた光の輪のようなひもは、一筋の希望を表します。挫折や失敗を経て、成功の光が見えてきた状態です。

・黄色い空・

太陽の光で満たされた黄色い空は、明るい未来、楽観的なビジョン、手放しで喜ぶことなどを表します。空がカードの大部分を占めることから、前向きなエネルギーを大いに感じているはず。健康運や金運も好調です。

・三本の棒・

商人がつかんでいるのは一本だけ。自分の課題や役割が一つだけであることを意味します。残る二本は、協力者やチームを表します。棒は意欲の象徴。長さはほぼ同じですから、同じくらい情熱のある人が望ましいでしょう。

・黄緑色の布・

黄緑は自然、安全、豊かさの象徴で、その布を、受動性を表す左肩に掛けています。航海の無事は海(自然)に委ねるしかないこと、安全を祈ること、航海がもたらす結果や利益を待っていることを意味します。

・棒を握る腕・

商人なのに、よろいの腕当てを着けています。積極性を表す右腕なので、自分の手で富をつかもうとすること、けがをしないよう守りを固めることを示しています。ただ、手は素手なので、利益は直接握るつもりでしょう。

・赤いマントと靴・

赤いマントは意志と情熱を表します。競争社会で勝ち抜いてきたこと、今後も成功への野望と意欲を持ち続けることを意味します。靴も赤いので、自ら勝負に赴くこと、自分から行動することを表しています。

・黒と黄色の飾り布・

暖色や明るい色が多い絵の中で黒が際立ち、黄色との組み合わせとあいまって、警告を発しているかのようです。注意の喚起、監視、人目を引くことなどを表します。羽目を外したら、落とし穴が待っているのかもしれません。

・金色の海と船・

太陽の光に照らされた穏やかな海を船団が航行しています。この船団は、おそらく商人のものでしょう。展開は遅くても将来性のある商売、公正な交渉と提携、ライバルやリスクの少ない投資やビジネスなどを暗示しています。

・隆起した地面・

地面が隆起しており、草が生えている部分と生えていない部分があります。歩いてきた道が平坦ではなく、今なお安泰ではないことを物語ります。苦労を経て最高の位置に到達したものの、まだ油断できない状況にあります。

・遠くの山並み・

明るい未来と輝かしい成功をつかむには、もう一山越える必要があることを示しています。それができれば、次の段階へ進めるでしょう。遠くの山と商人が立つ丘が穏やかな内海を形成し、スムーズな航行を可能にしています。

 棒の3(逆)p.120

棒の3を読むためのキーワード

	ひもを巻いた頭部	棒を握る腕	黄緑色の布	黒と黄色の飾り布
恋愛 出会い	・暗い表情の人との ・経験豊かな人との ・動じない人との ・諦めの悪い人との ・何度目かの合コンでの ・照明の暗い店での ・顔出しなしのアプリでの	・念入りに備える人との ・積極的な人との ・体験重視の人との ・しっかり者との ・声を掛けられての ・祭りやフェスでの ・誘われた集まりでの	・受け身な人との ・信心深い人との ・恵まれている人との ・安心できる人との ・公園や自然の中での ・待ち合わせ中の ・向こうから連絡がくる	・注意深い人との ・自他に厳しい人との ・危険な相手との ・何かと目立つ人との ・事件や事故現場での ・後ろ暗い行いの後の ・災害時や非常時の
恋愛 相手の気持ち	・こちらを見ていない ・自分のことで精一杯 ・他の人が気になる ・つらいことがあった ・失恋を引きずっている ・これから始まる予感 ・一縷の望みを持つ	・やや警戒している ・直接会いたい ・自分中心で考える ・デートに誘いたい ・ぜひ親密になりたい ・責任は負いたくない ・連絡が多いのは嫌	・波風を立てたくない ・事なかれ主義の状態 ・成り行きに任せる ・穏やかな精神状態 ・自分からは近づかない ・消極的になっている ・まだ決められない	・近づかない方がよい ・気が合わないかも ・金銭感覚が違う ・深入りはしたくない ・注目してほしい ・付き合い切れない ・罠を仕掛けている
恋愛 今後の二人	・手探り状態になる ・知りたいことが聞けない ・一歩前進する ・問題あれども関係継続 ・仲直りする ・たまにしか会えない ・連絡が滞る	・ほとんど連絡しない ・確実に仲良くなる ・是が非でも付き合う ・行動することで成就 ・決して離さない ・束縛して浮気を防止 ・結婚に向けて準備する	・のらりくらりとかわされる ・なかなか告白できない ・様子見が続く ・なんとなく交際開始 ・穏やかな関係になる ・トラブルが解決する ・何不自由ない状態	・お金のトラブルが発生 ・真っ向から対立する ・刺激的な恋愛になる ・寂しさから救い出す ・共依存の関係になる ・危機が訪れる ・近づいたり離れたり
仕事	・転職は厳しいかも ・独立の時期ではない ・希望通りにはいかない ・訂正や修正をする羽目に ・雑事に追われそう ・角度を変えて見てみよう ・失敗から学ぼう ・自分の仕事に集中を ・苦労が明日の糧に ・面倒な人は避けるべし	・内定をつかみ取る ・独立·起業は慎重に ・リスクから身を守ろう ・直接交渉が功を奏する ・目標は具体的に ・手堅い進め方が吉 ・理論武装が不完全 ・保険を掛けておこう ・セキュリティーを万全に ・自分の手柄にできる	・転職はオファーを待って ・独立が保留になる ・上司に逆らわないで ・流れに身を任せよう ・今は動く時期ではない ・話し合いは穏便に ・安全第一で ・焦らずに結果を待とう ・平和的に解決しよう ・仕事を選ばずに受けて	・転職活動は一時停止を ・起業はリスクが高い ・警告を無視しないこと ・注意事項の徹底通達を ・反対意見を取り入れて ・メリハリをつけるべし ・性格の違う人と組んで ・意見の相違はそのままに ・危険な兆候に気付いて ・逃げるが勝ちかも
お金	・ようやく利益が出る ・ぜいたくはほどほどに ・節約して貯金しよう ・苦労のわりに益少なし ・最終的には黒字に	・自分で利益をつかもう ・得た物を奪われないで ・お金を手渡されそう ・リスクを冒すのはNG ・保険や補償が役立つ	・一部で利益が出る ・ギャンブルはダメ ・慌てず相場の確認を ・運に任せるしかない ・援助を受けるのはOK	・次々にもうかる ・定期的な購入はNG ・ギャンブルはトントン ・悪徳商法に注意を ・経費の申告は正直に
行動のヒント	・一人の時間を確保して ・黒歴史を振り返ろう ・希望は残っている ・悲しみに浸るのもよい ・人に迎合しないこと	・自分の肉声で伝えて ・固い握手を交わそう ・実際に体感してみよう ・けがに注意して ・安全確認を忘れずに	・自然体が一番 ・ストレスの軽減を ・待ちの姿勢が吉 ・穏やかに話を聞こう ・人に委ねてみよう	・交通安全を心掛けて ・監視をしっかりと ・危険は冒さないで ・睡眠リズムの維持を ・明る過ぎず·暗過ぎず

その他のシンボル　**黄色い空** 楽観的な人　楽しんでいる　希望が見える　最高の結果　金運は好調

赤いマントと靴	三本の棒	金色の海と船	隆起した地面
出会い ・やる気に満ちた人との ・行動力のある人との ・野望のある人との ・活力のある人との ・パーティーでの ・スポーツイベントでの ・一目ぼれの	**出会い** ・身の程を知る人との ・仲間思いの人との ・熱い心の人との ・同じ目標を持つ人との ・ジムなどでの ・候補者が複数出てくる ・共通の知人を通じての	**出会い** ・将来性のある人との ・お金に困らない人との ・海外や地方出身者との ・スローペースな人との ・海の近くでの ・出張や旅行先での ・移動中の	**出会い** ・苦労性の人との ・波瀾万丈な人生の人との ・落ち着きのない人との ・向上心のある人との ・高級店での ・展望台のある場所での ・ハイキングや登山での
相手の気持ち ・すぐに付き合いたい ・気持ちが高揚している ・イライラしている ・攻撃的な気分でいる ・思い通りに支配したい ・気が急いている ・もう待てない	**相手の気持ち** ・励まし合う仲間でいたい ・もう相手がいる ・少し距離をとりたい ・好かれるのは心地よい ・体の相性が今ひとつ ・あれこれ欲張っている ・どうにも決められない	**相手の気持ち** ・これからに期待する ・波風が立つのは嫌だ ・機嫌を損ねたくない ・明るい笑顔が必要 ・無難に対応している ・安心している ・二人の将来を考える	**相手の気持ち** ・複雑な気持ち ・情緒が不安定な状態 ・正直、少しつらい ・好きと嫌いが交錯する ・立場を守りたい ・なめられたくない ・プライドを守りたい
今後の二人 ・急接近する ・意気投合する ・一夜だけの盛り上がり ・その場で告白する ・トラブルが勃発する ・本気のけんかになる ・スピード婚の可能性	**今後の二人** ・お互い好きだが難しい ・フリーになれない ・他の人が気になる ・ライバルとの対決に ・進展しそうでしない ・距離感が変わらない ・怒ることが増える	**今後の二人** ・希望が見えてくる ・楽しいデートになる ・念願かなって付き合う ・少しずつ進展する ・邪魔するものが消える ・穏やかな交際が続く ・未来のことを話し合う	**今後の二人** ・どうにか交際に発展 ・紆余曲折あるが継続 ・苦労が実って付き合う ・交際中に難が見える ・良いことも悪いことも ・たまに寂しくなる ・セックスレスになる
・転職は勢いも大事 ・後先考えない独立はNG ・とにかく行動を ・意見には責任を持とう ・さらなる野望を抱こう ・やる気がないなら去れ ・熱い思いをぶつけて ・怒りのコントロールを ・冷静な人と組もう ・しがらみは忘れよう	・転職先候補は他にもある ・副業が成功する ・起業するなら三人で ・複数のプランを考えて ・やることが増えそう ・役割分担を決めよう ・コンペに挑戦を ・仲間と共通の目標を ・親しき仲にも礼儀あり ・人助けより自分のことを	・転職はゆっくり考えて ・独立や起業は難しい ・会社や組織に守られる ・環境が改善される ・スムーズに進みそう ・やがて結果に恵まれる ・いがみ合いはNG ・自分のペースでOK ・安全策をとろう ・規模は小さくてもよい	・苦労の末の転職 ・起業には覚悟が必要 ・周囲から孤立する ・困難を脱する ・昇格が期待できる ・疲れがピークに達する ・高い視点が重要 ・目立つと標的にされる ・成功に近道なし ・つらい経験が力になる
・赤字を減らそう ・動くと利益を失う ・自分への投資は吉 ・ギャンブルは危険 ・予算が膨らみそう	・収入源が増える ・本業より副業で稼げる ・思った以上に出費あり ・努力のわりに収入が低い ・稼げる手段を考えよう	・すでに恵まれている ・潤沢な資金がある ・少しずつ利益が増える ・お金をケチらないこと ・定期的にぜいたくを	・収入がピークに達する ・収支がアンバランス ・融資や援助が得られない ・利益を独占できる ・金持ちだが豊かではない
・運動がおすすめ ・熱中症やほてりに注意 ・ストレスの発散を ・情熱が感動を呼ぶ ・正々堂々と戦おう	・同志を集めよう ・付かず離れずがよい ・自分の役割を果たそう ・切磋琢磨しよう ・同じレベルの人を選ぼう	・じっくり時間をかけて ・希望を持とう ・前向きな話し合いを ・メリットを享受して ・船に乗るか海を渡ろう	・最後までやり抜こう ・苦労の分だけ成長する ・油断すると滑り落ちる ・高みの見物でもOK ・足元に気をつけて

その他のシンボル　**遠くの山並み**　向上心の強い人　我慢している　課題が残る　予算不足　心身を鍛えて

皇帝（逆）p.36

棒《ワンド》の4

成果を手にして帰還すると、
待っていたのは祝福の宴。
くつろぎと楽しみのひとときを。

逆位置

Four of Wands

基本の物語

四本の柱が並び、花や果物が飾られています。その向こうでは二人の人物が楽しそうに花束を掲げ、来訪者を招き入れようとしています。祝福と歓迎の宴が始まるのでしょう。

背後には城があります。太鼓橋の下には川か堀があり、そのほとりでは何人かの人々が踊ったり談笑したりと、思い思いに楽しんでいます。

「棒の３」で成功を手に入れた人物が安息の地に帰り着き、くつろぎのひとときを満喫するシーンです。ただ、のどかな日々も永遠には続きません。次の「棒の５」では、平和に飽きて訓練を始めるか、戦場に戻るか、どちらかを選択することになるからです。

逆位置を読むポイント

正逆どちらでも、この場面を取り巻く黄色い空と地面が、安心感と楽観的な雰囲気を醸し出しています。四本の柱という安定感抜群の要素もあるため、逆位置でも前向きな印象です。

逆位置で印象が変わるのは花と果実の飾りで、盛り上がって見えるため、収穫祭のムードがますます高まります。一方、花を掲げる二人はやや現実味が薄れます。つまり、祝祭の主役は収穫物であり、人ではないのです。

注目すべきことが「人」である正位置に対して、「物」であるのが逆位置ということになります。

棒の4に描かれたシンボル

・四本の柱・

花や果実の飾りを支える四本の柱は、収穫祭のシンボルであり、安定感と豊かさを表します。人々を迎え入れる門でもあり、メンバーが増えることも意味します。チームの団結など、力を合わせている状態でもあります。

・黄色い空・

黄色い空は、太陽の光と恵みを表します。人々の明るい笑顔と元気な歌声が大空に届き、天と地が響き合いながら輝いているかのようです。豊かさへの感謝、楽しいイベント、明るい知らせが届くことを意味します。

・花や果物の飾り・

慶事、お祝い、祭り、宴会を意味します。花と果物の飾りは豊かさの象徴で、たっぷりの恵み、十分なもてなし、大きな成果、今後の繁栄などを示します。飾りに結ばれたリボンは、固い絆と友情の証しです。

・青い外衣の人物・

白い服は純粋さを、青い外衣は冷静さを表します。世間知らずなのにだまされないこと、素直なのに鋭い思考力があることを意味します。花冠と両手の花束は、可能性と実力と運の三位一体が開花したことを示します。

・城・

背景にそびえる城は、物事の裏にある大きな目的、強力な後ろ盾、盤石な支援体制などを意味します。ただし、城が灰色であることから、無条件ではなく、条件次第の支援や協力になるので、注意が必要です。

・赤い外衣の人物・

無垢を表す白い服の上に、情熱を表す赤い外衣をまとっています。未経験だけれど意欲はある、未熟だけれど一生懸命であることなどを表します。右手で花を掲げ、勢いだけでなく、慎重にバランスをとっている状態です。

・太鼓橋・

虹を思わせる太鼓橋は、こちらとあちら、城内と外界の架け橋です。相手の懐に入りたい、外の世界に出て行きたい、別の場所でチャレンジしたい。そんなときは甘えを捨て、覚悟を決めて行動することが必要になるのです。

・集う人々・

カラフルな衣装を着た人々が踊ったり、歓談したり。宴はもう始まっています。これは、待ちに待った事柄がすでに始まっていることを表します。関係者と喜びを共有することで、より楽しみが大きくなるでしょう。

・黄色い地面・

黄色は経済的な豊かさや活力の象徴であり、地面は環境や土台を表すので、裕福な生活、豊富な蓄え、元気、健康体などを意味します。結婚や出産には良い運気でしょう。金銭的・体力的に心配がない状況を示します。

・生い茂る植物・

川もしくは堀のほとりに植物があります。水の近くに繁茂するのは、情や絆を大事にしていることの表れです。利害関係ではなく、心でつながった愛情や友情が広がっていることを示します。橋を渡る人が支援される可能性も。

 棒のクイーン(逆)p.160

棒の4 を読むためのキーワード

	四本の柱	花や果物の飾り	青い外衣の人物	赤い外衣の人物
恋愛 出会い	・愛想の良い人との ・生活が安定した人との ・友達の多い人との ・楽しい人との ・サークル活動での ・結婚相談所での ・コミュニティーでの	・気前のいい人との ・フレンドリーな人との ・祭り好きな人との ・親近感を覚える人との ・お祝いの席での ・ビュッフェの店での ・友人の紹介での	・素直な人との ・バランス感のある人との ・気取らない人との ・楽しい人との ・歓迎会での ・誘われた集まりでの ・知らない土地での	・恋に熱心な相手との ・アピール上手な人との ・一生懸命な人との ・せっかちな人との ・婚活パーティーでの ・フィットネスなどでの ・勇気ある行動の後の
恋愛 相手の気持ち	・気持ちは変わらない ・友達としては好印象 ・みんなで遊びたい ・全てを受け入れる ・支えたい ・安心・信頼できる ・このままの関係がいい	・友達付き合いを望む ・食の好みが合う ・友達に紹介したい ・絆を深めたい ・楽しい思いができた ・もっと近づきたい ・結婚の約束を	・よさそうな人だと思う ・冷静に見極めている ・とにかく話をしよう ・来る者は拒まず ・好印象を持った ・詰め寄られると引く ・まずは友達から	・次の行動を考えている ・体の関係が望み ・早く付き合いたい ・気が乗らないとスルー ・わがままを言いたい ・距離感を見定めている ・誰彼かまわずモテたい
恋愛 今後の二人	・関係に変化はない ・ダブルデートをする ・穏やかな付き合いに ・協力者のおかげで成就 ・支え合うカップルに ・婚約や結婚へと進展 ・親同士の相性次第で結婚	・縁をつないでもらう ・願いがかなう ・良い時間を共に過ごす ・周囲から祝福される ・愛を育んでいく ・結婚の成就 ・妊娠や出産の縁あり	・程よい距離感に ・交際には至らない ・一線を越えない方が吉 ・仲良く遊びに行く ・仲介者がいれば成就 ・友達のような夫婦に ・付き合えば長続きする	・出会ったその場で告白 ・情熱的な夜を過ごす ・体の相性で決まる ・勢いで告白することに ・けんか別れをする ・すぐ始まり、すぐ終わる ・修羅場を迎える
仕事	・求められての転職や出向 ・独立よりチーム結成を ・オファーは受けよう ・チームで盛り上がる ・柔軟な対応は望めない ・メンバーが増えそう ・万全の態勢で ・明らかな結果が出る ・同じ目標に向かおう ・相手の立場を尊重して	・紹介による転職 ・新天地で歓迎される ・独立を祝福される ・順調にキャリアを積む ・予想以上の結果になる ・プロジェクトの成功 ・チームプレイで乗り切る ・職場の雰囲気が良好に ・みんなで共有しよう ・さらなる発展が見込める	・転職は未経験の分野へ ・起業には実力不足 ・仲間を見つけよう ・やれることは全部やる ・協力して事に当たろう ・新入りを歓迎しよう ・雰囲気づくりが大事 ・冷静に考えてみよう ・複数の案を出そう ・柔軟に受け入れよう	・転職を繰り返しそう ・挑戦するなら焦らずに ・力不足は熱意でカバー ・頭に血が上りそう ・怒るなら正直な言葉で ・正面突破が吉 ・勢いを生かすべし ・失敗したら謝罪を ・働き過ぎに注意 ・短期決戦のつもりで
お金	・安定収入を確保できる ・予算が限られる ・入会金をケチらないで ・自由にお金を使えない ・協力して利益を得る	・予算は使ってナンボ ・他人にごちそうを ・お金ではない豊かさを ・食べるには困らない ・ぜいたくが心の糧に	・今より将来の利益を ・気持ちよくおごられて ・歓送迎会で出費あり ・勧誘は爽やかに断ろう ・プレゼントをしよう	・ある程度の赤字覚悟を ・借金しなければ大丈夫 ・もうけは二の次に ・自分に投資して ・いったん清算するのも吉
行動のヒント	・共同作業がおすすめ ・近づき過ぎるのはNG ・お客様を歓迎しよう ・仲間意識が大事 ・一緒に盛り上がって	・人の成功を喜んで ・家族でだんらんを ・仲間とシェアしよう ・すぐにお祝いを ・食べ・飲み放題が吉	・知らないことを学ぼう ・人々を招くとよい ・広い心で受け入れよう ・チームを組もう ・可能性を広げていこう	・うそをつかないこと ・熱意でアピールを ・軽いけが程度ならOK ・やる気がなければ無理 ・とにかく行動あるのみ

その他のシンボル　**黄色い空**　明るい人　一緒に過ごせる　前向きな意見を　イベント参加を　音楽を聞こう

城	集う人々	太鼓橋	生い茂る植物
出会い	**出会い**	**出会い**	**出会い**
・家が裕福な人との	・イベント好きとの	・出張や転勤の多い人との	・応援してくれる人との
・公務員との	・料理がうまい人との	・海外在住の人との	・気遣いができる人との
・共通の知人がいる人との	・フレンドリーな人との	・内弁慶な相手との	・知人が多い人との
・有力者の知り合いとの	・素朴な人との	・思い切りのいい人との	・控え目な人との
・無料のパーティーでの	・食事会やキャンプでの	・初めての場所での	・植物園や庭園での
・イベントでの	・友人関係から広がる	・海外や旅先での	・結婚相談所での
・紹介での	・テーマパークでの	・行動範囲を広げての	・紹介による
相手の気持ち	**相手の気持ち**	**相手の気持ち**	**相手の気持ち**
・自分では決められない	・楽しければそれでいい	・もう少し勇気がいる	・支えてあげたい
・他に気になる人がいる	・二人きりはまだ早い	・近づきがたい雰囲気	・みんなで盛り上がろう
・夢を応援したい	・今度食事でも	・冒険したい気分	・優しく扱うつもり
・困ったら助けたい	・友達を紹介したい	・思い切って告白する	・好影響を受けている
・自由な時間が少ない	・共通の趣味があれば	・引き返したい	・好意が増大している
・親などの監視がある	・一緒に出かけよう	・前の恋人に戻るか迷う	・愛情が欲しい
・結婚を前提にしたい	・次のステップに	・なかなか会えない	・状況が整ってから
今後の二人	**今後の二人**	**今後の二人**	**今後の二人**
・仲介者につないでもらう	・周囲の後押しが必要	・行動で関係が変わる	・知人の輪が広がる
・人目を気にする交際	・ダブルデートで親密に	・後戻りができない	・一緒にいる時間が増す
・不倫ならバレそう	・会う時間が多いと吉	・価値観の不一致	・満足のいく付き合い
・職場恋愛はリスクあり	・交際が始まる	・同棲の解消	・束縛するようになる
・同居することになる	・共通の知人に救われる	・別々の道を進む	・別れられない
・親に介入される	・楽しいデートを重ねる	・勇気を出して付き合う	・関係者が増える
・婚約・結婚が決まる	・婚約や結婚の話になる	・家庭に入ることになる	・結婚へ向かう
・転職なら大きな企業へ	・転職はコネから始まる	・転職の勇気が出ない	・転職は無職への道かも
・関連会社への出向	・起業の前に人脈づくりを	・異業種・未経験は吉	・独立や起業の準備を
・フリーランスは厳しい	・独立や退職がしにくい	・新天地を目指すべき	・人を大事にしよう
・副業は許可を得てから	・チームプレイが鍵	・決断力が求められる	・人脈や派閥で決まる
・組織のルールを守ろう	・楽しければ順調に進む	・中間・中庸を狙おう	・談合や賄賂の疑いあり
・一人では変えられない	・会食で刺激を受ける	・しっかりと引き継ぎを	・未経験者のサポートを
・防犯カメラをチェック	・企画が立ち上がる	・転勤や異動はチャンス	・セオリーが通じない
・バックアップの確保を	・プロジェクトの始動	・仲介役で結果を出す	・しがらみが面倒に
・協力者を頼ってみよう	・対人関係が良好に	・コラボの提案を	・戦略より心情を優先
・スポンサーを大事に	・話せば分かり合える	・出向くと話が早い	・環境を改善しよう
・援助してもらえる	・協力して利益を得よう	・援助が途絶えるかも	・助けてもらえる
・困窮したら実家に戻る	・家族や友人の支援あり	・行動で金運が変わる	・少しずつ収入が増加
・零細企業は苦戦する	・交際費はケチらないで	・中間マージンの確保も	・ビジネスは手広く
・買い物は大型施設で	・共有の精神が福を招く	・為替レートに注目して	・モノよりコトに出費を
・財産があれば一安心	・ワゴンセールが狙い目	・交通費が増える	・ボランティアや募金を
・後ろ盾をつくろう	・キャンプがおすすめ	・活動場所を変えよう	・癒されることをしよう
・ピンチから助けられる	・人を集めよう	・ファンタジーがおすすめ	・知らない場所で交流を
・インドアがおすすめ	・食事やだんらんを	・引っ越しの時期	・ジャンルを越えてみよう
・アウェイでも冷静に	・先に始めてもよい	・紹介や仲介をするのは吉	・新しい挑戦を応援して
・甘え過ぎると問題発生	・趣味の友人をつくろう	・未知の世界に触れよう	・歓送迎会は吉

その他のシンボル　**黄色い地面**　裕福な人　結婚の準備を　結果が安定している　貯金できる　健康増進

 力(正)p.52

棒《ワンド》の5

主導権争いか、ゲームなのか?
棒を振り上げて戦う五人の若者。
間もなく結果が出るだろう。

逆位置

Five of Wands

基本の物語

長い棒を持って戦う五人の若者。激しく争っているように見えますが、体を狙って棒を振り下ろしていないことから、命がけではなさそうです。スポーツかゲーム、戦闘に備えた訓練、あるいは意見の食い違いから口論になり、自分の棒を高々と掲げて自己主張をしているのかもしれません。

平和だった「棒の４」から一転して争いの場面となり、次の「棒の６」では勝利者の凱旋という形で物語が幕を閉じます。つまりこのカードは、のどかな環境下で自我が肥大してぶつかりあい、最終的にリーダーが決まっていく過程を象徴しているのです。

逆位置を読むポイント

正位置では、五人の棒が互いの体に触れることはなく、まるで演武をしているようでした。仮にけんかだとしても、力任せの衝突ではなく、ルールにのっとった戦いなのでしょう。こうして互いに切磋琢磨する争いは、まだしばらく続きそうです。

ところが逆位置になると、足並みが乱れ、秩序が失われたように見えます。本気のぶつかりあい、激しい口論や意地の張り合いがあったのかもしれません。そして今や、黄色い服の人物が棒を高く掲げ、四人を端に追いやろうとしています。混乱は収束に向かい、主導権争いが決着を見るでしょう。

棒の5 に描かれたシンボル

・雲のない青空・

邪心やネガティブな気持ちのない、スッキリとした心境を表します。争いには興味も関係もないか、争いではなくスポーツマンシップに則った試合か、思い切り意見をぶつけあう討論の場を意味する場合もあるでしょう。

・五本の棒・

太く長い五本の棒は、あり余るエネルギー、強い自己主張、高いプライドを表しています。相手にけがを負わせたり、相手の棒をへし折ろうとする気配はないので、互いに尊重し合っていることがうかがえます。

・青い縞《しま》の服の人物・

青い服と黄色い袖は暗さと明るさを、黄緑のタイツと赤いブーツは平和と闘争を表し、こうした補色の装いが、この人物の葛藤を示しています。勝敗よりもゲームを楽しみたいか、誰も傷つけずに勝ちたいのか、どちらかでしょう。

・黄緑色の服の人物・

争うというより、棒が絡まないかを気にしている様子です。黄色い髪と靴は恵まれていることを表しますから、争う理由がないのです。黄緑の服は平和を望んでいることを、赤いタイツは論争の仲裁に取り組むことを示します。

・黄色い服の人物・

タイツの赤は攻撃を、ブーツの黄緑は守備を表し、攻守を同時に行うことを表します。口を開けているのは声高な自己主張のサインですが、棒を他人に当てない慎重さも見えます。黄色はお金の象徴で、争いの目的は利益獲得です。

・水玉の服の人物・

この人物は、争いの輪から少し離れています。服の水玉は優しさを、袖の黄色は喜びを、タイツの黄緑は平穏を表すことから、ゲーム感覚で楽しみたいようです。靴のオレンジは、迅速な行動やフットワークの軽さを意味します。

・赤い服の人物・

服と帽子の赤は情熱の証しですが、タイツの黄緑は平穏を求める色です。頭に血が上り、文句を言っても、直接的な攻撃には出ません。おとなしい青緑のブーツは、この人物がリスクを避けることを意味しています。

・凹凸のある地面・

環境が決して良くないことを表します。待遇の改善や難局の打開を求めて、人々が決起する可能性も。直近の争いによって地面が荒れたと考えるなら、その後の険悪なムードや無秩序な状態を意味することになります。

杯のペイジ(逆)p.212

棒の5を読むためのキーワード

	黄色い服の人物	赤い服の人物	青い縞《しま》の服の人物	水玉の服の人物
恋愛	出会い ・自己主張の強い人との ・利己的な人との ・勢いのある人との ・騒がしい人との ・カラオケ店での ・スポーツが縁での ・アピールがきっかけの	出会い ・威勢がいい人との ・主張が激しい相手との ・実はおとなしい人との ・頼りにならない人との ・SNSでのやりとりからの ・発表の場での ・一目ぼれの	出会い ・やや不真面目な人との ・要領のいい相手との ・体格のいい人との ・迷いがある人との ・ゲームが縁での ・非恋愛サークルでの ・友達から始まる	出会い ・優しい人との ・経験の浅い若者との ・小柄な人との ・身軽な人との ・気乗りしない会での ・なじみのない店などでの ・雨の日の
	相手の気持ち ・怒っている ・気持ちを伝えたい ・自分中心がいい ・自分に従ってほしい ・理想はお金のある人 ・メリットが欲しい ・自分を大きく見せたい	相手の気持ち ・格好よく見せたい ・言葉ばかりで心がない ・体を求めている ・自分が正しいと思う ・うまくいかずイラつく ・外見がとても気になる ・浮ついている	相手の気持ち ・真面目な恋愛は面倒 ・好きになってほしい ・告白されるのは困る ・好きと言えない天邪鬼 ・興味のないふりをする ・この状況から逃げたい ・理性と感情がバラバラ	相手の気持ち ・遠慮している ・嫌われていると感じる ・圧力から逃げたい ・積極的になれない ・自分にはもったいない ・遠くから見守りたい ・実は恋愛が苦手
	今後の二人 ・けんかになる ・主導権争いになる ・利益を奪おうとする ・金銭的なトラブルあり ・刺激的な関係になる ・スリリングな交際 ・二人で豪遊できる	今後の二人 ・勢いで付き合う ・急に進展が止まる ・第一印象から激変する ・有言不実行が判明 ・カッとなって別れる ・困難があると燃える ・会うときだけ情熱的	今後の二人 ・タイミングが合わない ・好きなのに交際しない ・迫ると逃げられる ・気のないそぶりが吉 ・連絡が取れなくなる ・互いに補い合う関係 ・向き合えば好相性	今後の二人 ・距離が離れる ・進展しそうでしない ・互いに優柔不断になる ・優しくケアし合う ・一緒にいると落ち着く ・デートに誘えば親密に ・穏やかに交際できる
仕事	・転職なら目立つことを ・起業は宣伝費をかけて ・独立はもめ事が伴う ・アグレッシブな営業を ・組織に守ってもらおう ・激しい議論も辞さずに ・アピールは必須 ・当然の利益を勝ち取って ・不満なら声を上げよう ・怖くても一歩前へ	・転職熱はやがて冷める ・独立すると疲れそう ・見せ方も大事 ・成功の陰に努力あり ・他と違うセンスが必要 ・葛藤と向き合おう ・怒るのではなく叱る ・あえて感情を表現して ・思いだけで人は動かない ・積極性を見せよう	・転職に踏み切れない ・独立の準備が不十分 ・よそ見は失敗のもと ・考えても良案が出ない ・手足を動かそう ・何人かで力を合わせて ・適材適所を見極めて ・矛盾を可視化して ・嫌がらせはかわすべし ・攻守のバランス調整を	・転職の時期を逃しそう ・独立はスムーズ ・起業しても苦戦する ・派閥争いから離れよう ・やる気を見せると吉 ・周囲に合わせるべし ・細かい作業に専念を ・客観的に眺めてみよう ・まずはわが身を守ろう ・実力不足を思い知る
お金	・積極性がもうけを生む ・貪欲なのもほどほどに ・自分の利益を確保して ・多少のリスクはOK ・健康運と金運が直結	・予算は使い切っても可 ・リスクを避けて慎重に ・赤字でも動じないこと ・焦ると損失が増える ・おしゃれへの出費は吉	・収支ともに増える ・何事もハマると危ない ・損をしたら即時撤退を ・他にも稼ぐ当てはある ・余計な物を買いそう	・リスクを回避しよう ・お金より満足度の追求を ・気分の良い出費は吉 ・気持ちをお返ししよう ・自分のお金を守ろう
行動のヒント	・欲しい物のアピールを ・主張すべきことは言おう ・スポーツ観戦が吉 ・勇気を持って行動を ・情熱を言葉にしよう	・無理をしないで健康第一 ・平和のために行動を ・前のめりにならないで ・運動がガス抜きになる ・血圧や出血に注意して	・仲間外れも悪くない ・決断は保留して ・不足分を補うつもりで ・周りをよく見て ・迷ったら両方やる	・けんかは避けよう ・巻き込まれないように ・自分だけ違ってもよい ・レトロなイメージで ・逃げ足だけは早く

黄緑色の服の人物	雲のない青空	五本の棒	凹凸のある地面
出会い	出会い	出会い	出会い
・空気を読む人との	・潔い性格の人との	・プライドの高い人との	・心がすさんだ人との
・優し過ぎる人との	・客観的な視点の人との	・落ち着きのない人との	・問題児との
・努力家との	・恋愛に興味がない人との	・多忙な人との	・平凡を嫌う人との
・裕福な人との	・影の薄い人との	・ライバルである人との	・苦労してきた人との
・大人数の集まりでの	・観戦や観劇での	・もめている場での	・居心地の悪い店での
・自然保護活動が縁での	・屋外での	・討論会や交流会での	・部下や後輩を介しての
・合コンでの	・出会いに気付かない	・婚活パーティーでの	・職場での
相手の気持ち	相手の気持ち	相手の気持ち	相手の気持ち
・今は落ち着いている	・他人事だと感じている	・恋愛に集中できない	・なぜか心がざわつく
・なんとかモノにしたい	・どこか上の空	・忙しくて暇がない	・デート場所が不満
・内心怒っている	・冷静に見極めている	・おっかなびっくり状態	・一緒にいると緊張する
・問題を見て見ぬふり	・縛られたくない	・いら立っている	・引っ越しがしたい
・八方美人で優しくする	・気を使わなくて済む	・合わせてあげている	・少し離れたい
・仲直りしたい	・スッキリした気分	・けんかになりそう	・連絡がストレスに
・もめるのは避けたい	・特に何も感じない	・尊重してほしい	・落ち着いたら話したい
今後の二人	今後の二人	今後の二人	今後の二人
・告白できない状態	・何も起こらない	・冷却期間が必要	・波乱含みの付き合い
・思い通りにいかない	・風通しの良い友人に	・すれ違いが多くなる	・進展を急ぐと混乱する
・表面上はうまくやる	・心を開くことができる	・慎重になれば成就する	・焦ると失敗する
・しばらくは我慢	・お互いフリーになる	・わがままがぶつかる	・しばらく様子見が続く
・恐る恐る交際する	・問題なく付き合う	・短所が気になると破綻	・摩擦が起きる
・熱量の差が浮き彫りに	・障害がなくなる	・高め合う関係になる	・危機を乗り越えて成就
・マンネリなしで長続き	・先のことを考える	・誠実に向き合うと吉	・同棲はおすすめしない

・向いた転職先がない	・転職先が見つからない	・転職はライバルが多い	・辞めたいから転職はダメ
・独立しても角が立たない	・仕事を失うかも	・起業で勝ち残るのは困難	・挑戦は環境を整えてから
・持続可能な開発目標を	・いったん休むのもあり	・活発な議論が必要	・雑事に追われそう
・まず基本のアイデアを	・依頼や注文がこない	・足を引っ張らないこと	・場所や人員を変えよう
・言い争いが進展を阻む	・努力が結果にならない	・切磋琢磨できる	・リスクが身近にある
・葛藤や矛盾が生じる	・無駄な会議や議論	・目的を一致させて	・案外ストレスがたまる
・中間を狙うとよい	・余計なことはしないで	・結論がまとまらない	・職場環境の改善を
・議論や批判は避けて	・客観的な視点を持とう	・正々堂々と戦おう	・一歩ずつ慎重に進めて
・慎重に調整しよう	・誰の肩も持たないで	・批判は相手に配慮して	・対人関係はやや距離を
・むやみに手を出さないで	・正々堂々と行動しよう	・意地のぶつかりあいに	・非難は士気を下げる

・貯金は守られる	・予算が足りない	・買う物が決まらない	・日常品の買い物が増加
・副業がお金になる	・金銭トラブルが解消	・ストレスが浪費を招く	・修理等にお金がかかる
・動くほど出費が増える	・借金から解放される	・お金のトラブルあり	・収入は上がらない
・買う物を先に決めよう	・後払いが続くと危ない	・金で解決せず話し合いを	・節約が地味にストレス
・損しないように考えて	・金もうけは透明性が大事	・分配や割り勘は明確に	・おごってねぎらうと吉

・無駄足を踏みそう	・首を突っ込まないこと	・相手を尊重すること	・腹を割って話そう
・誰も傷つけないように	・スケジュールに余裕を	・けんかは回避できる	・虫の知らせは大事に
・健康のために運動を	・晴れたら外に出よう	・言いなりにならないで	・ソファーや床を快適に
・場を乱さぬよう耐えて	・渋滞を回避して	・方向性はざっくりで	・歩きやすい靴で
・仲裁がうまくいく	・スケールは大きく	・自主性に任せよう	・引っ越しは吉

 女教皇(正)p.28

棒《ワンド》の6

勝利を手に凱旋するのは、
馬上の指導者と従者たち。
だが、まだ手放しでは喜べない。

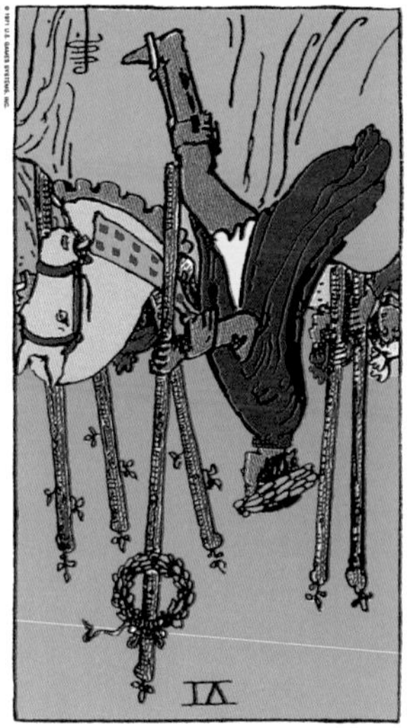

逆位置

Six of Wands

基本の物語

勝利の月桂冠をいただく人物が、取り巻きに囲まれ、緑の覆いを掛けた馬に乗っています。誇らしげに掲げた棒にも月桂冠が見えます。嬉しい知らせを携えて、凱旋したのでしょう。

「棒の5」で繰り広げられていた戦いが終結し、この人物が勝利者になったのです。多くの人々から称賛されますが、手放しで喜ぶことはできません。なぜなら、今は喝采を受けても、油断したり傲慢になったりすれば、次の「棒の7」の人物のように、身近な者に反旗を翻されるからです。

逆位置を読むポイント

正位置では、中央に騎手、その背後に従者たち、前には馬の頭と、左右の構図が強調されています。そこに上下の要素として棒が掲げられ、高揚感が表現されていたのです。

しかし逆位置では、棒を飾る月桂冠とその棒を握る騎手、さらに馬の体を覆う布が存在感を強め、上下の位置関係がクローズアップされてきます。馬や従者の存在感はやや薄れ、凱旋のパレードが止まったかのようにも感じられます。

つまり、正位置では連携がとれ、パレードが順調に行われていたのに対して、逆位置では意思疎通がうまくいかず、一時停止せざるを得ない状況にあることが示されているのです。

棒の6 に描かれたシンボル

・雲のない青空・

空の青は晴れやかな気持ちを、雲一つないのは邪魔者がいないことを意味します。無事に祖国へ凱旋できるでしょう。一方で、これ以上は得るものがないこと、変化がないこと、勝利の後の虚無感なども暗示されています。

・月桂冠のある棒・

月桂冠は、芸術や芸能での栄光を表します。何かの賞を取る、作品が評価される、ライバルに勝つ、スポットライトを浴びるなどの予兆です。高く掲げられているのは、朗報を知らせたい、自慢したいという高揚感を表します。

・五本の棒・

高々と掲げられた棒は、熱烈な意志表示です。誰かの意見に賛同し、盛り上がっているようなイメージです。棒の向きが完全にそろっているわけではないので、摩擦が起こる可能性はありますが、今はまだ熱狂の中にいます。

・月桂冠を頂く頭部・

月桂冠は、古くは芸術の祭りで優勝した証しでした。この勝利者は、取り巻きに顔を向け、自分がどう見えるかを気にしている様子。成功はしたものの、評判を気にするあまり、本当の価値を見失っているのかもしれません。

・馬の頭部・

体が覆われ、たてがみがないこの馬は、どこか不自然です。トロイの木馬のように罠が仕掛けられているのかも。まるでスパイのように横目で旗手をうかがい、隙あらば振り落として、逃げ出そうとしているようにも見えます。

・従者たち・

赤や黄のターバンを巻き、棒を掲げて練り歩く従者たち。未来を表す右側に向かっているのは、前向きかつ楽観的であることを示します。強い者に付き従うことや、勢いのある物事に便乗することを表しています。

・赤と黄緑の手綱・

馬を制御する手綱が、受動的な左手に握られていることから、ある程度は人任せで、状況に合わせていると読めます。黄緑色は平和や健康を表しますが、血を思わせる赤が混ざっているので、それなりの努力が必要でしょう。

・マントと服・

赤いマントは燃えるような野望を、脇からのぞく黄色い服は、それを支える明るさを表しています。ポジティブ思考が目的意識の土台となっているのです。ただし、裾が後ろに垂れているので、油断すると足を引っ張られるかも。

・茶色の腕と脚・

騎手の衣装を見る限り、将軍というよりは小規模な組織の指導者のようです。茶色の服やブーツは、戦略を立てる指揮官というよりも、それを実践するリーダーで、地道に努力すること、現場で功績を上げることなどを表します。

・馬の体を覆う布・

黄緑色の覆いは、表面上は平和であることを示しています。でも、布の下にある馬の体は傷ついているかもしれません。茶色の縁取りで体裁を整えてはいるものの、調子が良くないか、見せたくない状態であることを暗示します。

棒の6を読むためのキーワード

	月桂冠のある棒	月桂冠を頂く頭部	マントと服	五本の棒
恋愛	出会い ・知名度のある人との ・成績優秀な人との ・才能がある人との ・自己完結した人との ・お祝いの場での ・発表会での ・祭りやイベントでの 相手の気持ち ・やる気満々でいる ・プライドを守りたい ・無理をしている状態 ・さばを読んでいる ・認めてほしい ・褒められると有頂天に ・周りに言いふらしたい 今後の二人 ・見栄を張るための関係 ・お飾りにされそう ・交際すると自信がつく ・ライバルを蹴落とす ・相手から尊敬を得る ・目立つカップルになる ・周囲に認められる	出会い ・自慢話の多い人との ・成功した人との ・才能豊かな人との ・自意識過剰な人との ・サークル内での ・会員限定の集いでの ・趣味の集まりでの 相手の気持ち ・人目が気になる ・うんと褒められたい ・やや見下している ・異性を蔑視している ・尊敬されたい ・条件ばかり気にする ・相手にされず寂しい 今後の二人 ・謙虚になれば成就する ・妥協できずに別れる ・引け目を感じてしまう ・釣り合うために努力する ・第一印象とは違う ・弱みを見せてはダメ ・プライドが邪魔をする	出会い ・活気に満ちた人との ・積極的な人との ・騒がしい人との ・攻撃的な人との ・スポーツ関連での ・一方的に誘われる ・激辛やスパイスが縁の 相手の気持ち ・燃え盛る気持ち ・体を求めている ・いら立ちを感じている ・支配したい ・体調の問題がある ・駆け引きはいらない ・モテるなら誰でもいい 今後の二人 ・けんかに発展する ・トラブルが長引く ・DVに注意 ・すぐに交際へ発展 ・一夜限りの情事かも ・われを失う恋になる ・スピード結婚	出会い ・首尾一貫しない人との ・向上心の強い人との ・けんかの多い人との ・ノリがいい相手との ・合コンでの ・複数候補との ・宣伝の多いアプリでの 相手の気持ち ・背伸びをしている ・気に入られたい ・最大限の努力はする ・他にも候補がいる ・一人に決められない ・気に入らない点がある ・ずっと一緒は無理 今後の二人 ・盛り上がったり冷めたり ・言い争いが増える ・告白は時期が合えば成功 ・本命になるのは一苦労 ・交際後は良好な関係に ・けんかするほど仲がいい ・周りを巻き込んで成就
仕事	・正当に評価されて転職 ・独立や起業の好機 ・成功して古巣に帰還 ・仕事が好評を博す ・自信を持って堂々と ・表彰される ・昇格のチャンスがくる ・発言が注目を集める ・コンペや競争で勝つ ・実力が発揮できる	・条件の良い転職先なし ・独立で味方が敵になる ・成功後の孤立に悩む ・部下に煙たがられる ・孤高の存在を目指そう ・人目を気にしないこと ・人間関係より結果重視 ・過去の栄光は不要 ・とにかく勝つこと ・手段を選ばないで	・転職は熱意で決まる ・独立や起業に挑戦を ・熱い思いが伝染する ・体力勝負のとき ・積極的に勝ちにいって ・いら立ちは不信感を招く ・怒りは向上心へと昇華 ・燃え尽きないように ・元気ならば無理できる ・パワハラは回避して	・転職先候補は複数ある ・独立しても頭打ち ・出世争いはしないこと ・地道な努力がおすすめ ・一発逆転は狙わない ・モチベーションの維持を ・オンオフの切り替えを ・チーム一丸となろう ・ディベートに実りあり ・共闘すると成功する
お金	・審査や融資に通る ・役得にあずかる ・予算が増額されそう ・オークションは吉 ・ギャンブルで勝つ	・契約を見直す時期 ・皮算用は外れる ・見栄で出費しないこと ・学びにお金をかけよう ・昇給を勝ち取ろう	・稼いでも赤字になる ・予想外の出費がある ・勢いで課金しないこと ・医療費がかさむかも ・ギャンブルは大負け	・同じ品なら安く買おう ・加入サービスの再検討を ・収入源を増やそう ・報酬は相場で決めて ・見栄が浪費を招く
行動のヒント	・自尊心を大切に ・自画自賛しよう ・成果をみんなに見せて ・分かりやすい説明を ・故郷に錦を飾ろう	・人と比べないこと ・趣味を満喫しよう ・勉強の時間をとろう ・自分を褒めよう ・芸術に触れると吉	・よりアグレッシブに ・情熱が続くものをやる ・筋トレや運動を ・健康診断を受けよう ・辛い食べ物がおすすめ	・足並みをそろえて ・意見を出し合おう ・相手を否定しないこと ・陰ながら応援しよう ・一緒に盛り上がろう

その他のシンボル　雲のない青空　欲のない人　やり切った気持ち　安泰　邪魔が入らない　余韻に浸ろう

従者たち	馬の頭部	赤と黄緑の手綱	馬の体を覆う布
出会い	出会い	出会い	出会い
・血気盛んな人との	・つくり笑いをする人との	・平和主義の人との	・表情が穏やかな人との
・ポジティブな人との	・油断ならない人との	・健康に気を使う人との	・満身創痍の人との
・お調子者との	・表裏のある人との	・口出ししない人との	・秘密主義者との
・体育会系の人との	・疑り深い人との	・抑制のきいた相手との	・大柄な人との
・ライブや講演会での	・ペットがきっかけの	・誘われて行った場での	・個室や会員制の店での
・共通の趣味が縁の	・美容に関連した	・食事会での	・アプリやSNSでの
・スポーツ等の祭典での	・匿名可能なアプリでの	・ジムやフィットネスでの	・合同説明会での
相手の気持ち	相手の気持ち	相手の気持ち	相手の気持ち
・付いて行きたい	・ペットや家族を優先	・不自由さを感じている	・本音を隠している
・一緒に盛り上がりたい	・素直になれない	・言う事を聞いてほしい	・本当は休みたい
・フェスに行きたい	・信用していない	・流れに任せる	・連絡に対応できない
・恋人より友達がいい	・利用しようとしている	・重責は負いたくない	・とりあえず合わせる
・刺激が欲しい	・離れる準備をしている	・きちんと対応したい	・自分を偽っている
・これからも仲良く	・仕方なく従っている	・好意はあるが様子見	・実はさばを読んでいる
・価値観が同じでうれしい	・実は困っている	・好きだけど言えない	・もう疲れてしまった
今後の二人	今後の二人	今後の二人	今後の二人
・周囲に助けられる	・不誠実な対応をされる	・告白が中途半端に	・表面だけ仲良くする
・同行する機会が増える	・気持ちは離れている	・フリーになるのを待つ	・その気がないのに交際
・まずは友達から	・秘密を共有する交際	・穏便に交際する	・断れずに付き合う
・共通の趣味で意気投合	・別れる選択肢もあり	・努力しないと続かない	・信用し切れない
・楽しいデートができる	・信頼関係が築けない	・定期的に愛情確認を	・隠し事が露見する
・前向きに交際する	・仮面夫婦のようになる	・相手に委ねると吉	・互いに詮索し合う
・将来の話ができる	・交際後に負担が増える	・束縛が破局につながる	・折り合いがつく
・大量募集の会社へ転職	・転職先は信用第一で選ぶ	・転職先は常に探すべし	・転職後に何かが判明する
・仲間と起業するのも吉	・起業には用心が必要	・副業は余裕を持って	・独立起業は高リスク
・団結力が重要	・信頼関係に難あり	・仕事を受け過ぎないで	・後で馬脚を現す
・テンションを高めよう	・虎視眈々と上を狙おう	・自主性重視で統率して	・必要な情報が見えない
・前向きにとらえよう	・水面下で動くべし	・スケジュールに余裕を	・欠点がバレない
・着実に進展する	・敵に出し抜かれそう	・相手の出方を見よう	・隠れた部分を見極めて
・行動しながら考えて	・スパイの存在に注意	・状況のコントロールを	・今は問題に触れないで
・一人で戦わないで	・機密保持を最優先に	・努力を人に見せない	・最初はごまかしがきく
・熱意を伝えよう	・裏切りを想定しておく	・与えられた仕事をこなす	・裏方に回るとよい
・目標を共有しよう	・正体は明かさないこと	・オンオフの切り替えを	・過大評価しがち
・組織の利益は己の利益	・偽物をつかまされる	・赤字でもダメージは少ない	・いつの間にか出費増大
・利益を分かち合おう	・信用取引にリスクあり	・予算内に収めること	・稼ぐチャンスを見逃す
・便乗すれば利益が出る	・詐欺や詐称に警戒を	・余分に買っておこう	・負担が増えそう
・おこぼれにあずかる	・当選しても口外しないで	・貯金は維持するべし	・準備に資金が必要
・ごちそうしてもらえる	・出資や貸与はダメ	・無理せず分割払いに	・金を見せびらかさないで
・流れに乗ってみよう	・疑う心が身を守る	・情熱は内に秘めて	・平和な雰囲気で
・お祭りに行くとよい	・表面に惑わされないで	・手放さない方がよい	・都合の悪いものは隠す
・共同作業でうまくいく	・よそ見は危ない	・余裕のある状態が吉	・正体を突き止めよう
・成功者のそばにいよう	・そろそろ重荷を下ろす	・少ない力で制御できる	・氷山の一角かも
・お祝いをしよう	・嫌なことから逃げよう	・健康に配慮しよう	・体のケアをしよう

その他のシンボル　**茶色の腕と脚**　現場のリーダー　堅実な交際　地道な努力を　貯金ができる　運動しよう

教皇(逆)p.40

棒《ワンド》の7

六本の棒を防ごうとする人物。
突き上げを食らう原因は、
油断か、それとも傲慢か。

逆位置

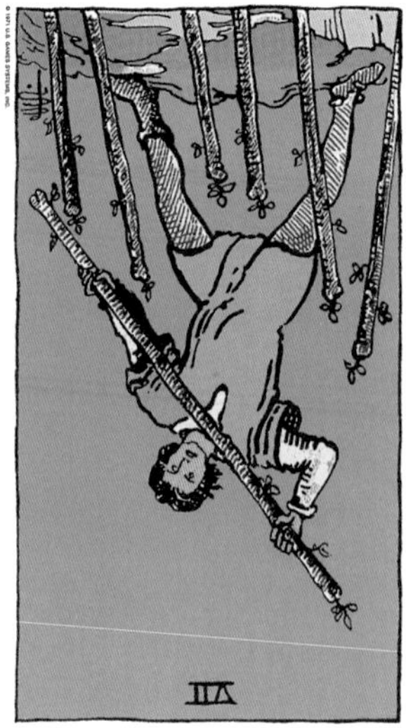

Seven of Wands

基本の物語

棒を握りしめた人物が岩山の頂上に立ち、下から突き上げられる六本の棒に対抗すべく、孤軍奮闘しています。今のところは、地の利を生かして有利な立場を死守できそうです。

前の「棒の6」では、従者に囲まれて勝利の棒を掲げていたのに、今度は従者が敵となり、彼を脅かそうとしているのでしょうか。傲慢になってしまったのか、下剋上が起ころうとしているのか、いずれにしてもリーダーとしての役目を果たせなかったようです。次の「棒の8」では人物がいなくなりますから、一度ポジションを失うか、考え方をすっかり改めて再チャレンジするという可能性があります。

逆位置を読むポイント

正位置では、両足で岩山をしっかりと踏みしめていましたが、逆位置では踏ん張りがききません。六本の棒から身を守れず、バランスを崩しているように見えます。激しさを増す批判や抗議の矢面に立たされ、浮足立っているのかも。このままでは議論や交渉の場で数の上での優位性を失い、相手の要求をのむことになりそうです。

正位置では精悍に見えた表情も、逆位置では頼りなく感じられます。自分の居場所や所有物をこれ以上は守れないという、追い込まれた状況に変わっているのです。

棒の7 に描かれたシンボル

・棒を持つ両腕・

能動性を表す右手を高く上げているのは、積極的に攻めるという意志表示です。ただ、棒を振り上げていないので、見せかけだけなのでしょう。実際には、受動性を表す左手で攻撃を受け止め、守りを固めているのです。

・精悍な表情・

荒々しさと負けん気が表れた顔は、この人物が、戦う覚悟と意志を持っていることを表します。顔を見せているのは正々堂々と向き合っている証拠。口を開いているので、議論しているか、質問に答えているとも考えられます。

・緑色のチュニック・

勝利の後の平和を意味しています。「棒の6」で安穏として油断していたところ、急に反抗されたり、追及されたりしたわけです。それでも相手を叩きつぶそうとはしないこと、平和的な解決を望んでいることを意味しています。

・踏ん張る両足・

両足で踏ん張る様子は、踏みとどまろうとする強い意志を表します。タイツの赤い線は、高揚もしくは負傷を暗示します。左右の靴が違うのは、踏ん張ることに気を取られ、他のことがおろそかになっている様子を示します。

・雲のない青空・

濁りのない心、明瞭な目的、やましさがないことを表します。自分または他の誰かがやっていることに、なんの疑いも持っていない状態です。もしくは、目の前の争いやトラブルに気付いていないという可能性もあります。

・手に握られた棒・

この人物の身長ほどもある長い棒は、エネルギーの持続と、衰えない情熱を意味します。斜めに構えているのは臨機応変な対応を、上と下を握っているのは、時間が経過してもモチベーションが維持されることを示しています。

・六本の棒・

下から棒を突き上げているのは、おそらく岩山の下にいる人たちでしょう。しかし、彼らの主張は、なかなか上まで届かず、下剋上は難しそうです。立場が上の人に対して、質問や交渉をすることなども表しています。

・岩山・

切り立った崖と隆起した地面からなる岩山は、厳しい現実と激しい変化を表します。緑色は自然の色なので、足元の状況を放置したまま整えてこなかったことが示されています。水たまりは、足場がよくないことを意味します。

棒のペイジ(正)p.152

棒の7を読むためのキーワード

	精悍な表情	棒を持つ両腕	緑色のチュニック	踏ん張る両足
恋愛 出会い	・負けん気の強い人との ・堂々とした人との ・口が達者な人との ・上から目線の人との ・話し合いの場での ・競技や大会での ・けんかがきっかけの	・ガードの固い人との ・左(両)利きの人との ・お金のある人との ・元気で明るい人との ・マッチングアプリでの ・手芸など趣味が縁での ・健康関連イベントでの	・穏やかな性格の人との ・平和活動をする人との ・草食系の人との ・ライバル争いを招く ・自然豊かな公園での ・趣味の会での ・休みの日の	・そそっかしい人との ・暑さが嫌いな人との ・運動が好きな人との ・豪遊する人との ・パーティーでの ・急いでいるときの ・恥ずかしい状況での
恋愛 相手の気持ち	・白黒はっきりさせたい ・反論したい ・愚痴は聞きたくない ・プライドがある ・いいところを見せたい ・怒っている ・自分が正しい	・無難に付き合いたい ・自分からは動かない ・少し圧を感じている ・仕事に支障のない範囲で ・守りに入っている ・体力が持てば付き合う ・忙しくて恋が片手間に	・刺激したくない ・穏やかに過ごしたい ・けんかはゴメンだ ・仲直りしたい ・行動が起こせない ・当たり障りのない交際を ・少し休みたい	・忙しくて余裕がない ・体の関係を希望 ・夢中になっている ・お金を使い過ぎた ・無理をしている ・もう少し頑張ってみる ・うっかり約束を忘れた
恋愛 今後の二人	・けんかが絶えない ・拒絶されてしまう ・顔を合わせる機会が増 ・連絡が活発になる ・何度目かの告白で成就 ・本気で向き合うことに ・今後のことを話し合う	・行動しないと進展もない ・本気になり切れない ・告白する勇気が出ない ・交際後は忍耐も必要 ・もめても別れない ・どうにか進展する ・寛容さがあれば成就	・友好な関係を築く ・友達として会う ・冒険できず進展なし ・平和的に付き合う ・トラブルが収束する ・二人で課題を克服 ・刺激が不足する	・勢いだけで付き合う ・リスクを顧みない恋愛 ・愛し合えば傷を負う ・これ以上は進めない ・修復は難しい ・ミスが破局の決定打に ・踏ん張って交際を続行
仕事	・難しい面接になる ・独立や起業は根性が必要 ・ライバル争いが激化 ・議論や反論が必要に ・逃げずに向き合おう ・負けん気を見せよう ・正々堂々と勝負を ・忖度せずに発言を ・顔合わせが重要 ・責任の所在を明確に	・納得できる就職先がない ・独立は慎重に ・今の立場を守ろう ・下からの突き上げあり ・批判を受け止めよう ・やる気を見せるべし ・明るく元気な対応を ・部下を裏切らないで ・保身も大事 ・敵を下げず己を高める	・寝耳に水のオファー ・起業する気になれない ・現状維持を目指そう ・争いに巻き込まれる ・和解には仲介が必要 ・冒険はやめて無難に ・平和的に解決しよう ・折衷案を考えよう ・目を酷使しないこと ・心地よい環境づくりを	・転職先を間違えそう ・起業すると勇み足に ・立場を死守すべし ・準備不足でも踏ん張る ・アドレナリンが出る ・どうにか持ちこたえる ・とにかく行動しよう ・集中して周りが見えない ・ミスはきちんと指摘を ・足元に注意しよう
お金	・泣き寝入りしないで ・後ろ暗い行動はダメ ・強気で金額交渉を ・不明点は質問しよう ・損な役回りは拒否を	・収入が上がる ・倹約がうまくいく ・貯金を減らさないで ・思い切った買い物も吉 ・付き合いでの買い物は凶	・欲張り過ぎないこと ・慈善事業に募金を ・クレームはつけないで ・ぜいたくは避けよう ・健康用品を買うのは吉	・収支共に増える傾向 ・無理すると損が重なる ・損した分は諦めて ・健康関連の出費は吉 ・経費を抑えて利益を多く
行動のヒント	・根拠を明確にするべし ・逃げも隠れもしないで ・批判を受けて立とう ・真面目な対応を ・言いたいことは言おう	・複数の依頼は取捨選択を ・気力と体力の温存を ・健康診断を受けよう ・無理な要求はいなして ・なめられないように	・植物に関することが吉 ・ひいきせず平等に ・平和に過ごそう ・自然に触れるとよい ・野菜を摂取しよう	・靴を慎重に選ぼう ・見切り発車しないこと ・血圧など健康に注意を ・ウォーキングや運動を ・じっくりと観察しよう

雲のない青空	手に握られた棒	六本の棒	岩山
出会い	**出会い**	**出会い**	**出会い**
・単純明快な人との ・疑わない人との ・注意力のない人との ・異性に興味がない人との ・屋外の活動での ・見逃してしまいそうな ・出会いが少ない	・いちずな人との ・やる気のある人との ・臨機応変な人との ・夢がある人との ・続けているアプリでの ・本気の婚活の会での ・先輩や後輩の縁からの	・群れて行動する人との ・向上心の強い人との ・怒りっぽい人との ・後輩思いの人との ・ライブ会場での ・婚活パーティーでの ・若い人が多い集まりでの	・だらしない人との ・生活が不安定な人との ・何かと無頓着な人との ・冒険好きな人との ・ハイキングでの ・忙しい日の ・幹事不在の会での
相手の気持ち	**相手の気持ち**	**相手の気持ち**	**相手の気持ち**
・何も考えたくない ・先延ばしにしている ・自分は恋愛に不向き ・今は会いたくない ・少し休みたい ・やましい部分はない ・軽い付き合いなら可	・思いは変わらない ・熱い恋がしたい ・ずっと気持ちがある ・あなたに合わせる ・連絡するつもり ・忙しくて余裕がない ・近づき過ぎはNG	・釣り合わない気がする ・あの手この手で努力中 ・思いが伝わらない ・上から目線は嫌だ ・立場を強くしたい ・議論すべきことがある ・マンネリを打破したい	・動揺している ・付き合うのは難しい ・今恋愛どころではない ・スリルを楽しみたい ・ダメ元で声を掛けたい ・これ以上は無理かも ・腰が引けている
今後の二人	**今後の二人**	**今後の二人**	**今後の二人**
・連絡がとりにくい ・距離が縮まらない ・交際しても特別感がない ・刺激が足りない ・淡白なやりとりが続く ・ライバルがいなくなる ・先のことは分からない	・告白すれば成就する ・交際が長く続く ・最初は苦労するかも ・共に成長する関係 ・ダメ元がうまくいく ・焦らず時間をかけて ・諦めたら関係が終わる	・いくつかの試練あり ・略奪愛の可能性あり ・結果が出るまでが遠い ・飽きさせない努力が必要 ・一目ぼれは続かない ・ほれ直す機会がある ・言い争いが増える	・前途多難の予感 ・刺激的なことが起こる ・油断が破局につながる ・信頼関係を結べない ・綱渡りの恋 ・自信がないと続かない ・駆け落ちも辞さない
・転職のメリットがない ・仕事量が減る ・退職には良い時期 ・障害なく順調に進む ・他の可能性も考えて ・無駄を排して効率的に ・息抜きも必要 ・未経験の分野に挑もう ・空しい作業が続きそう ・視野を広く持って	・転職は慎重に ・独立は長期計画で ・防戦一方でも諦めない ・首尾一貫した熱意で ・プラン通りに進めよう ・最後までやり切るべし ・審査や面接で活躍する ・新たなスタートは難しい ・じわじわと成功する ・人に迎合しないこと	・転職は諦めないこと ・起業するには力不足 ・下剋上を狙おう ・圧力をかけられそう ・目上の人で苦労する ・向上心を持ち続けよう ・一度や二度は失敗する ・忍耐力と持続力を ・下からの突き上げあり ・切磋琢磨ができそう	・退職しない方がよい ・高望みは失敗を招く ・まずは環境を整えよう ・準備に時間をかけて ・ポジションを狙われる ・立場を守ること ・トラブルは無難に対処 ・危機回避にも危機あり ・最後まであがくべし ・結果が出る時期
・預金がなくなる ・株の空売りが吉 ・お金の使い道は透明に ・借金を完済しよう ・物を売ってお金にして	・定期収入が必要 ・計画的なローンを ・稼ぐという気概が大事 ・「細く長く」をテーマに ・貯金が身を助ける	・忙しいがもうかる ・収入源を複数持って ・セールスはお断りを ・買い物は迷わずに ・匿名・偽名は詐欺かも	・努力が利益をもたらす ・株や貴重品の売りどき ・リスクは回避すべし ・ぜいたくが転落を招く ・積み重ねや貯蓄が吉
・外に出かけよう ・集中し過ぎないこと ・とにかく分かりやすく ・背後がガラ空きに ・シンプルがベスト	・大人の振る舞いを ・気を抜いてはダメ ・柔軟な対応が吉 ・やる気を見せよう ・攻撃は最大の防御	・へこたれないで ・顔を見せない人に注意 ・知人以外はスルーが吉 ・デモや議論は実りあり ・週に1回は休もう	・情緒不安定になりがち ・危険な場所は避けて ・助けを求めよう ・準備はしっかりと ・転倒に気を付けて

 金貨の3(正)p.300

棒《ワンド》の8

八本の棒を投げたのは誰？
間もなく大地に突き刺さり、
進行中の物事が決着するだろう。

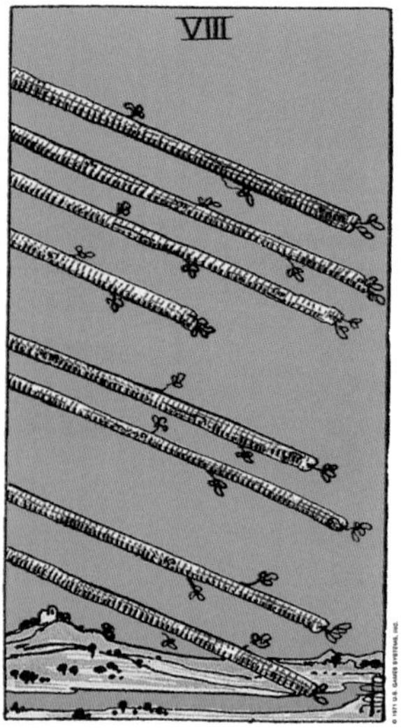

逆位置

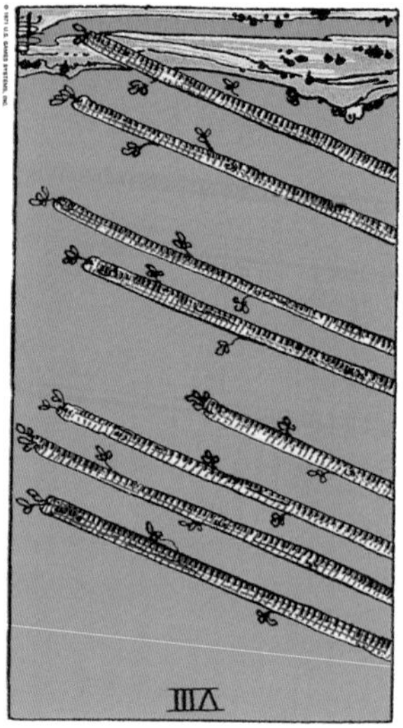

基本の物語

雲一つない青空を八本の棒が飛び、次々と地面に到達しようとしています。「棒の７」は上下が対立的な構図でしたが、それが人物ごときれいになくなっています。突然、現れた八本の棒は、状況が急変し、物事の着地点が見えてきたことを意味します。

人影は見当たりませんが、棒を投げた人物はどこかにいるはずなので、見えないところで何かが起こっていることを暗示しています。

また、次の「棒の９」を見る限り、これらの棒は整然と大地に突き刺さるはずですから、進行中の物事はきちんと決着に至るでしょう。

逆位置を読むポイント

逆位置では、誰かが棒を突き上げているようにも見えます。しかし、カードの下方には大地がないので、その「誰か」は踏ん張りがきかないはず。つまり、勢いよく飛び出したけれど宙ぶらりんになっているか、思ったほど先に進まないことを表しています。あと一歩届かず、力が入ったまま保留になり、棒を勢いよく飛ばすことも引っ込めることもできない状態です。

また、正位置では、静止した風景の中で棒だけが動きを見せていましたが、逆位置では全体的に動きが止まっている印象で、しばらくは緊張状態が続くことを示しています。

Eight of Wands

棒の8 に描かれたシンボル

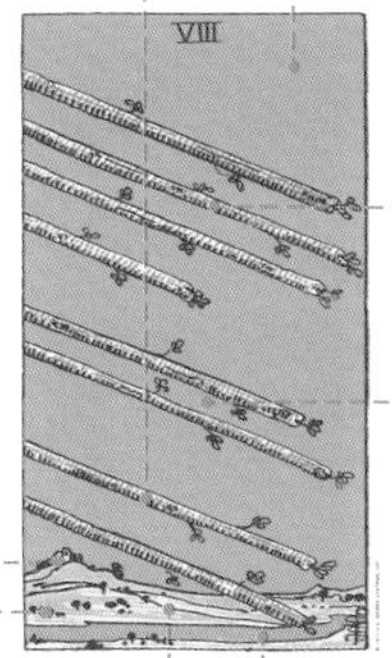

・下方の二本の棒・

下の二本は着地が間近で、そろそろ決着がつくことを示します。真っ先に行動開始して最初に目的を達成するか、一番耐久力がなくて最初にリタイヤするか、どちらかです。どの棒も交錯せず、スムーズに着地するでしょう。

・雲のない青空・

澄みきった心、率直な感情表現、さえぎるものがないこと、状況がよく見えることを示します。背景の多くを空が占めているのは、視野が広がり、可能性が開ける予兆でしょう。青い色は、頭が冴えて冷静な様子を意味します。

・丘の上の建物・

自然の中にポツンとある建物は、進行中の物事に小さな違和感や障害があることを表します。逆位置では、それが強調されるでしょう。頑固で保守的な人物が城にこもり、こちらをうかがっているようなイメージです。

・上空の四本の棒・

上空を飛ぶ四本の棒は、計画が始まったこと、行動を起こしたこと、高みを目指すことを意味します。一本だけ遅れているのは、ついていけないメンバーがいること、理想が高くて足並みがそろわないことを表しています。

・まばらな木々・

遠くに小さく見える木々は、見逃しがちな重要事項を表します。まばらなのは、距離をとっていることや元気がないことを意味します。木は棒の原材料ですから、根本的な原因を探る必要があるとも解釈できます。

・中間の二本の棒・

真ん中を飛ぶ二本の棒は、上司と部下に挟まれること、上を狙いたくても狙えないこと、下からの突き上げに焦っていることを意味します。身動きが取りにくく、周りに合わせて行動しなければならない状況です。

・丘・

なだらかで急な勾配のない丘は、多少のアップダウンはあるものの、基本的には穏やかに物事が進んでいくことを意味しています。小さな変化はあっても大事件は起こらないことや、あまり変わらない日常を表しています。

・川・

ゆったりと流れる川は、空を飛ぶ棒のスピード感と、どっしりと静止している丘との中間のような、穏やかな時の経過を表します。逆位置では青い空の一部のように見えるので、冷静に今後の可能性を考えることを意味します。

 剣の5(逆)p.248

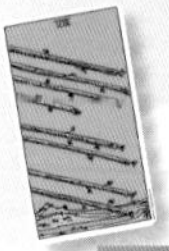

棒の8を読むためのキーワード

	雲のない青空	上空の四本の棒	中間の二本の棒	下方の二本の棒
恋愛	出会い ・分かりやすい人との ・話しやすい相手との ・正直な人との ・ライバル不在の ・開けた場所での ・屋外で活動中の ・出会いが少ない	出会い ・理想の高い人との ・かみ合わない相手との ・マイペースな人との ・急いでいる人との ・急転直下の展開での ・予想外の場所での ・数打てば当たる	出会い ・優柔不断な人との ・中間管理職との ・不器用な人との ・受け身な人との ・まずまずな条件の ・知人と関係のある ・重圧のある紹介での	出会い ・すぐ諦める人との ・手の早い人との ・適齢期の人との ・婚活に真剣な人との ・結婚相談所での ・婚活パーティーでの ・手軽なアプリでの
	相手の気持ち ・隠し事がない ・素の状態で話している ・冷静に分析中 ・だまそうとはしていない ・本音が知りたい ・いつでも予定は空ける ・受け入れ態勢にある	相手の気持ち ・スピード感が合わない ・理想を求めている ・早く決着をつけたい ・急に情熱が盛り上がる ・あれこれ一緒にやりたい ・真っすぐな気持ち ・上から目線で見ている	相手の気持ち ・変化が欲しい ・押すのも引くのも困難 ・テンションが上下する ・葛藤がある ・何をすべきか分からない ・合わせるしかない ・自由になりたい	相手の気持ち ・背中を押された ・あまり時間がつくれない ・もう力尽きそう ・そろそろ結論を出す ・急に焦り始めた ・結婚の意思がある ・約束を果たしたい
	今後の二人 ・なかなか会えない ・連絡がなくなる ・今後の行動次第 ・交際の可能性はある ・あまり進展しない ・二人に暇があれば成就 ・将来を考える	今後の二人 ・交際には妥協も必要 ・より良い相手を探す ・さまざまな準備が必要 ・ライバルに狙われる ・ハイレベルな交際 ・自信喪失は別れの前兆 ・無理が破局を招く	今後の二人 ・進展させられない ・相手がフリーにならない ・平行線をたどる ・片方が先走り失敗する ・親からの圧が邪魔に ・結婚観の違いが表面化 ・関係を維持できる	今後の二人 ・定期的に連絡がくる ・努力が実って成就する ・ようやく交際に至る ・告白かプロポーズあり ・婚約の段階へ ・独身生活に終止符 ・円満に別れる
仕事	・転職先が見つけにくい ・未経験でも問題なし ・邪魔がなく集中できる ・他の可能性も要検討 ・まずは冷静になろう ・外回りや出張は吉 ・換気と日当たりが大事 ・上層部に意見が通る ・幅広い視野を持とう ・ゼロから挑戦して	・理想的な転職先を探す ・独立は早い者勝ち ・高レベルを求められる ・何度もチャンスあり ・好条件で交渉できる ・急な展開がある ・ずっと忙しい ・一つずつ済ませよう ・周囲と衝突せずに済む ・付いていくので精一杯	・転職させてもらえない ・独立も起業もできない ・上司と部下の板挟み ・周りとのズレの修正を ・予定通りに進む ・安全だが退屈な仕事 ・保留の案件が出てくる ・業務がはかどる ・まあまあの結果に ・言われたことを淡々と	・転職は大詰めを迎える ・異動や着任がある ・起業は間に合わない ・締め切りや納期を厳守 ・最終段階まできている ・無理ならリタイアして ・今さら焦らないこと ・着地点を明確に ・足並みがそろう ・程よい距離感で協働を
お金	・収支を把握しよう ・貯金が増えない ・入金の当てがない ・不透明なお金はNG ・不用品の処分を	・副業でも収益あり ・融資や借金が可能に ・身の丈にあった出費を ・少しでも安い店で買う ・見積もりは複数提出を	・定期収入は安定する ・商品の定期購入を ・収支の帳尻合わせを ・ギャンブルは期待薄 ・自由にお金を使えない	・懸賞に当たりやすい ・ぜいたく品より日用品を ・急な出費がありそう ・副収入が得られる ・収入に応じた支出を
行動のヒント	・未知の場所へ行こう ・外の空気を吸おう ・スケールの大きい話を ・爽やかな挨拶を ・人混みを避けて	・何回も頼んでみよう ・スポーツ観戦が吉 ・諦めなければ成功する ・連絡や荷物の不着 ・欠便・遅延・変更あり	・身動きが取りにくい ・中立の立場でいよう ・少しだけ相手を立てて ・コツコツと継続しよう ・交通機関は定刻通り	・きちんと終わらせよう ・滞りなく完結する ・足元に気を付けて ・最後まで分かり合えない ・スポーツがおすすめ

丘	丘の上の建物	まばらな木々	川
出会い	出会い	出会い	出会い
・穏やかな人との ・やや遠方の人との ・平凡な人との ・連絡がまめな人との ・地味なアプリでの ・盛り上がる会での ・アウトドアでの	・孤独を好む人との ・隠し事がある人との ・束縛したがる人との ・職業不明な人との ・結婚を前提とした ・緊張する場での ・秘密の集まりでの	・やる気のない人との ・元気のない人との ・孤立しがちな人との ・長所が見えにくい人との ・すいている店での ・興味の持てない会での ・出会いの機会が少ない	・共感できる人との ・泰然とした人との ・感情が安定した人との ・冷静で穏やかな人との ・川や池の近くでの ・のんびりとした場での ・交友関係からの
相手の気持ち	相手の気持ち	相手の気持ち	相手の気持ち
・放っておいてほしい ・時間をかけたい ・急な進展を望まない ・変化より安定を好む ・サプライズは望まない ・責任を負いたくない ・共感はできない	・引きこもりたい ・頻繁な連絡はやめて ・誰にも会いたくない ・自分からは動けない ・警戒心がある ・本音を話せない ・出かけるのが億劫	・お互いをよく知らない ・現状に戸惑っている ・自分のペースを守る ・そもそも恋愛はしない ・情熱的になれない ・しばらく会いたくない ・精神的な距離がある	・確固たる意志がない ・流されるままになる ・周囲に合わせる ・友達付き合いを希望 ・優しく応じたい ・言い争いは避けたい ・言われた通りにする
今後の二人	今後の二人	今後の二人	今後の二人
・まずは友達から ・一人に絞れない ・相手より自分を優先 ・少し距離があるまま ・いろいろあって交際へ ・穏やかに付き合う ・時が経つと愛が深まる	・互いに警戒している ・約束が取り消しになる ・監視と束縛が嫌になる ・会いにくくなる ・どちらかの家に入るかも ・家に招かれる ・実家が関わってくる	・相手の意図が読めない ・目的が合わずに別れる ・遠慮すると自然消滅 ・本音語りで打ち解ける ・距離が縮まりにくい ・まだ様子見をしている ・面倒事のない交際	・情に流されて付き合う ・すぐ一線を越えると凶 ・盛り上がらない関係 ・結論が先延ばしになる ・現状維持で落ち着く ・進展はゆっくり ・友の助力でうまくいく
・転職は少し先になる ・強引な起業より現職を ・勝負の場面で頑張って ・力を抜くことも必要 ・日常業務をきっちりと ・平常心を大切に ・自分のペースで進めて ・向上心を忘れないで ・地道な努力が好評価 ・派手なアピールは凶	・すぐに内定なら転職を ・独立はうまくいかない ・同族会社に縁あり ・在宅での仕事を ・自分のスペースが必要 ・呼び出しを食らう ・情報漏洩に注意を ・規則を巡る問題が発生 ・監視の目が厳しい ・研究に没頭しよう	・良い職が見つからない ・独立や起業で孤立する ・無難に立ち回ろう ・将来のための準備期間 ・邪魔されず集中できる ・些末な仕事がくる ・周囲の評価が低い ・連携がとりにくい ・やる気が湧いてこない ・環境になじむ努力を	・転職しない方がよい ・経験を生かした独立を ・新天地より今の環境 ・長いものには巻かれよ ・急がない、止まらない ・人の気持ちを汲むべき ・できるだけ穏やかに ・人の怒りをなだめて ・現状維持を狙おう ・懐の深さを見せるべし
・金運が上下する ・無理のない出費を ・余裕があれば貯金して ・資産運用は低リスクで ・急にもうかると危険	・なるべく貯金をしよう ・盗難への対策を ・引っ越しで物入り 相続や贈与に関わる ・身内との貸借はNG	・最低限の収入確保を ・状況次第で昇給も ・倹約ができる ・貸したお金は戻らない ・環境問題への募金は吉	・貯金を崩すのはNG ・ローンを組んでもOK ・安定収入を得やすい ・金運が安定する ・衝動的な出費はダメ
・ハイキングがおすすめ ・川沿いの散策もよい ・静かに過ごそう ・感情表現はやや控え目に ・遠くの友を思うと吉	・家にこもるのは吉 ・窓からの日差しは吉 ・だんらんがおすすめ ・睡眠で心身をリセット ・個室で過ごそう	・孤独な食事は避けて ・植物に関することは吉 ・不要品が実はお宝 ・身だしなみに注意 ・工作をやってみよう	・周囲に振り回されそう ・長い距離を移動しよう ・外に出て散歩を ・時間的な余裕を持って ・平常心で結果を待つ

 太陽(逆)p.96

棒《ワンド》の9

敵を警戒して身構える人物は、
すでに傷を負い、疲弊している。
それでも戦う気概を失わない。

逆位置

Nine of Wands

基本の物語

八本の棒を立て、一本の棒を抱えて道の真ん中に立っている男性。目つきは鋭く、両腕に力が入り、辺りを警戒しながら身構えています。

一つ前の「棒の8」で飛んできた棒を、身を守るための柵にしているのでしょう。とはいえ、すでに傷を負いながら、たった一人で応戦するという不利な状況です。それでも徹底抗戦の気概と意地を見せることでしょう。しかし、ムキになって負けを認めず、不毛な戦いを続けると、次の「棒の10」のように、抱え切れない負担に苦しむ羽目になります。

逆位置を読むポイント

正位置では、左側から迫ってくるかもしれない敵をにらみつけるような構図になっています。襲ってきたら、この棒で追い払ってやるとばかりに気合を入れて、待ち構えているように見えるのです。

しかし逆位置になると、八本の棒の間隔が不均等で、人物の付近に集中している様子が目につきます。そうなると、この男性に「迎え撃ってやる」という余裕が感じられなくなるのです。傷を負って追い詰められ、焦っている構図です。心なしか目つきの鋭さも薄れ、抱えている棒も、応戦するための武器というよりは、疲れた体を支えるつえのように見えてきます。

棒の9 に描かれたシンボル

・雲のない青空・

邪魔するものがないこと、他に誰もいないことを示します。自分の思い通りに、自分の責任で動けるのです。しかし、敵の姿はまだ見えません。周到な準備や綿密に立てた戦略が、活用されずに終わる可能性もあります。

・八本の棒・

八本の棒は、防御のための柵のように見えます。長さが不ぞろいで、完璧な準備ができなかったことがうかがわれます。三本は右(未来)に寄っていることから、後で頑張ること、情熱(棒)にムラがあることが分かります。

・遠くの丘・

遠景の丘には、波打つ稜線が重なっています。これは状況の複雑さ、変化にさらされること、大勢の思いが交錯することなどを表します。標高が低く、豊かな緑に覆われていることから、さほど厳しい困難ではなさそうです。

・灰色の地面・

舗装された道は、最適な環境や準備が整っていることを示します。灰色は、無難な道を選ぶこと、脇役や裏方に徹することを意味します。ただ、柵で守りを固めたわりには、敵やライバルの侵入を容易に許すことになりそうです。

・包帯の巻かれた頭・

包帯は、負傷していることを意味します。過去の失敗やトラウマ、回復の途中、応急処置、防御態勢などを意味します。頭部の傷は、背中を見せて逃げない勇敢さを表す一方で、重大なダメージへの警告でもあります。

・棒を握る両腕・

袖をまくっているのはやる気を、太い腕は力強さと剛胆さを表します。しかし、腕を無防備にさらしているので、けがをするかも。右手(積極性)より左手(受動性)を上にしているので、まずは敵の攻撃を受け止めるでしょう。

・男性が持つ棒・

自分の身長より長い棒は、限界を超えて努力する熱意や心の支えなどを意味します。身の丈に合わない野望や自信過剰の象徴でもあります。この棒はつえにもなるので、身を守る戦いや、攻撃が防御になることも表します。

・服とブーツ・

斜めになったベルトは、慌てて締めたのでしょうか。時間の余裕がないことを示しています。赤茶けた服は攻撃性と泥くささを表しますが、一方で、保護色のブーツは、目立たぬよう配慮していることをうかがわせます。

 棒のキング(正)p.164

棒の9を読むためのキーワード

	包帯の巻かれた頭	棒を握る両腕	服とブーツ	雲のない青空
恋愛	出会い	出会い	出会い	出会い
	・勇気ある人との	・体育会系の人との	・忙しい人との	・心配性の人との
	・持病のある人との	・力仕事をする人との	・だらしない人との	・茫洋とした人との
	・壁をつくる人との	・腕っぷしの強い人との	・目立たない人との	・相手のいない人との
	・離婚歴がある人との	・おとなしい人との	・婚活に熱心な人との	・我の強くない人との
	・医療関係が縁での	・体を動かすイベントでの	・合コンでの	・出会いが少ない
	・過去の体験が縁での	・暑い場所での	・人気のアプリでの	・延期になった会での
	・スポーツがきっかけの	・無防備な状態での	・チェーンの居酒屋での	・アウトドアでの
	相手の気持ち	相手の気持ち	相手の気持ち	相手の気持ち
	・ダメージを受けている	・積極的に押したい	・体の関係になりたい	・余計な心配をしている
	・過去の傷を思い出す	・強引に言い寄るつもり	・やれることはやる	・連絡をとりたくない
	・前向きになれない	・出方をうかがう	・本心を探られたくない	・少し離れたい
	・おっかなびっくり	・タイミングを待つ	・思い通りにならない	・恋愛を恐れている
	・痛い目に遭いたくない	・守りに入っている	・イライラしている	・プレッシャーは嫌だ
	・今はその気になれない	・反論と言い訳がしたい	・疲れてしまった	・何もない方がよい
	・トラウマに苦しむ	・責められたくない	・いい加減になっている	・方針が立てられない
	今後の二人	今後の二人	今後の二人	今後の二人
	・障害がクリアできない	・積極性が足りず平行線	・けんかが増える	・何も起こらない
	・心の傷が回復しない	・告白すれば状況が変化	・とりあえず付き合う	・期待外れに終わる
	・告白できずに終わる	・強引にいけば成就する	・体の相性で不満が発生	・進展が見られない
	・失敗を恐れて離れる	・勇気がないと自然消滅	・将来の方向性が異なる	・保留のままになる
	・進展には勇気が必要	・もう一押しが必要	・口約束が守られない	・交際は問題なく続く
	・仲直りに時間がかかる	・痛いところを突かれる	・とりあえず関係は続く	・遠距離恋愛になる
	・困難がまだ続く	・支え合えば良い関係に	・進展がなくストレスに	・刺激や反応が薄い
仕事	・転職活動でミスをする	・転職するなら積極的に	・無難な転職が吉	・転職先が出てこない
	・独立はリスクあり	・独立は勇敢かつ慎重に	・独立でストレス増	・独立は準備段階
	・出る杭は打たれる	・守りを固めて攻勢へ	・攻めると批判される	・計画が始まらない
	・体調を万全に	・大胆かつ繊細に	・守りに入ると目立てない	・変化のない状態
	・心身のケアを最優先に	・手の内を見せよう	・上司から責められる	・有益な情報がない
	・ハラスメントに注意	・相手を油断させるべし	・部下がおとなしすぎる	・自由に活動できる
	・労災規定の確認を	・多少の痛みはやむなし	・葛藤は成長の証し	・どうせなら冒険を
	・汚名返上を狙おう	・上下関係を大事に	・怒りのコントロールを	・邪魔が入らず快適
	・失敗しても次がある	・つかんだら離さないで	・動き回らない方がよい	・気持ちの切り替えを
	・負け犬根性はダメ	・直接対決は避けること	・仕事が増えても丁寧に	・予定が空白に
お金	・投資や出資の失敗	・株やギャンブルはNG	・お金があまり使えない	・収入の当てが外れる
	・保険や補償の充実を	・出費を抑えるべし	・財布のひもを締めて	・借金や預金がなくなる
	・医療費がかかりそう	・油断すると浪費する	・頑張るほど赤字になる	・投資のリターンがない
	・健康による収入変化	・良い品は高くても買う	・リスクは負わないこと	・タダでもらえる物あり
	・損失を取り返そう	・自分の利益を守ろう	・貯金は崩さないで	・支出を減らすと吉
行動のヒント	・けがと頭上に注意	・隠し事はしないで	・穏やかに接すると吉	・待っていても無駄
	・負けん気を見せよう	・挑戦は受けて立とう	・やるときはやるべし	・屋外で行動しよう
	・過去のことは忘れよう	・けがをしない程度に	・食生活の安定を	・キャンセルになる
	・回復する喜びを味わう	・スポーツがおすすめ	・人に優しく己に厳しく	・肩透かしを食らいそう
	・勇気と無謀は別	・道具を有効に活用して	・きちんとした服装を	・自由を満喫して

男性が持つ棒	八本の棒	遠くの丘	灰色の地面
出会い	出会い	出会い	出会い
・自信過剰な人との	・ガードの固い人との	・複雑な事情がある人との	・地味な人との
・野望を持った人との	・人見知りの相手との	・友達が多い人との	・強く言えない人との
・背伸びしている人との	・むら気な人との	・多才な人との	・安定した仕事の人との
・プライドの高い人との	・好き嫌いが激しい人との	・連絡がマメな人との	・少し天然な人との
・足場が悪い場所での	・数打てば当たる	・交流会での	・結婚相談所での
・共通の趣味の場での	・アプリによる複数の	・複数のサイトでの	・普段の活動場所での
・誰かの紹介による	・慣れ親しんだ場所での	・少し遠出したときの	・仲介者がいる
相手の気持ち	相手の気持ち	相手の気持ち	相手の気持ち
・自分を優先する	・最初はゆっくり	・たくさん話したい	・気持ちを口にできない
・認めてほしい	・警戒心がある	・みんなで会おう	・現状維持でよい
・支えになりたい	・時間をとられたくない	・他の候補者もいる	・信頼はしている
・頼ってくれてもいい	・忙しくて暇がない	・一緒に出かけたい	・そんなに楽しくはない
・強がっている	・予定が読めない	・進展にはハードルあり	・予定は合わせる
・体の関係を求める	・嫌なことはしたくない	・決め手に欠ける	・質問には真摯に答える
・少し持て余し気味	・しぶしぶ婚活している	・ややストレスがたまる	・結婚願望がある
今後の二人	今後の二人	今後の二人	今後の二人
・化けの皮が剥がれて破局	・連絡が増える	・交際が壁にぶつかる	・慎重過ぎて進まない
・我欲のぶつかりあいに	・まだ一線を越えない	・どちらかが移り気に	・積極的に押せば進展
・協力し合えば成就する	・忙しい合間に会う	・細かい衝突がある	・真面目な付き合いが吉
・頼れる間柄になる	・交際を決断できない	・友達のような関係	・信頼を勝ち取る
・自信が揺らいでいく	・押しの一手で親密に	・特別扱いされずに悩む	・安定した交際へ
・責任逃れする恐れあり	・交際後に好きになる	・本気でぶつかると成就	・結婚を意識する
・なんとか関係を維持	・依然として壁がある	・次から次へ課題が出る	・マンネリになる
・転職エージェント任せ	・現職を辞められない	・転職の結果が見えない	・転職は焦らないこと
・独立すると孤立する	・独立は阻まれそう	・独立は厳しいかも	・正社員が狙える
・創業支援を利用して	・間断なく仕事がくる	・ライバルと拮抗する	・独立は地盤固めから
・パートナーと組もう	・後回しにしないこと	・派閥争いに気を付けて	・キャリアが頭打ちに
・野望を持つこと	・集中力が切れやすい	・突出したアイデアを	・地道な継続の成果あり
・理想が高すぎるとNG	・問題を解決し切れない	・足の引っ張り合いは凶	・変化に翻弄されないで
・実力以上のものを発揮	・関係者との壁ができる	・遠慮と忖度はなしで	・基本に忠実が吉
・体の酷使は禁物	・ノッているときは大吉	・面倒事に付き合わない	・かわりばえのない仕事
・サポートが必要になる	・準備不足に注意	・意見交換を活発に	・ブレークスルーがない
・初志貫徹が吉	・バランスを整えよう	・リモートで効率よく	・組織に守ってもらえる
・あれこれ買わず一点だけ	・まとまった支出がある	・収入も支出もやや多い	・安定した収入がある
・ギャンブルは一点集中	・収入が不安定	・不要なものは買わない	・出費を抑えられそう
・公的支援の検討を	・最低限の貯金を	同じ物なら安い店で	・リスクは負わないこと
意識が低いと稼げない	・損をしないやり方で	・将来に備えて貯蓄を	・悪徳業者に注意して
・固定収入が支えになる	・入金が遅れるかも	・ギャンブルは手堅く	・交通費を節約して
・転ばぬ先のつえを	・とにかく数をこなそう	・予想外のストレスあり	・整理整頓すると吉
・扱えないものは諦めて	・多少いびつでもよい	・少し遠くから眺めて	・地道にいくのが最善
・身の丈に合ったものを	・時間を無駄にしない	・交流は相手を選んで	・環境を変えないで
・情熱を保ち続けよう	・先に済ませておくこと	・挑戦のための準備を	・ルーティンを守って
・攻撃は最大の防御	・守りをしっかり固めて	・変化に対応しよう	・足元に注意すること

金貨の5(逆)p.308

棒《ワンド》の10

一人で抱えられる量なのか？
荷を下ろして一本をつかめば、
目的地までの旅がスムーズに。

逆位置

Ten of Wands

基本の物語

十本もの棒を抱えて街に向かう人物。長い棒の束が視界をさえぎり、進路を阻んでいるようにも見えます。これではいつまでたっても目的地にたどり着けないでしょう。

しかし、空は晴れわたり、道は滑らかで、視界も道のりもクリア。全てを背負おうとせず、やることを絞りさえすればスムーズな進展が望めます。「棒の９」で、攻撃に備えて身構えるだけでは目的を達成できないと悟り、全てを背負って歩き出したわけですが、一人で抱えられる量には限度があります。いったん荷を下ろし、その中から「棒のＡ」のように一本だけをつかめば、情熱が復活するでしょう。

逆位置を読むポイント

逆位置でも、棒の重さと圧力は変わらないように見えます。正位置では、この人物は棒をかろうじてまとめ、足を踏ん張って重さに耐えていました。一方、逆位置では足の踏ん張りがやや強調されてきます。それだけでなく、棒の方に重心を傾け、もう一歩を踏み出そうとしているようです。

正位置の人物は、いったん止まって棒を整理し直そうと考えているのかもしれません。しかし逆位置の人物は、その足で力強く地面を蹴り、目的地である赤い屋根の家まで、最短距離で進もうとするでしょう。

棒の10に描かれたシンボル

・雲のない青空・

見通しが立っていること、邪魔が入らないこと、気分がスッキリしていることを意味します。重圧にさらされても、きちんと先のことを考えられれば、あるいは重荷を降ろせば、自由に行動できることを表しているのです。

・棒の束・

多過ぎる仕事、過大なプレッシャー、責任の重さなどを表します。棒は意欲を表しますから、頑張り過ぎて燃え尽きたか、周りの盛り上がりが重圧になっているかです。それらが行く手を阻み、展望を見えにくくしているのです。

・人物の着衣・

茶色い服は真面目さや地道な努力を、白いシャツは純粋で世間知らずなことを表します。それが悪く出ると、重荷を引き受けてしまうわけです。両手で棒を抱えているので、これ以上は何もできないことが読み取れます。

・人物の頭部・

うつむいているのは、現実を直視できないか、近視眼的になっているか、解決策が見つからずに思い悩んでいることを示します。髪の毛の輝きは、希望はあること、しかし、それに気付かないことを暗示します。

・木々が茂る丘・

生い茂る木々は生命力と健康を、黄緑色の丘は穏やかで健やかな生活を表します。手前は舗装済みの道ですが、遠景には豊かな森が。便利でもストレスの多い都市生活から、不便でもくつろげる自然な生活への変化を示しています。

・赤い屋根の家・

どこか東洋風の建物は、この辺り一帯を治める領主か地主の館でしょうか。男性が抱えている十本の棒は、館の主人の指示で集められたのです。上司、依頼者、スポンサー、オーナーと、そのわがままを象徴しています。

・タイツと靴・

盛り上がったふくらはぎは、今が踏ん張りどきであることを示します。茶色の地味な靴は、奇跡は起こらず、それなりの結果になることを表します。ほどけそうな靴ひもは、足元がおぼつかない、足場が危ういという警告です。

・黄土色の地面・

きれいに舗装された道は、障害のないことや順調な進展を表します。資金や環境に恵まれ、なんの問題もないでしょう。ただ、ここで棒を下ろすと通行の妨げになりますから、道端にたどり着くまでは頑張らねばなりません。

 皇帝(正)p.36

棒の10を読むためのキーワード

	棒の束	人物の頭部	人物の着衣	タイツと靴
恋愛	出会い	出会い	出会い	出会い
	・婚活疲れした人との	・目を合わせない人との	・素朴な雰囲気の人との	・婚活に必死な人との
	・親の重圧がある人との	・自信のない人との	・真面目に働く人との	・前向きな人との
	・愛が重い相手との	・自己評価の低い人との	・余裕がない人との	・不安定な人との
	・力仕事をする人との	・髪色の明るい人との	・家族を支える人との	・地味な人との
	・気乗りしない紹介での	・隠れ家での	・結婚相談所での	・アウトドアでの
	・緊張するシーンでの	・明るい時間帯の	・職場や仕事関係での	・スポーツが縁での
	・ジムやキャンプでの	・顔見せなしでの	・地元の店での	・徒歩で移動中の
	相手の気持ち	相手の気持ち	相手の気持ち	相手の気持ち
	・正直なところ疲れた	・恋愛どころではない	・慣れない関係に困惑中	・恋愛というより友情
	・先が見えない	・他に夢中なことがある	・真面目に考えている	・告白しようと思う
	・重圧に苦しんでいる	・外見コンプレックス	・不器用なのが悩み	・まずは進展させたい
	・無理をしている	・最初から諦めムード	・精一杯向き合いたい	・段階を踏む必要がある
	・忙し過ぎる	・対話が苦手	・将来のことを考えている	・浮ついてはいない
	・すでに手一杯	・恥ずかしさを感じる	・人として仲良くなろう	・気持ちの整理に時間を
	・一生懸命、対応する	・悩みを打ち明けられない	・抱き締めたい	・結婚への一歩を
	今後の二人	今後の二人	今後の二人	今後の二人
	・気まずさが距離を生む	・振り向いてくれない	・告白には至らない	・ようやく動きがある
	・連絡がとれなくなる	・関心が他に移る	・友達付き合いを維持	・一歩前進する
	・課題を二人で背負う	・申し訳なくて離れる	・結婚前提なら進展する	・交際が始まる
	・プレッシャーに負ける	・自己否定すれば破局へ	・地道にデートを重ねる	・頑張っても進展しない
	・燃え尽きてしまう	・顔を見る機会が減る	・変化のない付き合い	・前提があやふやになる
	・告白や婚約から逃げる	・今より将来に期待	・マンネリになる	・結婚へは地道に前進
	・結婚の覚悟を決める	・いずれ向き合うことに	・多忙でマメになれない	・二人の足場を要確認
仕事	・転職を後悔する	・転職は失望する結果に	・現職を手放さないで	・転職の準備を始めよう
	・独立する余裕がない	・独立しても悩みが多い	・独立は不利になりそう	・独立起業はまだ危うい
	・重圧に耐えるべし	・壁にぶち当たる	・安易に起業しないこと	・少しずつ改善しよう
	・無理をすると倒れる	・モチベーションが低下	・損な役を引き受ける	・長い目で見るべし
	・現状維持が精一杯	・現実を直視しよう	・真面目な一面も見せて	・一歩ずつ確実に
	・視野が狭くなっている	・失敗してもやり直せる	・手を緩めることも大事	・自分の足で行動を
	・執着を手放して心機一転	・今は駄目でも希望はある	・負担は軽減、手柄は分配	・安全を心掛けよう
	・欲が多いと得られない	・視野が狭いのは危険	・執着を捨てるべし	・上司に働きかけると吉
	・熱意が己の首を締める	・長所に気付いていない	・キャパシティーに配慮を	・体力勝負になる
	・調子に乗れば失敗する	・忙し過ぎて感性がまひ	・上司に頼るとよい	・装備や用意は万全に
お金	・負債は少しでも返して	・支出が減る	・一人占めは良くない	・地道に稼ごう
	・もうけるほど大変に	・思いがけなく収入増	・収支共に少なめ	・健康運が金運に直結
	・努力だけでは稼げない	・予算が十分にある	・力を入れても稼げない	・派手な浪費はNG
	・必死だと援助されない	・貯金ができる	・財産をしっかり守って	・買い物は必需品を
	・金額よりも省エネ重視	・保険や補償が下りる	・搾取を黙認しないで	・ギャンブル運はない
行動のヒント	・何事もやり過ぎないように	・まずは顔を上げて	・何事も腹八分目に	・ウォーキングをしよう
	・一人で抱え込まないで	・落ち込んだら休もう	・大事な物の確認を	・体の酷使に注意
	・完璧主義は不健康の元	・現実逃避は利益を逃す	・警戒しないと奪われる	・焦りを捨てて一歩前進
	・諦めが肝心	・目を見て話そう	・安心できたら休もう	・靴の手入れをきちんと
	・負担を軽減しよう	・悩むなら誰かのために	・抱え込み過ぎないで	・身の丈に合った行動を

雲のない青空	木々が茂る丘	赤い屋根の家	黄土色の地面
出会い	出会い	出会い	出会い
・将来を考える人との	・健康な人との	・偉そうな人との	・問題のない相手との
・正直な人との	・穏やかな人との	・有力者や著名人との	・安心できる人との
・こだわりのない人との	・地方出身者との	・自他に厳しい人との	・裕福な人との
・独身でフリーの人との	・地方で暮らす人との	・お金持ちとの	・出身地が同じ人との
・屋外のイベントでの	・旅先での	・ぜいたくな店での	・人が多い場所での
・忙しいと見逃しそうな	・交通の不便な場所での	・自分が主催する会での	・信頼できる紹介での
・出会いが少ない	・和やかな会での	・都会での	・入会金の高い相談所での
相手の気持ち	相手の気持ち	相手の気持ち	相手の気持ち
・気持ちに気付かない	・体調を心配している	・自分の都合を優先する	・恋愛感情は薄い
・特別な印象はない	・気を使っている	・わがままを言いたい	・実際に会いたい
・恋人はいらない	・愚痴は困る	・従ってもらいたい	・信頼できるかが重要
・言い寄られると引く	・自然体でいたい	・メリットを知りたい	・関係を維持したい
・やましいところはない	・緊張しないデートを	・やや下に見ている	・連絡は控え目がいい
・スッキリした気分	・移動はしたくない	・面倒事は避けたい	・具体的な話をしたい
・連絡は必要ない	・アバウトな方がいい	・こちらを敬ってほしい	・結婚の意思がある
今後の二人	今後の二人	今後の二人	今後の二人
・特に進展はない	・次第に打ち解けてくる	・一方的な片思い	・現状のまま変化なし
・邪魔者がいなくなる	・交際へ少し近付く	・価値観が合わない	・盛り上がりは少ない
・多忙で上の空になる	・友達から始めたい	・住む世界が違うと実感	・約束は守られる
・何も考えずに付き合える	・遠距離だと疎遠になる	・メリットがあれば続く	・結婚前提ならば吉
・心配事がなくなる	・自然体で付き合える	・主従関係のようになる	・安定した付き合い
・愛情や反応が薄い	・趣味が合うと進展する	・ぜいたくができる	・交際が長続きする
・将来のビジョンがない	・都会暮らしだとすれ違う	・婚約、結婚へ	・浮気の心配がない

・転職先が見つからない	・転職や転勤はよい	・グループ会社へ転職	・転職は求められたら
・独立すると仕事が減る	・ストレスのない環境へ	・独立で立場が不利に	・独立しても変わらない
・開店休業の状態	・通勤の時間を快適に	・寄らば大樹の陰	・基礎をしっかりと
・問題なく進展する	・健康が能率を上げる	・得意分野で結果が出る	・環境に恵まれそう
・職場の風通しをよく	・自然体を心掛けて	・相手の土俵で苦戦する	・下から支えるとよい
・今後の計画を立てて	・生産性より持続性	・上司の言いなりになる	・リスクは負わないこと
・気持ちの切り替えを	・活気に満ちた雰囲気を	・組織に反抗しないこと	・できることをやるべし
・人と距離をとるべし	・華美な装飾は避ける	・理不尽さから逃げよう	・今の状態を維持して
・机上の空論になりがち	・制御し過ぎないこと	・先輩風を吹かせないで	・地道にやれば成功する
・いったんリセットを	・たまにはゆとりも必要	・個人プレーは危険	・障害がなくなる

・利益があまり出ない	・資産運用が好調に	・援助を受けられる	・貯金ができる
・支払や返済が完了する	・過度の節約は凶	・スポンサーに従って	・生活費に困らない
・予算を使いきることに	・健康関連の出費はOK	・お金を持つ者が強い	・安定収入が確保できる
・収入の当てがない	・元気がないと稼げない	・不動産売買はおすすめ	・安物は買わないで
・お金以外の援助はある	・募金をしてみよう	・ぜいたくは控え目に	・ギャンブル運はない

・身軽になろう	・オーガニック志向で	・わがままは言わない	・渋滞がなくスムーズ
・気持ちをリフレッシュ	・のんびりとした生活を	・年長者を尊重すべし	・散歩やジョギングを
・戸外で活動しよう	・田園風景を楽しもう	・ホームパーティーは吉	・日常生活を丁寧に
・晴れ間を狙うべし	・登山やキャンプは凶	・インドアを楽しもう	・背伸びはしないこと
・断食や瞑想は吉	・野菜を多目にとろう	・ごちそうしてもらえる	・最後までやり切って

 吊された男(正)p.68

棒《ワンド》のペイジ

旅立ちを高らかに宣言する若者。
その手が握る棒を頼りに、
荒野を進もうとしている。

逆位置

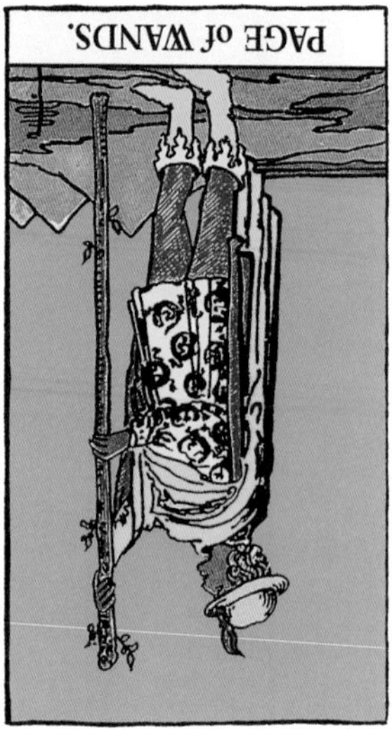

基本の物語

背筋を伸ばし、長い棒を手にした若者が、空を仰いで言葉を発しているようです。この若者は、黄色や赤味がかった茶色などの暖色で描かれ、熱いエネルギーが感じられます。

前の「棒の10」では前が見えない状態でしたが、今や視界は開け、やるべきこと、伝えるべきことが決まりました。次の「棒のナイト」では、騎乗した騎士が勢いよく走り出しますが、その前に、このペイジは高らかに目的を告げ、旅立ちを宣言します。そして野望の実現に向けて、もしくはとっておきのニュースを誰かに届けるために、荒野を進んでいくことでしょう。

逆位置を読むポイント

逆位置でも、真っすぐに立つ若者の姿が相変わらず目に入ります。ただ、背景の空の印象が変わります。特に背中側の空白が目立ってきます。

正位置では、空の青に対して暖色の人物が補色となり、過去を振り返らない前向きな意志と、熱心な伝達者としての存在を際立たせていました。しかし逆位置では、背中を押してくれる仲間も後ろ盾もなく、やや頼りない子供のように感じられます。

次の「棒のナイト」では相棒の馬が現れるので、旅のパートナーを探している状況とも考えられます。その旅とは、人生そのものかもしれません。

Page of Wands

棒のペイジに描かれたシンボル

・雲のない青空・

邪魔が入らず、周囲を気にする必要も、心を偽る必要もなく、物事に没頭できる環境を表します。しがらみからは解放されますが、仲間などがいない孤立した状況です。ストレスはたまりにくいものの、変化に乏しいでしょう。

・羽の付いた帽子・

落ち着いた灰色の帽子は、頭を守り、社会的な地位を表すことから、無難に手堅く結果を残すことを意味します。そこから唐突に生えた赤い羽は、思いもよらない直感が舞い降り、衝動が湧いてくることを暗示しています。

・黄色いマント・

黄色は富の象徴です。黄色いマントと服、そして靴は、若者が裕福な家の出身であることを表します。これからお世話になる場所に向かっているのか、里帰りをするのか、いずれにせよ、応援され、祝福を受けた旅立ちです。

・荒れ地・

地平線まで広がる荒れ地。そこに種をまいて果樹を育てるような、不毛な試みが行われていることを暗示します。結果の出ない厳しい現実を変えるためには、誰かから水(優しい感情)を注いでもらう必要があるでしょう。

・突き立てられた棒・

地面に突き立てられた棒は、目的意識、強い意志、求める手柄、真剣な覚悟、一貫した熱意を示しています。棒が人物の身長より高いことから、願望が身の丈に合わないか、自分の手には負えないのかもしれません。

・サラマンダーの服・

服の柄は、火の精霊サラマンダー。棒のキングやナイトのカードにも描かれており、棒(ワンド)に登場する人物たちの象徴ともいえるでしょう。苦難に負けず、やる気と闘志を保ち続けるプライドと信念を表しています。

・三つの丘・

ピラミッドのような丘は、四元素のうち、土と火の混合を表します。火を意味する三角形が三つあるので、熱意が形になったものが三つあるか、三人の人物や三つの商品がしのぎを削り、熱を帯びていることを暗示します。

・飾り付きのブーツ・

この若者の旅が長期ではなく、危険が少ないことを示しています。見習い騎士の帰省か、近場への伝令を頼まれたのでしょう。黄色は財力や健康、若さと幼さ、喜びと楽しさを、飾りは外見や体裁へのこだわりを表します。

 金貨のペイジ(逆)p.332

棒のペイジを読むためのキーワード

	突き立てられた棒	羽の付いた帽子	黄色いマント	サラマンダーの服
恋愛	出会い ・体が目的の人との ・乱暴な人との ・プライドが高い人との ・夢を持っている人との ・すぐ交際に移行する ・第一印象だけで進む ・熱心に口説かれる 相手の気持ち ・関係を持ちたい ・早く口説きたい ・要求をのんでほしい ・褒めてもらいたい ・はっきりしてほしい ・支えてあげたい ・いら立っている 今後の二人 ・情熱的な恋に発展 ・信念を貫けば成就する ・体の関係になる ・一人よがりで破局する ・相手に理解されない ・高望みによる失恋 ・トラブルに対応できず	出会い ・おとなしい人との ・平凡な印象の人との ・頭髪が気になる人との ・おしゃれな人との ・かわりばえしない ・洋服店などでの ・日常を覆すような 相手の気持ち ・少し浮かれている ・無理をして疲れた ・気に入った部分もある ・多忙で予定が組めない ・割り切った関係がよい ・冒険はやめておく ・ストーカーになりそう 今後の二人 ・諦めた時点で終わる ・唐突に恋が始まる ・順調に愛を育む ・地道に続けると吉 ・結婚の相談をする ・マンネリを解消できる ・他の恋の可能性も	出会い ・お金持ちとの ・親にベッタリな人との ・経歴を偽る人との ・世間知らずな人との ・お笑いに関わる人との ・何かと出費の多い ・身内に紹介されての 相手の気持ち ・元気を装っている ・期待を裏切りたくない ・笑ってもらいたい ・思い切り甘えてみたい ・守ってもらいたい ・会うと楽しい ・プレゼントしたい 今後の二人 ・二人でいると楽しい ・ぜいたくに暮らせる ・浪費してしまう ・金の切れ目が縁の切れ目 ・表面上は明るく付き合う ・結婚の話は親同士で ・家族に支えられる	出会い ・しつこい人との ・情熱的な人との ・気が多い人との ・一目ぼれしそうな ・意地の張り合いからの ・最初の印象が強烈な ・暑い季節か部屋での 相手の気持ち ・いつでも話をしたい ・会話を覚えていない ・気軽に遊びたい ・重い恋愛は避けたい ・サービス精神を発揮 ・とにかくモテたい ・恋愛に対して貪欲 今後の二人 ・付き合う直前までいく ・他の人ともデートする ・片思いで疲れ果てる ・根負けして付き合う ・親密になったら冷める ・たまにしか会えない ・ライバル争いが激化
仕事	・転職は候補を一つに ・独立なら理想を高く ・分かりやすい目標を ・まずは覚悟を決めよう ・手に余る仕事かも ・正攻法でいくべき ・やる気を前面に出そう ・野望を持つべき ・忖度はしないこと ・結果より熱意が大事	・転職の準備はしておく ・思い付きの独立はダメ ・今は構想を練る段階 ・派手な宣伝が必要 ・有能な人のサポートを ・アイデアがひらめく ・まずは怒りを鎮めて ・思い付きに具体性を ・出る杭を打たないこと ・問題は早めに解決を	・もうしばらく続けよう ・起業には支援が必要 ・予定より費用がかかる ・後輩を教育するべき ・スポンサーを大事に ・だまされないように ・肩書が役に立つ ・気品ある所作を ・地域密着型がウケる ・新人が意外に活躍する	・転職はトライ&エラー ・起業は何度か失敗する ・目標が絞れない ・忙しくて余裕がない ・優先順位が分からない ・けんかが始まる ・明るく振る舞うと吉 ・楽しみを見つけよう ・過酷さに慣れてしまう ・忍耐が道を切り開く
お金	・新たな挑戦で損をする ・柱となる収入を大事に ・本業あっての副業 ・自分で熱心に稼ぐこと ・出資や融資がかなう	・直感がお金を招く ・わずかな赤字ならOK ・募金を心掛けて ・憧れが散財につながる ・倹約すればぜいたく可	・身内からの援助あり ・保険や補償に守られる ・贈答に縁あり ・たまには太っ腹な行動を ・援助は吉、貸借は凶	・お金を無心される ・出費を抑えるとたまる ・お金の運用が下手 ・損失が利益に転じる ・面白くても高い物はダメ
行動のヒント	・他人を支えよう ・堂々とした態度で ・ひらめきが得られる ・前言を翻さないで ・怒りを制御しよう	・炎上しないよう配慮を ・神社・仏閣にお参りを ・優しい人を怒らせそう ・やる気を見せること ・意外性の有効活用を	・見えないおしゃれが吉 ・健康第一で過ごそう ・スパイス料理で福招き ・帰郷がおすすめ ・身元がバレないように	・夏の計画を立てよう ・恩返しをするべし ・リサイクルにツキあり ・出身校や地元の話が吉 ・緩急のバランスを大事に

飾り付きのブーツ	荒れ地	三つの丘	雲のない青空
出会い ・中身のない人との ・経歴を盛る人との ・子供っぽい人との ・貯金がある人との ・おしゃれな場での ・自分から行動するべき ・アプリやネットはNG	**出会い** ・好みではない人との ・思いやりのない人との ・モテない人との ・恋愛モードになれない ・成就が期待できない ・何もない場所での ・なかなか出会いがない	**出会い** ・意図が明確な人との ・三人の候補者との ・決定打のない人との ・ライバル争いになる ・進展が望めそうな ・コラボイベントでの ・尖った屋根の建物での	**出会い** ・穏やかな人との ・爽やかな人との ・誠実な人との ・束縛しない相手との ・ストレスになりにくい ・昼間の活動での ・出会いがない
相手の気持ち ・一緒に出かけたい ・派手に遊びたい ・スポーツを楽しみたい ・趣味を理解してほしい ・センスを認めてほしい ・楽しい人という印象 ・体裁や立場を重視する	**相手の気持ち** ・やりとりが不毛 ・やる気を失っている ・自信がない ・進展しないいら立ち ・何もしたくない ・恋愛どころではない ・愛情が欲しい	**相手の気持ち** ・他にしたいことがある ・これ以上は頑張れない ・恋愛以外で楽しみたい ・感情表現が苦手 ・生活リズムを保ちたい ・価値観を認めてほしい ・段階を踏むと安心する	**相手の気持ち** ・連絡はしないでほしい ・距離をとりたい ・波風を立てたくない ・消去法で選んでいる ・遠くに行きたい ・最初の印象はまあまあ ・興味が薄くなっている
今後の二人 ・体裁にこだわると失敗 ・金銭問題でけんかになる ・背伸びすると続かない ・焦らず段階を踏むと吉 ・借金があると進まない ・家族に紹介することに ・結婚前提なら前進する	**今後の二人** ・愛情が得られない ・テンションが下がる ・なかったことになる ・心がすさんでいく ・尽くしても報われない ・第三者の協力が必要 ・課題を克服して親密に	**今後の二人** ・三角関係が勃発 ・一人に絞り切れない ・情熱的な恋になる ・付き合ったり別れたり ・会っているときは幸せ ・問題と向き合えば成就 ・婚約・結婚・出産の順で	**今後の二人** ・そのまま変わらない ・いったん白紙に戻る ・音信不通になるかも ・なかなか会えない ・放置してもうまくいく ・うそはすぐバレる ・空気のような存在に
・転職活動をする時期 ・独立の資金調達を ・経験より個性重視で ・とにかく動いてみる ・営業成績が上がる ・外見で判断される ・アップデートが必要 ・機器などの新調は吉 ・地に足を着けよう ・現場での対応力が必要	・どの転職先も難しい ・新たな挑戦は厳しい ・不毛な作業が続く ・殺伐とした雰囲気 ・成果を評価されない ・思い通りには進まない ・焦ると自滅する ・叱られるか無視される ・慰めが必要かも ・素案づくりと土台固めを	・転職の好機は複数ある ・ライバルと切磋琢磨を ・難題を攻略できる ・複数の対処法を考えて ・守りや逃げに入ると凶 ・課題を順にクリアして ・二度ある事は三度ある ・第三者に助けられる ・地味だが結果は出る ・チームプレイで成功	・転職より離職によい ・リセットする時期 ・白紙に戻る ・自由に発言できる ・仕事に集中できる ・経験と実力が不足 ・孤立無援に陥る ・後ろ盾がない ・支援者や相棒を探して ・存在意義を見つけよう
・臨時収入や賞与あり ・財布を買い替えよう ・地道な仕事が福を呼ぶ ・お金の管理は自分で ・フットケアに出費して	・投資や出費は控えて ・アピールは逆効果 ・棚ぼた狙いは利益なし ・もうけ話にハマると危険 ・元手が足りない	・金運が波に乗る ・買い物をし過ぎる ・セキュリティーが奏功 ・支援や遺産に恵まれる ・価値下落の前に売って	・金運はいまひとつ ・貯蓄ができない ・現金が足りない ・あやふやなビジネス話 ・投資に手応えがない
・アナログ感覚が吉 ・けがや暑さ対策を ・同色でまとめてみて ・犬の散歩に最適 ・ウォーキングをしよう	・無計画は何も生まない ・自然を体感するとよい ・物が壊れる ・人と会うと状況改善に ・無意味なものを大事に	・オカルト系はおすすめ ・自室の整理をしよう ・対等な三人で集まって ・朝昼晩で違う行動を ・散策や遺跡巡りは吉	・混雑を避けて快適に ・ネット接続が快調 ・屋外に出てみよう ・予定が空っぽになる ・一人の時間を大切に

 棒の2(逆)p.116

棒《ワンド》のナイト

暴れ馬に乗って疾駆するナイト。
猪突猛進の勢いだが、その熱は
すぐに冷めるかもしれない。

逆位置

基本の物語

野心と情熱に突き動かされて疾駆する騎士。前の「棒のペイジ」が熱い旅立ちの宣言だとしたら、このナイトは、後先を考えない性急な出発を表します。とはいえ、次の「棒のクイーン」がどっしりと腰掛けていることから、ナイトの熱はすぐに冷め、落ち着きを取り戻すのでしょう。

この騎士は猪突猛進タイプですが、よろいを着ているので、大けがを用心してはいるようです。

カードの意味としては、勢いがあり過ぎて衝動を制御できない、そのために道を誤る、怒りを爆発させるなど。トラブルの発生もあり得ます。

逆位置を読むポイント

逆位置では、棒が下の線にくっつきそうに見えます。これは、熱意があり過ぎて周囲の人からうっとうしく思われたり、うっかりして誰かにやけどさせたりすることを暗示します。

また、馬の暴れる様子がいっそうアクロバティックに見えてきます。本能を抑え切れないことや、状況を制御できないことが強調されています。

他には、右上のピラミッドがノコギリのように見えて目立ってきます。正位置では遠景にあった過去の遺物が、往時の輝きを取り戻したかのようです。これは、若者の暴走をいさめる年長者の存在を示しています。

棒のナイトに描かれたシンボル

・雲のない空・

邪魔が入らないこと、誰の協力もないこと、事件や問題から離れていることを示します。自由に行動できますが、敵も味方もいないので、張り合いがないかもしれません。また、客観的で冷静な視点が必要なことも表します。

・掲げた棒・

他のカードの棒に比べて短く、短絡的な思いつきや刹那的な情熱を意味します。高く掲げられているのは強い意欲の表れですが、熱しやすく冷めやすい状態。芽の数が他の棒より多いのは、多くの可能性があることを示します。

・羽根飾りと赤い裏地・

頭部の羽根飾りは、服の裏地と同様、炎のように揺れています。燃える思い、衝動や本能、いら立ちや怒りを示します。しかも本人には見えていないので、自覚がないことを表します。うっかり近づいたらやけどしそうですね。

・手(手袋)・

棒を持つ右手は積極的に攻める意志を、手綱を握る左手は守りに徹する姿勢を表しています。決闘の合図ともなる手袋は、自分を守るための戦いが始まること、攻守のバランスが重要なことを意味しているのです。

・よろい・

全身を覆うよろいが、日差しを反射して光っています。その光は、青い空とともに冷静さの象徴となっています。積極的に攻めるだけでなく、万一のために安全を確保していること、保険を掛けていることを示しているのです。

・馬・

馬は移動手段であるだけでなく、優秀なパートナーになり得ます。しかし、炎のようなたてがみを波立たせて前脚を上げるこの馬は、どちらかというと激しい衝動、抑え切れない本能や情欲、肉体の強さなどを象徴しています。

・サラマンダーの服・

トカゲのように見えるのは、火の精霊サラマンダー。棒のペイジでは雑然と描かれていましたが、ここでは、今にも尾をくわえようとする姿が明確に描かれています。熱い思いが成就する(円を描く)まで、もう一歩です。

・手綱と布・

黄緑色で若葉柄の布が垂れた手綱は、若さや可能性を表すと同時に、未熟さと危うさを表しています。経験の浅い者が片手片足で馬を御することは不可能ですから、分不相応で無謀なことをしようとしているとも考えられます。

・三つの丘と荒れ地・

ピラミッドのような丘は、四元素のうち、土と火の混合を表します。荒れた大地の彼方にあり、打ち捨てられた遺跡のようにも見えます。形骸化した事柄、過去の流行、古い精神論、引退したベテランなどを示しています。

 杯のペイジ(正)p.212

棒のナイトを読むためのキーワード

	掲げた棒	サラマンダーの服	馬	羽根飾りと赤い裏地
恋愛	出会い	出会い	出会い	出会い
	・情熱的な人との	・付きまとってくる人との	・本能むき出しの人との	・冷静さを失った人との
	・肉食系の相手との	・熱烈に誘う人との	・自分勝手な人との	・思い込みの強い人との
	・体が目当ての人との	・過去と同じタイプとの	・体目当ての人との	・衝動的で性急な人との
	・短期間で実現する	・めげない相手との	・感情を御せない人との	・けんかっ早い人との
	・すぐに意気投合する	・合コンパーティーでの	・スピーディーな	・危険な情事につながる
	・一瞬で盛り上がる	・一夏の思い出となる	・賭け事がきっかけの	・事故や災害現場での
	・何人かと同時進行の	・食事会での	・動物に縁のある人との	・花火大会や祭りでの
	相手の気持ち	相手の気持ち	相手の気持ち	相手の気持ち
	・情熱は今がピーク	・もう一度会いたい	・すぐに会いたい	・情にほだされている
	・魅力をアピールしたい	・体の関係を持ちたい	・肉体関係に夢中	・気持ちが抑えられない
	・気持ちが大胆になる	・恋愛に貪欲になる	・冷静になれない	・周りが見えていない
	・興奮している	・思い通りにしたい	・どこかに連れ去りたい	・行き当たりばったり
	・官能的な気分	・楽しいが物足りない	・うっぷんが蓄積中	・将来のことは考えない
	・プライドを示したい	・過去の恋愛を考える	・遠くに去りたい	・今燃え尽きたい
	・いら立っている	・結婚まで進みたい	・相手は誰でもいい	・忠告が耳に入らない
	今後の二人	今後の二人	今後の二人	今後の二人
	・これから発展の可能性	・交際まであと一歩	・強引に付き合う	・燃えるような恋になる
	・激しく盛り上がる	・空回りして失敗する	・コントロール不能に	・SNSで炎上する
	・熱しやすく冷めやすい	・諦めなければ望みあり	・勝手にいなくなる	・他人を巻き込む騒動に
	・周りに迷惑をかける	・すぐには成就しない	・一時的に盛り上がる	・成就すると冷める
	・けんか別れになる	・忙しくてもデートを	・暴走してトラブルに	・勢いで付き合う
	・勢いで体の関係に	・会う回数が増えると吉	・体の関係が続く	・突然別れを告げられる
	・暴力が問題になる	・焦ると結婚を逃す	・わがままがぶつかる	・暴力は避けること
仕事	・転職や異動の好機	・転職まで後一歩	・転職・離職は延期を	・勢いでの転職は凶
	・起業など新たな挑戦を	・今までと同じでもよい	・勢いだけでの独立は失敗	・今しか見えていない
	・即決すると後悔する	・マイペースでいける	・上司と馬が合わない	・冷静になる必要あり
	・勇み足は自重して	・複数の業務を兼任する	・対人関係でいら立つ	・直感やひらめきがある
	・周囲に迷惑をかけがち	・忙しくても順調	・ストレスを発散しよう	・勢いが決め手になる
	・意欲的に取り組むべき	・プライドの衝突がある	・管理される方がよい	・情熱的なプレゼンを
	・情熱的に訴えるとよい	・口出しするなら明るく	・単純作業がおすすめ	・次につながりにくい
	・ハラスメントに注意	・成功しそうでしない	・ここ一番で馬力が出る	・怒りが爆発する
	・暴力や争いの危機	・苦い経験が生きる	・体力勝負ができる	・人に迷惑をかける
	・これ一本で勝負する	・忍耐が成果を招く	・短距離の移動は吉	・中止や取り消しになる
お金	・その場しのぎの金策に	・貯蓄と倹約が吉	・交通費がかさむ	・火の車になる
	・本職に集中しよう	・油断が出費を招く	・医療費の負担増	・安易に稼ぐと後悔する
	・調子に乗ると損をする	・投資するなら手堅く	・賭け事で浪費しがち	・エネルギー関連で利益
	・衝動買いに注意	・結局もうけは出ない	・予想外の出費あり	・投資はうまくいかない
	・出費は安全第一で	・似たような物は買わない	・冒険は避けるべし	・お金の貸借が焦げ付く
行動のヒント	・短気は損気	・中途半端はダメ	・送り迎えをすると吉	・熱中症と火傷に注意
	・自慢話はほどほどに	・無理に完結させないで	・交通機関の乱れに注意	・火を使う料理は吉
	・短時間の激しい運動を	・努力や訓練を楽しむ	・感情を暴走させないで	・陶芸や金属工芸は吉
	・真っ先に発言を	・体をいじめて鍛える	・相手をなだめよう	・お風呂やサウナもよい
	・争いは万事NG	・ダイエットをしよう	・乗馬や競馬がおすすめ	・祭りや花火もおすすめ

その他のシンボル　**手(手袋)** 緊急時に頼れる人　傷つきたくない　バランス重視で　うかつに触れないで

雲のない空	よろい	三つの丘と荒れ地	手綱と布
出会い	出会い	出会い	出会い
・穏やかな人との	・保守的な態度の人との	・年上の人との	・初々しい相手との
・印象の薄い人との	・頭の固い人との	・話が合わない人との	・恋愛に不慣れな人との
・おおらかな人との	・打ち解けにくい人との	・好みではない人との	・年下との
・恋愛に興味がない人との	・緊張するタイプとの	・三人の候補者との	・教師と生徒の関係の
・昼間の活動が吉	・格式や体裁を気にする	・結婚が前提での	・不慣れな状況での
・アウトドアでの	・見合いや紹介での	・老舗の相談所での	・親などが関わる
・出会いがない	・緊張する集まりでの	・昔ながらの店での	・新しい環境での
相手の気持ち	相手の気持ち	相手の気持ち	相手の気持ち
・好意に気付いていない	・警戒して心を開かない	・過去の人と比べてしまう	・自由に振る舞えない
・あなたの印象が薄い	・本心を知られたくない	・将来が見えない	・接し方が分からない
・積極的になれない	・トラウマを隠している	・進展のなさがストレス	・周りから邪魔が入る
・少し距離をとりたい	・消極的になっている	・家族の意向も大事	・背後で操る存在あり
・束縛されたくない	・自然体になれずに悩む	・生活リズムを保ちたい	・会わせてもらえない
・連絡は少ない方がよい	・傷つきたくない	・価値観を尊重すると吉	・自分には無理だと思う
・遠くへ行きたい	・体裁を繕っている	・段階を踏むと安心する	・年齢的な問題がある
今後の二人	今後の二人	今後の二人	今後の二人
・作戦通りにいかない	・踏み込む勇気が出ない	・以前ほど盛り上がらない	・誰かに反対される
・何も起こらない	・何もできずに平行線	・元恋人の存在が浮上	・制限のある交際になる
・平穏無事に関係が続く	・動けなくて進展しない	・三角関係が表面化	・どちらかが暴走する
・波風が収まる	・互いに警戒したまま	・進展が止まる	・わがままが原因の別れ
・遠距離恋愛になる	・結婚を前提にすると吉	・マンネリ気味になる	・若気の至りで破局
・刺激のない交際になる	・トラブルを解決できる	・別れたくなくて続ける	・相手を導いて成就する
・恋人というより家族	・別れてもダメージは少	・第三者が助けてくれる	・引き留めるので手一杯
・転職先がない	・転職・離職はリスクあり	・転職の好機は過ぎた	・退職を引き留められる
・独立と移動の季節	・冒険より安全を	・誰かが独立を邪魔する	・経験のなさが露呈する
・白紙に戻る	・しがらみに縛られる	・古い体制で息が詰まる	・頼りなく思われる
・リセットする時期	・セキュリティーの確認を	・不毛な作業が続く	・状況を制御できない
・海外に関する案件あり	・動きづらい状態	・努力が評価されない	・不慣れな仕事がくる
・自由な行動が可能	・行動開始の準備が必要	・理想と現実に差がある	・誰かの暴走を止める
・早めに終わらせよう	・危機管理が重要	・格差に苦しむ	・案件が保留になる
・経験と実力が不足	・人との衝突はNG	・上司に頼むとよい	・責任を負うことになる
・支援者や相棒が必要	・素を見せない方が吉	・急がば回れ	・無理せず協力の要請を
・客観的な視点が大切	・手堅い行動を心掛けて	・組織に反抗しても無駄	・能力を過信しないこと
・金運には恵まれない	・出費を抑えるべし	・給料が上がらない	・ギャンブルは凶
・貯蓄ができない	・保険と補償は万全に	・親孝行して援助を得る	・初めての商売は避ける
・架空の請求に注意	・手堅い方法で	融資や助成金を狙う	・リスクを負わないこと
・予算ゼロで始める	・助力を請うとよい	・出資者への対応が困難	・出費を極力抑えるべし
・投資に手応えがない	・新規ビジネスは慎重に	・盗難や紛失に注意	・見栄を張ると失敗する
・雑念をなくそう	・アンティークに縁あり	・無計画が不毛を招く	・見た目の美しさも大事
・再出発のタイミング	・防寒・耐熱グッズが吉	・時代錯誤に注意	・野放しにしないこと
・スケジュールが空く	・匿名で行動しよう	・水分補給をこまめに	・良心に従うと吉
・屋外活動がおすすめ	・守りを固めて	・遺跡や歴史関係が吉	・いつもの店に行こう
・混雑しない場所が吉	・負荷のある筋トレを	・オカルト系もおすすめ	・スピードを落とすべし

 金貨の2(逆)p.296

棒《リンド》のクイーン

真夏の太陽のような女王。
あらゆる存在に熱を与えるが、
ときに気まぐれでミステリアス。

逆位置

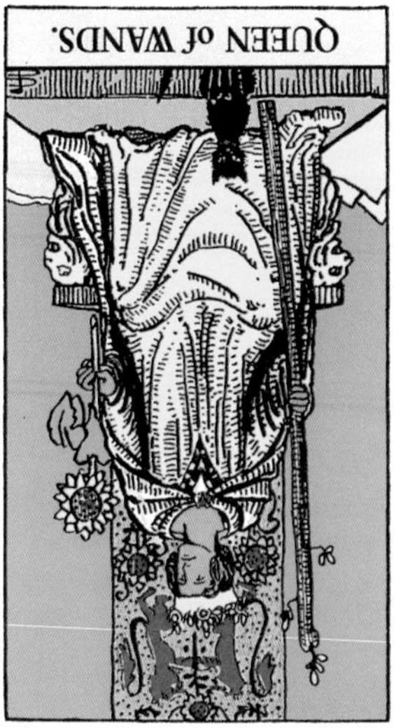

基本の物語

ゆったりと玉座に腰掛ける女王の背後には、明るさと強さを表すライオンとヒマワリが描かれています。おおらかで情熱的、ときにお節介で、芯が強くて勝ち気な人物。あらゆるものに活気を与える存在です。

前の「棒のナイト」が、その場の衝動を表す短い棒を持っていたのに対して、この女王は長い棒に加えてヒマワリを持っています。その太陽のような情熱は、万人に等しく向けられているのです。棒の人物カードに登場する火の精霊サラマンダーがおらず、黒猫がいるのは、注ぐ情熱が対象によって変化すること、気まぐれなこと、柔軟に対応することを意味しています。

逆位置を読むポイント

逆位置では、足元の黒猫が存在感を増す一方で、背後の織物と玉座のライオンの印象が薄れています。猫のような自由さや、ミステリアスでしなやかな魅力が際立ってくるでしょう。

押し付けられた提案のように見えて、実は柔軟に対応できるよう綿密に練られていた。いつも明るく元気な人の、闇深い一面を垣間見た。強さの裏の弱さ。明るさに隠れた暗さ。厳しい言葉の裏にある優しさ。自分勝手に見えて、本当は周囲を気遣っていること。そんなギャップが解読のポイントになってきます。

Queen of Wands

棒のクイーンに描かれたシンボル

・淡いブルーの空・

雲のない空は、周囲が見えていないか、何かに没頭していることを示します。空の一部が織物で隠されて狭くなっているのは、料簡の狭さやプライドが邪魔をして、周囲からの意見や協力を断っている可能性があることを意味します。

・背後の織物・

権力の象徴であるライオンが向かい合い、前足を上げて跳躍しているのは、積極的な対話や正々堂々とした対決などを意味します。ヒマワリは熱いぶつかりあいや明るくあと腐れのない様子を表します。公正な競技を表すこともあるでしょう。

・王冠と花・

王冠は権力や名誉の象徴で、特別な存在であること、成功すること、優遇されることを示します。そこに花が飾られているのは、人を犠牲にして成り上がるのではなく、平和な方法で地位を築くことや、まだ成長の余地があることを意味します。

・右手の棒・

能動性を意味する右手に握られた棒は、伝えたい、分かってほしい、譲れない、自分はこうありたい、アピールしたいという思いや、真っすぐな熱意を示しています。少し曲がっているのは、強情ではあるものの、譲歩もできることを意味します。

・左手のヒマワリ・

常に太陽の方を向くヒマワリは、健康と活力、明るさと朗らかさ、成長などを意味します。受動性を表す左手で持っているのは、花を受け取ったということ。愛情や恵みを受けて笑顔になれること、元気や活力をもらうことを表します。

・マントと衣・

全身を覆う黄色い衣は、余裕、カリスマ性、金銭的な豊かさを示します。灰色のマントは、衝動的な浪費を慎む冷静さを表します。小さくて見えにくいかもしれませんが、マントの留め具は雌ライオンの意匠。自己管理への強い意志を意味します。

・玉座とライオン・

百獣の王ライオンは、勇敢さと剛毅さの象徴です。それを腕木にした玉座に座ることは、弱肉強食の世界で勝ち残ることを意味します。また、強者に媚びないことや、むしろ立場が上の人に意見して動かすほどの気概があることを表しています。

・三つの丘・

三つの丘は、火(情熱)と土(形あるもの)の混合を表します。情熱的に進めている物事が三つ形になることや、三つの候補があることなどを示します。未来を示す右側になだらかな丘があるので、角が取れて丸くなり、候補は二つに絞られていくでしょう。

・足元の黒猫・

同じネコ科でも、威厳に満ちたライオンは女王を左右から支え、周囲を見据えています。それに対して、足元の黒猫は、周囲を気にしないこと、気ままで自由であること、好奇心で動くこと、人の理解や評価を必要としないことなどを意味します。

・灰色の台座・

安定感のある石の台座は、状況が変わらないことや、物事の土台が確かなことを意味しています。基本に立ち返れば、不安や迷いはなくなるでしょう。動じないこと、じっとしていること、飾らないこと、支えることが大きなテーマとなります。

 魔術師(逆)p.24

棒のクイーンを読むためのキーワード

	背後の織物	王冠と花	マントと衣	玉座とライオン
恋愛	出会い	出会い	出会い	出会い
	・背の高い人との	・カリスマ性のある人との	・お金持ちとの	・支配欲が強い人との
	・明るい人との	・地方の有力者との	・自己管理できる人との	・負けず嫌いな人との
	・偉そうな人との	・面倒見が良い人との	・自信にあふれた人との	・内弁慶な人との
	・負けん気の強い人との	・家庭がある人との	・根は明るい人との	・お墨付きを得た人との
	・スポーツが縁での	・庭園・公園・城跡での	・高級店での	・第一印象が悪い
	・ライバルがいる	・公営の施設での	・真面目な紹介での	・身近な場所での
	・天気が良い日の	・有名店で食事中の	・著名人のイベントでの	・婚活パーティーでの
	相手の気持ち	相手の気持ち	相手の気持ち	相手の気持ち
	・プライドを守りたい	・面倒を見てあげたい	・厳しく品定めしている	・気を許していない
	・いいところを見せたい	・互いに自由でいたい	・あなたを管理したい	・疑っている
	・虚勢を張っている	・敬意を払ってほしい	・チヤホヤされたい	・我慢している
	・見栄で物事を決める	・思うままに行動したい	・他の相手でもいいかも	・怒りを抑えている
	・意地になっている	・相性があまり良くない	・お金と労力の無駄はNG	・度量が広いから許す
	・もっと盛り上がりたい	・これからが勝負	・自分のメリットを優先	・主導権を握りたい
	・他の人に自慢したい	・メッセージよりデートを	・隠し事がある	・別の候補も考えている
	今後の二人	今後の二人	今後の二人	今後の二人
	・妥協できず、けんかに	・これから盛り上がる	・約束を守ると進展	・ライバルを撃退する
	・ライバルが登場する	・人として成長できる	・はしゃいで呆れられる	・浮気はしない
	・向き合えれば成就する	・プライドが邪魔をする	・相手に合わせるのはNG	・意見をぶつけるのは凶
	・相手を尊重して成功	・柔軟さが交際への近道	・お金が尽きると破局	・待ちの状態が続く
	・互いに自立した関係に	・相手を許すことが重要	・気持ちの冷める事件が	・我慢を強いられる
	・多忙の合間を縫って会う	・現在より未来志向が吉	・恋愛より結婚が吉	・相手の親に認められる
	・家同士が合えば結婚へ	・次のステップに進む	・待たずに話を進めよう	・結婚へのステップを
仕事	・内定を蹴ることに	・転職は慌てないこと	・転職は条件を重視	・条件に合う転職先なし
	・出世争いになりそう	・起業も独立もできる	・起業にはよい時期	・独立資金を増やそう
	・全力でぶつかってみて	・新しい提案を	・見せかけを疑って	・成長が止まっている
	・プライドを懸けて戦う	・伸びしろに期待しよう	・売上や利益がアップ	・十分に満足できる
	・知名度が問われる	・結果は変わらない	・結果を評価されない	・下請けの仕事は厳しい
	・抗争に巻き込まれる	・見かけ倒しになりがち	・監視や束縛をされる	・我慢を強いられる
	・上司の機嫌次第	・上司の機嫌に配慮を	・不要な経費がかさむ	・向いた仕事ができる
	・明るい職場づくりを	・表現だけはソフトに	・無駄な仕事が増える	・向上心を生かせない
	・意識を高く持つべき	・後進の育成を	・締めるところは締めて	・相棒がいるとよい
	・企画には別案が必要	・昔のやり方がよい	・職場が明るくなる	・パワハラに注意
お金	・収入も支出も多い	・貯金ができる	・資金がものをいう	・収支のバランスが良い
	・投資なら有名企業へ	・投資や運用はいまひとつ	・稼ぐチャンスが到来	・資金がある程度たまる
	・高級店で浪費しがち	・副業では稼げない	・遠慮なくもらってよい	・安全確保に使うのは吉
	・子が親に仕送りする	・資産維持を優先しよう	・見栄からの浪費に注意	・虚勢から浪費しがち
	・自信を持って金額交渉を	・援助が受けられそう	・気前が良すぎるのは凶	・安物の実用品はNG
行動のヒント	・壁飾りを吟味しよう	・鉢植えが幸運を招く	・家計簿で浪費を防いで	・ソファーやいすの吟味を
	・格闘技をやるか観る	・公園や植物園に行こう	・体のメンテナンスを	・セキュリティーを万全に
	・けんかになりやすい	・野菜カレーがおすすめ	・食事に気を使おう	・友達には遠慮しないで
	・コメディーがおすすめ	・子供との触れ合いを	・足腰を鍛えて健康増進	・動物に関することは吉
	・明るいうちに活動を	・マルシェやフリマへ	・妊活への情熱は吉	・化けの皮が剥がれる

その他のシンボル　**淡いブルーの空**　否定的な人　視野と許容範囲が狭い　水回りや窓の掃除は吉

右手の棒	左手のヒマワリ	足元の黒猫	三つの丘
出会い	**出会い**	**出会い**	**出会い**
・体が目的の人との	・明るく朗らかな人との	・ミステリアスな人との	・性格が丸くなった人との
・プライドが高い人との	・存在感のある人との	・おとなしそうな人との	・何人かの候補者との
・勝ち気な人との	・前向きな人との	・腹黒い人との	・決定打に欠ける人との
・押しの強い人との	・健康的な人との	・気ままな人との	・好みではない人との
・女性がリードする	・日のある時間帯の	・夜の時間帯の	・ライバル争いになる
・自分が仕切る場での	・南の方角での	・偶然の	・結婚を前提とした
・新プロジェクトでの	・自然豊かな環境での	・おしゃれな店での	・祭りや運動の後の
相手の気持ち	**相手の気持ち**	**相手の気持ち**	**相手の気持ち**
・関係を持ちたい	・満足している	・察してほしい	・過去と比べてしまう
・いちずに思っている	・笑顔が見たい	・自由になりたい	・頑張り過ぎている
・思い通りにしたい	・恋愛というより友情	・押し付けは嫌だ	・要求されても困る
・態度を決めてほしい	・温かく見守っている	・気ままに行動したい	・障害が多いと感じる
・頼りにしてほしい	・一緒に遊びに行きたい	・気を引きたい	・価値観を尊重されたい
・支えてあげたい	・楽しければいい	・隠し事をしている	・段階を踏むと安心する
・いら立っている	・後先を考えていない	・浮気を疑っている	・自己完結している
今後の二人	**今後の二人**	**今後の二人**	**今後の二人**
・いちずさが報われる	・幸せな気分になる	・互いに束縛しない関係	・最初と印象が変わる
・長い付き合いになる	・祝福してもらえる	・展開が読めない	・障害を越えて結ばれる
・アピールが足りない	・今のうちに前進を	・音信不通になる	・関係が穏やかになる
・親密な関係に	・プロポーズのチャンス	・続けていくのが不安に	・先延ばしにすると失敗
・妥協すると苦しくなる	・感謝を忘れて叱られる	・秘密が露見する	・根本的な問題が未解決
・自分の都合を押し通す	・笑顔があれば関係改善	・ちゃめっ気が大事	・惰性で付き合う
・わがまま過ぎると決別	・自立を促される	・別れたり戻ったりする	・家族のような関係に

・転職には情熱が大事	・良い転職先が見つかる	・転職活動は二転三転	・転職は早めに決断を
・一事に集中すること	・独立すると後が苦しい	・独立は時期を熟慮して	・古いやり方に従うべし
・相手をリードすべし	・堂々としていると吉	・束縛から逃げるべし	・理想と現実の落差あり
・目標や理想は高く	・笑いが関係を改善する	・時にはうそも方便	・障害を避けて回り道を
・覚悟を決める時期	・得意分野を優先すべし	・自由な発想を大切に	・組織に反抗しても無駄
・状況を掌握できる	・孤立しても気にしない	・大胆な行動が効果的	・山を越えると落ち着く
・強気の対応が正解	・出る杭は打たれる	・空気を読まなくてもOK	・ライバルと切磋琢磨を
・意思を前面に出そう	・華やかな印象が大事	・一人だと集中できる	・難題をクリアできる
・強引なくらいがよい	・威張る人に注意	・秘密を漏らさないこと	・守りや逃げに入ると凶
・意欲を高める工夫を	・ハッタリが通用する	・目立たない方がよい	・言うべきことは言って

・惰性は金運を下げる	・お金が増える	・商売が繁盛する	・昔のようには稼げない
・柱となる収入を大事に	・最初だけはもうかる	・怪しい話には注意	・融資や助成金を狙おう
・正当な報酬の要求は吉	・日常から浪費しがち	・お小遣い運は良好	・盗難や紛失に注意
・援助の依頼には応じて	・金持ち風の人に注意	・黒字を維持できる	・安全対策が功を奏する
・やる気が報酬を上げる	・喜んで援助を受けて	・お金にとらわれないで	・価値があるうちに売る

・おせっかいを焼いてもよい	・健康管理に力を入れて	・動物を可愛がろう	・無計画だと不毛な一日
・大勢の前で主張して	・憧れの事柄に挑戦を	・臨機応変な対応を	・第三者が問題を解決
・怒りを制御するべし	・主役になるつもりで	・不測の事態に備えよう	・軽登山と遺跡探訪は吉
・野球やホッケーは吉	・昼間のうちに活動を	・趣味に没頭すると吉	・オカルト系はおすすめ
・いじめを許さないで	・笑顔を忘れないで	・夜に元気が復活	・夜間は休むべし

その他のシンボル　**灰色の台座**　真面目で素朴な人　頑固になる　事務作業と基礎練習を　帰省や墓参りを

 金貨の3(逆)p.300

棒《ワンド》のキング

King of Wands

炎のような情熱で人々を導く王は、
過去と未来を見据えている。
ここから新たな物語が始まる。

逆位置

基本の物語

玉座に腰を下ろし、やや前のめりの姿勢で棒を握る王。炎を思わせる冠と衣装を身に着け、背もたれや台座にはトカゲに似た火の精霊、サラマンダーがいます。燃える情熱を持ち、人々を叱咤激励しながら指導する、精力的でカリスマ性のあるリーダーです。

前の「棒のクイーン」には、花や黒猫などの女性性や受動性を表す要素が描かれ、人々を包み込む母親のようなイメージでしたが、この王は、男性性や能動性が押し出され、相手にどんどん働きかけていく印象です。

このカードは、棒の最後を飾ります。右手の棒は「棒のA」の絵につながり、再び物語が始まるのです。

逆位置を読むポイント

逆位置でも、玉座の背もたれと台座の安定感、存在感は変わりません。正位置に比べると、王の服より黄色いマントの方が少し目立ちます。これは、実際的な能力より外見や地位などを重視していることを示します。

また、正位置の王は左(過去)を振り返りながら物事を進めていました。しかし、逆位置の王は右(未来)を向き、これからどう行動し、民を導くかを考えています。正位置の王が過去に学び、人々をあと押しするリーダーだとすれば、逆位置は自ら先頭に立ち、道を切り開くリーダーです。

棒のキングに描かれたシンボル

・炎のような王冠・

儀式用の帽子の上に着けた王冠は、特別な人間だという自覚、指導者の素質、人々を率いる準備ができていることなどを示します。炎のような形は、知略に溺れず、情に訴えず、金に物を言わせず、熱意で押し切ることを表します。

・ブルーの空・

青い色は冷静さを、雲のない空は周囲が見えていないか、自分のこと以外は興味がないことを表します。未来を意味する右側の空が狭く、過去を意味する左側が広いのは、昔の出来事に意識が向いていることを示します。

・玉座・

背もたれのライオンは権力と勇猛さの象徴です。トカゲのように見えるのは火の精霊サラマンダーで、尽きぬ情熱を表します。これらが描かれた玉座は、権威、有力な後ろ盾、強力な支援、頼りになる協力者などを意味します。

・右手の棒・

能動性を表す右手に握られた棒は、強い命令、積極的な意思表示、叱咤激励、真っすぐな熱意、自信と誇りなどを意味します。棒の根元が大地に置かれているので、経験に基づき、地に足の着いた発言をすることが分かります。

・首飾りとケープ・

よく見ると、首飾りのトップは獣の頭の形です。これは家柄や権威の誇示、見栄で飾り立てていること、自分の力の誇示などを表します。ケープは平和を意味する黄緑色で、いわば緩衝材であり、敵意がないことを示します。

・黄緑色の靴・

黄緑色は、穏やかで落ち着いた状態を表します。上半身は前のめりですが、足が地に着いているので、浮き足立ってはいません。いつでも行動する準備を整えつつ、状況をうかがっていることが示されています。

・マント・

何匹ものサラマンダーが、口に尾をくわえた状態で描かれています。これは、熱意ある行動が実を結んで物事が完結したこと、それが繰り返されることを表します。裏地が見えているのは、本音が漏れていることを意味します。

・茶色の地面・

過去を表す左側に平らな地面と棒があるのは、これまで大きな難に遭わずに進んできたことを意味します。未来を表す右側は盛り上がっているので、この先は思い通りにいかず、地ならしをする必要があることを示しています。

・石の台座・

安定感のある石の台座は、状況が不変であることや物事の基礎を意味します。火の精霊サラマンダーがいるのは、この土台を築き、万全な状態にするまでに、炎を浴びるような厳しい試練に耐え抜いてきたことを表します。

・オレンジ色の衣装・

炎や太陽を思わせる色の衣装は、熱意、興奮、怒り、やる気などを表します。王冠をかたどった袖口は、自己制御できていることを表しますが、心身共にオーバーヒート気味なので、このへんでクールダウンが必要です。

金貨のA(正)p.292

棒のキングを読むためのキーワード

	玉座	炎のような王冠	マント	オレンジ色の衣装
恋愛	**出会い**	**出会い**	**出会い**	**出会い**
	・パワフルな人との	・自信家との	・付きまとう人との	・活発な人との
	・昔は粗暴だった人との	・怒りっぽい人との	・元恋人と似た人との	・ギラギラした人との
	・成功を収めた人との	・強引な人との	・複数候補がいる人との	・気持ちが熱い人との
	・統率力がある人との	・自己主張が強い人との	・素直で飾らない人との	・健康的な人との
	・料理店での	・すぐに進展する	・よく行く場所での	・スポーツが縁での
	・体を動かす場での	・一夜だけの関係の	・チェーン店での	・イベントやライブでの
	・誰かの紹介での	・パーティーでの	・結婚を前提とした	・飲食関連が縁となる
	相手の気持ち	**相手の気持ち**	**相手の気持ち**	**相手の気持ち**
	・安心している	・早く会いたい	・きちんとした交際を	・一緒に盛り上がりたい
	・頼ってほしい	・盛り上がっている	・最初の熱が冷めてきた	・イベントに出かけたい
	・プライドを守りたい	・遊びに行きたい	・もうやり切った	・食事を楽しみたい
	・心理的な壁がある	・熱しやすく冷めやすい	・体の関係を望んでいる	・健康にこだわりがある
	・形式にこだわる	・今が良ければいい	・楽しいが何か足りない	・体を求めている
	・心変わりを恐れている	・とにかくモテたい	・他の人と比べている	・刺激が足りない
	・責任を感じている	・先のことは知らない	・次の恋愛にも興味あり	・気持ちが高ぶっている
	今後の二人	**今後の二人**	**今後の二人**	**今後の二人**
	・まだ壁がある状態	・熱い時間を過ごす	・デートを重ねる	・恋の炎が燃え上がる
	・バックアップがある	・体だけの関係になる	・交際に至る	・逆鱗に触れてしまう
	・後には引けなくなる	・相手を怒らせることも	・いつもと同じ流れに	・一緒に体を動かす
	・プライドがぶつかる	・軽いノリで付き合う	・マンネリをごまかす	・興奮を分かち合い親密に
	・熱意が実って進展する	・素を出せないと厳しい	・秘密がバレて修羅場に	・しばし距離を置くと吉
	・家族に紹介することに	・互いに疲れてしまう	・約束が果たされる	・その場限りの恋となる
	・背中を押されて結婚へ	・気持ちが再燃する	・復縁が現実的になる	・暴力の気配から逃げる
仕事	・転職にはコネの活用を	・転職は時期尚早	・転職で内定がもらえる	・転職への思いが強まる
	・出資者の力が強い	・勢いで独立するのは凶	・大変な仕事が一段落	・独立に向けて始動を
	・後ろ盾が必要	・やる気や意欲が肝心	・同時進行になりそう	・後回しにしないで
	・上司や組織の庇護あり	・短期決戦を狙おう	・忙しいが結果は出る	・応援する姿勢を見せて
	・壁にぶつかる	・熱意が通じる	・ライバルと切磋琢磨を	・部下に任せること
	・レベルの違いを痛感	・プレゼンは堂々と	・忍耐が功を奏する	・上司に頼ってみよう
	・とにかく形にしよう	・行動しながら修正を	・優先順位がつけにくい	・自己主張は炎上を招く
	・モチベーションが重要	・目下の人を導こう	・内部事情が露見する	・意欲が評価される
	・粘れば結果が出る	・締めくくりの時期	・主導権争いが起こる	・勢いでは結果が出ない
	・自信を持って堂々と	・パワハラから逃避を	・本音と建前を分けて	・泣き寝入りはしないで
お金	・金運はうなぎ上り	・何かと物入りの時期	・複数の収入源の確保を	・無駄使いをしそう
	・援助してもらえそう	・熱中し過ぎて浪費する	・出費がかさみそう	・援助は吉、貸すのは凶
	・万一に備えて貯金を	・貸借は早めに清算を	・自己投資はペイできる	・お金絡みの訴訟が発生
	・長期継続が金運を招く	・勢いでの買い物はダメ	・お金を無心されそう	・なかなか貯金できない
	・お金の心配は無用	・殿様商売は失敗の元	・買い物での目移りは凶	・出資の依頼は吉
行動のヒント	・背筋を伸ばすべし	・炎上を招く発言に注意	・同じことをやる羽目に	・体を冷やさないで
	・背後の守りを固めて	・短気は損気	・ルーティンがはかどる	・運動が運気を上げる
	・友人や身内を頼ろう	・プライドを持って	・物事を完遂できる	・温かい気持ちが大事
	・筋トレや修業が必要	・創造性に恵まれそう	・本音が言える人を重視	・わがままは嫌われる
	・物事の完遂を目指して	・リーダーシップを発揮	・予定が立て込みそう	・料理をするとよい

その他のシンボル　**黄緑色の靴**　健康な人との出会い　前向きな状態　落ち着き　堅実　自然との触れ合い

首飾りとケープ	右手の棒	ブルーの空	石の台座
出会い	**出会い**	**出会い**	**出会い**
・見栄を張る人との	・向上心のある人との	・穏やかな人との	・しっかりした人との
・金もうけを好む人との	・性急な人との	・うそをつかない人との	・結婚願望の強い人との
・こだわりがある人との	・押しの強い相手との	・冷静な人との	・頭の固い相手との
・ブランド好きな人との	・リードが上手な人との	・束縛しない相手との	・辛抱強い人との
・合コンやパーティーでの	・体が目的の	・アウトドアでの	・年配者の紹介での
・ファッションが縁での	・熱心に口説かれる	・昼間の活動での	・昔ながらの店での
・イベントや展示場での	・競技場や運動場での	・出会いがない	・伝統行事などでの
相手の気持ち	**相手の気持ち**	**相手の気持ち**	**相手の気持ち**
・派手に遊びたい	・関係を持ちたい	・距離を置きたい	・対話を拒否している
・プレゼントをしたい	・付き合えると確信する	・波風を立てたくない	・意地を張っている
・誤解を解きたい	・指示に従ってほしい	・先のこと考えていない	・自分を変えられない
・心証を良くしたい	・態度を決めてほしい	・束縛されたくない	・結婚を考えている
・穏やかな気持ちでいる	・自分を押し通したい	・見極めている最中	・現状維持にこだわる
・もめたくはない	・リードするつもり	・積極的になれない	・消極的な姿勢
・好意を確かめたい	・指図は受けない	・刺激がない、マンネリ	・わがままに耐えている
今後の二人	**今後の二人**	**今後の二人**	**今後の二人**
・行動が目に余るように	・思いが通じる	・現状を維持する	・忍耐が報われる
・押し付けに耐えられない	・押し切られて付き合う	・過去の関係に戻る	・あまり盛り上がらない
・良かれと思って失敗	・結婚目的なら長く続く	・交際が発展しない	・慎重過ぎて進まない
・背伸びをして続かない	・ハラスメントの危機	・先延ばしにされる	・我慢を強いられる
・誤解で関係にひびが	・けんかが絶えない	・なかなか進展しない	・身を固める覚悟が必要
・本音を見抜かれて破局へ	・リードすれば進展する	・盛り上がらない	・結婚前提の交際に
・落ち着いていれば復縁	・自ら決めれば後悔なし	・やりとりが減る	・重いくらいが吉
・厳しい面接になりそう	・転職には情熱が必須	・物事が白紙に戻る	・転職活動が停止する
・独立は筋を通してから	・目標や理想は高く	・移動や出張がある	・動く時期ではない
・チェックされている	・先陣を切るつもりで	・リセットする時期	・じっくりと地固めを
・結果を出せば叱責なし	・責任を負う覚悟が必要	・自由に行動できる	・クレームに耐える時期
・長い物には巻かれろ	・状況を掌握できそう	・周囲が見えていない	・ときには我慢が大切
・平穏無事をモットーに	・強気のアクションを	・支援と協力が必要	・信頼を得られる
・アピールは控え目に	・意欲を前面に出すべし	・役割について再考を	・突発事故に動じないで
・人のつながりを頼って	・主体性が重要になる	・経験と実力が不足気味	・下から支えるとよい
・相手に勝利を譲って	・やる気を高めよう	・客観的な視点が大事	・宣伝より実務が重要
・目上をねぎらうべし	・結果より熱意が重要	・変化が起こりにくい	・過去の経験が生きる
・徹底的にリスク回避を	・やる気が金運を上げる	・金運に恵まれない	・最低限の収入はある
・一度は大きくもうかる	・柱となる収入を大事に	・貯蓄ができない	・必要な資金がたまる
・お金に困らない	熱意が支援を呼び込む	・あいまいな話は凶	・倹約するべき時期
・平和のための募金を	・頼られたら援助して	・架空請求に気をつけて	・財布のひもは堅く
・相続や贈与の話がある	・出資するには好機	・予算ゼロでのスタート	・住環境への投資を
・自画自賛は近しい人に	・自己主張をしよう	・ネット環境が快適な日	・饒舌は凶、沈黙は吉
・知人を褒めよう	・怒りを抑えるべし	・予定がなくなりそう	・床材や床暖房の検討を
・装飾品の整理と管理を	・他人の支えになろう	・最初からやり直そう	・石橋をたたいて渡ろう
・観察眼が問われる	・大声を出さないで	・屋外活動にツキあり	・工房や厨房に入ると吉
・ストーカーに注意	・目標は明示して共有を	・混雑しない場所が吉	・真面目さが幸運の鍵

その他のシンボル　**茶色の地面**　地味な人との出会い　結婚後に盛り上がる　基礎を応用する　衣食住が重要

剣のペイジ(正)p.272

COLUMN 3

タロットの発祥と歴史

タロットカードはもともと占いの用具ではなく、ゲームの用具でした。タロットを特徴づけている一連の絵札の歴史は、15世紀のイタリアまでさかのぼることができます。それをタロットの起源ということができるでしょう。

最初期のタロットは、貴族の遊びのために製作された手描きのぜいたく品でした。人物カードが24枚あるものや、今とは異なる絵が描かれた50枚のセットなど、絵も枚数もきっちりと決まっていたわけではありません。それらさまざまな歴史的なタロットが、手描きから木版に変化する過程で、絵柄と枚数が統一されていきました。

タロットの枚数や絵札のパターンが定まったのは、17世紀のフランスにおいてです。木版による大量生産で広く流通したこれらの古典的なタロット群は、後年「マルセイユ版」と呼ばれるようになりますが、これも占いではなくゲームのために用いられました。

18世紀終盤になると、タロットの不思議な絵に魅了された神秘主義者やオカルティストたちが、タロットを秘教的なものとして研究するようになります。それまではゲームの用具に過ぎなかったタロットが、真偽はともかく、古代の叡智を秘めたものとして取り上げられるようになるのです。彼らは、自分たちの魔術思想や秘密結社の教義を盛り込み、秘教的なタロットを創造しようと試みました。

これ以降、タロットを占いのツールとする人や、占いの用具として製作されたカードが出現し、タロットはゲームだけでなく、占いや魔術儀式のために使われるようになります。代表的なものとして、占いに広く使われた「エッティラ(エテイヤ)・タロット」や、本書で使用する「ウェイト＝スミス・タロット」、魔術師クロウリーによる「トート・タロット」などがあります。

今日のように、占いのカードとしてタロットが一般的な知名度を獲得するきっかけとなったのは、1960年にアメリカでイーデン・グレイが出したタロット占いのハウツー本です。これが大ヒットし、そこで取り上げられていた「ウェイト＝スミス・タロット」が、タロットの新しいスタンダードと見なされるようになったのです。

TAROT READING BOOK

第3章

杯《カップ》

Cups

「杯《カップ》」の意味とカードの流れ

「杯」は四元素のうち「水」に相当する

小アルカナの「杯」は、四元素(火・水・風・土)のうち「水」の要素を表します。ここに出てくる杯は、シンプルな形状のグラスがほとんどですが、A《エース》のようなゴブレットや、クイーンが持つ聖杯などもあります。水は、器の形に応じて姿を変えることから受動性と感受性を、また、流れ、移ろい、混ざり、潤いを与え、しみわたることから感情や愛情、優しさを象徴します。食べ物にたとえると水気の多い物やスープ、音楽ならポピュラーなラブバラード、絵画ならパステルカラーによる肖像画でしょうか。

14枚のカードのストーリー

A(1)から10までの流れを見ていきましょう。

Aでは泉が湧き、新しい流れが始まる様子が描かれています。2で気の合う相手が見つかり、3でさらに仲間が加わって、喜びを分かち合う人が増えます。4では飽きてきたのか、差し出された杯には見向きもせず、5になると、得た幸せより失ったものの方が大きいと感じるようになります。6で喪失感を埋めるかのように、美しかった過去に思いを馳せた結果、7では非現実的な欲望を抱くようになってしまいます。8でこれまで積み上げてきたものからいったん離れることで、9では念願がかなって欲しい物が手に入ります。最後の10では再び幸せを共有できる人が見つかるのです。

人物札(コートカード)についても見ていきましょう。好奇心旺盛な夢想家であるペイジが、理想を追い求めるナイトとして静かに旅に出ます。そこで学んだことは、クイーンが志す献身的で誠実な愛であり、キングが体現する穏やかで寛大な心でした。

共感力に富むが、傷つきやすい一面も

杯は、優しさと共感力で人を助け、癒やすことを表す一方で、過度の自己犠牲や繊細さのせいで傷つきやすいという弱点も表します。調子が良いときなら、全てを寛容に受け入れても問題はありませんが、感情が濁ったり、気分が淀んできたりしたら、すぐ別のところに流れていくとよいでしょう。杯はみずみずしい感性や優しい愛情を示しますが、それを共有する相手は、我欲にまみれた狭量な人でなく、湖のように広い心の持ち主であるべきです。

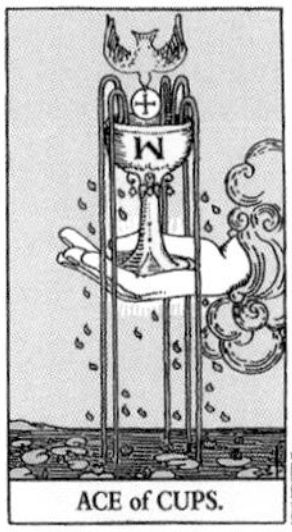

杯のA。泉が湧き、新しい流れが始まる。

杯の2。気の合う相手と感情を分かち合う。

杯の3。分かち合う仲間がさらに増える。

杯の4。飽きてきたのか、杯に手が伸びない。

杯の5。失ったものの大きさを感じる。

杯の6。美しかった過去に思いを馳せる。

杯の7。非現実的な欲望を抱く。

杯の8。積み上げてきたものから離れる。

杯の9。念願かなって欲しい物を手に入れる。

杯の10。再び幸せを共有できる人が見つかる。

杯のペイジは、好奇心の旺盛な夢想家。

杯のナイトは、理想を求めて旅に出る。

杯のクイーンは、献身的で誠実な愛を示す。

杯のキングは、穏やかで寛大な心を持つ。

 棒のナイト(正)p.156

杯《カップ》のA《エース》

杯からあふれるのは豊かな感情。
聖なる存在に見守られて、
物語が始まろうとしている。

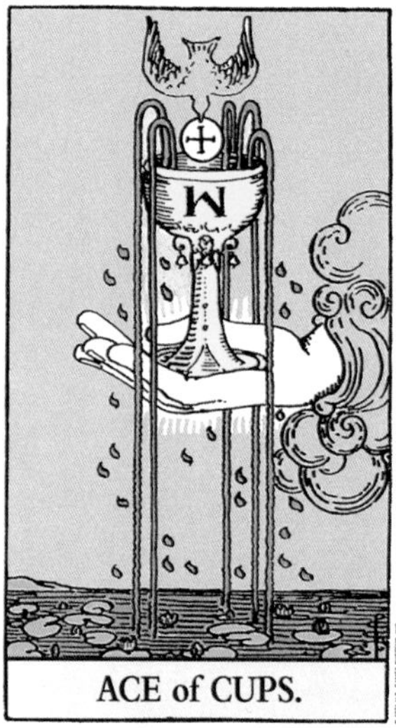

逆位置

基本の物語

神秘的な光を放つ手が、雲の中から伸びています。杯から流れる五筋の水は、さまざまな感情があふれ出すことを意味します。聖霊の象徴である鳩が、イエスの体を表す聖体(ホスチアと呼ばれる聖なるパン)を運び、イエスの血である聖なるワインをたたえた聖杯に浸そうとしています。復活、新生、奇跡、誕生、始まり、気分を新たにしてのスタートです。

Aは、数字で表すと一ですから、物事の始まりと、新たな気持ちが湧いてくることを表します。この段階では神の手にあと押しされている印象ですが、次の「杯の2」では別の人物が登場し、協力し合うことになります。

逆位置を読むポイント

正位置では絵全体からバランスのよさが感じられましたが、逆位置ではそれが崩れます。光を放つ手が全てを受け入れていたのに、逆位置になると、飛んできた鳩を杯の中に閉じ込めようとしているようにも見えます。

これは、湧き上がる感情に流されているか(動揺)、良いメッセージが早く欲しくて鳩を捕まえようとしているか(焦り)、どちらかでしょう。

逆さの「M」(※)は、逆位置では正しい向きに。隠れていた聖母マリアが顕現して、汚れなき存在であれと教えているかのようです。

Ace of Cups

※「M」が逆さに書かれている理由については定説がなく、現在、研究が進められている。

杯のAに描かれたシンボル

・杯から流れ出す水・

杯から流れる五筋の水は、さまざまな感情と五感を意味します。池に落ちるのは、感受性が潜在意識と結び付いていることを表し、感情をうまく表現できれば心の底から納得して行動でき、良い結果に至ることを示しています。

・聖体を運ぶ鳩・

十字架が刻まれたパンはイエスの体、杯に注がれるワインはイエスの血の象徴。共に復活の儀式で重要な役割を果たし、杯の方は最後の晩餐にも登場します。鳩は聖霊を表し、復活、誕生、平和を告げる使者です。

・灰色の空・

背景の灰色は、杯に象徴される愛情、気遣い、包容力、受容性などに、善悪や偏りがないことを示します。それらはただ「そこにある」ものなのです。共感の強要、同調圧力、依存といった関係性からは離れるべきでしょう。

・手に支えられた杯・

杯には「M」が逆さに書かれています。Mは、ヘブライ文字では水を表し、十字架と結び付くと聖母マリアの処女懐胎と出現を示す「奇跡のメダイ」の刻印になります。汚れなき心と全てを受容する姿勢が奇跡を起こすのです。

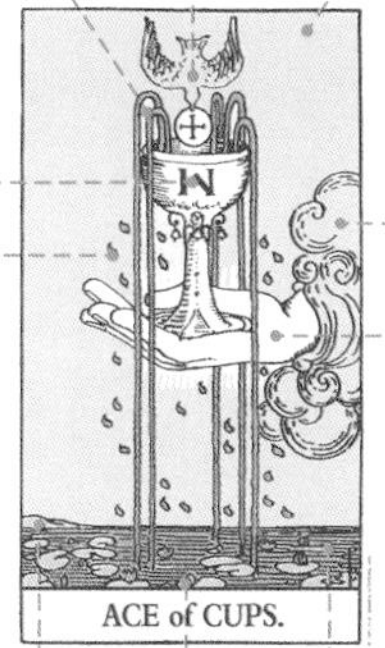

・手の生えた雲・

未来を表す右側に雲が湧いています。雲は不明瞭な状況を暗示するので、今後の気分が読めないか、関係があいまいになることを意味します。一方で、光る手は多くのヒントを得る暗示。準備しておけば、混乱を乗り切れます。

・たくさんの水滴・

この水滴は、神の恩寵または手を意味するヘブライ文字をかたどっているとされ、人知を超えた偶然や幸運を暗示します。塔、月、剣のAにも同じ形状のシンボルが見られますが、このカードが最多で、多くの助けを暗示します。

・光を放つ白い手・

神を思わせるこの手は、世界の理、宿命、必然性の象徴です。光っているのは、誰の目にも明らかなことを、白いのは、純粋で絶対的なことを表します。杯が傾かないよう丁寧に支えているのは、包容力と優しさを意味します。

・遠くの岸辺・

池の奥にチラリと見える緑色の岸辺。無意識から浮かび上がる確信、甘えの中の自制心、何かに溺れそうなときのよりどころなどを表します。混沌の中での協力者や、あいまいな案件でも支払われる報酬など、安心感の象徴です。

・池を彩るスイレン・

スイレンの花は、朝咲いて夕方には閉じるので、昇っては沈む太陽と関連付けられています。再生に必要な神聖な光の象徴なのです。汚れを落として清らかな状態で復活すること、再び脚光を浴びることなどを意味しています。

・広がる池・

水の流れによって水紋が生じていますが、波は立たず、穏やか。さまざまな思いを優しく受け止め、公正な態度でいることを表しています。包容力がある一方で、陸地に誘導して自立を促すという理性も持ち合わせています。

 剣のナイト(逆)p.276

杯のAを読むためのキーワード

	聖体を運ぶ鳩	手に支えられた杯	杯から流れ出す水	たくさんの水滴
恋愛	出会い	出会い	出会い	出会い
	・宗教が大切な人との	・純粋な人との	・感情豊かな人との	・運の良い人との
	・真面目な人との	・包容力がある人との	・涙もろい人との	・汗かきの人との
	・物を大事にする人との	・穏やかな人との	・感受性が鋭い人との	・霊感がある人との
	・話が丁寧な相手との	・諦めていた人との	・優しい人との	・神々しい場所での
	・声を掛けられての	・お祝いの席での	・飲み会での	・水がある場所での
	・飛行機で移動したときの	・女性中心の集まりでの	・芸術に関わる場での	・パワースポットでの
	・儀式やお祭りでの	・上品で優雅な場所での	・多くの候補に恵まれる	・雨の日の
	相手の気持ち	相手の気持ち	相手の気持ち	相手の気持ち
	・ピュアな気持ち	・一目見て気に入った	・愛情があふれる	・気が散っている
	・大切にしたい	・受け入れるつもり	・気持ちが高ぶっている	・なるようになる
	・そろそろ告白しよう	・気持ちに余裕がある	・複雑な思いがある	・そこはかとない好意
	・順調な進展を願う	・支えてあげたい	・みんなに優しくしたい	・不思議と縁がある
	・過去の恋愛がネックに	・恋愛感情が芽生える	・誰にでも愛想が良い	・腐れ縁になりそう
	・結婚を希望している	・優しくしてもらいたい	・他からも好かれている	・義務のように感じる
	・子供が欲しい	・愛に飢えている	・心配してくれている	・自分らしくない状態
	今後の二人	今後の二人	今後の二人	今後の二人
	・プラトニックな関係	・恋が始まる	・互いに好きになる	・惹かれ合って付き合う
	・周囲の協力を得る	・奇跡的にうまくいく	・愛が盛り上がる	・二人とも忙しくなる
	・告白が成功する	・愛情で満たされる	・満足できる結果に	・思いがすれ違う
	・状況が好転する	・告白が実る	・尽くし過ぎて疲れる	・破局の危機を脱する
	・真面目な交際へ	・相手の全てを許す	・相性の良さを実感	・タイミングが合わない
	・プロポーズが実現	・新しい生活が始まる	・クライマックスへ	・将来の話にはならない
	・妊娠の可能性あり	・結婚または妊娠	・妊活で動きがある	・多過ぎる連絡が重圧に
仕事	・転職のオファーがくる	・転職のタイミング	・転職の意思が芽生える	・転職の覚悟が決まらない
	・独立のあいさつを	・ベンチャーや起業が吉	・独立したくなる	・独立すると苦労が多い
	・昇進や昇給の知らせ	・今こそ行動のとき	・新たなアイデアが湧く	・空気を読む羽目に
	・引き抜きや抜てきがある	・賛同と協力を得る	・周りを気分よく乗せて	・なぜかうまくいく
	・真面目さが認められる	・リフレッシュが大事	・新しい計画が始まる	・全方向に気遣いを
	・上司や幹部に呼ばれる	・周囲の気持ちを汲んで	・やる気のみで終わる	・十人十色をテーマに
	・先輩に助けられる	・ダメ元で行動すると成功	・表現力を駆使しよう	・直感を信じて
	・良い知らせを受け取る	・まずは意見を受け止めて	・思いが交錯する	・結果重視は失敗しがち
	・重要な連絡がくる	・余計な事は考えない	・対人関係は良好	・放置しても形は整う
	・指示は明確に	・やりがいと満足感あり	・感性を生かして	・関係者が多いと吉
お金	・支援を受ける	・融資や審査に通る	・新しい収入源ができる	・貯金ができる
	・金運に恵まれる	・利益が出始める	・今から金運が上がる	・運良くお金になる
	・無欲でいるとよい	・金銭的な助力を得る	・つい浪費してしまう	・細かい買い物が増加
	・相続や譲渡がある	・資金調達ができる	・謝意はお金でなく心で	・人のための出費は吉
	・おさい銭や寄付が吉	・ごちそうしてもらえる	・報酬が労働に見合わない	・ようやく振り込まれる
行動のヒント	・奇跡が起きる	・器の大きさが問われる	・感動的な映画を見よう	・天の助けを信じよう
	・与えるより受け取る	・柔軟に受け止めよう	・芸術に親しもう	・可能性はたくさんある
	・儀式を大切に	・優しさが奇跡を生む	・感極まりやすい時期	・ゆっくりと待つべし
	・メッセージを聞いて	・感謝の気持ちを	・人の気持ちを動かせる	・恵みの雨が降る
	・感謝の気持が福を呼ぶ	・遠慮なく受け取って	・平等に愛情を注ごう	・敬虔さを忘れずに

その他のシンボル　灰色の空　素っ気ない人　存在感がなくなる　無難にまとめて　中庸　感情を排して

光を放つ白い手	手の生えた雲	広がる池	池を彩るスイレン
出会い	**出会い**	**出会い**	**出会い**
・丁寧な人との	・前向きな人との	・心の広い人との	・朝早い人との
・品の良い人との	・考えが読めない人との	・公明正大な人との	・脚光を浴びた人との
・色白な人との	・秘密主義の人との	・優しくも厳しい人との	・清らかな人との
・所作が優雅な人との	・不透明なビジネスでの	・子育て経験者との	・エキゾチックな人との
・招待された場での	・SNSを通じての	・池や湖のある場所での	・海外が縁での
・受け身の状態での	・休職、就活中の	・子供に関連する場での	・庭園や水辺での
・紹介での	・簡単なアプリでの	・交友関係からの	・大衆的で美味な店での
相手の気持ち	**相手の気持ち**	**相手の気持ち**	**相手の気持ち**
・支えてあげたい	・この先が想像できない	・予定は合わせる	・第一印象は良い
・放っておけない	・まだ警戒している	・とりあえず受け入れる	・美意識を感じる
・丁寧に接している	・決断したくない	・ゆっくりと待つ姿勢	・神秘的な縁を感じる
・告白されれば考える	・流れに任せる	・穏やかでいたい	・もう少し一緒にいたい
・人として応援したい	・乗り気ではない	・連絡は最小限を希望	・休日を共に過ごしたい
・恋愛感情ではない	・なんとなく気が進まない	・しつこいのは嫌だ	・扱いに戸惑う
・消極的になっている	・煙に巻きたい	・優しく対応したい	・やや近寄りがたい
今後の二人	**今後の二人**	**今後の二人**	**今後の二人**
・相手の気持ちを尊重	・あいまいな関係に	・好き過ぎると破局	・短期間で終わる恋
・油断すると離れていく	・先延ばしになる	・穏やかに付き合う	・刹那的に身を任せる
・考えた結果、保留に	・将来の話はしない	・波風が立たない	・忙しくて会えない
・お膳立てができる	・決断を保留する	・程よく自立した関係	・思い通りにいかない
・仲介者によって成就	・今後を考えずに交際する	・交際が長く続く	・付き合うと冷める
・プロポーズを受ける	・心の内が読めない	・同棲もしくは結婚へ	・遠くから見守ると吉
・支え合って生きる	・連絡がとれなくなる	・いつまでも仲良し	・別れと復縁を繰り返す
・転職か残留かを天秤に	・転職は土壇場で保留に	・転職はまだ先	・転職はすぐに決まる
・創業支援がおすすめ	・起業にはリスクあり	・独立の準備が進む	・独立しても続かない
・手厚いサポートを	・状況が不透明になる	・変化に対応しよう	・復職がうまくいく
・変更せずそのままで	・楽観視しないこと	・度量の広さが問われる	・一時的な成功かも
・安心できる環境が実現	・要点がつかめない	・可能性が広がる	・夜は能率が落ちる
・後は上を目指すだけ	・契約はまだ早い	・和やかな人間関係	・情に訴えるとよい
・なるべく丁寧な作業を	・情報が錯綜・混乱する	・合わない人とは離れて	・粘らずに次を狙おう
・対応はソフトに	・指示や報告は明確に	・チームの雰囲気が良い	・困難も解決に向かう
・チームを支えること	・企画が立ち消えになる	・感情とやる気重視で	・好不調の波がある
・まずは受け止めよう	・記録はしっかり保存して	・満足できる結果に	・短期集中で
・援助を受け取る	・投資は失敗に終わる	・倹約するとよい	・賭け事の深追いは禁物
・プレゼントがもらえる	・利益が消えてしまう	・物欲が浪費に直結	・サブスクの有効利用を
・お得な情報が舞い込む	・キャッシュレスが吉	・収支どちらも調整を	・単発で稼げる仕事あり
・収入が安定する	・返品できるか確認を	・文化にお金を使いそう	・早起きは三文の得
・労せずに副収入を得る	・もうけ話に乗らないで	・高級品は買う意味なし	・欲や煩悩を静めよう
・物を大切に扱おう	・予定通りにいかない	・人を甘やかさないこと	・活動は日中が吉
・自然体で輝ける	・できることから着手を	・穏やかに受け入れて	・ダラダラしないこと
・弱者を助けるべし	・クラウドデータの管理を	・友人の輪が大事	・他とリズムを合わせて
・待っていれば手に入る	・午前中に用事を済ます	・相手の迷惑を考えて	・長引きそうなら明日に
・支えてあげるとよい	・雨に備えよう	・フラットに判断しよう	・美しい心を保とう

その他のシンボル　**遠くの岸辺**　安心できる人　自立が吉　よりどころを得る　精神の安定　自分の足で歩く

 杯の4(正)p.184

杯《カップ》の2

乾杯は、深い絆の証し。
異なるものの結び付きが、
葛藤を乗り越えて豊かさを生む。

逆位置

基本の物語

翼のある獅子と、つえに絡み付く蛇という不思議な図像の下で、男性と女性が乾杯しています。変わらぬ愛の誓いか、友情の確認か、共同事業の成功を祈っているのか。いずれにしても二人の絆は深いようです。

有翼の獅子は精神性と身体性、知性と本能の葛藤と昇華を、蛇は再生を象徴するので、男女の和合が新たな関係を生むことを暗示しています。

「杯のA」が意味する始まりの予感は、パートナーを得るという展開を迎えました。次の「杯の3」では、もう一人が加わって楽しそうに踊っています。この二人が恋人であれば共通の知り合いを得て祝福され、同志であれば仲間が増えて発展していくのです。

逆位置を読むポイント

正位置では、二人が大地にしっかりと立ち、その情熱が有翼の獅子に変じて飛翔するような構図でした。ところが逆位置では、二人の足元がやや不安定に見えてきます。男性の前向きな一歩が、勇み足のように思われるのです。落ち着かない状態で盛り上がろうとする二人を、翼ある獅子がなだめているような構図になっていきます。

逆位置は、正位置の反対の意味を持つわけではありません。ここでも、二人の絆が切れるわけではなく、短慮や焦りを意味すると解釈します。

Two of Cups

杯の2に描かれたシンボル

雲のない青空

視界が開けていること、邪魔が入らないこと、心配がないことを意味します。頼れる人や欲しいものが得られないことを意味する場合も。また、周囲の理解と協力を得るために、外に向けて発信する必要があることを示します。

有翼の獅子の頭部

翼のある獅子と二匹の蛇は、ゾロアスター教ズルワーン派の創造神を思わせ、新生や新世界を表します。錬金術では、獅子が硫黄の固着性を、鷲が水銀の揮発性を表し、肉体と精神の葛藤や、異なる要素の融合を意味します。

二つの杯

二つの杯は同じ形ですが、中身も同じでしょうか？　異なるものを飲むことも、互いに準備した杯を交換して飲むこともできます。どちらにせよ、双方の目的を明確にし、相互理解に努め、気持ちを一つにすることが不可欠です。

二匹の蛇とつえ

二匹の蛇とつえは、その上の翼も含めると、ギリシア神話のヘルメスの持ち物ケリュケイオンとなります。ヘルメスは商業神であり神々の伝令なので、契約の締結、コラボ、二つの融合、伝言や通達という意味になります。

白い服の女性

月桂樹の冠は、栄光と勝利の象徴。周囲からの祝福や、願いがかなったことを意味します。白い服は無垢な心を、赤い靴は行動する熱意を表します。水色の外衣は、冷静さと警戒心の表れで、油断していないことを示しています。

黄色い服の男性

赤いバラの花冠は、情熱の象徴であり、イエスの血と死の象徴。愛や信念に殉じる覚悟があることを示します。右手と左足を前に出しているのは、積極的な行動を意味します。服の色は、暗い面と明るい面の葛藤を表します。

黄土色の地面

この地面は整備され、向こうの丘とは明確に区別されています。制御しにくい自然ではなく、人間のコントロール下にある人工物なのです。黄土色は、お金を表す色でもありますから、資産や資金があることを示します。

家のある丘

物事は始まったばかり。遠くにある家を自分たちの居場所にするには、丘を越えねばなりません。道のりは遠く、起伏がありますが、黄緑色の丘は穏やかさと平和を表しますから、一歩ずつ進んでいけば目標に到達できるでしょう。

剣の4(逆)p.244

杯の2を読むためのキーワード

	黄色い服の男性	白い服の女性	有翼の獅子の頭部	二匹の蛇とつえ
恋愛	出会い	出会い	出会い	出会い
	・信念のある人との	・素直な人との	・転職直後の人との	・話がうまい人との
	・情熱的な人との	・控え目な人との	・自信のある人との	・商売人との
	・いちずな相手との	・認められている人との	・恋愛に興味のない人との	・頭のいい人との
	・表面は明るい人との	・恋愛に慎重な人との	・公私のパートナーとの	・若く見える人との
	・花のある場所での	・祝賀会での	・有名な店での	・商業施設での
	・スノッブの集まりでの	・文化や学びの場での	・初めて行った場所での	・交通機関での
	・昼から飲める店での	・結婚相談所での	・新規登録したアプリでの	・SNSが縁での
	相手の気持ち	相手の気持ち	相手の気持ち	相手の気持ち
	・ぜひとも付き合いたい	・晴れやかな気持ち	・これまでの恋より新鮮	・約束は守るつもり
	・恋愛に情熱を傾ける	・自分が優位に立つ	・これからスタート	・もっと話したい
	・下心と誠実さの葛藤	・プライドを守りたい	・相性の良さを感じる	・連絡は自分のペースで
	・積極的になるつもり	・友達に紹介したい	・恋愛か仕事か選べない	・話が合えばOK
	・熱く語り合いたい	・望む状態になった	・下心をなんとかしたい	・会うよりメッセージで
	・触れ合いたい	・まだ警戒している	・プライドがある	・メリットを考えている
	・真意を知りたい	・冷静さを装っている	・価値観が合うか心配	・一緒に何かしたい
	今後の二人	今後の二人	今後の二人	今後の二人
	・諦めなければ成就する	・一線は越えない	・妄想を現実に近づけて	・交際に同意する
	・一歩接近で絆が深まる	・慎重に進展させる	・互いに妥協が必要	・やりとりが活発に
	・好意を伝え損ねる	・塩対応になってしまう	・体の関係から始まる	・リアルでは会えない
	・友達止まり	・好きだから近づけない	・補い合う関係に	・仕事での関わりに
	・犠牲もあるが交際へ	・互いに受け身の状態	・考え方の違いが刺激に	・意気投合して親密に
	・怖がられてしまう	・周囲の祝福を受ける	・遊びと真剣交際の中間	・スピーディーに進展
	・ストーカーの危険あり	・良い結果を勝ち取る	・葛藤を乗り越えて成就	・婚約や結婚へ進む
仕事	・熱意で内定を勝ち取る	・ヘッドハンティングあり	・転職より兼業を	・転職はすぐに決まる
	・独立に大義名分が必要	・独立・起業を実現する	・独立は一長一短	・起業のチャンス
	・後ろめたい行動はダメ	・栄転の可能性あり	・異色のコラボが成功	・コラボ企画が成功する
	・説得や説明は情熱的に	・結果に恵まれる	・男女比を均等に	・無事に契約できる
	・謙虚さと積極性を	・未経験が吉と出る	・新規開拓に力を入れて	・規約違反に気をつけて
	・反対意見とぶつかる	・上司とは一線を引いて	・プロジェクト発足は吉	・再び機会が巡ってくる
	・長所も短所も認識を	・冷静に観察しよう	・保守と革新の争いに	・相手に合わせよう
	・本音と建前の使い分けを	・嫉妬や攻撃性を抑えて	・もめ事は発展的に解消	・連絡と報告が大事
	・信念を貫くべし	・ときには攻めの姿勢を	・意地の張り合いは凶	・意思疎通を心掛けよう
	・明るい人と組もう	・超然とした態度で	・活発なディベートを	・取引がうまくいく
お金	・資金があれば黒字に	・収入アップを狙おう	・出費が増える時期	・売上がアップする
	・投資するなら大きく	・高評価から収入増へ	・見栄でお金を出さない	・すぐにお金になる
	・情熱がないと稼げない	・意味のない出費は拒否を	・初期費用は出してよい	・ローン等の審査に通る
	・苦労と犠牲が報われる	・もうけ話に乗らないで	・昇給に向けてアピールを	・支払い期限を守ろう
	・衝動買いに注意	・困ったら助けてもらう	・新規事業はおすすめ	・不要なものは解約を
行動のヒント	・とことんやってみよう	・受賞作品を鑑賞しよう	・心身ともに充実する	・交渉が鍵を握る
	・笑い飛ばすと開運に	・称賛された経験の回想を	・マウント合戦は回避を	・約束はきちんと守って
	・頭に血が上りそう	・身を清めておくと吉	・相手を立ててから掌握	・単独よりチームが吉
	・一歩引いた行動を	・デトックス効果に期待を	・荒ぶる気持ちを抑えて	・言葉選びに注意して
	・犠牲をいとわないで	・足腰を鍛えるべし	・異なる物を組み合わせて	・頭を使った戦略を

雲のない青空	二つの杯	家のある丘	黄土色の地面
出会い	**出会い**	**出会い**	**出会い**
・束縛しない人との	・共感できる人との	・むら気な人との	・頭の固い人との
・印象の薄い人との	・共通項が多い人との	・遠距離の相手との	・恵まれた家の人との
・物足りない相手との	・志が同じ人との	・のんきな人との	・安定した職業の人との
・視野の広い人との	・同業者との	・相手がいる人との	・地味な人との
・出会いが少ない	・偶然の	・アウトドアでの	・結婚が前提の
・屋外パーティーでの	・飲み会での	・日帰りの旅先での	・商店街での
・恋愛する気がないときの	・趣味の集まりでの	・地道な婚活での	・知人からの紹介の
相手の気持ち	**相手の気持ち**	**相手の気持ち**	**相手の気持ち**
・興味が薄れている	・意気投合している	・時間をかけたい	・慎重になっている
・連絡はあまりしない	・目指すところは同じ	・少しハードルが高い	・言葉を信用していない
・基本的に冷めている	・語り合いたい	・解決すべきことがある	・かたくなになっている
・恋愛以外も大事	・興味がある	・気持ちが離れている	・これから見極めたい
・自由に過ごしたい	・もっと近づきたい	・今はまだ考えたくない	・イレギュラーは避ける
・ストレスはない	・恋愛感情か確かめたい	・いつか同棲したい	・お金を気にしている
・先のことは分からない	・対等な立場がいい	・結婚をゴールに	・SNSやメールに疲れた
今後の二人	**今後の二人**	**今後の二人**	**今後の二人**
・進展がない	・交際がスタート	・紆余曲折がある	・チャンスがすぐ近くに
・連絡がつかない	・絆が深まる	・遠距離になる	・現実的になると吉
・自然消滅へ	・共に目標に向かう	・時間はかかるが成就	・夢は覚めてしまう
・問題は起こらない	・伴侶として認められる	・課題を克服して進展	・地道に交際を続ける
・スムーズに進展する	・めでたく婚約する	・付き合ったり別れたり	・お金が尽きると終わる
・特に変化はない	・仲の良いパートナーに	・だらだら付き合うだけ	・約束を守れば成就する
・わだかまりが消える	・愛を確かめ合う	・最終的には結婚へ	・結婚前提でうまくいく
・転職先が出てこない	・互いに有益な転職	・遠い場所への転職	・転職なら収入重視で
・邪魔されず独立できる	・起業は二人で	・独立への道はハード	・独立の時期ではない
・経験値が低いまま	・兼業はバランスよく	・高みを目指せる	・まずまず成功する
・人手不足の状態	・意見交換が役に立つ	・向上心が必要	・出した結果を土台に
・成果が上がらない	・二人三脚でいこう	・粘り強く歩き続けて	・狙い過ぎると失敗する
・のびのび仕事ができる	・代替案を準備しよう	・簡単にはいかない	・地道な努力が実る
・視野を広げよう	・目線を合わせるべし	・自分の居場所がない	・実力の底上げが大事
・休みを取ることも大切	・情報より感性が大事	・落ち着かない環境	・インフラの整備を
・外でリフレッシュを	・必要事項の共有を	・安定よりも挑戦を	・予算確保が急務
・まずは味方をつくろう	・対人関係が好転	・もめ事は解決に向かう	・平凡でも安心できる仕事
・収入が不足する	・援助を受けられる	・苦労は後で報われる	・収入が安定する
・貯金ができない	・家族の収入がアップ	・目標なくして利益なし	・リスクのある投資は凶
・断捨離をすると吉	・交際費がかかる	・家族のために貯金を	・使える貯蓄がある
・借金がなくなる	・お祝いが重なり物入り	・手っ取り早い稼ぎは凶	・資産運用は好調
・賭け事で一文無しに	・共有財産の確認を	・地道に賃上げ交渉を	・お金がないと動けない
・空を眺めてみよう	・おそろいの物が吉	・トレーニングの継続を	・落ち着いて行動しよう
・スケジュールを空けよう	・力を合わせよう	・楽をするとつまらない	・身内に頼るのもよし
・何も考えない時間が吉	・乾杯して絆を深める	・自然の豊かな場所へ	・健康を最優先に
・天候のチェックは必須	・対等な立場で	・旅行や宿泊は吉	・理想より現実を見て
・邪魔されず集中できる	・類似品に注意	・一駅分歩いて帰ろう	・制御できる範囲で

剣の8(正)p.260

杯《カップ》の3

花と果樹に彩られた庭園で、
杯を掲げる三人の乙女。
分かちあい、支えあう喜びを知る。

逆位置

Three of Cups

基本の物語

果実と花々のある庭園で、白、オレンジ色、黄色の衣装をまとい、祝杯を上げる三人の乙女は、ギリシア・ローマ神話の三美神がモデルだといわれます。詩人ヘシオドスによれば、祝祭・輝き・花盛りをつかさどり、幸せを分かち合う喜びや友情を表します。

「杯の２」では二人が、ここでは三人が杯を手にしています。ところが「杯の４」以降の数札は、「杯の６」を除いて杯が床に置かれ、持つ人はいません。これは、杯に注がれた真の愛や友情を分かち合う関係が、この世にさほど多くないことを暗示しているのかもしれません。

逆位置を読むポイント

逆位置では、三人が手にする杯ではなく、接近している三人の体に視線がいきます。高い理想を掲げることではなく、皆で集まることや力を合わせることが重要になるのです。

オレンジの衣の女性はよろけそうで、手を伸ばして白い衣の女性につかまっています。黄色の女性が果実を隠し持っているのは、サプライズのプレゼントでしょうか。互いに連携し、三人が一つのチームになっているのです。

正位置が成果、喜び、幸せ、快楽の享受を意味するのに対して、逆位置は、友情、連帯、共有、支え合いの大切さを表しています。

杯の3 に描かれたシンボル

三つの杯

喜びの共有、記念日、冠婚葬祭、仲間との集いを意味します。杯を高く上げる様子は、切磋琢磨して理想を目指すことや高い目標を表します。また、3という数字から、第三者の介入や新たな協力者の出現なども読み取れます。

雲のない青空

澄んだ心や高潔さを表します。青空の下で行われる祝宴は、騒ぐだけのパーティーでも謀略の渦巻く会合でもなく、純粋な友情や理想のために開かれていることを意味しています。外出やアウトドアという意味もあります。

白い衣の女性

この女性は、杯を最も高く掲げ、乾杯の音頭をとっているようにも見えます。三美神に当てはめると、祝祭の女神でしょう。白は純粋で汚れのないことを表します。髪を飾る清楚な花は、控え目で真面目な性格を暗示します。

黄色い衣の女性

豊かさを表すブドウを持つこの女性は、人脈の広がりや友情に厚いことを表します。三美神では、花盛りの女神でしょう。また、その視線と青い靴は、冷静さの象徴。黄色は喜びの色ですが、三人の中では最も落ち着いています。

生い茂る果樹

繁茂する果樹は、良い環境や協力者に恵まれることを表します。出会いのチャンス、人脈の広がり、友情の芽生え、友人が増える、社交で忙しくなる、多くの人と会うなど、対人関係における恵みと発展を意味しています。

オレンジの衣の女性

この女性は十分に楽しみ、すでに酔っているようです。足の向きが不ぞろいで、片方が爪先立ちなのは、はしゃぎ過ぎてよろけたせいかも。三美神では、輝きの女神でしょう。オレンジ色は明るさと生命力の象徴です。

黄土色の大地

果樹などが生い茂る大地は、肥沃であることを意味します。これは、恵まれた環境、安心できる状況、待遇の良さ、安定した土台を表します。また、パーティー会場や式場など、人が集まる場所を意味することもあります。

カボチャとブドウ

カボチャは豊かさと生命力の、ブドウは繁栄と至福の象徴です。一個のカボチャが多くの種を内包し、一房のブドウに多くの実がつくことから、一つの物事から多くの物事や利益が生まれることを表しています。

 棒のキング(逆)p.164

杯の3を読むためのキーワード

	三つの杯	白い衣の女性	オレンジの衣の女性	黄色い衣の女性
恋愛	出会い ・楽しい人との ・パーティー好きな人との ・友人を大切にする人との ・理想の高い人との ・共通の知人の紹介の ・飲み会や食事会での ・お祝いの場での	出会い ・潔癖な人との ・清い心の持ち主との ・真っすぐな人との ・責任感の強い人との ・真面目な集まりでの ・友達からスタートする ・誘われた会での	出会い ・派手な人との ・イベント好きな人との ・明るい人との ・酔った勢いでの ・華やかな場所での ・パーティーでの ・楽しい合コンでの	出会い ・友達の多い人との ・出しゃばらない人との ・適齢期の人との ・カリスマ的な人との ・交友関係の中での ・花のある場所での ・交流会での
	相手の気持ち ・盛り上がってきた ・イベントに行きたい ・みんなで会いたい ・刺激を受けている ・より良い候補者がいる ・楽しければそれでいい ・恋愛より友情が大事	相手の気持ち ・下心はない ・誠実に相手をしたい ・恋人でなく友人として ・声を掛けたつもりはない ・けじめはつける ・真面目な話を ・結婚前提で考える	相手の気持ち ・楽しめている ・刺激が欲しい ・気持ちが先走っている ・どんどん遊びたい ・注目されたい ・もっと愛されたい ・忘れられない	相手の気持ち ・喜んでいる ・これから見極めたい ・表面は合わせている ・少し距離をとりたい ・遊びではない ・友達でいたい ・人としては高評価
	今後の二人 ・友達に紹介する ・意気投合する ・友人に助けられる ・めでたく交際に発展 ・飲み会でいい雰囲気に ・周りに祝福される ・三角関係になる	今後の二人 ・恋には進展しない ・避けられてしまう ・清い交際が続く ・白紙に戻る ・先のことは分からない ・恋に不慣れで戸惑う ・真面目に向き合う	今後の二人 ・熱烈に愛し合う ・依存してしまう ・毎日のように会う ・快楽に溺れそうになる ・将来は考えない ・刺激が足りなくなる ・マンネリ気味になる	今後の二人 ・デートは重ねる ・核心に迫れない ・一線は越えない ・連絡だけとり合う ・互いに様子を見ている ・交際すれば順調に ・結婚にはいい時期
仕事	・転職の理想は高く ・起業なら意識を高めて ・昇進するか褒賞を得る ・チーム一丸となる ・対人関係が円滑に ・接待が功を奏する ・仕事の出来に満足する ・仲間と志を同じくする ・成功を祝う ・社交術が生かせる	・内定は取り消しに ・独立には早過ぎる ・プロジェクトが中止に ・計画が白紙撤回に ・一からスタートしよう ・未経験でも問題なし ・意見が反映される ・正々堂々と行動して ・ごまかしがきかない ・新人教育が重要	・転職の欲求が高まる ・独立すると仲間を失う ・企画を盛り上げる ・才能を輝かせる好機 ・やりがいを感じる ・温度差を感じそう ・熱意はスルーされる ・どんどん目立って吉 ・楽しんで仕事をしよう ・揚げ足を取られそう	・良い会社が見つからない ・独立してもうまくいく ・世渡り上手なら昇格 ・対外的には明るく対応 ・任務は冷静にこなして ・無知を装い油断させる ・職場の環境を明るく ・コネをフル活用しよう ・社交の場にヒントが ・華やかさを前面に出す
お金	・浪費に注意して ・付き合いで出費する ・最善の物のみを購入 ・気持ちの支援を受ける ・冠婚葬祭で物入りに	・欲を出さなければ吉 ・悪事でもうけないこと ・清貧を受け入れて ・手作りして節約を ・快楽が浪費につながる	・ぜいたくはほどほどに ・事業を始めると赤字に ・ギャンブルで金欠に ・熱意だけでは食えない ・地道な貯金に救われる	・稼ぎに徹するともうかる ・不正は絶対にNG ・ギャンブル運あり ・最低限の保険はかけて ・お金持ちと話をしよう
行動のヒント	・気心の知れた仲間と ・切磋琢磨がテーマに ・第三者が鍵を握る ・迷ったら両方やる ・小規模の食事会を	・無我の境地を目指そう ・純粋に楽しむべし ・羽目を外さないこと ・白い物や白い場所が吉 ・掃除や整理整頓を	・何事もやり過ぎは凶 ・足元に注意して ・記念日を大切に ・友達と会うと元気に ・有志を募ってみよう	・愛想笑いもときには吉 ・花を見に行こう ・長所を発揮しよう ・安物を着てはダメ ・人脈を広げるチャンス

カボチャとブドウ	生い茂る果樹	雲のない青空	黄土色の大地
出会い	**出会い**	**出会い**	**出会い**
・活力のある人との	・社交的な人との	・高潔な人との	・地味な人との
・成功している人との	・グルメな人との	・心のきれいな人との	・安心できる人との
・小柄で元気な人との	・ピュアな感性の人との	・恋愛に無関心な人との	・裕福な人との
・大家族で育った人との	・農業や食関係の人との	・アウトドアでの	・落ち着いた人との
・食事会での	・飲食店での	・自然の中での	・自然の豊かな場所での
・秋の季節の	・イベントや宴会での	・昼間の活動での	・庭園やテラスでの
・イベントでの	・交友関係から発展する	・出会いがない	・結婚相談所での
相手の気持ち	**相手の気持ち**	**相手の気持ち**	**相手の気持ち**
・好きな気持ちが膨らむ	・友達の延長上	・恋愛に疎くて戸惑う	・気持ちは揺るがない
・気持ちは固まった	・とにかくモテたい	・ストレスはない	・安心できる相手だ
・満喫している	・楽しければ誰でもいい	・夢を語り合いたい	・まったりと過ごしたい
・もう十分に楽しんだ	・他にも候補者がいる	・うそはついていない	・徐々に理解を深めたい
・相思相愛の状態	・食事に行きたい	・自由に動きたい	・楽させてほしい
・結婚に対して前向き	・好きになってほしい	・連絡はあまり必要ない	・甘えている状態
・子供のことを考える	・恋を実らせたい	・わだかまりは消えた	・結婚や家庭を意識する
今後の二人	**今後の二人**	**今後の二人**	**今後の二人**
・寄り添い合う関係に	・友達以上・恋人未満	・そもそも互いに合わない	・信頼関係を築く
・デートを重ねる	・決断の決め手に欠ける	・約束が宙に浮く	・真面目な交際へ
・恋愛の成就	・グループデートが吉	・連絡がとれない	・穏やかに続いていく
・家族に報告できる	・ライバルがいる状態	・障害なく付き合える	・不満のない状態
・周囲に祝福される	・忙しくて会えない	・空気のような存在に	・トラブルとは無縁な関係
・同棲や婚約の決断	・互いに浮気を疑う	・特に変化がない	・地道な生活を共にする
・結婚や妊娠の可能性	・優柔不断で進展しない	・後腐れなく別れる	・結婚に向かう
・転職先の候補が複数	・転職先に恵まれる	・理想の転職先がない	・転職は慎重に
・独立起業に相棒が必要	・独立の環境は整った	・事業が自然消滅する	・資金がたまれば起業可
・副業の成功	・結果がついてくる	・合意に至らない	・派手さは求めないで
・同僚が良きライバルに	・多彩なプランを考えて	・企画が空中分解する	・まずまず成功する
・実のある内容にしよう	・ついに努力が実る	・人材が足りない	・見た目より機能優先で
・予想以上の結果になる	・ベタな方がウケる	・具体的なビジョンを	・チャンスは足元に
・二人三脚が吉	・つながりを大切に	・ストレスのない環境	・落ち着いた言動を
・両方とも狙うとよい	・周囲の理解を得よう	・現実味のない企画	・土台をしっかりと
・意見の違いが吉と出る	・感覚重視でうまくいく	・いったんリセットを	・基礎の勉強が大事
・公私ともに充実させて	・多くの意見を聞こう	・外回りがおすすめ	・縁の下の力持ちになる
・収入の軸を二つ持って	・人脈が利益をもたらす	・予算が足りない	・安定収入を求めよう
・将来の利益に期待できる	・協力を得られる	・支援は期待できない	・運用より貯金を リスクを負わないこと
・資産運用がおすすめ	・資金があればもうかる	・不要品は売ろう	・今はぜいたくNG
・貴重品はまだ売らない	・資産運用が成功する	・借金や資産の整理を	・倹約が貯金増の早道
・プレゼント運が良好	・借金が増えるかも	・先手必勝で収入確保	
・タイプの違う人と組む	・おいしい物を食べよう	・野外で過ごそう	・土いじりをしよう
・共感できなくても敬意を	・友達が増えそう	・夢を諦めないで	・安定感が一番
・迷ったら両方選ぼう	・あいさつを欠かさずに	・リフレッシュする時期	・恵まれた環境に感謝を
・予備や代替品の用意を	・自然に触れてみよう	・何もしない時間を	・胃腸をいたわるべし
・豊かで健全な食生活を	・ビタミンを摂取して	・不用品の一掃を	・散歩がおすすめ

杯《カップ》の4

芝生にあぐらをかく男性。
差し出された杯をつかむには、
重い腰を上げねばならない。

逆位置

Four of Cups

基本の物語

あぐらをかいて芝生に座り、不満そうに三つの杯を眺める男性。現状を見まいと目を閉じて、考え込んでいるようにも見えます。

雲の中から現れた手が、もう一つの杯を男性に差し出していますが、気付いているのかいないのか、見向きもしません。せっかくのチャンスを拒否しているのです。

「杯の３」で喜びを満喫して、気が抜けているのかもしれません。三つの杯にも差し出された杯にも目を向けず、物思いにふけっているか、手をこまねいている状態です。このままでは次の「杯の５」のように、中身をこぼして頭を抱えることになるでしょう。

逆位置を読むポイント

正位置の男性は、自分が築いた実績にあぐらをかき、腰を上げようとしません。無気力な様子で座り込み、三つの杯を不満げに眺めています。

一方、逆位置では、腕を組んだ人物が、本人の気持ちに反して、木に縛り付けられているように見えます。まだ動くことはできないものの、差し出された杯に可能性を感じながら、打開策はないかと考えはじめたのです。青空の下で、宙に浮かぶ杯を見ながら、巡ってきた好機をどう生かすか、目標を設定してアクションを起こすことになるでしょう。

杯の4 に描かれたシンボル

・雲から出る手と杯・

思いがけない幸運を意味します。親切にも目の前に差し出された誰かからの申し出、次の一手、新たなチャンス、別の可能性などを表します。しかし、残念ながらそれらを拒否してしまうか、気付かないままかもしれません。

・遠くの木々・

密集した木々は、繁雑な人間関係や心が読めない状況を表します。離れた場所にあるのは、人との交流を避けているか、周囲の意見を聞いていないことを意味します。未知の世界や、自分が恐れている事柄を暗示する場合も。

・遠くの山・

遠景にわずかに見える山々は、緑豊かな近景の丘とは対照的に、どこか殺伐としています。ぜいたくな生活に慣れた人の貧しかった過去か、今は恵まれているのに不平の多い人が全てを失った将来の暗示か、どちらかでしょう。

・三つの杯・

すでに手に入れたものや達成したことを表します。せっかく得た成果なのに、地面に放置されています。ベストではない形、想定を下回る結果、飽きてしまったこと、好きではないもの、価値を感じないものを意味します。

・雲のない青空・

クリアな心やスッキリした気分を表します。腕組みをした人物が杯を凝視しているように見えるなら、あなたの心が何かにとらわれている可能性あり。目を閉じているように見えるなら、雑念を払って沈思黙考中です。

・背後の木・

真っすぐに立つ木は、ブッダがその下で悟りを開いたという菩提樹かもしれません。だとすると、執着と欲を捨てることや周囲に惑わされないことを意味します。ギリシア神話では、揺るぎない真実や不変の愛の象徴です。

・腕を組む人物・

この人物は無気力・無感動な様子で、差し出された杯に目もくれず、考え込んでいます。ぜいたくを楽しんだものの、今は虚無感を抱いて、内省と自問自答を始めたようにも見えます。三色の服が、複雑な葛藤を示しています。

・芝生に覆われた丘・

木の根元を頂点として、丘が広がっています。状況がピークに達して頭打ちになっていること、それに慣れてしまっていること、倦怠感、マンネリ、惰性を表します。進歩も向上心もなく、現状にあぐらをかいた状態です。

吊された男(逆)p.68

杯の4を読むためのキーワード

	腕を組む人物	雲から出る手と杯	三つの杯	遠くの木々
恋愛	出会い	出会い	出会い	出会い
	・無気力な人との	・心が読めない人との	・条件の良い相手との	・人見知りの人との
	・すれている人との	・助けてくれる人との	・好みではない人との	・社交辞令が多い人との
	・ぜいたくに飽きた人との	・気のきく人との	・何人かの候補者との	・真剣に関わらない人との
	・不平不満の多い人との	・影の薄い人との	・身近な人との	・マニア気質な人との
	・ヨガや瞑想が縁の	・予期せぬ	・小規模な合コンでの	・人気アプリでの
	・婚活のし過ぎは逆効果	・SNS上での	・相手から誘われての	・趣味を通じた
	・すでに出会っている	・婚活を始めた途端の	・結婚相談所での	・知人から紹介される
	相手の気持ち	相手の気持ち	相手の気持ち	相手の気持ち
	・葛藤している	・どうするべきか悩む	・満足はしていない	・自分の友達が優先
	・不満がある	・感触を探っている	・一人に絞り切れない	・接近し過ぎは困る
	・頑張るのに疲れた	・一歩踏み出したい	・感動と刺激が欲しい	・本音は語りたくない
	・難しく考え過ぎている	・あいまいな感情	・自分には合わない	・恋愛とは無縁だと思う
	・やる気を失った	・力になりたい	・特に意見はない	・慣れなくて緊張する
	・理想が高過ぎる	・心の準備ができた	・公私の両立は難しそう	・連絡が多いとストレス
	・飽きてしまった	・気を引こうとしている	・もう十分にやり切った	・重圧から逃れたい
	今後の二人	今後の二人	今後の二人	今後の二人
	・勇気を出せないまま	・復縁のチャンスあり	・関係は変わらない	・遠距離恋愛になる
	・現状に満足できない	・交際しても気が晴れない	・付き合うまでいかない	・連絡が増えない
	・交際後に互いを放置	・あいまいな関係に	・交際しても盛り下がる	・程よい距離感が吉
	・行動することで改善へ	・葛藤が続きそう	・微妙な距離感に	・同棲すると疲れる
	・諦めムードに	・確信が持てないまま	・ライバルを出し抜けず	・あくまでも仕事優先
	・自分のことで手一杯に	・ようやく連絡がつく	・一線は越えない	・障害を避ける傾向あり
	・マンネリ気味になる	・尽くしても無駄になる	・次の段階に進めない	・核心と覚悟から逃げる
仕事	・不満を残しつつ残留	・急な転職話が出る	・転職先はどこも不満足	・転職はまだ先の話
	・独立すると仕事が減る	・独立起業はIT関係で	・独立後は鳴かず飛ばず	・独立は孤立に直結
	・言い訳が多くなる	・まとめ役が必要	・複数の事業を興そう	・出張や出向があるかも
	・悪い点ばかり目に付く	・情報収集が鍵を握る	・ライバルが邪魔になる	・流れに乗り遅れる
	・欲が肥大してしまう	・突然のチャンス	・仲良しごっこはダメ	・陰口に悩まされそう
	・不機嫌な人は無視して	・出すなら具体案を	・マンネリの傾向がある	・しがらみから離れよう
	・とにかく手を動かそう	・不安でもやってみて	・恵まれるが不満も多い	・周りを気にしないこと
	・動かないと成功しない	・アイデアが具体化する	・別のところで活躍できる	・少数意見も大切に
	・説得は諦めて	・クラウドサービスを駆使	・不満を言うのは無益	・不要な会議は避ける
	・むなしい仕事も経験に	・もっと現実的に考えて	・理想には程遠い出来	・量より質で勝負
お金	・お金に困りはしない	・知らない人から援助が	・ぜいたくしてもむなしい	・付き合いでの出費あり
	・予想よりもうけが出ない	・モノよりコトに出費を	・宝の持ち腐れに注意	・援助は期待できない
	・プレゼントが不評	・不要なものは買わない	・欲張ると失望する	・人より自分に投資を
	・ぜいたくしてもまだ不満	・ECサイトの活用を	・無駄な物まで買いそう	・うわさを信じないで
	・支援を受け損ねる	・甘い話に乗らないで	・十分な収益だと思おう	・身軽だと節約できる
行動のヒント	・内省してみよう	・タイミングを逃しそう	・不満でもなす術なし	・人混みは避けよう
	・重い腰を上げよう	・状況が見えるのを待つ	・欲を言えばきりがない	・風評をうのみにしないで
	・葛藤は凶、無心は吉	・データ管理の徹底を	・「ありがとう」と言おう	・おせっかいは批判される
	・長所を見つけて	・新たな可能性が出る	・どの選択も正しい	・常識から外れてもよい
	・瞑想がおすすめ	・あらぬ疑いをかけられる	・飽きてからが勝負	・本当の仲間を大事に

遠くの山	雲のない青空	背後の木	芝生に覆われた丘
出会い	**出会い**	**出会い**	**出会い**
・超然とした人との	・隠し事のない人との	・信念のある人との	・人生のピークの人との
・声をかけにくい人との	・印象に残らない人との	・ストイックな人との	・進歩のない人との
・遠距離の相手との	・正直な人との	・頼りがいのある人との	・成り上がりの人との
・恋愛に無関心な人との	・屋外での	・無欲な人との	・多忙な人との
・入りにくい場所での	・昼の活動での	・神社や仏閣などでの	・パーティーでの
・殺伐とした雰囲気での	・ライバルが少ない	・真面目な集まりでの	・会員の多いアプリでの
・出会う機会がない	・出会いがない	・ヘルスケアが縁での	・アウトドアでの
相手の気持ち	**相手の気持ち**	**相手の気持ち**	**相手の気持ち**
・厳しいと感じている	・恋愛感情があまりない	・揺るがない愛情	・盛り上がっている
・かなり距離がある	・ストレスを感じない	・本当のことを言おう	・これ以上好きになれない
・心理的ハードルが高い	・印象は普通	・支えてあげたい	・忙しくて余裕がない
・恋愛どころではない	・先の事は考えていない	・雑念を払いたい	・ややマンネリ気味
・価値観が違い過ぎる	・隠し事はない	・煩悩が残っている	・心身が疲れてきた
・近づく勇気がない	・はっきりしてほしい	・恋愛を自分に禁じる	・感情を抑えている
・話すことがない	・少し距離をとりたい	・成長するまで恋は封印	・当たり前になっている
今後の二人	**今後の二人**	**今後の二人**	**今後の二人**
・連絡がとれない	・なかったことになる	・遊びならすぐに終わる	・関係は続く
・離れ離れになる	・進展が望めない	・わだかまりが消える	・情熱のピークは過ぎる
・気持ちが盛り上がらない	・連絡がなくなる	・プラトニックな愛	・次の段階に進めない
・打ち解けられない	・スッキリと別れる	・ずっと続いていく関係	・どこか物足りない
・障害があり困難な道に	・友人として付き合う	・約束を果たす	・キャパシティーを超える
・物理的に会えない	・晴れて付き合える	・支え合う関係に	・告白するなら今しかない
・離れていてもつながる	・ストレスのない交際	・恋愛を超えた真実の愛	・新鮮味がなくなる

遠くの山	雲のない青空	背後の木	芝生に覆われた丘
・就職先が決まらない	・転職先が見つからない	・転職の誘惑は断って	・転職で決断に迷う
・独立や起業までは遠い	・独立の手段がない	・独り立ちの覚悟を	・独立をためらう
・結果がなかなか出ない	・仕事の依頼がこない	・自己責任で動くこと	・熱が冷めないうちに
・冷たい仕打ちを受ける	・人材が足りない状態	・欲を出すと失敗する	・キャパシティーに配慮を
・厳しい叱責を受ける	・注意力が散漫になる	・思い通りにはならない	・最高の結果が出る
・周りの理解が得られない	・周りを気にしないこと	・筋を通すこと	・昇進が阻まれる
・雰囲気が険悪になる	・頭の中をリセットして	・頼れる人に話そう	・同じ事をやると飽きる
・成長には試練が必要	・考え過ぎると停滞する	・気持ちをクリアに	・これ以上は無理
・孤立する可能性あり	・こだわりを捨てよう	・個を捨ててフラットに	・サボろうと思えば可能
・将来の困難に備えて	・気分転換が必要	・信念を貫くと成功する	・努力をしても変化なし

遠くの山	雲のない青空	背後の木	芝生に覆われた丘
・資金繰りに苦労する	・貯金が増えない	・無欲だと損をしない	・十分な稼ぎになる
・支援が途絶える	・援助のつてがない	・買い物は初志貫徹を	・相場が頭打ちになる
・将来への投資を	・借金から解放される	・エゴが金運を下げる	・安定的な定期収入
・必要な物が買えない	・貸し借りの精算は吉	・倹約が功を奏する	・浪費が癖になる
・資金をためる必要あり	・収支を明確にしよう	・禁欲的な生活で節約を	・貯金を減らさないこと

遠くの山	雲のない青空	背後の木	芝生に覆われた丘
・厳しい目で見られそう	・空を眺めよう	・瞑想の習慣を	・祭りに参加しよう
・手が届かぬ事は延期で	・ストイックに過ごして	・地に足を着けよう	・緩急をつけると吉
・難局にチャレンジして	・外出するとよい	・聖なる場所を訪れて	・クールダウンも重要
・自分に厳しく	・予定を空けておこう	・大樹に癒やされる	・別の事に挑戦を
・山の見える場所が吉	・心身のリフレッシュを	・修業がはかどりそう	・成功にあぐらをかかない

杯のキング（逆）p.224

杯《カップ》の5

流れ去る情熱と平和を眺め、
肩を落として悲嘆に暮れる人物。
しかし、 希望はすぐ後ろにある。

逆位置

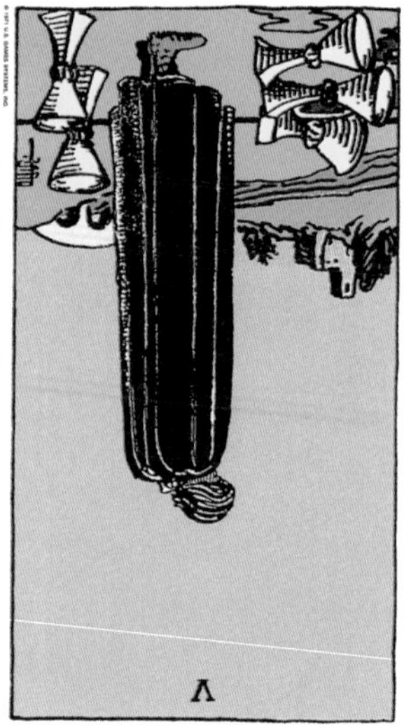

Five of Cups

基本の物語

黒いマントの人物が、肩を落として立ち尽くしています。足元に倒れた三つの杯から流れているのは、赤き情熱と緑の平和。無念の結果が彼の熱意をそぎ、心の平穏を奪ってしまったのです。しかし、背後には中身のこぼれていない杯があります。すぐそこに希望が残されているのですが、この人物はおそらく気付いていません。

「杯の４」での不満は、ここで落胆に変わりました。遠景には城が見えます。この人物は傷心のまま橋を渡り、「杯の６」に描かれた懐かしい生家に帰るのでしょう。あるいは、「杯の２」で恋愛に気を取られたため、友情と分かち合いを意味する「杯の３」を倒してしまったとも考えられます。

逆位置を読むポイント

正位置でさえ頼りなく見えた人物が、逆位置ではさらに現実味を失ってきます。ただの黒い棒のようになり、二つの杯に支えられて、どうにか立っています。正位置ではあまり目立たなかった二つの杯が現実を変えていく支えとなり、この人物を悔恨や喪失感から救い出すかもしれません。

また、逆位置の城が少しゆがんで見えるのは、実家や親族の援助や遺産が期待外れだったことや、家族との関係が悪いので助けを求めたくないことなどを意味しています。

杯の5に描かれたシンボル

・人物の頭・

うつむいた頭は、現実を受け止めきれないこと、失望していることを表します。気持ちが後ろ向きになり、足元しか見ることができず、希望の残る二つの杯や、帰るべき家があるという恵まれた状況は見えていないのです。

・倒れた三つの杯・

杯から流れ出す赤い液体は情熱、緑の液体は穏やかな感情です。やる気をそがれ、心が動揺している様子を表します。いくつかの失敗が重なった結果、大切なものを失い、取り返しがつかない状況になっているのです。

・灰色の空・

カードの半分以上を覆う空は、むなしさが広がっていることを表します。しばらくは喪失のショックを味わうでしょう。悲嘆に暮れて泣き疲れた後の虚脱感を象徴する色でもあります。絶望ほど黒くはない、失望の象徴です。

・黒いマント・

黒ずくめの服装は、深い悲しみと後悔の象徴です。長いマントは、喪失感の持続、人を遠ざけたいという思い、孤独感を表します。着衣の乱れはないので、憔悴も錯乱もしていません。意気消沈し、ただ立ち尽くしているのです。

・城と木々・

遠景にある黄色い城は、穏やかで明るい実家や家族の象徴。遺産、事業、先祖、伝統などの大切さを示すものでもあります。川の向こうにあるので、そういうものを大事にしていないか、失うことになったか、どちらかでしょう。

・茶色い靴・

靴先が倒れた杯の方を向き、失った物事や残念な結果に気持ちが向いていることを表しています。茶色は、打開策や次の計画がなく、停滞していることを意味します。両足がそろっているのは、動くに動けない状態を示します。

・川・

川は、無意識を表しています。この人物の視界に入っていないものの、そのせせらぎは耳に届いているはず。意識していないけれど勘付いていること、なぜか避けてしまうこと、抑圧しているものなどを表します。

・盛り上がった地面・

黄土色の地面は、肥沃な大地の象徴です。隆起は紆余曲折の暗示ですが、豊かな土台があることを表しています。お金や環境に恵まれていること、過去の経験が血肉になっていること、人生経験が豊かなことなどを意味します。

・二つの杯・

人物の背後に二つの杯があります。おそらく中身も入っているのでしょう。身近に改善や復活のチャンスがあること、やり直しがきくこと、可能性が残っていることなどを意味します。二つですから、二度まではトライできます。

・橋・

橋は、別の世界への架け橋です。背後の二つの杯を持って未来を示す右へ歩き、橋を渡らなければ、現状から脱け出すことはできません。川が無意識の流れなら、橋は意識的な計画であり、新しい世界へ進むことを意味します。

 棒の5(逆)p.128

杯の5を読むためのキーワード

	人物の頭	黒いマント	倒れた三つの杯	二つの杯
恋愛	出会い	出会い	出会い	出会い
	・憔悴した人との	・孤独な人との	・離婚歴のある人との	・目立たない人との
	・恥ずかしがり屋との	・長らく独り身の人との	・恋愛を怖がる人との	・挫折を克服した人との
	・人見知りの人との	・過去を引きずる人との	・友人の関係者との	・受け身な人との
	・後ろ向きな人との	・寡黙な人との	・複数の候補者との	・寄り添ってくれる人との
	・暗い店での	・法事や宗教行事での	・飲みの席での	・失恋直後の
	・匿名のサービスでの	・肌寒い夜の	・複数のアプリでの	・再会から発展する
	・お別れの会での	・昔を懐かしむ会での	・合コンの後の	・偶然二人きりになる
	相手の気持ち	相手の気持ち	相手の気持ち	相手の気持ち
	・失望している	・会いたくない	・熱が冷めてきた	・もう一度チャンスを
	・顔を見せたくない	・人と話すのが苦痛	・配慮を台無しにされた	・言葉を待っている
	・前向きになれない	・疲れてしまった	・気落ちする事件があった	・予定は合わせる
	・反省している	・過去が忘れられない	・過去を気にしている	・もっと話を聞きたい
	・向き合えない	・悲しんでいる	・失敗してしまった	・見守っている
	・悲しい気分	・恋愛の気分ではない	・お詫びしたい	・関係を修復したい
	・自信を失った	・姿を消したい	・嫌われたと思っている	・関心を持ってほしい
	今後の二人	今後の二人	今後の二人	今後の二人
	・こっそりと会う関係に	・いったん幕引きに	・期待外れに終わる	・いつしか距離が縮まる
	・満足できる状態にない	・連絡がこない	・復縁は無理	・交際を遠慮する
	・取り返しがつかない	・なかったことにされる	・三角関係から破局に	・お互いが告白待ち
	・復縁を諦める	・隠し事の疑いが出る	・情熱が消えてしまう	・なんとなく一緒にいる
	・信頼を失う	・セックスレスになる	・けんかの修復は困難	・相思相愛になる
	・心配するほど悪くない	・苦労はあるが結婚へ	・愛想を尽かされる	・やり直せる
	・関係がギクシャクする	・ずっと関係が続く	・謝って和解しよう	・事実上、付き合っている
仕事	・転職する気力がない	・ブラック企業かも	・面接に連続で落ちる	・転職は二社の候補を
	・独立後うまくいかない	・仕事がなくなる	・本業と副業が共倒れ	・二人での起業は吉
	・キャリアダウンの危機	・独立は孤独につながる	・数打っても当たらず	・予備データの確保を
	・ミスをカバーしよう	・ショックを引きずる	・モチベーションが低下	・すぐ近くに解決策あり
	・計画が失敗する	・黒子に徹するべし	・やり直しはきかない	・サポートが重要
	・孤立無援の状態に	・不正の疑惑あり	・過去の失敗は忘れよう	・念のために準備を
	・結果が出るのはまだ先	・中心の立場から外れる	・いたわりを大切に	・二人三脚でうまくいく
	・期待外れに終わる	・役に立つことができない	・ミスを責めないこと	・再検討でさらに妙案が
	・チャンスを逃す	・失敗の責任を負う	・3度の失敗は想定内	・意外なところに好機が
	・叱られて意気消沈	・口出しができない	・同じ過ちは繰り返さない	・再挑戦でうまくいく
お金	・ギャンブルで金を失う	・使えるお金が少ない	・出費が多過ぎる	・貯金が残る
	・融資などの審査に落ちる	・黒字が続く	・借金をすると友を失う	・交際費がかさむ
	・自分のミスで損をする	・細々と稼ぐのが吉	・投資の失敗が重なる	・支援してもらえる
	・無駄遣いを悔やむ	・冠婚葬祭で出費あり	・諦めて次の利益を狙おう	・費用負担を公平に
	・罰金を払う羽目に	・目立つと搾取される	・皮算用は当てが外れる	・思いがけずお金が入る
行動のヒント	・合わせる顔がない	・墓参りをすると吉	・負の連鎖を警戒して	・助けてくれる人がいる
	・後悔先に立たず	・地道に継続しよう	・慰めと癒やしが必要	・独りで頑張らないで
	・甘んじて受け入れて	・過去は封印すること	・復元は諦めて	・周りの意見を参考に
	・諦めも肝心	・派手さより真面目さ	・終わったら執着しない	・陰の功労者にも感謝を
	・悲しいときは泣こう	・引き受けるならきちんと	・負けた人のフォローを	・素直に受け取ろう

その他のシンボル　**茶色い靴**　優柔不断な人　過去を思い出す　足踏み状態　無策　アクションを起こそう

灰色の空	城と木々	川	橋
出会い	**出会い**	**出会い**	**出会い**
・暗い人との	・帰郷予定の人との	・マイペースな人との	・今までと違うタイプとの
・つまらない人との	・家持ちの相手との	・優しい人との	・結婚願望の強い人との
・恋愛に興味が薄い人との	・古風な人との	・鈍い相手との	・しっかりした人との
・仕事関係者との	・遺産のある人との	・感性の合う人との	・海外の人との
・平日の	・歴史ある場所や老舗での	・やや遠出したときの	・熱心な紹介での
・気晴らしの外出時の	・旅行や出張先での	・水のある場所での	・会員の多いアプリでの
・出会いがあまりない	・地元関係が縁での	・交流会での	・初めて行く場所での
相手の気持ち	**相手の気持ち**	**相手の気持ち**	**相手の気持ち**
・なんとも思っていない	・一緒にいると落ち着く	・心変わりしている	・ワクワクしている
・楽しさを感じない	・明るいところが好きだ	・あまり意識していない	・興味津々な状態
・まだ信用できない	・元気をもらっている	・流れに任せている	・住む世界が違うかも
・はぐらかしている	・兄弟姉妹のような感じ	・予定が合えばデートを	・二人きりはまだ難しい
・気持ちに余裕がない	・刺激が足りない	・恋人は欲しい	・勇気が足りない
・恋愛の対象ではない	・少し距離をとりたい	・自分からは動かない	・計画的に進めていく
・結婚相手にはよい	・会えなくても満足	・好きな気持ちはある	・将来のことを考えたい
今後の二人	**今後の二人**	**今後の二人**	**今後の二人**
・疲れてしまうかも	・まだ距離がある	・行動しないと平行線	・ピークに近づく
・中途半端な関係が続く	・家が遠くなる	・少しずつ親密になる	・障害を越える必要あり
・フェイドアウトする	・会う機会が減る	・告白すれば成功する	・仲介者が取りもつ
・めったに連絡がない	・夜は一緒に遊べない	・なんとなく付き合う	・一線を越える
・浮気を疑われる	・家族に紹介する	・交際して好きになる	・次のステップに進む
・交際するメリットがない	・同棲に向けて引っ越す	・結婚は考えない	・後戻りはできない
・結婚ならうまくいく	・結婚を視野に調整する	・片方が合わせることに	・将来の話し合いをする
・良い転職先がない	・職場が家から遠くなる	・別の職種に転職する	・転職独立の時期が到来
・独立しても不安が多い	・退職して実家に帰る	・勇気があれば独立可能	・ステップアップを
・不景気の影響を受ける	・在宅ワークはおすすめ	・流行を少しだけ参考に	・新天地で活躍できる
・同じような業務ばかり	・公共機関の仕事あり	・多少のリスクは負える	・将来の計画を立てて
・虚無感があれば休んで	・こもれば集中できる	・強引に進めてもよい	・コラボ企画で成功
・明るい雰囲気が大切	・慣例に従わされる	・気持ち重視で行動を	・ジャンルレスが吉
・やりがいを感じない	・歴史と伝統を重んじて	・対人関係が良好に	・未知の領域に挑戦を
・残業が続いて疲弊	・引き継ぎはしっかりと	・話せば分かってくれる	・リスク回避の工夫を
・燃え尽き症候群に注意	・後継者としての責任を	・結果よりやりがい重視で	・仲介者が鍵を握る
・不透明さは回避すべき	・出張や出向がある	・違和感を無視しないで	・現状に執着しないで
・使途不明金がある	・家族からの援助あり	・出費は止められない	・貯金があれば安心
・なんとなくの支出はNG	・実家住まいで家賃節約	・節約はできる	・急な物入りに備えて
・怪しいもうけ話に警戒を	・不動産関係は吉	・嫌な予感は大事に	・身内で助け合おう
・ズルをしても得しない	・自治体の助成金が有効	・少リスク少リターンを	・安全な投資が利益に
・とにかく収入を得よう	・価値ある物を受け取る	・貯金はできないかも	・修繕にお金がかかる
・理想より目の前の一歩	・古き良きものを大事に	・感情を吐露すると吉	・紹介によって動き出す
・あまり期待しないこと	・先達の遺産を継承して	・本当はもう決めている	・知らない場所に行こう
・心を休ませよう	・歴史的建造物を訪ねて	・未知への挑戦は吉	・備えあれば憂いなし
・小さいことにも感動を	・実家に帰ろう	・過去は水に流そう	・急がば回れ
・ネガティブでもOK	・家の整理整頓を	・水分の補給を	・人と人とを結ぶ計画を

その他のシンボル　**盛り上がった地面**　経験豊富な人　感情の起伏が激しい　恵まれた環境　紆余曲折がある

 金貨の7(逆)p.316

杯《カップ》の6

無垢な子供時代を過ごした場所。
思い出に浸り、旧交を温めた後は、
空の向こうの新天地へと向かう。

逆位置

基本の物語

古い邸宅の庭園で、男の子が女の子に、白い花の入ったカップを手渡しています。このカードは、子供の頃の懐かしい思い出がテーマです。ここに描かれたほほえましい場面は、あなたの回想シーンなのかもしれません。

石造りの門柱には、斜め十字(聖アンデレ十字)の紋章があります。ここでは故郷に帰ってきたことや、異国にいた頃の記憶などを表します。

「杯の5」で落胆した人物は、ここで郷愁に浸って美しい過去に癒やされ、「杯の7」では空想に浸って美しい未来を思い描くでしょう。

逆位置を読むポイント

正位置では、古い家と花の生けられた杯が穏やかな雰囲気を醸し出し、子供たちのやりとりを見守っているかのように見えました。

ところが逆位置では、そのノスタルジックな様子が一変します。青い空の空間が際立ち、急き立てられるような空気が感じられるのです。男の子も、もう待てないとばかりに身をかがめて、女の子に杯を渡そうとしています。女の子の赤い靴も、踏み出す先を探しているように見えます。

逆位置では、懐かしい場所や過去の出来事に安住せずに、実家の屋根の向こうに広がる新しい環境に進みなさいと、カードが告げているのです。

Six of Cups

杯の6 に描かれたシンボル

・黄色い壁の家・

温かい家庭と健康的な生活を表しています。二つの建物は、広い親戚付き合いや大家族、または家族の一員が増えることなどを暗示します。単身赴任、留学、別荘の購入、良い意味での別居が始まる可能性もあります。

・青い空・

自分で決めた限界を取り払うことや全体を俯瞰する力、もしくは客観的な視点を表します。個人の記憶は、往々にして主観にゆがめられがちですから、補正されていない過去の事実や経験を示しているとも解釈できます。

・男の子・

赤い頭巾は、目の前のことで頭がいっぱいなこと、なりふり構わず一生懸命なことを表します。青い服なので、冷静さを装っているようです。女の子に合わせて膝を曲げているのは、謙虚さや思いやりを示しています。

・棒を持った守衛・

この人物は、守衛なのでしょう。ここではセキュリティーや見回りを意味します。青灰色の服は穏やかな日常を表し、家に向かっていることから、日常生活に戻ること、実家に帰ること、親しい人を訪ねることなどを表します。

・女の子・

驚いたように顔を上げる少女は、素直さと率直さの象徴です。暖色のフードは守られていることを、ヒョウ柄のコートは自由に生きていることを表します。青い服は落ち着いている様子を、赤い靴は行動する意志を暗示します。

・石の門柱と杯・

斜め十字が彫られた石の門柱は、懐かしい場所や故郷、縁があった場所、初心に返ることなどを表します。門柱の上のひときわ大きな杯は、過去を過大評価して、誇らしく回顧していることを示しています。

・男の子が持つ杯・

女の子に手渡そうとする杯は、慈愛に満ちた行為、相手を喜ばせたいという気持ちや贈り物を意味します。ただ、大きい杯なので、相手には負担かもしれません。受け取る側が困るようなおせっかいを意味する可能性もあります。

・家に続く道・

灰色の石の道は、意志が変わらないこと、経験を積んでいること、揺るぎない行動力を表します。門から家の方に伸びているのは、始めてから自分のものにするまで、しっかりと努力し続けなければならないことを示しています。

・黄色い地面・

地面は土または砂地で、ところどころに草が生えています。華やかな庭ではありませんが、肥沃な土地であることが分かります。庭は外界と家を区切る役目を果たし、子供たちが安全に遊ぶことのできる場所となっています。

・手前の四つの杯・

四つの杯は、こちらとあちらを分ける境界です。ここでは現在と過去が、可憐な花によって隔てられているのです。白い花は純粋で清らかな思いや無垢な記憶の象徴。そうした経験を経て、今の自分があることを意味します。

杯の6を読むためのキーワード

	手前の四つの杯	男の子が持つ杯	男の子	女の子
恋愛	出会い ・純粋な人との ・まだ若い人との ・同郷の人との ・年の離れた相手との ・同窓会での ・昔の知り合いが縁での ・同世代の集まりでの	出会い ・おせっかいな人との ・慈愛に満ちた相手との ・プレゼント好きとの ・マメな人との ・買い物の途中での ・人の面倒を見たときの ・荷物が多いか重い日の	出会い ・一生懸命な人との ・カッコつけた人との ・思いやりのある人との ・偉そうにしない人との ・ビュッフェでの ・スポーツ観戦中の ・学びの場所での	出会い ・素直な人との ・自由気ままな人との ・落ち着いた人との ・自分で行動する人との ・動物が縁での ・寒い場所での ・自分から行動したときの
	相手の気持ち ・まだ特別な気持ちはない ・友達だと思っている ・一緒にいると気が楽 ・よそよそしくなる ・世代ギャップを感じる ・一線を引いている ・現状維持を希望する	相手の気持ち ・優しくしてあげたい ・面倒を見たい ・気になる存在 ・つい世話を焼いてしまう ・恩を売ったと思う ・頼りないと感じる ・愛が重いかも	相手の気持ち ・一目ぼれ状態 ・なんとかものにしたい ・下心がある ・いら立っている ・考え事で頭がいっぱい ・平静を装っている ・敬意を持って接する	相手の気持ち ・よく分からない ・観察している最中 ・信用はしている ・頼もしいと思う ・少し圧力を感じる ・会話がかみ合わない ・やや背伸びしている
	今後の二人 ・距離が縮まらない ・プラトニックな関係 ・二人きりになれない ・過去を解消できない ・段階を踏んでいく ・一方的に贈り物をする ・外堀を埋めるとよい	今後の二人 ・一方的に思いを寄せる ・告白すると戸惑わせる ・無理やり付き合う ・流れで交際することに ・負担のかかる恋愛に ・耐えられずに破局 ・いきなり結婚の話に	今後の二人 ・あの手この手で近づく ・熱烈に告白される ・プレゼント攻勢がある ・急展開がある ・一度関係すると冷める ・返事を保留した方が吉 ・強引にいくと成就する	今後の二人 ・互いに観察するだけ ・一歩が踏み出せない ・期待に応えられない ・次の行動ができない ・もう少し時間がかかる ・焦らず友達から ・兄弟姉妹のような関係
仕事	・転職は白紙状態に ・独立は祝福される ・自分の無知を恥じる ・世代間で言い争いあり ・かつての企画が復活 ・一から企画を立てて ・地道に継続しよう ・意見の相違が明確に ・人により温度差がある ・伸びしろがある	・転職のオファーがくる ・独立すると重圧が ・相手の負担を考えて ・引き継ぎに時間がかかる ・連絡や指示は軽めに ・業務量が増えそう ・話半分に聞くこと ・思いやりが通じる ・押し付けはやめよう ・部下に期待し過ぎない	・転職には情熱が大事 ・独立、起業は冷静に ・なりふり構わず攻めて ・感情を制御して ・リーダーシップを発揮 ・腰を低くすると吉 ・熱心なお願いが効果的 ・具体例を挙げるべし ・後輩に手柄を譲ろう ・先走らず歩調を合わせて	・転職のチャンスを逃す ・起業しても経験不足 ・組織に守られる ・正直に報告すること ・助け舟を出してもらう ・言われたことをやろう ・強がるより甘えると吉 ・本能のままに動いて ・自分から行動しよう ・先輩や上司に感謝して
お金	・詐欺に用心を ・昔のようには稼げない ・買い物するなら無難に ・狙い過ぎると損をする ・無欲の方がもうかる	・退職金がもらえる ・お祝いされる ・高い物を買ってしまう ・お返しが多くて大変 ・ギフトをもらえそう	・賭け事で負けが込む ・赤字を少しでも減らす ・金額交渉をすると吉 ・賄賂は損を増やすだけ ・熱意で支援を獲得	・ごちそうしてもらえる ・自然体が利益を生む ・少額の投資でもうかる ・リスクは負わないこと ・支援や融資の運がある
行動のヒント	・境界線を守って ・正直でいること ・ささやかな幸せを得る ・欲張らないこと ・ガーデニングが吉	・ありがた迷惑に注意 ・かさばらないものを ・重圧をかけないで ・気持ちだけ頂いて ・相手に合う物を選んで	・相手に合わせてみよう ・情熱を伝えるべし ・リアクションを大きく ・謙虚さが開運の鍵 ・やるなら一生懸命に	・率直に話してみて ・誰かに守ってもらおう ・自分の意志で進めよう ・自由に動くこと ・尊敬できる人のそばに

その他のシンボル　青い空　冷静な人　出会いがない　考えが足りない　限界を超えよう　客観的視点を

石の門柱と杯	黄色い壁の家	棒を持った守衛	家に続く道
出会い	出会い	出会い	出会い
・過去に生きる人との	・家族思いの人との	・気難しい人との	・気が長い人との
・外国の人との	・子供・ペット好きとの	・平凡な人との	・頑固な相手との
・遠距離の相手との	・実家暮らしの人との	・地元に帰る人との	・地味な人との
・警戒心が強い人との	・健康な人との	・体格の良い人との	・慎重で粘り強い人との
・ホームパーティーでの	・結婚相談所での	・施設内での	・見合いでの
・旅先での	・親戚などの紹介での	・スポーツが縁での	・故郷での
・人数限定の集まりでの	・住宅街での	・近所での	・地元に縁のある人との
相手の気持ち	相手の気持ち	相手の気持ち	相手の気持ち
・第一印象ほどではない	・温かく見守っている	・安心できる	・慎重に進めたい
・過去の人と比べている	・友達に紹介したい	・行動を見張っている	・あまり心が動かない
・家に行きたい	・恋人というより家族	・信用はしていない	・絶対に諦めない
・旅行に行きたい	・結婚を考えている	・細かくチェック中	・段階を踏んでいく
・まだ警戒中	・新鮮味がない	・不用心をたしなめたい	・話が弾まなくて困る
・よそよそしさを感じる	・マンネリ気味	・浮気の心配をする	・さほど楽しくはない
・価値観の違いに戸惑う	・少し離れたい	・まだ打ち解けられない	・平凡で刺激が足りない
今後の二人	今後の二人	今後の二人	今後の二人
・元の関係に戻る	・関係が長く続く	・穏やかな日常を送る	・告白できずに終わる
・少しは仲良くなる	・周囲の人に紹介する	・告白したくてもできない	・見守っているだけ
・遠距離になる	・結婚へと進展していく	・連絡がなくて心配する	・結婚前提の付き合いに
・信頼関係を築けない	・子供に恵まれる	・嫉妬される	・しばらく交際を続ける
・復縁する	・家族ぐるみで付き合う	・携帯電話を見てもめる	・家族への紹介がある
・結婚するか別れるか	・仲直りする	・同棲の可能性あり	・マンネリ化する
・元の恋人とトラブルに	・別居することになる	・地道に付き合い結婚へ	・着実に結婚に向かう
・面接までは進めない	・転職する勇気がない	・転職では内定辞退に	・転職活動が停滞する
・復職や古巣に戻るのは吉	・家族経営を手伝う	・起業では勝負できない	・独立準備を万全に
・新たな挑戦が成功する	・組織の編成が変わる	・前職に戻ることもある	・スピードより確実性を
・異動や出張がある	・職場がよい雰囲気に	・かわりばえしない業務	・地道な努力が実る
・経験が役に立たない	・新メンバーを歓迎して	・再確認でミスの防止を	・融通がきかない状況
・楽はできない	・コラボレーションが吉	・しっかりと防犯対策を	・保守的な指示が出る
・やり方を変えるべき	・古風な考えが参考になる	・上司に見られている	・他人を批判しないで
・関係者に礼儀を尽くして	・自分勝手にはできない	・得意分野から離れずに	・時間をかける方がよい
・初心に返るべし	・チーム一丸となる	・地元やローカルが吉	・地味な作業も重要
・伝統と歴史を意識して	・落ち着いて出勤できる	・信頼できる人に尋ねよう	・正攻法が最も有効
・セキュリティーが重要	・支援や協力を得る	・盗難や落とし物に注意	・とにかく倹約を
・無防備だと狙われる	・全体的に金運は好調	・きちんと資産管理を	・出資は長期的計画で
・出費や経費を抑えて	・ごちそうになる機会あり	・詐欺商法を警戒して	・月々のコストの削減を
・財布のひもは固く	・恩返しをしよう	・家族からの援助がある	・派手な物は買わない
・海外事情で相場が変動	・貯金ができそう	・買い物は慎重に	・見栄は無駄を招く
・旧知の人を訪ねて	・実家に連絡を	・油断大敵	・定期的な散歩を
・地元に帰ろう	・親戚付き合いもよい	・専門家に任せてもよい	・石橋をたたいて渡ろう
・新たな人脈は警戒して	・ペットと縁がある	・見回りをすると吉	・沈黙が効果的
・懐かしさの共有を	・チームプレイが吉	・実家に帰るのも吉	・地道なトレーニングを
・過去の自慢をしないで	・古い物を愛でよう	・むやみに信用しないで	・始めたらやり切ること

その他のシンボル　**黄色い地面**　心豊かな人　距離がある　安心できる環境を　利益が上がる　地産地消を

 杯のクイーン(正)p.220

杯《カップ》の7

あなたの憧れ、恐れ、願いは何か。
執着とエゴを少しばかり手放せば、
それらは現実を変える宝物となる。

逆位置

基本の物語

影絵のような男性が、煙の上に並ぶ七つの杯を見上げています。杯の中には憧れ、恐れ、願いを象徴する物が入っていますが、これらは妄想の産物であり、手に取ることはできません。

前の「杯の６」は過去への郷愁を、このカードは未来の幻想を表します。次の「杯の８」のように過去の経験や将来の願望をいったん手放さない限り、未来に向けて歩むことはできないと、このカードは告げています。なお、七つの杯を七つの大罪と結び付ける考え方もあります。

逆位置を読むポイント

逆位置では、男性のシルエットがますます存在感を失う一方で、七つの杯は大きさを増したかのような迫力で、こちらに迫ってきます。正位置では、煙の上に浮かぶ幻想にすぎなかった杯が、逆位置では、現実味を帯びた確かな物体として感じられるのです。

杯の中身は、正位置においてはこの男性の非現実的な夢であり、砂上の楼閣のようなものでした。しかし逆位置では、実現可能なビジョン、リアルな設計図へと変じています。つまり、主人公である人物が、暗い欲望や衝動を抑え、自分というものを少しばかり引っ込めることによって、とりとめのない妄想が、実際的なアイデアや選択肢に変化するわけです。

Seven of Cups

杯の7 に描かれたシンボル

・青い顔の杯・

彫像のような顔は「理想」の象徴で、理想的な恋の相手や理想的な自分を表します。恋愛への欲求、自己愛、相手や自分の魅力でもあります。七つの杯が七つの大罪に対応しているなら、この人物の顔は、色欲の象徴でしょう。

・布に隠れた人の杯・

杯の中で両手を広げて布をかぶった人物は、奇跡、隠れた才能、魅力、可能性を表します。赤い光は、それらを発揮できないフラストレーションと、秘められた攻撃性を暗示しています。七つの大罪では憤怒に当たります。

・黄色い蛇の杯・

蛇は知恵の象徴で、脱皮することから若返りや永遠をも表します。ただ、黄色は裏切りの色であり、蛇は不純な動機や野心、狡猾さと誘惑の象徴でもあるので、油断は禁物です。七つの大罪では、嫉妬に相当するでしょう。

・青い城の杯・

城は自分の本拠地であり、高い社会的地位や成功の証しです。色からして、まだ青写真の状態ですから、高い地位への欲求を示しています。肩書に固執し、安定を得ようとする態度は、七つの大罪では怠惰に当たります。

・灰色の煙・

実体のないビジョン、あいまいな思い、あやふやな夢などを意味します。下部の造作が細かく、上部が大きく膨らんでいるのは、小さな願いには手が届くけれど、高い理想や大きな野望には手が届かないことを示しています。

・宝石の杯・

色とりどりの宝石や宝飾品は、美しい物、貴重な物、宝物であり、物欲の象徴でもあります。華やかさに目がくらみますが、本物かどうか、どれくらいの価値があるかは分かりません。七つの大罪では強欲に当たります。

・青いドラゴンの杯・

ドラゴンは恐るべき敵であり、強大な力の象徴です。全てをのみ込む原初の存在なので、母性や無意識も表します。宙に浮いているのは、得体の知れぬ凶暴性、邪悪さ、恐れと闇を意味します。七つの大罪では暴食に当たります。

・影絵のような男性・

目の前に現れた幻想に驚く男性。黒は自分が隠したり抑え込んだりしているもの、無意識、精神の闇の部分を表します。心の奥に潜む欲望、衝動、暗い感情の象徴でもあります。黒子に徹しているとも解釈できるでしょう。

・青い背景・

青い背景は、実際の青空ではなく、夢に出てくる非現実的な風景のように見えます。鮮やかな青は、杯の中にある人物の頭部、城、ドラゴンと同じ色で、未熟な状態であることや、空想の産物であることを示しているのです。

・月桂冠の杯・

名声、栄光、勝利、成功を表します。しかし、宙に浮いているので、単に願っているだけの段階です。杯にはドクロが付されているので、相手を踏みにじっての勝利や形骸化したものを意味します。七つの大罪なら傲慢でしょう。

 剣の4(正)p.244

杯の7 を読むためのキーワード

	青い顔の杯	布に隠れた人の杯	黄色い蛇の杯	青い城の杯
恋愛	出会い	出会い	出会い	出会い
	・好みのタイプとの	・神秘的な人との	・若く見える人との	・ブランド好きな人との
	・自分と似ている人との	・伸びしろのある人との	・嫉妬深い相手との	・実家暮らしの人との
	・見た目の優れた人との	・怒りっぽい人との	・頭の切れる人との	・保守的で頑固な人との
	・スペックの高い人との	・本心を見せない人との	・自己中心的な人との	・安定した職業の人との
	・一目ぼれでの	・暗い場所での	・合コンでの	・ホームパーティーでの
	・格式高い場所での	・最初はあいさつだけの	・マッチングアプリでの	・職場や学校での
	・趣味や学びの場での	・匿名での	・セミナーでの	・イベント会場での
	相手の気持ち	相手の気持ち	相手の気持ち	相手の気持ち
	・冷静さを装っている	・まだ本音を語れない	・様子を見ている	・このままでよい
	・相性の良さを感じる	・表面を取り繕っている	・自分の欲を満たしたい	・ステータスに惹かれた
	・十分に満足している	・お互いをまだ知らない	・利用しようとしている	・二人きりになりたい
	・価値観が一致する	・素顔を見せたくない	・交際のメリットを考慮中	・ホテルや旅館に行こう
	・下心がある	・いら立っている	・嫉妬している	・家に行きたい
	・少し窮屈さを覚える	・待ってはいられない	・年の差を気にしている	・同棲したい
	・考えがつかめない	・他の候補も考えている	・付き合うなら長く	・結婚を考えている
	今後の二人	今後の二人	今後の二人	今後の二人
	・憧れているだけ	・素性を明かさないまま	・改善に努めれば進展する	・進展への意欲が少ない
	・手が届かないまま	・交際まではいかない	・交際までに時間がかかる	・なかなか会えない
	・状況が硬直して停滞	・信頼関係が築けない	・最後は狙い通りになる	・遠距離だと厳しい
	・関係が強固になる	・公表できない関係	・根負けして付き合う	・一緒に旅行をする
	・理想的な関係に近づく	・ストレスがたまる	・嫉妬からけんかになる	・引っ越しが距離感を変える
	・体の相性は良い	・本心を打ち明けられない	・裏切りの可能性あり	・同棲することになる
	・納得して次に進む	・隠し事を残しての交際	・関係が長く続く	・家族に紹介する流れに
仕事	・転職は理想を諦めずに	・転職先に恵まれない	・転職より残留を	・転職は大企業を目指そう
	・独立の前に自己確立を	・起業しても注目されない	・独立は賢く画策して	・起業はエリアが重要
	・さらにキャリアアップを	・ポテンシャルはある	・ライバルに嫉妬される	・オフィスを快適に
	・きれい事も必要	・企画が日の目を見ない	・対人関係に機転が必要	・建物のメンテナンスを
	・理念なくして満足なし	・裏方仕事に不満を抱く	・賢明な判断が鍵を握る	・在宅の仕事は吉
	・美意識が成功に直結	・手柄を上司に取られる	・横取りされないように	・こもって集中できる
	・外側だけ立派なのはダメ	・ストレスが爆発しそう	・長期計画を立てよう	・昇格のチャンスあり
	・見やすい資料の用意を	・密告や漏えいに注意	・裏切り者に注意して	・計画倒れにならないで
	・魅力を周囲に伝えよう	・水面下で行動しよう	・行動の前に熟考を	・ポジションを確立して
	・計画はしっかりと	・隠れたヒントを探そう	・言葉巧みに誘導すべし	・保守勢力に阻まれそう
お金	・高級品に目がくらむ	・偽物を買わないように	・金額アップが狙える	・不動産関係は吉
	・理想通りには稼げない	・掘り出し物に遭遇する	・よく考えれば得をする	・実家からの援助あり
	・物入りになりそう	・貯金や資産を守ろう	・巧妙な詐欺に注意	・貯金をしよう
	・給料は増えない	・出資や投資は危険	・食べるのに困らない	・値が張っても良い物を
	・見栄が浪費につながる	・だまされないよう注意	・収入も支出も増えそう	・ブランドへの固執は凶
行動のヒント	・意識を高く持とう	・出しゃばらないこと	・美容に気を使うと吉	・積み重ねが大事
	・自分をもっと評価して	・秘密を守るべし	・新陳代謝を上げよう	・固定観念を打ち破ろう
	・憧れの人と行動しよう	・裏で密かに行動しよう	・古い物と過去は捨てて	・ローカルにヒントあり
	・芸術に触れるとよい	・ストレス発散が大事	・知恵を絞ろう	・自宅や家族を大切に
	・髪や肌のケアを	・怒るなら戦略的に	・裏切りは想定内かも	・宿泊先をよく吟味して

その他のシンボル　**灰色の煙**　はっきりしない人　あいまいな人　決断すれば実現　アプリの活用を

宝石の杯	月桂冠の杯	青いドラゴンの杯	影絵のような男性
出会い	出会い	出会い	出会い
・見た目のいい人との	・傲慢な人との	・よく食べる人との	・目立たない人との
・華やかな職業の人との	・成功している人との	・過保護な人との	・魅力を感じない人との
・資産のある人との	・有名な人との	・気が強い人との	・底が知れない人との
・おしゃれな人との	・過去にすがる人との	・怖い人との	・暗い場所での
・高級店での	・会員制の集まりでの	・ビュッフェの店での	・単独で行動中の
・パーティーでの	・都会での	・親の紹介での	・ふと話し掛けての
・雰囲気重視のアプリでの	・講演会やライブでの	・スポーツが縁での	・すでに出会っている
相手の気持ち	相手の気持ち	相手の気持ち	相手の気持ち
・あなたに興味津々	・プライドを満たしたい	・信用していない	・言葉と行動が裏腹
・うそっぽく感じている	・強がっている	・怖がっている	・感情を抑えている
・外見に惹かれた	・自慢話を聞いてほしい	・恋以外の企みがある	・下心がある
・一緒にいると楽しい	・褒めてもらいたい	・勢いにのまれそう	・否定的な感情になる
・自分にはまぶし過ぎる	・気分が高揚している	・逃げ出したい	・あまり関わりたくない
・本気にはならないかも	・ライバルには負けない	・付き合い切れない	・隠し事がある
・見せびらかしたい	・やや見下している	・わがままを聞いている	・トラウマに悩んでいる
今後の二人	今後の二人	今後の二人	今後の二人
・表面上は仲が良い	・憧れるだけでは難しい	・押しの一手で付き合う	・告白できずに終わる
・わがままで衝突する	・行動すると好転する	・逃げられてしまう	・相思相愛になれない
・期待外れに終わる	・約束を果たすことに	・トラウマが邪魔をする	・後ろめたさのある交際
・短期間で破局しそう	・交際に発展する	・一気に進展する	・気を使い合う関係
・他に目が行く	・ライバルが現れる	・依存した状態になる	・秘密を隠して付き合う
・金銭トラブルが発生	・略奪愛が成就する	・親に介入される	・連絡がとれなくなる
・価値観が合えば成就	・婚約に進展する	・同棲や結婚を強行する	・トラブルのない交際
・理想的な転職先がある	・有名企業に縁あり	・面接運がいまひとつ	・ブラック企業に注意
・独立で宝の持ち腐れに	・自信があれば独立も可	・独立で立場が弱まる	・独立しても自由なし
・目立ってナンボ	・キャリアアップが実現	・上から圧力を受ける	・黒子に徹すると吉
・ライバルと切磋琢磨を	・ハラスメントに注意	・実力を思い知ることに	・隠された事実を探ろう
・素晴らしい体験をする	・負けん気でのし上がる	・自分の意見が通らない	・水面下で企画が動く
・チームに恵まれる	・実績を誇ってよい	・足元を見られそう	・社外秘情報に注意して
・才能が埋もれてしまう	・競合を意識して	・組織を利用して	・内部告発で衝撃が走る
・デザイン重視が吉	・ブランド力を高めよう	・スケールは大きく	・隠蔽工作の可能性あり
・虚飾は暴かれる	・モチベーションが必要	・強みを生かすべし	・自分の手柄にできない
・とにかく結果を残そう	・謙虚な姿勢を心掛けて	・小心では成功しない	・提言がもみ消される
・昇給のチャンス	・ギャンブル運あり	・支出が増大する	・黒字に転じる
・ぜいたくはほどほどに	・リスクを負って稼ぐ	・家族に金がかかる	・闇金に手を出さないで
・盗難に注意して	・ゴマすりが効果的	・理不尽な要求は拒否を	・怪しいセミナーに注意
・物欲は抑えること	・買うならブランド品を	・浪費してしまいそう	・お金を勝手に使われる
・貴重品を売るのは吉	・安物買いの銭失い	・暴食やぜいたくは控えて	・派手な生活は慎んで
・物事の価値を認めよう	・攻めの姿勢を見せよう	・どこまでも広い心で	・自分と向き合うべし
・見かけにだまされないで	・自信も謙虚さも必要	・過保護にならぬように	・裏方に徹するとよい
・目利きが必要かも	・正々堂々と戦おう	・自分の闇から逃げないで	・フォーマルな場は吉
・美意識は人それぞれ	・自分に勝とう	・身内と話してみよう	・本質を見失わないで
・自分を磨くべし	・晴れやかな気分で	・強みと長所を確認して	・良質の睡眠を心掛けて

その他のシンボル　青い背景　存在感のない人　まだ考えていない　引き立て役　むなしい試み　同調は吉

 金貨の4(逆)p.304

杯《カップ》の8

杯を満たしていたのは過去の栄光。
空になった杯に背を向けて、
新たな幸せを探す旅に出る。

逆位置

Eight of Cups

基本の物語

前の「杯の7」では、妄想が生んだ杯を手に取ることができませんでした。次の「杯の9」では、裕福な男が酒の入った杯を飾っています。

このカードでは空の杯が整然と地面に並べられ、すでに美酒は味わい尽くされたようです。赤い衣の人物だけが、右側(未来)に向かって動き出しています。酒を飲み干した後、再び気持ちを満たしてくれるものを探して旅立とうとしているのでしょう。

折しも月食。満月が闇にのまれ、復活するというドラマが展開しています。この人物も、何かの変化をきっかけに行動を起こしたのでしょう。

逆位置を読むポイント

正位置では、赤い衣の人物と杯を月が見下ろす構図でしたが、逆位置では、並べられた杯の存在感が増し、それを月が傍観しているように見えます。

人物の赤いマントは、非常に目立つ色であるにもかかわらず印象がやや薄れ、岩山に隠れているかのようです。むしろ赤い靴の方が目に入りますが、その足取りは重く感じられます。

八つの杯を満たしていたのは、過去の栄光や幸せでした。逆位置では、それがもう空であることに焦点が当たっているのです。諦めきれない気持ちを残した状態での旅立ち。そんな雰囲気が漂っています。

杯の8 に描かれたシンボル

暗い空

月食では空の表情がすぐに変わりますが、これは自発的な変化ではありません。このことから、人からの影響など外的要因によって感情が上下することを意味します。周りの人が状況を見守るしかないことを表す場合もあります。

月食

満月が光を奪われ、また明るさを取り戻す月食は、短期間で恩恵や愛情を失うこと、別の希望を見いだすことを示します。ドラマチックな天体ショーであることから、感情の劇的な変化や、スタイルの刷新なども表します。

岩礁と水の流れ

あちこちに顔を出す岩礁を避け、蛇行するように沖に向かって流れる水。さまざまな障害にぶつかって時間を費やしながらも、目的地に向かって確実に進もうとする気持ちや、穏やかながらも強靭なメンタルを象徴しています。

空の杯

恵みの水(幸せな感情の象徴)で満たされるべき杯が、空の状態で整然と並んでいます。中身を味わい尽くした後に片付けたのでしょう。過去の良き思い出にすがるのか、過去を捨てて再出発するのかが問われています。

岩山

ごつごつとした岩肌は、性格の荒々しさを表します。また、岩の硬さは不動や不変を意味します。さほど高くない岩山ですから、将来的に目指す高い理想というよりは、これから直面しなければならない現実を象徴しています。

赤い衣の人物

こちらに背を向け、寂しそうにつえを突いて歩く姿は、失意の巡礼者のように見えます。しかし、マントやブーツが赤いことから、情熱や意欲を失ってはおらず、少なくとも行動を起こそうとしていることが分かります。

黄色いつえ

つえは、足元の安全を確保し、足腰への負担を和らげ、先に進む手助けとなります。心強いサポートを受けて重責やプレッシャーに耐えること、ダメージを軽減すること、次の一手を見つけることなどを意味します。

勾配のある地面

地面に傾斜があったり、茂みがあったりと、かなり歩きにくそうな場所です。さまざまな課題や障壁が出現すること、スムーズには進展しないこと、手間がかかること、いろいろな邪魔が入ることなどを表しています。

剣の8(逆)p.260

杯の8を読むためのキーワード

	赤い衣の人物	空の杯	月食	岩山
恋愛	出会い ・年上の相手との ・失恋直後の人との ・婚活に疲れた人との ・空元気を出す人との ・いつもは着ない服での ・サウナや温泉での ・自ら出向くことでの	出会い ・折り目正しい人との ・既婚者との ・離婚歴のある人との ・過去を自慢する人との ・昔の縁がきっかけでの ・過去の相手との再会 ・同窓会での	出会い ・自分の都合で動く人との ・気分が上下する人との ・感情が読めない人との ・ドラマチックな ・イベントでの ・飲み会での ・過去を清算したときの	出会い ・いかつい外見の人との ・頑固な人との ・体育会系の人との ・子供が欲しくない人との ・緊張するシーンでの ・足止めされた場所での ・結婚前提の紹介の
	相手の気持ち ・後悔の念が残っている ・過去を忘れられない ・会いたい気持ちはある ・疲れているが無理する ・強がっている ・別れを告げたい ・次に向かおうと思う	相手の気持ち ・過去の恋と比べている ・衰えを感じている ・ハイテンションはNG ・世代ギャップを感じる ・懐かしさを共有したい ・気持ちを整理したい ・愛情のピークは過ぎた	相手の気持ち ・心変わりしている ・ふとわれに返っている ・情熱が冷めた ・気分のむらが激しい ・別のことに興味が移る ・劇的な展開を求める ・気持ちが揺れている	相手の気持ち ・頑固になっている ・言うことを聞くのは嫌 ・ポリシーを曲げない ・連絡は不要 ・自分からは動かない ・障害をどうにかしたい ・殻に閉じこもっている
	今後の二人 ・別れたくないが別れる ・遠距離もしくは別居に ・気持ちは盛り上がる ・世間に背を向けて生きる ・同棲のために引っ越す ・一度の関係で去られる ・行動すれば次に進む	今後の二人 ・形だけの付き合い ・お互い離れにくい ・愛情は冷めるが別れない ・関係を解消する ・交際が長い二人は続く ・将来を話し合うと吉 ・恋愛から結婚に進む	今後の二人 ・心変わりする ・一度別れてすぐ復縁 ・ダメ元でうまくいく ・トラブルが発生する ・別のことに夢中になる ・急展開する ・関係が逆転する	今後の二人 ・障害が立ちふさがる ・もめ事を起こす ・心を閉ざされてしまう ・課題をこなす必要あり ・関係性に変化はない ・進展が止まる ・結婚への準備は吉
仕事	・別の進路を選ぶべき ・急な移動や転勤あり ・過去の栄光は不要 ・新たな挑戦を ・方向転換させられる ・やむなく撤退する ・不満がたまりやすい ・停滞後に前進できる ・慣れた場所を離れよう ・言葉ではなく行動で示す	・職歴に執着しないで ・未経験での挑戦は吉 ・実績が無視される ・かつての輝きがない ・旧態依然としたやり方 ・固執しても意味がない ・おだてが功を奏する ・効率より交流を優先 ・世代交代の時期 ・一区切りつけるべし	・中途半端な転職はNG ・迅速な移転は可 ・状況が二転三転する ・仕切り直しが必要 ・保留案件が再始動する ・中止を取り消すと吉 ・前言を撤回する羽目に ・ハプニングに対応して ・なかったことにされる ・あり得ないことが発生	・動かない方がよい ・起業するならまず貯金を ・根深い問題がある ・頑固さが衝突を生む ・変更不可の案件がある ・進捗に期待しないで ・状況を打破できない ・安定感が強みになる ・腰を落ち着けるべし ・平常通りが吉
お金	・これ以上の出費はNG ・収益モデルの見直しを ・過去のようには稼げない ・方法を変えて収入増へ ・赤字転落のピンチ	・古い方法では利益なし ・もうけを浪費してしまう ・交際費がかさむ ・アンティーク売買は吉 ・未練を捨てて新事業を	・満額はもらえない ・分割での支払いを ・使い込みに注意 ・将来の収入に不安あり ・緊急時の資金管理を	・長期的な貯蓄を ・資金を確保しよう ・予算に応じた設計を ・確実なリスク回避を ・固定収入を大事に
行動のヒント	・大胆なおしゃれを ・イベントに参加しよう ・あえて元気に振る舞う ・貧血、けが、血圧に注意 ・健康診断や献血が吉	・祭りの後の寂しさ ・昔語りを楽しむ ・懐古趣味を共有する ・同窓会や送別会は吉 ・不用品の片付けを	・空を見上げてみよう ・情緒がやや不安定に ・勝利にケチがつく ・停電に備えること ・観劇などを楽しもう	・古い物事の良さを発見 ・無理をすると体を壊す ・重しや文鎮が活躍 ・屋外では安全に留意を ・妊活はしばらく休もう

暗い空	岩礁と水の流れ	黄色いつえ	勾配のある地面
出会い	出会い	出会い	出会い
・顔色をうかがう人との	・優柔不断な人との	・細身の人との	・斜に構えた人との
・無口で暗い人との	・粘り強い人との	・支えてくれる人との	・障害のある人との
・心が読めない人との	・慎重な人との	・親を介護する人との	・テンポの違う人との
・受け身の人との	・結婚願望のある人との	・身近な人との	・気難しい相手との
・巻き込まれる形での	・紹介の紹介での	・慣れない飲み会での	・苦手な場での
・急な紹介による	・何度目かの飲み会の	・仲介者がいる	・知人のいない会での
・夜のイベントでの	・親戚や交友関係が縁での	・介抱がきっかけの	・登録の面倒なアプリでの
相手の気持ち	相手の気持ち	相手の気持ち	相手の気持ち
・動揺を隠している	・あれこれ考え過ぎかも	・決心がぐらつく	・少し面倒くさい
・振り回されたと感じる	・結婚相手として検討中	・支えになりたい	・地雷を踏んだかも
・つり橋効果で好印象に	・妥協点が見いだせない	・社会的に安定してから	・先に進みにくい
・余韻に浸っている	・話し合いが必要だ	・接し方が分からない	・ストレスを感じている
・気持ちが消えつつある	・時間をかけたい	・慎重に進めたい	・心理的に踏み出せない
・自分からは何もしない	・気持ちは続いている	・手探りの状態	・本音を聞けていない
・予定は任せるつもり	・怒ってはいない	・慣れていないので不安	・ハマりそうで怖い
今後の二人	今後の二人	今後の二人	今後の二人
・その場だけ盛り上がる	・お互いの譲歩が必要に	・仲介がいないと難しい	・思うように進まない
・サプライズの告白あり	・焦るとうまくいかない	・一歩だけ前進する	・克服すべき課題が発生
・関係が急激に変わる	・衝突を繰り返して続く	・急ぐと破局につながる	・共に逆境を乗り越える
・別れざるを得なくなる	・紆余曲折がある	・経済的な自立が先	・詐欺の可能性がある
・予想外の結末に	・進展に時間がかかる	・共通の目標が必要	・待つだけではダメ
・チャンスを逃しそう	・最終的にはうまくいく	・情熱が冷めて現実志向に	・経験が通用しない
・一時的に復縁できる	・結婚へ少しだけ近づく	・支えがないと続かない	・試練を克服すれば成就
・仕事がなくなるかも	・転職や独立はまだ先	・転職を急ぐと失敗する	・内定取り消しの可能性
・移動や転勤もあり得る	・独立までの準備期間	・下調べを重視しよう	・独立は前途多難
・復職する可能性あり	・やることが多過ぎる	・小さな一歩を大切に	・今は十分な準備を
・過去の縁がよみがえる	・手腕が問われている	・協力やサポートが必要	・出だしでつまずくかも
・実力より状況優先で	・リスク管理が大変かも	・分担作業が効率的	・仕事の効率が上がらない
・周囲に振り回される	・相手の怒りを警戒して	・上司に抑え込まれる	・要不要を見極めよう
・取引先の意向次第	・焦らずに事を運ぶべし	・重要なことは指摘を	・課題を整理しよう
・傍観するしかない	・安請け合いはNG	・安全な方法を模索して	・根気強く障害の克服を
・計画を再考するとよい	・予想以上に時間が必要	・無難な立ち位置にいて	・少しずつ進めよう
・変化への対応が急務	・見えないリスクに注意	・転ばぬ先のつえを	・地味な作業の負担が大
・突然の出費に備えて	・大金を動かすのはNG	・細く長く続く収入を	・貯金を守るのが先決
・支援の当てがない	・高額な物はローンで	・安心感のある仕事が吉	・損失を食いとめるべし
・仕送りの打ち切り	・一点集中の賭けは凶	・地に足の着いた稼ぎを	・小さな利益も大切に
・出費が減る	・複数の資金計画を	・必要なお金は得られる	・不要な物は処分して
・金銭トラブルの回避を	・皮算用は損失の元	・地道に生活しよう	・まずは借金の返済を
・昔を振り返ってみよう	・水辺の遊びを楽しんで	・障害者への理解を	・足元に気を付けて
・観劇や映画はおすすめ	・急がば回れ	・安全第一で過ごそう	・放置しないで片付けを
・お墓参りや先祖供養を	・時間の余裕を持って	・危険への注意喚起を	・負荷のある運動を
・衝撃のニュースあり	・寄り道や各駅停車は吉	・掘り出し物を見つける	・宿題は今日のうちに
・魔が差すので警戒を	・ホースを使って掃除を	・無理をせずに休むべし	・案内人を務めることに

杯《カップ》の9

ズラリと並ぶ杯は豊かさの誇示。
念願かなって富を得た商人は、
この先も幸せでいられるのか?

逆位置

Nine of Cups

基本の物語

いすにどっかりと腰を下ろし、腕組みをして満足そうにほほ笑む男性。背の高い台の上に、酒で満たした杯をこれ見よがしに並べています。念願かなって商売で成功し、欲しいものを手に入れたこの男性は祝宴を開き、ぜいたくな酒を振る舞っているのです

このカードには、前「杯の8」で過去の栄光を手放し、別の道に向かったことが転機となり、富を手にした姿が描かれています。ぜいたくざんまいと暴飲暴食で体を壊したり、欲に溺れて浪費を続けたりしなければ、次の「杯の10」のように、幸せな家庭を築くことができるでしょう。

逆位置を読むポイント

逆位置では、明るい色の地面が目立ち、まるで金箔が貼られた床のように見えてきます。正位置では気前の良い雰囲気が感じられましたが、ここでは貯金や資産などの物質的豊かさの方に力点が置かれています。

また、逆位置では、左右の足の向き、杯の並び方、青い布のひだをはじめ、帽子、左右の腕、いすの見え方、ボタン、襟、目や眉毛までも、左右非対称であることが気になってきます。これは、この商人が、笑顔を見せて寛大そうに振る舞ってはいるものの、成り上がるまでに、ひいきや差別、偏ったやり方をしてきたことを暗示します。

杯の9 に描かれたシンボル

・九つの杯・

九つの黄金の杯は高級な酒で満たされています。祝宴、パーティー、飲み放題、何かを振る舞われること、ぜいたく、飽食などを意味します。満足や快楽の象徴ですが、それに溺れると、浪費や依存を招くので注意が必要です。

・黄色い空・

状況や心境が明るいこと、全てが明るみに出ること、スポンサーがバックについていることなどを示します。精神的な充足を表す一方で、貼り付けただけの薄い壁紙のような背景なので、見せかけや虚栄心とも解釈できます。

・弓なりの台と青い布・

背の高い台を布が覆い、表面的には立派ですが、本質や本音が見えないことを意味します。青は冷静さを装っていることを、弓なりの台は浮き沈みがあることを表し、虚飾に囲まれて脱け出せないことを暗示しています。

・赤い顔と帽子・

血色のよい顔は、旺盛なエネルギー、良好な栄養状態、生活力を示します。ほくそ笑む表情には、自信や優越感が表れています。生命力を意味する豊かな髪を赤い帽子が包み、活力と行動が結び付いていることを伝えています。

・いす・

いすは、その人を支える人や環境、立場などを意味します。華美な絵柄の中で、素朴な木のいすはみすぼらしく見えます。貧しかった過去、踏み台にしてきたもの、弱い基盤、見えない部分は適当にしていることなどを表します。

・縞《しま》の服と両腕・

腕組みをしているのは、横柄な態度やチャンスをつかんで離さないことを意味します。服の縞がストレートなのは、紆余曲折や苦労がないこと、向上心、一気に上昇すること、スムーズな進展などを意味します。

・黄色い地面・

空と同じ黄色の地面は、明るい状況や金銭的な助けを表しますが、黄色い空が精神的な満足を意味するのに対して、物質的な満足を示します。十分な資産や予算、地位の向上、恵まれた環境という意味が強くなります。

・靴と靴下・

茶色い靴は、地に足の着いた地道な活動と努力を意味します。チラリと見える赤い靴下は、静かな闘志や下剋上などの野望のサイン。足を開いているのは、行動する準備ができているか、行動力に自信があることを示します。

 戦車(逆)p.48

杯の9を読むためのキーワード

	九つの杯	弓なりの台と青い布	いす	黄色い空
恋愛	出会い	出会い	出会い	出会い
	・気前の良い人との	・裏表がある人との	・成り上がりとの	・虚勢を張る人との
	・グルメな人との	・感情の起伏がある人との	・負けず嫌いとの	・深く考えない人との
	・他人に甘える人との	・本音を言えない人との	・だらしない人との	・自慢の多い人との
	・派手好きとの	・相手に合わせる人との	・上に立ちたがる人との	・お金が好きな人との
	・飲食店での	・仕事が縁での	・居酒屋での	・食べ飲み放題での
	・冠婚葬祭での	・交友関係からの	・無料アプリでの	・宣伝の多いアプリでの
	・パーティーでの	・会うだけで発展しない	・職場での	・パーティーや合コンでの
	相手の気持ち	相手の気持ち	相手の気持ち	相手の気持ち
	・気持ちが高まっている	・隠し事がある	・あまり大事にしていない	・何も考えていない
	・幸せにしてあげたい	・本音と建前は別	・次のステップを考える	・ごちそうしてほしい
	・無理をしている	・好きなのに言えない	・恋愛は二の次	・幸せを感じている
	・頑張り過ぎて疲れた	・あえて気持ちを抑える	・苦い過去がある	・好きなように遊びたい
	・自尊心を満たしたい	・交際を続ける自信がない	・プライドが邪魔をする	・人に自慢したい
	・目移りしている	・犠牲になりたくない	・ひがんでいる	・地味なのは趣味ではない
	・モテたくて仕方がない	・自分を出せていない	・大げさなのは困る	・面倒事は敬遠する
	今後の二人	今後の二人	今後の二人	今後の二人
	・一気に進展する	・いつの日か成就する	・放置されることも	・一時的に盛り上がる
	・知人や家族に紹介する	・少しずつ盛り上がる	・うやむやにされる	・楽しければ続く
	・告白や婚約の成功	・告白できずに終わる	・恋愛どころではない	・軽くノリで付き合う
	・願いを聞いてもらえる	・自然消滅に向かう	・どちらかが苦労する	・お金を使い過ぎる
	・あと一歩までいく	・突然、結婚の話になる	・金銭感覚でもめそう	・都合よく扱われる
	・周りに祝福される	・隠れて付き合うことに	・交際後に疲れが出る	・結婚への道は遠い
	・マンネリの傾向あり	・淡々と交際が続く	・庶民的な暮らしをする	・浮気が問題になる
仕事	・希望通り転職する	・就職先が見つからない	・転職しても短期になる	・転職はコネ次第で成功
	・起業を祝ってもらえる	・皮算用は当てが外れる	・独立なら環境の整備を	・借金しての起業は危険
	・ほぼ理想的な結果に	・準備がやたらに忙しい	・立場がやや危うくなる	・職場が華やぐ
	・満足度が上昇する	・企画がお蔵入りになる	・無理をすると失敗する	・なんとか形になる
	・上司に助けてもらえる	・冷静さが求められる	・自尊心の肥大に注意	・ハッタリは見抜かれる
	・幸運が連鎖する	・水面下で交渉を	・道具や機器のメンテを	・内容重視で攻めるべし
	・プランは多い方がよい	・予算がかさんでしまう	・デスク周りの整頓を	・笑顔で切り抜けよう
	・可能性が広がる	・表面を取り繕う羽目に	・座りっぱなしは避けて	・スポンサー重視で
	・実績を積み重ねる	・人を肩書で判断しない	・アナログが意外に便利	・全貌が見えてくる
	・地味な努力が報われる	・感情を抑えて対話を	・シンプルを心掛けて	・秘密が露見する
お金	・気前の良さが幸運を招く	・いつの間にか出費増大	・貧乏根性を出さないで	・臨時収入があるかも
	・収入や報酬が上がる	・無駄なものを買いそう	・カジュアルな店がよい	・支援者が見つかる
	・ケチると運気が下がる	・家具を買うのは吉	・倹約して少しでも貯金を	・売上も経費も増加
	・自分のための浪費はダメ	・入金の確認をするべし	・住居にお金をかけよう	・きちんと資金管理を
	・おごってもらえる	・貴重品は厳重に保管を	・固定収入を大事に	・見栄で出費しないこと
行動のヒント	・何事もやり過ぎないで	・サプライズで贈り物を	・少し休憩しよう	・見た目にだまされないで
	・食べ・飲み放題が吉	・クローゼットの整理を	・根拠が怪しいものは凶	・虚栄心は身を滅ぼす
	・できるだけ社交の場へ	・平静を装って	・庶民的をテーマに	・無理にでも笑おう
	・欲を出さないで	・山あり谷ありと心得て	・苦労や努力が実る	・助けてくれる人がいる
	・物事を共有しよう	・不用品の処分を	・弱者を軽視しないで	・分かりやすい説明を

黄色い地面	赤い顔と帽子	縞《しま》の服と両腕	靴と靴下
出会い	**出会い**	**出会い**	**出会い**
・裕福な人との	・行動力のある人との	・真っすぐな人との	・やる気に満ちた人との
・動じない人との	・自信のある人との	・しっかりした人との	・下心のある人との
・成功している人との	・精力的な人との	・返信が早い人との	・成り上がりたい人との
・家庭に恵まれた人との	・体格の良い人との	・偉そうな人との	・行動力のある人との
・結婚相談所での	・積極的に口説かれる	・先輩後輩のつてでの	・徒歩で行く会場での
・パーティーでの	・ジムやフィットネスでの	・登録が簡単なアプリでの	・地元の店での
・裕福な人脈からの	・新たな挑戦が縁での	・強引な誘いでの	・帰り道での
相手の気持ち	**相手の気持ち**	**相手の気持ち**	**相手の気持ち**
・今のままでよい	・優越感に浸りたい	・素直に発言している	・思いを秘めている
・お金がすべて解決する	・現状に満足している	・進展は早い方がよい	・地道に進めていこう
・実際に会いたい	・やや見下している	・はっきりさせたい	・前よりはよくなった
・積極的になれない	・褒められたい	・気分が上下する	・受け入れてもいい
・見極める段階	・早く決着をつけたい	・思い通りにしたい	・感情を抑えている
・情緒は安定している	・遊びに行きたい	・ぜひとも付き合いたい	・紳士淑女気取りでいる
・安心していられる	・刺激が必要	・もう手放さない	・自分からは行動しない
今後の二人	**今後の二人**	**今後の二人**	**今後の二人**
・今までの関係が続く	・情熱的な恋愛になる	・捕まえないと逃げる	・関係が継続する
・真面目な交際へ	・モラハラに注意	・告白タイミングを逃す	・告白が受け入れられる
・プレゼントが効果的	・自分のことばかり考える	・焦らなければうまくいく	・友達として再スタート
・結婚前提なら進展する	・積極的に動けば成就	・観念して付き合う	・待っても進展がない
・金の切れ目が縁の切れ目	・やや不満がたまる	・急激に接近する	・交際後わがままになる
・周囲の協力で成就する	・諦めないことが重要	・スムーズに進展する	・状況が覆ることも
・経済観念の相違が露呈	・交際が続くとマンネリに	・ストレスのない交際	・落ち着けば失敗しない
・転職は現職の肩書次第	・転職活動が実る	・転職のチャンスがくる	・転職活動は地道に
・起業なら資金をためて	・やる気があれば独立を	・独立起業は時期を見て	・独立準備の正念場
・自分の手柄を誇らないで	・堂々としている方が吉	・キャリアアップする	・密かに情熱を燃やそう
・部下次第で結果が出る	・自信を付ける結果に	・順調に進展する	・ライバルに勝つ
・土台づくりを徹底して	・上司に目を付けられる	・シンプルをテーマに	・地道に頑張るのが吉
・環境の改善に努めよう	・対人関係には笑顔が吉	・分かりやすくまとめて	・誰よりも結果を出そう
・地道な努力が実る	・積極的に動こう	・単純作業が増える	・自分の力が頼り
・感情抜きの対人関係を	・思い立ったらすぐ行動	・自慢にうんざりしそう	・やるべきことをやる
・継続は力なり	・熱意が伝わりやすい	・邪魔が入らない	・確信を持って実行を
・スポンサーの力が強い	・偉ぶらないよう注意	・向上心を持って	・スタンバイしておこう
・安定収入を確保して	・今は赤字でも大丈夫	・利益を手放さないで	・気付かぬうちに赤字に
・現金での支払いが無難	・借金は返すべし	・正直なビジネスを	・一獲千金は諦めて
・支援に恵まれる	・受け身だと金運が低下	・調査や審査が入る	・自分で稼ぐべし
・貯金ができそう	・健康や食事に出費して	・素直に進めれば黒字に	・昇進・昇給のチャンス
・買うなら日用品を	・喜んで受け取ろう	・くじ運に恵まれる	・足元を見られぬように
・品質重視が吉	・帽子をかぶるとよい	・真っすぐに進もう	・自分の足で歩こう
・身内を支援すると吉	・食事をしっかりと	・チャンスをつかむべし	・秘めた情熱を原動力に
・健康管理で心の安定を	・自信のある分野で成功	・来るものは受け止めて	・行動に自信を持とう
・美味な食事を楽しんで	・情熱を行動に移して	・白黒をはっきりと	・今は地固めの時期
・床をピカピカにしよう	・ほろ酔いがちょうどよい	・乗り遅れに注意	・踏ん張りがきく

 棒の5(正)p.128

杯《カップ》の10

十個の杯が虹となり、恵みを注ぐ。
地上にあふれる愛情と希望。
望みは全て満たされた。

逆位置

Ten of Cups

基本の物語

雲一つない青空に虹が架かって杯が並び、その下には夫婦と、楽しげに踊る子供たちの姿があります。

「杯の２」の背景にも緑の丘と赤い屋根の邸宅がありました。そこでカップルになった二人が夫婦となり、子宝に恵まれたという幸せな未来が描かれています。愛情に満ちた家族とその絆、温かい幸せ、希望の象徴なのです。

「杯の９」の人物も満足感を得ていましたが、ここでは、これ以上望むべくもない状態が示されています。この幸せを当たり前と思うなら、その先にあるのは甘えやわがままかもしれません。幸せに感謝できるなら、謙虚さや素直さという美徳が身に付きます。

逆位置を読むポイント

逆位置では、U字になった虹が、水を受けるボウルのように見えます。明るい未来に向けて絆を深めていこうとする正位置とは異なり、もしものときには支えてもらおうとする、やや人任せな気持ちが表れています。

また、正位置では夫婦が手を広げ、虹から降り注ぐ恵みを受け止めているのに対して、逆位置では、沈みゆく虹に手を伸ばしているかのよう。これは、今の幸せを失う不安や、理想が手に入らない寂しさなどを象徴します。さらなる恵みを求めて欲張りになっているとも解釈できます。

杯の10に描かれたシンボル

・雲のない空・

澄みきった心の状態を表します。雨上がりの空に虹が出るように、悲しみの後に涙を流しきると心がクリアになり、希望の光が見えてくることを示します。しがらみ、執着、ネガティブな感情を手放したフラットな状態です。

・虹のように並ぶ杯・

十個の杯が弧を描き、美しい光を帯びた虹となって空に浮かんでいます。その様子は、願望が天に届いたか、希望の橋が架けられたかのよう。理想、憧れ、円満、恵み、成就、充足を意味し、多様性と可能性にも満ちています。

・赤い屋根の家・

居場所、本拠地、地元、コミュニティー、住環境や家庭環境を表します。屋根が赤いのは、情熱をかけて手に入れた証拠。豪邸ではないのは、ぜいたくを求めなければ当たり前の幸せが実現できることを示します。

・左手を上げた夫・

右腕を妻の腰に回し、空に向かって左手を上げる様子は、家族の絆を喜び、この幸せをもたらした天をたたえているかのようです。赤いストライプの服は高揚感を、青いタイツは理性を、黄色いブーツは健康を表します。

・木々が茂る緑の丘・

緑の丘は、気持ちが穏やかで明るいことを意味します。多少の波があっても平和であること、変化にうまく対応できることも示しています。何本もの木が青々としているのは、生産性の高さ、健康、豊かさを表します。

・右手を上げた妻・

伸ばした右手が黄金色に染まり、虹から降り注ぐ希望の光を受け取っているかのようです。空よりも青いドレスは理想的な未来を表し、地面に届く赤い裾は、家庭の温かさや家族間に愛情があることを意味します。

・年上の子・

幼い子を見て、上手にリードする年上の子は、面倒見の良さや相手に合わせる優しさなどを表します。虹に気付いていないのは、奇跡よりも日常の楽しみを優先しているからです。父と同じ赤い服は、高揚感と興奮を表します。

・丘を流れる川・

高低差が少なく穏やかな川は、ゆったりと流れる時間や平凡な日常を表します。ややくすんだ色をしているのは生活感を、さほど広くない川幅は分相応であることを示します。変わらぬ温かさや優しさの象徴でもあります。

・黄土色の地面・

家族のいる地面は、丘の緑とは区切られています。きちんと整備されていること、安全の確保、安定した土台を表します。黄土色は、土地が肥沃であるというサイン。恵まれた環境や安心できる状況を示しています。

・年下の子・

足を上げて踊る年下の子は、運動神経、リズム感と音感、喜び、練習による上達、成長などを示します。少し汚れた青い服は、失敗しても気持ちが清らかなことを意味します。子供たちは、次世代や未来の象徴でもあります。

 棒のA(正)p.112

杯の10を読むためのキーワード

	虹のように並ぶ杯	木々が茂る緑の丘	丘を流れる川	赤い屋根の家
恋愛	出会い ・輝いている人との ・将来有望な人との ・偏見のない人との ・憧れの人との ・交友関係から生まれる ・パーティーでの ・フェスやイベントでの	出会い ・平和を好む人との ・健康志向の人との ・前向きな人との ・郊外に住む人との ・野外活動での ・オーガニック店での ・自然体でいるときの	出会い ・温かい人との ・生活感のある人との ・ゆっくりと話す人との ・親しみやすい人との ・日常生活の中での ・行きつけの店での ・自宅に近い場所での	出会い ・有言実行の人との ・家族が大事な人との ・実直な人との ・在宅仕事の人との ・家同士の見合いでの ・地元や近場での ・コミュニティー内での
	相手の気持ち ・満足している ・気持ちがあふれている ・将来を考えている ・もうやり切った ・複雑な心境 ・現実逃避したい ・少し飽きてきた	相手の気持ち ・穏やかな状態 ・仲直りしたい ・ありのままでいたい ・恋愛は体調次第 ・あまり構わないで ・つい放置してしまう ・後は野となれ山となれ	相手の気持ち ・温かく見守る ・流れに委ねる ・居心地が良い ・あまり刺激がない ・対応がやや面倒 ・家でダラダラしたい ・情熱が下がっている	相手の気持ち ・他にやることがある ・一度つながれば満足 ・交際までは熱心 ・周りに知られたくない ・家庭に憧れている ・同棲・結婚を考える ・家族を優先する
	今後の二人 ・気持ちが盛り上がる ・円満な交際に ・結婚や将来を誓う ・末永く幸せに暮らす ・別れることができない ・惰性で付き合い続ける ・かなわない思いに酔う	今後の二人 ・報われることもある ・なんとなく仲良くなる ・紆余曲折を経て交際 ・波があるが関係は続く ・平和で楽しい日々 ・今後について話し合う ・お互い健やかに過ごす	今後の二人 ・流れに身を任せる ・空気のような存在に ・なんとなく続く ・別れる決心がつかない ・いるのが当たり前に ・なし崩しに同棲する ・そのまま結婚へ進む	今後の二人 ・家に遊びに行く ・家に転がり込む ・自由を奪われる ・ストーカー行為に注意 ・同棲状態になる ・結婚の重圧がかかる ・妊娠の可能性あり
仕事	・理想の転職に届かない ・独立起業の夢が膨らむ ・先のビジョンを明確に ・多様性が求められる ・仕事が充実する ・希望が見えてくる ・プロジェクトの成功 ・十分に恩恵を受ける ・高レベルの人と話して ・机上の空論になりがち	・転職活動に集中できない ・準備や整備の不足 ・展開が読みにくい ・生産性が上がる ・健康管理で能率アップ ・手を加え過ぎないこと ・問題を整理しよう ・会議で結論が出ない ・ほどほどの上昇志向で ・人間関係は穏やかに	・転職しても変わらない ・契約が継続する ・華やかな仕事は失敗する ・公私にメリハリを ・細々と活動することに ・惰性でやり続ける ・人間関係は良好 ・温かい言葉をもらう ・居心地の良い環境に ・時間に余裕ができる	・地元への転職はあり ・独立なら環境整備を ・在宅仕事がおすすめ ・アットホームが吉 ・目標を明確にしよう ・得意分野で攻めて ・チームワークが鍵に ・未経験だと難しい ・堅実さと安全性を重視 ・私生活も大切に
お金	・株価が乱高下する ・架空請求や詐欺に注意 ・将来性を買うべし ・接待などで散財しそう ・皮算用は当てが外れる	・収支が健全化する ・収入が一時的に上がる ・狙い過ぎると損をする ・放置した物が利益に ・安物は買わないこと	・出費増に気付かない ・生活費が多くかかる ・庶民的な店を選ぼう ・情で物を買わないこと ・金額より気持ち重視で	・不動産関係は吉 ・家の修繕費がかかる ・身内にお金を使おう ・倹約して貯金を ・出かけると浪費する
行動のヒント	・お祝い事は吉 ・恵みに感謝しよう ・理想を語るのもよい ・多様性を認めよう ・悲しみの後に希望あり	・アップダウンがある ・相手を尊重して ・健康管理が大事 ・自然に触れよう ・菜食がおすすめ	・友達を選ぼう ・地元や実家を大切に ・カジュアルをテーマに ・身の丈に合ったことを ・優しい気持ちで行動を	・引きこもってもよい ・家の掃除や整頓を ・居場所を見つけよう ・過去を思い出そう ・家族のケアをすると吉

その他のシンボル　**雲のない空**　存在感がない　無関心　可能性あり　スッキリした心境　フラットな状態

左手を上げた夫	右手を上げた妻	年上の子	年下の子
出会い	出会い	出会い	出会い
・おめでたい人との	・楽観的な人との	・面倒見の良い人との	・甘え上手な人との
・元気な人との	・将来の夢がある人との	・リードしてくれる人との	・一生懸命な人との
・すぐ感動する人との	・苦労人との	・長男(長女)との	・無邪気で楽しい人との
・大事にしてくれる人との	・同じ活動をする人との	・年上の人との	・幼なじみや年下との
・運命を感じる	・婚活パーティーでの	・習い事や教室での	・音楽や踊りが縁での
・非日常的な場面での	・社会活動の場での	・ジムやフィットネスでの	・物足りない合コンでの
・ショーやイベントでの	・知人のいる集いでの	・すぐに意気投合する	・子供に関連する
相手の気持ち	相手の気持ち	相手の気持ち	相手の気持ち
・とても感謝している	・同じ目標を持ちたい	・気分が高揚している	・多少のことではめげない
・一緒だとうれしい	・今度は失敗したくない	・遊びに行きたい	・合わせるのに必死
・盛り上がっている	・傷を癒やしたい	・好奇心旺盛な状態	・振り回されたくない
・感動を分かち合いたい	・今後のことを考える	・一緒に行動したい	・一生懸命に努力中
・もう離さない	・希望を持っている	・全て任せてほしい	・接し方に戸惑いがある
・満足している	・スッキリした心境	・予定は合わせる	・やりたいことがある
・周りの人に紹介したい	・前に進めそう	・別のことに夢中	・長い目で見たい
今後の二人	今後の二人	今後の二人	今後の二人
・盛り上がっていく	・願いがかなう	・一緒に何かを始める	・友達関係が続く
・理性的なら順調に進展	・告白される	・意気投合する	・意気投合する
・刺激があって飽きない	・大事にしてもらえる	・熱く燃え上がる	・無邪気に遊ぶだけ
・無理しなければ続く	・関係が改善する	・きちんと交際する	・告白がはぐらかされる
・二人三脚で歩んでいく	・トラブルを解決する	・互いに支え合っていく	・頼り合う関係に
・周りに祝福される	・プロポーズされる	・結婚に直結する	・まるで兄妹姉弟のよう
・結婚・妊娠の可能性	・子宝に恵まれる	・他の候補者を見逃す	・好意に気付かない

・転職はオファーを待とう	・転職先を探そう	・転職には仲介が必要	・転職には経験不足
・独立の夢は大きく	・明確なビジョンを描いて	・起業するなら家族と	・独立にはまだ早い
・運が味方する	・苦労が報われる	・メインから外される	・年長者を見習うと吉
・恩恵を受け取ろう	・思考をクリアに	・教育や指導に専念して	・先輩や上司に恵まれる
・組織や上司に感謝を	・自分の立場の把握を	・今の仕事が盛り上がる	・失敗しても再挑戦を
・冷静かつ情熱を込めて	・情熱を冷静に伝えて	・やりがいを感じる	・毎日が充実する
・明るい兆しが見える	・実際にやってみよう	・統率力が問われる	・指示に従い冷静に
・しっかりとサポートを	・コンビネーションが鍵	・将来性が見えてくる	・伸びしろがある
・目標は高く持つこと	・目標までのプランを	・仲間から慕われる	・サポートに感謝を
・移動して好機をつかむ	・ダメージをカバーして	・今の状況を楽しもう	・楽しめるかどうかが鍵

・調子に乗ると赤字に	・冷静になれば黒字に	・収入が上がる	・買い物は控え目に
・熱意で出資者を獲得	・借金が重くのしかかる	・支出も増えそう	・音楽への出費は吉
・手当や功労金をもらう	・不要な契約を終了して	くじが当たっても赤字	・ジムやスパへの出費も吉
・乗せられて散財しそう	・自分で稼ぐチャンス	・ギャンブル依存に注意	・副業が振るわない
・家の金に手を付けないで	・家から要求があるかも	・健康にお金を使うのは吉	・怪しい誘いは退けて

・スポーツを楽しもう	・過去を引きずらないで	・ひいきをしないこと	・助けてもらおう
・天候に恵まれる	・今の幸せを享受しよう	・空を仰ぎ見よう	・歌や踊りがおすすめ
・感謝の気持ちを忘れず	・楽観的に未来を描こう	・面倒を見てあげよう	・先生に教わるのも吉
・絆が深まる時期	・報われる喜びを味わう	・運動不足の解消を	・失敗しても気にしない
・喜びは独占せず共有を	・一緒にいる人が重要に	・けがに気を付けて	・将来の夢を語ろう

その他のシンボル　**黄土色の地面**　堅実な人　安心する　真面目な交際　整理整頓を　安定した収入　散歩は吉

杯のA(正)p.172

杯《カップ》のペイジ

挫折を知らぬ夢想家の若者。
未熟だが独創性にあふれ、
夢を現実にする力を持っている。

逆位置

基本の物語

風変わりな格好をした若者が、杯から顔を出した魚を見つめています。この若者は、好奇心旺盛で世間知らずの夢想家として描かれています。

前の「杯の10」が示す幸せな家庭で育った子供が、騎士見習いとして貴族の家に預けられたというイメージで、次の「杯のナイト」では、立派に成長した姿を見せています。この三人の共通点は、まだ挫折を知らない人特有の、優しいけれども頼りない一面を持っていることです。

とはいえこの若者は、夢想したことを本気で実現しようと思っているようです。頼りないけれど独創性にあふれ、固定観念にとらわれないがゆえに、成功する可能性を秘めています。

逆位置を読むポイント

逆位置でも、若者が見つめるカップから魚が顔を出すという、夢のようなシーンは変わりません。その中で、黄色い地面と若者の茶色いブーツが、上方にしがみついているかのように見えて、インパクトを増してきます。

正位置では、杯から魚が出てくるという空想的な面白さが強調されるのに対して、逆位置では地面とブーツが目立ち、「地に足の着いた」状態が強調されます。つまり、夢を実現するための現実感覚や具体的な行動が、運を切り開いていくのです。

Page of Cups

杯のペイジに描かれたシンボル

・水色の頭巾・

不思議な形状の頭巾は、愛嬌があること、風変わりでユニークなこと、おどけていることを表します。現実離れした夢想、コスプレや演劇を楽しむこと、目立とうとしているか、笑わせようとしていることを意味する場合も。

・灰色の背景・

周りに関心がないことを示しています。世の中に嫌気がさして無感動になっているのではなく、自分のことに夢中で、周りが見えていない状態です。偏見のないことや、確固たる自分の意見がないことも意味します。

・杯から顔を出す魚・

魚は豊かさや食物を意味し、出産、繁栄、お金の象徴でもあります。食べていくこと、稼ぎを得ること、家族が増えることなどを表します。水の生き物なので、感情や感性に深く関わる創作活動や、接客業なども意味します。

・若者の服装・

情熱と衝動を表す赤い服とタイツ、それを冷ますかのような水色のチュニック。衝動を抑える冷静さも持っていることを表します。チュニックの柄はハスの花と実。理想の現実化を意味し、それが進行中であることを示します。

・手にした杯・

杯は、気持ちを汲み、受け止める器です。豊かな感受性、受容性、あふれる感情などを表します。ここでは誰かの感情を受け入れるというよりは、自分の気持ちを見つめているか、心を落ち着かせている状態でしょう。

・茶色いブーツ・

折り返し部分を伸ばすと膝の辺りまでカバーできるので、水の浅い場所なら歩けそうです。水陸両用であることから、融通がきくこと、柔軟な対応、兼業や兼用を意味します。地味ながら機能的なものの象徴でもあります。

・穏やかな海・

海は生物の故郷で、豊かな母性の象徴です。優しさや包容力を表すと同時に、相手をのみ込み、自分に依存させる力をも表します。水は想像力の源泉で、無意識や霊性の象徴でもあるので、気付きやひらめきが得られそうです。

・黄色い地面・

地面は、肉体や物質の象徴です。このカードは、感情や感性を表すシンボルが多いのですが、平らな地面とそれを踏みしめる足を見れば、実は地に足が着いており、ロマンと現実をきちんと区別していることがうかがわれます。

 金貨の9(逆)p.324

杯のペイジを読むためのキーワード

	水色の頭巾	手にした杯	杯から顔を出す魚	若者の服装
恋愛	出会い	出会い	出会い	出会い
	・面白い人との	・心の広い人との	・海外や遠方の人との	・本当は熱い人との
	・ユニークな感性の人との	・感情の豊かな人との	・冷たい人との	・有言実行の人との
	・不思議な人との	・優柔不断な人との	・金融業の人との	・真っすぐな人との
	・自由業の人との	・夢見がちな人と	・接客業の人との	・平静を装う人との
	・コスプレイベントでの	・食事や酒の席での	・飲食店での	・清い交際が条件の
	・楽しいパーティーでの	・各種パーティーでの	・市場やスーパーでの	・結婚を視野に入れた
	・ファッションが縁の	・ロマンチックな	・偶然に目が合っての	・温泉やスパなどでの
	相手の気持ち	相手の気持ち	相手の気持ち	相手の気持ち
	・普通だと物足りない	・好きな気持ちはある	・息苦しさを感じる	・焦らず進展させたい
	・偏見をなくしてほしい	・要望に応えるつもり	・この関係から脱したい	・優しさを装っている
	・自由にさせてほしい	・自分の満足も大事	・一緒に食事をしたい	・怒りが収まってきた
	・感性を認めてほしい	・何かを抱え込んでいる	・お金のことが気がかり	・下心がないフリをする
	・趣味を理解してほしい	・漠然とした不安がある	・家族やペットが優先	・本音と建前が異なる
	・妄想にとらわれている	・はっきり決められない	・子供が欲しい	・理想を押し付けている
	・楽しく過ごしたい	・自分からは行動しない	・冷たいと感じている	・覚悟が決まってきた
	今後の二人	今後の二人	今後の二人	今後の二人
	・友達関係の方が気楽	・互いに待っているだけ	・飲み会などで親密に	・本音を隠して付き合う
	・笑いの絶えない関係に	・まだ時が満ちていない	・突然、告白される	・言いたい事が言えない
	・趣味が合えば親密に	・告白すれば交際に	・食事の趣味が合うと吉	・我慢の多い交際に
	・第一印象とかなり違う	・恐る恐る付き合う	・アピールすれば進展する	・性の価値観が合わない
	・真面目に考えられない	・交際しても変わらない	・スピード婚になる	・プラトニックが吉
	・価値観の違いで別れる	・けんかが収まる	・体の相性に不満あり	・結婚前提で話が進む
	・仮面夫婦のようになる	・少しずつ好きになる	・不満を打ち明けられる	・きれい事で終わる
仕事	・フリーランスもあり	・転職は先方の都合次第	・転職を早まらないで	・転職は一歩前進する
	・変わった仕事を受ける	・退職と独立は凶	・新天地で戸惑う	・初挑戦は危険かも
	・目立ってナンボ	・「井の中の蛙」状態	・本来の居場所がよい	・順当に成果が出る
	・頭を柔軟に	・手広くやるのは凶	・成績が上がっていく	・複数の計画を立てよう
	・愛嬌で許してもらう	・自分の課題を最優先に	・ターゲットにされる	・停滞しても持ち直す
	・非常識や無礼講もあり	・理不尽な人は避けよう	・優しい言葉が必要	・初志貫徹が吉
	・ふざけ過ぎはNG	・優しい人を頼るべし	・話せば分かってくれる	・表面は冷静さを保って
	・明るい雰囲気づくりを	・同情と応援は吉	・宣伝効果が期待できる	・不正やごまかしはダメ
	・突飛なアイデアが吉	・自分の満足を優先	・サービス精神が大事	・争いから離れるべし
	・笑いがピンチを救う	・癒やしの要素も重要	・フライングに注意	・きれい事が通じる
お金	・貯金は温存を	・「足るを知る」が吉	・報酬やボーナスに期待	・すぐにお金になる
	・もしもの場合に備えて	・金額よりやりがい重視	・倹約よりも投資を	・着実な方法で稼いで
	・笑いが金運をもたらす	・もうけたら社会に還元を	・サービスしてもらえる	・あれこれと物入り
	・詐欺はユーモアで撃退	・遠慮せずに受け取って	・資産運用にツキあり	・お金の流れをきれいに
	・斬新な企画で利益倍増	・みんなが喜ぶビジネスを	・データより助言を重視	・まずは借金を減らそう
行動のヒント	・RPGやコスプレは吉	・祝杯を上げよう	・水分不足と乾燥に注意	・瞑想がおすすめ
	・三枚目を演じてみよう	・お酒は適量を守って	・深い呼吸をしよう	・直感を大切に
	・好みのスタイルが吉	・芸術に触れるとよい	・海・釣り・水族館が吉	・妊活によいタイミング
	・人目を引くほうがよい	・動物や弱者に優しく	・魚介料理がおすすめ	・掃除洗濯で汚れを解消
	・思い付きを大切に	・幸せ探しをしてみよう	・創作活動をしてみよう	・スパや温泉がおすすめ

茶色いブーツ	穏やかな海	黄色い地面	灰色の背景
出会い	出会い	出会い	出会い
・合わせてくれる人との	・感情的な人との	・頑固な人との	・恋愛に無関心な人との
・臨機応変な相手との	・母性的な人との	・安定収入のある人との	・反応が薄い相手との
・肩書が複数の人との	・マザコンの人との	・かっぷくが良い人との	・偏見のない人との
・堅い職業の人との	・甘えん坊な人との	・成金趣味の人との	・目立たない人との
・公私ともに関係のある	・作家や芸術家との	・きちんとした紹介での	・静かな場所での
・立食パーティーでの	・お酒の席での	・公園や路上での	・無機質な空間での
・遠くに出かけたときの	・雰囲気にのまれ気味な	・スナックやクラブでの	・事務的な紹介による
相手の気持ち	相手の気持ち	相手の気持ち	相手の気持ち
・旅行や遠出がしたい	・気持ちが揺れている	・コスパを気にしている	・恋愛は後回しにしたい
・生活を立て直してから	・定期的に誘うつもり	・ぜいたくなデートも可	・平凡でもかまわない
・会って話したい	・思い切り甘えたい	・デジタルは苦手	・デートは疲れる
・予定は合わせるつもり	・優しさに飢えている	・思い込みがある	・連絡の必要を感じない
・時間の確保が難しい	・飛び込んできてほしい	・じっくり見極めたい	・あまり心が動かない
・公私のバランスが大事	・感情があふれそう	・気持ちが安定している	・可も不可もない
・どう進めるか迷う	・思いが言動に出ている	・贈り物を買うつもり	・熱くはなれないかも
今後の二人	今後の二人	今後の二人	今後の二人
・遅々として進展しない	・良かったり悪かったり	・現実を知り夢が壊れる	・核心に到達しない
・時間はかかるが交際へ	・情や雰囲気に流される	・今の関係が続く	・明確な返事がない
・都合よく利用されそう	・粘れば交際まで進む	・プレゼントが功を奏する	・あいまいな関係になる
・二股になってしまう	・面倒を見る関係に	・理由をきちんと伝えて	・友達以上になる
・友達と恋人の中間に	・周りが味方に付く	・約束を守れば成就する	・流されるがまま
・一歩ずつ結婚へ向かう	・結婚は介護に課題あり	・結婚前提だと進展する	・破局後にも関係が続く
・別れのピンチを脱する	・交際というより依存	・お金の問題が発生する	・婚約や結婚の延期

・転職は足踏み状態	・海外関連に挑戦を	・技能を伸ばす転職は吉	・転職か現職か迷う
・攻めより守りが重要	・異動や出向は吉	・上を狙い過ぎるのは凶	・気力が湧いてこない
・方向性が決まらない	・活動規模の拡大を	・広い視点を持とう	・大きな問題はない
・両方に対応する準備を	・これから一波乱ある	・後方支援に徹すると吉	・どっちつかずの結果
・確実な結果を出すべし	・組織の安定感に問題が	・土台づくりが肝心	・如才ない対応ができる
・見た目より機能重視で	・仲間内で協力体制を	・インフラの点検を	・出る杭は打たれる
・基本や土台を大事に	・広い視野を大事に	・地道な作業が大切	・チームが連携しない
・無抵抗と不服従が吉	・貿易関連に好機あり	・感情論に走ってはダメ	・白黒がつけられない
・現場も事務もこなせる	・女性のアイデアに注目	・日常業務は順調	・穏やかに進めると吉
・報酬は事前に確認を	・時代の流れに乗るべし	・軌道に乗せる努力を	・日常業務は順調

・手堅い収入を大事に	・将来を見据えた運用を	・安定収入を確保できる	・お金の動きは少ない
・営業の仕事で稼げる	・資産が徐々に増える	・貴金属が金運を呼ぶ	・違法行為を避けて
・初期資金が必要になる	・流行に乗ると稼げる	・現金決済がおすすめ	・清いけれどもうからない
・頭金の支払いは多めに	・熱意が支援を引き寄せる	・副業より本業を大事に	・稼げるか否かを見極めて
・予算を柔軟に使って	・家族からの援助あり	・貯蓄ができる	・相場が読みにくい

・アウトドアがおすすめ	・船旅や船便がおすすめ	・見た目より品質重視で	・気晴らしをしよう
・雨具や水着の用意を	・水害に気を付けて	・実家の世話になるかも	・疑わしきは罰せず
・予備があると便利	・家族孝行をしよう	・健康管理が運を上げる	・同情はしないこと
・地味で健康的な食事を	・賭け事と甘い物は凶	・腸内環境を整えよう	・漂白・洗濯・掃除は吉
・機能性を重視して	・飲み会で盛り上がる	・港や海岸に行くと吉	・曇ってきたら即帰宅を

杯《カップ》のナイト

理想郷を目指して前進する騎士。
その高潔さと気品を失うことなく、
俗世を渡っていけるだろうか。

逆位置

基本の物語

杯を掲げて前進する騎士が、川を越えようとしています。杯を満たしているのは「理想」で、流れる川は俗っぽい「感情」です。夢想と現実との折り合いをつける旅が始まりました。この騎士は、気高い精神のまま現実世界に順応していけるのでしょうか。

前の「杯のペイジ」では魚が顔をのぞかせ、次の「杯のクイーン」は豪華な杯を持ち、どちらの杯も物質としての存在感があります。一方、騎士の杯には憧れとロマンしか入っておらず、現実的な物事からは離れています。

この騎士は、川も山も越えて理想郷にたどり着けると確信していますが、きれい事だけでは物事が進まないことを知る必要がありそうです。

逆位置を読むポイント

逆位置でも、前を見据える騎士の真剣さが伝わってきます。しかし馬を見ると、正位置では一歩を踏み出そうとしていたのに、逆位置では片足を上げたまま動きを止めたかのようです。川が行く手を阻もうとしていることを、騎士の理性は気付いていませんが、馬の本能は感じ取っているのです。

また、川を越えて山へ達するという正位置の構図が、逆位置では、川を渡らずに下流域へ行くことを選択しているように見えます。高望みをやめ、慎重に道を選ぶイメージです。

Knight of Cups

杯のナイトに描かれたシンボル

・かぶとと靴・

かぶとや鉄の靴は、守りを固めて動かないことを示し、それに付いている翼は、重い腰を上げさせる力を表しています。勇気づけられること、届けたい思いや伝言、理想や憧れ、空想や想像、思想や情報なども意味します。

・よろいとコート・

魚の柄のコートは、利益をもたらすという意志表示。その下のよろいは安全の確保や保身を表します。戦いではなく、贈答品を届けに行くような感じです。平和的解決、政治的な駆け引き、ご機嫌を取るなどを意味します。

・灰色の馬・

無垢な白でも、闇の黒でもなく、灰色の馬です。理想に燃える騎士ではあっても、やはり俗世の存在であること、完璧に見えるものにも傷があること、きれい事の中にも汚れた部分があることなどを暗示しているのです。

・砂地を流れる川・

川は、こちらと向こう、理想と現実の境界であり、行く手を阻む試練、行くか戻るかを決めさせる要因です。不毛な砂地にとどまるか、木々の茂る肥沃な土地を目指して向こう岸へ渡るかを決断しなければなりません。

・雲のない青空・

雲一つない青空は、さえぎるものがないことや、邪魔や非難を気にしない様子を表しています。また、澄みきった心や晴れやかな気分、高潔な人柄や寛大な態度、曇りのない大志やクリアな思想の象徴でもあります。

・前方に掲げた杯・

杯を前方に掲げるのは、杯の中身が大切であること、それが誰かの心を潤すという確信、そのことを周知したいという気持ちを表します。この杯は、希望、喜びの声、幸せな伝言、愛の言葉などで満たされているのです。

・馬の手綱と頭絡・

馬の顔には、馬を制御するための頭絡《とうらく》が付いています。本能や欲望を抑え、秩序を乱さないようにする理性のたがです。水紋が入った手綱は、流れに身を任せながらも、気持ちの向くところへ進むことを意味しています。

・まばらな木と岩山・

川を越えたら山に阻まれ、現実の厳しさを実感しそうです。岩山は険しい道のりの象徴。高く掲げた目標自体が壁になっているのかもしれません。ところどころに生えている木は、助けてくれる人がいることを示します。

 金貨のキング（逆）p.344

杯のナイトを読むためのキーワード

	かぶとと靴	よろいとコート	前方に掲げた杯	灰色の馬
恋愛	出会い ・保守的な人との ・警戒心の強い人との ・結婚を焦る人との ・恋に幻想を抱く人との ・ウェブやアプリでの ・仲介者の主導による ・話がきても実現しない 相手の気持ち ・会わなくてもいい ・連絡は最低限にしたい ・消極的になっている ・軽々しい行動はしない ・自分の安息を守りたい ・伝えたいことがある ・幻想を抱いている 今後の二人 ・進みそうで進まない ・慎重に対話を続ける ・脈がないので他を探す ・告白まで時間がかかる ・連絡したくてもできない ・別れてもらえない ・結婚前提なら成就する	出会い ・金持ちぶる人との ・気前がいい人との ・身内にはケチな人との ・実は頑固な人との ・海やリゾート地での ・水槽や池がある店での ・結婚相談所での 相手の気持ち ・無理をしている ・裕福さを自慢したい ・トラブルは避けたい ・自分をさらしたくない ・表面上は合わせておく ・自分を変える気はない ・素の状態を知りたい 今後の二人 ・交際には至らない ・告白されないが付き合う ・本命にはなれない ・信頼関係を築けない ・表面上は仲良くする ・交際して本性を知る ・お見合いから結婚へ	出会い ・共感できる相手との ・押しが強い人との ・博愛主義者との ・恋愛を優先する人との ・結婚式や披露宴での ・表彰式や祝いの場での ・飲み会や食事会での 相手の気持ち ・幸せな気分 ・勘違いによる好意かも ・高い理想を貫きたい ・現実が見えていない ・おせっかいだと感じる ・押しの強さに困惑中 ・優しくされたい 今後の二人 ・愛情が満ちていく ・告白が成功する ・助け合う関係ならOK ・恋に溺れてしまう ・感情的になると破局 ・気持ちを固めると吉 ・結婚や妊娠の好機	出会い ・本音が見えない人との ・やや暗い人との ・優柔不断な人との ・苦楽を知る大人との ・動物やペットが縁の ・友達に連れられての ・第一印象が良過ぎる 相手の気持ち ・どっちつかずの心境 ・一歩が踏み出せない ・自信が持てない ・白黒つけられない ・暗い部分を隠している ・どこかへ連れていきたい ・イメージとの違いに困惑 今後の二人 ・いまひとつ踏み込めない ・連絡が滞りがちに ・保留のまま待たされる ・目をつぶって交際へ ・あいまいな関係になる ・一歩だけ前進する ・妥協しつつ交際続行
仕事	・転職はタイミング待ち ・やりたい仕事に就けない ・重い仕事を片付ける ・焦っても進まない ・押し続ければ動き出す ・保守派を説得できる ・身を守るための対話を ・よく考えて慎重に ・走らず・止まらずが吉 ・報告・連絡・相談を	・転職時は条件の交渉を ・保守派に阻まれる ・派手な活躍に裏がある ・グローバルな視点が吉 ・政治的な配慮が必要 ・機嫌を取ると重用される ・もめ事を仲裁すべし ・大義名分を上手に使う ・奪い合いより共存を ・ゴマすりもときには必要	・転職先が見つからない ・独立しても苦労する ・長所を知ってもらえる ・平和に過ごせる ・優しい言葉を掛けよう ・自己犠牲と搾取はNG ・勤勉さと高潔さが必要 ・きれい事を語らないで ・理想が絶対ではない ・喜びを分かち合うこと	・転職は仲介者次第 ・信頼できる人と起業を ・パートナー選びが重要 ・見切り発車も必要 ・早さより着実な一歩を ・潜在能力が眠ったまま ・あいまいな返答も吉 ・いちいち失望しないで ・多少のミスは許そう ・あら探しをしないこと
お金	・安定した取引先が吉 ・目標がぶれるのはNG ・貯蓄を維持しよう ・おだてられて浪費する ・情報は当てにならない	・賄賂や談合の横行 ・大盤振る舞いは吉 ・金額より満足度を重視 ・海上保険と輸出入は吉 ・予算以上は出さないで	・おこぼれにあずかる ・もうけをシェアしよう ・利益度外視が吉 ・安さより満足度を重視 ・お金ではない価値もある	・得た物で満足すべし ・勢いで買い物をしない ・親友以外に頼らないで ・完璧を目指さないこと ・グレーな商売に注意
行動のヒント	・有言実行を ・人のために動こう ・できれば運動を ・行動しなければ守れない ・自宅で読書や創作が吉	・水族館か海へ行くと吉 ・新鮮な魚を食べよう ・海外ものがおすすめ ・誘いを断るなら優しく ・作品を見てもらおう	・好みの品を推薦しよう ・食事会に参加しよう ・神話や伝説を学ぼう ・恋愛映画や小説が吉 ・日常に幸せを見つける	・競馬場や乗馬クラブへ ・感謝の気持ちを伝えて ・こまめな掃除が吉 ・返事はあいまいでも可 ・ウォーキングがおすすめ

馬の手綱と頭絡	雲のない青空	まばらな木と岩山	砂地を流れる川
出会い	**出会い**	**出会い**	**出会い**
・従順な人との	・自由奔放な人との	・完璧主義の人との	・住む世界が違う人との
・表情が硬い人との	・束縛してこない人との	・意識の高い人との	・優しいだけの人との
・支配したがる人との	・隠し事のない人との	・情のない人との	・現時点で貧乏な人との
・束縛したがる相手との	・大志を抱く人との	・ストイックな人との	・遠距離の人との
・規則が多い紹介所での	・野外活動での	・共通の知り合いがいる	・人生を変えるような
・堅苦しい場所での	・ライバルのいない	・アウトドアでの	・引き返すことのできない
・流れで紹介されての	・出会いが少ない	・緊張する場面での	・一歩前進を迷うような
相手の気持ち	**相手の気持ち**	**相手の気持ち**	**相手の気持ち**
・コントロールしたい	・友達でもいい	・希望を失ってはいない	・決断できない
・約束を守ってほしい	・良さそうな人だと思う	・越えるべき障害がある	・先に進む勇気がない
・目移りは許さない	・先のことは考えていない	・愛情が高まらない	・まだ知らないことが多い
・自分は遊び歩きたい	・正直に話している	・体力的に厳しい	・引き返せなくなる不安
・我慢している状態	・自由に過ごしたい	・外見に劣等感がある	・今までの恋と違う感覚
・束縛されるのは嫌だ	・恋愛は二の次	・努力が報われていない	・自分を変えたくない
・仕方なく返信している	・連絡は少ない方がいい	・ハードルが高いと感じる	・うまくいかない予感も
今後の二人	**今後の二人**	**今後の二人**	**今後の二人**
・夢から冷めて現実を見る	・距離が離れたまま	・交際には至らない	・恋人未満で止まる
・約束は守られる	・特に変化は起こらない	・身内に反対される	・なんとなく付き合う
・思うように進まない	・連絡しても返事がない	・音信不通の状態に	・ズルズルと続く
・中途半端な関係は終了	・プラトニックな関係に	・仲介者なしだと難しい	・先に進めない
・真面目な話し合いが吉	・何も考えずに付き合う	・駆け落ち同然で交際	・結婚を決心できない
・束縛が厳しくなる	・恋愛感情はなくなる	・けんかが尾を引く	・交際して魅力が分かる
・結婚の覚悟が決まる	・先が見えない	・諦めなければ成就する	・別の人に惹かれる

・転職に向けて動けない	・転職先が見つからない	・面接や審査に落ちる	・転職は業種を変えて
・自分の守備範囲内で	・独立すると仕事が減る	・起業すると壁に阻まれる	・独立のタイミング
・人の心は操れない	・邪魔されず作業できる	・向上心が必要	・未知の世界を体験しよう
・自由も制約も大切	・外回りは吉	・実力に合った目標設定を	・今の状況は自分のせい
・自分だけでは制御不能	・遠い未来を思い描こう	・独りでは達成できない	・不満を言うより挑戦を
・叱るだけでなく褒めて	・小さくまとまらないで	・しばし苦難の道が続く	・勇敢な行動が好結果に
・ルールに従って判断を	・机上の空論になる	・やりがいを重視して	・意識の変化が状況を一新
・気分が周りに伝染する	・嫌な人に会わずに済む	・周囲の機嫌を損ねる	・異動願いで関係改善を
・求められることをやる	・人のことは気にしない	・孤立無援から救われる	・最短コースを選ぼう
・抵抗しても無駄かも	・やることがなくなる	・挑戦すれば意欲が湧く	・岐路に立たされる

・受け身でいるしかない	・お金にはならないかも	・懸賞と賭け事は外れる	・貧乏脱出のチャンス
・欲をかかないこと	・スケールを大きく	・株や資産価値の下落	・人に会うと金運アップ
・制御できる範囲で稼ぐ	・宝くじを買ってみよう	・ブレイクすれば稼げる	・嫉妬は運を下げる
・多くを求めると損失が	・独り占めできそう	・楽をすると稼げない	・優しい行動にお返しが
・規約や法律を守ろう	・清算するにはいい時期	・不景気の影響を受ける	・時流に流されないで

・約束に縛られそう	・空想の世界に没頭して	・登山やキャンプは吉	・ピンチをチャンスに
・誘惑に耐えるべし	・空を眺めてみよう	・ハードな運動は吉	・初めての場所が吉
・ノルマをクリアしよう	・時間が確保できる	・交通機関のトラブルあり	・川沿いの散策を
・周りへの配慮が鍵	・空焚きに注意	・一人でもできる計画を	・他人目線で自分を見る
・冒険より安全第一で	・荷物の確認をきちんと	・思い通りにはいかない	・未知の領域に挑戦を

杯《カップ》のクイーン

クイーンが見つめるのは夢と理想。
それを現実のものとするために
精一杯の祈りを捧げ、献身する。

逆位置

基本の物語

この絵柄は、15世紀のソラ・ブスカ・タロットの中の一枚「ポリセナ」がモデルとされます。杯を握る女性がギリシア神話のポリュクセネーなのか、キリスト教改宗者のポリュクセナなのかは不明ですが、いずれにしても自己犠牲や敬虔さを象徴しているようです。

前の「杯のナイト」が見ていたのは未来(右)でしたが、このクイーンは過去(左)を向いて聖杯を見つめています。杯に満たされた理想を実現できるかどうか、経験を踏まえて問い直しているのです。しかし、次の「杯のキング」のように状況をコントロールできるわけではありません。自分にできることは何かを考え、物事がうまくいくよう祈っている状態です。

逆位置を読むポイント

正位置のクイーンは重々しい雰囲気で玉座に落ち着いていますが、逆位置では存在感が薄れ、台座や小石に埋もれてしまいます。杯のクイーンの特徴は献身的な行為なのですが、逆位置では、それが自発的なものではなく、周囲に巻き込まれたか、命令されて行っている可能性が高くなります。

一方で、聖杯は存在感を残しています。つまり、クイーンの描く理想は変わっていないのです。閉じたふたからは、理想や大切な秘密が守られていることがより強く伝わってきます。

Queen of Cups

杯のクイーンに描かれたシンボル

・雲のない青空・

邪魔するものや気がかりがないことを意味します。未来を表す右側より、過去を表す左の方が広いので、過去の問題やしがらみから解放されることを象徴している可能性も。澄んだ青空は、スッキリした気持ちを示します。

・凝った装飾の杯・

凝った装飾の杯は、伝説の聖杯を想起させます。純潔を守る者の目にのみ見え、不毛な土地を肥沃にするという奇跡と救済の象徴です。純粋さと謙虚さ、情感の豊かさ、不可能が可能になること、報われることなどを意味します。

・背景の丘・

海に面した絶壁は孤立の象徴ですが、高波からは身を守れます。つまり、感情をぶつけてくる人や、状況に巻き込もうとする人を回避できるでしょう。高所から見ることで、状況を総合的に判断できるという暗示でもあります。

・渦巻く水・

渦を巻いて寄せる波は、揺れ動く感情や複雑に変化する状況の象徴です。波が高くないので、大きなトラブルには巻き込まれませんが、足元まで迫っているので、面倒事に片足を突っ込んでしまう可能性がありそうです。

・人魚の意匠の玉座・

魚や貝を手にした幼い人魚が玉座を飾ります。天使たちに祝福された、美の女神ビーナスの誕生を思わせる意匠です。これは、優雅で上品な古き良き伝統が求められること、家族の祝福と支援が得られることなどを表します。

・王冠・

大きな王冠は、大事にされていることや重視されていることを表します。台形のような形状からは、可能性の広がりや重要性の増大が読み取れます。上の方が重そうなのは、頭でっかちになることや考え過ぎている暗示です。

・水色のマントと衣・

水紋を思わせるマントと衣装は、状況に合わせて形を変える水のような気質を表しています。裏地と貝の留め具が赤いのは、熱い思いを表に出さないことや、自分を見失わないよう気を付けていることを示しています。

・砂地の小石や魚・

カラフルな小石は大勢の関係者がいることを、浜に上がった魚は収穫や利益を表します。水のように変わりやすくあいまいな状態ではなく、明確な目的を遂行するために、さまざまな要素が集まっていることを意味します。

 金貨のクイーン(逆)p.340

杯のクイーンを読むためのキーワード

	人魚の意匠の玉座	王冠	水色のマントと衣	凝った装飾の杯
恋愛	出会い	出会い	出会い	出会い
	・裕福で上品な人との	・成功している人との	・感情的な相手との	・宗教心のある人との
	・結婚願望の強い人との	・頭でっかちな人との	・流されやすい人との	・繊細な人との
	・無邪気な人との	・プライドが高い人との	・優しそうで怖い人との	・迷信を信じる人との
	・世間知らずな人との	・人脈の広い人との	・抑制のきいた人との	・潔癖または純粋な人との
	・華やかなお見合いでの	・変わった建物での	・川や海での	・冠婚葬祭が縁での
	・伝統的なレストランでの	・有名な店やホテルでの	・お酒を出す店での	・表彰式や祝いの場での
	・海や船が縁での	・大きなパーティーでの	・交友関係からの	・特別なイベントでの
	相手の気持ち	相手の気持ち	相手の気持ち	相手の気持ち
	・安心している	・愛されていると実感	・あなたに合わせたい	・尊敬している
	・外堀を埋められた	・敬意を払ってほしい	・優しくしたい	・大事にしてほしい
	・誰かに背中を押された	・考え過ぎている	・気持ちでつながりたい	・愛情を感じている
	・身内が見守っている	・誠実に対応したい	・惰性で付き合っている	・交際の続行は困難
	・愛情が湧いてきた	・無理して頑張っている	・甘えている	・理想には届かない
	・そろそろ落ち着きたい	・不満を閉じ込めている	・あいまいな関係でもいい	・夜の生活に問題あり
	・結婚や子供を意識	・見栄や体裁も大事だ	・強い希望がなく受け身	・潔癖になっている
	今後の二人	今後の二人	今後の二人	今後の二人
	・もう逃げられなくなる	・恋愛感情が最高潮に	・流れに身を任せる	・奇跡的に成就する
	・約束を守って付き合う	・真剣に付き合ってみる	・自然消滅するかも	・我欲が出ると破綻
	・別れることはできない	・相性の良さが分かる	・依存し合う関係に	・プラトニックな恋愛に
	・子供のことを考える	・短所が気になり破局	・言いなりになる	・妥協すれば進展する
	・互いの身内に紹介する	・離れられない仲に	・気持ちはつながる	・付き合うなら真剣に
	・家族から認められる	・周りを巻き込む交際に	・だらしない恋愛に	・段階を踏んで進展する
	・婚約や結婚へ	・結婚への足場固めをする	・愛と欲に溺れる	・性的な問題が発生
仕事	・転職で買いかぶられる	・転職先の候補がまだある	・転職の予定が流れる	・転職先が見つかる
	・独立の話は頓挫する	・組織から出られない	・角を立てない方がよい	・形式も大事にしよう
	・責任の重い仕事がくる	・出世の可能性あり	・チームワークが重要	・自分の夢は脇に置いて
	・正社員は安定する	・社外秘の情報に注意	・リクエストに応えよう	・献身的に働くべし
	・新しいアイデアが出ない	・机上の空論はダメ	・利益の追求を目的に	・自分の手柄にしないで
	・無邪気な遊び心が必要	・しっかりと結果が出る	・無駄な経費や出資は凶	・勤勉さと高潔さが必要
	・美意識が時代遅れかも	・上司に敬意を払おう	・理性より感情優先で	・理想を大切にしよう
	・中高年をターゲットに	・ハッタリを見抜くべし	・怒りは外に出さないで	・喜びを分かち合おう
	・女性を尊重すると吉	・大げさになりがち	・表面上は優しく対応を	・納得のいく仕事ができる
	・上司に支えてもらおう	・完璧を目指そう	・貢献することを考えて	・会社に利益をもたらす
お金	・大きな金額を動かせる	・お金がたまる	・まず浪費を防ぐべし	・利益を奪い合わないで
	・ケチらない方がよい	・見た目だけで買わないで	・予算内での豪遊はOK	・奉仕すると金運アップ
	・家族の援助あり	・堅実な稼ぎ方が吉	・奉仕活動や募金が吉	・飲み会ではケチらずに
	・年下におごろう	・成功者と交流しよう	・大盤振る舞いしないで	・お金ではない価値を
	・裕福になるチャンス	・支援が受けられそう	・甘やかしての出費は凶	・無欲な人が得をする
行動のヒント	・上品な華やかさが吉	・美しい建物を訪れて	・受け身の姿勢はダメ	・願いがついにかなう
	・バックアップに回ろう	・四人で出かけると吉	・自分のメリットを優先	・最高傑作をつくろう
	・古い文化に触れよう	・基本的には割り勘で	・飲食は友達と	・宗教行事を軽視しない
	・ゆっくりできる店へ	・屋内で楽しもう	・愚痴を聞いてあげよう	・高級食器等がおすすめ
	・海や船に関する物事は吉	・見た目も中身も大事	・優しい口調で正直に	・謙虚でいると報われる

砂地の小石や魚	雲のない青空	背景の丘	渦巻く水
出会い	出会い	出会い	出会い
・多趣味な人との	・自由奔放な人との	・孤独を好む人との	・移り気な人との
・仕事で忙しい人との	・束縛しない相手との	・大柄な人との	・波乱の人生の人との
・友達が多い人との	・隠し事のない人との	・奥手な人との	・情に流される人との
・合コンや飲み会での	・印象に残らない人との	・遠距離の相手との	・共感力の高い人との
・紹介所を通じての	・屋外のイベントでの	・独りで食事中の	・飲食店での
・レジャーや旅先での	・ライバルが少ない	・本気の趣味がきっかけの	・何かに巻き込まれての
・最初は友達としての	・出会いがない	・海に近い場所での	・同情から生まれる
相手の気持ち	相手の気持ち	相手の気持ち	相手の気持ち
・忙しくて暇がない	・恋愛感情は薄い	・遠くから観察している	・付き合いを迷っている
・やりたいことがある	・特に問題はない	・対面では緊張する	・情緒がやや不安定
・近くにいる人と遊ぶ	・ストレスがないのは歓迎	・一人になりたい	・離れると不安になる
・恋愛より友達が大事	・先のことは考えていない	・雑音から逃れたい	・好きと嫌いが同居
・連絡はこまめがいい	・隠し事はない	・会う機会がない	・執着がある
・気持ちより行動で示して	・自由に過ごしたい	・自分のことに集中したい	・慰めてあげたい
・友人に紹介したい	・連絡が多いのは困る	・理想と現実の違いに悩む	・あなたに依存している
今後の二人	今後の二人	今後の二人	今後の二人
・交友関係を優先する	・問題も進展もない	・障害を越えられない	・公私混同してしまう
・秘密の恋には問題発生	・ストレスなく交際継続	・難問が立ちはだかる	・離れられない関係に
・外堀を埋めると好転	・しがらみがなくなる	・予期せぬ告白がある	・同棲もしくは結婚へ
・やりとりが多いと疲れる	・晴れて付き合える	・急に終わる	・順調と困難の落差あり
・周りに助けられる	・連絡がなくなる	・突然結婚の話になる	・ストーカー行為に注意
・別れにくい関係になる	・スッキリと別れる	・返信が途絶える	・将来に不安を感じる
・遠距離だと会えない	・なかったことになる	・どちらかが引きこもる	・別れと復縁を繰り返す

・転職先候補が複数に	・転職先が見つからない	・理想の転職は困難	・転職の話は流れる
・独立は競合に勝てない	・独立の手段がない	・独立すると孤立する	・独立の覚悟が足りない
・多言語対応だと有利	・人脈が不足している	・海外の案件は好機	・惰性で仕事が続く
・企画が持ち上がる	・他人に邪魔されない	・出張もしくは出向に	・成功体験が得にくい
・ライバルと差がつかない	・外回りはスムーズ	・在宅仕事もおすすめ	・同じ失敗を繰り返す
・多数の案件を抱える	・ビジョンを具体的に	・人と距離をとるべし	・満足だが結果が出ない
・コツコツと積み重ねよう	・机上の空論になりがち	・物事を俯瞰しよう	・何度もチャレンジを
・バリエーション豊かに	・トラブルから離れよう	・プロジェクトが難航	・感情的になると失敗
・少しずつ手応えを得る	・周りの人を気にしない	・現場より管理や経営側に	・共感が味方をつくる
・地味だが結果は出る	・頭の中を整理できる	・高みの見物をしよう	・頼ってくる人から離れて

・少しずつ貯金ができる	・なかなか稼げない	・審査が通らない	・貸した物が返ってこない
・決済の仕方を工夫して	・貯金がたまらない	・援助が得られない	・同情で支援をもらえる
・オークションは低調	・支援が得られない	・交際費が少なくて済む	・タダで仕事をしないで
・小刻みに利益が出る	・借金を完済できる	・貯金を取り崩さないで	・家族内で金銭問題発生
・収集癖は浪費の元	・清算に適した時期	・安物は買わないように	・ストレスからの浪費注意

・多様性を楽しんで	・外の空気を吸うとよい	・一人だけの空間が必要	・スパや足湯がおすすめ
・知らない人と会おう	・空を眺めよう	・参加より遠くから応援を	・海では泳ぐより釣りを
・お土産を買おう	・時間が確保できる	・災害への備えを整えて	・お酒等への依存を警戒
・魚を食べるとよい	・しがらみをなくそう	・海よりも丘が吉	・感情より理性重視で
・石の素材がおすすめ	・予定を詰め過ぎないで	・当事者にならず客観的に	・厚かましい人はNG

愚者(正)p.20

杯《カップ》のキング

杯と笏《しゃく》を手に、波間に座す王。
　さまざまな思いを全て受け止め、人々を導こうとしている。

逆位置

King of Cups

基本の物語

　荒波が迫る玉座に腰を下ろす王。その右手には大きな杯が、左手には小ぶりな笏があります。能動性を意味する右手の杯は、水のように変化する人々の思いを積極的に受け入れることを、受動性を意味する左手の笏は、人々の思いに合わせた指示ができることを示しています。一つ前のクイーンが、自分にできることを考えているのに対して、このキングは、相手ができることを教えようとしています。
　左端の魚は、聖杯伝説では豊かさと敬虔さの象徴。この王は、ビジネスのアドバイザー、芸術家のパトロン、宗教的指導者などを想起させます。

逆位置を読むポイント

　逆位置では、王の安定感が失われ、少し浮足立っているように見えます。聖杯と笏も、どこか自信なさげに掲げられ、優柔不断さが感じられます。荒れた海が背景を支配し、感情が揺れ動いているか、人々の思いが入り乱れていることが分かります。後ろで飛び跳ねる魚は財政状況を、赤い帆船は背後からの重圧を意味します。国の懐具合や側近などの陳情にプレッシャーを感じているのかもしれません。
　正位置では、全てを受け止めて判断を下すことが示されていましたが、逆位置では、感情などに振り回される可能性が示されています。

杯のキングに描かれたシンボル

・灰色の空・

黒と白の中間である灰色は、あいまいさや個性の乏しさを意味します。雨雲も太陽もないぼんやりとした空は、事件が起こるわけでも、嬉しいことがあるわけでもなく、淡々と過ぎていく時間や平凡な日常を表します。

・赤い飾りの王冠・

儀式用の帽子の上から着けた王冠は、上に立つ存在であることを意味します。波のような模様は、上から目線にならないよう配慮していることを、赤い飾りは強い意志を表します。誠実で寛容な上司のイメージです。

・首飾りとマント・

胸(ハート)を飾る金色の魚は、精神的にも物質的にも豊かであることを示します。マントの赤い縁取りは殉教の血を意味し、人々のために尽くすことや苦難の象徴です。マントの黄色は光の輝きであり、希望を表します。

・右手の杯・

杯が大きいので、多くの水を入れられます。いろいろな感情を受け入れ、一つにまとめるという器の大きさを表します。積極性を意味する右手に杯があるので、自ら人々に働きかけて、癒やしと救いを与えているはずです。

・左手の笏・

黄金の笏は王権の象徴で、統率力を意味します。受動性を意味する左手にあり、玉座の腕木と同様に、何かを支える柱の形状です。支配より支援が得意な王なのでしょう。背中を押してくれるタイプのリーダーです。

・飛び跳ねる魚・

自由に動き回る気力と体力がある証拠です。荒れた海のように不安定な心や状況をどうにかしようと奮闘中です。魚は豊かさの象徴ですから、今は稼ぐ好機。ただし、波が高いので、それなりのリスクがあるでしょう。

・赤い帆船・

三本のマストがある大型帆船は、商売や貿易の象徴。赤は攻撃性の表れなので、腕に覚えのある船員たちが乗っているのかも。であれば、強気の交渉、リスクを負うビジネス、恐れ知らずの大胆な挑戦などを意味します。

・波立つ海・

混乱、動揺、不安定な環境などを表します。感情に溺れないようにという警告でもあります。波の色がグラデーションになっているので、さまざまな思いがぶつかりあい、混ざり合うという、複雑な状態を示しています。

・青い衣装と靴・

服の青は、海の色でもあります。海の波は感情のぶつかりあいを、ゆったりとした青い衣装は、感情を受け止めながらも穏やかでいることを表します。うろこ模様の靴は、人々の感情の波を利用して物事を進めることを意味します。

・灰色の玉座と台座・

海の上でもどっしりと安定した台座は、感情に左右されないことを表します。扇状に広がる背もたれは安心できる環境を、神殿の柱のような腕木は不変の価値があること、もしくは年長者の支えがあることを意味します。

 剣の5(正)p.248

杯のキングを読むためのキーワード

	赤い飾りの王冠	首飾りとマント	青い衣装と靴	灰色の玉座と台座
恋愛 出会い	・自営業の人との ・共感してくれる人との ・寛容な人との ・医者やカウンセラーとの ・グループ内での ・友達から発展する ・結婚相談所での	・社会的立場のある人との ・裕福な人との ・希望に満ちた人との ・慈善事業をする人との ・ボランティア活動での ・教会や神社などでの ・フリマやバザーでの	・心の広い人との ・涙もろい人との ・気配り上手な人との ・接客が仕事の人との ・常連が集まる店での ・川や海での ・飲み会での	・頑固な人との ・忍耐強い人との ・安心感のある人との ・支えてくれる人との ・上司や親戚が仲介する ・お見合いでの ・歴史的·伝統的な場での
恋愛 相手の気持ち	・まだ迷っている ・愛情が深くなっている ・きちんと付き合いたい ・過去を引きずっている ・悩みがあるように見える ・癒やしてあげたい ・力になりたい	・予定は合わせられる ・いつでも声をかけて ・自分からは動かない ・不倫は良くない ・お金ならある ・消極的になっている ・良い展開を信じている	・優しく対応したい ・流れに身を任せている ・気持ちを受け止めたい ・よりどころにしている ・惰性で付き合っている ・あいまいな関係でもいい ・うまく対応している	・慎重に進めたい ・決断に時間が必要 ・頼ってほしい ・結婚を考えている ・家や家族を重んじる ・現状を変えたくない ・かたくなになっている
恋愛 今後の二人	・考え過ぎると停滞する ・リードすれば進展する ・口約束は自然消滅 ・情熱が続かない ・別れても復縁する ・交際後に試行錯誤する ・惰性で関係が続く	・我慢すれば好機あり ・希望が見えてくる ・忙しいと進展しない ・気持ちが満たされる ・相手に尽くせば成就 ・相手の言いなりになる ・浪費し過ぎて続かない	・そのままの状態を維持 ・流れに任せることに ・どうにか関係を維持する ・トラブルを回避できる ・お互いを受け入れる ・ダラダラと続く ・行動すれば進展あり	・連絡が滞りがち ・進展が止まる ・腐れ縁になる ・協力者が助けてくれる ・安心して付き合える ・家族に紹介する ・結婚へのサポートあり
仕事	・転職先候補が決まらない ・離職の希望は通らない ・空気を読む必要がある ・頼られたら全力で応える ・有益な助言ができる ・評価されるが複雑な思い ・関係者に配慮すると吉 ・情に訴えて成功する ・細かい気遣いに疲れる ・後輩に慕われる	・転職先が見つかる ・融資や援助を受ける ・プロジェクトの成功 ・収入や手当が増える ・良い仕事ができる ・広告宣伝費がかさむ ・長所をアピールして ・職場の雰囲気を明るく ・人のために頑張ろう ・利害関係が優先される	・転職の予定が変更に ・独立は様子見で ・柔らかい表情が吉 ・まずは周りに合わせて ・次の一歩を考えること ・ある程度は自分の裁量で ・無難な対応が求められる ・無駄な経費に注意 ・理性より感情を優先 ・流れをうまく利用して	・転職活動が停止する ・独立や離職は時期尚早 ・基礎を大事にしよう ・会社や組織に頼ろう ・忍耐力を問われる ・安心安全を第一に ・人の支えになるとよい ・派手さより確実性を ・伝統を守ると吉 ・保守的な人が優遇される
お金	・収入も支出も増える ・物よりサービス重視 ・貢ぐと甘やかすことに ・お金を循環させると吉 ・おごる機会が多い	・資金がたまる ・ある程度の予算が使える ・支援が受けられる ・出資すると赤字になる ・募金やボランティアを	・支出が止まらない ・出費は自分で制御して ・生活費はなんとかなる ・金でなく気持ちで示そう ・上手に甘えて援助を獲得	・収入が確実に入る ・多めに資金をためて ・相続の話が持ち上がる ・保守点検に金がかかる ・年長者の支援あり
行動のヒント	・自分のことを優先して ・大勢といると疲れる ・裕福な人との会食を ・距離を置くことも大事 ・答えの出ないこともある	・ごちそうするのは吉 ・たかる人からは逃げて ・宗教関係の行事は吉 ・寿司がおすすめ ・明るく外向的な応対を	・とにかく落ち着いて ・行きたい場所に行こう ・飲食は友達と ・願いを聞いてもらえる ・海や川に行くのもよい	・歴史を学ぶとよい ・老舗に行こう ・支援を求めるとよい ・地道な生活が大切 ・災害への備えを

その他のシンボル　灰色の空　真面目な人　可も不可もない　平凡な日常　落ち着きが必要　仲介役を務める

右手の杯	左手の笏	飛び跳ねる魚	赤い帆船
出会い	**出会い**	**出会い**	**出会い**
寛大な人との	人の扱いがうまい人との	海外に縁がある人との	海外や遠方の人との
申し出を断れない人との	信念のある人との	元気な人との	移動が多い人との
誰にでも優しい人との	おせっかいな人との	フリーランスとの	冒険好きな人との
情の深い人との	支えてくれる人との	転勤の多い人との	自営業の人との
お祝いの場での	古い町や地方都市での	飲食店での	留学や旅行での
飲み会や歓送迎会での	玉の輿もあり得る	海や川などでの	外国語教室などでの
慈善活動が縁での	老舗の結婚相談所での	市場やスーパーでの	海や港での
相手の気持ち	**相手の気持ち**	**相手の気持ち**	**相手の気持ち**
幸せな気分でいる	支えてあげたい	息苦しさを感じる	順調だと思っている
物足りなく思っている	頼ってほしい	束縛されたくない	旅行に連れていきたい
もっと話を聞きたい	今の関係を維持したい	一緒に食事に行きたい	言う通りにしてほしい
夢を応援したい	コントロールしたい	冒険を求めている	関係を迫るつもり
愛されたい	強がって我慢している	友達とも遊びたい	時間をかけるのは無理
世話を焼きたい	プライドを保ちたい	程よい距離を置きたい	危険な関係でもよい
飲みに行きたい	玉の輿か逆玉を狙う	羽を伸ばしたい	そろそろ我慢の限界
今後の二人	**今後の二人**	**今後の二人**	**今後の二人**
愛情が満ちていく	一方的な恋は実らない	元気が余っている	対等な話し合いを
過ちを許すことに	支え合える関係に	刹那的な恋は危険	意見を言うと動き出す
全てを受け入れる	支配すると壊れる	飛び込むと後悔する	怒りを買うかも
互いの気持ちを汲むと吉	女性から行動すると吉	交際後に無理をする	妥協できずに別れる
相手を癒やすと吉	後ろ盾があると進展	一人の時間が増える	情熱だけでは実らない
時がくれば成就する	家族に祝福される	腐れ縁から脱け出す	しばらく離れることに
待つしかない状態	覚悟があれば結婚へ	別の出会いがある	連絡がくる
転職は待つしかない	転職は仲介者次第	遠方での転職もあり	転職にベストな時期
やりがいを求めよう	独立には協力者が必要	フリーランスには追い風	独立のチャンスあり
平和な日々を過ごせる	古いやり方を踏襲して	得意分野で能力を発揮	出張や転勤があるかも
助言を与えるとよい	リードよりサポートを	本来の居場所に戻って	オフィス移転は吉
現状に満足するべき	上が辞めると昇格する	のびのびと仕事をしよう	グローバルな視点を
誠実さと高潔さが必要	ベテランの風格を	利益や結果が出る	交渉は強気で
賛同者が現れる	成績を維持できる	楽しんで気分を上げて	営業成績が上がる
喜びを分かち合おう	ルールを盾に対抗して	海外の案件は好調	熱意を持って説得して
相手の希望を優先して	動き過ぎると失敗する	自由に行動するべき	流行や情報に敏感に
度量の広さが問われる	出る杭は打たれる	計画より勢いが大事	ダメ元でチャレンジを
資金援助を待とう	収入がアップする	昇給の可能性あり	高リスク・高リターン
利益を受け取ろう	挑戦しても稼げない	福利厚生に恵まれる	ある程度の損失は出る
稼げないが満たされる	予算が集まる	外為取引は吉	賃上げ・値下げ交渉を
お金ではない価値を	オークションが成功	融資などの審査に通る	安全をお金で買おう
頼めば支援が得られる	出資者になるのは吉	特許や権利の侵害に注意	海外の通販は吉
飲み会や食事会は吉	いつも通りの行動は吉	勇み足や過労に注意	チャレンジ精神は吉
恋愛映画や小説を楽しむ	大きな予定を入れよう	瞑想やヨガがおすすめ	港に行こう
癒やしをテーマにしよう	仕切りは人に任せて	海・釣り・水族館は吉	気が進まなければ断る
人助けをしてみよう	先輩や年長者を頼ろう	魚介料理で運気アップ	争いは避けて
水分補給を忘れずに	誘われたら乗ってみて	リスクの見極めを	引越と旅行に良い時期

その他のシンボル　**波立つ海**　激情家　感情の乱れ　感情論が停滞を招く　一人静かに過ごそう

剣の6(正)p.252

COLUMN 4

ウェイト＝スミス・タロットについて

一体どれくらいの種類のタロットが世の中にあるのでしょうか？　歴史的なタロットの復刻版。マルセイユ版と呼ばれる古典的なタロット。オカルティストによるウェイト＝スミス・タロットやトート・タロットなど。さらに、それら著名なタロットのバリエーション。アーティストやイラストレーターによる新しいタロット。その他オリジナルのもの。一般的には流通していない自主制作のもの。数え切れないほどのデッキが販売されています。

その中で最も有名なタロットが、この本で使用している「ウェイト＝スミス・タロット」です。15ページでも述べたように、かつては「ライダー版」「ウェイト版」と呼ばれることが多かったのですが、近年では、絵を描いたパメラ・コールマン・スミスの功績が重んじられるようになり、「ウェイト＝スミス・タロット」と呼ばれることが増えてきました。また、ライダー、ウェイト、スミスの頭文字を取って「RWSタロット」と称されることもあります。なお、この本に掲載されているカードの画像は、現在最も多く流通しているU.S.Games Systems社のものです。

スミスは1878年、ロンドンに生まれ、20代のころからイラストレーターとして活動していました。19世紀末の象徴主義と、それ以前のロマン主義の影響を受けた彼女の作品は、詩人ウィリアム・バトラー・イェイツの作品集などを飾りました。やがてイェイツの紹介で、魔術結社「黄金の夜明け団」に入団。これがアーサー・エドワード・ウェイトと知り合うきっかけとなりました。

ウェイト＝スミス・タロットは、ウェイトの監修の下、パメラが絵を描いたのですが、その過程で彼女は、必要な要素をただ配置するだけでなく、芸術的なセンスを発揮し、物語の一場面のように描き上げていきました。こうしてまとめられた78枚の寓意画は、世界のありさまと人の営みを提示する、あるいは人生の旅を表現する、神秘的な連作絵画となったのです。これが、人々の心を惹きつけてやまない理由でしょう。皆さんもぜひ、この魅力的な78枚の連作絵画をじっくりと鑑賞し、絵のシンボルが語りかけるメッセージを聞き取ってください。

TAROT READING BOOK

第4章

剣《ソード》

Swords

 杯の2(正)p.176

「剣《ソード》」の意味とカードの流れ

「剣」は四元素のうち「風」に相当する

小アルカナの「剣」は、四元素（火・水・風・土）のうち「風」の要素を表します。剣の柄を持ち、風を裂くように振るうと、あらゆるものを切ったり貫いたりすることができます。空気を伝わる電波や風に乗るもの、たとえば電話やメール、情報やうわさ、人の言葉、さらには鋭い切れ味の知性と思考などを表します。また、スピード感と権力の象徴でもあります。食べ物にたとえると、すぐに食べられる前菜やサラダ、音楽なら緻密に構成された現代音楽、絵画なら幾何学的に構成された抽象絵画でしょうか。

14枚のカードのストーリー

Ａ《エース》（１）から10までの流れを見ていきましょう。

Ａでは、自分の信念や思考を貫こうとする決意が描かれています。２では別の考えが芽生えて葛藤が生まれ、３では厳しい言葉によるダメージを受けます。４でしばらく休息を取って心身の調子を回復した後、５では首尾よく勝者になることができるかもしれません。６で次の舞台へと移動していき、７ではうまく立ち回って重要な情報や利益を手に入れます。しかし８では策略にはまって完全に身動きが取れなくなり、９で解放されても、そのショックはなかなか癒えません。最後の10で、望みはいったんついえますが、夜明けが近づいていることに気付くでしょう。

人物札（コートカード）も見ていきましょう。警戒しながら辺りを見渡しているペイジは、覚悟を決めて突進しようとするナイトとなり、喜びも悲しみも知った上で冷静な判断を下すクイーンは、規律を厳格に守るよう命じるキングになります。

理性と知性は秩序を生むが、時に人を傷つける

剣のカードは、理性と知性によって秩序をもたらす一方で、正論や批判によって、人々を傷つける恐れもあります。まさに両刃の剣となるのです。風がすぐに吹き抜け、留めておくことができないように、言葉や情報も、あっという間に消え去り、変わっていきます。そのスピードと軽快さを柔軟な発想とコミュニケーションに生かすと同時に、リスクを招きかねない鋭さと厳しさを、良い方向に使いこなすよう心掛けましょう。

剣のA。信念や思考を貫こうとする決意。

剣の2。別の考えが芽生えて葛藤が生まれる。

剣の3。厳しい言葉によるダメージを受ける。

剣の4。休息を取り、心身の回復を図る。

剣の5。手段を選ばず勝者になる。

剣の6。人目を忍んで新天地へ移動する。

剣の7。うまく立ち回り、利益や情報を得る。

剣の8。策略にはまって身動きが取れない。

剣の9。解放されても心の傷がまだ癒えない。

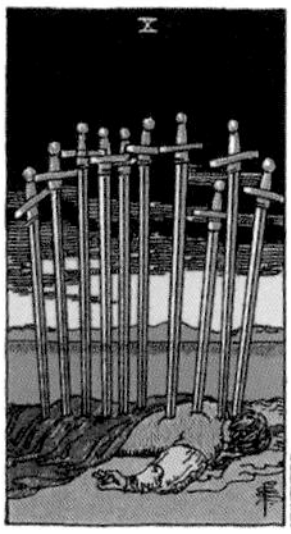

剣の10。望みは消えるが、夜明けは近い。

剣のペイジ。警戒しながら辺りを見渡す。

剣のナイト。覚悟を決めて突進する。

剣のクイーン。全てを知り、冷静な判断を下す。

剣のキング。規律を厳格に守らせようとする。

 隠者(逆)p.56

剣《ソード》のA《エース》

剣の先に輝く王冠には、
勝利と平和が掲げられている。
新たな王国を築くときがきた。

逆位置

Ace of Swords

基本の物語

神を思わせる手が雲の中から現れ、剣を掲げています。先端には黄金の冠があり、その左側にはオリーブの枝が、右側にはヤシ(またはシュロ)の枝が垂れ下がっています。

Aは、数字にすると一で、この剣で一から切り開く、統一するという信念を表明しています。目指すは王冠、つまり勝利と権力ですから、敵を倒して新たな秩序を築くことを意味します。次の「剣の2」は、二つの方向性の間で迷うカード。そうならないよう、信念を貫けるかどうかが鍵です。

逆位置を読むポイント

逆位置では、王冠を貫く剣より、柄を握りしめる拳の方が強調されてきます。つまり、剣が象徴する一貫性のある合理的な思考から、拳が象徴する強い意志や、物事を進めていく力に焦点が移ってくるのです。

迅速に目的を達成したいという意志は共通しています。ただ、正位置では、秩序を実現するための戦略に主眼が置かれているのに対して、逆位置では、状況の統制に邪魔な異分子の排斥に主眼が置かれています。

また、正位置では王冠から垂れ下がる枝が、ある程度の目標達成を暗示していますが、逆位置だと枝が上向きになるので、達成に向けて進行中であることを示しています。

剣のAに描かれたシンボル

・灰色の空・

灰色の空は、この剣に象徴される正義、権力、判断、思考、言葉、情報などに善悪がなく、倫理や感情を超えて、ただ存在していることを意味します。誰かが傷ついても感情的にならず、冷静に受け止める必要があります。

・金色の王冠・

金色の王冠は、勝利と権力の象徴。血のような赤い宝石は、もともと条件に恵まれていたのではなく、熱意と気迫を持って、犠牲を伴う戦いを勝ち抜いたことが示されています。王座は、信念の剣によって維持されるでしょう。

・オリーブの枝・

平和の象徴とされるオリーブの枝が、過去を示す左側に垂れています。未来を示す右側のヤシが象徴するように、これから勝利を目指すことになっても、平和のための戦いであることを忘れないようにという戒めかもしれません。

・ヤシの枝・

ヤシ（またはシュロ）は南国の常緑樹で、勝利や高揚の象徴とされてきました。未来を意味する右側にあることから、過去の平和な状態（オリーブ）を保ちつつも、今後は積極的に勝利を目指していくことを意味しています。

・手の生えた雲・

過去を表す左側から灰色の雲が湧き出すのは、過去の錯綜した情報がクリアになることを意味します。雲はあいまいさや周囲が見えないことを表しますが、雲の右端から光る手が生えているので、やがて状況が明確になるでしょう。

・掲げられた剣・

王冠を貫く巨大な剣は、権力を恐れずに意見を通すことを意味します。剣は知性や秩序を表すので、思考力を駆使して混乱を収める、意見を統一する、厳しい言葉も辞さない、可能性を切り開くといった暗示となります。

・光を放つ白い手・

神を思わせるこの手は、人知を超えた世界の理、宿命、必然性の象徴です。光っているのは、誰の目にも明らかなことを、白いのは、純粋で絶対的なことを表します。握りしめた拳は、妥協を許さない強い覚悟を意味します。

・遠くの山々・

険しく凍りついた山々は、厳しい使命、障害、戦いの相手、世間の冷たさや無関心などを意味します。そうした困難を示す山々が遠くに小さく描かれているので、困難を過小評価しているか、心配し過ぎていることを示します。

・宙を舞う葉・

神の手の上を舞う葉とも滴とも見えるものは、六日間に及ぶ天地創造の象徴かもしれません。構築した世界観、手にした結果、それに費やした時間などを表します。また、七日目の安息日、つまり休みが必要だとも解釈できます。

剣のAを読むためのキーワード

		金色の王冠	ヤシの枝	オリーブの枝	掲げられた剣
恋愛	出会い	・理想が高い人との ・手段を選ばない人との ・外見が優れた人との ・成功者との ・高級な店での ・有名スポットでの ・意識を高くしたときの	・南の地方出身の人との ・体格の良い人との ・運動好きの人との ・健康な人との ・暖かい日の ・リゾートや観光地での ・スポーツが縁での	・平和を愛する人との ・つらい過去を持つ人との ・前向きな人との ・裕福な人との ・日が当たる場所での ・都会での ・女性主導の会での	・厳格な人との ・信念を持った人との ・チャレンジャーとの ・リーダータイプとの ・緊張する場面での ・新しい拠点での ・自分から切り開いた
	相手の気持ち	・上から目線になる ・求めるものが大きい ・満足できない ・いいところを見せたい ・自尊心を満たしたい ・好きと言ってほしい ・選ばれるのが当たり前	・気持ちが高揚している ・主導権を握りたい ・心は定まった ・告白や婚約を考える ・長続きさせたい ・遠い存在だと感じる ・好奇心はある	・明るく楽しい気分 ・このままがよい ・お金がかかり過ぎる ・心が穏やか ・レディーファーストで ・トラブルは過ぎ去った ・もう少し待ってみる	・ルールに従ってほしい ・約束は必ず守る ・明確にしたいことがある ・予定を合わせてほしい ・本当は納得できない ・許し難い点がある ・これから判断する
	今後の二人	・ついに交際に発展 ・お互いの愛を確認する ・逆境を乗り越える ・根気強く待つことに ・周囲に認められる ・プロポーズされる ・略奪愛という結果に	・気持ちが盛り上がる ・勢いで親密になる ・ライバルに打ち勝つ ・待った方がうまくいく ・将来のことを話し合う ・関係が長く続く ・遠距離だと疎遠に	・仲直りをする ・おいしい店でのデート ・明るい兆しが見える ・告白が成功する ・女性がリードすると吉 ・穏やかな交際が続く ・同棲や婚約をする	・白黒がはっきりする ・突然の別れ ・新たな関係が始まる ・険悪な状態になる ・決断を迫られる ・妊娠の可能性あり ・暴力や暴言に注意を
仕事		・転職の理想は高く ・起業のタイミング ・キャリアアップの好機 ・経営者の視点で考えて ・ライバルを打ち負かす ・リーダーシップを発揮 ・横暴にならないで ・強者に抑え込まれる ・指示に従う羽目になる ・結果を勝ち取る	・転職はエリアを変えて ・異動や転勤も吉 ・未知の分野に挑戦を ・より高みを目指そう ・今からでも成長できる ・休みが取りにくい ・ライバルと切磋琢磨を ・専門外の事がヒントに ・体調を万全にして ・これから調子が上がる	・転職より継続が吉 ・挑戦より保守を優先 ・適材適所が最重要 ・チーム一丸となろう ・行動するより熟考を ・熱意がないと難しい ・争いは和解へ至る ・嵐が過ぎるのを待とう ・弱者のために戦おう ・努力した分、結果が出る	・転職や起業の時期 ・未経験の領域も吉 ・新天地で活躍できる ・逆境を切り開いて ・正論で勇敢に戦おう ・信念を貫くべし ・新規開拓が鍵 ・クリアな思考で勝負 ・意見の統一を ・企画やアイデアが出る
お金		・支払いは気前よく ・金銭的に優遇される ・油断すると赤字になる ・買うなら上質な物を ・維持費がかさむ	・長く継続する収入を ・次の季節に備えて買う ・報酬アップを目指そう ・早い者勝ちを狙うべし ・ギャンブル運が良い	・冠婚葬祭で物入りに ・返済のめどが立つ ・小さな副収入がある ・自分の学びに投資を ・支払いが完了する	・きちんと請求しよう ・リスクを負うべし ・新しい収入源を狙おう ・泣き寝入りはしないで ・余計な物は買わないで
行動のヒント		・堂々と自信を持って ・多少の犠牲は覚悟を ・成功の維持が大事 ・卑屈にならないで ・自分にも厳しく	・元気が一番 ・気候が良ければ外へ ・意識が高いと成功する ・テンションを上げて ・冷静さより情熱を	・トラブル後は穏やかに ・希望が見えてくる ・平和的に解決しよう ・水難から逃れられる ・暴飲暴食に注意	・実力で圧倒するべし ・初志貫徹をモットーに ・しっかりと決断を ・手術に適した時期 ・誹謗中傷は受け流す

その他のシンボル　**灰色の空**　気持ちの見えない人　倫理的な問題　自己判断はダメ　味気ない雰囲気

宙を舞う葉

出会い
- 独自の世界観の人との
- 経験豊かな人との
- モテる人との
- 一人で行動する人との
- 常連の多い店での
- 講座や教室での
- 発表会やイベントでの

相手の気持ち
- 自分の世界に浸る
- あまり構わないで
- 他に打つ手がない
- 時間をかけたい
- 完璧な状態で会いたい
- マンネリ感がある
- もうやり切った

今後の二人
- 頑張り過ぎて失敗する
- 続けるのは難しい
- 一人になりたくなる
- 順調に関係を構築する
- 覚悟を決めて付き合う
- 後は結果を待つだけ
- 結婚まで秒読み

光を放つ白い手

出会い
- 目立つ人との
- 超然とした人との
- 冷静な人との
- 妥協しない人との
- 職場での
- セレブの集まりでの
- 法律や事務関係が縁の

相手の気持ち
- 知的レベルを合わせて
- 恋人としては見ない
- 丁重にもてなしている
- わが道を行きたい
- 人として純粋に付き合う
- 恋愛に慣れていない
- 約束は守ってほしい

今後の二人
- 人として評価し合う
- かたくなに拒否される
- 浮ついた気持ちがない
- 誠実なら交際に発展
- しっかりと支え合う
- つかんで離さない
- 相愛なら進展は早い

手の生えた雲

出会い
- 経歴不明な人との
- 忙しい人との
- 考えが読めない人との
- 怪しいビジネスでの
- 旧友の紹介からの
- 過去の恋人との再会
- SNS上での

相手の気持ち
- トラウマがある
- 過去から抜け出せない
- 気持ちの余裕がない
- 勇気を振り絞る
- 後少しで決断できる
- 先が見えない
- 覚悟ができてきた

今後の二人
- なんとなく復縁する
- あいまいな関係になる
- 勘違いさせてしまう
- 結論が先延ばしに
- 返事をごまかされる
- 連絡がとりにくくなる
- ようやく先に進めそう

遠くの山々

出会い
- 気難しい人との
- 冷たい人との
- 声を掛けにくい人との
- 恋愛に無関心な人との
- 訪れにくい場所での
- 高いハードルを感じる
- 出会う機会がない

相手の気持ち
- 交際は厳しいかも
- 冷めてしまった
- 問題が山積みである
- ハードルが高そう
- 恋愛どころではない
- 近寄りがたい雰囲気
- なかなか踏み込めない

今後の二人
- 連絡が困難になる
- 遠距離恋愛に
- 障害や邪魔が遠ざかる
- 気持ちが冷めてしまう
- 周囲から孤立する
- 家族に反対される
- まだ打ち解けられない

宙を舞う葉
- 経験を生かした転職を
- 独立準備を念入りに
- 新規立ち上げは吉
- キャリアが充実する
- きちんと休みを取ろう
- 創造性を発揮しよう
- 独自のコンセプトを
- 段階を踏むことが大切
- 結果が付いてくる
- 仕事を完結させること

光を放つ白い手
- 転職で内定をつかむ
- 起業の意志を固めよう
- 底力が発揮できる
- 成功を手にする
- 取りこぼさないこと
- チームを支えるべし
- 基本に立ち返ろう
- 決して油断しないで
- 謙虚さが評価される
- ルールは守って

手の生えた雲
- 転職の話が消える
- 独立の不安が消えない
- 計画が雲散霧消する
- 契約が先延ばしに
- 企画が形にならない
- クラウドを活用して
- 知らぬ間に決定される
- 政治的駆け引きが必要
- 理想より目の前の業務を
- 経験を生かすべし

遠くの山々
- 内定がもらえない
- 独立での成功は遠い
- 今すぐには動けない
- 周りを気にせず集中して
- 厳しい評価を受ける
- 叱られることが多そう
- 理解が得られない
- 提案が却下される
- 殺伐とした雰囲気に
- 試練によって成長する

宙を舞う葉
- やっただけお金になる
- 有給休暇を取ろう
- 収集癖で浪費しがち
- 賭けに出ず地道に稼ごう
- 貯金ができる時期

光を放つ白い手
- 昇給の好機をつかむ
- 良い買い物ができる
- プレゼントをもらう
- 収入が安定する
- 最低限の予算確保を

手の生えた雲
- 出資や投資は控えて
- リスクは負わないで確かめてから買って
- ぼったくりに注意
- キャッシュレスが吉

遠くの山々
- 資金繰りが大変
- 予算が少ない
- 審査が通らない
- 欲しい物が買えない
- 投資やビジネスで苦戦

宙を舞う葉
- もの作りがおすすめ
- 最後までやり切って
- 好きなことをやろう
- 自己ブランディングを
- 一人で過ごすと吉

光を放つ白い手
- 若手に光を当てて
- 何をしても輝ける
- 生活習慣に気を使って
- 後輩の支えになろう
- 勝利を手にする

手の生えた雲
- 過去が明らかになる
- データの整理は吉
- 禁酒禁煙がおすすめ
- 状況が見えるまで待つ
- モヤモヤが晴れる

遠くの山々
- 難局にチャレンジして
- ストイックに過ごそう
- 人と会えずに苦労する
- 障害を乗り越えよう
- 自分に厳しく

 金貨のA(逆)p.292

剣《ソード》の2

目隠しのままでは周りが見えない。
だが、どちらの剣を振り下ろすか、
この場で決めねばならない。

基本の物語

目隠しの状態で二本の剣を掲げる女性。海には岩礁が広がり、ここからの船出は難しそうです。ところがこの女性は、どちらの剣を振り下ろすかという決断を迫られています。周りの状況が見えなくても、進むべき道を決めねばならないのです。

三日月の傾きからして、この場面が北半球ならば、本来は昼間であり、月は空にあっても見えないはず。その意味では、あえて目を閉じて余計な情報を遮断し、見えない真実を感じ取ろうとしているのかもしれません。

一つ前の「剣のA」で初志貫徹を求められたのに、決断が揺らいだツケでしょうか。次の「剣の3」では第三の選択肢が出てきて迷いと苦しみが増えるので、早めの決断が望まれます。

逆位置

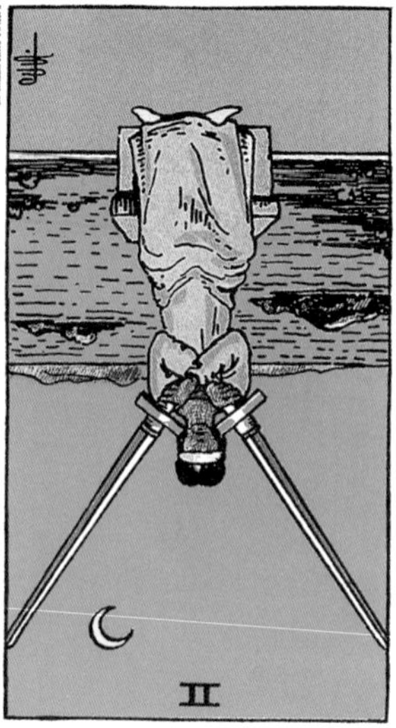

逆位置を読むポイント

正位置では、台座と人物に安定感があり、掲げた剣のバランスが保たれていました。しかし逆位置では、かなりアンバランスに見えます。ほどほどに調和していた状態から、早く決断しなければならないという切羽詰まった状態に変わっているのです。

空に浮かぶ月の位相も上弦から下弦へと変化します。満月に向かい、明るさを増す上弦が正位置ならば、徐々に光を失う逆位置の下弦は、状況がさらに見えにくくなることを表しています。

Two of Swords

剣の2 に描かれたシンボル

・二本の剣・

二つの選択肢で迷うことを意味します。左右対称なので、この状態でバランスが取れ、一方に決められないことが分かります。非常に長いのは影響力の大きさを、斜めに傾いているのは自信の欠如や責任が重いことを表します。

・雲のない青空・

小さく波立つ海に対して、空は雲一つない状態です。これは、不安や雑念を払うことや、落ち着きを取り戻すことを表しています。スッキリとクリアな心境になり、程よい緊張感の中で、冷静かつ理性的な思考ができそうです。

・三日月・

東の空から昇るこの三日月は、実際には太陽の光に隠されて見えません。月は愛情や満足度を表し、この三日月は、満ちていく感情のうち、秘めておきたいものを意味します。逆位置では、感情が冷めていくことを示します。

・海面からのぞく岩・

海の深部が潜在意識だとしたら、海面は表層意識であり、海面からのぞく岩は、はっきりと意識できる言動です。岩は固定観念や不変の意志の象徴。この場合は座礁の原因となるので、障害や危険という意味もあります。

・目隠しされた顔・

目隠しは、周りが見えず危うい状態、激しい思い込み、無防備、だまされやすいことを表す他、現実を見たくないという気持ちを意味します。情報を遮断して内省することや、目を休めることを意味する場合もあるでしょう。

・灰色の衣装・

灰色の衣装は、はっきりしない状態を表します。ゆったりとしているので強制力はなく、自由に動けそうです。しかし、不透明な状況下では、自由であるがゆえに、何をやるべきか、選ぶべきかが、かえって分かりづらいのです。

・交差した両腕・

情報が錯綜することや、主張がぶつかることなどを表します。また、腕で胸を隠しているのは、感情を殺し、本音を明かさず、大事なものを守っていることを示します。葛藤を抱えているか、優柔不断になっている状態です。

・黄色い靴・

裾からのぞく黄色い靴。開いた足先は、積極的な行動を予感させます。黄色い靴は、三日月と同じように、全貌を現していません。月が満ちるまで、つまり気持ちが盛り上がるまでは、動かずに状況を静観することでしょう。

・石の台座と地面・

平らな地面は、変わらない環境、保守的な考え方、慎重な態度を表します。石の台も固い意志と安定感の象徴ですが、背もたれがなく、すぐ後ろが海なので、危険が迫っているのになかなか決断できない様子を示しています。

・さざ波の立つ海・

海は、感情や無意識の象徴です。波は高くありませんが、収まる気配もありません。海に背を向けて自分の感情を無視しても、目隠しをして現実を見ないようにしても、心のざわめきを抑えられない様子が示されています。

金貨の8(正)p.320

剣の2を読むためのキーワード

	二本の剣	交差した両腕	灰色の衣装	目隠しされた顔
恋愛	出会い ・仕事が忙しい人との ・優柔不断な人との ・候補者が他にいる人との ・合わせてくれる人との ・複数から声を掛けられる ・多忙な時期の ・ためらうと好機を失う 相手の気持ち ・公私どちらも大事 ・今は決め切れない ・連絡がプレッシャー ・返事は保留にしたい ・価値観が合うかが鍵 ・言葉がかみ合わない ・他にも候補者がいる 今後の二人 ・決断できない ・返事が保留のまま ・合意に至らない ・二股をかけることに ・気持ちが離れていく ・価値観の違いで幻滅 ・自立した関係に	出会い ・本音を語らない人との ・主張がぶつかる人との ・空気を読まない人との ・真剣に向き合う人との ・ビジネスの場での ・素っ気ないふりをした ・言い争いから発展する 相手の気持ち ・胸の内に秘めておく ・建前と本音が違う ・傷つきたくない ・なかなか気を許せない ・意見が合わない ・いちずな思いがある ・真剣に付き合いたい 今後の二人 ・タイミングが合わない ・雨降って地固まる ・勢いで押し切り交際へ ・真剣なお付き合いに ・方向性の違いが明確に ・結婚のことを話し合う ・離れられない関係に	出会い ・はっきりしない人との ・主体性のない人との ・行動力のない人との ・優しい人との ・よく分からない会での ・半端に声を掛けられる ・遊び目的のサイトでの 相手の気持ち ・あなたに任せる ・自分からは動かない ・求められれば応える ・付き合ってもいい ・何をすべきか分からない ・焦ってはいない ・将来は不透明 今後の二人 ・どっちつかずの状態 ・覚悟が足りずに別れる ・返事が保留のまま ・フラれても再び会う ・束縛のない自由な恋愛 ・あいまいな関係に ・問題はないが不満	出会い ・周りが見えない人との ・没頭しやすい人との ・想像力豊かな人との ・浮世離れした人との ・素顔を見ない状態での ・瞑想やヨガが縁での ・外見を気にしない 相手の気持ち ・恋で周りが見えない ・自分の心が分からない ・今は恋愛以外が大事 ・少し落ち着きたい ・うわさは信じない ・思い込みが激しい状態 ・内面や本音を知りたい 今後の二人 ・気持ちに気付かぬふり ・勘違いで迷惑を掛ける ・妄想が迷走の原因に ・駆け落ち同然の交際 ・周りが見えぬ大恋愛に ・先のことを見ていない ・周囲から孤立する
仕事	・転職先を絞れない ・起業はまず副業から ・交渉が決裂する ・決断を迫られる ・重責がのしかかる ・両方を立てる必要あり ・方向性が定まらない ・連絡ミスと誤解に注意 ・指示が矛盾する ・皆の意見が合わない	・面接日が重なる ・独立すると支えを失う ・ライバルと拮抗する ・本音は聞き出せない ・機密情報を守って ・意見の擦り合わせを ・自分を大事に ・明確にノーと言うべき ・自由には動けない ・契約を交わすのは吉	・転職に踏み切れない ・独立すると迷うことに ・あいまいな指示が出る ・法令順守を徹底して ・納得できない人事あり ・時間の余裕ができる ・結果がなかなか出ない ・公私の区別をしっかり ・中途半端にしないで ・中立の立場が吉	・転職の前に課題あり ・起業のための学びを ・状況判断が難しい ・余計な情報を遮断して ・一点集中が吉 ・未知の分野で失敗する ・他人は気にしないで ・先が見えない状態 ・手探りでも前進を ・内なる声がヒントに
お金	・二つの収入源の確保を ・収支のバランスを見て ・投資した分は取り返せる ・リスクもリターンも大 ・報酬は交渉次第	・出費は相談してから ・反対されたら買わない ・倹約が必要 ・収入を上げられない ・援助を断られる	・自由にお金が使えない ・相場に不透明感あり ・賭け事はプラマイゼロ ・もうけ話に乗らないで ・少し多めに現金を持とう	・だまされないように ・お金の管理ができない ・実物を見てから買って ・もうける機会を見逃す ・皮算用は意味がない
行動のヒント	・二刀流でいこう ・調和を考えるべし ・第三者の意見を聞いて ・葛藤から学べる ・二枚舌を警戒して	・ダブルブッキングに注意 ・土足で踏み込ませない ・感情的にならないこと ・約束は必ず守って ・お互いを尊重しよう	・きつめの服や靴は凶 ・長時間待たされそう ・人を信用し過ぎないで ・ほどほどをモットーに ・焦りと短気は禁物	・人の評価より自己評価 ・瞑想やヨガがおすすめ ・心の声に従って ・スマホを手放す一日に ・目を休めよう

その他のシンボル　黄色い靴　外交的な人　方向性の違い　動く気はある　時期を見定めて　晴れたら散歩を

雲のない青空	三日月	海面からのぞく岩	さざ波の立つ海
出会い	出会い	出会い	出会い
・下心のない人との	・若い人との	・頭の固い人との	・落ち着きのない人との
・論理的な思考の人との	・成長中の人との	・振り回されない人との	・感情的な人との
・知的で冷静な人との	・情緒的な人との	・いちずな人との	・緊張しやすい人との
・異性の影がない人との	・影の薄い人との	・意志の強い人との	・移り気な人との
・アウトドアでの	・昼の飲み会での	・突然の	・婚活パーティーでの
・午前中の	・研修や勉強会での	・飲み会や食事会での	・交友関係からの
・出会いがない	・第一印象の薄い人との	・以前からの知人との	・イベントでの
相手の気持ち	相手の気持ち	相手の気持ち	相手の気持ち
・スッキリした気分	・恋心が芽生えそう	・気持ちは変わらない	・まだ緊張している
・不満のない状態	・先のことが少し不安	・自分からは動かない	・少し惹かれつつある
・よこしまな気持ちはない	・まだ信用していない	・自己中心的な状態	・警戒心が解けない
・恋愛感情はない	・好感度が上がっている	・出方をうかがっている	・愛に応えてもらえない
・隠し事はない	・まだその時期ではない	・態度は変えないつもり	・決め切れない心境
・友達から始めたい	・仕事を優先したい	・去る者は追わない	・このままでは良くない
・あなたに心を開いている	・気持ちが盛り上がらない	・要求が通らないと感じる	・漠然とした不安がある
今後の二人	今後の二人	今後の二人	今後の二人
・何も起こらない	・好意に気が付かない	・思いが通じて交際開始	・気持ちを告白できない
・連絡がなくなる	・デートにこぎつける	・時間をかけて成就する	・決定的な進展がない
・気持ちの良い友好関係	・愛情が深まっていく	・暗礁に乗り上げる	・不安が破局の原因に
・正直に向き合う	・交際を前向きに検討	・課題や障害が表面化	・将来を漠然と考える
・付き合うが会えない	・しばらく様子見が続く	・マンネリ化する	・まあまあ穏やかに続く
・束縛のない良好な交際	・将来のことで悩む	・形だけ付き合っている	・小さな動揺が多い
・わだかまりが消える	・向き合えばうまくいく	・意地でも別れない	・結婚を決める瀬戸際に
・転職先がない	・転職する気が起きない	・転職先の実態が見えない	・転職の時期を逃しそう
・辞めるには良い時期	・まず事業計画を立てて	・独立や起業が頓挫する	・独立は水面下で動いて
・独立の障害がなくなる	・良いアイデアが浮かぶ	・問題が見えてくる	・期日が早まることも
・邪魔が入らずはかどる	・気分に左右されそう	・危機管理の徹底を	・恐れていたことが起こる
・暇になる	・まだ時間がかかる	・上を説得できない	・裏取引の疑いあり
・新たな企画立案を	・不安材料をなくそう	・既定路線で計画が進行	・陰口は自分にも不利
・自由にやってもよい	・情に訴えるとよい	・やるべきことの確定を	・焦る前に手を打とう
・結果につながらない	・ご機嫌取りも必要	・積み重ねが評価される	・計画変更の可能性あり
・人に頼らず自己責任で	・気が乗らないことは後で	・流されずにコツコツと	・感情的にならないで
・外に出てリフレッシュを	・上り調子になる	・常識にとらわれ過ぎ	・理解者のそばにいよう
・お金にならない	・貯金が増える時期	・利子が膨らむ恐れあり	・知らぬ間に浪費する
・無欲でいるのが吉	・昇給の可能性あり	・貯金は一部のみ使って	・貯蓄や資産を守ろう
・予算が天井知らずに	・買い物で満足できそう	・うまいもうけ話は危険	・趣味に溺れてお金を失う
・買った物が無駄になる	・即金より長期の利益を	・投資より貯金の時期	・同情でお金を出すのは凶
・ある程度の融通がきく	・貴重品を売るのは後で	・必需品だけを買うべし	・依存するのはダメ
・ゼロから始めると吉	・最初はゆっくりと	・周囲をよく見て	・背水の陣で臨もう
・しがらみがない	・後から良さが分かる	・回り道も時には必要	・感情をやや抑えると吉
・思い通りに行動できる	・その場で判断しないで	・足元がおろそかになる	・虫の知らせを大事に
・外に出かけよう	・見えないものにも注目	・他人は変えられない	・波風を立てないように
・いったんリセットを	・やがて時が満ちる	・初志貫徹が大事	・飲み過ぎに注意

その他のシンボル　**石の台座と地面**　頑固な人　決断できない　慎重過ぎる　背水の陣　重い腰を上げて

棒のペイジ（逆）p.152

剣《ソード》の3

Three of Swords

ハートが三本の剣に貫かれ、
厚い雲から悲しみの雨が降る。
その痛みを受け止めるものは?

逆位置

基本の物語

灰色の雲と激しい雨、そして三本の剣が突き刺さったハート。別れ、喪失、非難、争いなどのショックな出来事があり、心を痛めて涙を流している様子が、そのまま描かれています。

人物不在のこのカードは、心象風景を表しています。第三者から見た悲しい出来事ではなく、悲しみを感じている主観的な心の風景です。

前の「剣の２」に描かれた目隠しの状態は、外からの情報などを遮断し、自分の心の声を聞くきっかけになりました。この「剣の３」では心の痛みやトラウマと向き合うことの必要性を、次の「剣の４」では、痛みから逃れつつ癒やされることの必要性を、それぞれ伝えているのです。

逆位置を読むポイント

逆位置でも、貫かれたハートの痛々しさは変わりません。また、ハートを突き破った剣先が、正位置のときより強く目を引きます。これは、心に剣先が届き、痛みを感じはじめた瞬間から、わずかながら時間が経過し、冷静さを取り戻しつつあることを意味します。

そして、正位置では、傷ついた心に追い打ちをかけるように雨を降らせていた雲が、逆位置では、心を受け止める手のように見えてきます。傷ついた自分の心を受け止められる状態になったことが示されています。

剣の3 に描かれたシンボル

・剣の柄・

剣を操るには、柄を握らねばなりません。柄の握り(グリップ)は、状況の把握と力の制御を意味します。鍔《つば》は安全の確保を、丸い柄頭はすっぽ抜け防止の保険と、重心を調整してバランスを取ることを表します。

・きらめく剣身・

柄に近い部分がきらめいているのは、ハートを貫かれたときに何かがひらめき、明確になったことを表します。心に突き刺さるような鋭い言葉を受けたか、自分の感情を犠牲にして苦渋の決断を下したことなどを意味します。

・降りしきる雨・

傷を負った心と三本の剣に雨が降り注ぎ、全てを洗い流しています。この雨は、傷ついた心には癒やしを、後悔する者には許しを与えてくれるのです。雨の降り方が不均等で斜めなのは、感情が不安定なことを示しています。

・突き抜けた剣先・

柄に近い剣身に見られるような鋭いきらめきを失い、鈍い色で、心なしか切っ先が丸くなっているようです。心を傷つけた攻撃が、実は愛情ゆえの厳しさだったか、攻撃したことを後悔しているか、どちらかでしょう。

・灰色の雲・

大きな雲が三つあります。剣が心に刺さるたび、雲が発生しているかのようです。雲は、攻撃を防ぐ盾にはなりませんが、傷ついた心を隠してくれます。悲しむ姿を見せたくない、心配をかけたくないという心境を表します。

・ハートの傷・

剣が刺さった部分に傷が生じています。三カ所を貫かれても亀裂が入っていないのは、ハートが柔軟で弾力性があるからです。心が傷を負っても壊れはしないことや、いずれは傷が癒やされることを暗示しているのです。

・貫かれたハート・

三本の剣が意味するのは、鋭い言葉、厳しい現実、攻撃的な態度です。そうしたものに貫かれた心は、血を流すかのような赤い色で、痛みと苦しみを伝えています。心痛や心労の他、けがや手術などを表すこともあります。

・灰色の空

赤いハートが強い感情を表すのに対して、灰色の空は虚無感を表します。心痛が激しいほど、その後の虚脱感が大きいことや、心を抑圧して無感動でいると、大きな衝撃を受けたときに耐え難い苦痛を感じることを示しています。

 剣のナイト(正)p.276

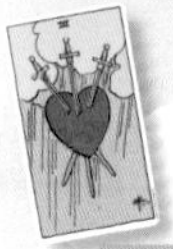

剣の3を読むためのキーワード

		剣の柄	きらめく剣身	突き抜けた剣先	貫かれたハート
恋愛	出会い	・いちずな人との ・リードしたがる人との ・押しが強いタイプとの ・安全策をとる人との ・会の主催者や講師との ・知人の集まりでの ・印象的な紹介による	・妥協を許さない人との ・言葉が厳しい人との ・真剣に学ぶ人との ・冷酷な人との ・論争や裁判絡みでの ・医療機関での ・真面目なアプリでの	・トラウマがある人との ・失恋中の人との ・過去を引きずる人との ・年齢を重ねた人との ・気を使う会での ・学びの場での ・入院やお見舞いが縁の	・デリケートな人との ・病弱な人との ・あがり症の人との ・障害のある人との ・片思いから始まる ・失恋直後の ・切羽詰まった時期の
	相手の気持ち	・主導権を握りたい ・理性的に判断する ・リスクは負わない ・連絡は自分のペースで ・自分が正しい ・他に好きな人がいる ・別れを告げるつもり	・ストレスがたまる ・言葉がきついと感じる ・トラウマをえぐられた ・プライドが傷ついた ・嫌われたと思っている ・嫉妬に苦しむ ・気付きを得て改善する	・反省を糧にしたい ・後悔している ・悲しい思いをした ・傷つけて申し訳ない ・嫉妬に苦しんでいる ・連絡が苦痛 ・考えるのに疲れた	・責められて落ち込み中 ・正論すぎてつらい ・約束が重い ・逃げたいときもある ・嵐が過ぎるのを待つ ・恋の矢に射抜かれた ・返答の仕方が分からない
	今後の二人	・ほれた方が支配される ・さばさばした関係 ・捕まえないと逃げる ・ガードが固くて進まず ・三角関係になる ・意地でも別れない ・反対を押し切って交際	・断られてからが本番 ・覚悟を迫られる ・一方的に責められる ・多過ぎる連絡は破局の元 ・不安が解消されない ・自己犠牲の限界が来る ・悲しい別れ	・三角関係のもつれ ・離れ離れになる ・別れると後悔する ・お互い仕事を優先する ・誤解が生じて険悪に ・口約束が守られない ・やむなき事情で破局	・口論の末別れることに ・相手に傷つけられる ・トラウマになる事件が ・尽くし過ぎて疲れる ・言葉の暴力に悩む ・ストレスが原因の破局 ・我慢の末の成就
仕事		・どの転職先もハード ・仕事がいくつも重なる ・思い切った改革を ・責任を問われそう ・賢明な人を参謀に ・言葉を選ぶ必要がある ・情を切り捨てる覚悟を ・強い意志で成功する ・正義を押し付けないで ・タブーに切り込もう	・転職は早めに応募を ・独立は心労が増える ・どうにかアイデアが出る ・正論で人を傷つける ・フォローが追い打ちに ・両刃の剣の案件がくる ・上に目を付けられそう ・ストレスケアを優先して ・前言を撤回できない ・情に流されずに決断を	・転職の時期を逃しそう ・独立は人に頼らずに ・方向性が決まらない ・打つ手がなくなる ・会議が紛糾する ・派閥争いに巻き込まれる ・まずストレスの解消を ・意地を通してもむなしい ・冷酷な判断を悔やむ ・心を鬼にして叱咤を	・面接で悲しい思いをする ・夢が阻まれる ・派閥争いに負ける ・非難の矢面に立つ ・情をかけて裏切られる ・紛争解決の役割を負う ・厳しい評価を受ける ・苦渋の決断をする ・悪口と暴言は聞き流そう ・緊張する場面がある
お金		・収支のバランスを確認 ・買い物は初志貫徹で ・熟慮の末にリスクを取る ・ストイックに倹約を ・正当なクレームなら可	・リスクなしでは稼げない ・収入源を増やそう ・自分を甘やかさず倹約を ・金策に気を取られないで ・無理しての出費は凶	・返品できない ・勢いで買うと後悔する ・共同購入はNG ・お金の争いは解決しない ・友達との金もうけは失敗	・苦労のわりに利益がない ・金額にショックを受ける ・金策での心労がたたる ・支援や融資を断られる ・医療費がかさむ
行動のヒント		・攻撃は最大の防御 ・誹謗中傷はやめよう ・ためらわずに決断を ・優柔不断は人を傷つける ・手術や治療に良い時期	・産みの苦しみを味わう ・追い込まれてひらめく ・失言や暴言に注意 ・正義が衝突してもめる ・理性的に話し合おう	・仲違いをしそう ・人の意見を受け入れて ・非難は自分を傷つける ・口論に勝者はいない ・泣きたいときは泣こう	・知りたくないことを知る ・他人より自分を大事に ・健康管理や検診を ・刃物でのけがに注意 ・口論を避けよう

ハートの傷	灰色の雲	降りしきる雨	灰色の空
出会い	出会い	出会い	出会い
・柔軟な考えの人との	・弱みを見せない人との	・優しい人との	・無感動な人との
・強く生きる人との	・涙もろい人との	・情緒不安定な人との	・疲れのたまった人との
・離婚歴のある人との	・素性を隠す人との	・接客が仕事の人との	・恋愛が苦手な相手との
・留年か浪人した人との	・なりすましの相手との	・失恋した人との	・抑圧された人との
・職探し中の	・オンライン上での	・飲み会での	・日常生活での
・リハビリが縁での	・素顔を隠しての	・おせっかいな紹介での	・仕事絡みでの
・失恋か別居直後の	・偶然の再会	・恋愛相談から発展する	・苦労した婚活での
相手の気持ち	相手の気持ち	相手の気持ち	相手の気持ち
・落ち込んでいる	・本音を隠している	・悲しい出来事があった	・特別な関係にはしない
・期待通りではなかった	・弱みを見せたくない	・共感している	・忙しくて時間がない
・失敗した	・信用できない	・別れたくない	・ふさぎ込んでいる
・うつろな気分	・後ろめたいことがある	・つらい思いをしている	・ふとむなしさを感じる
・耳が痛い	・将来は分からない	・もう耐えられない	・モチベーションが不足
・心を奪われた	・心配をかけたくない	・癒やしてあげたい	・感動がない
・連絡がないのはつらい	・雲隠れしたい	・全て忘れたい	・好きになるのが怖い
今後の二人	今後の二人	今後の二人	今後の二人
・会ってもむなしくなる	・自然消滅する	・情に流されて付き合う	・進展しない
・告白できない	・会えなくなるかも	・遠くに行ってしまう	・気持ちを秘めたまま
・好きなのに口論ばかり	・返信がなくなる	・別れがやってくる	・色よい返事がない
・別れを繰り返す	・こっそりと付き合う	・暗雲が垂れ込める	・まだ恋愛対象ではない
・トラウマをえぐられる	・隠し事のある交際	・気分に振り回される	・ガードが堅くて玉砕
・一方的な予定で会う	・互いの本性が見えない	・片思いが両思いに	・事務的なやりとりに
・やり直す機会がある	・正体がバレて逃走する	・悲しみを乗り越えて成就	・なんとなく付き合う

・面接に何度か落ちる	・転職先が出てこない	・転職の話が流れる	・転職しても変化は少ない
・独立すると仕事が減る	・起業や独立に暗雲が	・起業すると泣きを見る	・独立して壁にぶつかる
・完璧主義は身が持たない	・未来のビジョンがない	・宣伝しても反応が薄い	・多忙で余裕がなくなる
・やりがいを失う	・情報が隠されている	・泣き落としが成功する	・やる気が出ない
・少し休みを取ると吉	・サーバートラブル発生	・営業成績が下がる	・むなしい時間が過ぎる
・ブラック企業から脱出を	・判断が難しい状況に	・失態が情けで許される	・不毛な業務が増える
・メンタルケアが大事	・将来が不安になる	・優しい言葉を掛けよう	・対人関係に悩む
・いい加減さが救いになる	・信頼関係を築こう	・心を開くとうまくいく	・感動とやりがいがない
・負け癖を解消しよう	・ミスを隠さないこと	・敗北の悔しさをバネに	・事務的な仕事が順調
・しなやかさと図太さを	・指示が二転三転する	・強がらなくてもよい	・未定の事項が多い

・赤字を止めよう	・あいまいな話は断って	・株価が下落しそう	・相場は動かない
・無理すると余計に失う	・キャッシュレス決済で	・同情でお金を貸さない	・良くも悪くもない金運
・支払猶予を求めると吉	・金品の紛失に注意を	・知らぬ間に浪費する	・買うなら地味で上質な物
・ストレスが浪費を招く	・不正行為に気をつけて	・資産を溶かさないこと	・堅実な資金管理を
・買い替えより修理を	・予算が膨らみそう	・ピンチから救われる	・賭け事は本命狙いで

・ストレス解消を	・相手の心が読めない	・悲しい出来事が起こる	・無欲で過ごそう
・気にしないのが一番	・気付かぬふりも優しさ	・同情と共感が重要	・パーティーは断って
・むきにならないこと	・一人の時間を大切に	・泣くことで癒やされる	・目標がないと憂鬱に
・柔軟性が求められる	・素をさらさない方が吉	・優しい言葉を掛けよう	・目立つ行動は控えて
・準備運動がけがを防ぐ	・隠蔽工作を疑って	・雨具を用意すると吉	・感情をためこまないで

 杯のナイト(逆)p.216

剣《ソード》の4

静けさに満ちた聖堂の中で、
祈りながら身を休める騎士。
だが、その手を伸ばせば剣に届く。

逆位置

Four of Swords

基本の物語

聖堂の中に騎士が横たわっています。あまりにも静かなその姿は、ひつぎに施された彫刻のようにも見えます。ステンドグラスからは色とりどりの光が差し込んでいますが、ひつぎと騎士は、それとは異なる不思議な光を放っています。まるで時が止まったかのような安らかさと静けさが感じられます。

一つ前の「剣の3」で痛手を負った心が、救いを求めてこの聖堂に避難し、ゆっくりと休養しているのです。騎士の死は象徴的なもので、祈りと瞑想によって自分をリセットし、目覚めの時を待っています。次の「剣の5」では、再び戦いに身を投じます。横たわる騎士のそばに置かれた抜き身の剣は、戦いの準備がもう整いつつあることを暗示しています。

逆位置を読むポイント

正位置では、騎士とひつぎが目立っていました。一方、逆位置では、整然と壁に掛けられた三本の剣が、存在感を増してきます。

正位置が意味するのは、何はともあれ剣を脇に置いて休息することです。ところが逆位置では、三本の剣が目立ち、そこに意識を向けねばならなくなっています。まだ準備期間なのに決断を迫られるか、充電期間が終わりに差しかかり、決断を下せる状態になってきたか、どちらかでしょう。

剣の4 に描かれたシンボル

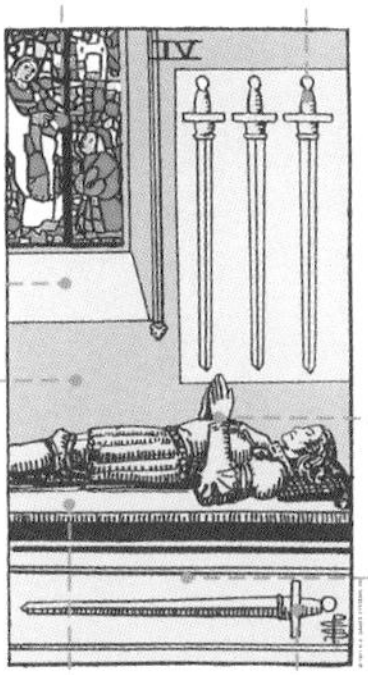

・ステンドグラス・

ステンドグラスには、信者が祝福を受ける様子が描かれています。外の世界は混乱していても、聖堂の中は安全であることから、一時的に困難から救われることや、いろいろな助けを受けられることが示されています。

・出窓と飾り・

出窓下の空間は、距離や時間があることや、心の余裕を表します。角にあしらわれた動物の顔の飾りは、辺りを警戒しているかのようです。安全のために距離を保つこと、いざという場合に備えていることを意味します。

・灰色の壁・

三本の剣が掛けられている以外は、特に変わったところのない地味な壁です。ステンドグラスの光が届くことも、内部から光があふれることもありません。時が止まったかのような静けさの他には、何もない状態を示します。

・ひつぎのふた・

ひつぎは　休息や眠りによる小さな死の象徴です。これまでの自分を葬り、新たに生まれ変わるのです。ひつぎのふたと騎士が黄金色なのは、新生と希望をもたらす天上の光が、内側からあふれていることを意味します。

・三本の剣・

かつての戦いと、そこで得た成果を表します。剣の先端が騎士に向いているのは、自分を追い込むこと、思考を自身の内部に向けることを意味します。他人を近づけないよう、剣を柵の代わりにしているとも解釈できます。

・横たわる騎士・

生身なのか彫像なのか判然としませんが、眠るように横たわる様子は、戦いからの退却とその後の休息を表します。祈りを捧げる姿は信仰や敬虔さを示し、精神的な充足と穏やかさを取り戻そうとしていることを意味します。

・ひつぎの側面・

剣がはめ込まれたひつぎの側面（または剣が置かれた床）は、灰色の壁とは異なり、温もりを感じさせる明るい黄色です。これは、ゆっくりと休息できる環境や、みだりに人を傷つけたりしない、安定した心の状態を表しています。

・騎士の脇にある剣・

戦いをやめていること、英気を養っていること、物事をひとまず脇に置くこと、沈黙することなどを意味します。とはいえ、何かあればすぐにでも行動できるように、抜き身のまま脇に置かれていることにも注目しましょう。

 剣のクイーン（正）p.280

剣の4を読むためのキーワード

		ステンドグラス	出窓と飾り	三本の剣	騎士の脇にある剣
恋愛	出会い	・支援してくれる人との ・慈善活動をする人との ・信心深い人との ・弱者に優しい人との ・宗教関係が縁での ・生活に困ったときの ・避難した先での	・ゆとりがある人との ・所有物が少ない人との ・用意周到な人との ・観察力のある人との ・少人数のイベントでの ・待ち時間での ・出会いを諦めた途端の	・恋愛に慣れた人との ・自分に厳しい人との ・後がない人との ・警戒心が強い人との ・個室のある店での ・仕事関係での ・会費の高い相談所での	・力の抜けた人との ・休職中の人との ・無口な人との ・遠慮がちな人との ・休憩しているときの ・頼んでいない紹介での ・気を抜いているときの
	相手の気持ち	・助けてあげたい ・誰にでも優しくする ・恋愛というより慈愛 ・仲直りしたい ・大事にしているつもり ・頼っている ・優しくしてほしい	・距離をとりたい ・まだ踏み込めない ・なかったことにしたい ・連絡はしないでほしい ・じっくり時間をかけたい ・様子見の段階 ・しがらみを避けたい	・追い詰められている ・決断を焦っている ・どう伝えるべきか悩む ・三つの選択肢で迷う ・候補者を絞れない ・言われないと動けない ・即答はできない	・一線は越えない ・これ以上は近づかない ・話すことがない ・話していないことがある ・そろそろ決断の時期 ・告白のタイミングを待つ ・あまり連絡しないで
	今後の二人	・念願かなって成就 ・同情から付き合う ・謙虚さが関係継続の鍵 ・年の差を超えられる ・面倒を見ることになる ・相手を甘やかしてしまう ・なかなか離れられない	・距離が縮まらない ・互いに踏み込まない ・恋愛に時間を割かない ・会えない状態になる ・親密になり切れない ・親に警戒されている ・現状が維持される	・約束が保留にされる ・追い込むと逃げられる ・他からの告白がある ・覚悟を決めて付き合う ・疑惑や責任を追及する ・再三の危機を乗り越える ・結婚へ一気に加速する	・決定的なことは起きない ・最後まで踏み込めない ・いったん停止の状態に ・様子見の状態 ・連絡がこなくなる ・返事が保留のまま ・交際や結婚の時機を待つ
仕事		・拾ってくれる職場あり ・独立には協力者が必要 ・上司に取り立ててもらう ・助けてもらえそう ・謙虚さがポイントに ・生産性より心情を重視 ・混乱の中にも希望あり ・組織に守られる ・海外より国内に注目を ・同時進行には協力が必要	・転職先が見当たらない ・独立や起業は白紙に ・空いたポストに就く ・窓際へ追いやられる ・仕事が入らない ・伸びしろはある ・情報を盗まれないように ・結果に結びつかない ・余計な部分を省くべし ・計画が延期か中断に	・転職先候補が複数ある ・三人チームで起業を ・キャリアの幅が広がる ・締め切りが重なる ・連絡には早めに返信を ・頭を使って同時進行を ・上から責められる ・知識や情報は十分ある ・企画が通らず停止になる ・複数のプランを用意して	・転職はタイミング次第 ・独立の時期はまだ ・準備を整えておこう ・今は沈黙が吉 ・虎視眈々と狙うべし ・しっかりと休息を ・プロジェクトの停止 ・いったん脇に置こう ・ルール抵触はダメ ・情報は隠しておこう
お金		・複数の収入源が必要 ・支援と協力に恵まれる ・募金やお布施は吉 ・慈善事業に関わろう ・実利より感動優先で	・貯金がなくなる ・なかなか入金がない ・ゆとりある資金計画を ・セキュリティーを万全に ・不要品を売ろう	・計画的な借り入れを ・リボ払いで苦しむかも ・資金繰りの見直しを ・大穴狙いは外れる ・迷ったら買わないで	・借金や融資はしないで ・言葉巧みな誘惑に注意 ・ギャンブルより貯金を ・資産運用は様子見を ・予算を決めて買い物を
行動のヒント		・信頼関係を最優先に ・ボランティア活動を ・衝突しないで共闘を ・信仰心を持とう ・心温まる映画等が吉	・身の潔白を証明して ・よく観察するべし ・断捨離で運気アップ ・知識を吸収できる ・盗聴や盗撮に要注意	・三人いれば心強い ・自分にノルマを課して ・効率よく学べそう ・昔の計画を再開できる ・言葉で問い詰めないで	・言葉をのみ込んで ・一線を画すのは吉 ・即断即決はNG ・アイデアは見せないで ・すぐに動けるよう準備を

灰色の壁	横たわる騎士	ひつぎのふた	ひつぎの側面
出会い	出会い	出会い	出会い
・地味な人との	・信仰心の篤い人との	・失恋後か離婚後の人との	・口の堅い人との
・表情の乏しい人との	・療養中か回復期の人との	・結婚を諦めた人との	・安心できる人との
・安定した人との	・穏やかな人との	・恋愛経験のない人との	・裕福で謙虚な人との
・控え目な人との	・不眠気味の人との	・引きこもっている人との	・力を隠している人との
・堅い紹介や見合いでの	・自宅待機中か休職中の	・個室のある店での	・温泉や旅行先での
・職場での	・墓参りや参詣の折の	・アプリやSNSでの	・私語禁止の場所での
・普段の生活圏での	・遺跡や博物館での	・家にいながらの	・休暇中の
相手の気持ち	相手の気持ち	相手の気持ち	相手の気持ち
・気持ちが動かない	・許しを求めている	・出かけたくない	・用がなければ連絡不要
・まだ恋愛対象ではない	・現実逃避している	・重い腰が上がらない	・言えない秘密がある
・印象は普通	・ストレスを避けたい	・家にきてほしい	・告白できない
・つまらない	・お願いがある	・静かに過ごしたい	・このまま続けたい
・放っておいてほしい	・穏やかでいたい	・人に会うと疲れる	・お金の事で文句がある
・現状維持でよい	・静かにしていてほしい	・恋愛を恐れている	・安心して打ち明けられる
・結婚を意識している	・謙虚に対応する	・合わせる顔がない	・一緒にいても疲れない
今後の二人	今後の二人	今後の二人	今後の二人
・特に進展はない	・穏やかな付き合いに	・共通の趣味に没頭	・ストレスなく過ごせる
・距離感が変わらない	・連絡がこなくなる	・どちらかが引きこもる	・交際する約束はしない
・友達の関係でいる	・思いが通じない	・会う時間がなくなる	・安定感のある付き合い
・いつの間にか付き合う	・遠くから見守ることに	・陰で付き合う関係に	・秘密を隠して交際する
・真面目な交際に	・成就を願うだけ	・別れてからやり直す	・環境が変わると終わる
・堅苦しい関係になる	・終わりがくる	・いったん距離を置く	・周囲の人に助けられる
・身を固める方向に	・復縁の機会を待つ	・責任を負わずに逃げる	・親が賛成なら結婚へ
・良い転職先がない	・内定がもらえない	・退職・休職に適した時期	・転職は残業のない職場へ
・独立計画が進まない	・独立は終了を意味する	・独立させてもらえない	・才能を磨けば独立は可能
・新たな挑戦は困難	・休職や退職もあり	・上からの圧力に屈する	・いつでも辞められる
・昇格の道が閉ざされる	・休息でリフレッシュを	・缶詰め状態で仕事をする	・有休や産休を取ろう
・旧態依然のまま	・プロジェクトの終焉	・業務を停止することに	・環境の良さを生かして
・スッキリ決まらない	・次の段階への準備を	・機密の取り扱いに注意	・ルーティンをこなそう
・目立たない方が無難	・権力や圧力から逃げて	・いったん清算を	・批判を聞くのは後回し
・地道な努力が実を結ぶ	・多忙だと実力が出せない	・休むのも仕事のうち	・責任を伴う決断は凶
・改革案が否定される	・静かな環境を確保して	・企画がお蔵入りに	・保身してトラブル回避
・不透明な人事や異動	・不調から回復する	・秘密の会議に招かれる	・機密の保持が大切
・定期収入の確保を	・倹約生活がおすすめ	・貯金を死守しよう	・賭け事は楽しむ程度で
・大もうけはできない	・金策に走らないで	・自炊などで倹約を	・資産や貯金を生かして
・グレーな仕事は断って	・感謝して支援を受けて	・買い物は通販が吉	・自己投資は積極的に
・リスクを減らす努力を	・寄付や募金は吉	・収支ともに少ない傾向	・生活水準が上がる
・最低限のお金は得られる	・医療費が高くつく	・ギャンブルは中止して	・定期収入の確保を
・目立たない方がよい	・情報のデトックスを	・自宅で過ごすと吉	・休憩をしっかり取ろう
・守りを固めよう	・お祓いや祈禱は吉	・質の良い睡眠を取って	・うわさ話や陰口はNG
・返事はあいまいでも可	・まずは人事を尽くす	・一人静かに集中しよう	・いつものように行動を
・無理せず淡々と	・他人の成功を祈ろう	・個室がおすすめ	・地道な努力が実を結ぶ
・メンテナンスは吉	・体力と気力の回復を	・まずは自分を守って	・アピールはしないで

 剣の9(逆)p.264

剣《ソード》の5

手段を選ばず勝利を収めた人物。
敗北し、剣を奪われて立ち去る人物。
ただ勝てばよいとは限らない。

逆位置

Five of Swords

基本の物語

剣を手にした人物が、薄ら笑いを浮かべながら、去っていく人々を眺めています。争いに勝利したのは、この男性です。手段を選ばぬ戦い方でライバルを打ち負かし、追い払っている様子です。敗者に剣を置いていかせるような、欲深き強奪者です。

「剣の４」で休息していた戦士は、卑怯者の不意打ちに遭います。慌てて応戦したものの敗北し、武器を放棄させられ、居場所からも追い出されるでしょう。ただ、争いに敗れても、次の「剣の６」では別の場所へと船出する場面が描かれています。ここでなりふり構わず勝利を得るのか、状況を考慮して退却するのか、しっかりと考えて決断したいものです。

逆位置を読むポイント

正逆どちらでも、剣を奪う勝者と背を向けた敗者の対比は同じです。占いを受ける人(あなた自身もしくは相談者)がどちらの立場にあるのかは、状況を見て判断するべきでしょう。

ただ、逆位置では不安定さとスピード感が増します。もともと動きのあるカードですが、正位置ではすでに決着がついたからか、勝者も敗者も動きはゆっくりして見えます。しかし逆位置では、五本の剣や地面が不安定に見えてきます。焦りや緊張感が、正位置よりも強く表れてくるのです。

剣の5に描かれたシンボル

・立ち去る人物・

上着を肩に掛けるのは、必要だった物が余計な物に変わることや、取り繕うのをやめることを意味します。白いブーツは白旗と同じで、負けを認めた証拠です。髪や服が明るい色なので、潔く諦めて晴れやかな気分なのでしょう。

・不穏な雲のある空・

雲が勢いよく流れています。スピーディーな展開や状況が一変するなど、まさに風雲急を告げるイメージです。雲がギザギザなのは、摩擦や争いによるストレス、ささくれだった感情、精神面の消耗などを表しています。

・短髪の男性の顔・

オレンジ色の短髪は、目立ちたいことや強い上昇志向を示します。細かい手入れをしておらず、ボサボサの状態です。つまり長期的展望や綿密な下準備の欠如を表します。不敵な笑みは、勝ち誇っていることや嘲笑を意味します。

・遠くの山・

はるか遠くの黒い山並みは、未知の領域、まだ見えない今後の展望、かなわぬ理想を表します。山の手前に感情を意味する水(川)があるので、情緒的なものによって、目標(山)の達成が阻まれる可能性を暗示しています。

・手にした剣・

受動性を表す左手の二本の剣は、敗者から受け取った戦利品。能動性を表す右手で、さらに落ちている剣を拾います。剣は力の象徴なので、勝利だけでは満足できずに追い打ちをかけること、貪欲に求めることを表しています。

・うなだれる人物・

この人物が象徴するのは悲哀と絶望。全てを奪われたショックで、その場に立ち尽くすことしかできません。この人物の黄色は、イエスを裏切ったユダの服の色。裏切りに遭った悲嘆か、誰かを裏切った悔恨を表しています。

・赤と緑の服・

赤は戦争の、緑は平和の象徴です。表向きは平和でも裏で争っていることや、一時的な停戦を意味します。赤と緑は補色なので、相反する感情があること、表裏があること、ダブルスタンダードなどを表しています。

・落ちている剣・

放棄した権力、頓挫した仕事、制御できなかった力、辛辣な言葉などを表します。地面に落ちたままですが、使い方によっては、身を守る武器にも人を傷つける凶器にもなります。放置せず、安全に回収した方がよさそうです。

・川へと続く地面・

悲喜こもごもの場面を支える灰色の地面は、何があっても動じない心や、土台ができていることを意味します。風紋のある川とは明確に区切られているので、水のように揺れ動く感情が入り込んでこないことを表します。

・風紋のある川・

吹きつける風が、川面に紋をつくっています。波が低いので、争いは終わったようですが、心理的なざわめきは残っているのです。敗者が川に向かう様子は、帰るべき故郷や目指すべき新天地があることを示しています。

剣の5を読むためのキーワード

		短髪の男性の顔	赤と緑の服	立ち去る人物	うなだれる人物
恋愛	出会い	・派手な人との ・自己中心的な人との ・短気な人との ・上から目線の人との ・すぐ交際に発展する ・からかい半分の ・一夜の情事が目的の	・温和に見えて怖い人との ・矛盾を抱えた人との ・突然キレる人との ・情熱を秘めた人との ・衝突や争いの場での ・スポーツの場での ・脈無しから逆転しての	・さばさばとした人との ・恋愛を諦めた人との ・子供のいる相手との ・離婚調停中の人との ・バツイチ同士の ・子供が縁での ・暑い日の	・失恋直後の相手との ・ネガティブ思考の人との ・トラウマがある人との ・悲嘆に暮れる人との ・慰めたことがきっかけの ・失意の底での ・悲しい事件が縁での
	相手の気持ち	・面倒くさいのは嫌だ ・自分を認めてほしい ・早く付き合いたい ・深く考えていない ・長文メールはブロック ・やや見下している ・自分さえ良ければいい	・怒りを抑えている ・好きでも告白できない ・愛憎どちらもある ・体の関係を狙う ・表面上は穏やかに ・相性が良くないと思う ・本心を表せないでいる	・諦めかけている ・負担を感じている ・連絡しないでほしい ・少し退屈になった ・自由を満喫したい ・気持ちが変わった ・気楽に遊びたい	・恋愛どころではない ・自信がない ・別れるしかない ・嫌われたかもしれない ・裏切られた気分 ・失望している ・立ち直れない
	今後の二人	・すぐに意気投合する ・熱するも冷めるも早い ・他のことを優先する ・会話が続かない ・体だけの関係に ・対応がぞんざいになる ・バカにされる	・あえて距離を取る ・素直になれない ・交際したいけれど我慢 ・好きなのに別れる ・交際なしで深い仲に ・問題を抱えつつ続ける ・片思いのまま	・しばらく会えなくなる ・遠距離恋愛になる ・諦めから疎遠になる ・問題が解決する ・決着がつく ・他の事に興味が移る ・いったん距離を置く	・付き合うと後悔する ・裏切りに遭う ・失恋してしまう ・怖くて先に進めない ・トラウマが邪魔をする ・悲しみを共有して交際へ ・心の準備をしている
仕事		・転職はすぐに決まる ・独立は断念することに ・転職・転勤を繰り返す ・後輩や部下を大事に ・勢いがつくと快調に ・準備不足になりそう ・プライドが邪魔をする ・対人関係がストレスに ・業績が過小評価される ・丁寧さよりスピードを	・転職熱が急に冷める ・情熱だけでは失敗する ・本音と建前の間で苦悩 ・ダブルスタンダードに ・意見をぶつけよう ・問題が穏便に解決する ・怒りは表さないこと ・日和見主義が得をする ・火種が残る結果に ・もめ事は和解への努力を	・転職先が見つからない ・衝動で退職するのは凶 ・独立すると仕事がない ・キャリアを諦める ・理不尽さから逃れよう ・変化に対応できない ・準備が無駄になる ・計画の失敗や頓挫 ・ライバルに負ける ・開き直りも大事	・転職活動で失望する ・独立すると孤立無援に ・窮地に立たされそう ・不祥事に巻き込まれる ・重大なミスを犯す ・反省したら切り替えて ・救いの手に気付いて ・嫌な事は断ってもよい ・無理に動かないこと ・裏切りを想定して
お金		・収入が途切れる ・単発の仕事しかこない ・契約時に足元を見られる ・細かい出費が増えそう ・大きな買い物はNG	・根本的な赤字が続く ・出費を把握すること ・債務の整理をしよう ・健康維持にお金が必要 ・金銭的に助けてもらう	・ギャンブルで負ける ・不要な服を売ろう ・利益に固執しないこと ・貸したお金は諦めて ・地味な生活で乗り切る	・だまされてお金を失う ・貯金は守られる ・賠償金や違約金が発生 ・魂は売らないで ・搾取は後悔を招く
行動のヒント		・軽んじられる ・まずはお試しで ・ヘアカットに行こう ・いら立ちを抑えて ・屈辱を受けるかも	・炎上は早急に鎮火を ・平和的に交渉しよう ・矛盾を追及しないこと ・本音を言うともめる ・表情は穏やかに	・ときには諦めも肝心 ・次の活動場所を考えて ・身軽さを生かそう ・潔く負けを認めよう ・明るく振る舞うと吉	・ダメなときもある ・悲しければ泣いてもよい ・裏切りは自分を傷つける ・失って大切さを知る ・生きていることが宝

その他のシンボル　**川へと続く地面**　安定した人　無感動　結婚資金を蓄えて　縁の下の力持ち　動じないで

不穏な雲のある空

出会い
- せっかちな人との
- 不安定な職業の人との
- 多忙な人との
- 偶然の
- 風の強い日の
- 突然声を掛けられる
- けんかが起きた場での

相手の気持ち
- 穏やかではない
- 忙しくて時間がない
- 焦っている
- 自分とは合わないかも
- ストレスがたまる
- 約束に縛られたくない
- 急に気が変わった

今後の二人
- 突然の告白
- 気持ちがなえる
- 環境の急激な変化
- 焦って付き合うことに
- 今が交際のチャンス
- 関係が急展開する
- ストレスからけんかに

手にした剣

出会い
- 貪欲な人との
- やり手の人との
- 頭の良い人との
- 上昇志向の強い人との
- 会員数の多いアプリでの
- 職場での
- 合コンでの

相手の気持ち
- 自由な発言ができない
- 色よい返事が欲しい
- 判断には情報が必要
- 決断は保留にしたい
- 愛情を試している
- 他の候補者も探している
- 候補は多い方がよい

今後の二人
- 欲しい言葉がもらえない
- 交際後も出会いを求める
- 会話と連絡は増える
- 三度目の告白で成就
- ようやく結婚の覚悟が
- 束縛される
- わがままになっていく

落ちている剣

出会い
- よくしゃべる人との
- 気を使わない人との
- だらしない人との
- 警戒心のない人との
- 信用できない誘いの
- 道で声を掛けられる
- 誘いに気付いていない

相手の気持ち
- 忙しいので放置
- 返信をするのが面倒
- 適当にあしらっている
- 深く考えずに発言した
- 責任は負いたくない
- 前言を撤回したい
- 恋愛に恐怖感がある

今後の二人
- 会話がなくなる
- 次の候補者が出てくる
- 多忙で連絡がとれない
- アピール不足かも
- 交際後に放置される
- 付き合う勇気がない
- 返事がもらえない

風紋のある川

出会い
- 失恋や離婚後の人との
- 同郷の人との
- 今までにないタイプとの
- 優しい人との
- 飲み会での
- 自分から話しかけての
- 待っても出会いがない

相手の気持ち
- 一緒にいて落ち着かない
- 覚悟はできていない
- 待ちの姿勢でいる
- どうぞお好きに
- 焦っていない
- 深い仲になるのが怖い
- 優しく接している

今後の二人
- 仲は良いが進展しない
- 距離が縮まらない
- なかなか会えない
- 友達関係が続く
- 好きな気持ちが増す
- 一応付き合ってみる
- 長続きする関係

剣の5

Five of Swords

不穏な雲のある空
- 転職のオファーがくる
- 独立を本気で考えて
- 転勤や異動がある
- 安泰ではいられない
- 陰口に傷つけられる
- スピード重視が吉
- 状況を読むべし
- アクションは早めに
- うわさや疑惑は払拭可能
- 落ち着かない状態に

手にした剣
- 転職先をもっと探して
- 独立すると敵が増える
- さらなる作戦が必要
- 発言権を奪われそう
- 詐取に気を付けて
- 権力争いをすることに
- 営業成績が上がる
- 揚げ足を取られる
- やるなら徹底的に
- 貪欲に情報を集めて

落ちている剣
- 転職活動が中断する
- 起業計画の延期
- いい加減な依頼がくる
- 約束が守られない
- 案件が保留のままに
- 契約がまとまらない
- 必要な情報を集めよう
- 悪意ある言葉はスルーで
- アピールはしても効果なし
- 企画がお蔵入りになる

風紋のある川
- 前職に戻る
- 新しい挑戦もよい
- 出張や異動は吉
- トラブルが収束する
- 結果はまだ出ない
- 感情的にならないで
- 戦略通りには進まない
- 休みを取ることも大事
- 仕事が順調に進む
- 対人関係が良くなる

不穏な雲のある空
- 稼いでもたまらない
- 慎重なのに損をする
- 赤字を逆転する好機
- 相場が荒れる
- 時代の流れを読んで

手にした剣
- 稼ぐには貪欲さが必要
- 賢くもうけるべし
- リスク対策が重要
- 商売繁盛の鍵は情報量
- 詐欺に注意を

落ちている剣
- 審査に通らない
- 買った物が届かない
- 計画通りにもうからない
- ウェブでの詐欺に注意
- パスワード等の管理を

風紋のある川
- 収入の変化はなさそう
- 人のためにお金を使って
- 交通費を節約しよう
- 飲食代がかさむ
- 支援や協力が得られる

不穏な雲のある空
- フレキシブルな対応を
- 天候の急変に注意
- 一人で過ごすとよい
- 情報に翻弄されないで
- 変更を想定して計画を

手にした剣
- 徹底的に調べると吉
- 複数のプランを考えて
- 第三の意見が決め手に
- 成功したら次も狙って
- 利己的になり過ぎかも

落ちている剣
- 返答がない
- 放置されることに
- 足元に注意して
- 丁寧な言葉を心掛けて
- 情報の見落としあり

風紋のある川
- 継続は力なり
- 川や湖に行くとよい
- 仲直りできそう
- 考えるより感じよう
- 水回りの掃除が吉

その他のシンボル　**遠くの山**　遠距離恋愛　困難が多い　覚悟がない　反対される　未知への挑戦を

杯の3(逆)p.180

剣《ソード》の6

渡し守のこぐ舟に乗り込み、
人目を避けて新天地へ向かう。
舟の上には、しばしの安心がある。

逆位置

基本の物語

渡し守のこぐ舟が、大人と子供を乗せて、穏やかな川を進んでいます。人目につかぬようこの地を離れ、故郷か新天地に向かうのでしょう。逃避でも旅立ちでもあるこの船出は、剣に守られた安全な旅になるはずです。

川を渡る人々は、一つ前の「剣の５」で敗北を喫した当人か、その家族かもしれません。「剣の５」では風が吹き荒れ、空も水面も乱れていましたが、このカードではどちらも穏やかで、気持ちが少し落ち着いたことが分かります。とはいえ、次の「剣の７」は、裏切りの予感がするカード。まだまだ油断できない流れの中にいますが、この舟の上では、渡し守に全てを任せて安心していられるのです。

逆位置を読むポイント

正位置では、渡し守と舟が目を引きますが、逆位置では、突き立てられた剣や渡し守の持つ櫂《かい》が目立ってきます。剣は思考の、櫂は棒状なので情熱の象徴。つまり、出航という行動そのものより、出航の方法を考えることや、出発にこぎつける熱意などの心理的な要素が強調されているのです。

また、正位置では、静かな川面と空が落ち着いた状況を示しているのに対して、逆位置では、櫂と舟の動きに合わせて川面が波立ち、新たなステージの始まりを表しています。

Six of Swords

剣の6に描かれたシンボル

・渡し守・

渡し守の役割は、人や荷物を向こう岸に運ぶこと。連絡や運搬が滞りなく行われること、その利便性と安全性などを意味します。川の水は感情の象徴ですから、気持ちに振り回されず、コントロールすることの重要性も表します。

・六本の剣・

剣は思考能力と判断力の象徴です。多くの剣が刺さっていることから、熟考、複数のアイデア、方向性の決定を表します。ただし、ここで剣を抜くと舟底に穴が開いて沈没します。つまり、今はまだ決断ができないのです。

・灰色の空・

はっきりしない状態がしばらく続くことを意味します。白黒をつけたり、明確な判断を下したりするには微妙なタイミングです。とはいえ、予想外の展開や突発的な出来事は起こらないので、様子見をするには良い時期でしょう。

・渡し守が持つ櫂・

櫂は、水(感情)を制御して推進力に変える道具です。櫂のように棒状の物は、真っすぐな意志と熱意の象徴。この櫂は長いので、意欲が長続きすることを表します。黒いのは、熱意を表に出さないことを意味しています。

・川岸の丘と木・

川岸は目的地に近づいたことを意味しますが、付近の丘には緩い起伏があり、すぐには落ち着かないことが示されています。ただ、まばらながらも木が生えているのは、協力者などが現れる暗示。孤立することはなさそうです。

・布をかぶった人物・

全身を布で覆っているのは、姿を見られたくないことを意味します。荷物がほとんどないので、何もかも失って故郷に帰るのか、身一つでやり直す場所を探すのか、どちらかでしょう。やむを得ない逃避行を暗示しています。

・穏やかな川面・

静かな川面は、状況や感情が落ち着いていることを表しています。川幅が広く、水が豊かなのは、寛容な心や、おおらかな気持ちなどを意味します。また、川を越えるという行為は、新しい世界へ入っていくことの象徴です。

・小さな子供・

親らしき人物は顔を隠しているのに、この子供は顔を出して景色を眺め、ワクワクしている様子。不安もあるでしょうが、親が一緒だから安心なのでしょう。未来を恐れないこと、警戒心のなさ、無邪気さなどを意味します。

・渡し舟・

渡し舟は簡素な乗り物で、こぎ手と乗客がいて初めて用をなします。人の助けにも、目的地へ進む手段にもなりますが、あくまでも道具で、主役ではありません。感情(水)が乱れていると転覆してしまうので、注意が必要です。

・波立つ川面・

水面に櫂をさして舟をこぐと、その周辺に波が発生します。これは、行動を起こすことによって一時的な混乱や波紋が広がることを意味します。ただ、物事を前に進めるときは、多少の波風がつきものなのかもしれません。

 正義(正)p.64

剣の6を読むためのキーワード

	渡し守	渡し守が持つ櫂	布をかぶった人物	小さな子供
恋愛 出会い	・感情を制御できる人との ・バランスのとれた人との ・気遣いのできる人との ・流通・運送関係者との ・結婚相談所での ・仲介者がいる ・ツアーや旅行での	・いちずな相手との ・押しの強い人との ・強引な人との ・体が目当ての人との ・司会者がいる会合での ・一目ぼれでの ・声を掛けられての	・引きこもりがちな人との ・容姿に自信がない人との ・逃げ腰な相手との ・芸能関係者との ・招待者のみの集いでの ・不倫関係になりそうな ・公にできない	・好奇心旺盛な人との ・無邪気な人との ・実家で暮らす人との ・すぐ人を頼る相手との ・知人の紹介での ・親同士が絡んだ ・友人に招かれた会での
恋愛 相手の気持ち	・希望を教えてほしい ・様子を見ている ・慎重に進めたい ・最終目標を知りたい ・もめるなら別れたい ・後には引けない ・従ってくれるなら交際可	・思いを秘めている ・直接会って話したい ・体の関係を持ちたい ・意思表示はした ・ついてきてほしい ・長く付き合いたい ・気持ちは変わらない	・誰とも会いたくない ・自信を失っている ・連絡をしないでほしい ・放置した方がよい ・もう終わりにしたい ・やましいことがある ・恥ずかしさがある	・楽しいことをしたい ・あなたに興味津々 ・他の候補者を探し中 ・恋愛に集中していない ・頼られ過ぎているかも ・あなたに甘えている ・あなたに守られたい
恋愛 今後の二人	・秘密の関係は破綻する ・どちらかが舵取りを ・方向性の違いで口論に ・同棲や結婚で引っ越す ・第三者の橋渡しで交際へ ・結婚を前提に付き合う ・家族のことも考えよう	・一向に告白できない ・片思いが継続する ・交際の意志を貫けば成就 ・どちらも浮気をしない ・順調に進展する ・環境は変化、思いは不変 ・体の関係になる	・連絡がつかない ・逃げられてしまう ・なかなか会えない ・精神的に参ってしまう ・放置した方がよい ・実家に帰る ・別の人を探すことに	・楽しいけれど友達関係 ・恋人になり切れない ・子供扱いされる ・デートをする間柄に ・多くの刺激を受ける ・好意を無にしてしまう ・結婚・出産が前提なら吉
仕事	・転職はエージェント次第 ・専門性を磨いて独立を ・積極的に外注すると吉 ・キャパを再確認しよう ・スムーズな進行を ・目的を明確に ・受注や発送は小規模に ・紹介・仲介が鍵を握る ・メッセンジャーになろう ・接待とお世話が効果的	・転職は時間をかけて ・本業だけに絞ると吉 ・長期的な展望を描いて ・情熱と一貫性を大事に ・苦労すれば先に進む ・抵抗されない工夫を ・敵は極力つくらないで ・出る杭は打たれる ・一事に集中するべし ・文句は後でまとめて	・転職先で評価されない ・休職するのも一つの手 ・挑戦より身辺整理を ・失態や不祥事が発覚 ・契約や計画が破棄される ・異動や転職がある ・批判や非難を受けそう ・逃げるが勝ちのことも ・目立たない方がよい ・秘密裏に行動を	・未経験の職種に挑戦を ・独立には知識不足 ・自分の伸びしろを信じて ・柔軟な発想が必要 ・新人や若手に自由を ・すぐに助けを求めて ・周りを観察しよう ・無知より逃走の方が恥 ・学びの機会に恵まれる ・素直さが評価される
お金	・プロに任せる資産運用を ・人の金を使わないこと ・送金や贈り物が増える ・多額のお金は動かせず ・安全な投資や買い物を	・定期収入に恵まれる ・出来高制は苦労する ・長期保証がおすすめ ・収益の一本化を ・衝動買いはしないこと	・利益を横取りされそう ・債務者に逃げられる ・有り金を失う危機あり ・堅実に貯金を守ろう ・だまされないよう警戒を	・カモにされないように ・ビギナーズラックあり ・予算を決めておこう ・稼ぐには知識が必要 ・援助してもらえる
行動のヒント	・ナビゲーターが必要 ・困ったら案内所へ ・司会や幹事役に徹して ・裏でコントロールできる ・伝言を頼まれそう	・「細く長く」をテーマに ・シンプルこそベスト ・黙々と、熱意を込めて ・道具を活用しよう ・程よい力加減で	・危機が過ぎるのを待とう ・アピールは逆効果 ・スマホや情報断ちを ・顔を見せない方がよい ・一人で過ごすと吉	・好奇心を旺盛に ・無邪気さで許される ・人を頼ってもよい ・知ったかぶりはしない ・家族と一緒にいよう

その他のシンボル　**灰色の空**　平凡な人　優柔不断　あいまいな関係　先が見えない不安　不誠実な稼ぎはNG

六本の剣	渡し舟	波立つ川面	穏やかな川面
出会い	出会い	出会い	出会い
・思慮深い人との	・遠慮がちな人との	・緊張する相手との	・穏やかな人との
・連絡がまめな人との	・繊細な人との	・忙しい人との	・心の広い人との
・理論武装する人との	・合わせてくれる人との	・大げさな人との	・おせっかいな人との
・段取りのうまい人との	・現実的な相手との	・せわしない人との	・初めての場所での
・アプリでの	・ドライブに誘われる	・多忙な時期の	・水のある場所での
・話し合いの場での	・移動中や旅行中の	・トラブル解決後の	・交友関係からの
・職場での	・知らない場所での	・自分で動くことでの	・食事会や懇親会での
相手の気持ち	相手の気持ち	相手の気持ち	相手の気持ち
・言いたいことがたまる	・おとなしくしてほしい	・気持ちが動揺している	・平和な付き合いがよい
・連絡が多過ぎる	・もめ事は困る	・予想外の展開で戸惑う	・情熱が湧いてこない
・うそを重ねている	・守ってあげたい	・混乱して返答できない	・優しく受け止めている
・弁解したいことがある	・案内したい場所がある	・焦っている	・待ちの姿勢でいる
・責めないでほしい	・ドライブに行きたい	・将来が不安	・全てを受け入れる
・連絡をブロックしたい	・安心してほしい	・なんとか進展させたい	・新鮮味を感じる
・まだ決断できない	・重たい関係は無理	・忙しすぎて無理	・先に進みたい
今後の二人	今後の二人	今後の二人	今後の二人
・関係は平行線をたどる	・遠距離になる	・感情のもつれで関係悪化	・告白すれば成就する
・説得されて付き合う	・緩やかに進展する	・突然の別れ	・友達として親密になる
・公私混同しがちな関係	・周囲の勧めで交際に	・急展開がある	・互いに勇気が出ない
・言い争いが増える	・慎重にデートを重ねる	・マンネリが打破される	・穏やかに愛を育む
・心が離れても別れない	・思い切った告白が成功	・待っているだけではダメ	・安定感のある交際
・連絡の未読がたまる	・同棲または結婚の決意	・告白が成功して交際へ	・流れに任せて順調に進展
・故意に冷たくされる	・感情的になって破局	・思いがけないプロポーズ	・刺激がなくて退屈する
・転職は情報を集めて	・転職・転勤・異動の時期	・予想外のオファーあり	・請われての転職は失敗
・独立で雑務の負担増	・独立・起業は小規模に	・独立のチャンス	・起業は自分で責任を
・連絡は系統立てて	・抱え込み過ぎないで	・派閥争いに巻き込まれる	・新天地を目指そう
・付随的な仕事が増える	・場と環境づくりに徹して	・トラブルを未然に防いで	・言葉をうのみにしないで
・ノルマや納期が迫る	・出張や外回りは吉	・臨機応変が吉	・一人だと集中できる
・次々と企画を思いつく	・周囲に振り回される	・今後の問題に備えると吉	・挑戦や冒険は反対に遭う
・論理的に説明するべし	・慎重に点検と確認を	・周囲への影響を考えよう	・前進を阻むものはない
・他の案も考えよう	・急いては事を仕損じる	・邪魔が入る可能性あり	・穏便に済ませるべし
・ミスには言葉で謝罪を	・流れにうまく乗ろう	・大胆な行動を	・寛大に受け止めよう
・保留や延期になる	・チームプレイが肝心	・少し強引に進めてもよい	・流れに従う方が吉
・支払いの催促がくる	・リスクは避けるべし	・何かと物入りに	・気持ちよく支払おう
・詐欺メールに注意	・大きく狙うと大損する	・浪費をしてしまうかも	・恵みが得られる
・内容証明が効果的	・ためるより使う方が吉	・将来への投資は吉	・慈善活動はおすすめ
・賭けはデータ重視で	・送料と交通費がかさむ	・収入が急変しそう	・返礼がくる
・買い物は熟考してから	・新規カードと口座は吉	・ローンの支払いが厳しい	・ギャンブルは外れる
・専門家を通すとよい	・公的交通機関の利用を	・早めに着手すると吉	・到着が遅れる可能性あり
・複数の案を考えよう	・安全な場所の確保を	・周りにしわ寄せがいく	・川や海に行こう
・きちんと言語化を	・車や自転車のメンテを	・重い腰を上げよう	・未知の世界に挑戦して
・方向性は変えないで	・知らない土地に行こう	・運動を始めてみよう	・旅行や移動は吉
・焦って決断しないで	・器や家具を買うと吉	・口をはさまないこと	・仲間とまったりして

その他のシンボル　川岸の丘と木　遠距離の相手　先延ばしになる　協力者と仕事を　新天地で味方をつくろう

剣の6
Six of Swords

世界(逆)p.104

剣《ソード》の7

剣を抱えて抜き足差し足の男性。
目的は窃盗か、敵の戦力低下か。
白昼堂々と行われる大胆な計画。

逆位置

Seven of Swords

基本の物語

赤い帽子とブーツの男性が、五本の剣を抱えて立ち去ろうとしています。見るからに兵士ではないので、剣を売りさばこうとしているか、敵陣から剣を盗んで戦力をダウンさせようとしているか、どちらかでしょう。

剣は武器ですが、鋭く速く風を切るもの、つまり言葉や情報などを意味しますから、前言を撤回しようとしているか、見つけた情報を独占しようとしているのかもしれません。

「剣の6」で向かった新天地で、この男性のように悪事を働くと、次の「剣の8」では捕らえられてしまいます。裏切るよりは裏切られる側にいて、それを未然に防げばいいのです。

逆位置を読むポイント

正位置でも、このスパイ行為もしくは窃盗が、目立つ帽子をかぶった男性によって白昼堂々と行われているという違和感がありました。逆位置では、鮮やかな赤いブーツがさらに存在感を増して、むしろ隠れるつもりなどないことが示されています。

空と地面の黄色は明るさを表しますが、お金をも意味します。ユダの衣の色であることから、裏切りの象徴でもあります。逆位置では、お金や利益が目的であることや、裏切ってでも計画を実行しようとする明確な意志が、よりクローズアップされています。

剣の7に描かれたシンボル

五本の剣

抜き身の剣を抱えているのは、危険なこと、危険を恐れないことを表します。剣を盗むのは、取扱注意の物や情報を盗むこと、前言撤回、揚げ足取りなどを意味します。七本のうち五本だけなので、不完全な結果に終わるでしょう。

黄色い空

明るさに満ちた黄色い空が広がっています。希望というよりは、裏表や屈託のなさ、無邪気さ表します。黄色は、お金や裏切り者のユダの色でもあるので、悪く出ると、お金に目がくらんで衝動的に裏切ることを示しています。

男性の帽子と顔

赤い帽子は目立ちたい欲求を、縁の黒い房は本音を隠そうとする意志を示し、矛盾が表れています。後ろを振り返り、見られていないかを確認していますが、テントの奥からは丸見え。中途半端な警戒心を表します。

茶色い服

派手なことを避け、無難に過ごそうとする姿勢を表します。水玉模様は、過去の経験から物事の限度が分かっていることを意味します。剣を盗むときに何本までならバレないかを、経験的に知っているのでしょう。

二本の剣

地面に刺さったまま残された二本の剣。持ち去られた五本の剣には柄の歪んだ物もありますが、残る二本は真っすぐです。奪われなかった物、理性的な判断、真っすぐな意志、突き抜けた意見などが二つあることを表します。

野営の煙と人々

奥で火をたく人々は、剣が盗まれたことに気付いていません。火は情熱を、剣は理性を表すので、熱くなって冷静さや客観性を失っていること、目の前のことに夢中で危機管理が甘くなっていることを示します。

三つのテント

入り口の開いたテントが三つ並んでいますが、中は暗くて見えません。これは、複数候補の中から外見だけで選ぶことを意味します。テントは自分の居場所であり安全地帯。外側だけで判断しないよう注意が必要です。

遠くまで続く丘

起伏のある丘が遠くまで続いています。状況が定まらないこと、バラエティーに富んでいること、アップダウンがあること、未知の刺激、出会い、イベントに縁があることも表します。さまざまな経験を重ねるイメージです。

黄色い地面

黄色は明るさ、元気、お金の象徴で、地面は土台を表すので、黄色い地面は、楽しい生活、健康体であること、蓄えが十分にあることなどを意味します。盗人がいますが、恵まれた状態は守られると考えてもよいでしょう。

ブーツとタイツ

赤は情熱と意欲の色ですが、ブーツの縁の黒い房が、それを隠そうとしています。青いタイツは、情熱を適度に抑える理性の象徴。抜き足差し足で歩く慎重さとともに、情熱の暴走を抑えようとしている様子が表れています。

金貨の10(正)p.328

剣の7を読むためのキーワード

	男性の帽子と顔	ブーツとタイツ	五本の剣	二本の剣
恋愛	出会い	出会い	出会い	出会い
	行動に矛盾がある人との	熱い心を秘めた人との	口が軽い人との	実直な人との
	目立ちたがる小心者との	行動力のある人との	要領が良い人との	意志が固い人との
	明るそうで暗い人との	有言実行の人との	IT関連の職の人との	姿勢が良い人との
	評価を気にする人との	自分勝手な人との	SNSに依存する人との	空気を読まない人との
	有名店での	旅行先での	アプリ上での	緊張する紹介での
	自分からアピールする	ウォーキングが縁での	職場や取引先での	お見合いアプリでの
	華やかな会での	冷静なときに自ら誘う	知人と奪い合いになる	仕事関係での
	相手の気持ち	相手の気持ち	相手の気持ち	相手の気持ち
	好きな気持ちが高まる	遠慮しながら近づく	扱いに困っている	緊張している
	頭にきている	好意を悟られたくない	前言を撤回したい	打ち解けにくい
	構ってもらいたい	クールぶっている	連絡が多過ぎる	方向性の違いがある
	自慢したいことがある	一緒に出かけたい	少し黙っていてほしい	価値観が合わない
	もっと褒めてほしい	気付かれずに離れたい	話すことはない	会話が続かない
	好意に疑念がある	警戒している	都合よく付き合おう	はっきりさせたい
	振り向いてほしい	フェイドアウトしたい	気持ちを偽っている	距離を保ちつつ対話を
	今後の二人	今後の二人	今後の二人	今後の二人
	意気投合する	秘密の関係になる	言葉巧みに誘われる	平行線をたどる
	表向きは付き合う	遠距離でも会いに行く	心変わりする	タイミングが合わない
	密かに関係を持つ	本命になるのは難しい	浮気心が出る	恋人より仕事仲間
	デートだけの関係	慎重過ぎて進展しない	他の人に抜け駆けされる	お互い意地になる
	嫌と言えずに続ける	顔色をうかがって決断	連絡の回数が増える	歩み寄らないと破局
	体裁を気にして別れない	同棲中止や別居に	一言に傷つけられる	お互い自立した関係
	祝福されて結婚へ	逃げられてしまう	深く結ばれることはない	公私のパートナーに
仕事	募集要項にだまされそう	転職は賢い者が制す	転職は情報が命	内定までいかないかも
	開業は費用がかかり過ぎ	円満退社を狙うべし	不完全な独立になる	起業には相棒が必要
	分かりやすいアピールを	どさくさに紛れて独立を	起業のノウハウを学ぼう	兼業がおすすめ
	情熱的リーダーが必要	やりたいことは密かに	情報漏れを警戒して	公私のバランスをとろう
	矛盾した指示がくる	情熱は秘めておこう	未完成に終わる	重用も優先もされない
	体面も大切に	慎重さが鍵を握る	要領よく立ち回ろう	理性的な判断が重要
	広報の力で結果が出る	ライバルを出し抜いて	セキュリティーを万全に	意志を貫いて
	上司を怒らせてしまう	努力を人に見せないで	まずは概要をまとめて	複数業務は混乱しがち
	企業秘密が露見する	スマートに実行しよう	ダメ元で進言すると吉	ライバルとの好勝負
	詰めの甘さを指摘される	怒られたら離れよう	慎重に物事を運ぶべし	居残りや残業がある
お金	経費がかさみそう	赤字の事業は清算を	情報がお金になる	残り物には福がある
	赤字が少し減りそう	貸した相手に逃げられる	誹謗中傷が賠償問題に	収入源を増やそう
	買い物は量より質を重視	リスクは最小限に	即行動がもうけを生む	収支のバランスを取ろう
	おしゃれへの出費は吉	自分でお金を稼ごう	企画が盗まれる危険あり	泣き寝入りしないこと
	保険や補償に救われる	お金は足りるが綱渡り	搾取されないよう注意	悪質な誘いは断ろう
行動のヒント	思い切り目立つと吉	一人で好きな場所へ	失言に気を付けて	試験に落ちるかも
	やる気と熱意を見せよう	よく考えて行動を	完璧を求める必要はない	卑屈な態度はNG
	外見にだまされないで	誰にも知られないこと	けがに注意を	もう一度連絡を
	矛盾がないか確認を	細心の注意を払おう	セミナーや講座が吉	遠慮せずに発言しよう
	セキュリティーは万全に	動きやすい靴が運を招く	うわさを信じないで	意志を貫くべし

その他のシンボル　茶色い服　地味だが才能のある人　価値観の違いで別れる　情けをかけられる　倹約が吉

遠くまで続く丘	黄色い空	三つのテント	野営の煙と人々
出会い	出会い	出会い	出会い
・感情の起伏がある人との	・無邪気な人との	・外面の良い人との	・自分本位な人との
・複数の職を持つ人との	・空気を読まない人との	・華やかな人との	・友達を優先する人との
・落ち着かない人との	・簡単に裏切る相手との	・本音を明かさぬ人との	・趣味に没頭する人との
・話が面白い人との	・お金目当ての人との	・モテる人との	・だまされやすい人との
・異業種交流会での	・おごりの食事会での	・派手な合コンでの	・キャンプやBBQでの
・専門店街や百貨店での	・軽いノリの合コンでの	・個室のある店での	・サークル内での
・複雑な人間模様での	・気軽なアプリでの	・キャンプでの	・趣味の友達の紹介での
相手の気持ち	相手の気持ち	相手の気持ち	相手の気持ち
・気持ちが混乱している	・何も考えていない	・表面を取り繕っている	・密かに思っている
・思いが定まらない	・おごってほしい	・言えないことがある	・友人に恋愛相談中
・短期の付き合いにしたい	・好き勝手をして甘えたい	・気に入られようと必死	・住む世界と考えが違う
・心変わりした	・楽しんでいる	・最初だけいい顔をする	・接近を警戒している
・一人に絞りたくない	・他にも相手がいる	・派手に遊びたい	・恋より友達を優先する
・楽しければそれでいい	・束縛されたくない	・素性を隠している	・過去の恋愛を引きずる
・先のことは考えていない	・気が向いたら返信する	・他でもナンパしている	・恥ずかしさから無言に
今後の二人	今後の二人	今後の二人	今後の二人
・関係性が変わりやすい	・きちんと付き合わない	・一人に絞れない	・友人の輪に入る
・良くも悪くも続く	・その場のノリで終わる	・他と同時進行で進展	・家族への紹介がある
・中途半端な付き合い	・すぐにフラれる	・友達も一緒に遊ぶ	・いまひとつ進展しない
・お互い複数の人と遊ぶ	・責任はとらない	・交際後に態度が一変	・好意はあるも会えない
・告白まではいかない	・遊び感覚の交際	・秘密裏に付き合う	・遠距離恋愛になる
・結婚は考えられない	・楽しい間は続く	・すでに相手がいた	・けんかばかりの関係
・つまずくが交際が続く	・浮気がバレる	・他の人を紹介される	・結婚を視野に入れる
・転職しても続かない	・転職先が見つからない	・転職先候補が複数に	・転職より退職でもめる
・独立は道を見失う	・資金があれば独立は吉	・一斉に退職する	・起業しても発展しない
・副業にトライしよう	・楽しく仕事ができる	・仲間との起業は危うい	・自分本位にならないで
・経験を積む時期	・結果がついてこない	・ライバル争いが激化	・まずは片付けから
・期待を下回る結果に	・人を信用し過ぎないで	・派手なアピールが吉	・過ぎたことは忘れよう
・処世術が必要	・重責から解放される	・三者のコラボが良い	・密かに企画を進めよう
・かたくなな態度はダメ	・自由にやらせてもらえる	・自分の居場所を大事に	・チームワークが大事
・転んでもただでは起きぬ	・仲間の協力が得られない	・営業や広報は吉	・効果的な息抜きを
・発想に幅と多彩さが必要	・無邪気な発言で傷つける	・密室で会うのは避けて	・お蔵入りの案件が復活
・基礎や基本の再確認を	・行動の前に熟考を	・組織や上司に守られる	・良い情報は拡散を
・小さな仕事の依頼はある	・退職金や還付金が入る	・交渉でハッタリが効く	・貸したお金が焦げ付く
・賭け事はもうからない	・金目当ての行動は凶	・余計な買い物をしそう	・収集癖が浪費を招く
・大きな買い物は控えて	・キャッシュレス対応を	・見た目より中身が重要	・盗難には細心の注意を
・家計を把握して倹約を	・残高の把握をしっかりと	・税金や経費がかさむ	・実のないもうけ話は凶
・堅実な貯金が生きる	・貴重なお金を使われる	・見栄が浪費を招きがち	・投資が無駄になる
・不測の事態が発生	・衝動で動くと失敗する	・陰口をたたかないこと	・過去を蒸し返されそう
・要領よく対処しよう	・裏切りに注意	・安眠を心掛けよう	・趣味の友達を大切に
・足元に細心の注意を	・笑って許すことも大事	・屋外活動とキャンプが吉	・家族とアウトドアへ
・多様性が重要	・明るさと無邪気さが吉	・外見にだまされそう	・周りの反応をよく見て
・歩きやすい靴が吉	・出来心は抑え込むべし	・少し派手なおしゃれを	・うわさの真偽は要確認

その他のシンボル　**黄色い地面** 貯金のある人　ぜいたくができそう　固定給に恵まれる　資産運用は確実に

塔(逆)p.84

剣《ソード》の8

剣の檻と包帯の目隠し。
下手に動けば自分を傷つける。
解放の瞬間を待つしかない。

逆位置

Eight of Swords

基本の物語

八本の剣の傍らに、包帯で縛られ、目隠しをされた人物がいます。「剣の7」に登場したスパイが捕らえられた状態です。ただ、両脚は自由で、歩くことはできそうですから、この拘束はすぐに解かれるでしょう。しかし、次の「剣の9」が示すように、心理的ダメージは続きそうです。

八本の剣は、鋭い言葉や厳しい非難の象徴です。目隠しをされているため、周囲の状況も自分に非難が向けられる理由も分かりません。だからといって、下手に動くと剣で傷つく恐れがあります。この状態から解放され、物事を見る目と分析力を取り戻すまでは、じっとしている方がよさそうです。

逆位置を読むポイント

逆位置では、人物の存在感がいくぶん小さくなります。その一方で灰色の空が強調され、うつむく人物の虚無感を伝えてきます。これは、出来事の背景の重要性を示しているのです。

水の流れにも注目しましょう。正位置では、ぬかるんだ悪路を表していましたが、逆位置では、雲の切れ間から青空がのぞいているかのようで、この悲劇的な場面における唯一の救いとなります。水の流れは人間的な情の象徴です。温かい情が、流れるように穏やかなリズムをつくり、物事を好転させていくことでしょう。

剣の8に描かれたシンボル

・灰色の空・

灰色の空は、熱意のない様子や諦めムードを表します。また、自分の周囲にいる人たちの「何かに染まりたくない(混ざりたくない)」「白黒をつけたくない(責任を負いたくない)」という、中途半端な気持ちを象徴しています。

・乱れた髪・

髪の乱れは、思い通りにできない状態、考えがうまくまとまらない状態、面倒くさく感じていることなどを示します。髪は生命力の象徴でもありますから、体力や気力、健康的な魅力が失われつつあることも表しています。

・目隠し・

目隠しには二つの意味があります。一つは周囲の状況が見えていない、身近な人たちの気持ちが分かっていないという状態です。もう一つは、外部の出来事から離れて、自分自身の本心や内面を見つめ直している状態です。

・突き立てられた剣・

連続的な邪魔や非難などが、計画的にまたは複数の人によって行われたことを示します。地面に刺さっているのは、面と向かっての攻撃ではなく、間接的に責めて自滅を待つような、卑怯な攻撃であることを意味します。

・包帯を巻かれた体・

長い物に巻かれるのは、力のある者に抵抗できないか、時間をかけて身動きが取れなくなったことを表します。ただし、包帯は治療に使われる物なので、拘束されることにより、傷や痛みが回復することも暗示しています。

・岩壁と城・

岩壁と頂上の城は、自分に難が降りかからない場所で、身の安全を確保しながら、この場面を見ている人間がいることを示しています。高い場所から見下ろす者、高みの見物をしている者の存在を暗示するシンボルです。

・茶色の服・

全身を覆う茶色の服は、自分を隠したい、目立ちたくないという謙虚な気持ちか、隠し事があるために、おとなしくせざるを得ないことを意味しています。両足とも爪先立っているのは、不安や恐れ、自信のなさの表れです。

・地面を流れる水・

足元の水の流れは、ぐずぐずと迷う状態を表します。被害妄想に駆られ、水ではなく血だと思い込んでいる可能性も。一方で、こんな状況でも人の情(水)は流れ、それをたどれば逃げ出せるという救いの暗示でもあります。

棒の4(逆)p.124

剣の8を読むためのキーワード

	目隠し	突き立てられた剣	包帯を巻かれた体	地面を流れる水
恋愛	**出会い**	**出会い**	**出会い**	**出会い**
	目を見ない人との	口数が多い人との	長時間拘束する人との	慎重な人との
	周囲が見えない人との	高圧的な人との	心配性な人との	優しい人との
	何かに夢中な人との	質問の多い相手との	医療関係者との	デリケートな人との
	適当に選んだ相手との	理想を押し付ける人との	独特な癖を持つ人との	痛みを抱えた人との
	勘違いから始まる	断りにくい紹介による	自由に話せない場での	スナックやバーでの
	情報がない状態での	会員の多いアプリでの	時間がない状態での	過去を引きずっての
	見る目のなさゆえの	帰宅を引き止められての	前の恋に未練を残しての	傷をなめ合う関係の
	相手の気持ち	**相手の気持ち**	**相手の気持ち**	**相手の気持ち**
	現実逃避したい	ストレスが蓄積中	気兼ねなく話せない	今のままでよい
	接し方が分からない	心の余裕がない	トラウマが邪魔をする	優柔不断になっている
	周りが見えていない	疑心暗鬼になっている	身動きが取れない	愛情はある
	短所を見たくない	嫌われたと思っている	勇気が出せない	依存し合っている
	自分の本心を確認中	緊張が解けない	秘密を告白できない	鬱憤がたまっている
	振り回されたくない	嫉妬を感じている	束縛されたくない	傷つけたくはない
	慣れなくて困惑中	批判的になっている	周囲に踊らされている	自分から言い出せない
	今後の二人	**今後の二人**	**今後の二人**	**今後の二人**
	現実を知って失望	口論になる	束縛でがんじがらめに	進展しにくい
	誤解を解消できない	嫉妬に苦しむ	強引に付き合うことに	情に流されて交際へ
	のめり込んで消耗する	思い通りにならない	抵抗できない	なし崩しで関係を持つ
	妄想と不安が募る	執拗に責められる	自分らしさを失う	惰性的に付き合う
	周囲に迷惑をかける	ストーカー行為に発展	会う時間がない	紆余曲折しつつ続く
	隠し事のある交際	連絡過多になる	外堀を埋められる	あいまいな関係になる
	相手を美化しすぎる	逃げられない	ハラスメントを受ける	別れを告げられない
仕事	転職は白紙に戻るかも	チャレンジを阻まれる	慰留される	転職の可能性はある
	先が見えない不安	批判の矢面に立つ	思い通りに独立できない	起業しても停滞する
	自分の仕事に集中を	敵に囲まれる	ルールに縛られる	全体的に進展が遅い
	ペースを守るべし	協力者を失い孤立する	しがらみに縛られる	正論より一同の気持ち
	状況把握が不可能	的外れな中傷を受ける	意に反する仕事あり	ひいきと差別が混在
	落ち着いて内省を	仕事が多過ぎる	反抗できない	心を動かすプレゼンを
	分析より直感が重要	プレッシャーがきつい	制限される	情に訴えるとよい
	文書より口頭で	リスクを背負うかも	出かけられない	私生活の話題は吉
	連絡等の見落とし注意	後戻りはできない	保留や待機命令が出る	後ろ向きになりがち
	救いの手に気付かない	心理的に追い込まれる	復職へのリハビリ	仲間に癒やされる
お金	株やギャンブルは凶	悪事が糾弾される	財布に余裕がない	賄賂は断じて拒否を
	先の見通しが立たない	ライバルに干渉される	ローンの負担が増える	短期のビジネスは凶
	つい買ってしまいがち	違法行為は厳禁	お小遣いが減る	援助してもらうのは吉
	人から得た情報は吉	取引中止の危機	買い物依存に注意	収入は維持できそう
	見ただけの情報は凶	自立と倹約は吉	倹約は吉	企画立案がお金になる
行動のヒント	モニターを眺めすぎ	単独行動がおすすめ	容量オーバーに注意	おせっかいはほどほどに
	目の休息と治療は吉	SNSはかなり控え目に	療養が必要かも	水たまりに気を付けて
	コンタクト紛失に注意	迷路や脱出ゲームが吉	誘惑に乗らないで	遠回りをしがち
	度の合った眼鏡を	けんかを買わないこと	保護する立場になる	優しくもてなされる
	狙った獲物を逃しそう	黙って去る方が無難	ストーカーに注意	歩きやすい靴が吉

茶色の服	乱れた髪	岩壁と城	灰色の空
出会い	出会い	出会い	出会い
・真面目な人との	・ワイルドな人との	・頭の固い人との	・怪しげな職業の人との
・地味で穏やかな人との	・清潔感のない人との	・裕福な相手との	・優柔不断な人との
・自信がない人との	・ルーズな人との	・家を重視する人との	・結婚願望がない人との
・堅い職業の人との	・頭髪を気にする人との	・デメリットの少ない	・乗り気でない相手との
・古風な場所での	・予期せぬ偶然の	・周囲に勧められての	・いつもいる場所での
・お膳立てされた	・関係者が複数絡む	・形式に気を使う場での	・仕事がきっかけでの
・お見合いや紹介での	・身支度をする暇のない	・上司や親戚の紹介での	・むなしさが伴う
相手の気持ち	相手の気持ち	相手の気持ち	相手の気持ち
・話題に困っている	・苦しい恋だと感じる	・上から目線で見ている	・白黒つけたくない
・連絡を待っている	・エロティックな関心	・特別扱いしてほしい	・恋愛する気分ではない
・どう返答するか迷う	・やる気を失っている	・自宅に招きたい	・日々が楽しくない
・コンプレックスがある	・面倒くさくなっている	・感情より損得が大事	・無感動に陥っている
・後ろめたく思っている	・外見を気にしている	・リスクは負いたくない	・やましい気持ちはない
・自信がなく不安だ	・後ろ髪を引かれる思い	・理想と要求が高い	・淡々と付き合いたい
・心が乱れるのは嫌だ	・何か引っ掛かりがある	・話を聞かない状態	・友達として接したい
今後の二人	今後の二人	今後の二人	今後の二人
・真面目なデートをする	・多忙で縁がつながらない	・相思相愛にならない	・あいまいな関係になる
・進展が遅い	・身だしなみに幻滅する	・欲を出すとフラれる	・告白も決断もしない
・一歩が踏み出せない	・焦って中途半端になる	・交際してもつまらない	・なんとなく交際に発展
・結婚前提の付き合いに	・感情のもつれで別れる	・玉の輿(逆玉)もある	・友達や仲間になる
・恥ずかしくて会えない	・相手から放置される	・周囲から圧力がかかる	・気持ちが薄れていく
・友達から始めるとよい	・未練が残る別れ	・家族の都合を優先する	・諦めモードになる
・見栄が破局を招く	・夢中になる	・家同士で結婚の話へ	・自然消滅の危機
・冒険は避ける方が賢明	・転職は進展しにくい	・転職の理想が高すぎる	・良い就職先がまだない
・独立せず落ち着く	・起業するには準備不足	・高い壁に阻まれる	・独立しても中途半端
・穏やかに過ごすと吉	・遅刻に気をつけて	・声がトップに届かない	・やる気と熱意の欠如
・まず空気を読もう	・資料が整っていない	・格差を感じる	・傍観しがちな傾向あり
・最低限の仕事をこなす	・カジュアルすぎると凶	・小さな事はスルーが吉	・面倒は避けるべし
・背伸びは失敗のもと	・好印象の身だしなみを	・ハッタリが求められる	・責任の所在があいまい
・保守的になりがち	・思うように進まない	・経営的な視点が必要	・結論を先に延ばしがち
・可能性を広げ過ぎないで	・感情のもつれがある	・意識を高く持つと吉	・再考するのも一つの手
・能ある鷹は爪を隠す	・問題にケリをつけよう	・卑屈になるのはNG	・程よい専門性が必要
・手広くやるのは凶	・まとめ方が重要になる	・堂々とした態度が吉	・間に入るのは吉
・手堅いビジネスが吉	・情が邪魔をする	・富裕層相手の仕事は吉	・収支のバランスが重要
・賭け事はパッとしない	・貧乏を装う人に注意	・不動産関係は吉	・可も不可もない金運
・成功が嫉妬を招くかも	・勧誘に悩まされるかも	・リゾート関係は吉	・節税ができる
・真面目に稼ぐと吉	・お金のことでもめる	・相続に関することは吉	・付き合う人を選ぶべし
・争いは避けるが勝ち	・遺品や相続の問題が発生	・貯金にツキあり	・不正なお金は遠ざけよ
・家でおとなしく過ごす	・体調管理をしっかりと	・防犯対策を万全に	・ミスを隠すのは逆効果
・無理をすると失敗する	・早めの起床が吉	・ホームパーティーは吉	・子供や動物と遊ぼう
・大は小を兼ねる	・ヘアサロンに行くと吉	・古い町の散策もよい	・雲の晴れ間を大切に
・本音をあえて隠すと吉	・身だしなみを整えよう	・治安のよい場所へ	・みだりに他人を助けない
・ゆったりとした服は吉	・理性を保つと吉	・高い場所で運気アップ	・広い場所へ行くと吉

 杯の2(逆)p.176

剣《ソード》の9

顔を覆い、悲嘆に暮れる女性。
剣のような攻撃に苦しむが、
復活と改善の兆しも見える。

逆位置

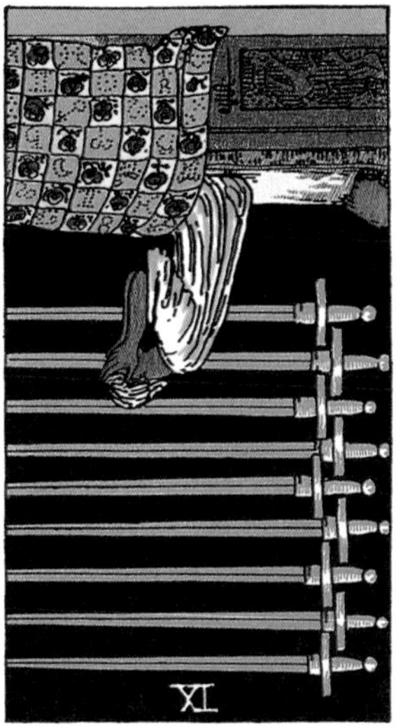

Nine of Swords

基本の物語

闇を横切る九本の剣。ベッドの女性は顔を覆い、悲嘆に暮れているようです。ベッドの側面には戦いの場面が彫刻されているので、争い事に心を痛めているのかもしれません。

前の「剣の8」には、目隠しをされ、後ろ手に縛られた人物が描かれていました。ここでは、いましめと目隠しから解放されたものの、厳しい現実を目の当たりにして、まだ苦しみが続くことを知ってしまったのです。

次の「剣の10」では、体に剣が突き立てられ、悲しい終わりを迎えます。しかしそれは、苦痛から解放される瞬間でもあるのです。

逆位置を読むポイント

正位置では、顔を覆う女性が主人公であり、背景に描かれた九本の剣は、悲劇と苦痛の象徴でした。しかし逆位置では、むしろ九本の剣こそが悲劇の主役のような存在感を放ちます。

正位置で描かれていたのが女性の悲嘆や苦しみという心理状態だったのに対して、逆位置では、苦しみの元凶となる厳しい現実そのものが、核心的なテーマとなっているのです。

なお、掛け布団が目に入りやすくなっていることから、気力がバラのように花開くこと、惑星記号に暗示される宇宙のサイクルが巡り、状況が改善に向かうことも示唆されています。

剣の9 に描かれたシンボル

・九本の剣・

剣は、攻撃性や権力、あるいは言葉や情報の象徴です。規則的に並べられた様子は、理詰めの追及、突き付けられた証拠、繰り返される非難、重なるストレスなどを表します。九本もあることから、限界が近いようです。

・漆黒の闇・

背景に広がる深い闇は、閉ざされた心や、先の見通しがつかない状況を表します。状況を打開しようとしても、剣に阻まれてしまいます。ここで無理に行動するよりは、とりあえず目を閉じ、できれば安眠することが大事です。

・枕・

しっかりした枕は、大切な頭を程よく支え、保護する役目を担っています。問題を抱え込まず、誰かに守ってもらうことも重要です。今、枕は使われていませんが、助けてくれる人の存在を思い出し、頼ることも必要です。

・顔を覆う女性・

顔を覆うポーズは現実を見たくないという心理状態を、白い服は純粋な気持ちを表します。白は無知や無防備の象徴で、それゆえに悲惨な状況を招き、攻撃を受けていることを意味します。何をすべきか分からない状態です。

・敷き布団・

敷き布団は体を支え、守るものを意味します。悩み事やトラブルがあっても、肉体の健康は維持できていること、休めば体調が回復することを表しています。あるいは、信頼できる人に委ねてみるのも良い方法かもしれません。

・掛け布団・

黄色い枠内の赤いバラは情熱や意欲の、青い枠内の占星術記号は宇宙のサイクルを表します。自然のリズムが巡って夜が明けることを信じ、生きる情熱を心に咲かせることで、この悲劇から抜け出せると教えているのです。

・側面の彫刻・

ベッドの側面には、戦いの場面が彫られています。眠って休むべきときに、事件が起きているのです。画面の左側（過去を表す）にあることから、この女性は、過去の争いに心を痛めているか、争いを後悔しているようです。

・狭い床・

今置かれている状況を表す床や地面が、わずかしか描かれていません。これが意味するのは、立場が尊重されていないことや、協力者が少ない環境です。しかし、周りの人を頼れば、闇に落ちるのを防ぐことはできるでしょう。

 運命の輪(正)p.60

剣の9を読むためのキーワード

	九本の剣	顔を覆う女性	掛け布団	漆黒の闇
恋愛	出会い ・理詰めで考える人との ・ルールに厳しい人との ・畳み掛けて話す人との ・正論を突き付ける人との ・仕事が縁での ・強制的な紹介の ・忙しいときに誘われる	出会い ・無防備な相手との ・素直で繊細な人との ・恋で傷を負った人との ・不眠気味の人との ・失恋相談が縁での ・法事などがきっかけの ・落ち込んでいるときの	出会い ・人生を楽しむ人との ・守ってくれる人との ・哲学好きな人との ・当たりが柔らかい人との ・カルチャースクールでの ・住宅街での ・旅館やホテルでの	出会い ・将来を考えない人との ・闇を抱えた人との ・隠し事の多い人との ・対人恐怖症の人との ・深夜の時間帯の ・会わずに連絡だけの ・暗い場所での
	相手の気持ち ・いら立っている ・間違いを指摘したい ・自分は悪くない ・不要な連絡は拒否する ・はっきりしてほしい ・意見や見解が合わない ・ストレスがたまっている	相手の気持ち ・やる気が出ない ・思うように進まない ・ストレスになっている ・顔向けできない ・行動を後悔している ・心が折れてしまう ・失恋した気分	相手の気持ち ・もっとお互いを知りたい ・一緒に学びたい ・価値観が一致する ・丁重に扱うつもり ・好きだけど言えない ・考え過ぎてしまう ・タイミングを待っている	相手の気持ち ・外出したくない ・不安を感じている ・楽しむことができない ・本音は言わない ・なかったことにしたい ・すでに終わっている ・良からぬ思いがある
	今後の二人 ・言い争いになる ・言葉の暴力はNG ・条件が厳しくて挫折 ・関係が破綻寸前に ・片方が言いなりになる ・連絡は控え目に ・裁判沙汰の可能性も	今後の二人 ・告白できずに終わる ・傷つくか失恋する ・苦しさが募る ・後悔しながらも続ける ・秘密を打ち明けられない ・共感がきっかけで交際へ ・精神的に限界に達する	今後の二人 ・ベストパートナーに ・短所を補い合えば吉 ・友達のような関係に ・付き合う寸前で止まる ・時間はかかるが交際に ・付き合いが長く続く ・条件が折り合えば結婚	今後の二人 ・婚約や結婚の解消 ・交際はしないと決める ・駆け落ちの可能性 ・暗転して別れる ・破局に向かっていく ・恋愛にハマりすぎる ・結婚詐欺の危険性
仕事	・圧迫面接になるかも ・独立すると敵だらけに ・一方的に非難される ・追い詰められたら逃げて ・論破されてしまう ・ハラスメントに注意 ・責任を追及される ・考え過ぎて疲弊する ・業務や連絡が多過ぎる ・証拠は保管しておこう	・転職は後戻りできない ・独立や起業を後悔する ・問題を解決できない ・ミスで自分を責める ・経験不足が露呈する ・現実が見えていない ・終わったことは忘れて ・ストレスケアが大事 ・隙を狙われないように ・疑うことも必要	・転職時期を見計らって ・独立には準備が必要 ・熱意があれば成功する ・貪欲に知識を吸収して ・兼業・副業はおすすめ ・成功と失敗が交互に ・仕事のリズムをつかもう ・リラックスしよう ・睡眠不足は大敵 ・優しくソフトな対応を	・転職先の候補がない ・起業しても破綻する ・退職や解雇の危機 ・今後の展開が読めない ・計画の頓挫 ・結果が壊滅的に ・いったんリセットを ・やり直した方が早い ・コンプライアンス重視 ・疑わしいなら関わらない
お金	・厳しく取り立てられる ・税務調査などが入る ・クレームが損失を招く ・分析してから買い物を ・悪質なサービスに注意	・悪事で稼ぐと後悔必至 ・ミスで損失を出す ・少しでも借金返済を ・賭けに出ると失敗する ・カモにされないように	・好調と不調が半々 ・流れを読んで投資を ・好きなことでは稼げない ・稼げる仕事をしよう ・出費と倹約のメリハリを	・黒字になる ・投資や資産運用はNG ・相場の動きが読めない ・闇金などは要警戒 ・怪しい勧誘は断ろう
行動のヒント	・ますはストレス解消を ・SNSを見ない方が吉 ・けんかを買わないこと ・理性を保ち頭の整理を ・自分を責めないで	・恥ずかしくない行動を ・睡眠を大切に ・白紙に戻すのもあり ・一時の現実逃避も大事 ・抱え込まずに吐き出そう	・バイオリズムに注目を ・宇宙の真理を思索して ・占いを学ぼう ・好きなことを学ぶべし ・理性と情熱のバランスを	・暗がりに近づかないで ・夜は一人で出歩かない ・悪い誘いには乗らない ・瞑想はおすすめ ・夜空を見上げよう

狭い床	枕	敷き布団	側面の彫刻
出会い	出会い	出会い	出会い
・引っ込み思案な人との	・守ってくれる人との	・支えてくれる人との	・闘争心の強い人との
・存在感の薄い人との	・物を大事にする人との	・包容力のある人との	・家族仲が悪い人との
・苦境を知る人との	・尽くすタイプとの	・大柄な人との	・アスリートや格闘家との
・忍耐強い人との	・モテない人との	・健康的な人との	・虐待経験のある人との
・恋愛に興味がないときの	・婚活で失敗した者同士の	・仲介者のお膳立てによる	・暴力的な人との
・狭い店や場所での	・顔だけで判断される	・生活圏内での	・スポーツが縁での
・気乗りしない紹介での	・旅行や出張先での	・地道に婚活中の	・親戚などの紹介による
相手の気持ち	相手の気持ち	相手の気持ち	相手の気持ち
・自信がない	・大事にしたい	・支えてあげたい	・わだかまりが残る
・うまくいかないと思う	・踏み込むべきか迷う	・わがままは聞くつもり	・発言が気に入らない
・印象に残っていない	・大切なことを教わった	・一緒にダイエットを	・嫉妬している
・あまりメリットがない	・信用されていないかも	・我慢しながらの交際	・自分の方が優れている
・我慢している	・気分が盛り上がらない	・重いと感じている	・言う事を聞いてほしい
・一発逆転を狙う	・少し欲求不満	・大事にされたい	・いら立っている
・遠慮して踏み込めない	・恋愛まで頭が回らない	・良さを発揮できない	・理不尽さを感じている
今後の二人	今後の二人	今後の二人	今後の二人
・地道に交際を続ける	・一夜だけの関係に	・盛り上がりは最初だけ	・思い通りにいかない
・結婚前提だと進展する	・交際後は放置される	・待っていても進展なし	・本格的なけんかに
・恋愛感情は盛り上がらず	・遠慮で絆が深まらない	・都合よく利用される	・DVの可能性あり
・マンネリ化する	・告白の返事が保留に	・体の関係になる	・昔のことを蒸し返す
・お互い恋愛は後回しに	・同棲・結婚は解消へ	・続けるには忍耐が必要	・過ちを繰り返さないで
・付き合っても形だけ	・遠距離恋愛になる	・生活を共にする	・ハラスメントの可能性
・何も変わらない	・夜の生活がなくなる	・同棲するが結婚しない	・結果的に別の人を選ぶ

・転職先が見つからない	・転職は幹部にアピールを	・転職より現職が吉	・面接に受からない
・非正規雇用になる	・独立すると孤独になる	・独立はしっくりこない	・独立には嫉妬が付き物
・独立すると仕事が減る	・ポストに見合う働きを	・居心地の良さを重視	・ライバル争いが激化
・今の環境にしがみつく	・組織に守ってもらえる	・広い心で受け止めよう	・ハラスメントの回避を
・閉塞感が強まる	・冒険せず安全第一で	・まずたたき台をつくろう	・関係会社とのトラブル
・昇格は上司の退任後	・リーダーに敬意を	・安全を確保するべし	・訴訟や裁判の対策を
・地味な業務ばかり	・助けてくれる人はいる	・着地点を探して	・感情的にならないで
・やりがいを感じない	・優しい対応を心掛けて	・可能性を広げよう	・過去は忘れて和解が吉
・協力してもらえない	・事態が丸く収まる	・柔軟に対応するとよい	・誹謗中傷は無視がベスト
・居場所がない	・上司に甘えてもよい	・物事の背景にも注目を	・他人でなく自分に喝を

・副業では稼げない	・困窮はしない	・最低限の貯金を	・忘れていた支払いあり
・昇給・賞与は望めない	・貯金や遺産がある	・収入減でもゼロではない	・金銭トラブルに注意
・倹約するべき時期	・親に助けてもらう	・保険が役に立つ	・強制されても払わない
・税金や保険料に苦しむ	・安眠グッズを買おう	・冒険はしない方がよい	・訴訟や脅しには専門家を
・収支共に安定する	・買い物は生活用品優先で	・買い物が増えそう	・理不尽な割り勘は拒否

・縁の下の力持ちに	・健康に勝るものなし	・いったん受け止めよう	・過去の因縁が復活する
・派手にやると失敗する	・アウェイでの活躍は困難	・休めば気力が復活する	・家族とけんかをしないで
・今は忍耐の時期	・信頼できる人を頼って	・補償や保証を受けよう	・力より知恵で解決
・支えてくれるのが真の友	・環境変化がストレスに	・柔軟なスケジュールで	・運動で発散しよう
・最悪を免れればOK	・よそで寝ると疲れる	・弱者には優しく	・下を見ず、上を目指そう

 剣の7(逆)p.256

剣《ソード》の10

己の正義に殉じた聖職者。
深い闇は終わりを暗示するが、
また朝日が昇ろうとしている。

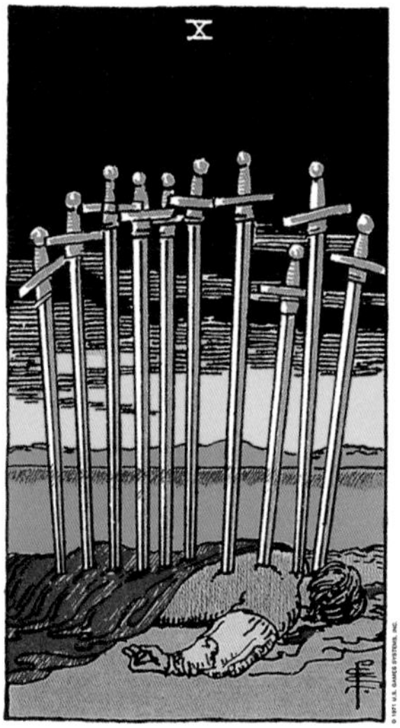

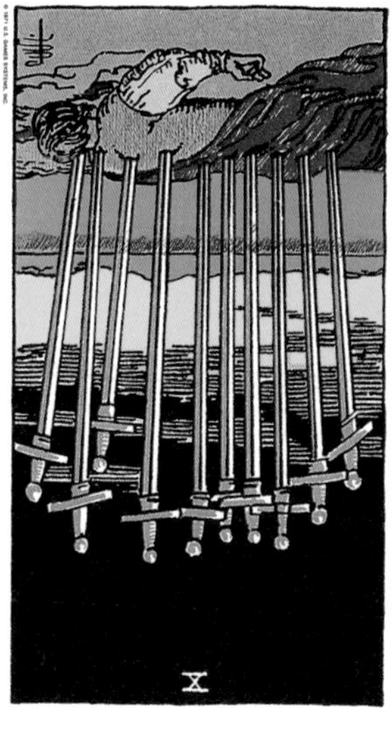

逆位置

Ten of Swords

基本の物語

うつ伏せに倒れた男性の背中に、十本の剣が突き立てられています。男性の右手が「祝福」を表していることから(p.41「教皇」の右手参照)、この人物が聖職者であることが分かります。赤い外衣は教皇などの祭服で、受難の血や気高い犠牲を表しています。

剣は正義の象徴ですから、相反する正義に屈せず、信念を貫いた末の受難であることを意味します。

前の「剣の9」が現状を悲しむ姿だとしたら、こちらは終わりを迎えた姿です。しかし、もう夜が明けようとしています。次のステップへと移らざるを得ない状態なのです。

逆位置を読むポイント

逆位置では、突き立てられた剣の攻撃性がやや弱まり、男性の背中から抜かれるのを待っているか、すでに抜けつつあるように見えます。

場面の上下で、明暗がくっきりと分かれています。正位置では、剣の刺さった男性を朝日が照らし、残酷な結末を見せている感じでしたが、逆位置では、闇から夜明けへの移行と、両者のコントラストが際立ってきます。

正位置は、闇が勝利を収める中で光が立ち上がろうとするイメージですが、逆位置は、すでに光の復活が始まる中で、闇が再び剣を取り戻すべく暗躍を開始するイメージです。

剣の10に描かれたシンボル

・空に広がる闇・

闇に閉ざされた状態を表します。周囲の状況が分からない、先が読めない、解決策が見つからないことを意味します。完全な停止、なかったことにされること、不可能なことを表すため、今は何をしても無駄なようです。

・十本の剣・

背中に突き刺さる十本の剣は、一斉に向けられた非難や悪意、一方的に押し付けられた正義です。背中に刺さっているのは、正々堂々とした攻撃ではなかったこと、それらをまともに食らってしまったことを意味しています。

・広い川と赤い色・

波がなく広い川は、穏やかな心、落ち着いた感情、全てを受容する心境を表します。赤い色が川や剣身に映り込んでいるのは、朝焼けか血の暗示でしょうか。心のどこかに怒りや争いの要素が残っていることを示しています。

・赤い外衣・

赤い外衣は、高い位階の聖職者が身に着けるもので、徳と信念を表します。それを脱ごうとしたときに刺されたようで、油断があった可能性も。赤は受難と殉教の象徴であり、尊い犠牲とその後の復活を暗示します。

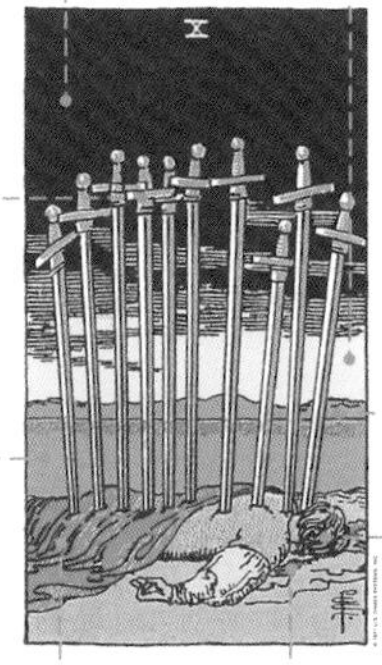

・明けゆく空・

山並みの上に広がりつつある夜明けは、希望が見えてきたことや新しいことの始まりを意味します。とはいえ、十本の剣にさえぎられて夜明けがよく見えないので、まだ手放しで喜べるような状況ではありません。

・長い山並み・

左端から右端まで続く山並みは、乗り越えるべき障壁や課題が今までもこれからも続くことを表しています。また、山が川の向こう側にあることから、すぐには解決できないこと、直接手を下せないことが暗示されています。

・横たわる男性・

物事の終焉と破綻を意味します。外衣を脱ごうとしたときに襲われたようで、油断の危険性も伝えています。抵抗の形跡がないのは全てを受け入れていることを、手が祝福を表しているのは信念を失わなかったことを意味します。

・血の流れた大地・

物事の舞台を表す大地が、人物の服や頭と同じ色です。これは、この一件が環境と密接に関わっていること、場所が大きな要因であることを示します。血が流れているのは、被害者がいることや、争いが起きていることを表します。

 剣の10(逆)p.268

剣の10を読むためのキーワード

	十本の剣	横たわる男性	赤い外衣	空に広がる闇
恋愛	出会い	出会い	出会い	出会い
	・攻撃的な人との	・失恋か離婚後の人との	・かつての成功者との	・表情が読めない人との
	・口が悪い人との	・自信を失った人との	・隙がある人との	・心に闇を抱えた人との
	・口数が多い人との	・浮気された人との	・バツイチの人との	・秘密の職業の人との
	・理詰めで語る人との	・誠意のある人との	・信仰心のある人との	・恋愛に興味がない人との
	・指定された場所での	・不意に声を掛けられての	・気が緩んでいるときの	・深夜の時間帯の
	・仕事関係での	・けがや病気のときの	・宗教関係での	・言葉のやりとりだけの
	・討論会や会議での	・失恋した直後の	・人に尽くした後の	・知らない場所での
	相手の気持ち	相手の気持ち	相手の気持ち	相手の気持ち
	・放っておいてほしい	・もう諦めた	・過去と比べている	・引きこもりたい
	・やましいところはない	・ふてくされている	・気が抜けている	・対人恐怖症である
	・追及したいことがある	・気分が重い	・情熱が続かない	・何も感じない
	・連絡をとりたい	・先に進めない	・自己犠牲に疲れた	・なかったことにしたい
	・改善するべき点がある	・合わせる顔がない	・これ以上は無理	・関係を終わらせたい
	・終わりにしたい	・連絡がストレスになる	・早く報われたい	・悪事に引き込みたい
	・自分は悪くない	・すでに終わっている	・自然体になれない	・かなりの依存状態
	今後の二人	今後の二人	今後の二人	今後の二人
	・関係が終わる	・交際が終わる	・付き合ったら冷める	・完全に終わる
	・一方的に相手を責める	・交際の継続を諦める	・熱意を失ってしまう	・溺れると破滅に向かう
	・修羅場を迎える	・連絡がつかなくなる	・昔のようにはいかない	・周りに迷惑をかける
	・口論が激化する	・婚約解消や離婚	・犠牲の上に成り立つ	・どちらかが姿を消す
	・修復する必要あり	・相手の幸せを祈る別れ	・油断すると裏切られる	・依存状態に陥る
	・口が災いのもとになる	・関係を一からやり直す	・自分を取り戻すと交際へ	・会えなくなる
	・愛が憎しみに変わる	・諦めたら好転する	・信頼関係があれば続く	・やり直した方がよい
仕事	・転職せざるを得ない	・前向きな転職は難しい	・転職はキャリアダウンに	・転職できない
	・独立するにはまず離職	・起業前に話がつぶれる	・独立すると邪魔される	・独立しても前進しない
	・自分が責任をとる羽目に	・プロジェクトの頓挫	・昔の栄光は通用しない	・キャリアの見直しを
	・企画の中止や頓挫	・結果が出ず力尽きる	・世代交代の波がくる	・先が見えなくなる
	・失敗と敗北が決定的に	・他の人に任せること	・人の犠牲にならないで	・何をやっても無駄になる
	・一方的に非難される	・全ての責任は負えない	・服装が印象を決める	・状況の把握が不可能
	・厳しい口調に注意を	・失敗を潔く認めよう	・降格か減給の可能性あり	・結果は運任せ
	・一人で抱えないこと	・休息が必要	・挫折後の復活を狙って	・お手上げ状態になる
	・ストレスが最高潮に	・迎合より撃沈を選んで	・信念に固執しないこと	・現状からいったん逃避を
	・諦めて休むことも大事	・これ以上は悪くならない	・立場に安住しないこと	・やり直すしかない
お金	・取り立てが激しくなる	・収入が途絶える	・結局赤字になる	・とりあえず黒字に
	・報酬に見合わない激務	・お金が振り込まれない	・カモにされないように	・相場の動きが読めない
	・債権を回収するべき	・未払いで泣き寝入り	・出費を拡大させないで	・支出を抑えるべし
	・首が回らなくなる	・お金が足りなくなる	・自分のための出費は吉	・闇金の誘惑を断って
	・清算する方向で考えて	・有り金を使ってしまう	・採算の度外視はNG	・詐欺を警戒しよう
行動のヒント	・誹謗中傷から逃げて	・今は動かない方がよい	・過去の栄光は脇に置く	・一寸先は闇、慎重に
	・開き直りと諦めも重要	・諦めて現実を認めよう	・立場が脅かされそう	・怪しい人から逃げて
	・ストレスケアが最優先	・プライドや意地は不要	・失敗は成功の母	・バレなくても悪事はダメ
	・理不尽な圧力に屈しない	・スッキリと終わらせて	・肩書に惑わされないで	・深夜の活動がはかどる
	・正義は絶対ではない	・質の良い睡眠を	・有名人もただの人間	・目と頭を休めよう

血の流れた大地	明けゆく空	長い山並み	広い川と赤い色
出会い	出会い	出会い	出会い
・似た境遇の人との	・明るい人との	・婚活歴の長い人との	・穏やかな人との
・目立たない人との	・若い人との	・人見知りをする人との	・寛容で心が広い人との
・持病のある人との	・楽観的な人との	・孤独を好む人との	・情緒的な人との
・問題児との	・恋愛経験の浅い人との	・めったに会えない人との	・怒ると怖い人との
・事故や争いが縁での	・朝の時間帯の	・知らない土地での	・飲み会や食事会での
・医療機関での	・開店直後の店での	・規律の厳しい相談所での	・交友関係から広がる
・困っているときの	・新たな物事が縁での	・会わずにやりとりする	・水の流れる場所での
相手の気持ち	相手の気持ち	相手の気持ち	相手の気持ち
・被害者だと思っている	・気持ちが高まっている	・距離を保ちたい	・落ち着いて判断したい
・説明してほしい	・明るい気分になる	・気持ちが冷めている	・踏み込みたくはない
・争う構えでいる	・前向きに考えている	・恋愛に興味はない	・いろいろ考えたくない
・打ちのめされている	・魅力を感じている	・一人にしてほしい	・穏やかに受け入れる
・消耗してしまった	・本性が分かってきた	・連絡は最低限で	・波風は立てたくない
・特別な感情はない	・はっきりさせたい	・克服すべき障害が多い	・怒りを静めている
・マンネリを感じている	・何も心配していない	・うまく対話できない	・好きな感情を隠している
今後の二人	今後の二人	今後の二人	今後の二人
・特に変化はない	・少しずつ打ち解ける	・遠距離で会えない	・大きな変化はない
・お互いが空気のよう	・希望がつながる	・溝が埋まらない	・友人としてつながる
・同棲すると関係が続く	・和解に向かう	・なかなか進展しない	・みんなで仲良くする
・遠距離だと別れそう	・うそや隠し事が露見する	・互いに決心がつかない	・片思いで我慢する
・けんかになる	・結果がはっきり出る	・歩み寄りは根気強く	・良好な関係を維持する
・傷ついて離れる	・中途半端な関係の終了	・そっけない連絡が増える	・優しくされて満足
・話し合えば修復できる	・将来を考え始める	・気持ちを切らさないで	・順調に続いていく
・転職は失敗に終わる	・転職活動を始める好機	・転職のチャンスがない	・転職より残留を
・独立は赤字でも吉	・起業にはまず計画を	・なかなか独立できない	・独立しない方がよい
・共同作業は摩擦あり	・先のことを考えよう	・問題が解決できない	・恵まれた環境になる
・目立つとたたかれる	・新しい物事に挑戦を	・厳しい状況が続く	・満足できる状態になる
・リストラや減給も	・希望を持とう	・企画が通らない	・全体としては成功する
・権力争いが勃発する	・企画が立ち上がる	・目標までの道は遠い	・個性は出せない
・もめ事から逃げよう	・対人関係の改善	・上の理解が得られない	・落ち着いて仕事ができる
・組織に埋もれそう	・失敗は忘れて次に進もう	・蚊帳の外に置かれる	・人間関係が良好に
・環境で結果が決まる	・明るい兆しが見える	・行動より忍耐の時期	・甘んじることなく挑戦を
・責任を求められる	・調子が上がってくる	・異動や転勤がある	・平和の裏に争いの種あり
・事業が赤字になる	・借金返済のめどが立つ	・融資や審査に通らない	・欲を出さなければ満足
・出費が多くなる	・先の見通しを立てよう	・しばらく支払いが厳しい	・買い物は焦らずに
・実家の支援が得られそう	・将来性に投資しよう	・稼ぐチャンスがない	・あくせくしない方が吉
・安定収入に救われる	・深夜の通販はNG	・お金が自由に使えない	・おごるのは控え目に
・非常時に備えよう	・新たな挑戦で稼ぐべし	・物入りの時期	・付き合いでの出費あり
・自分の居場所を大事に	・早起きをしよう	・我慢が必要なときもある	・心に余裕を持とう
・仲間割れの可能性あり	・新しいことにツキあり	・距離を保つ方が無難	・友情を大事に
・下手に首を突っ込まない	・新陳代謝を活発に	・無理は禁物	・大きな心で受け止めて
・家族に向き合おう	・嫌なことは寝て忘れる	・長期的な課題に挑戦を	・ゆっくりでもよい
・けがや貧血に注意して	・絶望が希望に変わる	・トレーニングを続けて	・静かに闘志を燃やそう

剣の9(正)p.264

剣《ソード》のペイジ

剣を掲げて周囲を警戒する。
敵がどこから来ようとも、
素早く対応できるように。

逆位置

Page of Swords

基本の物語

不穏な雲が湧き上がり、風が吹きつける中、周囲を警戒しながら剣を掲げる若者の姿。スパイとして見知らぬ土地に赴くのでしょうか。それとも、なんらかの情報を得て帰途に就いたのでしょうか。緊張感が漂います。

一つ前の「剣の10」では、ダメージを受けた人物が倒れていましたが、このカードでは立ち直り、同じ失敗を繰り返すまいと、周囲の気配を感じ取ろうとしています。次の「剣のナイト」では馬を駆っているので、これから走る道に障害物がないかを探り、危機管理をしているわけです。

動きのあるカードであり、状況が変化するときや、早めに行動を起こすべきときに、しばしば現れます。

逆位置を読むポイント

逆位置では、ペイジの体の傾きが不自然に見えてきます。正位置では、軸足の左足と体が地面に対して垂直で、頭と右足が左に傾いていますが、逆位置では、剣から右の爪先までの斜めのラインが強調されます。

この違いから、何が読み取れるのでしょう。ペイジが視線の先に何かを見つけたとき、それを観察するのが正位置で、逃げ出そうとするのが逆位置なのです。また、逆位置では波打つ地面や海が目立ち、より切迫した雰囲気が伝わってきます。

剣のペイジに描かれたシンボル

入道雲と青空

青空に湧き上がる雲は、予期せぬ出来事の発生を暗示します。雲は、形の定まらない事柄、変更が多いこと、あいまいな指示、うわさの拡散などを意味します。それらは唐突に湧き上がり、すぐに消えていくでしょう。

空を飛ぶ鳥

鳥は軽さや移動の象徴で、ここでは空気や風も表します。さらに、会話やうわさ、現代ならばSNSの他、軽やかな思考や理性などを意味します。空高く飛ぶのは直接的な関係がないこと、数は回数や情報量の多さを示します。

掲げた剣

どこか危なっかしい手つきですが、両手で持っているので、剣を扱うことはできそうです。道を切り開く、決断を下す、敵を退ける、切れ味の鋭い批判などを意味します。また、剣先が見えないのは、視野の狭さを表します。

赤いブーツと足先

赤いブーツは、歩く、走るなどの行動にエネルギーが向かっていることを意味します。顔と左足先の向きが逆なのは、思考と行動が一致していない暗示。右足は爪先立ちで、落ち着きのなさや臨機応変な対応を表しています。

風になびく髪

縛った髪は、自分の考えをまとめたいという思いや、未解決の問題にとりあえずふたをしたいという心理を表します。なびく髪が黒いのは、後ろ暗いところがあるから。風が吹いて流れが変わり、髪も心も乱れはじめています。

風になびく木

厳しい叱責、非難、強い圧力を受けて、耐えている様子を表します。二本あることから、一人で矢面に立たされるのではなく、二人で向かい風に直面するか、誰かを巻き添えにする(される)ことになりそうです。

服装

黄色い服と緑色のタイツは健康の証し。若々しさや元気さ、子供のような落ち着きのなさや衝動的な行動を表します。地味な色のチュニックは、人になめられたくない、目立ちたくないという思いを表します。

隆起した地面

勾配と凹凸のある地面は、一歩進むたびに状況が変わることを暗示します。不用意に走り出せば、足を取られて転ぶかもしれません。よそ見をすることの危険性と、複雑な状況をうまく渡っていくことの重要性が示されています。

波立つ海

嵐が近づいてきたのか、風が吹きはじめ、雲が湧き上がり、海上では波が高くなってきました。波立つ海は、はやる気持ちや感情の高ぶり、また、抑圧された思いが無意識から浮かび上がってくることを表しています。

 金貨の6(正)p.312

剣のペイジを読むためのキーワード

	掲げた剣	服装	入道雲と青空	風になびく髪
恋愛	出会い	出会い	出会い	出会い
	危なっかしい人との	元気で明るい人との	ゴシップ好きな人との	風変わりな人との
	いきがるタイプとの	健康志向の人との	落ち着きのない人との	だらしないタイプとの
	視野が狭い人との	年が若く見える人との	疑惑がある人との	過去を引きずる人との
	決断力がある人との	素朴なタイプとの	自慢したがる人との	結論を延ばす人との
	セミナーや交流会での	定食屋や居酒屋での	雑多な人の集まりでの	気持ちが乱れたままの
	仕事関係の縁での	スポーツを通じた	予定を変更した会での	暗い場所での
	簡便なアプリでの	美容·健康関連が縁の	急な連絡がきっかけの	職場を出た直後の
	相手の気持ち	相手の気持ち	相手の気持ち	相手の気持ち
	早く進展させたい	交流を楽しんでいる	うわさを信じてしまう	気持ちを整理したい
	警戒している	平気なふりをしている	疑念が生じている	考えがまとまらない
	見下されたと感じる	もっと気を引きたい	うまくいかない予感	突き放す気はない
	疑心暗鬼になっている	郊外で暮らしたい	予期せぬことが発生	過去のしがらみがある
	強がっている	派手なのは苦手だ	急に好きになる	後ろめたいことがある
	仕事を優先したい	自然体でいきたい	気持ちが理解できない	心変わりしつつある
	しがらみを断ちたい	自分の幼さが劣等感に	心変わりしている	今は恋愛が邪魔
	今後の二人	今後の二人	今後の二人	今後の二人
	口論して険悪に	健全な付き合いに	互いに腹を探る状態	恋愛は後回しにされる
	焦り過ぎると断られる	若さ全開で遊びに行く	心が離れてしまう	片思いで心が乱れる
	好きなのに拒否する	健康増進を共に目指す	突発的に付き合う	ライバルに嫉妬する
	言葉で傷つくか傷つける	若づくりや見栄は逆効果	うわさに翻弄される	三角関係になる
	失言から破局へ	目立たないよう交際する	交際と破局を繰り返す	短所を見ずに交際する
	見切り発車で付き合う	金銭感覚が合わない	浮気に悩まされる	未練に苦しめられる
	慎重になれば交際へ	年の差は問題なし	被害妄想からけんかに	別の人を好きになる
仕事	転職を決断する時期	転職が収入減を招く	転職や独立に暗雲	転職より退職の検討を
	挑戦には不安が伴う	独立すると目立てない	風向きが悪く変わる	過去にとらわれている
	真の権力者が見えない	経費を削減される	うわさが一人歩きする	後回しにしてはダメ
	明言がツキを招く	疲れがたまっている	誤った情報の拡散	情報や連絡の錯綜
	全体を見る努力を	表情が暗くなりがち	ネットのトラブル発生	後始末を頼まれるかも
	決断の準備を怠りなく	小さくまとまるのは凶	具体化が進まない	特定の人と縁がある
	サポートが必要	楽しめることから着手を	豊かなイメージが必要	人間関係のもつれあり
	片手間は失敗の元	もめずにうまくやれる	決断の時期ではない	情を断ち切れない
	批判は本人の前で	企画が改変される	不確定要素が増える	後ろ暗い仕事に縁あり
	厳しすぎる言葉はNG	地味ながら成果が出る	真偽を見抜くべし	周囲に振り回される
お金	断捨離が金運を招く	十分な利益が出る	デマや詐欺に警戒を	貸した金が戻らない
	リスク回避の工夫を	地道なビジネスで稼ぐ	不審な話は遠ざけよう	利子が支払えない
	売り買いの決断は早く	好きな仕事で稼ぐ	株価が上昇する	黒字になる
	詐欺や甘い話に警戒を	無難なやり方が吉	お金が一瞬で消える	金銭授受に問題が発生
	大手の方が安心	倹約して貯金すべし	正しい情報を選ぶべし	割り勘トラブルに注意
行動のヒント	買い物はサイズの確認を	エコへの取り組みは吉	警察や権力の介入	他人に執着されるかも
	油断するとけがをする	食事と健康に配慮を	ストーカーに注意	友人と会うのは延期を
	口論を避ける努力を	人と会うなら自然体で	誤解を招く行動はNG	整理整頓は明日以降に
	ダイエット宣言は吉	汚れてもよい服装が吉	中止や延期になるかも	髪のカットは吉
	防犯対策を万全に	お見舞いと帰省は吉	自由に変更できる	運動が幸運を招く

その他のシンボル　**波立つ海**　満を持しての行動　繰り返す　盛り上がる　時間が迫る　興奮　不安

赤いブーツと足先	風になびく木	隆起した地面	空を飛ぶ鳥
出会い	出会い	出会い	出会い
・行動的な人との	・憔悴している人との	・性格が複雑な人との	・話上手な人との
・陸上競技の好きな人との	・弱気な人との	・感情が激しい人との	・連絡がまめな人との
・運動・散歩仲間との	・忍耐強い人との	・言動が変わる人との	・知的な人との
・落ち着きのない人との	・いじめられっ子との	・複数候補がいる人との	・雲の上の存在との
・スポーツ観戦が縁の	・悪天候の屋外での	・異業種交流会での	・メッセージだけの
・偶然立ち寄った場所での	・友達と一緒の場での	・落ち着かない場所での	・旅行や出張中の
・自分から動いた結果の	・周囲に批判されがちな	・人間関係が複雑な	・トントン拍子に進む
相手の気持ち	相手の気持ち	相手の気持ち	相手の気持ち
・どこかへ出かけたい	・成り行き任せの状態	・気分で動いてしまう	・上の空になっている
・マンネリは嫌だ	・反論ができない	・自分が分からない	・他人事のように感じる
・将来のビジョンがない	・嵐が去るのを待つ	・連絡がうっとうしい	・もっと情報が欲しい
・葛藤を抱えている	・自分の信念がない	・恋愛に集中できない	・乗り換えてもいい
・勢いに真心が伴わない	・我慢するしかない	・約束はできない	・メールで済ませたい
・会って盛り上がりたい	・自分から発信はしない	・調整が必要な課題あり	・重い恋愛は避けたい
・臨機応変に対応できる	・親友などに恋愛相談中	・ついていくのが大変	・早い進展を望む
今後の二人	今後の二人	今後の二人	今後の二人
・情熱だけで結ばれる	・すがりつかれて甘やかす	・急に仲良くなる	・遠距離恋愛になる
・成り行きで付き合う	・反対を押し切って交際	・会えるけど進展しない	・手が届かない
・交際後に後悔する	・許されない関係に	・心移りする(される)	・会うことができない
・言葉と行動が一致しない	・問題が改善されない	・別れと交際を繰り返す	・連絡のやりとりだけ
・結婚の約束は口先だけ	・返信がなくなる	・浮気が発覚する	・過大評価してしまう
・自信を失い弱気になる	・追及すると逃げられる	・複数候補と同時進行	・結婚なら移住の可能性
・自分勝手に離れていく	・周囲から重圧がかかる	・都合よく振り回される	・相手の友人攻略が鍵
・積極性のアピールは吉	・高圧的な人物に接する	・転職は紆余曲折あり	・転職は広い視野で
・熱意だけでは進まない	・独立や起業は危険かも	・資金が十分なら独立可	・起業は業界全体を見て
・冷静さも情熱も必要	・叱責や非難を受ける	・修正しながら進行する	・チームワークを大切に
・机上の空論ではダメ	・巻き添えを食らう	・バランス感覚が必要	・重責は回避が正解
・勇み足に注意	・逆風をまともに受ける	・刻一刻と状況が変化する	・横のつながりが重要
・兼務することになる	・忍耐が必要な時期	・情緒的な指示は拒否を	・問題から距離を置く
・外回りや移動は吉	・クレーム対策を万全に	・一点集中で運気アップ	・移動に縁がある仕事
・軽い運動で効率アップ	・プレッシャーがかかる	・リスク管理が重要	・流行に乗る方がよい
・根本的な部分の確認を	・弱い立場だと流される	・臨機応変な対応を	・スピードを重視すべき
・現場の状況を優先して	・ハラスメントに注意	・転ばぬ先のつえを用意	・日帰り出張は吉
・赤字になりがち	・今は耐えるとき	・相場は乱高下する	・成功者に会うと吉
・損失補填は後回しに	・借金の取り立てに遭う	・現実を直視すべき	・経営的な視点が大事
・援助を受けられる	・おごる羽目になるかも	・時流を読んで金策を	・おしゃべりで得をする
・営業活動で金運アップ	・たかりに屈しないで	・地道に倹約すると吉	・最安値を要チェック
・体力勝負で稼ぐ	・他人の損失にも配慮を	・資金援助には感謝を	・ITを駆使すると吉
・外出が幸運を招く	・強風に用心しよう	・転倒に注意	・フットワークは軽く
・靴をじっくり選ぶと吉	・悩みは誰かに相談を	・機嫌が変わりやすい	・空の旅はおすすめ
・足の向くまま行動を	・他人を責めてはダメ	・一瞬一瞬を味わうと吉	・軽やかな会話が吉
・徒歩の方がよい	・静かに過ごすと吉	・一歩を踏み出すと吉	・SNSを上手に使おう
・足腰の冷え対策を	・移動は最小限に	・個室か自宅で過ごそう	・情報は最新のものを

剣《ソード》のナイト

正義の剣を掲げて疾駆する騎士。
それが暴走かもしれないことを
馬だけが気付いている。

逆位置

Knight of Swords

基本の物語

馬上で剣を掲げ、疾駆するナイト(騎士)。全カード中、最もスピード感があり、全力で己の道を突き進む勇猛さと迷いのなさを表しています。

前の「剣のペイジ」は、辺りを見渡して敵を警戒していました。続くこのカードでは敵や進むべき道が明確になり、脇目も振らずに前進しています。次の「剣のクイーン」は、左手を差し出して敵を受け入れているようにも見えますが、右手の剣は高く掲げられ、糾弾の姿勢を崩しません。この騎士も女王も、不正には厳しく対処するでしょう。ただ、女王が罪を憎んで人を憎まないのに対し、前のめりに正義の剣を掲げる騎士は視野が狭く、余裕と経験の乏しさがうかがわれます。

逆位置を読むポイント

正位置では、前進する騎士が主役ですが、逆位置になると、むしろ馬が目立ってきます。騎士をチラリと横目で振り返る馬は、このまま突き進むことに疑問や恐れを抱いているようにも見えます。ピンと伸びた前足からは、硬直した様子が感じられます。あるいは、少し疲れたのかもしれません。

剣は正義や理性を表しますが、馬が表すのは本能や衝動です。逆位置では、むしろ正義が暴走していること、また、本能(馬)はそれに気付いていることを示しているのです。

剣のナイトに描かれたシンボル

・振りかざした剣・

剣は、正義、ルール、判断力、鋭い言葉、強い信念などを表します。剣を持つ人物が前のめりで、しかも剣先が画面からはみ出しているので、行き過ぎた正義、ルールの曲解、非情な言葉などを暗示するとも解釈できます。

・羽根付きかぶと・

固い守りに俊敏さが加わったことを暗示します。色は赤なので攻撃のイメージですが、ここでは守備を固めながら機敏に動くことが最大の攻撃になります。バイザーを上げているのは、良好な視界を確保するためです。

・雲が流れる空・

青い空に風が吹き、ギザギザの雲がたなびいています。これは、空気の不安定さと複雑な風を表し、複数の事項の始まりと終わり、そして変化を暗示しています。風向きや状況の変化が読みにくい状況であることを意味します。

・赤いマント・

血の色のマントは戦場を象徴し、勇敢さ、気性の荒さ、闘争本能、怒りなどを表します。画面から切れているのは、関係のない人を巻き込んでも気付かないことを意味します。自分の周囲を確認してみる必要がありそうです。

・疾走する馬・

たてがみを風になびかせ、全力で走っている様子が伝わってきます。騎士を横目でうかがっていることから、自分の意志というより、誰かに指示を受けるか背中を強く押されて、ひたすら走っているのでしょう。

・よろいとコート・

よろいは、頑丈さと守りの堅さを意味します。その上に羽織ったサーコートには軽やかさと速さの象徴である鳥が描かれ、軽快な語り口や素早い反応などを示しています。固い意志を持って迅速に行動することも表しています。

・二本の木・

風を受ける二本の木は、変化していく状況に影響されながらも、それを遠くから眺めている人々の存在を暗示しています。巻き込まれたくないという気持ちや、離れたところで様子をうかがっていたいという心境を表しています。

・荒涼とした丘・

太陽に照らされて明るい部分は、正しい場所や進むべき道を表しています。平坦ではありませんが、邪魔されずに走れるでしょう。下手に考え込むと、奥にある暗い場所へ迷い込んでしまいます。前進あるのみでしょう。

・手綱などの馬具・

馬具は、馬(本能や衝動)を制御するものです。灰色の頭絡と手綱は、衝動的な行動を抑える規則の象徴です。胸懸に描かれた赤い鳥は飛び立とうとする情熱やエネルギーを、黄色い蝶はそれを導く魂や目標を表します。

 棒の4(正)p.124

剣のナイトを読むためのキーワード

恋愛

	振りかざした剣	羽根付きかぶと	赤いマント	よろいとコート
出会い	・真っすぐな人との	・意外に頑固な人との	・熱く語る人との	・有言実行の人との
	・押しが強い人との	・行動的な人との	・けんかっ早い人との	・根が真面目な人との
	・言葉がきつい人との	・本音で語る人との	・情熱的な相手との	・連絡がまめな人との
	・正義感が強い人との	・結論を急ぐ人との	・乱暴な人との	・警戒心が強い人との
	・規則にうるさい人との	・テーマパークでの	・ライバル争いの末の	・安全な飲み会での
	・強引な誘いによる	・なりふり構わないときの	・人を巻き込む形での	・健全な紹介で意気投合
	・義務的な紹介による	・写真で判断して失敗する	・トラブルがきっかけの	・真面目な交流会での
相手の気持ち	・約束を守ってほしい	・本音を打ち明けたい	・いら立ちを隠せない	・過去が足かせ
	・言いたいことは言う	・正直になってほしい	・恋心が燃えている	・建前を語ってしまう
	・自分の方が正しい	・勇気を出している	・ムキになっている	・トラウマをごまかす
	・力ずくで行動する	・覚悟は決まった	・他にも声を掛けている	・ギャップに惹かれる
	・明確な意志を伝えたい	・重い腰を上げる	・将来は考えていない	・緊張が解けない
	・すでに決断している	・真剣に将来を考える	・細かい連絡は不要	・表面的な会話をしがち
	・前のめりになっている	・結論を急いでいる	・気遣いや配慮は面倒	・慎重に進めたい
今後の二人	・強引に付き合う	・将来を見据えることに	・公然の仲になる	・一線を越えられない
	・進展が早過ぎる	・お互いに固さが取れる	・ライバル争いに発展	・友達止まりが続く
	・言葉の暴力に悩む	・晴れてフリーになる	・DVには注意を	・告白すれば成功する
	・約束を守らずけんかに	・慣れてきて素を出せる	・情熱的な日々を過ごす	・真剣な話をはぐらかす
	・よく考えずに交際	・ようやく実際に会える	・ますます好きになる	・結婚を意識することに
	・冷たく当たられる	・突然好きになる	・けんかをしても仲が良い	・見合いだとすぐに進展
	・結婚を急ぐことに	・親との顔合わせをする	・燃え尽きて疎遠に	・ガードが固く成就せず

仕事

振りかざした剣	羽根付きかぶと	赤いマント	よろいとコート
・転職は最後にコケる	・転職は堅実かつ迅速に	・転職は数を打つと成就	・転職は慎重に
・独立や起業を焦らない	・独立のチャンス	・独立は赤字になりそう	・プレゼン力を生かそう
・新たな道を切り開ける	・視野が狭くなりがち	・ある意味で今がピーク	・会話で相手を攻略
・急ぎ過ぎの傾向あり	・地道に結果を出す	・迷惑をかけているかも	・改革の時期ではない
・規則を人に強制しがち	・逃げずに立ち向かおう	・怒りは回避するべし	・外は旧式、中は最新で
・パワハラに注意	・早口で煙に巻ける	・仕事への情熱が大事	・SNSで広範な告知を
・正論を振りかざさないで	・小さなリスクは問題なし	・熱意が人を動かす	・企業の規則は順守を
・言葉使いを柔らかく	・自分からアピールを	・闘争本能を発揮すべし	・外面だけは華やかに
・統率力を発揮すべし	・時流を考えて再構築を	・攻めの姿勢あるのみ	・リスク管理を怠らない
・プレゼンは勢いが大事	・情熱とハッタリが効く	・派手なアクションが吉	・伝統と流行のコラボを

お金

振りかざした剣	羽根付きかぶと	赤いマント	よろいとコート
・収入源の開拓は吉	・手堅い収入源の確保を	・赤字を減らす工夫を	・守りに徹するべし
・丁寧な対応で金運上昇	・あぶく銭は消えやすい	・自転車操業はNG	・ハッタリが通用する
・焦って買わないこと	・口のうまさで稼げる	・金銭の貸し借りはダメ	・確かな情報が運を招く
・予定以外の出費は凶	・募金は安全な団体へ	・懸案事項の解決を	・資金集めの好機
・価格の交渉も大事	・貸借は基本的にNG	・見栄が金運を下げる	・補償や援助が得られる

行動のヒント

振りかざした剣	羽根付きかぶと	赤いマント	よろいとコート
・しゃべりすぎないで	・本人と対面して判断を	・出血に注意	・会話では愛想よく
・用法・用量を守ろう	・頭を守る工夫が必要	・迷惑な人にならないで	・警戒を解かないこと
・新しい店の開拓を	・軽い会話を楽しむと吉	・肉など力が出る食事を	・運動してダイエットを
・強い言葉が身を守る	・重い腰を上げよう	・口ではなく背中で語る	・大事な物には覆いを
・地位で人を見ないで	・視野を広げて	・スポーツや競争は吉	・飛行機での移動は吉

その他のシンボル　**二本の木**　遠慮がちな人　薄い存在感　距離をとりたい　傍観者　協力者　黒幕　故人

疾走する馬

出会い
- 衝動的な人との
- 欲に忠実な人との
- 操縦しやすい人との
- 落ち着きがない人との
- たまたま気が合っての
- 何かに登録してすぐの
- 車内や機内での

相手の気持ち
- 次のステップを急ぐ
- 一緒に出かけたい
- おとなしく従っている
- あまり待てない
- 逃げ出したい
- 別の人を当たりたい
- 関係を持ちたい

今後の二人
- 衝動的に関係を持つ
- 他の人に興味がいく
- 逃げられる
- 別れを拒否して交際継続
- 共依存の関係になる
- 相手の言いなりになる
- 結婚を急かされる

- 転職先候補は一社が吉
- 起業を急がないで
- 短期の目標設定が正解
- 前向きな態度が成功の鍵
- 過去にこだわらないで
- 迷うと道を見失う
- 一つのことに集中を
- 勢いが必要
- 背中を押してもらおう
- 考えるより行動を

- 不要な買い物はNG
- 企画だけでは稼げない
- 行動が金運を上げる
- 迷うと出費がかさむ
- 大盤振る舞いは凶

- 競技やスポーツは凶
- 素早く移動しよう
- 走ってストレス発散を
- 寄り道は避けること
- 信頼できる人と会おう

手綱などの馬具

出会い
- 束縛したがる相手との
- 理想を語る人との
- 支配欲がある相手との
- 恋に恋する人との
- 式典などでの
- 目的を共にする人の
- 手軽なアプリでの

相手の気持ち
- 思い通りにしたい
- 理想に近づいてほしい
- ルールにこだわる
- あなたをリードしたい
- 夢を一緒に追求したい
- 関係を自慢したい
- 恋愛を美化している

今後の二人
- ストーカー行為に発展
- 相思相愛は勘違いかも
- 妄想で片思いを楽しむ
- 実際に会うと幻滅する
- 恋に恋する状態
- 束縛がひどくなる
- 導き、導かれる

- 転職が自由にできない
- ブラック企業に注意
- 組織に隷属しないで
- 仕事を押し付けられる
- 自分の意志が通せない
- 机上の空論になりがち
- 圧力に屈するのはNG
- 意図が伝わりにくい
- コントロール力が必要
- 関係者が暴走するかも

- 資金の流出に注意
- 株やギャンブルはNG
- 稼ぎに執着しないで
- うわさは当てにならない
- 信頼できる店で買おう

- スケジュールの厳守を
- 動物園はおすすめ
- 人任せにしないで
- 相手に強要しないで
- 発言を自制するべし

雲が流れる空

出会い
- 忙しい人との
- 情緒不安定の人との
- 定職に就かない人との
- 経歴を偽る人との
- 野外活動での
- 急展開での
- 友達から告白される

相手の気持ち
- 先が読めず不安になる
- 焦っている
- 連絡がとれない
- 自分は軽く見られがち
- あなたに安心できない
- 気分の変化が激しい
- 忙しいと恋愛が後回しに

今後の二人
- 心変わりする
- 約束が守られない
- 信頼関係が揺らぐ
- 気分次第で関係が変化
- 交際すると飽きられる
- 急に進展する
- 多忙のために会えない

- 転職や異動が白紙に
- 時流に乗ることが重要
- 急な呼び出しや出張あり
- 企画が空中分解しそう
- 状況が読めない
- 感情に巻き込まれそう
- 偽の情報が広まる
- 異分子が入り込む
- 逆境から脱出する
- 驚く知らせがある

- あいまいな話は退けて
- 好調なときこそ節約を
- 時代に先んじると吉
- 貯金は難しいかも
- 短期的には稼げる

- 空の旅は遅延の可能性
- 野外活動は天候に注意
- SNSが荒れるかも
- 流行に乗るのはOK
- 情報に惑わされないで

荒涼とした丘

出会い
- 表裏のある人との
- 明るく振る舞う人との
- 事なかれ主義の人との
- 感情に波がある人との
- オフィシャルな場での
- 昼間か夕方の
- アウトドアでの

相手の気持ち
- 明るく接している
- 無理をしている
- 後ろめたいことがある
- 相性に不安がある
- 嫌な部分は見たくない
- 前向きな関係だと思う
- 気分が上下しやすい

今後の二人
- 警戒しつつ仲良くなる
- 晴れて関係を公にできる
- 楽しくデートを重ねる
- 二股の状態に
- 別居状態になる
- 短所が見えてくる
- 表向きは関係を続ける

- 転職は正々堂々と
- 王道のやり方が吉
- 協力者に左右される
- 峠を越えられそう
- 機密が露見する
- 苦手な人にこそ笑顔で
- 進捗の「見える化」を
- 秘密を共有しないこと
- 方向転換は凶と出る
- おおらかさが必要

- 不正なお金は遠ざけて
- 明朗会計がツキを呼ぶ
- 後ろ暗い援助は拒否を
- 明確な計画で金運上昇
- 現金を大事に

- 日光浴がおすすめ
- 早寝早起きで運気上昇
- 散歩やジョギングは吉
- 明るく振る舞おう
- 派手さより素朴さが吉

剣《ソード》のクイーン

厳しい表情で剣を掲げる女王。
だが、左手は受容を示している。
その信念が問い直される可能性も。

逆位置

基本の物語

玉座の女王は表情が険しく、右手に剣を掲げているためか、怖そうな印象があります。でも、左手を差し出し、何かを受け入れようとしているので、人を無視したり、独断に走ったりすることはなさそうです。知的かつクール、冷静な決断、正論、的確な指示、妥協のなさ、孤立などを表します。

前の「剣のナイト」が剣を傾け、前のめりの姿勢で馬を走らせているのに対して、この女王は静かに座り、真っすぐに剣を立てています。勢い任せの決断や、雰囲気に流された行動はせず、冷徹に物事を受け止めることがこの女王の特徴です。

逆位置を読むポイント

逆位置では、雲の存在感が増してきます。正位置では、玉座にどっしりと腰を下ろした女王が、この雲に象徴される先の見えない混沌とした状況をある程度コントロールしているように見えるのですが、逆位置では、雲が女王とその玉座を埋め尽くすかのような勢いです。

真っすぐに掲げられた剣は、正逆どちらでも信念に基づく言葉や正しい決断を意味します。ただ、正位置では、それが規律として機能していたのに対して、逆位置では、混乱した状況や周囲の意見によって問い直されることを意味しているのです。

Queen of Swords

剣のクイーンに描かれたシンボル

・鳥が飛ぶ空・

空の上半分は澄みわたり、冷静でクリアな精神状態を示しています。物事を見通せる状態でもあります。一羽の鳥が飛んでいるのは、自分が理想とするところを求め、一人で進んでいこうとする孤高の意志の表れです。

・右手の剣・

積極性と男性性を表す右手で掲げる剣は、理想を目指す確固たる意志の象徴です。左右で色が異なっています。白く光る右半分で容赦なく敵を切り捨てても、緑色の左半分では平和的な解決方法を探っていることを意味します。

・差し出された左手・

受動性と女性性を表す左手は、相手を受け入れるかのように差し出されています。厳しい表情の女王ですが、きちんと相手の言い分を聞くこと、公平であろうとする姿勢、偏りのない判断を下すという意志が表されています。

・王冠・

蝶が連なったような形の王冠は、王冠が意味する権力とそれに伴う責任がいつ飛び去ってもおかしくないことや、そういうものに重きを置いていないことを表しています。偉ぶらない人や、移ろいやすさの象徴です。

・湧き立つ雲・

空の下方から積乱雲のような雲が湧き上がっています。不穏な動き、問題の発生、思惑の交差、先が見えなくなる状況などを表します。これから混乱が広がっていくのか、鎮静に向かおうとしているのか、読めない状態です。

・空の柄のマント・

背景の空と同じ柄のマントは、謙虚さや客観性を表しています。縁取りと裏地が赤っぽいのは、表面上の冷静さとは裏腹に、情熱を持っている証拠です。人々を思いながらも、ひいきや癒着を認めないクリーンなイメージです。

・衣装と靴・

襟と靴の赤さは秘めた情熱を、手首のロザリオらしき物は、過去に失った人や物を表します。それらを灰色の衣装で覆っているのは、失敗や喪失感を再び味わいたくないから。熱意を隠す心理状態が示されているのです。

・背景の木・

今の状況を遠くから客観的に眺める人々がいることを表します。面倒に巻き込まれたくない、遠くから様子見をしていたい。そんな心境を示すものです。木が水のそばに立っているのは、優しさに飢えているという暗示です。

彫刻のある玉座

石の玉座に天使(または風の精霊)と蝶の彫刻が施されています。天使は魂の導き手で、蝶は導かれる魂の象徴。スムーズな教育とスピーディーな指示が組織の要であり、人間関係の構築を支えていることを意味します。

・隆起した地面・

マントの裾や女王の足が地面に届き、地に足の着いた状態を表しています。隆起と水の流れがある地面は、動きがあること、結果が出ていること、やりがいに満ちていることを示します。堅固な基盤であることが分かります。

 運命の輪(逆)p.60

剣のクイーンを読むためのキーワード

		王冠	空の柄のマント	衣装と靴	彫刻のある玉座
恋愛	出会い	・こだわりのない人との ・偉ぶらない人との ・不思議な考えの人との ・移り気な人との ・ナンパされての ・マッチングアプリでの ・遊びが目的の	・穏やかで謙虚な人との ・目立たない人との ・空気を読む人との ・フワフワした人との ・学びの場での ・昼の野外活動での ・ウェブやアプリ上での	・感情を表さない人との ・傷を抱えている人との ・離婚歴のある人との ・素性を明かさない人との ・弔事や法事での ・職場や公共の場での ・密かな紹介による	・弁舌爽やかな人との ・理想や夢がある人との ・腰の軽い人との ・後輩や部下との ・結婚相談所での ・空港や港などでの ・知人の紹介による
	相手の気持ち	・自分でも先が読めない ・責任は負いたくない ・まだ遊んでいたい ・束縛されたくない ・好きなようにしたい ・約束が守れない ・ウキウキしている	・自己主張する気はない ・出しゃばりたくない ・好きでも告白できない ・本心を言わない ・内心では怒っている ・出方をうかがっている ・気持ちが定まらない	・感動がない ・約束はできない ・他の候補者がいる ・言いたいことを言えない ・過去を引きずっている ・自信を失っている ・好きな気持ちを隠す	・仲介が必要 ・連絡をとりたい ・浮かれている ・結婚を急いでいる ・重い腰を上げて頑張る ・支え合いが必要 ・行動したいが怖い
	今後の二人	・双方が自由に恋愛する ・軽い気持ちで付き合う ・気まぐれに誘われる ・付き合っても他で遊ぶ ・あまり会わずに交際へ ・悪びれずに浮気をする ・マンネリにはならない	・思いをアピールできない ・何事もなく時が経つ ・関係が落ち着く ・相手に合わせ過ぎる ・告白や約束がないまま ・違和感なく交際へ ・空気のような存在に	・失敗を恐れて進展しない ・我慢して付き合う ・過去の恋人と復縁する ・好きになってもらえない ・過去を断ち切れない ・好きだけれど破局する ・恋が盛り上がらない	・連絡先を交換する ・話が弾んで親密に ・急いでも進展しない ・まめに連絡すると吉 ・忙しいと疎遠になる ・交際後に他から告白 ・結婚に向けて話し合う
仕事		・転職の決断が下せない ・退職や休職はおすすめ ・良い企画が浮かぶ ・思い付きに振り回される ・上の言葉が信じられない ・柔軟に対応しよう ・変則的な行動は吉 ・予期しない事が起こる ・付き合いは表面だけに ・プライドよりノリが大切	・意志が定まらない ・独立の話は空中分解 ・具体性のない話がくる ・疑問が解消しない ・データを整理しよう ・セキュリティーを万全に ・人との間に適度な距離を ・断定すると反発される ・目立たない方が無難 ・案件が保留になる	・転職活動が滞る ・独立はリスクが大きい ・感情的にならないで ・組織の歯車になりそう ・過去の失敗が気になる ・今は忍耐の時期 ・本音を漏らさないで ・日常業務を丁寧に ・熱意が伝わりにくい ・裏方に徹するべし	・転職はゆっくりと進展 ・独立の決心がつかない ・準備をしっかりと ・宣伝効果が薄い ・もっと軽快な行動を ・サポート体制が整う ・人の飛躍を邪魔しない ・伝統を柔軟に解釈して ・さりげなく支援しよう ・人材育成はのびのびと
お金		・収入がそのまま支出に ・貯金ができない ・交際費がかさむ ・実用品を買うなら慎重に ・アイデアがお金になる	・お金が振り込まれない ・キャッシュレスが吉 ・貯金ができない ・もうからない仕事がくる ・無駄遣いをしてしまう	・可もなく不可もない ・定期収入は安泰 ・昇給や賞与は望めない ・懐具合を口外しないで ・今は倹約の時期	・貯金を崩さないで ・資金が必要になる ・夢の実現に支援あり ・浪費に注意 ・貸したお金が返らない
行動のヒント		・目的のない散歩で開運 ・空路での移動にツキあり ・ファンタジーは吉 ・墓参りや宗教行事を ・着飾って昼間に活動を	・口約束が守られない ・空想を楽しもう ・人をうかつに信用しない ・屋外での活動が吉 ・重要な決断は避けよう	・家で静かに過ごすと吉 ・徒歩での移動はおすすめ ・感動の大作を楽しもう ・慎み深さがテーマ ・家事や雑務をこなそう	・高い場所へ行くと吉 ・インテリアに工夫を ・教会や墓を訪れよう ・デスクワークに集中 ・子供と遊ぶのは吉

その他のシンボル　**隆起した地面**　しっかりした人　場が盛り上がる　ある程度の満足感　散策は吉

右手の剣	差し出された左手	鳥が飛ぶ空	湧き立つ雲
出会い ・真っすぐな人との ・正義感が強い人との ・冷淡な人との ・規則にうるさい人との ・セミナーや交流会での ・仕事が縁での ・学歴や地位重視の	出会い ・寛大な人との ・向き合ってくれる人との ・礼節を知る人との ・聞き上手な人との ・知人の家や店での ・誰でも参加できる会での ・招かれた席上での	出会い ・穏やかな人との ・自由人との ・一人が好きな人との ・理想が高い人との ・アウトドアでの ・アプリを利用した ・出会いがほとんどない	出会い ・うわさ好きな人との ・落ち着かない人との ・思い込みの強い人との ・変わり者との ・素性を隠した状態での ・騒がしい場所での ・SNS上での
相手の気持ち ・約束を守ってほしい ・平等·対等な立場を望む ・自分の方が正しい ・考え方が合わない ・明確な意見が聞きたい ・ルール違反だと思う ・すでに決断している	相手の気持ち ・予定は合わせる ・言い分を聞きたい ・少しずつ打ち解けたい ・パートナーとして認めた ・もっとよく知りたい ・連絡が欲しい ・警戒しないでほしい	相手の気持ち ・特に問題はない ・自由に遊んでいたい ・恋愛に熱心ではない ・連絡なしでも問題はない ・穏やかな気分 ・くっつかれるのは嫌だ ・束縛や面倒は避けたい	相手の気持ち ・うわさを信じてしまう ・交際を続けるのが不安 ・感情が不安定になる ・本音が分からない ・他人には知られたくない ・動揺·困惑している ・隠し事がある
今後の二人 ・打ち解けられない ・責任を追及される ・告白しても断られる ・仕事優先になる ・押しの一手で交際へ ・関係をリセットする ・連絡をブロックされる	今後の二人 ・会話が弾むようになる ・やや距離が縮まる ・まだ様子見の段階 ・気持ちを受け止める ・告白が成功する ・仲直りできる ・今後について提案する	今後の二人 ・進展がない ・気ままな恋愛になる ・束縛すると逃げられる ・結論が先延ばしになる ・いったん白紙に戻す ・連絡がつかない ・遠距離で会えない	今後の二人 ・誤解がけんかに発展 ・疑心暗鬼になる ・うわさに振り回される ・トラブルが持ち上がる ・本心を隠して付き合う ・手探り状態の交際 ・将来の見通しは立たない
・転職は最終決断を ・独立なら妥協はNG ・ルールの順守を最優先に ・正論を言うなら責任を ・パワハラには理論武装で ・発言が誤解されそう ・証拠の文書は保管を ・情報分析と根拠提出を ・強気かつ平和的に ・法的措置も辞さずに	・内定を待つしかない ・相手に委ねると吉 ・報酬や条件がよくなる ・率先して引き継ぎを ・先方を優先しよう ・謙虚さが評価される ・理解力が問われる ・自尊心をくすぐるべし ・引き立て役に徹して ・権利はきちんと要求を	・転職先の候補がない ・独立には良い時期 ・ビジョンを明確に ・無欲だと結果が出る ・新規事業は吉 ・一人だと集中できる ・のびのびと飛躍できる ・隅に追いやられそう ・単身赴任か出張がある ・組織で浮いてしまう	・転職や独立に暗雲 ・先行きが不透明になる ・デマに振り回される ・情報漏れの危機 ・隠れた問題がありそう ・企画を具体化できない ・対人関係は穏便に ・なかなか進展しない ・不確定要素が増える ・結果につながらない
・予算を立てて行動を ・強い覚悟で収入増へ ・条件を譲らないで ・互いに契約の順守を ・詐欺や誘惑を退けて	・請求を忘れずに ・お金を借りるのも手 ・出資と投資は期待薄 ・穏やかに支援を求めて ・手持ちのお金がなくなる	・借金の完済を目指そう ・金銭的に自立できる ・物は買うより売るべし ・貯金が増えない ・仕事がお金にならない	・怪しい商売は避けよう ・一瞬でお金が消えそう ・あいまいな話は凶 ・お得情報は真偽の確認を ・しばらくは倹約を
・ルールを守るべし ・強い意志表示が必要 ・怪しい情報にご用心 ・ダイエットは好結果に ・防犯対策や鍵の確認を	・相手を優先しよう ・喜んで受け取ろう ・ガツガツしない方が吉 ・相手に敬意を示そう ・物より優しさを捧げよう	・空の旅はスムーズ ・外に出て単独行動を ・スマホ断ちは吉 ・自分の世界に浸ろう ・理念を大事にして	・考え事は明日以降に ・薬や防災品の備えを ・誤解を招く行動はNG ・予定が保留になる ・うわさは基本的に無視

その他のシンボル　**背景の木**　責任感のない人　巻き込まれる可能性あり　客観的な視点が必要　親友と行動を

剣のクイーン

Queen of Swords

剣のキング(正)p.284

剣《ソード》のキング

こちらを見据える厳格な王。
その裁きが下ろうとしている。
剣のわずかな傾きが示すものは?

逆位置

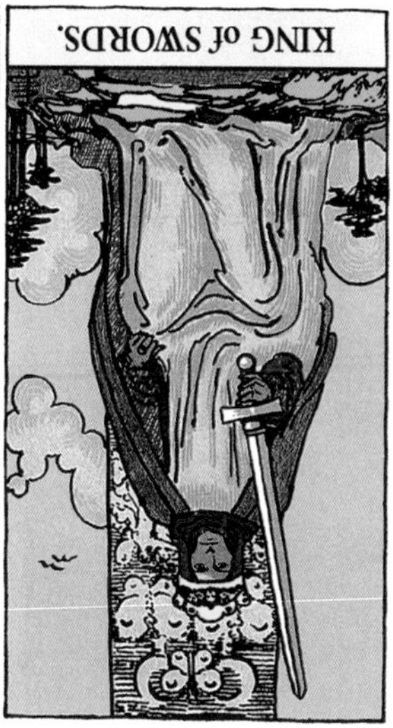

基本の物語

剣を掲げてこちらを見据える厳めしい表情の王。十六枚ある人物札の中で唯一、正面を向いているこのカードは、社会的規範、理性的な決断、正義や正論、法や秩序、厳格な裁定、非情な命令と向き合うことを表します。

前の「剣のクイーン」が真っすぐに剣を掲げ、ルールの順守や厳しさを象徴していたのに対して、この王の剣はやや傾き、厳しさの中にも柔軟性があることが示されています。

最初の「剣のA」が秩序を刷新する意志の象徴であるのに対して、剣のカードの最後を飾る王は秩序と裁きの象徴といえます。

逆位置を読むポイント

正位置では、剣の位置が過去を意味する左側に少し寄っていますが、逆位置では、王自身に目が行くためか、全体的に中央部分が強調され、安定感が増すように感じられます。

これは、正位置では、過去の事例やこれまでの経験に基づいて判断を下していたのに対し、逆位置では、法律や倫理観に立ち返って判断していることを意味します。臨機応変さや人間味が失われ、既存のルール以外は認めない頑固さが際立ってくるのです。

また、鳥や浮雲より、地面や湧き上がる雲が目立ってくるので、軽快さとスピードは鈍りそうです。

King of Swords

剣のキングに描かれたシンボル

・斜めに傾いた剣・

過去を示す左側にやや傾いているのは、既存の規律や先例に基づいて決断を下すことを意味します。刃の白く光る部分は未来(右)に向いていますから、前進を促すような判断になるでしょう。残酷な裁きになる可能性もあります。

・王冠と赤いフード・

こちらを真っすぐに見据える様子から、真摯に向き合う姿勢が伝わってきます。王冠の意匠は蝶と天使で、しがらみからの解放やクリアな思考を表します。赤いフードと王の表情からは、強い情熱が伝わってきます。

・赤紫色のマント・

紫色の布は希少価値が高いため、古くは特権階級の色とされてきました。このマントも品位と権威を表しますが、裏地はやる気と生命力を示すオレンジ色であることから、本人も努力していることが示されています。

・地面・

環境や状況を示す地面は、草地と荒れ地が入り混じった状態です。これは、雑然とした環境、混乱した状況、言動に一貫性がないことを示します。良い意味で言うと、多様性や多角的な視点があることを表しています。

・玉座の背もたれ・

三匹の蝶と風の天使たちの彫刻は、魂の純化と高揚を表します。理想の世界、真理、善心、美徳の象徴です。灰色なのは、現実よりも理念が重視され、秩序と規律、理性と公正さが基盤になっていることを意味します。

・雲と鳥が舞う空・

二羽の鳥と浮雲は自由な精神、向上心、機知、迅速な行動を、玉座の左右の雲は疑念や不穏な感情が湧き上がることを表します。自由な行動に理解が得られないことや、周囲に配慮しないで行動することなどを意味しています。

・衣装と赤い靴・

ゆったりとした水色の衣装は、精神的なゆとりと分析力を意味します。情熱を象徴する赤い靴が少し見えているのは、衝動を冷静さで抑えようとしているか、判断を終えて行動に移そうとしているか、どちらかでしょう。

・背後の木々・

黒い木々は、離れた場所にいる人々の象徴です。草地と荒れ地が入り交じるような混乱した現状を、遠くから眺めている様子を表します。バラバラに立っていることから、めいめいが距離をとって傍観していることを示します。

 杯の8(逆)p.200

剣のキングを読むためのキーワード

恋愛

出会い

玉座の背もたれ	王冠と赤いフード	赤紫色のマント	斜めに傾いた剣
理想が高い人との	真面目な人との	ストイックな人との	決断力がある人との
世間知らずな人との	押しが強い人との	品のある人との	命令口調の人との
夢見がちな人との	知性的な人との	努力で成功した人との	先を考えている人との
厳しい家で育った人との	正論を語る人との	カリスマ的な人との	正義感が強い人との
芸術・学術関係での	経営者の集まりでの	高級店での	過去の仕事関係での
宗教関連での	政治や社会活動が縁の	ワインを飲む会での	規律の厳しい相談所での
堅い雰囲気の紹介での	上司などの紹介での	長丁場のイベントでの	経歴重視の紹介による

相手の気持ち

玉座の背もたれ	王冠と赤いフード	赤紫色のマント	斜めに傾いた剣
天にも昇る気持ち	真剣に考えている	プライドが邪魔をする	前の相手と比べている
あなたを疑っていない	妥協はしたくない	本音を隠している	しがらみを断ちたい
深く考えていない	力が入っている	格好をつけている	前向きに検討中
流れに身を任せている	理想が高い	ずっと一緒にいたい	仕事を優先する
約束を果たしてほしい	本音を聞かせてほしい	守ってあげたい	平等・対等を求める
曲がったことは許さない	ごまかしは無用	外見に惹かれている	約束を守ってほしい
楽観的になっている	有無を言わせない	好きなふりをしている	言いたいことは言う

今後の二人

玉座の背もたれ	王冠と赤いフード	赤紫色のマント	斜めに傾いた剣
真面目な交際に発展	本音が別れを招くかも	表面上は仲が良い	決断ができないまま
相手を信じて付き合う	責められてけんかに発展	告白なしで交際へ	口論に発展する
一方が窮屈さを感じる	価値観の違いが判明する	週末しか会えない	元の関係に戻る
価値観の違いで別れる	双方が譲らず破談に	苦労して関係を続ける	進展に時間がかかる
責任を果たすことに	結婚前提で話し合う	DVの危険があるかも	連絡が滞る
身内の紹介がある	会った日から交際開始	体の関係だけになる	婚約にこぎつける
周りで勝手に話が進む	交際からすぐに結婚へ	マンネリに陥る	話し合って仲直りへ

仕事

玉座の背もたれ	王冠と赤いフード	赤紫色のマント	斜めに傾いた剣
理想的な転職先がない	熱意があるも転職できず	転職への気力が続かない	経験が生きる転職を
新たな挑戦は実現しない	独立なら現実は厳しい	独立すると勢いが消える	起業なら慎重な決断を
机上の空論は避けて	昔は良くても今はダメ	外が立派でも内容が薄い	経歴で判断されそう
具体的な方策を	余計なことに力を使う	やりがい搾取に注意を	言葉は柔らかく
規律に縛られそう	上司が当てにならない	上司にやる気を見せよう	先例に従って決断を
純粋な気持ちで臨もう	きちんと向き合おう	こけおどしを見抜いて	データ分析が役立つ
失敗より妥協に注意を	しがらみの解消を	堂々としていると吉	自分の考えを信じよう
上昇志向を持とう	情熱が人を動かす	見た目が重視される	パワハラに注意
いがみ合うのは凶	具体化してもらおう	テーマは広く浅く熱く	情報の出所の確認を
チームワークが鍵	物怖じしない方が吉	複数の案件を並行して	ルールを守るべし

お金

玉座の背もたれ	王冠と赤いフード	赤紫色のマント	斜めに傾いた剣
収支共に停滞気味	理想が高いだけではダメ	借金を放置しないで	過去の物を売ると吉
財産があるなら守って	邪念があると損をする	赤字の事業に見切りを	不要な出費を控えよう
寄付や募金はおすすめ	真剣にやると稼げる	賭け事にはまらないで	報酬や契約の再確認を
縁起物は地味な物を	見栄からの浪費に注意	安物は買わないこと	家計を厳しく見直そう
芸術・文化への出費は吉	自分への投資は吉	欲が出て出費しそう	予算を守るべし

行動のヒント

玉座の背もたれ	王冠と赤いフード	赤紫色のマント	斜めに傾いた剣
行事やしきたり重視で	真剣に向き合おう	あれこれと広げないで	慎重に言葉を選ぼう
空想を具体化するべし	真面目に取り組むと吉	付け焼き刃の知識はダメ	防犯対策をしっかりと
昔の技術に敬意を持とう	形にはなりにくい	熱心にやれば長く続く	同じ失敗に注意して
言葉より行動で示そう	信念をしっかり持とう	思いを表現しよう	過去のデータを参考に
悪事に手を出さないで	熱心に話を聞くべし	興味がなければ拒否を	前向きな発言は吉

衣装と赤い靴	雲と鳥が舞う空	背後の木々	地面
出会い	出会い	出会い	出会い
・冷静な人との	・自分勝手な人との	・よそよそしい人との	・多趣味な人との
・自ら行動しない人との	・空気が読めない人との	・目立ちたくない人との	・忙しい人との
・下心を秘めた人との	・自由気ままな人との	・二面性がある人との	・複数候補がいる人との
・スロースターターとの	・移り気な人との	・恋に冷めている人との	・家庭環境が複雑な人との
・仕事や学びを通じた	・野外活動での	・アウトドアでの	・落ち着かない場所での
・心にゆとりがあるときの	・ウェブやアプリでの	・知らない土地での	・イベントでの
・友達を通じての	・軽いノリで誘われる	・知人の知人を通じての	・複雑な人間関係の中での
相手の気持ち	相手の気持ち	相手の気持ち	相手の気持ち
・ゆっくりと考え中	・好きに行動したい	・お互いを知りたい	・あたふたしている
・本心は明かさない	・先のことは考えたくない	・少し距離をとっている	・混乱している
・気持ちは受け止める	・少し警戒している	・のめり込みたくない	・同時進行している
・恋愛っぽさは出さない	・上の空という状態	・友人として振る舞う	・恋愛に集中できない
・出方をうかがっている	・結論は先に延ばしたい	・スタンスが決まらない	・暇がないので放置する
・少しだけ気を引きたい	・あまりメールを見ない	・傍観者のような状態	・状況についていけない
・もったいぶっている	・重い恋愛は避けたい	・自分からは動けない	・計画が立てにくい
今後の二人	今後の二人	今後の二人	今後の二人
・時間だけが過ぎる	・交際後に不満が出る	・価値観の違いに気付く	・近付いたり離れたり
・1度だけの情事で終わる	・遠距離の方がよい	・盛り上がらない	・連絡が途絶える
・告白をいなされる	・浮気問題が発生する	・二人とも積極性がない	・会おうと思えば会える
・心を打ち明けられない	・愛情が消えていく	・距離が遠いまま	・交際しても落ち着かない
・素直になれず別離へ	・信頼関係を築けない	・落ち着いたら交際できる	・他の人ともデートする
・恋より仕事が優先	・追うと逃げられる	・身内からせっつかれる	・友達を巻き込む騒動に
・こっそりと付き合う	・煮え切らないまま続く	・疲れて交際が立ち消えに	・落ち着くまでは保留に
・転職は今でなくてもよい	・転職先が決まらない	・全く別の職種を狙おう	・転職は決定打に欠ける
・独立するには情熱不足	・新たな挑戦に暗雲が	・独立は難しい	・兼業がおすすめ
・可能性を広げよう	・見通しが甘くなる	・燃え尽き症候群に注意	・修正や調整が増える
・冷静さと余裕が必要	・足をすくわれる	・黒子に徹するとよい	・行動すれば先が見える
・複数のプランをつくろう	・身内を信用しないこと	・動けないストレスあり	・変化に対応しよう
・柔軟な対応を	・視野を広げてみると吉	・客観的な判断を	・根拠と証拠を重視して
・自己主張は控え目に	・疑いを晴らそう	・複数の業務を手がける	・多角的に考えて行動を
・本音は秘めておこう	・ひとりよがりはNG	・人の事情を汲むべし	・チーム編成を変えよう
・批判を真に受けないで	・自由な活動は理解者と	・混乱と争いは避けよう	・進みながら混乱回避を
・準備だけはしておこう	・結果につながりにくい	・地位に固執しないで	・人は人、自分は自分
・金運はいつも通り	・金銭的に自立しよう	・複数の収入源の確保を	・口座や収支の把握を
・何をやっても少し赤字	・あまりもうからない	・黒字になる	・現実的な資産運用を
・心が貧しいのはダメ	・怪しい商売は避けるべし	・地味に暮らして貯金を	・吉凶混合なので慎重に
・ぜいたくは回避しよう	・情報を売るのは凶	・混乱に乗じて稼げる	・複数から資金援助あり
・今後の収入を考えよう	・貯金は難しいかも	・賭け事は冷静に淡々と	・貯金を使うべき時期
・予備の用意をすると吉	・一人で考え込まないで	・主役より脇役が吉	・ダブルブッキングに注意
・無駄な部分も活用して	・空の旅は快調	・程よい距離感を	・動きやすい靴と服装を
・時間にゆとりを持たせて	・低レベルの会話は避けて	・出しゃばらず人助けを	・変更や遅延に備えよう
・欲は隠す方がよい	・海外の情報に注目を	・少し足を伸ばしてみよう	・多様性を認めるべし
・散歩やウォーキングを	・うわさ話はしないこと	・知人への連絡は吉	・忙しくなりそう

 恋人たち(逆)p.44

COLUMN 5

タロットカードの数字と物語の流れ

本書で使用するウェイト＝スミス・タロットには、ローマ数字が使用されています。1から10までは、Ⅰ、Ⅱ、Ⅲ、Ⅳ、Ⅴ、Ⅵ、Ⅶ、Ⅷ、Ⅸ、Ⅹです。11から20までは、Ⅹの隣にⅠからⅩが並び、21はXXIです。

古くから、数字は単に数量を表すだけでなく、なんらかの象徴的な意味があるとされてきました。たとえば、1は始まりを表すなどです。時代や文明によって数字が表す意味はさまざまですが、ここではタロットの数のシンボリズムを紹介します。

小アルカナでは、カードの数字が増えていくと、物語も進展していきます。1で物事がスタートして、2では対立する要素が現れ、葛藤しつつバランスを保とうとする働きが生まれます。3でさらに要素が増えて豊かになり、三位一体が成立し、4では四角形のようにしっかりとした枠組みができて安定します。

5になると固定された状況から新たな流れに移行し、6(3×2)は三位一体の統一感が二つ重なったものなので、ここで調和が生まれるでしょう。7ではさまざまな可能性が出てきて混乱し、8(4×2)は二つの四角形が並列している状態なので、今の枠からもう一つの枠への転換や変化があるでしょう。

9は完成まであと一歩のところですから、ここでいったん状況を総括することになり、10は最終目標への到達、もしくはこれ以上は無理という状態、あるいは次のステップへ向かうことが示されます。

このように数字の意味と流れを把握すると、カードの意味を個別に覚える必要がなくなります。1から10の数字の意味を把握して、各スートの要素(棒は火、杯は水、剣は風、金貨は土)と組み合わせれば、ある程度はカードの意味を理解できるからです。

大アルカナにも、0から21までの数字が割り当てられています。0は何ものにもとらわれないことの象徴です。11以上の数字に関しては、たとえば12は、1と2の両方の要素を持ち、さらに1と2を足した3の意味合いも帯びています。前後のカードを参考にしながら数字の流れを追っていくと、より深い解釈ができるでしょう。

TAROT
READING
BOOK

第5章
金貨《ペンタクル》

Pentacles

 剣の7(正)p.256

「金貨《ペンタクル》」の意味とカードの流れ

「金貨」は四元素のうち「土」に相当する

小アルカナの「金貨」は、四元素(火・水・風・土)のうち「土」の要素を表します。英語の「Pentacle(ペンタクル)」とは護符の一種で、ここでは五芒星を円で囲んだものです。これを「金貨」と訳すのは正確ではありませんが、他のタロットでは「コイン(硬貨)」あるいは「ディスク(円盤)」とも呼ばれるので、土の要素の物質的側面を強調して金貨としました。お金だけでなく、形ある物、肉体、目に見える結果、変わらない現実、安定感や頑固さの象徴です。食べ物にたとえるなら主食やメイン料理、音楽だと地元に根差した民族音楽、絵画なら伝統的な手法でじっくりと描かれた静物画でしょうか。

14枚のカードのストーリー

A《エース》(1)から10までの流れを見ていきましょう。

Aでは、大切な物を一つだけ手にのせています。2で他の物が出てくれば柔軟な対応が必要ですが、3でさらに事態が複雑になるなら専門家の技術を借りるといいでしょう。4では完成した物を手放さない頑固さを感じますが、5ではそれを失って困窮してしまいます。6になると富を分配する人の施しによって救われますが、7ではまだ思うような結果を出すことができません。8で初心に返って地道に努力を続けると、9では後ろ盾を得て、望む結果を手に入れます。最後の10では身内にも祝福され、得た成果は次世代に引き継がれていくでしょう。

人物札(コートカード)も見ていきましょう。宝物を大事に抱えるペイジは、その使い道を模索するナイトに変わります。多くの物を手にしたクイーンは、その運用に悩みながらも、盤石な経済基盤を誇るキングとなるのです。

経済的な豊かさを示すが、融通がきかない傾向も

金貨のカードは、経済的な豊かさを示す一方で、融通がきかず、固定観念にとらわれやすい傾向も示します。お金をもうけたからといって、必ず幸福になれる訳ではありません。だからこそ、いかにして精神的な充足を得るかを常に考える必要があるでしょう。とはいえ、目に見える結果を出したいときや金運を上げたいときには、これらのカードは素晴らしい予兆であり、成功のヒントになります。

金貨のA。大切な物を一つだけ手にのせる。

金貨の2。もう一つ増えたが柔軟に対応。

金貨の3。専門家の技術を借りて課題に対処。

金貨の4。完成した物を手放そうとしない。

金貨の5。全てを失ってさまよい、困窮する。

金貨の6。富の分配によって救われる。

金貨の7。思うような結果がまだ出ない。

金貨の8。初心に返って地道に努力する。

金貨の9。後ろ盾を得て望む結果を手に入れる。

金貨の10。得た成果が次世代へ継承されていく。

金貨のペイジは、宝物を大事に抱えている。

金貨のナイトは、宝物の使い道を考えている。

金貨のクイーンは、宝物の運用に悩んでいる。

金貨のキングは、盤石な経済基盤を誇る。

剣の3(正)p.240

金貨《ペンタクル》のA《エース》

価値ある物を手に、前を見る。
　アーチに続く道とその先の山が
あなたを新たな旅へと誘う。

逆位置

基本の物語

　このカードには人物がいません。その代わり、神を思わせる白い手が雲から突き出し、そこには金貨がのっています。つまり､「人」との関係性ではなく「物」に焦点が当たり、それをどう生かすかがテーマになのです。

　Ａは数字にすると一であり、始まりのカードです。アーチの向こう側へと続く道の先には山が見えます。実績を引っ提げ、あるいは宝物を受け取りに、新たな挑戦のために、未知の世界へ進む未来が示されています。

　次の「金貨の２」では動きが見られますが、ここではその前の、ぶれない視点や不変の価値を示しています。

逆位置を読むポイント

　正位置では、手が金貨を受け止めているようで安定感がありますが、逆位置では金貨を押さえ付けようとしているか、落ちないよう力を入れているように見えてきます。金貨のＡのテーマは、富、名声、価値ある物ですが、逆位置では、それらを受け止めることより、失わないための努力に主眼が置かれているわけです。

　また、正位置では美しい庭園（恵まれた環境）から遠くの山（次の段階）を眺めるような印象ですが、逆位置では、黄色い道から生垣の穴へ、さらには遠くの山へと強制的に誘導されていくような流れになっています。

Ace of Pentacles

金貨のAに描かれたシンボル

手の生えた雲

過去を表す左側から灰色の雲が湧き出すのは、過去の錯綜した情報がクリアになることを意味します。雲はあいまいさや周囲が見えないことを表しますが、雲の右端の手が光っているので、やがて状況が明確になるでしょう。

手の上の金貨

お金、名誉、形ある物、成果、事実、証拠などを表します。手で受け止め、大事そうに支えているので、誰かから与えられた物であり、大切な宝物なのでしょう。最も大事な物一つだけに焦点を絞るべき、とも読めます。

光を放つ白い手

神を思わせるこの手は、人知を超えた世界の理、宿命、必然性の象徴です。光っているのは、誰の目にも明らかなことを、白いのは、純粋で絶対的なことを表します。また、大事な物を受け止めることの重要性を意味しています。

白ユリの咲く庭園

芝生が広がる庭園は、手入れが行き届いていること、準備が整っていること、無駄がないことを示します。そこに咲く白ユリは、清らかさ、純粋さ、謙虚さ、大切に育てられたこと、世俗に染まっていないことを表します。

灰色の空

背景が灰色なのは、描かれている金貨、つまりお金や価値、出た結果、大切な宝物、物や肉体などが善でも悪でもなく、倫理や感情を超えたところにあることを示します。それらを扱う視点は、公平でフラットであるべきです。

バラの生垣とアーチ

バラの生垣は、今の状況が花で彩られたように恵まれていること、トゲで守られて安全であることを表します。外へ続くアーチがあるので、現状に満足せず、新たな世界に飛び出していくよう促されているのかもしれません。

遠くの山々

未体験の世界、未知の領域の象徴です。青は世間の冷たさを、とがった稜線は厳しい現実や試練を表します。アーチの先にある未知の世界では、厳しい現実に直面し、いくつかの障害を乗り越えなければならないでしょう。

アーチへ続く道

黄色い道は日の当たる場所を歩いていること、つまり注目され、心身共に健康で、不自由のない状況を表します。アーチをくぐることは通過儀礼を意味します。新たな自分に生まれ変わる必要性が示されているのです。

棒の7(逆)p.136

金貨のAを読むためのキーワード

	手の上の金貨	光を放つ白い手	手の生えた雲	バラの生垣とアーチ
恋愛	出会い	出会い	出会い	出会い
	・大事に育てられた人との	・浮世離れした人との	・旧友を通じた	・外見の良い相手との
	・成功者との	・品格のある人との	・正体の分からない人との	・ルールに厳しい人との
	・ある分野の第一人者との	・美しい人との	・自称有名人との	・別れたばかりの人との
	・一人っ子との	・受け身な人との	・過去の恋人との再会	・理想が高い人との
	・決められた見合いでの	・セレブの集まる場所での	・怪しいビジネスでの	・テラスや庭園での
	・誘われた会での	・真面目な会での	・SNS上での	・個室のある店での
	・一目ぼれの	・知り合いから発展する	・詐欺かもしれない	・関係者限定の場所での
	相手の気持ち	相手の気持ち	相手の気持ち	相手の気持ち
	・気持ちはありがたい	・恋人でなく友人として	・過去の恋愛と比べている	・気を許しつつある
	・大切にしたい	・下心がまったくない	・トラウマが邪魔をする	・壁を感じている
	・きちんと答えを出す	・丁重にもてなしている	・なかなか前に進めない	・干渉してほしくない
	・愛情が負担に	・支えてあげたい	・将来が見えない	・恋に時間を使いたくない
	・手応えがある	・人として純粋に応援	・マンネリ気味	・スタイルは曲げない
	・メリットを感じている	・プラトニックな愛	・一歩踏み出したい	・秘密を隠している
	・自分のものにした感覚	・何をすべきか分からない	・決断までもう少し	・連絡はたまに確認する
	今後の二人	今後の二人	今後の二人	今後の二人
	・思いを遂げる	・告白にOKをもらう	・過去の恋人との復縁	・苦労しながらゴールへ
	・告白される	・優しく支えてもらう	・あいまいな関係のまま	・満を持しての交際
	・交際のスタート	・思いを受け取る	・葛藤がしばらく続く	・お互いを傷つけ合う
	・お互いを大事にする	・お預けを食らう	・結論が先延ばしになる	・相手が去るのを待つ
	・一からやり直す	・不純なことはしない	・はっきりした返事がない	・共依存に気付く
	・婚約や結婚へ	・仲介者が成就させる	・行方が分からなくなる	・DVから逃げ出す
	・子供に恵まれる	・もう幸せになっている	・ようやく先が見える	・結婚への道を選ぶ
仕事	・良い転職先が見つかる	・転職で内定をもらう	・転職の即断は避ける	・転職は狭き門を狙って
	・独立や起業に良い時期	・独立は公的サポートで	・独立はIT関係が吉	・独立には厳しい時期
	・求めていた結果が出る	・棚ぼたで業績が上がる	・商談があいまいになる	・次の機会を待とう
	・良いヒントをもらう	・一致団結して目標へ	・契約がまとまらない	・美しいデザインが吉
	・光栄な依頼がくる	・取りこぼしに注意	・意見が統一されない	・セキュリティーに穴あり
	・新たな仕事が始まる	・組織を支えることに	・クラウドデータの管理を	・ターゲットや人員を絞る
	・一事に集中を	・目上の人に敬意を	・知らないことは避ける	・窓口や担当を決めよう
	・なんとか形にするべし	・よそ見をしない方が吉	・上層部の決断に従う	・内密に進めるべし
	・ボーナスや手当が出る	・褒められても謙虚に	・具体案を出すべし	・厳しい意見もくる
	・経験が財産になる	・優先順位をつけて	・経験を生かすと吉	・休憩や息抜きも必要
お金	・多くのお金を受け取る	・融資や支援を受ける	・もうけ話への出資はダメ	・利益を奪われないで
	・1円でも大切に扱おう	・欲しい物が買える	・リスクを冒さないで	・厳しい経済状況から脱出
	・貴重品や高級品の売買を	・プレゼントに恵まれる	・売買は焦らず慎重に	・不正な利用を警戒して
	・初期費用を調達して	・遺産を受け取る	・底値から上がっていく	・インサイダー取引に注意
	・支援・助成・融資あり	・無欲だと金運アップ	・ネット送金が吉	・倹約するのは吉
行動のヒント	・倉庫に眠る宝を探して	・脇役に光が当たる	・過去の罪から解放される	・半個室がおすすめ
	・もらった物は大切に	・下積みが貴重な経験に	・アプリやデータの整理を	・ルールの抜け道を活用
	・中古でなく新品が吉	・素人の意見が役に立つ	・運転は慎重に	・美意識を大切に
	・掛け持ちは運を逃がす	・子供や若手には気前よく	・洗濯物は屋内に干して	・秘密を守るべし
	・自分の才能を信じよう	・宝物が手に入る	・状況が見えるまで待とう	・新たなチャレンジは吉

白ユリの咲く庭園	灰色の空	遠くの山々	アーチへ続く道
出会い	出会い	出会い	出会い
・きちんとした人との	・フラットな目線の人との	・冷たい人との	・健康的な人との
・謙虚な人との	・休職中の人との	・理性的な人との	・楽しい人との
・冗談が苦手な人との	・反応の薄い人との	・壁を感じる相手との	・冒険好きな人との
・世間知らずな人との	・はっきりしない人との	・厳格な人との	・生活にお金を使う人との
・合コンで浮いた者同士の	・役所や公共施設での	・仕事関係の	・親族からの紹介での
・恋愛以外の交流での	・曇っている日の	・周りに押し付けられた	・遊び仲間の広がりでの
・性別を超えた	・退屈していたときの	・成就が難しそうな	・職場かバイト先での
相手の気持ち	相手の気持ち	相手の気持ち	相手の気持ち
・恋愛の対象外	・印象が薄い	・距離を置きたい	・楽しんでいる
・遠慮してしまう	・付き合ってもいい	・恋愛に乗り気ではない	・流れに任せたい
・自信がない	・決めかねている	・今は気持ちが冷めている	・思い通りにしたい
・距離を感じている	・お茶を濁している	・心理的なハードルがある	・一緒に遊びに行きたい
・素顔を見せづらい	・恋愛には発展しない	・対話が盛り上がらない	・危険な恋も歓迎
・身辺整理をしたい	・少し退屈している	・価値観が合わない	・遊びの感覚が強め
・一緒にいると楽	・連絡はあまりしたくない	・慎重になっている	・次の恋に意識が向く
今後の二人	今後の二人	今後の二人	今後の二人
・距離が縮まらない	・中途半端な関係に	・邪魔が入って頓挫する	・軽いノリで付き合う
・気持ちはあるが別れる	・しばらく様子見が吉	・二つの問題が持ち上がる	・交際は順調
・後ろめたさを抱える	・なかなか会えない	・他の人に気持ちが向く	・周囲から祝福される
・告白すれば成就する	・恋人未満の状態	・恋愛感情が湧かない	・ライバルの登場
・良好な関係が続く	・連絡がこなくなる	・結婚は苦難の道になる	・笑い飛ばせれば続く
・精神的なつながりに	・別離後に再び交際する	・障害を越えて結ばれる	・将来のことを考える
・性的嗜好の問題あり	・迫ると逃げられる	・今は無理でも将来は吉	・結婚を前に足踏みする
・面接時の服装はきちんと	・まだ求人がない	・転職はハードルが高い	・転職するとハードに
・独立すると孤立する	・独立はまだ先のこと	・独立で孤立の恐れあり	・独立の見通しが甘い
・今の環境に感謝を	・休んで充電を	・ライバル争いが激化	・環境に甘えている
・デスク周りを整理しよう	・キャリアの見直しを	・上司や先方からの圧力	・仲間に恵まれる
・他の人を思いやると吉	・依頼がきそうでこない	・希望や企画が通らない	・遊び心が成功の鍵
・個人のやり方を尊重して	・新規事業は吉	・結果に手が届かない	・マニアックより王道で
・準備は丁寧に	・スタート前の仕込みを	・冷たく扱われる	・納期や締め切りが迫る
・不正を容認しないで	・保留の案件が動き出す	・相棒との仕事を黙々と	・異動や職種の変更あり
・持ち場を離れないこと	・味方がいない状態に	・二つの意見を公平に見る	・地道な活動が評価される
・対人関係が平穏になる	・邪魔されずに集中できる	・現実の厳しさから学ぶ	・今後の試練に備えよう
・欲を出すと失敗する	・元手がない	・資産が使えない	・生活には困らない
・副業はおすすめ	・詐欺や盗難を警戒して	・相場が高止まりする	・博打でなく地道に稼ぐ
・無駄な出費を省いて	・借金しないビジネスを	・懐事情が厳しくなる	・「広く浅く」でもうける
・金銭トラブルは終結へ	・かろうじてお金が足りる	・援助の要請が断られる	・お得な日用品を探そう
・掃除して金運を上げる	・支払や入金が遅れる	・今後のための貯金を	・貯金が安心につながる
・謙虚な姿勢が運を招く	・決断はもう少し待って	・山の見える場所へ行こう	・今を楽しもう
・立ち仕事に備えよう	・瞑想や断食はおすすめ	・未知の領域への冒険は吉	・スケジュールを明確に
・穏やかな人と交流を	・今後に備えて休むべし	・厳しさの裏に優しさあり	・買い物は口コミを参考に
・同性の集まりは吉	・余計なことは考えない	・挑戦の先にまた挑戦が	・テーマパークは吉
・マウントからは逃げて	・触れない方がよいことも	・限界を超えるチャンス	・勝負の前にリラックスを

 金貨のナイト(逆)p.336

金貨《ペンタクル》の2

Two of Pentacles

二枚の金貨、二つの物事を
軽やかにさばいて見せる大道芸人。
だが、足元には波が迫っている。

逆位置

基本の物語

奇妙な帽子をかぶった大道芸人が、踊るようにステップを踏みながら、二個の球体（もしくは二枚の金貨）を器用に操っています。これは変化への柔軟な対応力、二つの物事のバランスをとること、常にやりとりをすること、楽しむことなどを表しています。

前の「金貨のA」では、一枚の金貨を片手で支えていましたが、ここでは二枚の金貨を両手で自在に持ち替えていきます。二つのことを同時進行するか、試行錯誤して調整するわけです。「金貨の3」では、金貨が柱に彫刻されていますので、やがてやることが決定することを意味します。

逆位置を読むポイント

逆位置では、大道芸人の体勢に多少の違和感を覚えることでしょう。正位置では、右側に重心を置きながら頭を左側に傾けて、うまくバランスをとっているように見えました。しかし逆位置では、そのポーズがどこかアンバランスです。また、右手の金貨は今にも画面からはみ出しそうで、地面から離れて宙に浮いた左足は、押し寄せる波にのまれてしまいそうに見えます。

正位置の臨機応変な対応力に対して、逆位置では、状況の不安定さ、調整不足、油断して足元をすくわれること、巻き込まれて失敗することなどが示されています。

金貨の2 に描かれたシンボル

・赤い帽子と顔・

帽子の赤は熱心な考えや情熱的なアピールを、長いのは、より上を目指すことや熱意の持続を、傾いているのは、それが間違った方向にいくことを意味します。表情は淡々としているので、頭に血が上り過ぎることはなさそうです。

・雲のない青空・

スッキリした気分を示します。ただ、結果が欲しい人にとっては手応えがないかもしれません。とはいえ、海上では波が高くなっています。この青空は嵐の前の静けさで、風雲急を告げて状況が一変する可能性もあります。

・二枚の金貨・

二つの物事が同時に進行していくことや、兼業、人事異動、役割交代などを意味します。相互連絡、書類のやりとり、交流、ディベート、商取引、プレゼントの交換、留学、一時滞在などを表すこともあります。

・黄緑色の∞マーク・

黄緑色は、集中していても周囲の状況が見えていることを示します。∞マーク(レムニスケート)は物事が続くこと、何度でもトライすることを表します。あらゆる物事が刻々と変化しながら続いていくことを示しています。

・赤い衣装とベルト・

並んだ小さなボタンは、小さな幸運の連鎖を表します。タイトなタイツとゆったりした袖は、基礎鍛錬に裏打ちされたパフォーマンスを意味します。絞めたベルトは気合の表れ。余っているのは調整可能なことを示します。

・二隻の船・

高波に揺られる二隻の船は、いろいろなことに手を出し過ぎて制御が不可能になっていることを表します。近くに見える一隻は、もうすぐ岸にたどり着けそうですが、遠くのもう一隻は、まだ危険にさらされています。

・灰色の地面・

堤防のない岸に高い波が襲いかかろうとしていますが、灰色の地面は、何があっても動じない忍耐強さと頑固さの象徴。淡々と波を受け止めるでしょう。動きのあるカードの中で、地面だけは、かたくななまでに静かです。

・緑色の靴・

健脚であること、足取りがしなやかで柔軟性があることを意味します。しっかりとしたステップを踏んでいる様子は、着実な歩み、フットワークの軽さ、環境にフィットする順応性、健康を維持すること、基礎の重要性を表します。

・波立つ海・

海がうねり、高波が生じています。海は無意識の象徴ですから、知らぬ間に感情が高まっているか、抑圧していたものが浮かび上がってきているようです。他人の感情にのまれる、振り回されるとも解釈できます。

金貨の2を読むためのキーワード

恋愛

	赤い帽子と顔	赤い衣装とベルト	緑色の靴	黄緑色の∞マーク
出会い	**出会い**	**出会い**	**出会い**	**出会い**
	・熱血漢との	・幸せそうな人との	・腰の軽い人との	・移り気な人との
	・興奮しやすい人との	・苦労して成功した人との	・柔軟に合わせる人との	・長く付き合いたい人との
	・話を聞かない人との	・対応力のある人との	・健康な人との	・前に縁があった人との
	・勘違いしている人との	・頭の柔らかい人との	・近くに住む人との	・調整してくれる人との
	・恋愛アプリでの	・スポーツが縁での	・ダンスやスポーツ関係の	・いつも行く場所での
	・パーティー会場での	・人数合わせの合コンでの	・アウトドアでの	・前回と同じような
	・熱烈に口説かれる	・偶然が重なった	・自らアプローチする	・再会での
相手の気持ち	**相手の気持ち**	**相手の気持ち**	**相手の気持ち**	**相手の気持ち**
	・舞い上がっている	・我慢の限界が近い	・楽しめることを探す	・考えが堂々巡りする
	・興奮状態にある	・自己犠牲に疲れた	・まずは友達から	・まだ結論を出さない
	・怒りが込み上げている	・わがままを言いたい	・2人を天秤にかける	・どちらも選べない
	・もっとアピールしたい	・一度会えば十分かも	・まだ遊びたい	・臨機応変に対応したい
	・気持ちが先行している	・妄想が膨らんでいる	・自由に行動したい	・長続きしそうな予感
	・なぜかあなたに夢中	・好きだが告白しない	・うまく対応している	・試行錯誤している
	・互いに勘違いの可能性	・現状に満足している	・考えが違い過ぎる	・心境の変化があった
今後の二人	**今後の二人**	**今後の二人**	**今後の二人**	**今後の二人**
	・体だけの関係になる	・熱意から惰性に変わる	・付かず離れずの関係	・ダラダラと続いていく
	・強引に付き合う	・愛憎半ばの状態に	・友達の状態が続く	・離れることができない
	・断れずに交際する	・けんかを繰り返す	・和解して平和な状態に	・腐れ縁になる
	・終わりが見えてくる	・デートを重ねる	・気を使って近づけない	・状況が刻々と変わる
	・駆け落ち騒動に発展	・お試し期間を過ごす	・距離が埋まらない	・前進と後退を繰り返す
	・二人の世界に没頭する	・温度差があり失敗する	・都合よく扱われる	・周囲がつないでくれる
	・愛されて幸せになる	・体の相性は良い	・今の状態に慣れてくる	・結局ずっと一緒にいる

仕事

赤い帽子と顔	赤い衣装とベルト	緑色の靴	黄緑色の∞マーク
・先がないなら転職を	・転職は経験を生かして	・転職活動を活発に	・転職を繰り返す
・独立にはパワーが必要	・準備期間が独立の鍵	・独立するなら相棒が必要	・仕事がコロコロ変わる
・情熱で押し切らないで	・下積み期間を終える	・兼業はバランス調整を	・職場復帰や出戻りも
・始まると止められない	・細かい仕事が多くなる	・平和的解決が望ましい	・二つのことを同時進行で
・間違った方向に進む	・順調に結果が出る	・外回りと出張は吉	・対立に巻き込まれる
・セオリーが通用しない	・環境への順応がテーマ	・折衷案で折り合いを	・惰性で続いていく
・斜め上の発想が吉	・体力勝負になる	・必要ならすぐに動いて	・変更や調整が多々ある
・上層部に熱意が届く	・練習すれば本番は成功	・日々のルーティンも大事	・継続に向けて微調整を
・熱い主張が相手を動かす	・熱意が行動で伝わる	・理想より現実を重視	・結論が出せない
・怒りをコントロールして	・自分で完結させるべし	・着地点を慎重に探ろう	・つなぎ役に徹するべし

お金

赤い帽子と顔	赤い衣装とベルト	緑色の靴	黄緑色の∞マーク
・赤字が続く	・くじが当たる・受賞する	・出資や投資は慎重に	・終わらないローンや借金
・投資や出資の見直しを	・細かい臨時収入がある	・環境問題への支援を	・長期的マネープランを
・賭けは楽しくても益なし	・出資したリターンあり	・比較検討してから出費を	・兼業するとよい
・買うべき物が増える	・赤字が膨らむ	・試着してから買うべし	・リスクの分散が吉
・経費がかさむ	・出費を抑えよう	・リスクを冒さず安全に	・収支バランスの維持を

行動のヒント

赤い帽子と顔	赤い衣装とベルト	緑色の靴	黄緑色の∞マーク
・「太く長く」を目指して	・全体像より細部に注目	・自然を歩いて息抜きを	・継続は力なり
・意図的に目立とう	・臨機応変に調整を	・体のメンテナンスを	・何度でもトライして
・勢いが道を開く	・少し余裕を持って	・足に優しい靴が吉	・ループで音楽をかける
・冷静さも必要	・足で歩いて開拓を	・できるだけ徒歩で移動を	・食べ放題はおすすめ
・向上心がテーマ	・やせ我慢が必要かも	・セカンドオピニオンを	・お気に入りをリピート

その他のシンボル　**灰色の地面**　振り回されない人　結婚を目指す　不変と安定の素晴らしさ　動じないで

	二枚の金貨	雲のない青空	二隻の船	波立つ海
出会い	・手先が器用な人との ・二面性がある人との ・既婚者との ・2人の候補者との ・仲介してもらう ・ダブルデートでの ・娯楽施設での	・分かりやすい人との ・話しやすい相手との ・正直な人との ・視野の広い人との ・昼間の活動での ・屋外での ・ライバルが少ない	・海外や遠方の人との ・異動や転勤が多い人との ・外出好きな人との ・相手のいる人との ・留学や旅行での ・外国語教室などでの ・港町での	・感情の波が激しい人との ・マザコンとの ・おせっかいな人との ・しつこい人との ・作家や芸術家との ・海やプールなどでの ・お酒の席での
相手の気持ち	・どっちつかずの状態 ・2人の間で揺れ動く ・公私のバランスを重視 ・お互いのメリットを計算 ・デートは割り勘で ・価値観の擦り合わせを ・束縛や約束は嫌だ	・隠し事はしない ・冷静に分析している ・スッキリとした気分 ・手応えを感じられない ・少し距離をとりたい ・受け入れ態勢でいる ・不穏さを察知している	・旅行に行きたい ・気持ちが制御できない ・一人に絞りたくない ・当てにしないでほしい ・気分のムラがある ・やりとりが面倒 ・まだ遊んでいたい	・気持ちが揺れている ・自分のペースでいきたい ・諦めずに誘うつもり ・本当は甘えたい ・愛情に飢えている ・飛び込んできてほしい ・好き過ぎて怖い
今後の二人	・うまくやっていく ・二股の状態になる ・決断は先延ばしに ・気持ちが揺れたまま ・ギブ&テイクの関係に ・性差・性別に課題あり ・公私共にパートナー	・特に変化がない ・反応がないまま ・もめ事の決着がつく ・連絡がつかない ・突然の告白または別れ ・プラトニックな交際に ・誠実なお付き合いに	・離ればなれになるかも ・近づいたり離れたり ・勢いで付き合う ・アピールすれば進展 ・会えるときだけ連絡する ・弱みを見せ合えば吉 ・苦難を乗り越えゴールへ	・定期的に会う ・言いなりになる ・甘えや依存状態に ・三度目の告白で交際へ ・子供について話し合う ・付き合う手前で終わる ・モヤモヤした状態が続く
	・残留か転職か決定できず ・兼業や副業は吉 ・紹介や仲介を大事に ・人事異動や掛け持ちあり ・同時進行になる ・担当の変更と引き継ぎを ・複数のプランを考えて ・味方になる人を選ぼう ・交渉力が問われる ・取引や連絡が活発になる	・転職先が見つからない ・独立しても仕事がない ・目標が見つけにくい ・邪魔されずに集中できる ・結果が出ない ・こだわりを捨てて冷静に ・外回りや出張は吉 ・上に意見が通る ・広い視野を持とう ・急な変化に備えよう	・転職には最適な時期 ・ライバル意識から独立へ ・出張や転勤があるかも ・収拾がつかなくなる ・トラブル対応を最優先に ・グローバルな視点が吉 ・感情に振り回される ・さまざまな方法を試そう ・二番煎じは失敗する ・念のため代案の用意を	・転職はしばし様子見を ・起業にはリスクが多い ・海外の情報を確認して ・感情で決めるのはNG ・異動・出向・出張は吉 ・時代の流れに乗ろう ・これから一波乱ある ・偉い人の一存で決まる ・タイミングをよく見て ・貿易・輸出入関係は好調
	・副収入がありそう ・貯金より資産運用を ・収入源を複数確保して ・買い物では比較検討を ・お得なサービスに変更	・収支を透明に ・お金がたまらない ・収入が途絶える ・不透明なビジネスはNG ・不用品を処分しよう	・高リスク・高リターン ・なんとかお金が回る ・他と比べて値段交渉を ・紛失や盗難はすぐ連絡を ・海外の品を買うとよい	・相場変動をよく見よう ・収入に波がある ・流行に乗ると稼げる ・気が大きくなり散財 ・家族からの支援あり
	・積極的な交流を ・二つを同時進行すると吉 ・一石二鳥が狙える ・たまには違う選択肢を ・マンツーマンがおすすめ	・天候の変化に注意 ・外に出かけよう ・うそはつかないで ・気持ちのリフレッシュを ・人混みを避けるべし	・船旅や船便がおすすめ ・引っ越しには良い時期 ・他人の愚痴は聞き流そう ・遠慮なく助けを求めよう ・良い知らせがあるかも	・港や海に行くのは吉 ・水のトラブルに警戒を ・依存に要注意 ・情緒不安定になりがち ・チャンスが三回ある

 節制(正)p.76

☆ 金貨《ペンタクル》の3

ペンタクルの下で話し合う三人。
柱の完成までもう一息。
それを支えるのは神の存在か。

逆位置

Three of Pentacles

基本の物語

ペンタクル(五芒星)の彫刻が施された柱のそばで、エプロンをした職人、黒衣に身を包んだ修道士、図面を持った寄進者が話をしています。

前の「金貨の2」では、大道芸人が観客に芸を見せるための道具として金貨が利用されていました。ここに登場する三つのペンタクルは、信仰の証しとして寄付され、その寄付が職人への報酬となっています。これが次の「金貨の4」で財産として蓄えられるでしょう。こうして、お金のさまざまな側面が表現されていきます。

このカードのペンタクルは黄色ではないので、お金というよりは名誉、権威、三位一体、プロジェクトの完成と成功を表しています。

逆位置を読むポイント

正位置では、話し合う三人の様子が目を引きますが、逆位置では、彫刻を施された柱の存在感が増してきます。五芒星や花で装飾された柱が並ぶ、壮麗な回廊を想像できるでしょう。アーチの向こうには暗闇が広がり、人知を超えた神秘を感じさせます。

正逆どちらも「もの作り」がテーマですが、正位置では人間の営みが主軸となり、計画、技術、プロジェクトの完成などに焦点が当たります。一方、逆位置では神の崇高さが強調され、神への感謝などがに焦点が当たります。

金貨の3に描かれたシンボル

・アーチのある壁・

灰色の壁は、高い理想や目標と、そこにたどり着くまでの困難を表します。石がきっちりと組まれているのは、固い意志で努力する必要性を示します。アーチが鋭角的なのは、厳しさと向上心が求められていることを表します。

・三つのペンタクル・

黄色ではないので、名声、大切な物、価値、神秘、美、お守りなど、護符としての要素が強調されます。「三」は三位一体や完成を意味します。人生の柱となる物事を確立するか、大黒柱に支えられていることが暗示されています。

・奥の暗闇・

柱の右奥に真っ暗な空間があります。これは、先がまったく分からないこと、何も起こらないこと、失うことなどを意味します。あるいは、孤独や闇にのまれる可能性も。自分と向き合う必要があるのかもしれません。

・エプロンをした職人・

職人は、注意深さと几帳面さの象徴です。エプロンが黄色いのは、日の当たる場所にいること、つまり大きな仕事を得る、主役になることなどを表します。ペンタクルには手が届かないので、さらに上を目指す必要があります。

・図面を持つ人物・

この人物は、仕事の依頼者であり寄進者でしょう。頭まで外衣で覆っているのは、正体を隠していることと慎み深さを示します。華やかな柄と色は、信じるもののために力を尽くすエネルギーと熱意を表しています。

・左側の壁・

柱の左側は壁になっています。つまり、ここが建物の端なのです。これは、自分の限界を知ること、逃げ場がないことなどを意味します。現状に耐えるか、未知の領域(右奥の暗闇)に踏み込むか、どちらかしかないのです。

・黒衣の修道士・

黒衣は、自分の意見を言わないこと、裏方に回ることを意味します。この修道士は出しゃばらず、依頼者と施工者の間に入っています。黒子に徹する、橋渡し役を務める、マネジメントをするなどが開運の鍵となります。

・長いす・

足場になる長いすは、土台づくりを意味します。上に乗る職人は、熟練工ではなさそうですが、大きな仕事を任されて着実に経験を積んでいます。長いすなので、あまり制限されず、動きやすい環境であることを表します。

・灰色の床・

動じない様子、我慢強さ、安定感を表します。柱、建物、人々、長いすの土台となるものであり、不変で強固な意志の象徴です。優れた点があるのに縁の下の力持ちとしての役目を果たし、地味で目立たないことも意味します。

・図面・

プロジェクトや人生のプラン、その詳細な内容などを表します。口約束ではない書面でのやりとりや契約書、資料などの重要性を表すものでもあります。形ある物を使ったコミュニケーションを心掛けるとよさそうです。

剣のキング(逆)p.284

金貨の3を読むためのキーワード

	アーチのある壁	三つのペンタクル	長いす	奥の暗闇
恋愛	出会い ・雲の上の存在との ・向上心の強い人との ・厳格な人との ・尊敬できる人との ・困難な仕事が縁での ・確かな人からの ・理想が高いと出会わない	出会い ・守ってくれる人との ・価値観が合う人との ・見た目が好みの人との ・頼りがいのある人との ・共通の趣味の場での ・宗教関係が縁での ・講演会やライブでの	出会い ・背伸びしたい人との ・恋愛経験の浅い人との ・提案してくれる人との ・融通のきく人との ・値段の高い店での ・学校やスクールでの ・相席や同席が縁での	出会い ・得体の知れない人との ・先を考えない人との ・暗い人との ・何か企んでいる人との ・夜の時間帯の ・怪しい場所での ・出会いが閉ざされる
	相手の気持ち ・妥協したくない ・時間がかかり過ぎる ・距離を縮められない ・忙しくて相手ができない ・会っても不毛だと思う ・結婚の圧力が厳しい ・疲れてしまいそう	相手の気持ち ・大切に思っている ・もっと頼ってほしい ・一緒にしたいことがある ・合わせてほしい ・ポリシーは変えない ・注目してほしい ・自分から動きたくない	相手の気持ち ・ハードルが高い ・そろそろ次のステップへ ・予定は合わせる ・少し盛り上がっている ・自由にさせてほしい ・皆で会うならよい ・無意識にマウントを取る	相手の気持ち ・何も行動できない ・悪い方向に考えてしまう ・正体を明かしたくない ・雲隠れしたい ・欲望のまま行動する ・連絡をブロックする ・良からぬ企みがある
	今後の二人 ・振り向いてもらえない ・努力が必要 ・手が届かないまま ・数年越しで実る ・会うことが難しい ・苦労の末、一緒になる ・婚約破棄	今後の二人 ・趣味の友達に ・恋ではないパートナーに ・関係は変わらない ・一大事に巻き込まれる ・一緒に生活する ・婚約または結婚へ ・三角関係が継続する	今後の二人 ・ぎこちなさが続く ・無理して付き合う ・互いに慣れずストレスに ・程よい距離感なら吉 ・友達から始める ・背伸びすると失敗する ・引っ込みがつかなくなる	今後の二人 ・音信不通になる ・だまされる可能性あり ・未来を思い描くと吉 ・ストーカー行為に発展 ・人に迷惑をかける ・行くところまで行く ・離れた方がお互いのため
仕事	・転職は妥協しないで ・独立しても非常に困難 ・キャリアを重ねよう ・向上心が必要 ・意識の高い人と組もう ・ようやく企画が動く ・上にうまく伝わらない ・理想を追い求めるべし ・結果に手が届かない ・飛躍の可能性あり	・転職の準備が整う ・三人で起業なら吉 ・チームワーク優先で ・リーダーの手腕が肝に ・融通がきかないかも ・大事な仕事を片付けて ・プロジェクトが完成する ・困ったらどんどん頼ろう ・少数精鋭がよい ・やりがいも結果も得る	・転職は面接に力を入れて ・援助なくして独立なし ・次のステップへ進む ・多少はハッタリも必要 ・幅広くスキルを使って ・難易度を下げないこと ・全体を見渡す視点を ・ルール内で自由自在に ・現状に満足しないで ・偉い人を頼ると吉	・転職できない ・起業の危険に気付かない ・突然仕事がなくなる ・ブラック企業に注意 ・先がまったく見えない ・仕事に追われてしまう ・心身のケアを ・悪意ある人から逃げて ・不正に関わらないこと ・協力者が必要
お金	・融資が下りない ・不景気の影響あり ・収入を上げるチャンス ・もらうより取りに行け ・株価や物価の急騰あり	・収支を自分で制御して ・大事な物以外は買わない ・本職で稼ぐべし ・ボランティアや寄付を ・修理・修繕費がかさむ	・ぼったくられる恐れあり ・報酬や給料が上がる ・さらなる資金づくりを ・予算の範囲で買い物を ・安物を買うと失望する	・黒字になる ・使途不明金に注意を ・審査に通らない ・闇金に手を出さないで ・怪しい商売に気を付けて
行動のヒント	・目標を高く持って ・登山やボルダリングを ・橋を渡ると吉 ・アーケードで楽しんで ・頭上に注意	・第三者の存在が重要 ・軸のぶれを防ぐべし ・アート鑑賞はおすすめ ・宗教建築を見ると吉 ・三人で協力しあおう	・レベルを高める時期 ・いつもとは違うことを ・無理せず安全第一で ・慣れないことは慎重に ・見た目で選ぶと失敗する	・自分と向き合おう ・全て忘れて休むと吉 ・心の闇を外に出すべし ・穏やかに夜を過ごそう ・独りを楽しもう

その他のシンボル　左側の壁　はっきりしない人　邪魔が入る　壁にぶつかる　先が見えない　限界まで行動を

エプロンをした職人	黒衣の修道上	図面を持つ人物	図面
出会い	出会い	出会い	出会い
・几帳面な人との	・控え目な人との	・献身的な人との	・用意周到な人との
・慎重な人との	・聞き上手な人との	・容姿に自信がない人との	・融通がきかない人との
・マウントを取る人との	・目立たない人との	・趣味に没頭する人との	・論理的な人との
・まだ若い人との	・信心深い人との	・センスが奇妙な人との	・口下手な人との
・学びや習い事の場での	・信用できる紹介での	・ボランティア活動での	・迷っているときの
・仕事関係での	・友人の結婚式での	・趣味の場での	・ドライブや旅行での
・発表の場での	・行動しないと出会えない	・仮装イベントでの	・アート関係での
相手の気持ち	相手の気持ち	相手の気持ち	相手の気持ち
・自分を見てほしい	・当たり障りのない話を	・本音は言えない	・仕事が忙しい
・もっと深く知りたい	・恋愛感情はない	・明るく振る舞っている	・行きたい場所がある
・細かいところが気になる	・進展させる自信がない	・だまされてもいい	・趣味を共有したい
・価値観の擦り合わせを	・待ちの姿勢でいる	・趣味を理解してほしい	・将来を考えている
・信用できるかチェック中	・予定はお任せしたい	・体型に自信がない	・自分語りをしたい
・上から目線で見ている	・自分を見せたくない	・体裁を繕っている	・夢を応援してほしい
・次の段階に進みたい	・面倒なことは拒否する	・役に立ちたい	・同棲の計画をしたい
今後の二人	今後の二人	今後の二人	今後の二人
・一歩距離が縮まる	・特に進展しない	・恋人なのか不明な状態	・将来について話し合う
・付き合うことになる	・連絡がつかなくなる	・猫をかぶって付き合う	・引っ越し先を探す
・段階を踏んでいく	・自然体で付き合えない	・一方的に尽くす	・条件付きの付き合い
・お互い次の恋愛へ	・告白されると冷める	・片思いが続く	・両親に挨拶に行く
・良い経験になる	・隠れて付き合うことに	・客とファンの関係	・お金でもめなければ吉
・相手を犠牲にする関係	・信仰などの問題あり	・イベント時だけ会える	・経歴で反対される
・交際して援助してもらう	・素性を隠しての交際	・一人で盛り上がる	・偽プロフィールだった
・キャリアアップの転職を	・転職はコネを活用して	・転職のオファーがくる	・転職は戦略的に
・起業は支援を受けられる	・独立はおすすめしない	・独立は計画的に	・事業計画を見せるべし
・前に出て注目を浴びる	・黒子に徹すると吉	・イメージ戦略が重要	・具体的なビジョンを
・部下の努力で成り立つ	・間に入ると苦労しそう	・豊富なアイデアが出る	・マニュアルを用意しよう
・1段階レベルを上げて	・意見の取りまとめを	・我を出さないこと	・伝達や報告は詳細に
・まだ目標に届かない	・目立たなければ安泰	・道化を演じる羽目に	・プレゼンがポイントに
・細かいチェックが必要	・トラブル対策を確実に	・対人関係には遊び心を	・契約を見直すと吉
・思い付きの行動はNG	・同調や共感でスムーズに	・常識にとらわれないで	・見積もりの徹底比較を
・プラン通りに進行を	・自己アピールは逆効果	・熱意を全身で表そう	・プラン通りに遂行しよう
・大きな仕事に挑戦して	・情報開示はしないこと	・会社に貢献できる	・ビジュアル資料で説明を
・資金の準備があれば成功	・もうけも損もない	・寄付や募金は吉	・契約書をよく確認しよう
・支援してもらえる	・最終的に黒字になる	・趣味にお金を使いそう	・説得次第で支援がある
・上質な物を買うべき	・派手に使うのはNG	・コレクション熱で浪費	・お金の額を可視化して
・明細の確認はきちんと	・紹介料をいただくべし	・長期ローンは避けて	・詐欺の書類に注意
・ギャンブルは程々に	・さい銭をケチらないで	・見た目で買わないで	・明細を細かくチェック
・意識の高い人と交流を	・橋渡し役を務めよう	・コスプレは吉	・物的証拠が必要
・少し背伸びしてもよい	・目立たない格好で	・別の自分を演じてみて	・情報はウェブより書籍で
・足元をよく見るべし	・宗教家の言葉を大事に	・真面目さより面白さ	・チラシ等にお得情報あり
・少しずつ前進しよう	・参詣や法事は吉	・他人の応援に力が入る	・説明書をよく読もう
・必ずダブルチェックを	・傾聴を心掛けよう	・建前や理想を熱く語ろう	・身分証や書類が必要かも

その他のシンボル　灰色の床　忍耐強い人　魅力が目立ちにくい　長続きする　不満より幸福を見つけて

月(逆)p.92

金貨《ペンタクル》の4

富を手放すまいとする成功者。
頭上にいただき、胸に抱き、
足で押さえても不安は残る。

逆位置

Four of Pentacles

基本の物語

冠の上に金貨をのせ、胸元に一枚抱え込み、足で二枚を踏みつけ、取られてなるものかと、こちらをにらみつける男性。正面を向いているのは現在と向き合っていること、今ここにある物しか信じないことを意味します。灰色の空間は、空っぽで味気ない、無感動な心の状態を表しています。

前の「金貨の３」では修道院の彫刻を手掛けていた敬虔な職人が、ここでは自分が得た富と名声を守ることしか頭にない哀れな人物になっています。このままではやがて信頼を失い、次の「金貨の５」のように、教会からも見放された困窮者になってしまうかもしれません。

逆位置を読むポイント

正位置ではがっちりと冠にはまっていた金貨が、逆位置では、不安定に見えてきます。胸元に抱えた金貨は無事ですが、足で押さえたはずの二枚も、斜めに浮き上がっているようです。よく見ると、体重は爪先に掛かり、かかとは宙に浮いているのです。

本人は自分の財産を維持できると思っているようですが、逆位置では、状況次第で富を失う可能性があることが暗示されています。

背景の街並みも、逆位置では塔が背伸びをして高さを競っているかのようで、今にもバランスが崩れそうです。

金貨の4 に描かれたシンボル

・冠と男の顔・

冠は地位、名声や権力を象徴しますから、この人物は成功者です。正面からこちらを見据えているのは、警戒心があり、こちらを値踏みしているから。正面は現在を表すので、目の前にある物しか見ていないことを意味します。

・灰色の空・

何もないこと、心が空っぽなことを表します。お金がない、稼いでもむなしい、手に入れても別の何かを失ったように思う、そんな空虚な感覚です。埋まらない溝や、将来への漠然とした不安なども暗示しています。

・頭上の金貨・

目立ちたい、ひけらかしたいという気持ちを表します。金貨は、価値ある物の象徴ですから、自分の価値をアピールしているのです。手で持たず、ただ頭にのせているのは、自分のお金を見せつけたいだけであることを示します。

・胸元の金貨・

両腕で抱えた金貨は、手放したくない物や大切な物を表します。両腕で抱えると他の物に手が回りませんが、それでも最後まで死守したいのです。心臓を守っているようにも見えるので、自分を守るための物だと分かります。

・赤い服と黒い外衣・

赤い服は意志と行動力を表します。黒い外衣は欲望や悪事の象徴。服の裾が水色なので、最終的には冷静に判断するでしょう。赤字を黒字で覆うイメージもあるので、利益は出るものの借金も多いことを暗示しています。

・灰色の台座・

背もたれのない台座は、支援がなくても自力で土台を築き上げることを意味します。自分の成し遂げたことに自信があるため、人の助言を聞かない、融通がきかないなど、頑固な一面があります。また、裏方に向いています。

・背景の街並み・

立ち並ぶ高い塔と緑地は、豊かさと繁栄の象徴です。大切な人が背後にいるか、重要な仕事が控えていること、皆のメリットも考えていることを意味します。立ち並ぶ塔は、競合やライバルとの切磋琢磨を表しています。

・茶色いブーツ・

目標に向かって、地道に人生を歩むことを表します。かかとが上がっているのは焦っているか、落ち着きがないのか、浮足立っていることを意味します。あるいは、着地する覚悟と踏み込む勇気が足りないのかもしれません。

・灰色の地面・

滑らかな地面は安定した状況を、灰色は、白黒どちらでもない状態を表します。悪事とはいかないまでも、正直とはいえない取引が継続的に行われている暗示です。街から離れているのは、人に知られたくないからでしょう。

・足の下の金貨・

支配されていること、大事にされていないことを意味します。さほど大事ではなくとも手放したくないか、踏み台にできるものなのでしょう。二枚あるのは、迷った末、両方に手を付けたか、両方キープしていることを表します。

 剣の10(正)p.268

金貨の4を読むためのキーワード

	冠と男の顔	赤い服と黒い外衣	茶色いブーツ	頭上の金貨
恋愛	出会い ・警戒心が強い人との ・この瞬間を生きる人との ・所有欲の強い人との ・既婚者との ・接待や仕事絡みでの ・ホテルのラウンジでの ・勝手にお膳立てされた	出会い ・気性の荒い人との ・我が強い人との ・強引な人との ・異性を扱い慣れた人との ・貸し切りパーティーでの ・夜の街での ・地下の飲食店での	出会い ・地味な人との ・落ち着かない人との ・無理をしている人との ・神経質な人との ・お互いに緊張する ・慣れない場所での ・通勤中の	出会い ・自慢が多い人との ・承認欲求が強い人との ・金遣いが荒い人との ・単純な人との ・高級店での ・玉の輿狙いの婚活での ・ビジネスセミナーでの
	相手の気持ち ・疑っている ・信用されていない ・商品のように見ている ・値踏みされている ・メリットを求めている ・気があるが手は出さない ・口の軽さを確認している	相手の気持ち ・欲が出ている ・やりたいようにやる ・体の関係になりたい ・怒りを抑えている ・情熱を隠している ・思いを伝えられない ・好きなのにつらく当たる	相手の気持ち ・後先を考えていない ・付き合ってもいい ・慎重になっている ・しばらく様子を見る ・本気になり切れない ・多忙で時間が足りない ・恋愛に集中できない	相手の気持ち ・認めてほしい ・お金で釣っている ・お金目当ては勘弁して ・自分からは行動しない ・ちやほやされたい ・相手は誰でもいい ・モテている実感が必要
	今後の二人 ・お互いに近づかない ・信頼関係が築けない ・主従関係になる ・相手に尽くす ・都合よく扱われる ・見栄のために付き合う ・嫉妬からけんかに発展	今後の二人 ・告白できない ・一度きりの関係かも ・本命にはなれない ・体の相性がいい ・けんか別れ後に復縁する ・傷つける前に別れる ・隠れて付き合うことに	今後の二人 ・中途半端な関係に ・とりあえず付き合う ・結婚には二の足を踏む ・仕事優先になる ・三角関係が続く ・なかなか会えない ・向き合ってもらえない	今後の二人 ・金の切れ目が縁の切れ目 ・恋愛でなく仕事の関係 ・見栄のために交際する ・相手の財産が魅力的 ・割り切った関係に ・打算で付き合う ・子供のための結婚
仕事	・転職先はじっくり選んで ・独立すると敵をつくる ・上司の指導を受ける ・目を付けられやすい ・高く評価されやすい ・今のことに集中しよう ・ハラスメントから逃げて ・実力者にアピールを ・短期の案件がおすすめ ・大手との取引は吉	・転職は早まらないで ・独立には資金が不足 ・多少の困難を想定しよう ・ときには強引さも必要 ・やる気を見せると吉 ・失敗を恐れずに ・いら立ちは抑えて ・挑発には乗らないこと ・冷静で大胆な決断を ・機密漏れに気を付けて	・転職先が決まらない ・独立より副業か兼業を ・異動や兼任がある ・企画が同時に進行する ・集中できない職場環境 ・休みが取りにくい ・やりがいのない仕事 ・営業職は忙しい ・警戒心と慎重さが必要 ・地味にコツコツが吉	・転職は給料重視で ・独立は利益最優先で ・副業がバレる ・肩書が物を言う ・理想を語らず実務を優先 ・実績が評価される ・予算の確保が先決 ・見積もりは明確に ・具体性が求められる ・利益がないと意味がない
お金	・市場の動向をよく見て ・リスクは負わないこと ・収入が確保できる ・金持ち風の人に要注意 ・倹約と貯金が吉	・借金返済のために働く ・損益の予測が不可能 ・損して得を取るべし ・リスクなしに稼げない ・投資や出資は冷静に	・思ったほどもうからない ・複数の収入源を確保して ・収支のバランスがよい ・出資を受けるのは慎重に ・地道に少しずつ貯金を	・一発当たるかも ・お金目当ての人がくる ・資金が調達できる ・おごる羽目になる ・お金の出入りが激しい
行動のヒント	・誰かに見られている ・向き合って話すこと ・現実をよく見よう ・ストーカー対策を ・迷わずブロックを	・けがや火傷に要注意 ・スポーツや運動が吉 ・紫外線対策がおすすめ ・感情を剝き出しにしない ・スパイシーな料理を	・まずはお試しで ・二つの候補を吟味して ・動きやすい靴の用意を ・時間をかけずに素早く ・地に足を着けるべし	・自己アピールが必要 ・知名度や実績を重視して ・目的を明確にしよう ・外見も大切に ・大事な物から手掛けよう

その他のシンボル　灰色の台座　頭の固い人　気持ちが動かない　変わらない　縁の下の力持ちに　基礎固めを

胸元の金貨	足の下の金貨	灰色の空	背景の街並み
出会い	出会い	出会い	出会い
・過保護で育った人との	・臆病な人との	・無感動な人との	・仕事で成功した人との
・ケチな人との	・学歴の低い人との	・束縛しない人との	・謙虚で優しい人との
・独占欲の強い人との	・苦労してきた人との	・伸びしろのある人との	・話題が豊富な人との
・大事にしてくれる人との	・公務員との	・恋愛が苦手な人との	・理想が高い人との
・個室での	・庶民的な店での	・事務的な紹介での	・繁華街での
・重圧のかかる紹介での	・地元つながりの	・公共の場所での	・初めて訪れた街での
・周りから勧められた	・いつも行く場所での	・出会いがない	・ライバルが多い
相手の気持ち	相手の気持ち	相手の気持ち	相手の気持ち
・束縛するつもり	・我慢している	・何も考えていない	・忙しくて時間がない
・面倒を見たい	・頭が上がらない	・忙しくて余裕がない	・楽しく過ごしている
・つかんで離さない	・言いたいことを言えない	・恋愛に興味がない	・モテ期に入っている
・建前と体裁を重視する	・重いと感じている	・適当に合わせている	・遠くから応援したい
・ごちそうしたい	・水面下で他を探している	・実は好きになれない	・距離をとって様子見
・恋より優先する事項あり	・二人の間で迷っている	・孤独を埋めたい	・出かけたい場所がある
・他人に自慢したい	・諦めて言いなりになる	・物足りない	・人生について話したい
今後の二人	今後の二人	今後の二人	今後の二人
・根負けして付き合う	・主従のような関係に	・邪魔が入らない	・まだ一人に決めない
・メリットがあれば交際へ	・結婚を前提とした交際へ	・流れで付き合うだけ	・友達のような関係に
・共依存の関係になる	・二股状態に	・会うことはできる	・友人や家族を紹介する
・お金目当てで付き合う	・互いに自立した距離感	・むなしい片思い	・二人きりでは会えない
・別れてくれない	・収入の格差がネックに	・マンネリに陥る	・距離が縮まらない
・お金のトラブルに発展	・前の人と別れられない	・不毛な関係が続く	・仲間に入れてもらえる
・結婚前提なら進展する	・仕事を優先される	・どちらかが興味を失う	・会う機会が少ない
・転職できない空気に	・転職は複数の内定が出る	・逃避の転職はNG	・転職はもう少し吟味を
・独立や退職ができない	・独立の覚悟ができない	・起業しても仕事がない	・独立への道は遠い
・現状維持が吉	・昇格･昇給が止まる	・休職や産休は吉	・将来のビジョンを描こう
・一つのことに集中して	・現状維持が精一杯	・仕事がこない	・環境に恵まれる
・結果がきちんと出る	・着実に結果を出し続ける	・張り合いのない仕事	・切磋琢磨できる
・手柄を奪われないように	・事業の基盤を守ろう	・将来の不安を感じる	・成長するチャンス
・口約束でなく書面で	・土台づくりが最重要	・職場で孤立する	・大きな仕事がくる
・攻めより守りを	・人を踏み台にしないで	・努力が無駄になる	・人の協力を得られる
・企画より実際の行動を	・甘やかさずに支えるべし	・心が疲れたら休んで	・助け合いの精神で
・具体的な根拠を示して	・サポート体制の確立を	・頭を空っぽにしよう	・コラボレーションが吉
・自分の分だけ払おう	・ソフトよりハードを購入	・資金が足りなくなる	・貯金や収入が増える
・貯金や利益を守るべし	・本業も副業ももうかる	・貯金ができない	・不動産売買は好機
・手堅く稼ぐべし	・派手な物は買わないで	・収入が途絶える	・株価の高止まり前に売る
・お金や貴重品の管理を	・貯金を使うのはNG	・ぜいたくしてもむなしい	・金額交渉をすると吉
・安定収入が確保できる	・借金を踏み倒される	・搾取されないように	・富裕層の人脈に縁あり
・証拠を押さえるべし	・縁の下の力持ちが吉	・不用品を処分しよう	・上昇志向は吉
・二つ同時に追わない	・物を大事にしよう	・心身のデトックスを	・街に出かけてみよう
・コトよりモノを重視	・公私どちらも大切に	・重要な決断は延期が吉	・人の成功の手助けを
・本音より建前で話して	・忍耐力が問われる	・行間や空気を読むべし	・戦うなら正々堂々と
・大事な物を守ろう	・人の心に踏み込まないで	・何もしない休日は吉	・泊まらずに帰宅して

その他のシンボル　**灰色の地面**　落ち着いた人　忍耐力が必要　着実な努力を　沈黙は金　リスク回避を

杯の6(逆)p.192

金貨《ペンタクル》の5

ボロ布をまとって雪の中を歩く。
教会の入り口は閉ざされたまま。
彼らの救いはどこにあるのか。

逆位置

Five of Pentacles

基本の物語

雪の中を二人の人物が歩いています。一人はボロ布のような衣服をまとい、裸足です。もう一人は首に鈴を掛け、頭に布を巻き、松葉づえをついています。教会のステンドグラスは救済の象徴ですが、この2人のための入り口は見当たりません。貧困者の保護が行き届かないことや、マイノリティーの居場所がないことを示しているのかもしれません。

前の「金貨の4」の人物のように、お金だけに執着すると、それを失ったときに全てをなくすことになります。ただ、次の「金貨の6」では支援が得られますから、もう少しの辛抱です。

逆位置を読むポイント

逆位置では、雪の中を歩く二人の人物が、さらに心もとなく見えてきます。正位置では、少なくとも前に進もうとしていましたが、逆位置では、光の当たらないところへ逃げ込もうとしているかのようです。

正位置では、身寄りや理解者がいない、収入の当てがない、ハンディキャップがある、仕事が見つからないなどの困窮が表されていたのですが、逆位置では、取り立てや暴力から身一つで逃げてきた、差別や偏見ゆえに追放されたなどの、より厳しい問題が示唆されています。せっかくの助け舟を断ってしまうケースもあるでしょう。

金貨の5に描かれたシンボル

・教会の黒い壁・

高い壁が、教会への侵入を拒んでいます。救いを求めても断られるか、気付いてもらえないことを意味します。教会側に立てばテリトリーを守っているのであり、財産や情報のセキュリティーが万全であることを表します。

・左の人物の頭部・

病気であることを周りに知らせるための鈴は、差別・拒絶・警告・障害を表します。包帯代わりの鉢巻は、きちんと治療を受けていないことを意味します。表情はうつろで、諦めているかのよう。救いのない状況を示しています。

・左の人物の服と靴・

青い服は、戦う気力を失い、運命を冷静に受け入れていることを示します。諦めの境地ともいえます。能動性を表す右腕と前に進めた足が黄色いのは、不自由な中にも希望の光があり、それを自分でつかみ取れることを表します。

・左の人物のつえ・

松葉づえは、調子が悪くて自力で歩けないこと、またはハンディキャップがあることを意味しています。ただし、足に故障があるとは限りません。同情を引くために、足取りが軽く見えないよう、つえを使っているのかもしれません。

・ステンドグラス・

ステンドグラスは救済と平和を表しますが、その光は外の二人には届いていません。これは、関係者にのみ恵みが与えられること、周囲に無関心なこと、現実ではなく理想ばかり見ていることを示しています。

・右の人物の衣服・

茶色い布で頭まで覆っているのは、厳しい現実から身を守りたい、惨めさを隠したいという意思の表れです。ただ、黄色の上に青を重ねているので、明るい未来を捨てていないこと、何をすべきか考えていることを示します。

・雪が積もった道・

二人の後方には足跡が残っていますが、前にはありません。これは、過去の資料や経験を生かせないこと、未知の領域に入ることを表します。また、世間の冷たさ、歩みの遅さ、見えない状況、罪を隠すなどの解釈も成り立ちます。

・右の人物の足元・

雪道なのに裸足で歩かねばならないほど困窮している様子が描かれています。日の目を見ないこと、その他大勢の中に埋もれること、危険を冒すこと、進行が遅れること、失敗すること、挫折や中止などを意味します。

 剣の3(逆)p.240

金貨の5を読むためのキーワード

恋愛

左の人物の頭部

出会い
- 恋愛に懲りている人との
- 劣等感のある人との
- 不調を抱えている人との
- いじめられっ子との
- 病院や保養施設での
- マニアックな趣味が縁での
- 結婚相談所での

相手の気持ち
- 傷ついている
- 惨めな思いをした
- 許しを求めている
- 自分は悪くない
- 捨てられたくない
- 失敗して諦めている
- 自信を失っている

今後の二人
- 同情で付き合う
- 互いに不自由だと感じる
- 周囲から反対される
- 助け合えば成就する
- 言を左右にして決断しない
- 障害が明らかになる
- 恋を諦める

左の人物のつえ

出会い
- トラブルを抱える人との
- 持病のある人との
- 失恋直後の人との
- 頼りない人との
- サポートセンターでの
- 交通の混乱時の
- 指導や助力がきっかけの

相手の気持ち
- 支えてほしい
- あなたに依存している
- 自立したい
- 同情を求めている
- 面倒なことは嫌だ
- 恋愛することがつらい
- 重責を感じている

今後の二人
- 一方的に支える
- 付き合うと苦労するかも
- なかなか進展しない
- 問題を共有することに
- 長続きしない可能性あり
- 依存し合う関係になる
- 迷って決められない

左の人物の服と靴

出会い
- 無感動な人との
- 生気のない人との
- まだ若い人との
- 思いを内に秘める人との
- お見合いでの
- 学校や職場での
- 友達としての

相手の気持ち
- 特別視はしていない
- 冷静に対応している
- 情熱は湧かない
- さめた目で見ている
- 前向きに検討する
- 楽しければ進展させる
- タイミングを待っている

今後の二人
- 慎重に一歩前進する
- いつか向き合える
- 遊びに行くだけの仲
- 友人としてつながる
- 恋という雰囲気ではない
- 距離が縮まらない
- 冷めてもなぜか別れない

右の人物の衣服

出会い
- シャイな人との
- 目を合わせない人との
- 思慮深い人との
- お金がない人との
- 都会を離れた場所での
- 人の少ない場所での
- 隠れ家での

相手の気持ち
- 逃げ出したい
- 恋愛する自信がない
- 連絡を避けている
- 圧を掛けないでほしい
- 自分の将来を考えたい
- 冷静に可能性を検討中
- 気持ちはあるが抑える

今後の二人
- 悩んだ末に離れる
- 将来像を共有できない
- 相手が身を引く
- 好きだからこそ別れる
- 隠れて付き合う
- 交際の可能性あり
- いったん拒否される

仕事

左の人物の頭部
- 転職は今ではない
- 独立後に孤立するかも
- 介護･福祉はおすすめ
- 挫折感を味わう
- 失業または退職する
- 無理をするのは禁物
- 救いの手が届かない
- 必要な指示がこない
- 誹謗中傷から逃げよう
- わずかに可能性がある

左の人物のつえ
- 転職支援サービスを
- 独立には実力不足
- サポートが必要
- トラブル処理に追われる
- 有効な手が打てない
- 足を引っ張る人がいる
- 欠員が出る
- 自由に動けない
- 責任をとる羽目に
- 安全第一をモットーに

左の人物の服と靴
- 転職は一歩ずつ
- 独立の可能性が開ける
- 冷静に分析できる
- 退屈な会議にも発見が
- アイデアは胸に秘めて
- クールに振る舞うと吉
- 共有より自分のものに
- 問題なく静かに過ごせる
- 自ら結果をつかみ取って
- 希望はまだある

右の人物の衣服
- 転職には個性が必要
- 副業に着手するのも吉
- 地味で重要な仕事がくる
- 裏方に回るべし
- 宣伝･広告に失敗する
- モチベーションが低下
- 異動や転勤がある
- 結果につながらない
- 秘密保持を徹底して
- 不遇でも後で報われる

お金

左の人物の頭部
- 医療費がかかる
- 保険はしっかり選んで
- 審査に通らないかも
- 社会保障の活用を
- 少しでも自分で稼いで

左の人物のつえ
- 支援をお願いしよう
- リスクは取らないで
- 素人判断の投資は危険
- ぜいたく品より日常品を
- 無料サービスを見つける

左の人物の服と靴
- 自分で稼ぐべし
- ギャンブルはNG
- 冷静なときに買い物を
- ポジティブだと金運上昇
- 健康のための出費はOK

右の人物の衣服
- 倹約が貯金につながる
- 評価が報酬に直結しない
- 保護や援助を受けて
- 搾取されないよう注意
- 利益がなくなる

行動のヒント

左の人物の頭部
- 体力を過信しないで
- 手遅れになる前に支援を
- 弱者なりのやり方を
- 差別に過剰反応しないで
- 人と比べるのはNG

左の人物のつえ
- 陰で支えよう
- 専門家の意見を聞こう
- 焦りは禁物
- 基礎を学び直すべし
- 交通機関の遅延に注意

左の人物の服と靴
- 虎視眈々と狙おう
- 表面上は穏やかに
- 良い物か自分で確認を
- 行動すると希望が見える
- 見た目で判断しないで

右の人物の衣服
- 目立たぬように行動して
- 人混みを避けるべし
- 先を考えつつ退避しよう
- 行きたい場所へ出かけて
- 恥を忍んで頼ると吉

右の人物の足元	ステンドグラス	教会の黒い壁	雪が積もった道
出会い	出会い	出会い	出会い
・挫折を知る人との	・身内を大事にする人との	・壁をつくる人との	・純粋な人との
・飾らない人との	・宗教心を持つ人との	・ガードが固い人との	・世間知らずとの
・財産のない人との	・笑顔が素敵な人との	・外見がやや怖い人との	・恋愛経験のない人との
・正直な人との	・差別的な思想の人との	・やや排他的な人との	・冷たい人との
・知り合いの多い会での	・教会や神社仏閣での	・会員制か非公開の店での	・寒い時期・寒い場所での
・失恋後の	・サークル活動での	・芸能関係のコネでの	・初めて行った場所での
・人助けした際の	・ボランティア活動での	・秘密のグループ内での	・新たな挑戦の場での
相手の気持ち	相手の気持ち	相手の気持ち	相手の気持ち
・気乗りがしない	・魅力を感じている	・気持ちを閉ざしている	・悪いことはしていない
・冷たくされている	・見た目が気に入った	・警戒している	・こだわりがない
・気が重い	・仲間として迎えたい	・打ち解けるのは難しい	・特に気持ちはない
・お互いをまだ知らない	・結婚する運命かも	・これ以上は近づかない	・流れに身を任せる
・先に進めない	・価値観が合えばラッキー	・あまり時間を割けない	・深い考えはない
・リスクは負いたくない	・他で遊ばないでほしい	・本音では話せない	・連絡はなくてもよい
・愛情に飢えている	・交友関係を変えてほしい	・都合よく利用する	・土足で踏み込まないで
今後の二人	今後の二人	今後の二人	今後の二人
・結論が保留のまま	・結婚へと向かう	・交際を断られる	・白紙に戻る
・いつか耐えられなくなる	・身内に紹介する	・会えなくなってしまう	・何も起こらない
・進展がない	・しがらみが解消できない	・結論が先延ばしになる	・告白しても断られる
・告白もなく付き合う	・妥協できず険悪になる	・いつか逃げられる	・プラトニックな関係に
・どちらかが逃げ出す	・宗教・価値観に相違あり	・誠実さが問われる	・純粋な片思いが続く
・お互いをさらけ出す	・二人の世界に浸る	・相手を尊敬すると吉	・崇拝に近い思い
・特に変わらない	・駆け落ちの可能性あり	・連絡をブロックされる	・二人では会えなくなる

・転職先が決まらない	・転職は同じ業種が吉	・転職はコネが有利	・転職は仕切り直しが吉
・独立すると失敗するかも	・福利厚生や手当を重視	・後ろ暗い独立になる	・独立計画の見直しを
・転勤や追放の憂き目に	・独立より共同で起業を	・背後に黒幕がいる	・未知の分野に挑戦して
・試験や面接に落ちる	・複数の業務を手掛けよう	・セキュリティーを万全に	・お蔵入りの案件が出そう
・プロジェクトが滞る	・コラボで可能性が広がる	・機密を守るべし	・険悪なムードが雪解けへ
・他の人材に埋もれる	・会社組織が変わる	・組織の壁に阻まれる	・一からスタートするべし
・無理をするのは禁物	・自分を犠牲にしないで	・黒子に徹すると吉	・わだかまりが消える
・冷たい反応が返ってくる	・きれい事は通用しない	・「ノー」と言う勇気を	・新人を育てよう
・結果が出ない	・成功に必要なのは苦労	・後輩を甘やかさないで	・個性を発揮できる時期
・孤立無援になる	・困っている人を助けよう	・隠すべきことは隠そう	・実績が残せる

・お金がなくなる	・家族みんなで稼ぐ	・十分な黒字が出る	・少ない出費で済む
・報酬は足元を見られる	・資金が調達できる	・慈善事業への出費は吉	・物を買うより処分しよう
・無防備だと盗難に遭う	・お金の管理者を明確に	・怪しいビジネスはNG	・金欠の人には会わないで
・お金がないと思わせて	・貯金に向いた時期	・お金持ちを信用しないで	・支援や出資を受ける
・交通費がかかる	・長期的な利益を考えて	・欲をかくとお金を失う	・欲を出すと援助が終わる

・素を出すとよい	・ボランティア活動が吉	・鍵の確認はしっかりと	・身の潔白を証明しよう
・けがに注意	・内輪受けに安住しないで	・不用意に人を近づけない	・掃除と洗濯がおすすめ
・足腰を温めて	・食事は割り勘がおすすめ	・勧誘やあっせんは断ろう	・瞑想やデトックスは吉
・ライバル争いはNG	・長年の苦労が報われる	・黒い人脈から距離をとる	・完全なオフ日をつくろう
・童心に返ると吉	・守りから攻めに転じよう	・良心に従うべし	・歯や骨をケアしよう

 悪魔(正)p.80

金貨《ペンタクル》の6

裕福な商人が施しをする。
天秤で量るのは金額か、損得か。
あなたは施す側?　受け取る側?

逆位置

Six of Pentacles

基本の物語

赤い服の男性は、羽振りの良い商人でしょうか。黄色い服の物乞いに小銭を与えています。水色の服の人物も順番を待っています。天秤で正確に量るのは、渡す金額が決まっている、慈善事業による損得を天秤にかけている、お金を渡すべき人物かどうかを推し量っている、などを暗示します。

前の「金貨の5」で描かれていた浮浪者が、ここでは支援者によって救済されます。そして次の「金貨の7」には、与えられたものでは満足できない農夫が登場します。善意の寄付は、貧困を救う一方で、受け取った人の欲望を膨らませることもあるのです。

逆位置を読むポイント

正位置の構図は、お金を渡す商人の左右に二人の物乞いが配されて安定感がありましたが、逆位置では、それが少し変化します。お金を受け取る黄色い服の人物の方に視点がずれ、商人とその裾にしがみつく水色の服の人物が一体化して見えてきます。

正位置では、「自分」を投影しやすいのがお金を与える人物だったのに対して、逆位置では、お金を受け取る方に変化しているわけです。または、正位置では第三者、仲介者、主導権を握る人物が重要になり、逆位置では利益を受け取る人物が重要になるとも解釈できるでしょう。

金貨の6 に描かれたシンボル

・六枚の金貨・

空中に金貨が並んでいますが、並び方がアンバランスです。これは、富の不平等や貧富の差を暗示しているのでしょう。持てる者が持たざる者に与えることで、格差や偏りが是正できることを意味しています。

・灰色の空・

雲のない灰色の空が、画面の中で広い面積を占めています。しかし、人物や金貨が存在感を放っているので、ほとんど目立ちません。ないことにしたい、消え去りたい気持ち、無意味なことを表しています。

・赤い服の商人・

赤いターバンは異国との交流、未知への挑戦、旺盛な活動を、白と青の縦じまは純粋な思いと冷静な思考を、黄色いブーツは基盤となる資金を示しています。赤いマントのほつれは、疲れて情熱を失いかけているサインです。

・施しの硬貨・

物乞いの手に落ちていく硬貨は四枚、商人の手に残っているのは三枚。目の不自由な物乞いは、何枚か取り落とすかもしれません。受け取り態勢をしっかりと整えれば、危なげなく利益が得られることを示しています。

・左手の天秤・

物事の査定、人材の見極め、均衡のとれた状態、バランスの維持を意味します。受動的な左手に持っているので、自らルールを定めたわけではなく、誰かに指示されたか、義務感によってやむなく行動しているようです。

・遠くの森・

遠くに見える森は、若々しい黄緑色で、健康や活気が感じられます。街が近くにあるので、人々の憩いの場となっていることでしょう。自然体の生き方と社会活動に勤しむ毎日、その両立ができることを意味しています。

・遠くの城・

遠くに見える城は、安定した富や成功の証しです。未来を示す右端にあるので、将来が明るいことを表します。かなり遠くにあるようなので時間はかかりますが、自分を失わずに一歩ずつ前進していけば、たどり着けるでしょう。

・黄色い服の人物・

この人物はおそらく目が不自由なのでしょう。人目に立つ黄色い衣服は、明るく振る舞い、アイデンティティーを保ち、存在をアピールしながら物乞いで生計を立てていることを示します。道化、弱者、享受者の象徴です。

・灰色の地面・

はっきりしない状況を意味します。灰色の地面の上で行われるお金の分配が、慈善行為なのか違法行為なのか、判然としないのです。自分のいる環境で行われていることが良いのか悪いのか、ルールを確認する必要があるかも。

・青い服の人物・

支援者(商人)におもねるように寄り添う様子と、ポケットからはみ出した赤い紙から、何やら作為的なものを感じます。青い服は同情を誘うことを、赤い紙は隠し切れない欲望や、誰かからの依頼を表しています。

 杯の5(正)p.188

金貨の6を読むためのキーワード

	赤い服の商人	黄色い服の人物	青い服の人物	左手の天秤
恋愛	出会い	出会い	出会い	出会い
	・世界を股にかける人との	・目が悪い人との	・お調子者との	・人を見る目がある人との
	・活動的な人との	・学生や被扶養者との	・自主性がない人との	・公正な人との
	・資産運用の成功者との	・面白い人との	・要領のいい人との	・ルールに厳しい人との
	・起業家との	・お金がない人との	・甘え上手な人との	・合わせてくれる人との
	・異業種交流会での	・求職が縁での	・職場での	・合コンでの
	・旅行や留学での	・学校や講習会等での	・値段の安い店での	・婚活イベントでの
	・語学が縁での	・アルバイト先での	・偶然を装った	・共通の知人の仲介での
	相手の気持ち	相手の気持ち	相手の気持ち	相手の気持ち
	・頑張り過ぎた	・無邪気に遊びたい	・下心がある	・落ち着いて考えたい
	・できれば関係を続けたい	・おごってほしい	・勧誘が目的	・公私のバランスを重視
	・冷静になりたい	・責任は持ちたくない	・上辺だけ優しくする	・他の候補者もいる
	・行きたい場所がある	・その場しのぎでもいい	・好きになれるかも	・見定めている途中
	・付き合ってほしい	・卑屈になっている	・まだ恋人候補ではない	・ペースを合わせてほしい
	・忙しくて相手できない	・楽しい人と一緒にいたい	・人間としては好印象	・どっちつかずの気持ち
	・新鮮味が足りない	・期待されても困る	・一緒にいると益がある	・関係を変えたくない
	今後の二人	今後の二人	今後の二人	今後の二人
	・だましだまし付き合う	・養うか貢ぐことに	・尽くし尽くされる関係	・話し合いが平行線に
	・お金がないと離れる	・面倒を見るか奉仕する	・メリットでつながる	・お互いに様子見をする
	・けんかが収まる	・金の切れ目が縁の切れ目	・どちらかが裏切る	・知人が橋渡ししてくれる
	・一緒に将来を考える	・良好な友達関係へ	・片思いが続く	・裁判や調停にもつれ込む
	・引っ越して同棲する	・介護などの問題がある	・別れて未練が残る	・お互いを尊重し合う
	・付き合っても会えない	・プライドが邪魔をする	・告白できないまま	・三角関係になる
	・遠距離恋愛になる	・独占はできない	・体の関係がある友達	・負担を平等にすると吉
仕事	・転職は外資系が吉	・転職は給料次第で	・気乗りしない依頼がくる	・転職しても変わらない
	・独立は冷静に準備を	・独立より組織に所属が吉	・独立で所得が減るかも	・不満が理由の独立はNG
	・小売業と貿易に追い風	・取りこぼしに気を付けて	・異動や退職の打診あり	・慎重さが必要になる
	・グローバルな視点が吉	・遠慮すると機会を失う	・問題回避の工夫が必要	・負担を平等にしよう
	・語学が役に立つ	・協力してもらえそう	・先輩をおだてると吉	・均衡と中庸をテーマに
	・新規事業への挑戦を	・融資が下りる	・要領良く立ち回ろう	・利益は分配するべし
	・環境を変えてもよい	・窮状を訴えると吉	・上に目をかけられる	・困っている人を助けよう
	・先駆者になろう	・プライドより利益優先で	・本音を悟られぬように	・細かいチェックが必要
	・熱意を見せる作戦が吉	・まずは金額交渉を	・愛想と愛嬌が必要	・プライベートも大切に
	・予算や経費に留意を	・下手に出ると救われる	・当たり障りのない対応を	・上司が部下におごると吉
お金	・資産運用はおすすめ	・お小遣いや援助を得る	・リスクを負うのはNG	・査定に納得できる
	・リスクは予算の範囲で	・おごってもらえそう	・支払延期の相談を	・収支のバランス調整を
	・外為に挑戦するのは吉	・思わぬ副収入がある	・援助を待とう	・お金のことは専門家に
	・出資・投資は無理せずに	・遠慮せずに受け取ろう	・買い忘れで予算不足に	・買い物は予算内で
	・未知のことで出費あり	・公的援助の検討を	・ストレス買いをしがち	・必要なら弁護士に相談を
行動のヒント	・大胆かつ細心に	・謙虚も過ぎれば卑屈	・お裾分けにあずかる	・どちらの肩も持たないで
	・輸入食品と洋画は吉	・ありがたく受け取ろう	・謙虚さがポイント	・不公平にならない配慮を
	・語学を勉強しよう	・ときには貪欲さも必要	・プライドは捨てよう	・えこひいきはNG
	・知らない人とも交流を	・ごちそうしてもらえそう	・誰と行動するかが重要	・栄養のバランスを大切に
	・挑戦するならまず準備を	・頭を下げることも大事	・怒りを抑えて優しく	・法律やルールを守ろう

その他のシンボル　**灰色の空**　目立たない人　消えたい気分　脇役に徹する　安定収入あり　無理は禁物

施しの硬貨	六枚の金貨	灰色の地面	遠くの城
出会い	出会い	出会い	出会い
・ケチな人との	・周囲に気を使う人との	・経歴不詳の人との	・実家暮らしの人との
・せっかちな人との	・まあまあの条件の人との	・怪しい職業の人との	・恵まれた人との
・上から目線の人との	・偏見の少ない人との	・はっきり決めない人との	・遠距離の人との
・知り合いから発展する	・服にお金をかける人との	・控え目な人との	・落ち着いた人との
・複数の候補者から選ぶ	・運営が丁寧なサイトでの	・リアルで会うと新鮮な	・街で声をかけられての
・お膳立てをしてもらう	・婚活パーティーでの	・遊び感覚の	・公共の場所での
・複数の出会いの一つ	・収入に条件のある会での	・詐欺に注意するべき	・ゴージャスな店での
相手の気持ち	相手の気持ち	相手の気持ち	相手の気持ち
・状況がのみ込めていない	・合わないと感じている	・白黒つけたくない	・どこか他人事のよう
・気持ちが整理できない	・親しくなるために努力中	・分からないことが多い	・恋愛にこだわっていない
・真剣味があまりない	・他の人と比べている	・本気ではない	・自分のペースを守りたい
・他のことで忙しい	・お互いにメリットが必要	・進展させたくない	・連絡は「たまに」でよい
・様子を見ながら付き合う	・付き合うべきか計算中	・一人に決めたくない	・わざわざ会う必要はない
・結婚の決心がつかない	・価値観を知りたい	・恋愛の意欲が湧かない	・今のままで満足
・時間と金がもったいない	・予定を合わせるのが困難	・マンネリぎみで無感動	・一緒に暮らしたい
今後の二人	今後の二人	今後の二人	今後の二人
・思いを伝えられない	・打算的な付き合い	・あいまいな関係に	・一定の距離を置く
・とりあえず付き合う	・第三者の協力が必要	・答えをはぐらかされる	・なかなか会えない
・告白をスルーされる	・金銭感覚が課題になる	・現状を維持する	・お互い忙しくなる
・困ったときに頼る関係	・結婚資金がたまるか不安	・距離が縮まらない	・家族の問題で離れる
・お金でつながっている	・デートは重ねるが保留	・雲行きが怪しくなる	・一緒に引っ越す
・お小遣いをもらう関係	・負担が平等なら成就する	・友達以上・恋人未満	・結婚するか別れる
・キープして他も探す	・片方だけが出費して破局	・実は他に相手がいた	・満足できる状態へ
・転職では収入重視で	・転職は条件交渉を	・転職がはかどらない	・転職先は将来性で選ぶ
・起業は融資や出資次第	・資本がある組織が強い	・独立のめどが立たない	・独立への道は遠い
・利益が分配される	・格差に悩まされる	・キャリアが頭打ちに	・出張や外回りが増える
・結果を取りこぼす	・派遣やパートは苦しい	・成長の感覚がない	・キャリアの目標を定めて
・ピンチを助けてもらう	・組織の合併があるかも	・やる気が湧かない	・大プロジェクトになる
・ある程度は評価される	・人材の配置換えがある	・きちんと休むべき時期	・大手とのコネが重要
・手応えを感じる	・出向や救援で活躍	・契約や規約違反の可能性	・無難なビジネスを
・自ら動くより指示待ちを	・年功序列がまかり通る	・保留の案件が増える	・急いては事を仕損じる
・苦労と報酬が見合わない	・実績をアピールしよう	・秘密や情報漏れに注意	・長期的に考えるべし
・仕事の依頼がくる	・適材適所がポイントに	・目立たず慎重な行動を	・細かいことより大枠を
・小銭も丁寧に扱おう	・まず予算の割り振りを	・収支を明確にして	・長い目で見た利益追求を
・さい銭と募金が吉	・懸賞やくじに当たる	・なんとなく買うのはNG	・ローンを活用しよう
・報償金や手当をもらう	・収入に応じた負担を	・怪しげな金もうけの誘惑	・実家からの支援あり
・少しケチになろう	・カンパで集金できる	・賭け事は楽しむ程度で	・返済はゆとりを持って
・もうけは貯金にも回そう	・セーフティーネットを	・使途不明金のチェックを	・移転と不動産売買は吉
・ご相伴にあずかれそう	・一般向けを意識しよう	・不要ならば断るのが賢明	・緻密よりラフの方が吉
・慈善活動に協力を	・情けは人のためならず	・違法に近いことは避ける	・じっくり時間をかけよう
・要求しないともらえない	・具体例があると便利	・人を信用しないで	・家にいると集中できる
・全部は見せないこと	・分かりやすい言葉が吉	・おとなしく穏やかに	・インドアがおすすめ
・奪うのでなく譲り受けて	・差別のないよう配慮を	・とにかく休むべし	・旅行は宿を厳選しよう

その他のシンボル　遠くの森　元気な人　公私のバランス調整を　休みも大事　お金より大切なものがある

杯の10(正)p.208

金貨《ペンタクル》の7

間もなく収穫期を迎える。
しかし、納得がいかない。
この現実を受け入れるべきか?

逆位置

Seven of Pentacles

基本の物語

金貨のなったブドウの木を農夫が微妙な表情で見つめています。収穫はできそうですが、思ったほどではないのか、納得がいかない様子です。苦労に見合う結果にならなかったという不満を抱いているのでしょうか。

前の「金貨の6」の人物のように、羽振りが良いときには気前よく分け与えていたものの、うまくいかなくなるとお金に困ってしまうような流れです。次の「金貨の8」に登場する見習い職人のように、不平不満を言わず、失敗から学び、初心に戻って努力すれば報酬が得られるでしょう。

逆位置を読むポイント

逆位置では、金貨が実るブドウの木の雑然とした様子が目を引きます。同時に、のっぺりとした灰色の空と、金貨や葉が入り乱れるブドウの木が、対比を強めています。また、農夫の微妙な表情や農具に寄り掛かる様子などの細かいところは目に入りません。そのため、存在感が弱くなっています。画面の主役が人物から状況に変わるようなイメージです。

正位置では、幻滅、不満、自省、諦めなどの「感情」が中心的なテーマですが、逆位置では、理想と現実のギャップ、納得できない結果、遅延、資金不足、秩序の乱れといった「状況」に焦点が移っているのです。

金貨《ペンタクル》の7 に描かれたシンボル

・農夫の表情・

思案している表情に見えるなら、自省や失敗を学びに変えることを表します。呆然とした表情に見えるなら、困惑、後悔、諦めを表します。不満の表情に見えるなら、人のせいにすることや、納得していないことを表します。

・七枚の金貨・

金貨のカードには最大十枚が登場します。この農夫は、その十枚全ての実りを期待していたのでしょう。ここでの金貨は損益の象徴。損得勘定をすることや、利益を借金返済に充当することなどが示されています。

・ブドウの木・

ブドウではなく金貨がなっているのは、利益やメリットだけを求めていることを意味します。木が枯れかかっているのは、不具合の発生、想定外の結果、損害、報われないこと、育成の失敗、取り返しがつかないことを表します。

・赤土と水・

赤土はやせた土なので、水(優しさのシンボル)だけでは作物が成長する場にはならず、肥料(お金)も必要です。また、赤土は過剰な情熱を、あふれる水は愛情過多を意味し、多すぎるものと足りないものがある状態を表します。

・灰色の空・

どこまでも広がる灰色の空は、何もできないこと、無知、能力不足、思考停止などを意味します。ただ、白に近い灰色なので、この空の向こうには太陽が輝いているはず。希望の光が差してくるという望みはありそうです。

・農夫の服装・

茶色い服は、地道な生活や保守的な性格を表します。茶色いブーツは、安全志向や地に足の着いた行動を意味します。アームカバーとタイツはささやかな防御、青は冷静さと優しさ。全体として状況と心境の安定を示しています。

・農具・

鍬《くわ》らしき農具に、農夫がもたれかかっています。土を掘り起こす部分は根本から変えることや下準備をすることを、長い柄は継続的な努力を意味します。今は手が止まり、準備や努力ができないことを表しています。

・遠くの紫色の丘・

手前の赤土とは異なる色合いの丘。養分も水分も程よく、広々として、ブドウを栽培するにはよさそうです。しかるべき場所で、必要なものをきちんと与えれば、物事がうまく進展していくことを示しています。

 金貨の7(正)p.316

金貨の7を読むためのキーワード

	農夫の表情	農具	農夫の服装	七枚の金貨
恋愛	出会い	出会い	出会い	出会い
	・恋愛が苦手な人との	・婚活に疲れた人との	・安定志向の人との	・損得勘定をする人との
	・不幸そうな人との	・努力家や勤勉な人との	・生活感のある人との	・金遣いが荒い人との
	・トラウマがある人との	・自分を変えたい人との	・包容力のある人との	・裕福さを自慢する人との
	・頭でっかちな人との	・転換期にいる人との	・保守的で慎重な人との	・理想が高い人との
	・予想していなかった	・地道な活動による	・お見合いでの	・会費の高いアプリでの
	・気乗りしない心境での	・出会いを諦めた途端の	・結婚相談所での	・合コンでの
	・相手を好きになれない	・出会い方を変えるべき	・地元での	・異業種交流会での
	相手の気持ち	相手の気持ち	相手の気持ち	相手の気持ち
	・納得していない	・疲れてしまった	・当たり障りのない交流を	・自分勝手になっている
	・思い通りではない	・今は何もしたくない	・慎重になっている	・理想とは違うと感じる
	・後悔している	・進展は難しいと感じる	・守ってあげたい	・忙しくて集中できない
	・不満がある	・自分からは別れない	・おとなしい人が好みだ	・恋愛以外のことも大切
	・がっかりしている	・絶対に譲らない	・真面目に付き合いたい	・お金がかかり過ぎる
	・どうすべきか分からない	・何もかも変えたい	・力になりたい	・損した気分だ
	・交際を迷っている	・最初からやり直したい	・結婚を視野に入れている	・デートのときだけ真剣
	今後の二人	今後の二人	今後の二人	今後の二人
	・不満足な状態に	・連絡が途絶える	・ゆっくりと進展する	・要求水準が高くなる
	・交際を後悔するかも	・これ以上は進まない	・同棲や結婚に向かう	・お互いに対応が雑になる
	・釈然としない関係に	・そのままの関係が続く	・予定を合わせてもらう	・体が目的の付き合い
	・お互いに様子見が続く	・最初からやり直す	・保護者のような存在に	・メリットがあれば会う
	・なんとなく付き合う	・復縁する	・平凡な付き合いになる	・周辺の人間関係が複雑に
	・別れることはない	・けんかが蒸し返される	・地味に続いていく	・お金の問題が発生する
	・決断できない	・核心には触れない	・ほぼ毎日一緒にいる	・中途半端な関係で不満
仕事	・好条件の転職先がない	・転職が決まらない	・転職は避ける方が吉	・転職すると収入減かも
	・独立の覚悟が足りない	・独立の決断ができない	・独立にリスクが伴う	・独立のメリットが少ない
	・向上心が必要	・計画の中止や延期	・正社員か契約社員になる	・業績がいまひとつ
	・想定外の事態が発生	・仕事が進まない	・副業を本業の担保に	・見積り通りにならない
	・状況を制御できない	・サボってしまう	・波風の立たない環境	・納得できない結果になる
	・不平不満がたまりそう	・根本的な見直しが必要	・ルーティンワークは吉	・期待値が高過ぎる
	・下を見て安心しないで	・頑固さが足を引っ張る	・出世は難しいかも	・ノルマを達成できない
	・小さなことで忙殺される	・水面下で組織改革が進行	・継続が力になる	・宣伝費が無駄になる
	・強がるのはNG	・成績が伸び悩む	・優しさに助けられる	・努力が報われないかも
	・失敗をバネにできる	・障害が克服できない	・慎重をモットーに	・利益が足りない
お金	・お金が足りなくなる	・不要品が売れる	・ゲームや賭け事はNG	・皮算用は当てが外れる
	・リスクや借金は避けて	・資産運用の準備を	・倹約して貯金が一番	・損失の可能性を考慮して
	・収支の管理をしっかりと	・小遣いや収入が途絶える	・情でお金を貸さないこと	・借金返済に苦労するかも
	・良い買い物ができない	・返せない負債を抱える	・いつも通りの買い物を	・コスパを重視するべし
	・収入が上がらない	・家計の抜本的見直しを	・保険や補償は重視しよう	・ボーナスなどの減額あり
行動のヒント	・顔を上げて前向きに	・生活態度を見直すと吉	・一日の終わりに感謝を	・当ては外れる
	・失敗を成功につなげよう	・当たり前のことに感謝を	・優しい気持ちを持とう	・効果が感じられない
	・嘆いてばかりではダメ	・住居の問題を解決しよう	・派手より地味を選ぼう	・文句を言っても無駄
	・自省と内省の時期	・惰性で行動するのはNG	・目立たなければ守られる	・得たものを大事にしよう
	・期待し過ぎないで	・プライドが邪魔をする	・衣食住を大切に	・次のことを考えると吉

ブドウの木

出会い
- 離婚歴のある人との
- 問題を抱えている人との
- 訳ありの人との
- 子供っぽい人との
- 閉店が決まった店での
- 病院や保養施設での
- 強引な紹介での

相手の気持ち
- うまくいっていない
- 関係を断ちたい
- 申し訳なく思っている
- 問題を解決したい
- 情熱が消えかけている
- 付き合い方を間違えた
- もう戻れない

今後の二人
- マンネリ化する
- 気持ちがなえてくる
- 甘えや依存の関係に
- 愛情が足りなくなる
- 嫌な部分が見えてくる
- 復縁はやはり難しい
- どちらかが疲弊する

- 転職は新興の会社へ
- 独立時に過去の清算を
- 部下の育成に苦心する
- テコ入れは不可能
- 問題が広がってしまう
- 自分が成長できていない
- 諦めが肝心なケースも
- 数字でなく人を見るべし
- 結果だけで評価しないで
- 失敗を学びにしよう

- 貴重品の破損に注意
- 不況のあおりを受けそう
- 借金は早めに返済を
- ローンやリボは避ける
- ケチると不良品に当たる

- ネガティブな人を避けて
- 人の短所を責めないで
- 植物やペットを慈しむ
- 健康管理をしっかりと
- 栄養のバランスに配慮を

灰色の空

出会い
- 反応の薄い相手との
- 口数の少ない人との
- 無職の人との
- 離婚調停中の人との
- 曇っている日の
- あまり話ができない
- 暇つぶし中の

相手の気持ち
- 印象に残っていない
- よく分からない人だ
- 友人か恋人かあいまい
- 見込みがないと思う
- 恋愛感情は薄い
- 少し退屈だと感じる
- 連絡はあまりしたくない

今後の二人
- どっちつかずの関係
- 流れで付き合うことに
- ほとんど会えない
- 恋人らしさがない
- 自然消滅する
- ほぼ何もなく終わる
- 隠れて付き合う

- 求人が少ない
- 独立後も開業できない
- 休んでもよい
- キャリアの空白期間に
- 依頼があまりこない
- 実にならない仕事
- 人材などのリソース不足
- アイデアが出ない
- 対人関係で孤立する
- 進行中の件が保留になる

- 貯金がなくなりそう
- 盗難や詐欺に注意
- 金もうけの誘いは断って
- ギリギリ支払える
- 元手がないなら諦めて

- 白黒がつかない
- 余計な物を捨てると吉
- 断食と瞑想はおすすめ
- うわさ話を信じないで
- 目と頭を休めよう

赤土と水

出会い
- 表裏のある人との
- 根は優しい人との
- ケチな人との
- 接客業の人との
- 飲食店での
- 温泉街での
- パーティーやクラブでの

相手の気持ち
- イライラを抑えている
- 交際にメリットがほしい
- 素直になれない
- 愛情はある
- 相性が悪いのかも
- 恋愛というより家族愛
- 性的な問題がある

今後の二人
- 都合の良い関係に
- 別離と復縁を繰り返す
- けんか別れをする
- 未練の残る別離になる
- 仲を引き裂かれる
- 分かり合えない
- 依存し合う関係に

- 手応えがあっても困難
- 独立より兼業が吉
- 異業種の副業がおすすめ
- 公私のバランスを大事に
- 仕事仲間は友達ではない
- 気持ちばかり焦りそう
- 体力不足を痛感する
- もめ事は避けるべし
- 優しくするとなめられる
- 具体性を重視して

- ビギナーズラックあり
- 情けで借金が帳消しに
- 気持ちだけでは稼げない
- 利益より出費が多い
- 赤字の覚悟が必要

- 怒るなら冷静なときに
- 甘やかしてはダメ
- 強気で攻めて謝罪は後に
- 自分を犠牲にしないで
- スパや温泉で癒やされて

遠くの紫色の丘

出会い
- 会いにくい人との
- スピリチュアルな人との
- 気難しい人との
- 価値観が異なる人との
- 旅先や出張先での
- 宗教関係の縁での
- 神社仏閣に参詣中の

相手の気持ち
- 気持ちが離れている
- 他のことで頭が一杯
- 恋愛観が決定的に違う
- 運命を感じている
- 連絡はいらない
- 理解してほしい
- デート商法の可能性

今後の二人
- 連絡がつかない
- 遠距離恋愛になる
- 相手が行方不明になる
- 思い出として残る
- いつかは再会できる
- 互いに束縛しない関係
- めったに会えなくなる

- 転職にはまだ早い
- 独立には準備不足
- 異動や出向があるかも
- 新たなことに挑戦を
- やりがいのある仕事を
- 自分のレベルが上がる
- 小言や文句はスルーして
- ハードルを越えられる
- 独自のやり方で成功する
- 常識にとらわれないで

- お金がなくても問題なし
- 自分勝手が赤字を招く
- 無欲でいると吉
- 周囲の援助を受けるべし
- 周囲に援助するのはダメ

- 視野を広げるべし
- ストイックをテーマに
- 登山やウォーキングは吉
- パワースポットに行こう
- 未体験のことに挑戦を

金貨《ペンタクル》の8

地道な努力は熟達への道しるべ。
そこから多くのものが生まれ、
やがて実を結ぶだろう。

逆位置

Eight of Pentacles

基本の物語

ペンタクル（五芒星）の護符を一心不乱に作る見習い職人が描かれています。見習いといっても成果物がいくつか柱に飾ってあるので、技術はしっかりと身に付いているようです。

前の「金貨の7」に登場する不満げな農夫は、植物の成長を待つしかない受け身の状態でしたが、ここでは技術を身に付けようとし、次の「金貨の9」では、裕福な人物となります。このことから「金貨の8」は、自発的な行動と地道な努力が、やがて成功をもたらすという意味になります。

なお「金貨の3」には、修道院の依頼を受けた職人が描かれています。これは、この見習い職人の次のステップだと解釈するのが定説です。

逆位置を読むポイント

逆位置では、灰色の空が違和感を抱くほど広く描かれていることに気付きます。主役であるはずの見習い職人は上半分に追いやられ、灰色の空虚な背景が存在感を増してきます。また、柱の護符も目立ってきます。

つまり逆位置では、職人の技能や努力よりも、作られた物や目に見える成果の方が重要になってくるのです。また、灰色の空の広さは、熟達するまでに時間がかかること、生み出した物がまだ少ないこと、将来性や伸びしろがあることを表しています。

金貨の8 に描かれたシンボル

・灰色の空・

とても広い灰色の空は、この見習い職人に将来性や伸びしろがあることや、一心に打ち込んでいることを示します。あるいは、後ろ盾のないこと、孤独なこと、失うものがないこと、気持ちが空虚なことを表す可能性も。

・護符が飾られた柱・

柱に飾られた護符(ペンタクルであり金貨)は、手に入れた報酬、注文を受けた商品、鍛え上げた肉体、完成した作品、寄せられた称賛や評価などを表します。柱は信頼の象徴なので、相応の評価を得た立派な成果物といえます。

・服とエプロン・

青や黒の服は汚れが目立ちにくいので、見習い職人にはぴったりです。まだ未熟であること、ハードな環境、力仕事などを表します。ちなみに「金貨の3」に登場する親方の服装は、威厳のある黒衣と黄金色のエプロンです。

・職人の工具・

金づちは人類最古の工具の一つで、原始的な力や本能、圧倒的なパワーを表します。鑿《のみ》は、力を一点に集中させること、その力が制御されていること、そうした状態が新しい物を生み出していくことを示します。

・遠くの建物と緑地・

遠くに見える街は、職人に護符(金貨)を発注した人の存在を暗示しています。また、黄色に輝く川が流れる緑地は、住民の暮らしが活発で豊かであることを示します。裕福な人たちが工芸品を必要としているのです。

・ベンチと作業台・

ベンチも作業台も土台となるもので、安定した拠点や環境、身に付いた知識や技能を表します。一人分の作業スペースしかないので、よくも悪くもマイペースです。一人で消化できない量の仕事を抱えないよう、注意が必要です。

・足元の護符・

護符すなわち金貨は、タロットにおいては、お金、商品、体、物質、成果などの象徴です。作りかけの物は未完成を、置かれている物は保留か放置された状態を表します。見直しや再挑戦の必要があるでしょう。

・黄色い地面・

黄色い地面が金貨を生み出しているように見えます。作品の素材が身近なところにあり、技術を注げば価値の高い作品ができることを象徴しているのです。安心できる状態、待遇が良いこと、恵まれた環境などを表しています。

・赤いタイツと靴・

赤は情熱やエネルギーの象徴です。地に足を着けていることから、浮ついた情熱ではなく、確固たる意欲を持っていることが分かります。ちなみに「金貨の3」の親方の足は、青(冷静さ)と茶色(経験)に覆われています。

 教皇(正)p.40

金貨の8を読むためのキーワード

	護符が飾られた柱	服とエプロン	職人の工具	足元の護符
恋愛	出会い ・筋肉質な人との ・外見が良い人との ・受賞歴がある人との ・コレクターとの ・イベントでの ・アプリで自分から選ぶ ・信用できる人の紹介で	出会い ・隠し事のある人との ・体育会系の人との ・年下の相手との ・ブルーカラーの人との ・居酒屋での ・路上でナンパされての ・後輩や部下を紹介される	出会い ・いちずな人との ・根気強い人との ・やや強引な人との ・好みにうるさい人との ・知人の少ない飲み会での ・気遣ってくれる人との ・一目ぼれの	出会い ・未熟な人との ・若い人との ・もともと裕福な人との ・物作りが縁での ・すでに出会っている ・恋愛には至らない ・出会い後に連絡がない
	相手の気持ち ・自慢話がしたい ・褒めてほしい ・他の人に紹介したい ・いいところを見せたい ・外見が気に入っている ・できることはやった ・マンネリを感じている	相手の気持ち ・雑な対応をしてしまう ・強引に進めるつもり ・未熟でわがままな状態 ・仕事で疲れている ・口が悪くなる傾向あり ・想像力が欠如している ・言いたいことを言えない	相手の気持ち ・夢や目標を語りたい ・慎重に見極めたい ・理想を押し付けがち ・強情になっている ・高圧的になってしまう ・新展開を期待している ・細心の注意を払いたい	相手の気持ち ・中途半端な気持ち ・なかなか連絡できない ・返事は保留にしたい ・別の人も検討中 ・時機をうかがっている ・扱いに困っている ・仕切り直しを希望する
	今後の二人 ・お飾りにされるかも ・いろいろな行事をする ・デートを重ねる ・友達に紹介される ・順調に進展する ・親にあいさつすることに ・長く付き合って結婚へ	今後の二人 ・性急で強引な告白 ・深く考えずに交際へ ・我慢して付き合う ・耐えられずけんかが発生 ・若気の至りで別れる ・片方が寛容なら続く ・結婚の話にはならない	今後の二人 ・共感できれば継続する ・一方的な片思い ・強引に付き合う ・粘れば相手がなびく ・苦労して交際へ発展 ・情熱がないと縁が消える ・何度もトライして成就	今後の二人 ・中途半端な関係に ・交際しても会えない ・交際後に冷めてしまう ・返事がもらえない ・連絡がなくなる ・一度きりの関係に ・復縁の可能性が高まる
仕事	・内定をもらえる ・人間関係より給料重視で ・新たな旅立ちも吉 ・見た目に配慮しよう ・称賛と評価を得る ・ヒット商品が出る ・コンペで勝つ ・注文や依頼がくる ・自信を持ってよい ・結果を次につなげる	・転職で失敗を重ねる ・独立には経験不足 ・下請け的な仕事がある ・雑事をやらされる ・ハードなスケジュール ・厳しい職場環境 ・ハングリー精神は吉 ・現場を重視するべし ・足元を見られる ・なめられないよう毅然と	・転職は慎重に ・新たな挑戦に良い時期 ・細かい調整が必要 ・繊細かつ大胆な案を ・一つのことに力を注いで ・絶妙な力加減が必要 ・自分の業務に集中を ・狙いを外すと危険 ・古いやり方も尊重しよう ・手先を使う仕事は吉	・内定が保留になる ・まだ機が熟していない ・問題が放置される ・計画の行き詰まり ・成果がいまひとつかも ・お金のためと割り切る ・期日に間に合わない ・きちんと完成させよう ・再考の余地あり ・経験不足を見破られる
お金	・十分な報酬を得る ・昇給のチャンス ・貯金が増える ・賞金がもらえるかも ・富裕層との交流が吉	・ビギナーズラックあり ・リスクを避けるべし ・倹約を心掛けよう ・貧乏根性はNG ・おごってもらえそう	・一点買いが吉 ・お金を使う目的を明確に ・工芸品を買うのは吉 ・はやり物は買わないで ・地道な蓄財の方がよい	・そこそこの利益になる ・ルーズになるのはNG ・結果が収入に直結する ・お金をもらい損ねる ・行動しないと稼げない
行動のヒント	・アクセサリー着用は吉 ・ボディーメイクの努力を ・芸術を楽しもう ・高い評価を得る ・コレクターには吉日	・家で洗濯できる服装を ・工芸に親しむとよい ・大掃除がはかどる ・子供やペットと遊ぼう ・アウトドアもおすすめ	・手先を使うと運気アップ ・DIYや修理がおすすめ ・ホームセンターは吉 ・暴力は絶対にNG ・一つのことに集中を	・お守りを入手しよう ・約束が守られないかも ・仕上げまできちんと ・作品を売るのに良い時期 ・物を放置しないで

その他のシンボル　**黄色い地面**　恵まれて育った人　チャンスは近くに　まずまずの成功　落ち着いた行動を

赤いタイツと靴	遠くの建物と緑地	ベンチと作業台	灰色の空
出会い	出会い	出会い	出会い
・情熱的な人との	・相手を見下す人との	・公務員や士業の人との	・恋に興味がない人との
・活力の旺盛な人との	・少し偉そうな人との	・修理工や職人との	・先入観がない人との
・グイグイ迫る人との	・遠くに住む人との	・地味な印象の人との	・離婚調停中の人との
・ほれっぽい人との	・お金持ちとの	・安心して頼れる人との	・将来を考えない人との
・気合の入った合コンの	・品定めをされるような	・待ち時間中の	・乗り気でない者同士の
・アピールが必要な	・参加条件がある会での	・スクールや講座での	・地味なお見合いでの
・自ら出かけた先での	・街コンでの	・老舗の相談所での	・出会いがない
相手の気持ち	相手の気持ち	相手の気持ち	相手の気持ち
・とにかく出掛けたい	・遠くて会えない	・まずは落ち着きたい	・無感動・無気力
・早く進展させたい	・遊びに来てほしい	・結論を急ぎたくない	・プランがない状態
・急ぎ過ぎたかも	・価値観の違いを感じる	・恋愛に手が回らない	・失恋して空虚な状態
・イライラしてけんか腰	・精神的に優位に立ちたい	・支えになりたい	・あなたの出方次第
・待っていられない	・思い通りにしたい	・安心しきっている	・寂しさを埋めたい
・トラブルが発生中	・おごって喜ばせたい	・面白いことがない	・孤独には耐えられない
・体調不良の可能性あり	・家と結婚を重視する	・自分の稼ぎが不安	・重荷を背負うのは嫌だ
今後の二人	今後の二人	今後の二人	今後の二人
・しばらくは盛り上がる	・距離が縮まらない	・なかなか進展しない	・何も始まらない
・火遊びで終わる	・デートは実現する	・デートにこぎつける	・返事待ちの状態へ
・けんかになる	・おごりおごられる関係	・友達から始める	・進展はこれから
・駆け落ちも考える	・一緒に旅行をする	・気持ちが乗らない	・付き合うのは今ではない
・焦って失敗する	・友達の輪に入る	・様子見が続く	・なんとなく一緒にいる
・熱しやすく冷めやすい	・交際にはメリットが必要	・ただ付き合っているだけ	・あいまいな関係に
・短期間での別れ	・同棲の可能性	・結婚はまだ先の話	・別れても会い続ける
・転職は勇み足の傾向	・遠隔地の職場も吉	・転職で経験を積む	・転職先が見つからない
・起業する情熱を大事に	・通勤や家の問題が発生	・起業には資金が必要	・独立は再検討が必要
・率先して行動すべし	・出向や転勤の可能性あり	・立ち位置を明確に	・白黒がつけられない
・積極的に攻めると吉	・地方都市に注目を	・裏方に徹するとよい	・支援体制が心もとない
・頭に血が上らないように	・要求に従うことになる	・デスク周りの整理を	・自由だがあいまいな状態
・貧乏ゆすりで評価ダウン	・意外な相手からの依頼	・準備は完璧にして	・単独行動が増えそう
・飛び込みの営業が成功	・先方との距離感が大事	・謙虚に支えるべし	・のびのびと進めよう
・怒りは他のことで解消を	・在宅やリモートが吉	・黙々と作業しよう	・思考能力が欠如しがち
・出張や急用がありそう	・重要な通達や辞令あり	・同時進行は避けよう	・こなすだけの仕事はNG
・言葉より行動で示して	・パワハラから逃げて	・スキル発揮のチャンス	・リフレッシュが必要
・動くほど赤字になる	・ほどほどの豊かさ	・地道に稼ぐとよい	・収入も支出も減る
・出費は控えるべし	・富裕層との縁ができる	・一獲千金を狙っても無理	・株の値動きに注意
・借金をすると火の車に	・家族の資産を把握しよう	・勘よりもデータ重視で	・賭け事にはツキなし
・日銭を稼ぐことが大事	・援助を受けられる	・経験がお金になる	・援助は期待できない
・献血で金運アップ	・見栄からの浪費に注意	・地元や本場にツキあり	・リスクは避けるべし
・火傷とけがに注意	・地元情報にヒントあり	・見た目より機能優先で	・重要な決断はしないで
・勝負服を着て攻める	・郊外に出かけるとよい	・身近なところに注目を	・未知の分野に挑戦を
・外出は歩きやすい靴で	・家事を積極的に	・地道な作業が吉	・単独行動の方がよい
・外出でストレス発散を	・家庭菜園がおすすめ	・一人遊びがおすすめ	・清く正しい行いを
・サッカーと格闘技は吉	・仕事より休日優先で	・自室の整理整頓を	・瞑想はおすすめ

 杯の6(正)p.192

金貨《ペンタクル》の9

願いがかなうなら手段は選ばない。
得たものは手放したくない。
彼方に見えるのは支援者の影。

逆位置

Nine of Pentacles

基本の物語

実り豊かなブドウ畑で、ハヤブサを手に止まらせた女性が、金貨に囲まれています。金貨のクイーンが正妻だとしたら、こちらは愛人か側室でしょうか。クイーンの王冠から飛び立とうとしていた鳥(自由)も金貨(財産)も手に入れましたが、数字は9なので、何か一つ犠牲にしたか、妥協したようです。

前の「金貨の8」は、領主の依頼を受けて出世しそうな職人で、次の「金貨の10」では繁栄と後継者に恵まれます。サクセスストーリーの中間に当たるこのカードは、富と成功のためならなんでもやり、支援者を得て願いをかなえるという貪欲さを表します。

逆位置を読むポイント

正位置では懐いていたはずの鳥が、逆位置では、いつでも手を離れる準備ができているように見えます。これは、自分の都合のいいように使ってきた人脈を自由に使えなくなってきたことを表します。また、正位置では自分の手でしっかりと金貨をつかんでいましたが、逆位置では、手からこぼれ落ちないよう押さえているかのようです。ブドウの実りの豊かさは正位置と同じなので、生活には困らないはずですが、得たお金や利益を失いたくないという思いが強調されています。

裕福なパートナーや出資者とうまくいかず、援助が途絶える可能性も。

金貨の9 に描かれたシンボル

・女性の帽子・

王冠（権力と責任）をいただく「金貨のクイーン」が正室なら、軽そうな帽子をかぶっているこの女性は、愛人や側室であると推測できます。赤い帽子は見栄の象徴。責任は負わずに、情熱的な生を楽しんでいるようです。

・黄色い空・

このカードには黄色の物がいくつも描かれていますが、その中で最も明るく、安定して、存在感を放っているのが空です。カリスマ性、希望に満ちていること、揺るぎない自信、幸運に恵まれることなどを表します。

・手袋とハヤブサ・

ハヤブサは、機知と思考の象徴です。頭の回転を速くして賢く立ち回れば、成功をつかめるでしょう。そうすれば、たとえ囲われの身でも、ある程度の自由が手に入ります。黄色い手袋は、支援者の保護や戻るべき場所を表します。

・二本の木・

高さのある木が二本、唐突に立っています。不自然な引き立てなどを思わせますが、突出しているのは間違いありません。二本なので、一対一での勝負や競合、二つの軸を持つ、二つとも諦めないとも解釈できます。

・遠くの城・

右端に見えるのは領主の城でしょうか。社会的成功、地位と名誉、物質的な豊かさを表します。それが人物の背後に、また遠くにあるということは、有力なパトロンがいるものの、生活への介入が少ないことを示します。

・遠くの山並み・

遠くに連なる山々はやや険しく見えます。今の環境から離れると状況が厳しくなることや、自由になるけれど孤立することを意味します。逃げ出した後の厳しい現実と、今がいかに恵まれているかを端的に示しているのです。

・花柄のローブ・

袖の下が大きく開いたローブは、賄賂がたっぷり入ることを意味します。裏が赤いのは裏の取引や口利きを熱心に行うことを、ひだや陰があるのは偽善やごまかし、打算があることを、花柄は虚飾と媚びを表しています。

・九枚の金貨・

能動性を表す右手で押さえた六枚の金貨は、自分の手で結果をつかんだという自負を表します。指に絡まるツルは、自分の所有物だという契約を意味します。残りの金貨三枚は支援者からの援助で、贈与や生活の保障を示します。

・カタツムリと大地・

黄土色の大地は肥沃さや裕福さの象徴ですが、大地には金貨もブドウの実もなく、全てを自分の背中にのせたカタツムリがいるだけ。自分が築いた財産を守ること、地道に貯金することの大事さを表しています。

・生い茂るブドウ・

豊かに実るブドウは、願望の成就と目的の達成を表します。ツルの絡まる棚は、手間ひまかけて育てたこと、支援を得て進展したことを意味します。豊か過ぎる実りは、過剰さ、飽きること、盗難の危険も暗示しています。

 正義（逆）p.64

金貨の9 を読むためのキーワード

	女性の帽子	花柄のローブ	手袋とハヤブサ	九枚の金貨
恋愛	出会い	出会い	出会い	出会い
	・遊び慣れている人との	・駆け引き上手な人との	・すぐ連絡をくれる人との	・2人の候補者との
	・積極的な人との	・表裏がある人との	・機転がきく人との	・ケチなお金持ちとの
	・すぐに行動する人との	・いい意味で貪欲な人との	・従順な人との	・所有欲の強い人との
	・付き合いがいい人との	・経歴に偽りがある人との	・常識的な人との	・プライドが高い人との
	・一目ぼれの	・玉の輿か逆玉狙いの	・その場で誘われる	・お金のかかる相談所での
	・映画や演劇が縁での	・紹介者にメリットがある	・通勤や通学中の	・会費の高い会合での
	・騒がしい店での	・お金が絡む	・よく行く店での	・都会の一等地での
	相手の気持ち	相手の気持ち	相手の気持ち	相手の気持ち
	・一瞬で盛り上がった	・まだ結論を出さない	・指示してほしい	・メリットを見極めている
	・深く考えたくない	・来る者は拒まず	・一緒にいると安心する	・もっと構ってほしい
	・好きになろうと努力中	・誰が相手でもいい	・支えになってほしい	・自分を認めさせたい
	・斜に構えている	・縛られずに遊びたい	・おごってもらいたい	・やれることはやった
	・体の関係になりたい	・細かいことは気にしない	・束縛されたくない	・モテる自分を見せたい
	・情熱はあるが行動しない	・甘えて気が緩んでいる	・今後を考えている	・他に気になる人がいる
	・無理してやる気を見せる	・異性にモテたい	・待つことはできない	・段階を踏みたい
	今後の二人	今後の二人	今後の二人	今後の二人
	・見栄で付き合う	・候補者の一人にはなる	・打算で付き合う	・デートを重ねる
	・表面上は仲が良い	・不倫の関係に	・交際というよりなれ合い	・結婚に向かう
	・素顔を見せられない	・うそを重ねて付き合う	・主従関係になる	・価値観を共有できる
	・交際が周囲にバレる	・浮気の可能性あり	・お互い自由に恋愛する	・お金のことでもめる
	・激しい愛憎関係に	・割り切ったお金の関係	・腐れ縁になる	・ギブ&テイクが成立
	・けんかが絶えない	・奪い合いに発展	・気が向いたら会う	・割り切った関係に
	・ほれた方が負け	・惰性で交際が続く	・共依存になりがち	・恋愛より仕事の縁
仕事	・転職は冷静に判断を	・口利きで入社できそう	・正社員への転職は難しい	・転職で収入アップ
	・思いだけでは成功しない	・出資されて起業する	・取引先から引き抜きが	・独立はスポンサーが必要
	・熱意が伝わりやすい	・メディアへの露出がある	・外注や業務委託が好調	・出世や昇給が狙える
	・見栄やハッタリはNG	・広報活動を重視しよう	・対応はスピーディーに	・実績を積み上げる
	・上の怒りを買うかも	・正攻法では断られる	・危機には機転で対応を	・利益を最優先しよう
	・リーダーが暴走する	・駆け引きが必要かも	・株主やスポンサーを重視	・相手の利益に配慮を
	・余裕があるときに攻める	・こびを売ると効果的	・指示を忠実にこなそう	・ひいきや差別がある
	・表面は情熱的に	・裏表を見抜くべし	・部下を信頼すると吉	・大きな契約が取れる
	・褒め殺しが有効	・やれることは全てやる	・よく考えて即実行	・バックアップを受ける
	・文句はサラリと受け流す	・本音は秘めておこう	・初心に返ると吉	・結果が全て
お金	・赤字が表面化する	・支援を得られる	・資金援助をお願いされる	・自由にお金を使える
	・損して得取れ	・金遣いが荒くなる	・物入りで出費が多い	・貯金や資産が増える
	・見栄が浪費を招く	・異性にお金を使いそう	・自己投資は吉	・自分の力でいっそう稼ぐ
	・稼げるので心配無用	・豪華な物をいただく	・人のお金で遊べる	・支援してもらえる
	・うまく節税できる	・お金と自由の二者択一	・支出より収入が多い	・玉の輿(逆玉)に乗る
行動のヒント	・熱意をアピールしよう	・コネクションが生きる	・返信はできるだけ早く	・ギフトにはお返しを
	・体温調節に気を使って	・色目が意外と効く	・動く前によく考えよう	・大事な物の手入れを
	・カジュアルで目立つ服を	・恋愛トラブルに注意	・冒険せずなじみの場所へ	・お金が絡んだら書面で
	・余裕がなければ休むと吉	・急に注目を浴びる	・ルールを守って行動を	・最高得点を狙おう
	・頭に血が上りやすい	・うわべだけの人にご用心	・無事に帰るまでが旅	・記憶より物証が必要

その他のシンボル　黄色い空　明るい人　希望はある　印象が良くなる　仕事に恵まれる　外出は昼間が吉

	生い茂るブドウ	二本の木	遠くの城	カタツムリと大地
出会い	・マメな人との	・背の高い人との	・遠距離の人との	・貯金がある人との
	・頑張り過ぎる人との	・仕事の知り合いとの	・成功者との	・持ち家に住む人との
	・食べるのが好きな人との	・似た者同士との	・成り上がりの人との	・地道で慎重な人との
	・人脈が広い人との	・2人の候補者との	・干渉してくる人との	・決断が遅い相手との
	・グループ内での	・ライバルがいる	・脈がなさそうな	・お見合いでの
	・パーティーでの	・互いに惹かれ合っての	・努力した末の	・地道な努力による
	・大きな会合などでの	・医療・健康関連が縁での	・妥協しなかった結果の	・小さなお店での
相手の気持ち	・現状に満足している	・人恋しい	・やや冷めている	・慎重になっている
	・友人・知人の一人	・嫉妬している	・基本的に連絡はしない	・守りに入っている
	・忙しすぎる	・孤独を感じている	・距離をとりたい	・変化を恐れている
	・一人に絞りたくない	・気持ちが離れている	・将来は考えられない	・じっくりと見極めたい
	・食事や飲みに行きたい	・距離を置きたい	・自由に行動してほしい	・恋愛より結婚を希望
	・二人きりでない方がいい	・一人になりたい	・心配なので監視している	・急かされたくない
	・友達に紹介したい	・関係に違和感を覚える	・自分のそばに置きたい	・外見に劣等感がある
今後の二人	・恋愛や結婚の成就	・気持ちが離れる	・付かず離れずの関係	・問題を抱えて付き合う
	・家族とも知り合いになる	・遠距離恋愛になる	・結論が先延ばしになる	・距離が縮まらない
	・グループでの交際に	・互いに束縛しない関係に	・付き合いが続く	・同棲する
	・友人のサポートを受ける	・付き合うのは無理がある	・たまに会うくらい	・結婚に向かう
	・デートが負担になる	・なかなか会えない	・距離が問題になる	・じっくりと話し合う
	・ライバルと奪い合う	・相手と向き合うことに	・愛がなくても束縛される	・恋より趣味を優先する
	・互いに浮気の危険あり	・三角関係になる	・片思いのまま	・進展が遅い
	・転職はコネを生かして	・転職には決定力が不足	・転職はまだ先の話	・転職は慎重に
	・独立は助言を参考に	・誰かと組んで独立を	・独立への道のりは遠い	・独立はいつでも
	・仕事量が増える	・副業が成功する	・目標達成への第一歩を	・継続は力なり
	・関係者のしがらみで混乱	・公私のバランスが大事	・後回しにするのはNG	・重責を負う
	・チームで成功する	・自己PRはほどほどに	・自由には責任が伴う	・一歩ずつ進める
	・人脈を生かすこと	・パートナーと連携を	・納期は余裕を持って	・チームの責任者になる
	・成果を横取りされるかも	・競合の分析に力を入れて	・入り込み過ぎるのはNG	・確実に結果が出る
	・ランチミーティングは吉	・負担とリスクの分散を	・評価してくれる人もいる	・リスクを回避できる
	・支援を受けて達成する	・えこひいきはダメ	・長期的なビジョンを	・急ぐと失敗する
	・やり切って満足する	・出る杭は打たれる	・一部にしか受けない	・サポートに徹して
	・利益が利益を生む	・収入源を二つにすると吉	・いずれは成功する	・不動産に縁あり
	・盗難に注意	・支出も収入も増加する	・あまりお金を使えない	・地道に借金の返済を
	・関係者次第で稼げる	・買うならペアの物を	・金銭的な支援者がいる	・コツコツとためよう
	・人脈が財産になる	・投資した分リターンあり	・倹約すれば貯金できる	・転居や旅行の費用が必要
	・気持ちよくおごろう	・健康のための出費は吉	・おねだりしても無駄	・困窮することはない
	・食事会にツキあり	・程よい距離をとろう	・中止や延期の覚悟を	・慎重かつ粘り強く
	・富裕層との付き合いを	・ライバルに敬意を払って	・実家や地元に帰ると吉	・控え目な行動が吉
	・お裾分けにあずかる	・ひいきされたら謙虚に	・このままでは行き詰まる	・時間の余裕を持とう
	・飲み過ぎ食べ過ぎに注意	・二つのことを同時進行で	・今後の課題を見つけよう	・着実に一歩ずつ前進を
	・人を頼れば成長できる	・自分だけ目立たないこと	・視野を広く持つべし	・家にこもるのもよい

その他のシンボル　遠くの山並み　志の高い人　孤立しがち　現実に直面　実は恵まれている　自由になれる

 棒の3(正)p.120

金貨《ペンタクル》の10

有形無形のさまざまな富が
次の世代へと受け継がれていく。
その中で新たな物語も生まれる。

逆位置

基本の物語

白髪の老人が犬の頭をなでる向こうには、若い夫婦と幼い子供の姿があります。あるいは、祖父、子供、孫の三世代が集っているのかもしれません。世代を超えて受け継がれていく伝統や文化、長い時間をかけて蓄積されてきた富、さらには一族の繁栄と結束が描かれています。

前の「金貨の９」は女性一人でしたが、ここには三世代が描かれています。個人の豊かさではなく、一家・一族の財産がテーマとなっているのです。

ただ、十枚の金貨とさまざまな物がぎっしりと描かれたこのカードには、重苦しさや圧迫感もあります。それを避けたいなら、これらの中から一つだけを譲り受けて独立すればよいのです。そうすれば、再び「金貨のＡ」から物語が始まります。

逆位置を読むポイント

金貨、三世代の人々、建物、森などがぎっしりと描き込まれた様子は、逆位置でも変わりません。むしろ、正位よりも雑然と積まれている印象を受けます。また、人物より金貨の方が目を引き、しかもその金貨が十字架のような形に見えてきます。遺産の継承という営みより、増え続けるものの重さに焦点が当たっているのです。後継者がいなくなり、ものや責任だけが残る状況を暗示しているのかもしれません。

Ten of Pentacles

金貨の10に描かれたシンボル

・アーチの彫刻・

アーチの左側にある城と天秤のモチーフは、人々の暮らし(城)が正義や法律(天秤)に守られていることを表します。学問、建築、不動産、公的機関、法律、政治といった分野で成功する暗示とも解釈できます。

・十枚の金貨・

十枚の金貨が、キリスト教の神秘思想に登場する「生命の樹」の形に並んでいます。生命の樹は、宇宙創造の神秘を表す図。一から富を築くこと、多くの成果を上げること、物事が完成に向かうことなどを意味しています。

・青い空・

人、動物、紋章、建物、森などで埋め尽くされた画面は、息つく暇もないことや、物が多過ぎることを表します。その隙間から見える青空は、休息が必要なこと、現実逃避、物に囲まれても心は空虚であることを意味します。

・塔などの建物・

いくつもの建物は、築き上げた富、遺産、家の発展などを表します。アーチの向こう側にあるのは、きちんと守られていることを意味します。内輪でのイベントや、一家あるいは一族の行事などを示すとも解釈できます。

・遠くの森・

壁の向こうの森は、庭園か領土内の森で、手入れされたものでしょう。とはいえ、このカードの中では唯一の自然物です。伝統的なやり方や昔ながらのルールから少し外れて、自然のままに任せるのも一つの方法かもしれません。

・棒を握る男性・

成功への強い意志を表す棒(ワンド)を握る男性は、この家の主人でしょう。受動性を表す左手で持っているのは、継承した意志であることを表します。青い外衣から、対外的には冷静さを装っていることが分かります。

・赤い衣の女性・

この女性はおそらく男性の妻で子供の母でしょう。赤い服は情熱の表れで、愛にあふれた家庭であることがうかがえます。花冠は、美しい彩りのある暮らしぶりを示します。家族の絆や楽しい団らんの様子が感じられます。

・豪華なマントの老人・

魔術記号やブドウが描かれたマントは、独自のやり方で豊かさを得てきたことを示します。門の外にいるのは、隠居している、家族から距離を置いている、家族に理解されていないか煙たがられていることなどを意味します。

・二匹の犬・

人間の友であり、打算や偏見を知らない二匹の犬が老人のそばにいます。一線から身を引いたものの、彼には少なくとも二人の理解者がいるのでしょう。ただ、白でも黒でもなく灰色なので、これから敵にも味方にもなり得ます。

・犬に触れる子供・

少し不安そうな表情で母親の陰に隠れ、犬に触れる子供。外の世界に興味はあるけれど、恐れもあるようです。自立できないこと、頼れる人を探すこと、人間関係をこれから構築していくことなどを表しています。

 金貨の2(正)p.296

金貨の10を読むためのキーワード

	十枚の金貨	アーチの彫刻	豪華なマントの老人	二匹の犬
恋愛	出会い	出会い	出会い	出会い
	・裕福な人との	・ルールを守る人との	・独自の世界観の人との	・忠実な友のような人との
	・将来を考える人との	・家を所有する人との	・料理に縁がある人との	・無邪気な人との
	・何人かとの	・秩序を重んじる人との	・年上との	・楽しい人との
	・決められた相手との	・頭の固い人との	・威厳がある人との	・相手がいる人との
	・お金をかけることでの	・親の紹介での	・公園やテラス席での	・動物が縁での
	・結婚相手を決めるための	・オンラインや遠距離での	・犬の散歩中の	・相手から寄ってくる
	・実績のある相談所での	・理想を1ランク下げての	・病院や保養施設での	・2人の人と同時の
	相手の気持ち	相手の気持ち	相手の気持ち	相手の気持ち
	・段階を踏んでいきたい	・他の候補者と比べている	・来る者は拒まず	・一緒に遊びたい
	・お金の心配をしている	・守りに入っている	・自分の考えを優先したい	・指示を待っている
	・すぐに進展させたい	・冒険はしたくない	・成り行きを見守りたい	・白黒はっきりしない
	・結婚や同棲を前提に	・まだ壁を感じている	・少し疲れてしまった	・本音と建前を分けたい
	・早く確約が欲しい	・踏み出せそうでできない	・自分から行動はしない	・2人の間で揺れる
	・自分なりに満足している	・結婚に抵抗を覚える	・無理はしたくない	・都合をつけてもいい
	・ベストを尽くしている	・面倒を避けて平穏を望む	・自分より下に見ている	・話が通じない
	今後の二人	今後の二人	今後の二人	今後の二人
	・少しずつ仲良くなる	・なかなか踏み込めない	・進展に時間がかかる	・同じ趣味を持つとよい
	・順調にデートを重ねる	・中途半端な関係	・理解し合えない	・相性の良さに気付く
	・お金でつながる関係に	・二股状態になる	・一緒にいれば満足	・似た者同士で気が合う
	・メリットがあれば続く	・家庭内別居	・長続きする	・橋渡しをしてもらう
	・浪費が原因で険悪に	・連絡をブロックされる	・どちらかが尽くす関係	・自然体でいられる関係に
	・親に紹介する	・婚約や結婚の延期	・別れても復縁する	・うそが別れの原因に
	・結婚まで進展する	・平穏な関係が続く	・公私共に深く付き合う	・ルールを守れば成就する
仕事	・転職の前に円満退職を	・二つの転職先候補で迷う	・転職なら専門職が吉	・転職先で軽んじられる
	・資金があれば独立は吉	・自由に動けない	・独立はうまくいく	・独立すると弱い立場に
	・昇給や特別手当を狙って	・集団のルールに守られる	・自分の存在感を示そう	・部下の信頼を得る
	・成績が上がる	・上下関係を大事に	・独自のやり方を模索して	・人材をうまく使うべし
	・経験と実績を生かせる	・争いを避けて穏便に	・年長者に助言をもらおう	・的確な指示が重要
	・管理が大変になる	・チャレンジより現状維持	・動じずにトラブル対応を	・待つことも仕事のうち
	・案件が多過ぎる	・規則を守るべし	・経験が武器になる	・素直さが評価される
	・結果を出せば優遇される	・前進を阻む障害がある	・司令塔的な役割をこなす	・正直な対応が吉
	・プロジェクトが完結する	・専門外のことは外注を	・偉そうな物言いはNG	・隙を突かれるかも
	・焦らず一歩ずつ進もう	・伝統や誇りを重視して	・いったん退くのも吉	・案件が保留になる
お金	・資産ができる	・寄付をして運気アップ	・老後の資金計画は吉	・ぼったくりと詐欺に注意
	・遺産を相続する	・不動産に縁あり	・医療費や税金の支払いを	・お金を人任せにしないで
	・保険が満期になる	・裁判費用の確保を	・相続や贈与に縁あり	・無欲の方が稼げる
	・老後の資金計画を	・住居の修繕は吉	・骨董品が売れる	・楽しいことに出費を
	・収入が増える	・セキュリティーは万全に	・資産運用を積極的に	・身ぐるみ剥がされそう
行動のヒント	・コレクションを楽しもう	・伝統に敬意を払おう	・発酵食品がおすすめ	・準備運動はきちんと
	・マニュアルをつくろう	・ルールを決める方が吉	・お守りや護符は吉	・旺盛な好奇心が福を呼ぶ
	・立案から実行まで自分で	・何かを学ぶにはいい時期	・オカルト研究が楽しい	・衝動で動かないこと
	・きちんと完結できる	・弁護士や自治体に相談を	・年配の方を敬うべし	・動物に関わると吉
	・アート鑑賞は吉	・防犯・防災意識を高めて	・先祖供養や墓参りを	・目を見て話を聞いて

その他のシンボル　青い空　存在感のない人　むなしさ　めったに会えない　自由が少ない　息抜きが必要

塔などの建物	棒を握る男性	赤い衣の女性	犬に触れる子供
出会い ・自営業の人との ・オタクな人との ・実家暮らしの人との ・裕福で上品な人との ・家族の紹介での ・共通の知り合いの多い ・ホームパーティーでの	出会い ・外面のいい内弁慶との ・親の仕事を継いだ人との ・社会的に成功した人との ・気取った人との ・グループで誘われての ・強引に口説かれる ・歓楽街でのナンパによる	出会い ・情熱的な人との ・子供がいる相手との ・こびを売るタイプとの ・金遣いの荒い人との ・一目ぼれでの ・パーティーや集まりでの ・本気の婚活での	出会い ・優しい人との ・心配症の人との ・頼りない人との ・子供っぽい人との ・誰かの紹介による ・動物や子供が縁での ・人助けがきっかけの
相手の気持ち ・家に来てほしい ・結婚を重視している ・出かけたくない ・保守的になっている ・やや警戒している ・生活習慣が気になる ・衛生観念が合わない	相手の気持ち ・一夜の関係でよい ・その場の勢いで決める ・楽して楽しみたい ・表面的には優しくする ・言うことを聞かせたい ・冷静に観察している ・気に入らなければ拒否	相手の気持ち ・早く付き合いたい ・情熱的になる ・お金は出したくない ・気持ちを分かってほしい ・イライラしている ・熱しやすく冷めやすい ・わがままを通したい	相手の気持ち ・警戒している ・二人きりは緊張する ・共通の趣味が欲しい ・恋愛の対象ではない ・遊びに行くのはOK ・触れ合うのは少し怖い ・慎重にいきたい
今後の二人 ・同棲を提案される ・結婚のあいさつをする ・家族に紹介する ・子供のことを考える ・婚約が保留になる ・周囲に反対される ・引っ越しの可能性あり	今後の二人 ・感情的にもめる ・相手に拒まれる ・断れずに付き合う ・相手に依存される ・価値観が衝突する ・元配偶者や子供の問題 ・体の関係になる	今後の二人 ・会えるときだけ会う ・片思いの状態 ・お金や家族の問題が発生 ・結果的に略奪愛となる ・結婚したくてもできない ・激しいが短い恋 ・けんかに発展する	今後の二人 ・仲介者の手腕次第 ・信頼関係を築きにくい ・きちんと向き合えない ・押すと逃げられる ・面倒を見切れなくなる ・友達でいる方が無難 ・周囲に応援してもらえる
・転職まであと一歩 ・独立より組織に所属を ・公共機関と関わる ・取引銀行の選択を ・出張･異動･出向あり ・組織のやり方に従うべし ・伝統を重んじると吉 ・年功序列が物を言う ・改革案はお蔵入りに ・アウェイで苦労する	・納得できる転職先がない ・独立は難しい ・後を継ぐのは吉 ・引き継ぎはしっかりと ・ハラスメントを警戒して ・誰かに頼られる ・サポートや支えが必要 ・意思表示を明確に ・指導するときは冷静に ・足をすくわれないで	・キャリアを上げる転職を ・独立させてもらえない ・人のミスにいら立つ ・情熱でチームを牽引する ・相手に熱意が伝わる ・意見が衝突する ・都合よく利用されそう ・感情的になり過ぎないで ・部下のために戦おう ・周りをやる気にさせよう	・転職に踏み切れない ・独立には経験不足 ・急な異動もあり得る ・慣れない環境で苦労する ・仲間に頼ってもよい ・慎重に行動するべし ・優柔不断は運を逃す ・しっかりと向き合おう ・多少のミスは許される ・休んでも逃げてもOK
・役所にお金の相談を ・不動産投機は吉 ・税や支払の問題が発生 ・家賃で得または損をする ・貯金を活用できる	・初志貫徹で黒字になる ・援助や寄付を受ける ・頼れば支援が得られる ・賭けに出ると当たる ・エコバッグの活用を	・短気は損気 ・赤字が拡大する ・子供にお金がかかる ・趣味の出費がある ・有り金を使い切るかも	・投資は冷静かつ慎重に ・独断で買い物をしないで ・情けでお金を出さないで ・動物愛護の募金は吉 ・物よりサービスに出費を
・住居の防犯対策を ・実家や自宅にいると吉 ・家族との話し合いは吉 ・親や子供に贈り物を ・インテリアを工夫して	・転倒に注意しよう ・もらった物を大切に ・荷物が増える可能性あり ・遺志を受け継ぐのは吉 ・スポーツ観戦がおすすめ	・冷静さを保つべし ・運動がおすすめ ・SNSなどの炎上に注意 ・誰かのための行動を ・情熱が原動力になる	・弱者に優しくしよう ・動物や子供と触れ合おう ・目立たない方が吉 ・平静を保つべし ・無邪気な行動が運を招く

その他のシンボル　遠くの森　遠距離の相手　興味が薄い　声をかけられない　邪魔が入らない　都会から脱出を

金貨の9(正)p.324

金貨《ペンタクル》のペイジ

金貨をじっと見つめる若者。
どうやって増やすかを考えている。
その目に豊かな自然は映らない。

逆位置

基本の物語

若者が金貨を真剣に見つめています。自分にとって大事な物であり、現実の世界で生き残るために必要な物だとわかっているのです。

前の「金貨の10」では、家族で富をシェアしていますが、この若者は自分が所有し、自力で増やすことを考えています。これは自立を象徴するものでもあります。次の「金貨のナイト」は、社会の中で仲間(馬)と連携する必要性を感じ、富の先にあるものや、価値の多様性を視野に入れています。その意味では、この若者と対照的です。

若者の目には、金貨しか映っていません。背景の美しい自然は、有形無形の豊かさの象徴ですが、そちらには目が向かないようです。

逆位置を読むポイント

逆位置では、若者の足が目立ってくるせいか、やや不安定な印象になります。貴重品を見つめるというより、誰かから金貨を受け取って、戸惑っているような、受動的なイメージです。

背景の自然は、恵まれた環境や与えられた豊かさを象徴しています。正位置では、それがきちんと整っていることや、誰かにお膳立てしてもらったことを表しますが、逆位置では、自然の風景が雑然と見えてきます。これは、援助や協力を当たり前だと思い、感謝していないことを示します。

Page of Pentacles

金貨のペイジに描かれたシンボル

・赤い頭巾・

興味のあることで頭が一杯になり、それに熱中していることを表します。頭巾が肩まで続いているのは、その熱意が今だけのものではなく、しばらく続くことを意味します。頭に血が上りやすい状況でもあります。

・黄色い背景・

金貨の人物カードは全て、背景が鮮やかな黄色です。これは金貨の色で、お金や財産という意味を強調するものです。黄色は明るさや希望を意味するので、お金がらみの暗い話ではなく、ポジティブな側面が示されています。

・背後の木々・

木々が何本か並んでいることから、複数の人物、小規模な組織やチーム、複数の要素が絡んでいることなどを意味します。秘密を共有する、チーム内での意思統一、関係者による会議などを意味することもあるでしょう。

・花が咲く草地・

赤や黄色の小さい花は、日常生活の充実を表します。一面に生える草は、慎ましくても不自由のない環境や状態を象徴しています。行動するときには安全なクッションとなって、けがから身を守ってくれるはずです。

・金貨・

お金や財産、貴重な物、価値ある物、手に入れた権利や資格、成立した契約、目に見える結果や実績などを意味します。少し宙に浮いているように見えるので、今所有している物ではなく、これから得る物事を象徴しています。

・服とブーツ・

アースカラーの服とブーツは、環境への配慮、素朴さ、自然体などを表します。タイツも土の色で、地に足が着いていることが分かります。赤い頭巾は派手ですが、もともと地味で穏やかな生活を送っていたのでしょう。

・遠くの山・

距離的に遠く、若者が進もうとする方向とは反対にあるので、今はあまり関係ないけれども、この先に直面するかもしれない障害を表します。今の段階で方向転換を考えている場合、やがてこの山に直面するでしょう。

・遠くの農地・

草地の向こうには、畑や牧草地らしき緑地が広がっています。農業や畜産業が盛んなのでしょう。食べ物やお金に困らないこと、心配事がないこと、足を延ばせば豊かな人脈や成功の機会に触れられることを表しています。

 剣のA(逆)p.232

金貨のペイジを読むためのキーワード

	赤い頭巾	金貨	服とブーツ	背後の木々
恋愛	出会い ・目立ちたがる人との ・熱心に口説く人との ・恋多き人との ・怒りっぽい人との ・活気のある店での ・二次会で盛り上がる ・一目ぼれの	出会い ・いちずな人との ・ケチな人との ・褒めてくれる人との ・及び腰の人との ・高級店での ・お見合いでの ・「物」が縁での	出会い ・外見が地味な人との ・安定した収入の人との ・地に足が着いた人との ・自然を愛する人との ・ボランティア活動での ・地元での ・交友関係から広がる	出会い ・家族が大事な人との ・仲間とつるむ人との ・ゴシップ好きな人との ・寂しがり屋との ・少人数の集まりでの ・いつもの飲み会での ・趣味がきっかけの
	相手の気持ち ・情熱的になっている ・一緒に盛り上がりたい ・派手に遊びたい ・怒っていることがある ・好意が高まっている ・もう待てない ・熱い思いを伝えたい	相手の気持ち ・大切にしたい ・自分にはもったいない ・接し方が分からない ・浪費を警戒している ・手放したくない ・結婚や子供を考える ・受け身になっている	相手の気持ち ・もめたくない ・真面目に付き合いたい ・華やかなデートは苦手 ・人混みは避けたい ・ルーティンが落ち着く ・無理はしたくない ・マンネリ気味だと感じる	相手の気持ち ・交際を反対されている ・秘密や隠し事がある ・踏み出す勇気がない ・恋愛に積極的ではない ・距離を感じている ・忙しくて時間がない ・二人より皆で会いたい
	今後の二人 ・勢いで付き合う ・好きな気持ちが続く ・熱意にほだされて交際 ・最初に飛ばして疲れる ・待たせた方がうまくいく ・紆余曲折があるも続く ・けんか別れになる	今後の二人 ・手が届きそうで届かない ・相手の出方をうかがう ・恋人未満の関係になる ・少しずつ進展する ・都合よく扱われる ・返事待ちの状態 ・もうすぐ結婚できる	今後の二人 ・行動すれば進展する ・盛り上がりに欠ける ・友達の状態が続く ・自然体でデートできる ・交際は長続きする ・同棲や結婚の話が出る ・真面目で誠実が秘訣	今後の二人 ・距離が離れたまま ・交際を反対される ・なかなか信用されない ・干渉する人物が現れる ・友達に紹介される ・外堀を埋めると進展する ・家族を持つことに前向き
仕事	・転職のオファーがくる ・情熱的な行動が吉 ・過酷な頭脳労働の予感 ・アイデアが降りてくる ・頭を冷やすとよい ・八つ当たりされそう ・リスクを承知で挑戦を ・リーダーシップを発揮 ・熱心な説得が功を奏する ・モチベーションを高く	・条件次第で転職を ・独立には資金が必要 ・評価してもらえそう ・資格を取得しよう ・仕事に恵まれる ・よい経験が積める ・企画や意見が通る ・手応えを感じる ・結果が出るか受賞する ・代表作が完成する	・転職しても変わらない ・安定した職業が吉 ・地味な仕事がくる ・縁の下の力持ちが吉 ・チームプレイが正解 ・バランスが肝心 ・残業は少なめに ・無謀なチャレンジはNG ・穏やかに過ごすべし ・職場に植物を置こう	・転職はまだ先の話 ・起業は何人かで ・チームプレイが必要 ・情報共有と意思疎通を ・一人で抱え込まないで ・仲間が助けてくれそう ・派手な行動はNG ・約束は守るべし ・抜け駆けは良くない ・同調圧力から逃げよう
お金	・まず頭金をためよう ・赤字をなくすべし ・支出を確認しよう ・衝動買いは危険 ・初期費用がかさみそう	・臨時収入あり ・現金を丁寧に扱おう ・貴重品の売買は吉 ・収入が上がる ・元手ができる	・地道な貯金がおすすめ ・簡単に稼げる話はNG ・衣食住への出費は吉 ・環境に良い買い物を ・見栄を捨てて倹約すべし	・割り勘が吉 ・共同購入やカンパも吉 ・同居で家賃の節約を ・買うより借りて済ませる ・報酬や負担を平等に
行動のヒント	・炎上に気をつけよう ・健康状態をチェックして ・熱中症やほてりに注意 ・気合を入れた服装で ・怒りのコントロールを	・プレゼントをもらうかも ・お気に入りを見つけよう ・ぜいたくは一度だけに ・掘り出し物を探そう ・ゲームや動画を楽しもう	・目立たない服装で外出を ・オーガニックフードを ・環境問題と向き合って ・土いじりがおすすめ ・植物園や動物園も吉	・家族団らんがおすすめ ・木のある神社や公園へ ・都会より田舎で過ごそう ・気の合う仲間と会おう ・うわさを信じないで

花が咲く草地	遠くの山	遠くの農地	黄色い背景
出会い	出会い	出会い	出会い
・可愛い人との	・冷淡な人との	・勤勉な人との	・気前が良い人との
・小柄な人との	・壁を感じる人との	・地方出身者との	・ただ楽しみたい人との
・優しい人との	・厳格な人との	・食を楽しむ人との	・開放的な性格の人との
・子供がいる人との	・遠距離の人との	・交友関係が広い人との	・裕福な人との
・合コンでの	・断れない紹介での	・飲食店での	・広い場所での
・ペットが縁での	・仕事がきっかけでの	・野外イベントでの	・歓楽街での
・教育や子供が縁での	・よそよそしい雰囲気の	・スーパーや百貨店での	・テーマパークでの
相手の気持ち	相手の気持ち	相手の気持ち	相手の気持ち
・好印象を持っている	・距離を置きたい	・満足している	・心を開いている
・温かく見守っている	・恋愛に乗り気ではない	・食事に行きたい	・わがままを受容できる
・安心しきっている	・心理的に前に進めない	・友達に紹介したい	・飛び込んできてほしい
・なれなれしく接する	・自分の私生活を重視	・家庭や結婚を考える	・ごちそうしたい
・なめてかかっている	・対話が盛り上がらない	・メールより会いたい	・支援してもよい
・守ってあげたい	・あなたを理解できない	・人間として惹かれる	・一緒に楽しみたい
・今後も一緒にいたい	・今は連絡したくない	・これからが本番	・明るい笑顔が見たい
今後の二人	今後の二人	今後の二人	今後の二人
・踏み台にされてしまう	・遠距離恋愛に	・周囲の協力を得て成就	・交際には発展しない
・都合よくあしらわれる	・拒絶されてしまう	・地道なデートが実る	・お金のトラブルが発生
・交際するが不満もある	・まだ乗り気ではない	・食の価値観で意気投合	・援助する(される)関係
・優しくしてもらえる	・障害があり困難な道に	・焦ると失敗する	・割り切って付き合う
・要求すると守ってくれる	・印象が変わっていく	・ゆっくりとした進展	・お互い自由な恋愛
・結論をはぐらかされる	・情熱が冷めてしまう	・共同作業と家事分担が吉	・遊び仲間になる
・恋愛ではなく結婚向き	・諸般の事情で会えない	・庭付きの家に二人で住む	・候補者を絞り込めない
・転職は複数の選択肢を	・転職はハードルが高い	・転職は慎重に進めよう	・仕事が見つからない
・後ろ盾のない独立はNG	・孤立する恐れあり	・独立するなら地固めを	・何も決まらない
・競争より協調が重要	・足並みがそろわない	・人材の発掘が大事	・新たな挑戦は避けよう
・欲張り過ぎないように	・ポストから外れそう	・苦労が報われる	・選択肢が広がる
・経験値を上げるべし	・希望が通らないかも	・人脈が広がる	・やることがない
・和む話で緊張緩和を	・結果に手が届かない	・役割分担が重要	・収入は確保できる
・まずまずの結果になる	・冷たく扱われることも	・今は種まきの時期	・楽しいことがある
・援助は受け取るべし	・一人で集中する時間を	・よりよい環境づくりを	・対人トラブルは少ない
・失敗しても許されそう	・一歩引いて客観視を	・応用より基礎を重視	・ようやく日の目を見る
・自然体で進めるのが吉	・先々に困難があるかも	・成長の機会がある	・表舞台に立つ好機
・臨時収入があるかも	・貯金を崩すのはNG	・資産運用は吉	・投資先が見当たらない
・支援者の機嫌を取って	・カードの期限に注意	・借金をするのはNG	・稼ぐチャンスが到来
・身内から援助あり	・相場が高止まりしそう	・昇給が期待できそう	・浪費に注意を
・ほどほどに稼げる	・親の援助は望み薄	・努力すればお金になる	・金銭的な支援に期待
・交際費がかさむ	・資金をためる必要あり	・食べるには困らない	・貯金ができそう
・手土産を持参するべし	・山の見える場所が吉	・ビュッフェは吉	・のびのびと過ごそう
・恩返しのチャンスあり	・引きこもるのも吉	・動植物との触れ合いを	・アウトドアがおすすめ
・いつもの場所に行こう	・今後の課題を考えよう	・学びが成長につながる	・銀行の用を済ませよう
・友達との集まりは吉	・諦めたことに再挑戦を	・幅広い交流で開運を	・不要品を売るのは吉
・子供っぽさがウケる	・離れている人に連絡を	・庭や部屋をきれいに	・明るい部屋づくりを

金貨のペイジ

Page of Pentacles

 悪魔(逆)p.80

金貨《ペンタクル》のナイト

慎重に歩を進めようとする騎士。
豊かさをその手につかんで、
次の展開に目を凝らす。

基本の物語

金貨を持った騎士（ナイト）が、立派な黒馬に乗り、畑のそばの道を進んでいます。ただ、その歩みが止まっているように見えます。行く手に何かが見えているのでしょうか。再び歩みはじめるか、状況が分かるまで待つかを考えているような印象です。

前の「金貨のペイジ」も立ち尽くしていましたが、このナイトも、闇雲に走り出さない慎重さを備えています。次のクイーンや、その次のキングも、いすから動こうとしません。保守的とも見える金貨の人物たちは、豊かさの維持を目指しているのです。その中で、このナイトだけは馬を操り、前進することを考えています。

逆位置

逆位置を読むポイント

正位置から受ける印象は重々しく、動きが感じられませんが、逆位置では、うねるような畑が目を引きます。これは、環境がまだ固まっていないことや、状況が変化するかもしれないことを表します。また、変化の時期を見極める必要があることを意味します。

正位置では止まっているかのように見えた馬も、逆位置では一歩踏み出しているように見えます。正位置に比べると逆位置は、もう少し動いた方がよいことや、物事が進展していく可能性を示しています。とはいえ、その歩みはゆっくりでしょう。

Knight of Pentacles

金貨のナイトに描かれたシンボル

・黄色い背景・

金貨の人物カードは全て、背景が鮮やかな黄色です。黄色はお金の色でもあり、金銭的に恵まれていることや資金援助が得られる可能性を示しています。光の色でもあるので、希望に満ちていることも意味しています。

・飾り付きのかぶと・

かぶとをかぶるのは、安心感が欲しいことや防御していることを意味します。バイザーを上げて前を見ているので、先を見据えてトラブルに備えるようなイメージです。小枝の房のような飾りは、柔軟性があることを表します。

・よろいと布・

よろいは、身を守るものの象徴です。ここでは、周囲からの非難や中傷などをブロックすることを表します。垂れ下がった布は、本音を隠すためのもの。当たり障りのない立ち居振る舞いや、つくり笑いなどを意味します。

・農地と丘・

整然と耕された畑は、すでに準備が整ったことや、これから物事が始まることを意味します。畑や近くの丘の勾配は、楽に事が進むわけではなく、紆余曲折があることや、クリアするべき課題が出てくることを暗示しています。

・金貨・

稼いだお金、築き上げた財産、手に入れた結果や資格、勝ち取った契約、手放したくない物、今すぐ欲しい物などの象徴です。右手は能動性を意味する手ですから、与えられた物ではなく、自分でつかみ取る物を表しています。

・黒い馬・

競走馬というよりは、農作業や荷運び向きの馬のように見えます。馬は相棒を表しますが、この馬は物事を進展させるためのパートナーではなく、目の前の面倒事や雑事を引き受けてくれる裏方や仲間の存在を表しています。

・手綱などの馬具・

馬具は、動物的な本能や衝動を制御する理性と規律の象徴です。赤い色は積極性を意味しますから、自ら進んでルールを決め、理性的であろうとしていることを示します。常識や規律を変えようとする熱意とも解釈できます。

・二本の木・

よく茂った遠くの二本の木は、実力のある人が傍観している、成功者が暗躍している、素晴らしいのに目立たない物があることなどを示します。二本なので、それが複数あるか、自分が仲間に入る必要があるのかもしれません。

金貨のナイトを読むためのキーワード

	金貨	飾り付きのかぶと	よろいと布	黒い馬
恋愛	出会い ・安定収入がある人との ・受け身な人との ・浪費しない人との ・お見合いでの ・いつもの店での ・趣味のつながりでの ・買い物が縁での	出会い ・将来設計がある人との ・安心感を与える人との ・慎重な人との ・結婚願望のある人との ・会費が高い集まりでの ・結婚相談所での ・経歴で選ばれる	出会い ・冒険しないタイプとの ・潔癖症の人との ・本音を見せない人との ・メンタルが弱い人との ・仲介人がお膳立てした ・事前に調査されている ・お見合いでの	出会い ・消極的な人との ・大柄な人との ・暗い性格の人との ・無口で頑固な人との ・夜の時間帯の ・暗い店での ・限定的な集まりでの
	相手の気持ち ・自分にはもったいない ・気持ちは受け取った ・答えが見つからない ・大切にしたい ・損得を見極めている ・将来のことを考慮中 ・受け身になっている	相手の気持ち ・緊張がほぐれてきた ・結婚には及び腰 ・無難に進めたい ・将来を見据えている ・相性を見極めている ・結婚するのもあり ・過去のことは忘れたい	相手の気持ち ・まだ打ち解けていない ・気を使っている ・表面を取り繕っている ・深い関わりは苦手 ・少し一人になりたい ・メールを見たくない ・面倒事にはふたをする	相手の気持ち ・少し疲れてきた ・言えないことがある ・何かを我慢している ・前向きになれない ・重いと感じている ・行動を起こせない ・本当の自分は隠したい
	今後の二人 ・デート後の進展がない ・遠慮して疎遠になる ・告白されれば付き合う ・接し方が分からない ・とりあえず交際する ・結婚前提の付き合いに ・持て余して逃げたくなる	今後の二人 ・前向きに検討する ・慎重な様子見が続く ・意見が食い違って離れる ・柔軟さが成就のコツ ・段階を踏んで進展する ・将来のことを話し合う ・結婚も視野に入れる	今後の二人 ・ガードが固くて膠着 ・連絡をブロックされる ・最終的には諦める ・一向になびかない ・本音を見せてもらえない ・本命が他にいる ・同じ目標があれば吉	今後の二人 ・会うことすらできない ・連絡が途絶える ・乗り越える課題がある ・これ以上進展しない ・このままでは終わる ・困難に向き合うと進展 ・力を合わせて交際へ
仕事	・転職は条件交渉を ・独立には資金が必要 ・棚ぼたで成果が出る ・資格や権利を得る ・仕事を選べる ・良い経験になる ・手応えを感じる ・助言を受け止めよう ・最終確認をしっかりと ・サポート役に回ると吉	・転職活動が進みにくい ・独立にはスキル不足 ・経験が役に立たない ・攻めより守りが正解 ・安請け合いは避けるべし ・将来設計を見直そう ・資格がお飾りになる ・非難は受け流そう ・動揺せず前を向いて ・日常業務をこなすと吉	・転職には準備不足 ・青写真ができていない ・目の前のことに集中を ・人助けより自分を守ろう ・資料が生かせていない ・契約書などの確認を ・対人関係は笑顔で解決 ・執着を手放すと吉 ・無難な路線がおすすめ ・誇張やアピールはNG	・転職活動は一時休止を ・新たな挑戦は保留して ・仕事がはかどらない ・重い案件が舞い込む ・無理せず一休みを ・先が見えない状態 ・黒子に徹すると吉 ・忍耐の時期かも ・当面はおとなしくして ・黙々と業務をこなそう
お金	・くじが当たる・受賞する ・お金を大切に扱うと吉 ・価値を見極めよう ・資金がたまる ・小遣いや援助に期待を	・投資ではもうからない ・意外な出費がありそう ・将来のための貯金が吉 ・金持ち風の人に注意 ・お金を貸しても無駄	・売買は手堅く ・予算に余裕を持たせて ・できるだけ節約を ・節約すれば貯金できる ・宝くじ当選は内緒に	・黒字になりそう ・無駄遣いを減らすこと ・棚ぼた的な収入の気配 ・焦るとお金にならない ・慎ましい生活が吉
行動のヒント	・贈り物をもらうかも ・品物を見る目が冴える ・掘り出し物を狙おう ・不要品の整理を ・芸術鑑賞がおすすめ	・花壇や鉢植えの世話を ・顔見せをするとよい ・頭部のダメージに注意 ・今後の計画は内密に ・外出前に鏡でチェック	・敷物が役に立つ ・ストレッチや体操を ・あまり動き回らないで ・ほこり除けの工夫を ・表面だけでも取り繕って	・移動は極力少なく ・夜は自宅にこもるべし ・モノトーンが吉 ・模様替えや荷物整理を ・黒い食材で健康増進

手綱などの馬具	農地と丘	二本の木	黄色い背景
出会い ・束縛する人との ・指示が細かい人との ・熱く語る人との ・支配したがる人との ・熱心に紹介されての ・窮屈さを感じる場所での ・イベントや大会での	出会い ・真面目な人との ・頭の固い古風な人との ・地方出身の人との ・収入が増加中の人との ・マルシェやフリマでの ・郊外や地方都市での ・健康系イベントでの	出会い ・価値観が合う人との ・親友を優先する人との ・目立つのが嫌な人との ・遠距離の人との ・遠い知人からの紹介の ・知らない場所での ・出会いの機会はまだ先	出会い ・心が広い人との ・明るい人との ・恋愛を楽しむ人との ・お金持ちとの ・広い場所での ・繁華街や歓楽街での ・享楽的な集まりでの
相手の気持ち ・告白の時期を見計らう ・自分に従ってほしい ・口答えをされたくない ・邪魔されたくない ・定期的に連絡する予定 ・自分のやり方がある ・二人のときは情熱的に	相手の気持ち ・落ち着きたい ・気持ちの波がある ・食事に行きたい ・じっくり進展させたい ・家庭や子供を持ちたい ・結婚を考えている ・実家のことが気がかり	相手の気持ち ・自分を客観視している ・他人事のように感じる ・相性は悪くないと思う ・慎重に距離を縮めたい ・恋愛に積極的ではない ・友人同士でいたい ・連絡は少ない方がいい	相手の気持ち ・ただ純粋に楽しみたい ・警戒しないでほしい ・一緒に食事をしたい ・自然体でいられる ・楽しそうにしてほしい ・反応があるとうれしい ・明るい連絡は歓迎する
今後の二人 ・お互いのルールで交際 ・無理にでも付き合う ・条件付きでの付き合い ・体だけの関係に ・束縛が関係をゆがめる ・支配するかされる関係 ・別れさせてもらえない	今後の二人 ・紆余曲折を経て交際へ ・順調に関係が続く ・次のステップを考える ・親を説得する必要あり ・困難を克服して結ばれる ・交際までの道のりが長い ・長い付き合いになる	今後の二人 ・遠くに去られてしまう ・別の候補者が出てくる ・隠れて付き合うことに ・引っ越して同棲する ・遠い将来に結ばれる ・仲人のお世話になる ・二人で仲良く暮らす	今後の二人 ・真剣な交際はしない ・遊び仲間になる ・割り切って付き合う ・自由気ままに会う関係 ・候補者を絞り込めない ・お互いに楽しければいい ・今でなく今後に期待
・転職への意欲は抑えて ・自由に活動できない ・発言の機会が限られる ・やる気を強要される ・公私のメリハリが大事 ・理不尽な扱いには反論を ・クールすぎる対応はNG ・堂々と依頼するべし ・結果より情熱が重要 ・怒りの制御が鍵	・転職は着実に進展する ・独立の準備を急いで ・これからが本番 ・人脈が広がりそう ・人材の発掘を ・一つのことに集中を ・芽が出てくる時期 ・よい環境をフル活用 ・動くより観察が正解 ・成長を実感できそう	・転職の時機はまだ先 ・よい仲介者が必要 ・パートナーが重要 ・個人プレイはNG ・客観的な視点を持って ・裏方に回るのが正解 ・マンツーマンがおすすめ ・競争より協力を ・主役にはなれないかも ・理解者を探すべし	・転職には計画が必要 ・前向きな挑戦は吉 ・障害は少ない ・やることが決まらない ・確実な収入が望める ・仕事を楽しめそう ・人間関係が良好になる ・目立つことは吉 ・明るく振る舞うべし ・前向きな姿勢が開運に
・赤字の覚悟が必要 ・ギャンブルはNG ・定期的な出費がある ・計画を実行して収入増 ・支出を抑えることが重要	・長期的な資産運用を ・元手がたまりそう ・昇給やボーナスに期待を ・貯金が少しずつ増える ・衣食住への出費は吉	・割り勘が吉 ・利益は分かち合おう ・余裕がある人に頼ろう ・詐欺に注意すべし ・派手さを求めないで	・お金に困らない時期 ・稼ぐ選択肢が増える ・浪費に気が付かない ・金銭的な支援がある ・貯金や資産がつくれる
・計画通りになりそう ・移動し過ぎないこと ・憧れの店に行くとよい ・マニュアル通りが吉 ・途中からの変更はNG	・野菜中心の食事を ・園芸や庭仕事がおすすめ ・継続が力になる ・古い友人に感謝を ・部屋の模様替えを	・二人で過ごすのは吉 ・少し遠出するとよさそう ・人混みは避けるべし ・目立たない方が吉 ・親孝行で運気上昇	・開放的な場所が吉 ・軽い日光浴で運気上昇 ・アウトドアがおすすめ ・晴れたら洗濯物を干して ・お金の管理をきちんと

 剣のクイーン(逆)p.280

金貨《ペンタクル》のクイーン

手に入れた富の重みを感じる女王。
美しい庭園は豊かさの象徴だが、
逆さにすると檻のように見える。

逆位置

基本の物語

どっしりとした玉座に座る女王を花や草木が取り巻いています。これは裕福であることや恵まれた環境にいることを表します。女王は、五芒星が刻印された金貨を両手で抱え、それを物憂げに眺めています。物質的に恵まれてはいますが、精神的には満足できていないようにも見えます。

一つ前の「金貨のナイト」は片手で金貨を持っていましたし、次の「金貨のキング」も片手で支えています。このクイーンの金貨は、それらに比べて大きく、重いようです。クイーンが、自ら得た富に責任を感じて大事にしていることや、その価値について真剣に考えていることが分かります。真面目で勤勉な性格がうかがえます。

逆位置を読むポイント

逆位置では、玉座周辺の安定感と重さがさらに強く感じられます。

正位置では、遠くの山や黄色い空が目に入るので、遠近感と軽快さがありました。玉座の女王も、管理された庭園の中とはいえ、ある程度は自由に行動でき、お金を思いのままに使うことができそうな雰囲気でした。

しかし逆位置では、バラの木や大地の存在感に圧迫され、玉座に捕らわれているように見えてきます。お金はあるのに自由がなくて息苦しい。そんな状態を表しているのでしょう。

Queen of Pentacles

金貨のクイーンに描かれたシンボル

・飾り付きの王冠・

飛び立とうとする鳥の飾りが王冠の上にあります。赤い翼は、地位や名誉から自由になりたいという情熱の表れです。物質的な富から精神的な充足感へと興味が移ってきたこと、しがらみから解放されることなども意味します。

・黄色い背景・

金貨の人物カードは全て、背景が鮮やかな黄色です。これは、お金や財産に恵まれること、もともと裕福なこと、資金援助があることなどを意味します。光の色でもあるので、明るく振る舞うことも意味しています。

・バラのアーチ・

頭上でアーチを描く赤いバラは、理想や快楽への欲求が頭をもたげていることを暗示します。あるいは、自分好みの囲いをつくり、他人を近づけないようにしているのかもしれません。近づき過ぎるとトゲで傷を負うわけです。

・白と赤の衣装・

白い服は、純真で正直なこと、悪事や搾取とは縁がないことを意味します。ただ、その純真さは、邪心のある人たちに汚される恐れがあります。そこで、攻めを意味する赤い衣装をまとい、高潔さを保とうとしているのです。

・彫刻のある玉座・

古来、ヤギは神に捧げられる動物であり、豊かさをもたらすとされてきました。果実は成果や業績の象徴です。これまでの努力が実ったこと、結果や実績が評価され、それが今の基盤になっていることを意味しています。

・金貨・

金貨は、お金や財産、実用的な価値のある物、利用できる資格や権利、有効な契約、保険や補償、結果や実績の象徴。物質的な富であり、精神的な豊かさではありません。女王は、金貨を少し持て余しているようにも見えます。

・緑色のマント・

地面まで届く長いマントは、バックアップしてくれる人の存在を意味します。緑は平和や調和を象徴する色なので、積極的ではないけれど、必要なときに優しく穏やかに協力または保護してもらえるようなイメージです。

・遠くの山並み・

乗り越えるべき試練が、まだ遠くにあることを意味します。自分の意思でリスクを回避したか、険しい道へは行かないようにしているのかも。安全な場所にいるからこそ、課題を客観視して、対策を講じることができるのです。

・果樹や草花・

この庭園は人の手によって管理されたものであり、整えられた環境や安全な場所を意味します。果樹や草花が茂っているのは人が育つことや良い結果が出ることを、流れる水は心の豊かさや満足感を表しています。

・右端のウサギ・

ウサギは豊穣や多産のシンボル、茶色は大地の色。茶色いウサギは、地に足の着いた生活や衣食住の豊かさを示します。ただ、ウサギはトリックスター(※)でもあります。思わぬ変化や突然の妊娠などを表すこともあるでしょう。

※トリックスター：ユング心理学でいう原型の一つ。神話や物語の中で既存の秩序を破壊し、新たな展開をもたらす存在。

 棒の8(正)p.140

金貨のクイーンを読むためのキーワード

		飾り付きの王冠	緑色のマント	白と赤の衣装	金貨
恋愛	出会い	・実家暮らしの人との ・既婚者との ・自営業やフリーの人との ・軽快な語り口な人との ・二次会に誘われての ・旅行先での ・一人暮らしがきっかけの	・気遣いができる人との ・父性(母性)的な人との ・目立たない人との ・平和主義の人との ・友情から始まる ・第三者の紹介による ・ボランティア活動での	・根は正直な人との ・表面は攻撃的な人との ・すぐに行動する人との ・女子が多いグループでの ・飲み会や合コンでの ・下心なく誘われての ・祭りやお祝いの場での	・裕福な人との ・モテる相手との ・離婚歴のある人の ・借金がある人との ・結婚相談所での ・ペットや子供が縁での ・個人的に大切な場所での
	相手の気持ち	・重い愛には応えられない ・ノリが合えば交際を ・一時的な関係でよい ・夢を見せてほしい ・現実逃避したいだけ ・誘惑したい ・駆け落ちも辞さない	・優しく見守りたい ・消極的になっている ・友達でもよい ・もめたくない ・あなたの都合に従う ・頼ってほしい ・遠慮があり連絡できない	・気があるフリをしている ・恋に恋している ・距離が近いと警戒する ・傷つきたくない ・思考と行動が一致しない ・無理して合わせている ・実は踏み込まれたくない	・親切にされると困る ・プレッシャーを感じる ・お金の問題が絡む ・恋愛が負担になっている ・価値観が合わないかも ・メリットが欲しい ・結婚するか悩んでいる
	今後の二人	・根負けして付き合う ・危機を乗り越えて成就 ・決心がつかず中途半端に ・他へ関心が移る ・浮気の可能性あり ・結婚または離婚する ・公私混同する	・恋人というより家族 ・尽くし過ぎて疲れる ・ストーカー行為に注意 ・結婚のことを話し合う ・はっきりしない関係に ・なかなか進展しない ・友達として関係は続く	・表面上はうまくいく ・プラトニックな関係に ・付き合っても会えない ・友達のように仲良くなる ・一緒に遊びに行く ・割り切った付き合いに ・熱心さがあれば成就する	・もめ事は丸く収まる ・家族のことで話し合う ・金銭トラブルが発生 ・大事な物をけなされる ・ペットや子供がかすがい ・お金が決め手になる ・たまに会う仲になる
仕事		・引き継ぎで転職に遅れ ・独立するとキャパ不足に ・成果や経歴が重荷に ・上に反対される ・責任から解放される ・プロジェクトが始まる ・勢いと熱意が人を動かす ・付き合いはお断りを ・残業はほどほどに ・自由を勝ち取るべし	・転職の決心がつかない ・独立しても生き残れない ・下っ端として扱われる ・うまくサポートできる ・職場の雰囲気は良好 ・再契約か長期雇用に ・持続可能性がテーマに ・平和的に解決を ・もしもの場合は人を頼る ・相手の心に寄り添おう	・内定が取り消しになる ・勢いで独立すると失敗 ・仕事が見つからない ・やる気だけではダメ ・なかなか実績が積めない ・営業はうまくいく ・白紙撤回か保留になる ・実のない会議は不要 ・不満をためないで ・怒るとスッキリする	・好条件で転職できる ・まずは副業で試して ・重いミッションがくる ・一つのことを大切に ・資格の獲得と活用を ・仕事を持て余しそう ・報酬やボーナスが増える ・クレームや叱責を糧に ・会社に守られる ・安全第一を意識して
お金		・趣味が過ぎて家計が傾く ・高価過ぎる物はNG ・外為取引は吉 ・公的資金投入で株価上昇 ・維持費がかさみそう	・金銭トラブルが解決へ ・リスクのない資産運用を ・返金や補償を重視して ・保険が適用される ・困ったら公的支援を	・収支は赤字になる ・返らないお金は諦める ・カモにされないように ・未経験のビジネスはNG ・癒やしへの出費は吉	・予想以上にもうかる ・高価過ぎて返礼できない ・パトロンができる ・稼ぐには代償がいる ・貴重品を手放すことに
行動のヒント		・守りより攻める方が吉 ・固定観念から脱却しよう ・自立のタイミング ・身軽な旅行がおすすめ ・移転に向けて荷物整理を	・環境保護を意識しよう ・協力者を大切に ・実家などでくつろいで ・自然に触れると吉 ・長期サポートで安心を	・熱く語ると運が開ける ・知識より実践を重視 ・献血や健康診断は吉 ・運動でストレス解消を ・正直に言えば許される	・お守りやお札が必要かも ・現金を準備しておこう ・贈り物は喜ばれない ・プレゼント交換は吉 ・使えるものは使おう

その他のシンボル　**黄色い背景**　笑顔を絶やさない人　希望を捨てないで　大変でもメリットあり　健康第一

彫刻のある玉座	右端のウサギ	バラのアーチ	果樹や草花
出会い	出会い	出会い	出会い
・経験豊富な人との	・地道で平凡な人との	・美意識の高い人との	・屈託のない人との
・離婚歴のある人との	・公務員との	・気難しい人との	・地方出身の人との
・冒険したくない人との	・エンタメ好きな人との	・所有欲の強い人との	・親しみやすい人との
・年配の人との	・好色な人との	・見目麗しい人との	・生活に困らない人との
・古風な食事会での	・庶民的な店での	・アートや音楽が縁での	・生活圏内での
・何度も失敗してからの	・地元での	・歓楽街での	・キャンプやBBQでの
・粘り強い説得が必要な	・観光地や田園の中での	・クローズドの会合での	・食事会や飲み会での
相手の気持ち	相手の気持ち	相手の気持ち	相手の気持ち
・情熱より安心が欲しい	・体の関係を求める	・束縛したい	・緊張しなくて済む
・そろそろ落ち着きたい	・早めに判断したい	・情熱を捧げたい	・開放的な気分
・意地になっている	・無理なら他にいく	・着飾ってほしい	・一緒に遊びに行きたい
・不器用だが誠意はある	・自宅を見せられない	・恋する自分に酔っている	・縛られるのは嫌だ
・言いなりにはならない	・楽しいことをしたい	・妥協はしない	・オープンな関係がいい
・連絡は最低限がいい	・自分の生活リズムで	・いじめたくなる	・結婚などは考えない
・愛情が枯れてしまった	・面倒が起こったら逃げる	・浮気を疑っている	・今が楽しければよい
今後の二人	今後の二人	今後の二人	今後の二人
・地道に結婚へ向かう	・短期間で終わる	・依存関係になりがち	・お互い自由でいる
・努力を続けると成就	・浮気が発覚する	・ストーカーになるかも	・告白や約束はしない
・関係が長続きする	・連絡がつかなくなる	・お互い恋愛に溺れる	・半同棲状態になる
・付き合う意味を失う	・音信不通後に突然連絡が	・自分たちの世界をつくる	・乱れた関係になりやすい
・良い思い出になる	・気まぐれで会う関係に	・周囲に迷惑をかけそう	・成り行きに任せる
・結婚か友達か迷う	・体の相性で関係が続く	・同棲する	・束縛から解放される
・性的な課題が発生する	・おめでた婚の可能性あり	・理想の不一致でけんかに	・未練を残して別れる
・転職は条件が下がる	・同じ職種に転職する	・転職の失敗で傷つく	・転職先候補は大差なし
・独立すると稼げない	・衝動的に辞めることも	・独立は騒動になる	・独立すると混乱するかも
・継続は力なり	・フリーランスは苦戦する	・理想的な仕事ができる	・有休を勝ち取ろう
・契約を更新できる	・契約社員の縁はある	・センスが認められる	・業務を整理するべし
・特に不満のない状況に	・やりがいより条件重視で	・監視・束縛される	・闇雲に働くのはNG
・経験を生かせない	・冗談で場を和ませよう	・手柄を奪われる	・結果が評価されない
・年長者に協力を依頼して	・危ない橋は渡らないこと	・セクハラは通報して	・広く浅くより狭く深く
・組織の判断に委ねよう	・フットワークは軽く	・一人で対処しないこと	・気配りは最低限でOK
・柔軟な対応が望めない	・イレギュラーが多発	・ひいきを疑われそう	・思い通りにやってみよう
・ルールや規則の順守を	・目立たない方が無難	・全員と程よい距離を	・動くとアイデアが出る
・貯金が増える	・貯蓄は増えない	・ヘソクリを発見する	・お金の管理をしっかりと
・地道に稼ぐのが一番	・パートナーが運を左右	・ぼったくりに注意	・収入はあるが無駄に出る
・親や年配の人の支援あり	・共同作業は利益が出る	・倹約すると吉	・倹約すると貯金できる
・おごってもらえない	・愛想がいいと得をする	・見た目で買うと失敗する	・セールスはすべて断ろう
・骨董や中古品売買は吉	・ギャンブルでもうける	・防犯意識を高めよう	・何事も割り勘が吉
・経験や安全を重視して	・生活習慣を見直そう	・理解者や親友を大切に	・都合よく利用されそう
・非常時のための蓄えを	・奇をてらうと失敗する	・秘密を漏らさないこと	・招き入れる人は限定して
・お気に入りを大切に	・変化は常識の範囲内で	・心理的な距離を保って	・公園などの自然に触れて
・セオリー通りが正解	・お笑いがおすすめ	・言いなりになるのはNG	・衣食住を充実させよう
・保存食が重宝する	・アウェイでも力を発揮	・魅力と危険は隣り合わせ	・飾らずありのままが吉

その他のシンボル　遠くの山並み　人は見かけによらない　課題の克服を　リスクは回避すべし　理想は高く

 杯の3(正)p.180

金貨《ペンタクル》のキング

豪華な玉座で物思いにふける王。
富も民もその掌中にある。
新たな物語を始めることもできる。

逆位置

基本の物語

草花が茂る庭園で、黄金色の笏《しゃく》と金貨を持った王が豪華な玉座に座り、物思いにふけっています。背後にも立派な城。この王は、広大な敷地を持つ領主か、商取引で多大な富を蓄えた実業家のようにも見えます。

前の「金貨のクイーン」も豊かな庭園にいましたが、この王は、より管理された城内に座しています。多くの資産や人脈を把握し、コントロールしていることが示されています。

四つのスートの順番については諸説ありますが、棒、杯、剣、金貨とする説が一般的です。それに従えば、金貨の最後を締めくくるこのカードが、小アルカナの最後となります。しかし、物語は終わりません。人の世では物質的に最も恵まれた存在である「王」が、何も持たない「愚者」として旅立つならば、タロットの円環が完成し、新たな物語が始まるのです。

逆位置を読むポイント

逆位置では、王の頭上に広がる黄色い空が目につきます。同時に、足元に密集する植物などが強調され、何もない空との対比がより鮮やかになります。足元は実生活を、頭上は思考を暗示します。つまりこの王は、実生活が忙しく、煩雑になり過ぎて、何も考えたくないか、頭が働いていないと読むことができます。

King of Pentacles

金貨のキングに描かれたシンボル

・牡牛の意匠の玉座・

牡牛の玉座は、管理された土地や統率された人材が安定的に確保できる状態を意味します。黄金色の牡牛は、倫理的にも称賛される成功を、玉座下部の暗い銀色の牡牛は、正攻法とは言えないやり方で手に入れた資産を表します。

・黄色い背景・

金貨の人物カードは全て、背景が鮮やかな黄色です。黄色はお金の色でもあり、もともと裕福であったとも、資産を築くことに成功したとも考えられます。光の色でもあるので、輝かしい成功を収めたことも意味しています。

・バラとユリの王冠・

バラとユリの装飾は、官能的な美と精神的な美の両方を表します。王冠は成功と名誉の証しですから、物質的にも心理的にも満足していることを意味します。花の命は短いので、この栄光もはかないものかもしれません。

・月桂冠とフード・

月桂冠は、勝利と栄光の象徴です。赤いフードは、首やのどなどの弱い部分を守り、寒さを防ぐためのものです。勝利者は、世の中の厳しさを知っているからこそ、成功した後も有事に備えて守りを固めるのです。

・背後の城と山・

玉座は城内にありますが、それとは別の城が背後に見えます。これは、今の任務の案件の他にも課題と職責があることを意味します。遠くの山並みは、より厳しい課題を暗示します。活動拠点の移動や引っ越しを示唆することもあります。

・右手の笏《しゃく》・

黄金色の笏は王権の象徴。能動性を示す右手で持ち、先端に地球のような球体がのっているので、この世の全ては金で動かせると思っているイメージです。ただ、少し傾いているので、お金が万能ではないことも分かっています。

・ケープと衣装・

ブドウは、その血のような色から生命の象徴であり、酒になることから神秘と熱狂の誘因とされてきました。また、繁茂する様子は豊かさを意味します。多数のブドウが描かれた衣装は、健康、裕福、祝福を表します。

・さまざまな植物・

ツタやブドウなどつる性の植物は、集団の力を借りて成功することを表します。連なって咲く花も、チームや仲間を重視することを表します。壁のこちら側、つまり組織などに守られた安全な場所での活躍を意味しています。

・足元の獣・

足元に踏み付けられた野生のイノシシのような獣は、山の恵みの象徴であり、里を荒らす脅威でもあります。それを踏み付けているということは、天災や敵から身を守り、邪魔者を排除して富を確保してきたことを示します。

・左手の金貨・

自分が得たお金、財産、実績、契約、勲章などの象徴です。こうした物質的な富は、他人の目には輝かしく映りますが、その裏側には自分でも見たくない汚い部分があります。王の視線はそこに注がれているのかもしれません。

 死神(逆)p.72

金貨のキングを読むためのキーワード

恋愛

バラとユリの王冠	月桂冠とフード	ケープと衣装	足元の獣
出会い	出会い	出会い	出会い
・華やかな人との	・成功している人との	・人脈が豊富な人との	・卑屈か謙虚な人との
・美意識の高い人との	・慎重な人との	・お金の苦労がない人との	・抑圧された人との
・派手に遊んでいる人との	・遊び慣れている人との	・社交的な人との	・挫折した人との
・高い服を着こなす人との	・すでに相手がいる人との	・甘えてくる人との	・親に従順な人との
・タイプ違いの2人との	・地位がある人との	・コミュニティー内での	・お見合いでの
・ホテルや高級店での	・交流会での	・飲み会やワインの会での	・息が詰まりそうな
・趣味の教室やサロンでの	・知人に仲介してもらう	・パーティーやクラブでの	・災害や事件がきっかけの
相手の気持ち	相手の気持ち	相手の気持ち	相手の気持ち
・大切にしたい	・劣等感を隠している	・今のままでよい	・本音が言えない
・理想的な関係だと思う	・実は恋愛が苦手	・離れたくない	・正体を隠している
・もっと着飾ってほしい	・過去のトラウマがある	・一緒に遊びに行きたい	・怖いから言うことを聞く
・面倒を見たい	・やや見下している	・知人に会ってほしい	・自分とは釣り合わない
・体裁を大事にする	・自分が良ければいい	・縛られたくない	・束縛から自由になりたい
・お金がかかり過ぎる	・素直になれない	・恋に陶酔している	・自分らしさが出せない
・感謝してほしい	・褒めてほしい	・満足している	・重圧を感じている
今後の二人	今後の二人	今後の二人	今後の二人
・今が絶頂期	・下心があって近づく	・共依存になる危険あり	・主従関係になる
・無理するとボロが出る	・相手がわがままになる	・羽目を外すと失敗する	・DVの可能性あり
・良い思い出になる	・付き合いは続く	・周囲の人に守られる	・気持ちを抑えて付き合う
・恋愛感情が続く	・相手の心が他へ移る	・友達として交流が続く	・膠着状態が続く
・結婚には進展しにくい	・冷たくすると寄ってくる	・乱れた関係になる	・連絡がブロックされる
・金の切れ目が縁の切れ目	・尽くし過ぎるのはNG	・婚約や結婚、妊娠も	・なかなか会えない
・お互いに自由が必要	・弱みを握った方が優位に	・思いが強過ぎると疲れる	・家族や友人に救われる

仕事

バラとユリの王冠	月桂冠とフード	ケープと衣装	足元の獣
・転職は条件次第で	・転職が決まりやすい時期	・転職のオファーがくる	・圧迫面接は拒否して
・資金があれば独立を	・独立はリスクが高い	・独立に向け人脈づくりを	・一方的な契約に注意
・目立つ行動が吉	・努力した分は成果が出る	・煩雑な業務に苦労する	・力関係を痛感しそう
・二人でやるとうまくいく	・成功しても油断は禁物	・連絡や思惑が錯綜する	・今は反抗しないこと
・宣伝と広告が重要	・弱点をカバーするべし	・コネクションが生かせる	・災害やトラブルに備えて
・複数の強みを提示して	・セキュリティーは万全に	・えこひいきが横行する	・ハラスメントから逃げて
・業績と報酬が一致する	・理不尽に怒られるかも	・人海戦術が功を奏する	・自由裁量は認められない
・合わない人からは離れて	・人事や周囲に相談を	・量をケチらないこと	・後輩の暴走を阻止しよう
・予算があると大成功かも	・傲慢な態度が危険を招く	・人との連携が成果を生む	・勢いだけでは失敗する
・見た目やデザイン重視で	・福祉・医療・保健関係は吉	・成功が成功を呼ぶ	・妥協せずに利益の確保を

お金

バラとユリの王冠	月桂冠とフード	ケープと衣装	足元の獣
・資産運用が好調	・成功者の真似は失敗する	・資金が増やせる	・株価の下落に注意
・社交で金運が上がる	・ハイリスクは避けるべし	・投資が次々と成功する	・お金の管理を徹底して
・買うなら上質なものを	・慈善活動や寄付は吉	・お金になる人脈ができる	・つい勢いで買ってしまう
・趣味にお金を使い過ぎる	・有事に備えて貯金を	・長く勤めると収入アップ	・無難な賭けには勝つ
・少額の賭け事は外れる	・見栄が浪費につながる	・援助してもらえそう	・大きな出費は控えること

行動のヒント

バラとユリの王冠	月桂冠とフード	ケープと衣装	足元の獣
・花を贈るか飾ろう	・体力を過信しないこと	・健康第一で	・本能を理性で抑えよう
・おしゃれに気を使って	・努力なくして成功なし	・お酒や果物を味わおう	・庭園の散策がおすすめ
・自分にご褒美を	・結果が出ても代償が大	・コミュニティーに参加を	・行動の前に熟考を
・ケチると失敗する	・弱者の味方になろう	・量や数は多い方がよい	・規則を破ると罰則あり
・優雅に振る舞うと吉	・時にはやせ我慢も必要	・困ったら人を頼るべし	・トレーニングは吉

その他のシンボル　**黄色い背景**　楽しい人　何も考えていない　明るい雰囲気　援助がある　楽観的でよい

牡牛の意匠の玉座	右手の笏《しゃく》	左手の金貨	背後の城と山
出会い ・かっぷくがいい人との ・食べるのが好きな人との ・お金を持っている人との ・家にこもりがちな人との ・飲食店での ・趣味のグループ内での ・ビジネス関係での	出会い ・自信のある人との ・金離れが良い人との ・リードしてくれる人との ・偉そうな人との ・成功者の集いでの ・お膳立てしてもらう ・行動が制約された場での	出会い ・収入が多い人との ・派手好きな人との ・見た目を重視する人との ・会費の高い集まりでの ・夜の街での ・芸能関係のコネでの ・お金目当ての	出会い ・高根の花との ・自由恋愛できない人との ・理想が高い人との ・忙しい人との ・仕事関係の ・遠距離でやりとりする ・会えずに進展が困難な
相手の気持ち ・現状維持でよい ・利点があれば付き合う ・嫌なことは拒みたい ・強情になっている ・気持ちよりお金が重要 ・欲望を隠している ・食事に誘いたい	相手の気持ち ・言うことを聞いてほしい ・外見に気を使ってほしい ・自分語りをしたい ・手伝ってほしい ・プレゼントをしたい ・予定が合わない ・尽くしてほしい	相手の気持ち ・メリットを考えている ・今は連絡をブロックしたい ・恋愛対象ではない ・連絡は必要なときだけに ・ごちそうしたい ・金と暇がない ・白黒はっきりさせたい	相手の気持ち ・今は放っておいて ・核心に触れたくない ・会う時間がない ・目指しているものが違う ・将来を考えられない ・親に反対されている ・恋より大事なものがある
今後の二人 ・固い絆で結ばれる ・問題を隠して付き合う ・お互い重荷になる ・別れも進展もない ・お金で解決する ・結婚の責任が問われる ・家族が介入してくる	今後の二人 ・双方の要求がぶつかる ・相手の言いなりになる ・都合よく扱われる ・付き合うまでが楽しい ・どちらかが支配する ・自然消滅していく ・お金で割り切る	今後の二人 ・お互いのメリット次第 ・結婚詐欺が疑われる ・返信がなくなる ・しがみつけば関係が継続 ・パトロンになる ・二股になる ・慰謝料などの問題発生	今後の二人 ・なかなか会えない ・周囲から反対される ・障害を越えられない ・どちらかが逃げ出す ・連絡がつかなくなる ・親を紹介される ・妥協して付き合う
・転職活動が進まない ・独立しても変わらない ・固定収入に助けられる ・経理や会計が重要 ・食事ミーティングが吉 ・着実に義務を果たすべし ・下請けが苦労する ・質より利益が優先される ・対人トラブルが収まる ・融通のきかない状況に	・面接では内情が不明 ・独立しても勤め人に戻る ・管理職への道が開ける ・権限が与えられる ・管理能力が問われる ・自信や見栄も必要 ・ハッタリが意外と効く ・嫌な上司の足元を突いて ・主導権を握るべし ・結果を出すチャンス	・転職では待遇を重視して ・独立のための資金集めを ・融資の審査に通る ・スポンサーの圧力あり ・金額の調整や交渉が必要 ・経験や実績が評価される ・見せ方を工夫しよう ・出来高制で成果を出す ・受賞歴や資格が生きる ・予算を確認するべし	・良い転職先がない ・独立すると課題が山積み ・在宅勤務がはかどる ・休職か、出社できない ・出向や転勤がある ・異動や出張で苦労する ・保守勢力に逆らえない ・成功するのはまだ先 ・理想が高過ぎて失敗する ・責任とトラブルの回避を
・貯蓄のチャンス ・賭けよりも地道に運用を ・お金があっても使えない ・やましい稼ぎはNG ・ボーナスがもらえそう	・投資は偏らずに ・出費の是非は身内に相談 ・体裁を気にして浪費する ・金銭管理を徹底しよう ・自分で稼げる	・十分なお金を得る ・見せ金を効果的に使える ・費用対効果を考えよう ・金額の交渉が必要 ・資産を有効に運用できる	・不動産投資は吉 ・相続や贈与の話がある ・副業で利益が出る ・倹約するべき時期 ・将来のための貯蓄を
・おいしいものを食べよう ・インドアの活動を ・いつもの人と行動して ・せかせかせず堂々として ・感謝して受け取ろう	・責任を持ってやり切ろう ・誘うと人が寄ってくる ・助けてもらったらお礼を ・やりたいようにできる ・旅行の計画は吉	・後ろ姿もチェックしよう ・虎の巻を活用すると吉 ・嫌なら仕事を盾に断る ・現金を用意しておこう ・有料の補償が役に立つ	・不動産や移転に縁あり ・家の保守点検と改修を ・自然に恵まれたホテルへ ・地元に帰るのもあり ・将来のビジョンを描いて

その他のシンボル　さまざまな植物　知人の紹介　誰かを頼ってもいい　組織を大事に　仲間と食事を

杯の9(逆)p.204

COLUMN 6

占いの結果が悪かったときの対処法

タロットで占っていると、良くない結果が出てがっかりすることがあります。人生は良いときばかりではないので、当然ではあるのですが、悩んでいるときに救いのない結果が出ると、精神的に厳しいですし、受け入れられないこともありますよね。そんなときは、どうすればよいのでしょうか。希望を持つことはできるのでしょうか。

ネガティブな結果をポジティブに変えるには、二通りの方法が考えられます。一つは、それを「警告として捉える方法」、もう一つは、「行動によって回避する方法」です。

たとえば、結婚したくて出会いを求めている人が、どんな人に縁があるかを占って「家庭のある人」というキーワードが気になったとします。好きになったら既婚者だったということになりそうです。子供が欲しくて年齢的に焦っている場合、これは最悪の結果かもしれません。

しかし、この結果を「警告として捉える」ならば、最初から「結婚を考えていない人はお断り」という明確なメッセージを強く打ち出すことで、遊びの人や既婚者を遠ざけられます。

もう一つの「行動によって回避する」ならば、選んだシンボルの「行動のヒント」の部分を参考にしましょう。今までと同じ意識で婚活をしていると、うっかり既婚者を好きになりかねない状況なのですから、意識と行動を変化させることで、出会いの運気そのものを変えていこうという試みです。

たとえば「行動のヒント」を見て、「地球に優しい活動を」が気になったとします。一見、婚活と何の関係もなさそうな行動が提案されましたが、これをまずはやってみるといいのです。なぜなら、この新たな行動が、あなたの状況や心境を変えてくれるからです。例として、海岸のごみを拾うボランティアに参加したとしましょう。その行動を通じていろいろな人と知り合い、さまざまな結婚の形や子育てについて考えることになれば、婚活のやり方も変わるはずですし、その場で出会いに恵まれることもあり得ます。

悪い結果でも、警告と捉えるか、新たな行動を起こすヒントとすることで、良い未来をつかむ糧となるのです。

TAROT
READING
BOOK

第6章 タロットカード リーディングLESSON

Tarotcard Reading Lesson

占う前に、準備をしましょう

この章では、タロットカードの扱い方と占いの仕方、そして占いの的中率を上げるためのコツなどをお伝えします。

また、タロットカードがお手元にない人には、カードなしで占える方法を紹介します。詳しくは、374〜377ページを見てください。

では早速、占いの準備をしましょう。とはいっても、特別な準備は必要ありません。次の三つを用意してください。

①落ち着いて占いができる場所

占いをする場所は、タロットカードと本書を広げられるスペースがあればどこでも構わないのですが、落ち着いて集中でき、邪魔の入らない場所であることが重要です。できれば、占いをしている間はスマホなどを切っておきましょう。家族と同居している人は、誰かがいきなり部屋に入ってこないよう一声かけておくか、「○時までは声をかけないで」と伝えておくのもおすすめです。

②占いのテーマ（占いたい事柄）

本書で占える事柄

◆恋愛
出会い
相手の気持ち
今後の二人

◆仕事

◆お金

◆行動のヒント

本書では、占いの内容を以下の４ジャンル６項目に絞っています。この中から占いのテーマを選んでください。

358ページでも述べますが、占いのテーマをしっかりと決めておく方が、的確な結果が得られます。反対に、ただ漠然と占っても、行動指針となるような結果は得られにくいものです。自分が何に悩んでいるのか、あるいは迷っているのかを整理しながらテーマを決めましょう。

【恋愛】

出会い……出会いの場所や状況、相手の特徴について。

相手の気持ち……あなたに対する相手の思いや精神的な状況について。

今後の二人……この先、関係がどう進展していくかについて。

【仕事】

独立 、転職、昇進、プロジェクトの状況、対人関係、トラブルへの対処法など。

【お金】

棚ぼた的に収入が得られるのか、自力で稼げるか、また、金運アップのために行うとよいこと、やってはいけないことなど。

【行動のヒント】

開運のために行うとよいこと、やってはいけないこと、気を付けるべきことなど。最短で一日、最長で一週間程度のヒントとなります(p.357)。

③筆記用具とメモ帳

占いをするときは、筆記用具とメモ帳が心強いアイテムとなります。占いをした日、自分が引いたカード、気になったシンボル、心を動かされたキーワードなどをメモしておくと、あとで検証するための資料にもなりますし、自分の心の動きを自覚することにもつながります。

本書でご紹介するのはワン・オラクル、つまりカードを一枚引いて、そこから運勢を読み取るという技法です。それくらいならば、メモしなくても大丈夫、という人もいることでしょう。でも実は、ワン・オラクルの応用編として、二枚のカードを引いて「AとBではどちらがよいか」などを占う方法もご紹介しています(p.360)。その場合は、ABそれぞれのシンボルやキーワードを取り違えないためにもメモを取りながら進めることをおすすめします。

カードを使って占ってみましょう

ここでは、タロットカードを使う方法をお教えします。カードを持っていない人は374〜377ページを見てください。手順が書かれています。

①カードをシャッフルして1枚選ぶ

全てのカードを裏向きにして机の上に広げ、両手で時計回りにかき混ぜます(写真❶)。これは、代表的なシャッフル(カードを混ぜること)の方法です。占いのテーマを心の中で唱えながらかき混ぜましょう。

次に、カードを一つの山にまとめ(写真❷)、扇状に広げます(写真❸)。

続いて、扇状に広げたカードの中から、自分の好きなものを一枚引き、表を向けます(写真❹❺❻)。このとき、引いたカードの上下を変えないように気を付けてください。絵柄が本来の向きなら「正位置」、逆さまになっていたら「逆位置」です。

②気になるシンボルを一つ選ぶ

あなたが引いたカードの絵柄を見てください。カードが逆位置だった人は、逆位置のまま見るようにします。

同時に、あなたが引いたカードの解説ページを開きましょう。1ページ目に「基本の物語」と「逆位置を読むポイント」があります(A)。ざっと目を通して、カードの全体像をつかんでください。2ページ目には、シンボルと解説(B)が掲載されています。その中から、最も気になるシンボルを一つ選び、その解説に目を通したら、次のページを開いてください。

③キーワードを見て、心に響くものを探す

3〜4ページ目には、たくさんのキーワードが書かれています。
一番上の段(C)には、カードに描かれた事物(シンボル)が記載されています。その中から、あなたが選んだシンボルを探してください。

そこを下へ見ていくと、恋愛(出会い・相手の気持ち・今後の二人)、仕事、お金、行動のヒントという欄が出てきます(D)。あなたが選んだテーマは何ですか？　該当する欄のキーワードを見て、一番心に響くものを探しましょう。なお、あなたの選んだシンボルが表にない場合は、欄外(E)を見てください。そこにシンボルとキーワードが書かれています。

シャッフルとカード選びの手順

❶カードを両手で時計回りにかき混ぜる。

❷カードを一つの山にまとめる。

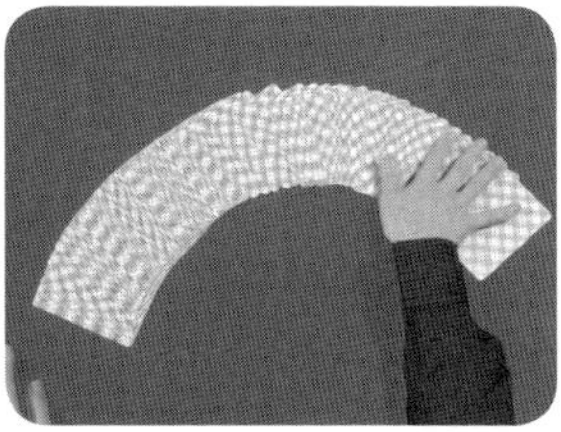

❸まとめたカードを扇状にスライドさせて広げる。

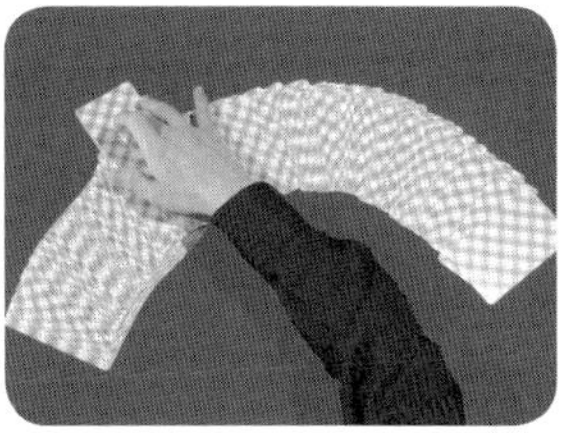

❹扇状に広げたカードの中から一枚選ぶ。

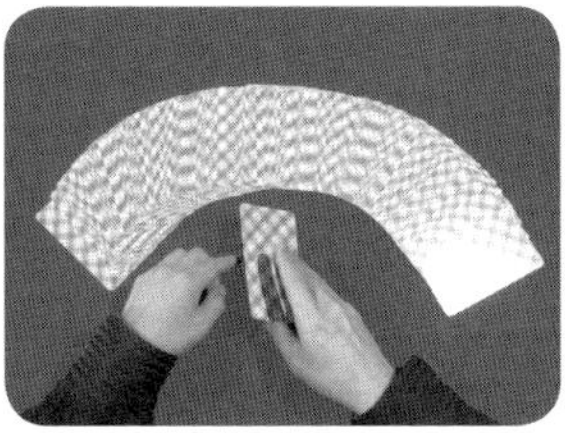

❺上下を変えないように気をつけて表を向ける。

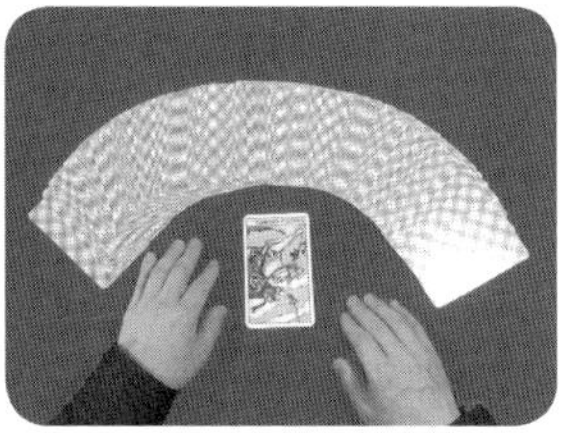

❻この場合の結果は「剣のナイト」の逆位置。

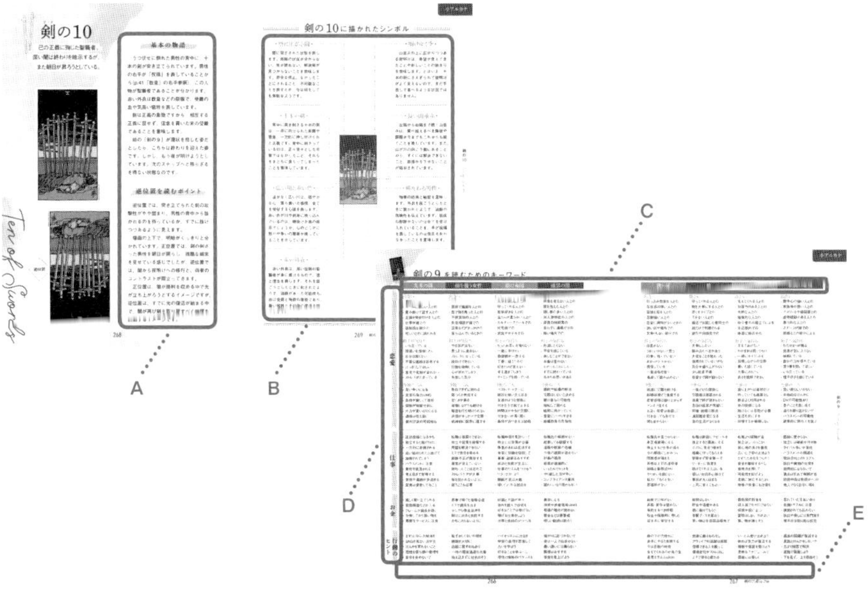

リーディングのポイント① キーワードの読み方

さて、タロットカードを持っている方も、持っていない方も、カードを一枚引き、キーワードを選ぶところまでたどり着けましたか？

実は、心に響くキーワードは、あなたの心の状態を映す鏡でもあるのです。いくつかの例を挙げながら、キーワード選びのコツや面白さを紹介していくことにしましょう。

キーワードはあなたの心を映す鏡
（「恋愛」で「相手の気持ち」を占いたいSさんの例）

掲載されているキーワードの中には、喜ばしいものもあれば、残念なものもあります。そのどちらにせよ、あなたの心が最も動いたものが、おそらく問題の核心に近いはずです。

Ｓさんが「相手の気持ち」を占ったとしましょう。引いたカードは「杯の２」の正位置。絵柄を見ると、「白い服の女性」が気になりました。占いのテーマ「恋愛」「相手の気持ち」と気になるシンボル「白い服の女性」のぶつかる欄には、七個のキーワードがあります。この中から、心に響くものを一つ選びます。

ここでいう「心に響くもの」とは、良くも悪くも心が動くものです。

- 晴れやかな気持ち
- 自分が優位に立つ
- プライドを守りたい
- 友達に紹介したい
- 望む状態になった
- まだ警戒している
- 冷静さを装っている

例に取ったＳさんは、「まだ警戒している」というキーワードを目にして心が動きました。というより、かなり動揺しました。

Ｓさんは、なぜ動揺したのでしょうか。おそらく、相手に警戒されているのではないか、という思いがどこかにあったから動揺したのです。つまり、Ｓさんの内面と占いの結果が呼応して、「ああ、やっぱり」という思いに至ったわけです。

Sさんの占いデータ

◆カード
杯の２（正位置）
◆選んだシンボル
白い服の女性
◆選んだキーワード
まだ警戒している

状況に合わせてキーワードを解釈する
(「仕事」を占いたいNさんの例)

また、そのときの状況に合ったキーワードを選ぶことも大切なポイントです。再び例を挙げてみましょう。

Nさんが仕事を占ったら、「金貨の3」の逆位置が出ました。気になったシンボルは「三つのペンタクル」。キーワードを見ると、十個のキーワードが並んでいました。

- 転職の準備が整う
- 三人で起業なら吉
- チームワーク優先で
- リーダーの手腕が肝に
- 融通がきかないかも
- 大事な仕事を片付けて
- プロジェクトが完成する
- 困ったらどんどん頼ろう
- 少数精鋭がよい
- やりがいも結果も得る

Nさんが最も気になったキーワードは「三人で起業なら吉」。実は、信頼しているビジネスパートナーと二人で起業するつもりだったのですが、もう一人、協力してもらえそうな人が浮上してきたところでした。

このとき、もしもNさんに起業の意志がまったくなければ、「三人で起業なら吉」というキーワードを見ても心が動かなかったでしょう。

また、このときNさんがチームで仕事を進めていて、しかも自分がリーダーであれば、「リーダーの手腕が肝に」というキーワードに反応して、「皆を引っ張っていこう」と思うことでしょう。あるいは、チームで仕事を進めていても自分がリーダーでなければ、「リーダーが手腕を発揮できるよう、自分が支えよう」と思うかもしれません。

このように、自分の状況に合わせてキーワードを探し 、解釈していきましょう。

Nさんの占いデータ

◆カード
金貨の3（逆位置）
◆選んだシンボル
三つのペンタクル
◆選んだキーワード
三人で起業なら吉

関係がないはずなのに気になるキーワードにも注目を

自分の現状とは関係がないはずなのに、妙に気になるキーワードがあったら、大事にした方がいいかもしれません。

たとえば、ある人が仕事を占って、そんな予定はないにもかかわらず「転職の準備が整う」というキーワードに強く反応した場合は、実は心の奥底でそれを望んでいるか、すでに運勢がそちらに向かって進みはじめている可能性があります。

このような場合、キーワードは潜在意識からのメッセージとなります。自分でも意外なキーワードが気になったら、そのキーワードに示されたような要素や傾向が自分の中に芽生えていないか、あるいは、もともとあるのに抑圧してはいないかなど、よく考えてみるとよいでしょう。

キーワードが絞れない・否定的なキーワードが気になる

キーワードを目にしたとき、複数のものが非常に気になり、どれか一つに絞れないこともあるでしょう。その場合は、非常に気になるもの全てが、あなたへのメッセージだと思ってください。

あるいは、ネガティブなキーワードがどうしても気になり、「これが自分の運勢なのか」と、暗い気持ちになることがあるかもしれません。そんな場合の対処法については、348ページを見てください。

タロット占いは、決して暗い未来を予言するものではありませんから、どうぞご安心ください。よりよい未来へと歩んでいくための指針として活用していただきたいと思います。

リーディングのポイント② 上達するためのヒント

一つの質問に対して、占うのは一度だけ

タロット占いに限らず、あらゆる占いにおいて、一つの質問に対して占いができるのは一度だけです。望んでいたような結果が出ないと、やり直したくなるかもしれません。しかし、それはタブーとされています。

それでもやり直したい場合には、以下の二つの方法があります。

【質問を変えて占う】

たとえば、「相手の気持ち」を占ったときに、ネガティブなキーワードが心に焼き付いてしまい、このまま占いを終えるのは嫌だと思ったら、質問を変えて占ってみましょう。

この場合は、「今後の二人」を占うというのも一つの手です。今後を占って良い結果を得たら、先ほどの「相手の気持ち」で得た結果をスタート地点として、良い結果へ至るための方法を考えてみましょう。現状を変えるための糸口が見えてくるかもしれません。

【時期を変えて占う】

タロット占いで得られる結果は、そのときの状況や運気に基づくものです。つまり、状況が大きく変われば、そこから導き出される結果も変わってくるわけですから、占い直す必要が生じます（次項「占いの結果には有効期限がある」も参考にしてください）。

たとえば、「出会い」を占ったらあまり良くない結果になったけれど、その直後にいろいろな出来事が起こって、生活環境や行動範囲などがガラリと変わったら、もう一度「出会い」を占い直しても大丈夫です。

占いの結果には有効期限がある

タロット占いの有効期限は、長くても半年程度です。

半年も経てば、たいていの物事は新しい局面に差しかかっていくはずですから、改めて占ってみましょう。あなたの気持ち自体も、半年前とは変わってきているかもしれません。新たな気持ちで質問を設定し直し、占ってみましょう。

また、前の項目で述べたように、最初に占ったときとは状況が変わった場合も、占い直してみるとよいでしょう。

なお、351ページでも少し触れましたが、「行動のヒント」については、だいたい一週間が有効期限だと考えてください。占うときに、「今日の行動のヒントは？」とか、「今週の行動のヒントは？」などのように、期間を限定してから占ってもOKです。

質問を絞り込むと結果を活用しやすくなる

実は、占う前に質問をしっかりと絞り込むことができれば、半分くらいは占いに成功したも同然なのです。

「出会い」を占うにしても、ただ漠然とカードを引いた場合と、「どんな人と出会えるか」「どんな場所や状況で出会えるか」などと、質問を具体的にして引いた場合とでは、目に飛び込んでくるキーワードの鮮明さや心に響く強さが違ってきます。

たとえば、「出会い」を占ってカードを引いたら「剣の６」で、「渡し守」が気になったとしましょう。キーワードは以下の七個です(p.254)。

- 感情を制御できる人との
- バランスのとれた人との
- 気遣いのできる人との
- 流通・運送関係者との
- 結婚相談所での
- 仲介者がいる
- ツアーや旅行での

もしも漠然と「出会い」を占ったら、自分がどんな人に注目して、何をすればよいのかピンとこないかもしれません。一方、「どんな人と出会うか」と、質問を絞ってキーワードを見た場合は、「感情を制御できる人との」「バランスのとれた人との」などが目に飛び込んでくるでしょう。

また、「どんな場所で出会うか」という質問ならば、「結婚相談所での」「ツアーや旅行での」などが目を引くでしょう。結婚相談所へ行ってみようか、ツアーに参加してみようか、という行動のきっかけにもなります。

プロのトレーニング法！ 占いの結果を検証する

占いのプロを目指す人たちや、プロとして実践を積み重ねている人たちは、占いの結果を検証し、的中したかどうかを確認するという作業をよく行います。

たとえば、明日の「行動のヒント」を占ったら「金貨の９」が出て、「女性の帽子」が気になったとしましょう。そこには、以下のように五個のキーワードが並んでいます（p.326）。

- 熱意をアピールしよう
- 体温調節に気を使って
- カジュアルで目立つ服を
- 余裕がなければ休むと吉
- 頭に血が上りやすい

この中で最も心に響いたのが「カジュアルで目立つ服を」だったので、そのようなファッションで外出したとします。

さて、一日が終わったとき、実際にはどうだったでしょう。なんとなく楽しい気分で過ごせましたか？　うれしい出来事に遭遇しましたか？　ならば、占いは当たっていたといえます。

そうでもないどころか、不愉快な一日だったとしたら、キーワードを確認しながら、何に気を付ければよかったのかを振り返ってみましょう。

大事な場面で熱意をアピールできなかった……？

寒かったり、暑かったりして、状況を楽しむ余裕がなかった……？

少し疲れていたから、外出しない方がよかった……？

どうでもいいようなことで、思わずカッとしてしまった……？

「あっ、そうだ！　肝心な場面で、自分の思いを熱く語れなかった」などと思い当たる節があったら、占いをしたときに「熱意をアピールしよう」というキーワードを見て、自分の心がどう動いたかをよく思い出してください。その感覚が、あなたにとっての「当たり」なのです。

何度も占いと検証を繰り返しているうちに、「当たっているときの感覚はこれだ！」と、早ければ三カ月くらいで分かるようになります。

 棒のA(逆)p.112

AとBではどちらがよいかを占う

AとBという二つの候補を比較して、どちらがよいかを占う場合は、カードをシャッフルした後、二枚引きます。最初に引いたカードがA、後に引いたカードがBのように、どのカードがどちらに対応するのかをあらかじめ決めておきましょう。

そのうえで、ABそれぞれについて出たカードを見て、シンボルを選び、キーワードを探っていきます。キーワードがポジティブな方、あるいは、あなた好みの方を選べばOKです。

この方法は、人物、場所、あなたの行動など、さまざまな場合の二者択一に応用できます。たとえばAさんとBさんでは、どちらとお付き合いするのがよいか。A県とB県では、どちらが旅行先としてベターか。一週間後のパーティーに参加する方がよいか(A)、しない方がよいか(B)。そんな感じで、状況に合わせて使ってみてください。

なお、同じ方法で、三つの選択肢から一つを選ぶこともできます。この場合は、カードをシャッフルした後に三枚のカードを引き、それぞれのカードを見てシンボルを選び、キーワードを探り、比較していきます。

およその時期を占う

前項のやり方を応用して、時期を占うこともできます。

たとえば、「出会い」を占うときに、どのタイミングでの出会いが最も有望かを知りたければ、カードをシャッフルした後、「一カ月後」と「二カ月後」などのように時期を設定して、それぞれのカードを引きます。もちろん「一週間後」と「二週間後」でも構いません。

また、近々イベントが二回あって、どちらに参加すれば出会いに恵まれるかを占いたいなら、「5月18日のイベント」と「6月1日のイベント」のように、イベントの開催日ごとにカードを引いてみます。

あとは前項と同じように、それぞれのカードについてシンボルを選び、キーワードを確認して、両者を比較します。

いずれの場合も、ポジティブなキーワードが出た方を重視して行動しましょう。

リーディングのポイント④ ツー・カードで占う

前ページで紹介した「AとBではどちらがよいかを占う」や「およその時期を占う」は、一枚一枚カードを独立させてリーディングする「ワン・オラクル」の発展形です。占いの内容によっては、何枚かのカードを組み合わせて占う「コンビネーション・リーディング」をした方がよい場合もあります。ここでは「ツー・カード」、つまり二枚のカードを引き、別々の意味を持たせてリーディングする方法を紹介します。

①質問への答えとアドバイスを同時に出す方法

知りたいことに対する答えのほかに、状況をよりよくするためのヒントがほしいときは、結果を示すカードを一枚引いた後、アドバイスを示すカードをもう一枚引いてみましょう。手順は以下のとおりです。

❶結果を示すカードを一枚引き、机上に置きます。
❷アドバイス・カードを一枚引き、❶の横に並べます。
❸結果を示すカードについては、これまでどおりシンボルを選び、占いテーマ（お金や恋愛など）に合わせてキーワードをチョイスしますが、アドバイス・カードについては、シンボルを選んだら「行動のヒント」を見ます。

この方法の利点は、たとえ結果を示すカードが厳しいものであっても、それを打開するヒントや救いが得られることです。また、冷静な姿勢でリーディングをする助けにもなるはずです。以下に例を挙げて説明しましょう。

結婚生活にかすかな不安を抱くTさんの場合

婚約者がいるものの、相手との結婚にかすかな不安を抱いているTさんが、「結婚生活はどうなるか」を占ったとしましょう。カードを引いたところ、まずは結果を示すカードとして「剣の９」の正位置（p.264）が、その次にアドバイス・カードとして「棒の３」の逆位置（p.120）が出ました。
「剣の９」の絵柄でTさんが気になったシンボルは「顔を覆う女性」。結婚生活を占うのですから「今後の二人」の欄を見てみると、厳しいメッセージが並んでいます（p.266）。そこからTさんが選んだのは「精神的に限界に達する」。深刻な状況を迎える予感があったのかもしれません。

打開策を求めるべくアドバイス・カードの「棒の３」に目を移したところ、「赤いマントと靴」が目に飛び込んできました。さっそく「行動のヒント」を見ると「正々堂々と戦おう」という言葉に心が動かされました(p.123)。

戦うべき相手が婚約者なのか、その親なのか、世間の風潮なのかは、Ｔさんが一番よく知っているはず。問題から目を背けず、勇敢に行動していくことで、幸せな結婚生活を送ることができるでしょう。

ワン・オラクルとの比較

もしもＴさんがワン・オラクルで占っていたら、どうなったでしょう。「剣の９」→「顔を覆う女性」→「今後の二人」という流れでキーワードを見たときに、どうしても結婚生活に希望を見いだしたくて、実情からはやや遠い「共感がきっかけで交際へ」を選んでしまうかもしれません。

このように、困難な結果に対して救いがないようなケースだと、ピンとくるキーワードを探すときに、一番ポジティブな言葉を選びがちなのです。

それに比べるとツー・カードで占った場合は、結果がどうあれ開運のヒントが得られますので、心を落ちつけてリーディングすることが可能です。

②潜在的な悩みにも焦点を当てる方法

占いの現場では、表面的な相談の内容と、その人が深層心理の部分で知りたいと思っている内容が食い違っていることがあります。

たとえば、「新しい出会いがありますか？」と口では言っているのに、心の底では「腐れ縁の相手とどうしたらいいのか」という悩みを抱えている場合や、本当は「負債を返す方法」を占うべきなのに、「このビジネスは儲かるか」を知りたがる場合などです。相談者が状況の詳細をあまり語りたがらないケースに、よくあるパターンです。

こういうときは、相談者の質問を「表の占い」、潜在的な悩みを「裏の占い」として、それぞれについて一枚カードを引きます。手順を述べましょう。

❶相談者の質問に対してカードを一枚引きます。これが「表の占い」です。
❷相談者の潜在的な悩みや本来のテーマを見きわめる「裏の占い」として、カードをもう一枚引きます。
❸「表の占い」で選んだキーワードから仮の答えを導きだします。

❹「裏の占い」で選んだキーワードと❸を照らし合わせます。
❺「表」と「裏」のキーワードにほとんど差がなければ、それらを総合したものが答えになります。この場合、「裏の占い」のテーマを深掘りする必要はありません。一方で、明らかに違うキーワードが出てきたなら、「裏の占い」の真のテーマ、本当の悩みに改めて迫っていくとよいでしょう。

出会いを求めているMさんの場合

たとえば、あなたがMさんの依頼で「出会い」を占ったとしましょう。

まずは「表の占い」として一枚引いたら「杯のクイーン」の逆位置(p.220)が出ました。Mさんが気になったのは「背景の丘」で、そこから選んだキーワードは「遠距離の相手との」(p.223)。これが仮の答えです。

「裏の占い」としてもう一枚引くと、「審判」の正位置(p.100)が出て、Mさんは「手前の三人」を選び、「結婚前提での」(p.103)を答えにしました。

お気付きのように、表で出た「遠距離の相手との」という答えと、裏で出た「結婚前提での」という答えは、どこか嚙み合いません(Mさんが別居婚を望んでいるのでなければ)。このような場合は「結婚前提での」という「裏の占い」のほうが真の答えとなり、「表の占い」の「出会い」という質問は、じつは本質的なテーマではないということになります。

では、「結婚前提での」が答えとなるような質問とは何でしょう。相談者とやりとりをしながら、「本当に占いたいこと」を見きわめていく必要があります。

この場合、本来の悩みとして可能性が高いのは「既婚者の恋人と別れたいのに離れられない」というものです。そうであれば、相手との将来を考えるために「今後の二人」から答えを選ぶか、その相手と決着をつけるために「行動のヒント」を参考にするのがよいでしょう。

なお、この方法は、自分自身を占うときにも応用できます。

外に向けて見せている部分や建て前的な部分を「表の占い」、だれにも見せない内面や本音を「裏の占い」として、それぞれについてカードを引いてみましょう。

両者の結果にさほど違いがなければ、あなたの気持ちはちゃんとまとまっていると判断できます。

大きな違いがあった場合は、本音の部分に焦点を当てて、よりよい方向へ進む方法を探ってみましょう。

リーディングのポイント④ 誰かを占うときの注意点

①相手が嫌がることは聞かない

占いをしていると、極めて個人的な情報などに触れざるを得ない場合があります。好奇心が湧くこともあるでしょうが、相手が語りたがらない部分をしつこく聞くのはマナー違反です。抵抗なく語ってくれた情報をベースに、占いを進めてください。

②真剣かつ誠実な態度で占う

相手に対して、また、占いに対して、真剣かつ誠実な態度で向き合うことが大切です。ふざけたり、茶化したりすることはやめましょう。また、相手を傷つけるような言葉も慎んでください。

占いは、多くの人に神秘性を感じさせます。時に論理的な言葉よりも人の心を動かし、場合によってはダメージを与えてしまうことがあります。特に、伝え方が重要になります。相手の運勢や未来を決めつけるような言い方はしないでください。その人がどんな幸せを選ぶかは、その人自身が決めることですから。この点を念頭に置き、謙虚な姿勢で占いましょう。

③心身のコンディションが良いときに占う

反対にいえば、心身のコンディションが悪いときは、占うのをやめておきましょう。これは、自分自身を占うときにも当てはまります。

心と体の調子が思わしくないときは、誰しもネガティブになりやすいものです。そんなときは、同じシンボル、同じキーワードを見ても、悪い方へ、悪い方へと解釈しがちです。

一方、心身の調子が良好なときは、物事をポジティブにとらえることができます。その状態で占いをすれば、たとえネガティブな結果が出ても、それを転ばぬ先のつえとするようなアドバイスができるでしょう。

④相談内容や個人的な情報を口外しない

占いにはカウンセリング的な側面があります。そして、カウンセリングの世界には「守秘義務」という重要なルールが存在します。

占った相手の個人的な事情や情報は、あなたの胸に収めてください。

リーディングのポイント⑤ 困ったときのQ&A

Q1. 「基本の物語」はポジティブな内容だったのに、選んだシンボルはネガティブな意味でした。どう解釈すればいいのでしょうか？

A.「基本の物語」と、選んだ「シンボル」の意味や方向性が異なる場合は、「シンボル」の解説をメインに読み解いていきましょう。「基本の物語」は参考程度でOKです。たとえるなら、「基本の物語」は映画のワンシーンのようなもので、「シンボル」はそのシーンであなたの印象に残ったものです。甘いプロポーズの場面で、目についたものが鋭いナイフであれば、刃物こそが大きな意味を持つのです。「基本の物語」を参考にするなら、そのギャップに意味があると考えるといいでしょう。

Q2. 同一のシンボルでも、キーワードの中に良い意味のものと悪い意味のものがあります。矛盾していませんか？

A.キーワードの中に相反するものがあるのは、そのシンボルの持つ多義性に起因します。たとえば「鳥」というシンボルは、群れる習性から「仲間」を象徴する一方で、空高く旋回する様子から「孤高」を意味することもあります。そのため相反するキーワードが混在しているのです。占いの結果としては、一番しっくりくるものを選択しましょう。

Q3. 「気になるシンボル」が決められないのですが……。

A.どのシンボルも気にならないという場合は、全てのシンボルを左から右へ、上から下へ、順に目で追ってみてください。それを二度繰り返すと、これが印象的だというものがだいたい決まってくるはずです。また、複数のシンボルが気になって一つに決められない場合は、気になるもの全てをメモに残し、一度目を閉じるなどしてリセットした後、再度シンボルを選んでみましょう。これを何度かやると、一番印象に残ったシンボルが決まります。どうしてもシンボルが選べない場合は、今はまだ答えを出す時期ではないと考えて、しばらく時間を置いてからやり直してみるとよいでしょう。

Q4. 逆位置が出た場合、シンボルの意味も反対になりますか？

A. 逆位置でも、シンボル自体の意味は変わりません。逆立ちして見ても「山」は「山」で、正位置・逆位置どちらでも、「理想」の象徴なのです。ただ、上級者になると、その「理想」に、逆位置で見た逆三角形の山のイメージを加味し、「頭でっかちな理想」という意味を読み取ることもできるでしょう。

Q5. 他のタロットカードで占うときにも、この本は使えますか？

A. 本書は、ウェイト＝スミス・タロットで占うためのものです。このタロットの絵からシンボルを選ぶので、絵柄がまったく違うタロットの場合は使えません。しかし、ウェイト＝スミス・タロットに準拠していて、描かれているシンボルがほとんど同じであれば、利用可能です。なお、この本でシンボル解釈に慣れていけば、どんなタロットやオラクルカードでも、解説書なしである程度リーディングができるようになるでしょう。

Q6. 相性を占うときにはどうしたらいいですか？

A. 自分を象徴するカードと、相手を象徴するカードを、それぞれワン・オラクルで出してみるといいでしょう。恋愛相手、結婚相手、仕事のパートナーなど、最初に関係性を明確にします。恋愛なら「今後の二人」、仕事なら「仕事」、アドバイスを知りたいなら「行動のヒント」で占いましょう。それぞれのキーワードを比べるだけでなく、二人のカードの絵柄の共通項や反対の要素を見つけると、相性が見えてきます。

Q7. ピンとくるキーワードがない場合、自分で考えてもいいのでしょうか。

A. もちろん問題ありません。キーワードの数は無限といってもいいほどで、本書に書かれているのはごく一部です。質問内容や質問者の状況によっては、もっとふさわしいキーワードがあるでしょう。

たとえば、Aさんが「出会い」を占ったときに、「愚者」の正位置（p.20）が出て、「黄色い空」（p.21）を選び、「出会い」のキーワードを見たとしましょう（p.23）。このとき、仮にAさんがインドカレーのマニアで、カレーについてのコラムを連載している人ならば、「カレーマニアの集まりでの」や「コラムがきっかけでの」という言葉の方が状況にしっくりきます。

このように、本書には載っていないキーワードを占いの結果としてもかまいません。ただし、選んだシンボルの解説をよく読み、そのイメージから逸脱しないようにしてください。Aさんの場合は、「黄色い空」が「楽しく喜びにあふれる環境や状態」を表すことから、堅苦しい出会いではなく、「楽しいカレーイベントがきっかけで」といった答えが適切です。

Q8. たんに「転職するべきかどうか」ではなく、「このエージェントは有能か」のような、より具体的な内容を占う場合は、どうすればいい？

A. 「転職するべきかどうか」を占うときは、「仕事」欄のキーワードの中で質問に対して直接的な答えになるものを結果とします。

たとえば「愚者」の正位置（p.20）が出て、「黄色い空」（p.21）を選んだ場合は、「仕事」欄の（p.23）にある「転職の選択肢が広がる」というキーワードに着地し、前向きな占い結果となるでしょう。

一方、「このエージェントは有能か」を占う場合は、転職に影響を及ぼす関係者を占うわけですから、「仕事」欄にあるすべてのキーワードを見ることになります。このケースなら「転職の選択肢が広がる」だけでなく、「放っておかれるかも」という答えもあり得ます。今のエージェントの態度から、この二つのどちらが当てはまるのか、ピンとくるはずです。さらに占いに慣れてきたら、「黄色い空」のシンボル解説と、相談者がそのエージェントに求めている要素を照らし合わせて、「明るく励ましてくれるけれども納得する提案はない」という、キーワード欄にない答えを出してもいいでしょう。

占いを不自由にする「正逆の呪縛」

カードが本来の向きで出た場合を正位置、逆さに出た場合を逆位置と呼びます。108ページでも少し触れましたが、本書における正位置と逆位置の考え方をより詳しく述べておきましょう。

タロット・リーディングにおいて正位置と逆位置(正逆)を採用するかどうかは、占う側に委ねられているのですが、現在の日本では、正逆を採るという固定観念に縛られている人が多いようです。

タロットを学習している方たちや、タロット・リーディングを実践する占い師の方たちを見ていると、正逆に振り回されてしまった結果、学びの途中で挫折したり、現場でよい占いができていなかったりするケースにしばしば遭遇します。これを私は「正逆の呪縛」と呼んでいます。

タロットには、もともと正逆を採らないデッキもあります。また、正逆の採用を推奨しているタロットを使う際でも、必ずしもそれに従う必要はないのです。反対に、正逆を採らないデッキでも、あえて正逆を採用することだって可能でしょう。正逆の絶対的なルールなど存在しないのですから。

正位置でも逆位置でもカードの意味は同じ

そもそも正逆を採用するかどうかという選択には、二つの前提が混在しています。一つは、「正位置と逆位置で意味を変えるかどうか」です。もう一つは、「正位置と逆位置の出方を考慮するかどうか」、つまり逆位置で出たら、正位置に直して正位置として扱うのか、それとも逆位置で出たままにしておいてリーディングでそれを考慮するのか、ですね。

一つ目の前提で正逆を採用する場合は、カードの表す意味自体が正逆で変わります。日本のタロット解説書でも、正位置と逆位置のキーワードが別々に書かれているものがあります。これは一つ目の前提で正逆を採用している代表的なパターンです。

しかし、本書においては、この前提での正逆を採用しません。つまり正位置でも逆位置でも、カードが表す意味は同じという考え方です。

「愚者」のカードを例にとると、正位置では「自由」、逆位置では「無鉄砲」というように、違う意味を考える方もいると思います。ところが、実践を重ねていると、正位置でも「無鉄砲」という意味がしっくりくることも多々ありますし、逆位置でも「自由」以外の意味は考えられないケースが発生します。

もともと「愚者」には両方の意味が含まれています。相談内容や相談者の状況に応じて、さらには正逆の出方を加味して、「自由」という意味になったり「無鉄砲」という意味になったりするのです。そのため本書では、「正逆で意味を固定しない」というスタンスに立っています。

正位置と逆位置では視点が変わる

二つ目の前提については、本書は正逆を考慮するスタンスに立っています。つまり逆位置が出たからといって、それを正位置に直すようなことはせず、逆位置のままでリーディングするわけです。タロットカードを絵として鑑賞して、その中のシンボルに注目するという本書のコンセプトに従って、逆位置で出たらタロットカードの絵を逆さのまま見てください。すると、正位置で見たときとは、視線の注がれる場所が変わることに気付くはずです。

たとえば、当面の金運を占って、「愚者」のカードが出たとしましょう。

正位置ならば、顔を上げた人物と空や太陽にスポットが当たり、「自由」「無鉄砲」「輝き」「純粋さ」「楽観的」「身軽」などの意味が浮上してきます。その中から、「楽観的」で「輝き」のある良好な金運という結果が導き出されるでしょう。

一方、逆位置ならば、人物が崖から落ちそうな様子に視線が移り、「想定外」で「危うい」綱渡りのような収支という結果になるでしょう。

ここで、本書の正位置と逆位置に対する考え方を要約しておきます。

「正位置の意味と逆位置の意味を変えるかどうか」という前提であれば、正逆は採用しません。

「正位置と逆位置の出方を考慮するかどうか」という前提であれば、正逆を採用します。

この方法に従うと、「正逆の意味を別々で覚えて」リーディングしてきた方や、「逆位置が出たら正位置に直して」占いをしてきた方は、やりにくさを感じるかもしれません。でも、ぜひこの新しいやり方にチャレンジしてみてください。タロット・カードを一枚の絵として、正位置で、または逆位置で鑑賞し、気になったシンボルに注目するシンボル・リーディングのメソッドは、あなたのタロット体験をより豊かなものにしてくれるでしょう。

占いサンプル

【例】恋人との今後を占ったHさんの場合

Ｈさんには、もう五年ほど付き合っている恋人がいました。Ｈさんとしては結婚を考えているのですが、相手からは、一向にそういう話が出ません。それとなく将来の話をしようとしても、乗り気でないのが伝わってきます。そこで「今後の二人」を占ってみることにしました。

カードを引くと、「棒の６」の正位置(p.132)。目についたシンボルは「月桂冠のある棒」で、心が動いたキーワードは「相手から尊敬を得る」。Ｈさんは最近の自分を振り返ってみました。交際期間が長いせいもあって、そろそろ結婚しなくては、という焦りにとらわれていたかもしれない。そのため、自分が結婚したいという気持ちばかりをチラつかせて、相手を尊敬する、相手から尊敬されるという部分がおろそかになっていたのではないか。そんな反省が生まれました。

結婚は、ゴールではなくスタートです。お互いへの尊敬がなければ、人生という長い道のりを共に歩むことは、なかなか難しいでしょう。その意味でＨさんは、良いアドバイスを得たといえます。

Hさんの占いデータ

◆カード
棒の６（正位置）
◆選んだシンボル
月桂冠のある棒
◆選んだキーワード
相手から尊敬を得る

【例】仕事を占ったNさんの場合

Ｙさんは、仕事を始めてかれこれ15年。確実にキャリアを重ねてはいるのですが、「ずっとこのままでいいのだろうか」という思いが胸をよぎるようになりました。

というのも、Ｙさんは自分から前に出るタイプではなく、誰かに頼まれて、仕事に取り組むタイプ。そうではなく、もっと自分の考えやプランをアピールする方がいいのだろうか、と少し悩んでいたのです。

Ｙさんはタロットカードを持っていないので、本を開き、ページ数の10の位でカードを決めることにしました。

すると、一回目の10の位は「４」、二回目は「８」、三回目は「６」。一回目と二回目の数字をもとに「カード早見表」を調べると「金貨のキング」(p.344)。三回目が偶数だったので正位置です。344ページを開き、正位置の画像を見ると、「左手の金貨」が目を引きました。また、キーワードの中では「経験や実績が評価される」に心が動かされました。

しばし考えたYさんは、これまで通りの取り組み方を続けることにしました。依頼された仕事を誠実にこなしていけば、変に焦らなくても、自分のやりたいことが見えてくるだろうと思えたのです。

Yさんの占いデータ

◆カード
金貨のキング(正位置)
◆選んだシンボル
左手の金貨
◆選んだキーワード
経験や実績が評価される

【例】お金を占ったKさんの場合

このところ、どうも出ていくお金が多い……。そんな実感を持っているKさんが、お金を占ってみました。お金に関する占いといっても、今年の金運、昇給の可能性、宝くじを購入すべきか、援助してもらえるかなど、いろいろなことを占うことができます。今回は、現状を知りたいということで、今の金運を占ってみます。

カードを引くと「剣の７」の逆位置(p.256)。気になったシンボルは「ブーツとタイツ」で、キーワードの中で一番ドキリとしたのは「お金は足りるが綱渡り」。確かにそんな状況でした。

月々の住宅ローンや水道光熱費など、どうしても出ていくお金があるので綱渡りなのは事実ですが、貯金もしたいし、どうしたものか。

こんなときには、同じシンボルの「行動のヒント」を見てみましょう。Kさんの場合、「行動のヒント」の中で「細心の注意を払おう」が目に留まりました。そこで、家計簿を見てお金の動きを細部まで確認すると、節約すべき点が見えてきたのです。Kさんは、明日からさっそく節約しようと決意しました。

お金に限らず、あまり良くない占い結果の打開策を知りたいときは、Kさんのように「行動のヒント」を見てみましょう。

この方法については、348ページでもご説明しています。

Kさんの占いデータ

◆カード
剣の７(逆位置)
◆選んだシンボル
ブーツとタイツ
◆選んだキーワード
お金は足りるが綱渡り
細心の注意を払おう

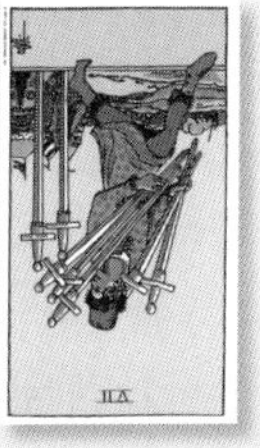

【例】「ツー・カード」で出会いを占ったMさんの場合

恋愛より仕事を優先してきて、長い間恋人がいない状態のMさん。友人たちの公私ともに幸せそうな姿を見ていることもあり、ワークライフバランスを見直す必要があると思うことが多くなりました。そこで、プライベートパートナーを探そうと重い腰を上げてはみたものの、何をしたら出会いに恵まれるのか見当がつかなかったので、アプリなのか、結婚相談所なのか、パーティーや飲み会なのか、最適な「出会いの方法」を占おうと思い立ちます。

Mさんは、仕事のことはさんざん占ってきたので、ワン・オラクルのタロット・リーディングに慣れています。ただ、恋愛となると勝手がわからないので、出会いを占うだけでなく、どうしたらうまくいくかのアドバイスも同時に出す、二枚引きでのリーディングにチャレンジすることにしました。

さっそく「出会いの方法」を一枚引き、もう一枚の「アドバイス」を引いて隣に並べます。前者には「杯のA」の逆位置(p.172)が、後者には「死神」の逆位置(p.72)が出ました。

出会いを示す「杯のA」の中では「杯から流れ出す水」が気になりました。「出会い」の項目(p.174)を見ると「芸術に関わる場での」というキーワードが答えだと、すぐにわかりました。というのも、Mさんの唯一の趣味がサックス演奏で、練習やライブくらいしかプライベートで人に会う機会がなかったからです。

次にアドバイスですが、「死神」のシンボルの中では「白バラの紋章の旗」が気になりました。今度は「出会い」の項目ではなく「行動のヒント」の項目(p.74)を見ます。ピンときたのは「同調圧力に屈しないで」というキーワード。今所属しているバンドは、かつて恋愛感情のもつれでトラブルになったメンバーがいるからか、みんな私的な話題、特に恋の話を避けているような状態だったのです。これからはもっと恋愛や結婚の話をしたり、音楽関係の仲間を増やしたりしようと、Mさんは決心したのでした。

Mさんの占いデータ

◆カード
出会い＝杯のA(逆位置)
アドバイス＝死神(逆位置)

◆選んだシンボル
出会い＝杯から流れ出す水
アドバイス＝白バラの紋章の旗

◆選んだキーワード
出会い＝芸術に関わる場での
アドバイス＝同調圧力に屈しないで

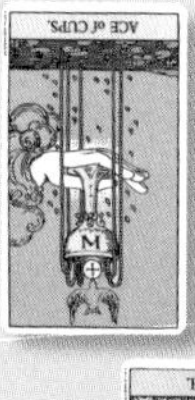

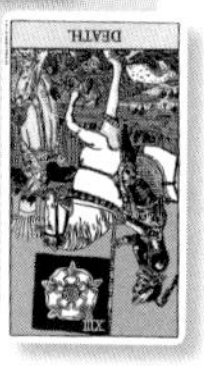

【例】「ツー・カード」で副業について占ったSさんの場合

友人のSさんから、イラストの仕事を副業として始めるので占ってほしいと頼まれたあなた。Sさんがずっと頑張ってきたのを知っているので、応援したい気持ちが湧きます。しかし、占いに主観を入れると間違ったメッセージを伝えてしまいますから、客観的に占うことを意識しなければなりません。

Sさんは本業でも転機を迎えており、状況がやや複雑なので、表からは見えない部分も検討したほうがよさそうです。そこで、「イラストの副業がうまくいくか」という「表の占い」と、「副業に力を入れる際の課題」を探る「裏の占い」が同時にできる二枚引きで占ってみることにしました。

一枚目の「表の占い」として出たカードは「金貨の５」の正位置（p.308）で、気になったシンボルは「左の人物の頭部」。「仕事」の項目（p.310）の中で「失業または退職する」にSさんは強く反応しました。Sさんが勤めている会社は、副業は禁止されていないものの、残業や休日出勤ができない人への評価が低くなる傾向にあります。副業を頑張って本業を失うか、本業のために副業を諦めるか。そういう不安がSさんの心のどこかにあったのでしょう。

二枚目の「裏の占い」で出たのは「塔」の逆位置（p.84）で、気になったシンボルは「塔を打つ稲妻」でした。「仕事」の項目（p.86）にある「環境を一変させる事件が」というキーワードが「表の占い」の結果とリンクし、Sさんにとっての課題が浮かび上がってきます。Sさんは打ち明けます。実は、今の会社には隠れて副業をしようとしていたのだと。でも、そのような状態では副業に打ち込むことができないと、Sさんも自覚していました。副業を始める前に、副業に集中できる環境を作ることが必要になりそうですね。

この占い結果を踏まえて、本業と副業を両立できるところに転職するなど、前向きな退職で環境を一変させることを考えればよいとアドバイスすると、Sさんも納得したようでした。

Sさんの占いデータ

◆カード
表の占い＝金貨の５（正位置）
裏の占い＝塔（逆位置）
◆選んだシンボル
表の占い＝左の人物の頭部
裏の占い＝塔を打つ稲妻
◆選んだキーワード
表の占い＝失業または退職する
裏の占い＝環境を一変させる事件が

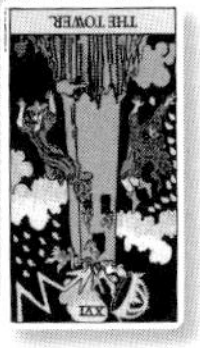

タロット・カードを使わずに占う方法

タロット・カードを持っていなくても、本書を使って占いをすることができます。三つの方法をご紹介しましょう。どの方法を実践する場合でも、占う前に深呼吸をして、気持ちを落ちつけることがポイントです。

①本書を一回だけ開いて占う「ビブリオマンシー」の方法

数秒あればカードが決まるので、最も素早く手軽に占うことができます。開いた本のページに答えを見いだす「ビブリオマンシー」（書物占い）の手法を取り入れています。

❶占いのテーマ（質問）を思い浮かべながら本を開きます。本の小口に親指を当てて探りながら、「ここだ」と感じたページを開いてください。
❷開いたところの右側のページの下を見てください。ページ数の横に、カード名・正逆・掲載ページが記載されています。そのカードが占いの結果になりますので、該当ページを見て、シンボルとキーワードを選びましょう。
［例］101ページを見ると、ページ数の横に「金貨のキング（正）p.344」と記載されています。これは、出たカードが「金貨のキングの正位置」で、344ページに解説があることを意味します。

❶親指で探りながら、「ここだ」と感じたページを開きます。

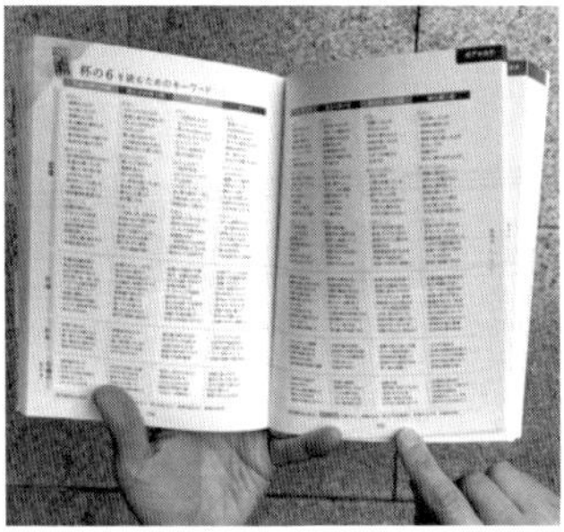

❷開いたところの右ページの下に、カード名が記載されています。

②本書を三回開き、巻末の早見表を使って占う方法

本を二回開いてカードを決め、さらにもう一回開いて正位置か逆位置かを決める方法です。①の方法に比べて少し手順が多くなりますが、そうした手順を淡々とこなすことで、気持ちが自然と占いに集中していきます。

❶占いのテーマ(質問)を思い浮かべながら本を開きます。
❷開いたところの左側のページ数を見て10の位を確認し、メモしておきましょう。10の位の見方は次のとおりです。
・ページ数が３桁→真ん中の数字が「10の位」です。
［例］ページ数が「152」なら、10の位は「５」。
・ページ数が２桁→左側の数字が「10の位」です。
［例］ページ数が「28」なら、10の位は「２」。
・ページ数が１桁→「10の位」は「０」とします。
［例］ページ数が「4」なら、10の位は「０」。
❸手順❶❷をもう一回繰り返します。
❹巻末の「カード早見表」を見てください。表の一番上に「一回目の10の位」が、一番左には「二回目の10の位」が並んでいます。一回目と二回目で得た数字を交差させると、カードの名称が書かれた欄に行き着きます。

たとえば、一回目が「２」、二回目が「３」なら、表の一番上から「２」を探し、表の左の「二回目の10の位」を見ながら下へ下へと進んでいきます。すると「３」の欄には「18月」とあり、これが結果となります。カードの名称の下には掲載ページが書かれていますので、該当ページを見てください。「18月」ならば、92ページです。

❹もう一回、本を閉じて開き、左側のページ数の「10の位」を確認してください。偶数（０・２・４・６・８）ならば「正位置」、奇数（１・３・５・７・９）ならば「逆位置」です。

［早見表でグレーの欄に行き着いたら］

「カード早見表」には、対応するカードのないグレーの欄があります。一回目と二回目の数字を交差させてグレーの欄に行き着いたら、本を閉じて開くところからやり直してください。またグレーの欄になってしまったら、もう一度だけトライして、それでもダメなら日を改めて占うか、質問を変更して占い直すことをおすすめします。

占いの現場では、こうしたケースがしばしば起こります。たとえば、サイコロを使う占いで、振った拍子にサイコロが机から落ちるということが何度も重なると、質問を変えるか、相談者の気持ちをリセットする時間を取ります。おそらく、「答えが得られない」というのもまた、一つの答えなのです。まだ答えを得る時期ではないのだと考えて、しばし時間を置きましょう。

③ストップウオッチを使う方法

この方法は、電子書籍をお読みの方にも実践していただけます。

実践に際してはストップウオッチが必要となります。ストップウオッチそのもの以外に、スマートフォンの時計機能についているものや無料のストップウオッチアプリでも、問題なく占うことができます。「14秒08」など、100分の１秒まで計測できるものをご用意ください。

❶占いのテーマ（質問）を思い浮かべながらストップウオッチをスタートさせて、好きなタイミングで止めます。

❷出た時間の下４桁（秒数と小数点以下２桁）に注目しましょう。たとえば13秒06（13:06）なら「1306」、１分２秒88（1:02:88）なら「0288」です。

以下、「1306」を例にとって進めます。

❸手順❷で得た４桁の数字に以下のような意味を持たせて、カードを特定していきます。

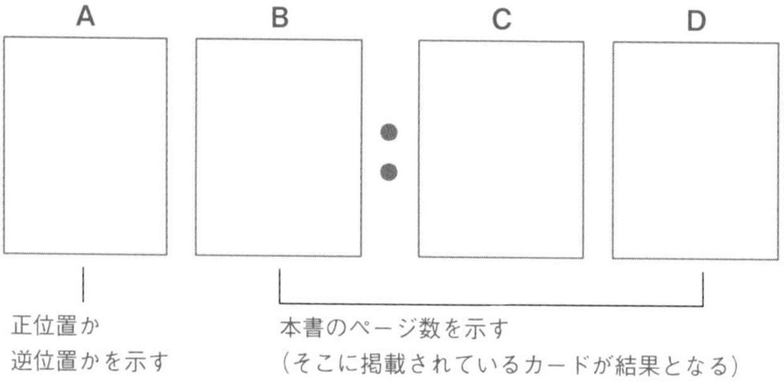

まずは下３桁（ＢＣＤ）を見てみましょう。

例にとった「1306」の場合、下３桁のＢＣＤは「306」。この数字は、本書のページ数を示します。そこで306ページを見ると「金貨の４」。これが結果となります。

次に正逆を見るのですが、これについてはＡが偶数（０・２・４）ならば「正位置」、奇数（１・３・５）ならば「逆位置」とします。「1306」の場合、Ａに該当する数字は「１」ですから、逆位置です。

ここまでのプロセスで「金貨の４／逆位置」という結果が出ました。あとはカードを見てシンボルを選び、キーワードを探します。

［留意点その１＝ＢＣＤの数字が381以上になった場合］

本書は全部で380ページですから、ＢＣＤの数字が381以上になると、該当ページがなくなります。その場合は、ＢＣＤが示す３桁の数字から「380」を引いてください。１回引いてもまだ381以上なら、380以下になるまで複数回、引きます。

たとえば手順❷で「0426」という数字を得た場合、ＢＣＤの数字が「426」となり、該当ページがありません。そこで「426」から380を引いて「46」。46ページを見ると「恋人たち」で、Ａが「０」ですから正位置となります。

もう一例として、手順❷で「1957」という数字を得たら、「957」から380を引いて「577」。まだ381以上なので、もう１回380を引いて「197」。197ページを見ると「杯の７」で、Ａが「１」ですから逆位置となります。

［留意点その２＝確認したページにカードが掲載されていない場合］

本書にはCONTENTS（目次）やコラムなど、各カードの解説とは関係のないページもあります。たとえば手順❷で「0288」という数字を得た場合、288ページを見るとコラムで、カードについては書かれていません。

このようなページに当たったときは、再度ストップウオッチをスタートして計り直してください。

ただし、この場合についても、計り直すのは３回までとします。それでもカードにたどり着けなかったら、今は占うタイミングではないと考えて、日を改めるか、質問を変更して占い直してください。

おわりに

この本が世に出る前にも、優れたタロットの解説書はたくさんありました。私が本を出しても、屋上屋を架すことになるのではないか、と危惧していたのですが、上梓後はありがたいことに好意的な反応を数多く頂戴し、その心配は杞憂に終わりました。しかも版を重ね、このたび増補版を刊行することができました。改めて御礼申し上げます。

日本のタロットの解説書は、カードごとに正位置と逆位置のキーワードを記載し、占い方としてカードの展開法（スプレッド）を説明するのが一般的です。それに対して、本書で提唱しているシンボル・リーディングは、正位置の意味と逆位置の意味を区別しませんし、展開法も基本的には一枚引き（ワン・オラクル）を推奨しているので、戸惑う読者もいたと思います。

しかし、気になったシンボルに注目するというこのリーディング法は、必然的にタロットカードを一枚の絵として鑑賞するようになるという利点を備えています。正位置と逆位置のキーワードを覚えて、たくさんのカードを展開しようとすると、皆さんどうしてもタロットを絵として見ないようになるのです。そうなると、絵のない「0.愚者」と書いただけのカードで「キーワード占い」をしているのと同じですよね。せっかく絵が描かれているのですから、しっかりと鑑賞して、そこから読み解くことをお勧めしたいのです。

まずは、「正位置と逆位置では意味が違う」「何枚かカードを展開して占わなければならない」という、二つの固定観念を崩していただければ幸いです。

増補版では、正位置と逆位置や展開法(スプレッド)についての解説、さらにサンプルやQ&Aも加筆しました。また、初版では、タロットが手元にない場合に本を三回開き、その結果と早見表を照合してカードを選ぶというビブリオマンシー(書物占い)スタイルも好評をいただきました。今回は、本を一回開くだけで一枚のカードを選ぶことができる方法と、電子書籍を購読されている方のために、ストップウオッチを使ってランダムにカード(ページ)を選ぶ方法も追加してあります。

この増補版が末永く愛されることを願っております。

千田歌秋

千田 歌秋（せんだ かあき）

東京・麻布十番の占いカフェ＆バー燦伍（さんご）のオーナー占い師およびバーテンダー。タロットカクテルや各星座の食事コースを監修するなど、占いと飲食の融合をテーマに、ホリスティックな癒やしの場を提供。対面鑑定だけでなく、店舗の運営やプロデュース、原稿の執筆、占いコンテンツの監修、メディア出演、イベントの企画、占い師のマネジメントや育成など、活動は多岐にわたる。タロットやビブリオマンシー（書物占い）などの講座も積極的に行っている。

燦伍
https://khakisenda.wixsite.com/eranos

公式ブログ
http://khakisenda.blog.fc2.com/

X（Twitter）
https://twitter.com/senda_khaki

増補改訂版

タロット READING BOOK

2022年1月4日　初版第1刷発行
2023年9月19日　改訂版第1刷発行

著　者　千田 歌秋
発行人　土屋 徹
編集人　滝口 勝弘
編　集　中村 絵理子

発行所　株式会社Gakken
〒141-8416
東京都品川区西五反田2-11-8
印刷所　大日本印刷株式会社

●この本に関する各種お問い合わせ先
本の内容については、下記サイトのお問い合わせフォームよりお願いします。https://www.corp-gakken.co.jp/contact/
在庫については　Tel 03-6431-1250(販売部)
不良品（落丁、乱丁）については　Tel 0570-000577
学研業務センター
〒354-0045 埼玉県入間郡三芳町上富279-1
上記以外のお問い合わせは
Tel 0570-056-710（学研グループ総合案内）

STAFF

編集制作　細江 優子
ブックデザイン　前原 香織（MMMorph）
イラスト　真吏奈
校閲　山本 尚幸（こはん商会）、小池 晶子
DTP　株式会社グレン